샌프란시스코 체제를 넘어서

일러두기

- 이름이나 지명, 기구명 등의 원어 표기는 각각
의 글에서 처음 등장할 때만 사용한다. 각각의
글들은 독립적으로 읽힐 수 있으므로, 책 전체
에 걸쳐서는 적용하지 않았다. 각 필자가 별도
로 원어 표기를 달지 않은 경우는 따로 추가하
지 않았다.
- 여러 표현이 가능한 사안의 경우 일부러 통일하
지 않고 각 필자의 선택을 존중하였다.
예) 샌프란시스코 조약, 샌프란시스코 평화조
약, 샌프란시스코 강화조약
을사조약, 을사보호조약, 을사늑약, 한·일 보
호조약
- 일본이 1931년부터 1945년까지 아시아 각국과
식민제국, 미국 등을 상대로 벌인 전쟁에 대해서
는 '아시아·태평양전쟁'을 위주로 통일하고, 일부
필자들이 사용한 '15년전쟁'을 함께 사용하였다.

- 외국어 표기는 국립국어원의 표기를 기준으로
하되, 일부 일본어의 경우 이미 한국에서 두루
사용되고 있거나, 기존 출판물에 표기된 것을
밝힐 경우에는 기존 표기를 존중해 사용하였다.
예) 도츠카 에츠로, 노리마쯔 사또꼬, 우치다 타
츠루 등
- 옮긴이 주석은 각 번역글 필자의 주석과 함께
처리하되, '*옮긴이'를 앞에 붙여 구별되도록 하
였다. 일부 번역글에서 본문 중 괄호 안에 '*' 표
시가 붙은 것도 역시 옮긴이가 추가한 내용이다.
- 찾아보기의 경우 샌프란시스코 조약, 샌프란시
스코 체제, 냉전, 아베 신조, 오키나와처럼 빈도
수가 높게 등장하는 키워드는 따로 항목으로 만
들지 않았다.
- 단행본, 잡지, 신문 등의 이름은 《 》로, 개별 논
문, 기사 등의 이름은 〈 〉로 표시하였다.

샌프란시스코 체제를 넘어서

동아시아 냉전과 식민지·전쟁범죄의 청산

김영호, 이태진, 와다 하루키, 후더쿤, 알렉시스 더든, 하라 기미에 편

메디치

책을 내며

2010년, 한국 강제병합 100년을 맞아 한국과 일본의 지식인들은 을사보호조약, 한국병합조약 등 구한말 한국과 일본이 맺은 협약이 근본적으로 '불법무효'임을 선언하는 한·일 지식인 1000여 명의 공동선언을 발표했다. '한·일 지식인 공동성명'은 당시 일본정부를 움직여 일본의 역대 총리 담화 중 '한·일 지식인 공동성명'의 정신에 비교적 가까운 '간 나오토 총리 담화'가 나오는 데 일정한 역할을 하였다. 그리고 한국 대법원의 징용자 판결, 헌법재판소의 위안부문제 판결에도 큰 영향을 미쳤다. 그 후 우리는 시야를 더 확장해 한국과 일본을 비롯해 동아시아의 긴장이 계속되고 있는 원인으로 제2차 세계대전 후의 샌프란시스코 강화조약을 문제 삼아 매년 한·미·일·중 등 여러 나라의 전문가·지식인들이 공동으로 국제학술회의를 열어 문제를 제기해 왔다.

    샌프란시스코 강화조약의 발효 70주년이 되는 올해에 그러한 성과들을 바탕으로 총 25편의 논문으로 샌프란시스코 체제를 철저히 해부, 분석하고 대안을 제시하는 책을 출간하게 되었다. 우리는 이 책 《샌프란시스코 체제를 넘어서: 동아시아 냉전과 식민지·전쟁범죄의 청산》을 출간함으로써 샌프란시스코 조약의 중요성을 다시금 강조하고, 세계적으로 그 문제점들을 제기하여 이 조약의 틀 속에 갇혀 있는 샌프란시스코 체제로부터 벗어날 수 있기를 기대한다.

전후 아시아·태평양 질서는 샌프란시스코 체제에 갇혀 있었다. 1951년 샌프란시스코에서 48개국이 서명한 강화조약을 중심으로 미·일 안보조약이 뒤따랐으며, 강화조약에 참석이 배제되었던 한국은 이후 불리한 입장에서 강화조약의 틀을 따라 한·일 기본조약을 맺었다. 한·일 기본조약, 한·일 청구권협약 등 여러 한·일 협약은 샌프란시스코 강화조약의 틀 안에서 이루어진 것이었다. 샌프란시스코 강화조약의 틀 안에서 한·일 협약은 제대로 이루어질 수 없는 한계가 있었다. 우리는 한·일 협약을 문제 삼을 것이 아니라 그 바탕이 되고 또한 테두리가 되는 샌프란시스코 강화조약을 문제 삼아야 한다는 인식을 공유하게 되었다.

샌프란시스코 강화조약은 일본의 식민지 침략범죄 및 아시아·태평양 전쟁범죄를 징치하기 위하여 시작되었으나 중국의 공산화와 한국전쟁의 발발을 맞아 냉전전략의 일환으로 변질되었고, 일본을 동아시아 반공전선의 지역 중심으로 끌어들이는 조약이 되어 버렸다. 이와 같은 변질 과정에서 식민지범죄, 전쟁범죄의 청산은 물 건너갔고, 과거청산 없는 동아시아, 과거청산 없는 한·일 관계의 전후사가 전개되었다. 그리하여 베르사유 조약이 독일에 대한 과도한 징벌로 오히려 히틀러 등장의 온상이 된 것과는 반대로, 전범국가 일본에 대한 너무나 관대한 처분은 일본을 전쟁 피해자로 착각하게 만들고 파시즘을 부활시키는 기회가 되었다.

샌프란시스코 강화조약 덕택에 면죄부를 받고 부활한 일본 파시즘 세력은 식민지 침략 및 전쟁도발의 과거사 청산을 거부할 뿐만 아니라 오히려 정당화 내지 미화하며 샌프란시스코 체제를 뒤로 뛰어넘으려 하고 있다. 이에 비해 한국은 산업화와 민주화의 성공을 바탕으로 위안부와 징용자문제를 중심으로 "인도에 반하는 죄"를 들고 일본 극우세력과 첨예하게 부딪치며 일본을 비호하는 샌프란시스코 "감옥의 질곡"(고은 시 〈굿바이 샌프란시스코〉 중)을 앞으로 뛰어넘으려 하고 있다.

그리고 샌프란시스코 체제는 카이로 선언에서 밝힌 '일본의 탐욕과 폭력으로 불법 획득한 섬들을 주권회복 한다'는 원칙을 따르지 않고 일부러 미해결의 영토문제를 남겨 분쟁 요소를 만들었다는 의혹이 크다. 독도분쟁을 비롯해 태평양의 여러 섬들을 둘러싼 영토분쟁은 샌프란시스코 강화조약에 그 기원을 두고 있다.

샌프란시스코 체제에서 미국과 일본, 한국은 소련(이후 러시아) 및 중국, 북한과 대결 체제를 구축했다. 샌프란시스코 체제는 두 진영이 맞부딪힌 한국전쟁과 베트남전쟁을 거쳐 지금도 북한과 종전이 아닌 휴전 상태를 지속해 긴장을 높이고 있으며, 중국 견제와 봉쇄를 위하여 새로이 인도·태평양 체제로 진화하고 있는 중이다.

우리는 샌프란시스코 강화조약을 다시 검토하며 그 전문前文에서 "어떤 상황에도 유엔 헌장의 원칙을 준수하고 세계 인권선언 목표를 구현하려 애쓰며"라고 언급한 것에 주목한다. 우리는 샌프란시스코 강화조약이 한국의 위안부문제나 징용자문제 같은 인권문제 해결을 사실상 방해하고 있는 현실에서 유엔 헌장 특히 "피해자 중심주의 원칙"과 인권선언 목표에 어긋나고 있는 것이 아닌가 의심한다. 우리는 프랑스의 프랑시스 레이나 미국의 맨리 허드슨 같은 국제법의 대가들이 민족주의 원칙이 아니라 인권의 원칙 위에서 을사보호조약을 '불법무효'로 규정하였던 것 그리고 1963년 유엔총회에서 을사보호조약을 포함해 세계 4대 최악의 국제조약을 '불법무효'로 규정하고 만장일치로 통과시킨 것을 주목한다.

그런 점에서 앞으로 한·일 지식인 1000인의 공동성명처럼 세계 지식인 1000인의 공동성명 같은 것으로 1963년 유엔총회의 나쁜 국제조약 무효안 통과 같은 것이 다시 이뤄지길 꿈꾸며, 역사의 법정에 고발해본다. 단, 이것은 민족주의의 고발이 아니라 정의와 인권의 가치 위에 선 고발이기를 기대한다. 공식적으로 하와이 강제점령에 대해 인정·사죄하고, 과거 재미 일본인과 중국인에 대한 인권침해 사실을 역시 인정하고 사죄한 미국의 양식에도 기대본다. 이제 그런 기대와 함께 '샌프란시스코 체제의 종식'을 기대하며 한·일 지식인 공동성명에 앞장섰던 고은 시인의 〈굿바이 샌프란시스코〉의 한 구절을 인용하는 것으로 글을 마무리하고자 한다.

굿바이
이른 바 샌프란시스코 강화조약이여
더 이상 참을 수 없는 속박
더 이상 견딜 길 없는 폐해 떨쳐
아시아 태평양 신기원의 교향악이여 만당 울리어라

《샌프란시스코 체제를 넘어서》편집위원회
김영호, 이태진, 와다 하루키, 후더쿤, 알렉시스 더든, 하라 기미에

서설

샌프란시스코 체제의 형성, 전개 그리고 귀결

김영호(경북대 명예교수, 동북아평화센터 이사장)

한·일 기본조약에서 샌프란시스코 강화조약으로

우리는 2010년 한국병합 100년을 맞이하여, 100년 전인 1910년 한국병합조약의 불법무효를 내용으로 하는 한·일 지식인 공동성명을 발표했다. 그것은 1965년의 한·일 기본조약의 핵심쟁점이기도 했다. 한·일 국교 회복과정의 핵심쟁점은 구한말 한국병합에 이르는 일련의 한·일 간 여러 조약들을 어떻게 보느냐 하는 문제였고, 특히 제2조의 "이미 무효로 한다."는 규정의 "이미"의 시점을 언제로 보느냐가 쟁점이 됐다. 한국 측에서는 체결 당시부터 원천 무효이고, 따라서 일본의 식민통치는 불법무효라는 입장이었지만, 일본 측은 성립 당시는 합법적이었고 유효하게 지배해오다가 해방이 됨으로써, 또는 샌프란시스코 강화조약이 체결됨으로써 무효가 되었다는 입장이었다.

이 두 입장은 당시로서는 양보할 수 없는 것이었다. 그 결과가 제2조의 "이미"라는 표현이었고 이 표현 뒤에 숨어서 한국은 한국 내에서 한국식 입장으로 해석하고, 일본은 일본 내에서 일본식으로 해석하기로 타협이 이루어진 것이었다. 이것은 문제해결을 덮어버린 "비겁한" 타협책이기도 했지만, 한편으로는 그 방식이 아니고서는 국교정상화가 이루어질 수 없었던 것이고, 따라서 일부에서는 "지혜로운" 타협책이었다는 평가가 나오기도 했다.

이러한 미봉책은 일시적 혹은 표면적으로는 넘어갈 수 있겠으나 장기적으로 그리고 본질적으로는 유지될 수 없는 것이었다. 한·일 지식인 공동성명은 이 문제에 대하여 일정한 해결방향을 제시하는 것이었다. 다행히 한·일 지식인 1000인이 구한말 한국병합조약은 당초부터 불법무효이며, 그런 점에서 한·일 기본조약 제2조의 규정에 대한 한·일 양국의 제멋대로의 해석을 한국 측의 해석방식대로 통일할 것을 제의하였다. 당시 한·일 지식인 서명은 1000인을 넘어 1200인대에서 중단시킬 정도로 호응이 컸다. 지식인 중에서도 역사학자의 참여가 압도적으로 많았는데, 그것은 이 문제에 관한 한 가장 전문가들이 합의를 이루었다는 것을 의미하였다. 마침 당시 일본 총리 간 나오토의 '간 나오토 담화'가 내각의 각의를 거쳐 발표되었다. 이 간 나오토 담화는 한·일 지식인 공동성명의 수준까지는 아니었지만 역대 총리의 담화 수준을 확실히 뛰어넘는 내용이었는데, 이는 한·일 지식인 공동성명의 영향이 컸던 때문이었다.

우리는 "2010년의 약속 2015년의 기대"란 명제 아래 서울과 도쿄를 왕복하며 2010년 공동성명의 실현을 추구하였으나, 다시 아베 전 총리가 2012년 말에 복귀하고 일본사회와 정치의 보수화가 급진전하면서 1965년 한·일 기본조약의 벽 앞에 좌절하였다. 우리는 2015년 매사추세츠 공대의 노엄 촘스키 같은 지식인이 참여한 '한·일 및 세계 지식인 공동성명'으로 우리들 주장의 정당성에 대한 지지를 확보하였다.

우리는 이러한 한·일 기본조약의 틀은 실은 샌프란시스코 강화조약의 테두리 내에서 어쩔 수 없는 것이라는 역사적 한계를 절감하였다. 샌프란시스코 강화조약의 구조와 내용 안에서 한·일 기본조약은 그런 식으로밖에 이루질 수 없는 것이었다. 따라서 한·일 기본조약의

성격을 문제 삼을 것이 아니라 그 바탕이 되는 샌프란시스코 강화조
약을 문제 삼아야 한다는 문제의식을 공유하게 되었다.

그리하여 "2010년의 약속 2015년의 기대"라는 우리들의 명제는
"샌프란시스코 체제를 넘어서(Beyond the San Fransisco System)"란 명제
로 바뀌게 되었다. 우리는 이 회의를 진행하면서 한국과 더불어 샌프
란시스코 체제의 최대 피해국이라 할 수 있는 중국 측의 매우 적극적
인 참여를 이끌어낼 수 있었다. 중국에서 우한대학의 후더쿤胡德坤 교
수를 중심으로 베이징대학의 쉬융徐勇 교수, 푸단대학의 스위안화石源華
교수 등 저명인사들이 거의 매번 자비로 참석하였다. 일본 측에서는
도쿄대학의 와다 하루키和田春樹 교수, 류코쿠대학의 도츠카 에츠로戶塚
悅郎 교수 그리고 캐나다 워털루대학의 하라 기미에原貴美惠 교수 등 한·
일 지식인 공동성명 참여인사들이 대거 참여해주었다. 또한 일본의 헌
법개정에 관한 논문을 우치다 마사토시內田雅敏 변호사에게 부탁하여
실을 수 있게 됐다.

미국에서는 코네티컷대학의 행동하는 역사학자 알렉시스 더든
Alexis Dudden 교수, 컬럼비아대학의 노정호 교수, 찰스 암스트롱Charles
Amstrong 교수(당시), 하와이대학의 백태웅 교수 그리고 한국에서는 서
울대학교의 이태진 명예교수, 외국어대학교의 이장희 명예교수, 경북
대학교의 김영호 명예교수, 김창록 교수, 고려대학교의 강병근 교수,
한겨레신문의 한승동 전 논설위원 등 한·일 지식인 공동성명의 핵심
인사들이 대거 참여해주었다.

그리고 2016년 한·미·일 전문가들이 참가한 가운데 컬럼비아대학에
서 열린 "샌프란시스코 체제를 넘어서" 제1차 회의를 시작으로, 2017년
펜실베이니아대학에서 한·미·일·중 학자들이 참가한 가운데 열린 제
2차 회의, 중국 우한대학에서 한·중·미·일 및 러시아·캐나다 학자들이
참가한 가운데 열린 제3차 회의 그리고 2019년 11월 한·일·중·미 및 호

주·캐나다 학자들이 참가한 제4차 서울회의를 차례차례 개최하였다. 그리고 제5차 회의를 캐나다에서 개최하고자 준비하였으나 코로나19 사태로 두 차례 연기해왔다.

본서는 2021년 샌프란시스코 조약 체결 70주년, 2022년 샌프란시스코 조약 발효 70주년을 맞이하여 이들 회의에서 발표된 논문들을 중심으로 지금까지의 연구성과를 단행본으로 묶은 것이다. 별도로 영어본 발간도 추진하고 있다.

샌프란시스코 체제의 형성과정과 성격 변화

샌프란시스코 체제란 1951년 9월 8일 샌프란시스코에서 미국을 비롯한 48개국이 일본과 체결하고 이듬해 4월 28일 발효한 '일본국과의 평화조약Treaty of Peace with Japan'을 중심으로 같은 날 체결한 미·일 안보조약과 미·일 행정협정을 비롯해, 이미 1946년부터 2년 반에 걸쳐 진행된 도쿄 전범재판까지 소급하고, 다시 샌프란시스코 강화조약을 근거로 해서 그 하부체계로서 샌프란시스코 강화조약 직후부터 교섭이 시작되어 1965년에야 타결을 본 '대한민국과 일본국 간의 기본관계에 관한 조약', 1956년에 체결된 '일본국과 소비에트 사회주의공화국연방의 공동선언' 그리고 1972년에 체결된 '일본국 정부와 중화인민공화국 정부의 공동성명' 등의 제반 조약들로 이루어진 체제다. 소련(러시아) 및 중국과의 적대관계가 지속되고 있었고, 북한과는 아직 수교도 하지 않고 있던 서태평양의 전후 냉전체제를 포괄하는 개념이다. 미국진영의 선봉에는 미국이 있고 그 핵우산 아래 주한미군과 한국군 그리고 대만의 국민당군이 포진해 있었다. 그리고 미군의 주력부대는 미국 지배하의 오키나와에 배치되어 있었으며, 일본은 미군의 주요 후방기지 역할을 수행했다. 이 체제는 1953년까지 중국, 북한 그리고 그 배후의 소련에 대한 전쟁을 계속했으며, 베트남전쟁을 거쳐 지금까지 70년 이상 동북아의 군사적 적대관계를 지속시켜 왔다.

샌프란시스코 강화조약은 전문에서 "어떠한 상황에도 유엔 헌장의 원칙을 준수하고 세계 인권선언 목표를 구현하려 애쓰며"라고 규정하고 있다. 총 7장 27조로 구성돼 있으며, 끝 부분에 회담에 초청된 48개국 대표의 서명이 붙어 있다. 일본 파시즘의 최대 피해국인 한국과 중국은 초청받지 못하여 서명국가가 되지 못하였다. 한국이 초청받지 못한 것은 일본의 방해 때문인 것으로 알려져 왔는데, 미국이 한국을 일본과 싸운 연합군의 일원으로 인정하는 자세를 시종 견지하면서, 한국전쟁을 겪고 있던 한국의 입장강화 필요 등의 명분으로 일본을 설득하고 한국에 초청서한을 보냈다는 사실이 확인되었다.

당시 6·25전란의 와중에 이승만 대통령이 미국 쪽에 보낸 답변서를 보면 미국의 입장변화를 이해하지 못한 채 일본에 대한 초강경 자세를 취해 미국을 당황하게 만들었다. 결국 일본의 입장을 대변하는 영국이 홍콩, 말레이시아와의 경제관계 지속을 위해 중국과의 유대가 중요하고 그것이 소련 견제를 위해서도 필요하다고 설명한 뒤, 또 만일 한국을 초청하면 소련이 북한 초청을 요구할 테고 그렇게 되면 거절하기 어려울 것이라고 미국을 설득했다. 샌프란시스코 강화조약에 참석한 영국대표는 윈스턴 처칠 총리가 카이로회의에 참석했을 때와는 정반대로 일본을 대변하는 입장을 취하고 만 것이다. 그 결과 한국은 베르사유 강화조약에 초청된 폴란드나, 이탈리아 강화조약에 참여한 리비아보다 더욱 차별적인 대접을 받은 결과가 되었다.

어쨌든 한국 독립군이 장제스 국민당 정부 군대와 연계하여 연합군의 일원으로 일본군과 싸웠다는 사실을 미국이 인정했다는 정보와, 일본의 부탁을 받은 영국이 소련과 중국의 분리전략상 한국 참여는 안 된다고 집요하게 반대 주장을 편 결과 미국이 결국 한국 초청을 포기했

다는 정보는 이번 국제회의에서 (재)확인된 중요한 역사적 진실들이다.[1]

샌프란시스코 강화조약은 그 전문에서 명확하게 밝히고 있는 것처럼 연합군과 일본 사이에 "전쟁상태가 존재한 결과 지금도 여전히 미해결로 남아 있는 문제들을 해결"하기 위해, 다시 말하면 제2차 세계대전의 전후 처리를 위해 체결된 조약이다. 따라서 일본의 아시아 침략과 식민지 및 반半식민지 지배책임, 그 중의 한국침략과 식민지지배 범죄는 해결되어야 할 과제로 상정되지도 않았다. 이것은 처음부터 의도한 것은 아니었다.

사실 샌프란시스코 강화조약은 세 단계를 거치면서 그 성격이 바뀌어 갔다. 첫 단계는 1945~1947년 미국이 전면강화의 조기체결을 추진했던 시기였다. 여기에서 전면강화는 연합국이 공동으로 함께 일본과 강화조약을 추진하기로 한 약속을 말하는데, 이때 연합국의 목표는 전범국가 일본을 해체하여 아시아의 농업국가로 만드는 것이었다. 그러나 미·소 대립이 본격화되고 냉전체제가 본격적으로 시작되면서, 소련이 대일 강화와 조기강화에 반대하자 미국은 소련과의 대결을 최우선하는 정책으로 바꾸었고 그에 따라 대일 정책도 근본적으로 바뀌게 된다. 1948~1950년의 두 번째 단계에서 미국은 소련을 배제한 채 일본과의 단독강화를 추진하였다. 미국 대외정책의 기본을 다루는 국가안전보장회의(NSC13/2)에서 "일본에 대한 미국의 정책에 관한 보고"가 결정되고, 1948년 10월 대통령이 이에 서명하였다. 이것은 사실상 일본 부흥을 목표로 한 강화 정책의 핵심이었다. 미국의 대일 정책 최고의 목표는 "개혁을 넘어 경제부흥"이었다. 한국전쟁으로 시작된 제3단계에서 미국의 오키나와 보유 및 미군의 일본 주둔이 정착됐으며, 평화조약과 함께 안보조약을 체결하게 된다. NSC13/2는 서유럽을 대상으

1 이태진, 〈한국 참가 문제를 둘러싼 미국과 영국의 의견 차이 검토〉, 본서 수록 논문 참조.

로 한 마셜플랜의 일본판이라 할 만한 것이었다. 우선 일본경제의 부흥을 위해 일본이 지불해야 할 배상금을 24억 4200만엔에서 4분의 1로 대폭 삭감하고, 그 90%를 군수생산으로 충당함으로써 일본의 생산시설 감축(존 포스터 덜레스가 대일 평화조약 담당 대통령 특사가 되어 결정한 덜레스의 대일 강화 7원칙, 1950년 9월)은 중단됐으며, 결국 일본을 패전국이 아니라 냉전의 파트너로 인정한 관대한 강화조약이 이루어졌다. 미국은 일본의 경제 민주화를 위해 해체할 재벌의 숫자를 257개사에서 17개사로 대폭 줄였다. 아울러 미·일 방위조약으로 일본경제에 군사비 부담을 거의 지지 않도록 했으며, 특기할 만한 것으로 한국전쟁의 엄청난 특수를 거의 일본이 독점할 수 있도록 배려했다. 한국전쟁이야말로 일본을 위한 마셜플랜이었던 셈이다. 아울러 경제안정 9원칙을 철저히 실시할 수 있도록 밀어붙이고, 강력한 긴축정책을 기조로 하는 '닷지라인Dodge Line'으로 인플레이션을 단기간에 진정시켰으며, 급진적 노조를 해체하여 전후 일본 보수체제의 정치적 기반을 구축하게 했다.

이러한 일본판 마셜플랜으로 한국전쟁 뒤 소위 일본 경제성장의 기적이 일어났다. 이것은 전후 동아시아 경제성장의 기회와 대일 경제 종속의 기회를 동시에 제공했다. 미국은 샌프란시스코 강화조약으로 일본이 침략했던 동아시아 제국에 과거 일본의 자산을 동결하여 동아시아 각국의 전후 경제재건의 기반으로 활용하도록 하고, 농지개혁을 단행하여 국내 반봉건적 유산을 제거하여 비농업부분으로 경제활동의 물줄기를 돌리게 하였다. 그리고 일본과의 국교회복 과정을 통하여 배상금 내지 준배상금이 지급되도록 하여 경제발전의 투자 자금원이 되도록 했다. 그리고 미국의 소비시장을 개방하여 개도국의 저렴한 제품이 자유롭게 수입되도록 하여 국내 인플레이션을 막으면서 동아시아의 수출주도형 공업화를 정착시켰다. 마침 유엔 주도로 1960년대 이래 신국제경제질서New International Economic Order가 형성되어 동아시아

제국의 공산품 수출에 대한 특혜관세가 주어져 수출주도형 공업화를
촉진시켰다. 그 결과 한국, 대만, 홍콩, 싱가포르 등의 소위 동아시아 신
흥공업국Newly Industrialized Countries, NICs가 등장하게 되었다.

일본의 경제기적에서 동아시아의 고도성장을 거쳐 중국의 고도
성장까지를 샌프란시스코 체제의 경제적 성과의 연장선상에서 단선
적으로 볼 수는 없다. 그러나 그럼에도 불구하고 샌프란시스코 체제의
경제적 귀결이라는 측면을 무시하고 동아시아의 경제적 발전을 논의
하기 어려운 것도 또한 사실이다.

우리는 샌프란시스코 강화조약이 제2차 세계대전의 종결문제를
해결하기 위한 국제조약이었다는 사실을 먼저 지적해야 할 것 같다.
일본의 동아시아 침략과 식민지, 반半식민지 지배 범죄를 처리하기 위
한 조약이 아니었다는 점이 중요하다. 전쟁책임을 가볍게 물을 뿐 침
략의 책임이나 식민지 지배 책임은 직접 묻지 않는 조약이었던 것이
다. 그러나 일본의 동아시아 침략의 역사는 이미 지나간 과거사가 아
니라 현재와 미래에도 깊은 함의를 갖는 현실의 미해결 과제다.

우리는 몇 차례의 국제회의를 통하여, 2차 세계대전의 종결과정에
서 이루어진 카이로 선언과 포츠담 선언을 샌프란시스코 강화조약이
거의 반영하지 못했다는 사실을 거듭 확인했다. 1943년 12월 1일 미국
의 루스벨트 대통령, 영국의 처칠 총리, 중국의 장제스 총통이 카이로
에서 회담하고 합동으로 공동선언을 공표한 것이 카이로 선언이었다.
카이로 선언의 핵심가치는 "일본 침략자 분쇄 및 응징", "식민지 및 불
법점령 영토주권 회복" 그리고 "인권개선"이었다.

여기에서 영토주권 회복문제는 중국의 영토주권 회복문제와 조
선의 영토주권 회복문제 두 가지였다. 중국 측의 후더쿤 교수와 쉬융
교수는 현재의 샌프란시스코 강화조약은 역사적 근거가 없는 불법무
효로 중국은 그 조약을 인정하지 않으며, 미국이 약속한 댜오위다오釣

魚島를 포함해 남중국해의 여러 섬들 그리고 오키나와의 중국 귀속을 주장하고 있다.

카이로 선언 가운데 한국과 관련된 원문은 다음과 같다. "일본은 또한 폭력과 탐욕에 의하여 약취한 모든 영토로부터 축출될 것이다. 위 3대국은 한국인의 노예상태에 유의하여 적절한 과정을 통해 자유 독립시킬 것을 결의하였다."

이 카이로 선언의 핵심가치는 1945년 7월의 포츠담 선언 8항에서 재확인 되었고, 1945년 8월 10일의 항복문서에서 일본의 포츠담 선언 무조건 수락과 그해 9월 2일의 항복문서 서명으로 정치적 선언에서 더 나아가 국제법적 효력을 갖게 되었다. 일본의 항복문서의 관련부분 은 다음과 같다. "우리(일본)는 1945년 7월 26일 포츠담에서 미국·중국· 영국의 정부 수뇌들에 의하여 발표되고 그 뒤 소련이 지지한 선언에 서 제시한 조항들을 수락한다. 우리는 이후 일본정부와 그 승계자가 포츠담 선언의 규정을 성실히 수행할 것을 확약한다."

이로써 카이로 선언과 포츠담 선언에서 묵시적으로 선언하고 구체 적으로 명기하지 않았던 독도 조항이 소급하여 명백하게 확인되는 효 과를 갖게 되었다. 다시 1946년 '연합군 최고사령부 지령(SCAPIN) 677' 에서 독도를 일본영토에서 제외시켜 한국에 귀속시켜야 할 섬이라는 것을 명기하여 당시 일본의 임시정부에 통보했다. 이것은 카이로 선언 과 포츠담 선언에서 일본이 돌려주어야 할 섬 목록 가운데 독도가 포 함되어 있었다는 것을 소급해서 확인시켜주는 맥아더 사령부의 지침 이다.[2]

그러나 그 후 샌프란시스코 강화조약 성립 2단계를 경과하면서 카

---

2   이장희, 〈카이로 선언의 영토주권 문제와 샌프란시스코 평화조약의 한계점 극복〉; 쉬융,
〈동아시아에서의 전후 식민주의 처리와 남겨진 문제〉; 후더쿤, 〈영토분쟁은 미뤄 두고
동북아의 협력과 발전을 추진하자〉, 본서 수록 논문 참조.

이로 선언과 포츠담 선언의 핵심가치는 상실되어 갔다. 샌프란시스코 강화조약 제2조1항 및 9조d항에 일본이 한국에 돌려주어야 할 섬의 명단에서 독도 표기가 누락됨으로써 그 후 일본의 독도 영유권 주장의 근거를 제공하게 되었다. 알렉시스 더든 교수는 이 과정에서 친일파 인사로 맥아더의 자문관을 맡았던 시볼드의 역할을 주목한다. 더든 교수는 독도문제만이 아니라 한·일 간의 역사문제 분쟁에서 미국이 언제나 일본을 편들었으며, 미국은 한·일분쟁의 사실상의 책임자인데도 중재자연하고 있다고 강조한다. 더든 교수는 그것을 "미국 외교의 더러운 비밀(dirty secret)"이라고 지적하고 있다.[3] 정병준 교수는 컬럼비아대 학술회의에서 분쟁 섬들의 귀속과정을 치밀하게 추적하면서 당시 미군 간부들과 그 부인들이 일본의 기모노를 입고 일본 정계인물들과 은밀한 파티를 즐기는 장면의 사진들을 공개 폭로하기도 했다.[4]

사실 샌프란시스코 강화조약의 미국 측 대표들은 일본이 아시아인에 대한 우월감을 계속 활용하도록 하는 정책을 쓰기도 했다. 그야말로 더든 교수의 표현처럼 샌프란시스코 조약 성립과정의 "더러운 비밀"이라 하지 않을 수 없다. 아울러 제2차 세계대전의 전쟁책임만을 가볍게 묻고 식민지 책임문제는 불문에 그침으로써 카이로 선언에서 언급한 바, 조선인의 노예상태 지적에 대한 인권개선의 가치가 실종되고 말았다.[5] 오늘날 위안부문제나 징용자문제 해결의 길이 막혀 버린 것도 샌프란시스코 강화조약의 벽 때문이라고 할 수 있다. 전후 구 제국

3   알렉시스 더든, 〈동아시아 동맹국들 간의 문제? 문제 많은 미국의 과거〉, 본서 수록 논문 참조. 이 논문을 처음 서울회의에서 발표할 때의 제목은 "Trouble among East Asian Allies? America's Dirty Secret"였다.
4   정병준, 〈샌프란시스코 평화조약과 영토문제: 일본 외무성의 영토문제 자료집과 그 영향〉, 본서 수록 논문 참조.
5   이장희, 〈카이로 선언의 영토주권 문제와 샌프란시스코 평화조약의 한계점 극복〉, 본서 수록 논문 참조.

주의 국가와 국교를 정상화할 때 그들의 과거 침략과 파시즘적 지배에 대하여 사죄를 표현하는 것이 일반적 관례라 할 수 있겠으나, 한·일 기본 조약에는 그러한 표현이 전혀 없는 매우 드문 사례를 보여주고 있다.

조선이 맺은 최초의 근대적 조약인 강화도조약(1876)에서 일본은 관세조항을 삽입하지 않아 근대 세계 통상조약상 유례를 찾아보기 어려운 관세 없는 조약이 되었으며, 한말의 소위 을사보호조약은 조약의 실체 자체가 존재하지 않는 데 이어, 소위 한국병합조약은 한국의 국가 원수인 국왕의 결제가 없는 조건 미비의 미성립 조약이었다. 그럼에도 해방 후 국교 정상화조약에서는 식민지배에 이르는 과정에서의 강압과 불법 그리고 식민지범죄에 대한 아무런 사죄 표현이 없었다.

일본의 한국 식민지배는 세계사적으로도 특별한 경우에 속한다. 일본은 이미 제국주의의 피해에 대한 일정한 반성으로 '평화'를 강조하고 옹호하는 국제적 움직임이 시작되어 헤이그 만국평화회담(1908)을 개최하는 시기에 뒤늦게 제국주의적 침략에 뛰어들었다. 서구 제국주의는 일반적으로 19세기에 서구와는 인종과 문화가 다른 아시아·아프리카에 침략하여 식민지 경영을 하였다. 그에 비해 일본은 천년 이상 국교를 지속해 오던 이웃나라에 식민지 침략을 했다. 일본은 일본이 침략하지 않았더라도 다른 강대국들이 한국에 침략했을 것이라고 강변하고 있지만, 청일전쟁과 러일전쟁 후 미·영 지원하의 일본에 대항할 강대국은 지구 위 어디에도 없었다. 러일전쟁에 패배한 혁명 전야의 러시아는 한국 진출의 야욕도 능력도 없었다는 사실이 밝혀졌다.

식민지 침략은 자원 착취, 이권 약탈 그리고 전략적 요충지의 강점 등을 먼저 실행한 후에, 다시 그 위에 장시간 노동과 저임금 강제로 노동착취 시스템을 강화한다. 여기에 더하여 일본 파시즘은 징용과 정신대 등의 형태를 포함한 최악의 인간 착취극을 연출하였다. 카이로 선언에서 지적한 한국인의 노예상태가 바로 그것이다. 여기에서 한걸음 더 나아가 일본 파시즘은 한국인의 언어와 문자, 역사 심지어 성씨까지 빼앗는다. 나치즘의 제노사이드(인종말살)는 집단수용소에서 유대인의 육체를 살육하였지만, 일제 파시즘은 조선인을 산채로 영혼을 말살하는 황민화정책을 실시한 것이다. 세계 식민정책사상 유래가 없는 범죄의 신기원을 이룬 케이스다.

미국의 동아시아 근대사 연구의 권위자 존 다우어John W. Dower 교수는 샌프란시스코 체제의 유산을 다음 8가지로 요약하였다. 오키나와와 두 개의 일본, 한·중·러와의 영토분쟁, 일본 내의 미군기지, 일본 재무장과 미국의 핵우산, 역사문제들, 중국 봉쇄와 일본의 아시아로부터의 이탈, 일본의 예속적 독립 등이다.[6]

이들 8가지 모두가 한국과 관계가 깊지만, 특히 독도 영토문제와 역사문제 등이 중요하다. 전후 국교 재개 과정에서 식민지 침략사에 대한 사과 없는 조약을 체결한 것이다. 이 샌프란시스코 강화조약의 테두리와 그 지침 및 강제 내에서 그 하위체계로 한·일 기본조약과 청구권협약이 체결됐다. 그리고 이 불평등조약을 시정하려는 최근 한국의 움직임에 대하여 일본정부는 청구권협약 위반이자 국가 간의 약속을 저버린 행위로 몰아 비난하며 무역보복을 서슴지 않았다.

샌프란시스코 강화조약에서 1910~1945년에 일제가 한국에서 저지른 식민지배 범죄는 애당초 해결해야 할 과제로 상정되지 않았다. 식민지라는 단어 자체가 조약 어디에도 등장하지 않는다. 그 21조에서 한국은 조약의 서명 당사국이 아니지만 제2조, 제4조, 제12조에 해당되는 혜택을 누린다고 규정하였다. 강병근 교수는 법리적으로 "혜택을 누린다면 말 그대로 혜택이 되어야 하는 것이고 의무를 부과하는 것이 될 수 없다. 참석하지도 못한 조약을 근거로 배상받을 권리를 부정

6　John W. Dower, 〈The San Francisco System: Past, Present, Future in U.S.-Japan-China Relations〉, 《The Asia-Pacific Journal》(2014.2).

24

하는 것은 혜택이 아니라 의무를 강제하는 것이다.”라고 지적한다.[7]

우선 제2조 (a)항에서는 “일본은 한반도의 독립을 인정하며, 제주도, 거문도 및 울릉도를 포함하는 한반도에 대한 권리 권원 및 청구권을 포기한다.”라고 규정하고 있는데, 이것은 카이로 선언과 형식상 연결되는 것으로, 조약의 목적과 구조로 보아 한국의 독립인정이란 일본의 식민지 범죄에 대한 책임추구의 권한을 갖는 것을 의미하는 것이 아니라, 영토의 분리 분할에서 오는 재정상 및 민사상의 청구권 문제가 해결되었다는 의미에 불과하다.

여기에서 우리는 미국이 구한말 태프트-가쓰라 비밀협약으로 일본의 한국병합을 방조하고, 제1차 세계대전 뒤 윌슨 대통령의 민족자결주의에 고무된 한국이 3·1운동을 일으키고 지지를 요청했음에도 불구하고 끝내 냉담하게 뿌리치고 오히려 일본에 일방적으로 유리하게 움직였으며, 또 샌프란시스코 강화조약에서 일본 파시즘의 식민지범죄에 대해 한국이 추궁할 길을 철저히 봉쇄하고 말았던 사실을 확인할 수 있다. 그 배후에 미국의 하와이 침략과 식민지배에 대한 원죄 때문이라는 지적이 있다.

사실 미·소 냉전이 시작되었을 때 유대인 조직과 UN 전쟁범죄위원회에서 나치가 자행한 3만 6000건의 전쟁범죄 혐의를 제시하였으나, 당시 메카시선풍이 일고 있던 미국정부는 냉전대응의 논리로 내닫는 바람에 이 혐의를 덮어버린 적이 있었다. 샌프란시스코 조약에서 일본의 전쟁범죄 행위를 추궁하지 않은 것도 이와 시기적으로 거의 일치한다. 그 후 박근혜 정부와 아베 정부 사이에 위안부문제로 외교적 긴장이 고조되어, 미국의 오바마 대통령이 중재역할로 분주할 때 우리는 미국 상하원 합동회의에서 하와이점령 100주년이었던 1992년

7 강병근, 〈1951년 샌프란시스코 평화조약이 한반도에 미친 영향〉, 본서 수록 논문 참조.

에 강제점령 사죄결의를 한 사례를 들어 위안부문제 미해결에 대한 책임이 미국에도 있으므로 미국이 일본에 앞서 위안부 피해 할머니들께 사죄하라고 주장한 바 있다.

샌프란시스코 강화조약은 식민지 범죄문제는 철저히 외면하고 오직 제2차 세계대전의 전쟁책임만을 가볍게 논의하는 데 그치고, 청구권협약도 강화조약의 성격상 국토의 지리적 분열과 분할에 따른 민사적·재정적 청구권문제에 국한되는 것이어서 식민지배 범죄를 청구권의 역사적 혹은 법적 원인으로 설정하지 않은 조약이었다. 한·일협정이 샌프란시스코 조약을 모법으로 한 협약이었다면, 한·일 간의 소위 1965년 체제의 근간인 한·일 기본조약과 청구권협약은 식민지배 범죄와는 관계없는 조약인 셈이다. 말하자면 한·일 간에는 식민지배 범죄를 아직 다루지 못하고 있으며, 한·일 간의 역사적 숙제로 그대로 남아 있다는 이야기가 된다. 한국정부는 위안부문제와 징용자문제를 식민지배 범죄의 청산이라는 차원에서 다루고 있지만, 일본정부는 2차 세계대전의 종결에 따른 한·일 간의 지리적 분리과정의 부수적인 문제인 청구권 처리 차원에서 다루고 있는 것이다. 한·일간의 식민지배 범죄 청산문제와 청구권문제는 전혀 별개의 문제인가?

샌프란시스코 체제의 단절과 연속: 샌프란시스코 체제를 뛰어넘을 일련의 운동 패턴들

샌프란시스코 체제의 역사적 귀결은 베르사유 체제의 역사적 귀결과 비교적 선명하게 대비된다. 제1차 세계대전이 끝난 후 영국과 프랑스 등의 전승국들이 패전국 독일과 체결한 강화조약은 매우 가혹한 것이었다. 과도한 배상금을 강요하고, 인구 674만 명이 사는 알자스-로렌 등 자원의 보고를 독일에서 분리시켰으며, 독일이 지배했던 해외 식민지도 전승국에 귀속시키고, 대병력을 보유하고 있던 참모본부를 해체시켰으며, 중무기 보유를 일절 금지했다. 이러한 베르사유 강화조약은 독일국민들에게 엄청난 불만으로 다가왔고, 이 불만은 나중에 독일에 히틀러의 나치즘을 배태시킨 요인이 되었다.[8]

미국은 샌프란시스코 강화조약을 추진하는 과정에서 베르사유 강화조약과는 반대로, 중국대륙의 공산화와 한국의 6·25전쟁에 대응한 전략 차원에서 전범국가 일본에 대해 너무나 가벼운 처벌을 안겨주었다. 그 결과로 오히려 전범들에게 면죄부를 주었으며, 이후 미국은 일본에 대한 파격적인 경제지원과 6·25전쟁 특수를 통해 일본 경제를 재건시켰고, 이는 결과적으로 일본이 샌프란시스코 강화조약을 '역逆코스'로 뛰어넘어 그 이전의 전전戰前체제로 복귀하는 동력이 된다.

전후 평화체제에 대한 지지와 권위가 강화되고 일반화될수록 전전체제에 대한 미화와 긍정의 정도는 약화되고 소수가 됐지만, 일본사회는 오히려 시간이 지날수록 전후체제에 대한 지지와 평가가 약화되고 전전체제에 대한 미화와 긍정의 수준이 높아갔다. 일본에서는 전후 평화헌법은 일본인의 의사가 아니라 점령군의 일방적 강압에 의해 성립됐다는 생각이 주가 됐으며, 샌프란시스코 강화조약 체결의 날을 일본 주권회복의 날로 규정하고, 전전 일본을 반성해야 할 대상이 아니라 아름다웠던 국가라고 강조하고 있다. 이에 따라 마침내 정식으로 헌법 개정을 정권의 목표로 내건 아베 총리가 등장하여 일본 보수정치가 재부활하는 상황까지 온 것이다. 아베 정권은 평화헌법의 핵심인 9조의 개정에는 성공하지 못하였지만, 9조를 사실상 무력화시키는 집단적 자위권법(안보법)을 통과시켜 현재 작동하고 있다. 우치다 마사토

<hr>

8   김성원, 〈성급한 평화, 불쾌한 탐욕〉; 김영호, 〈샌프란시스코 조약체제를 넘어서〉, 본서 수록 논문 참조.

시 변호사는 이를 헌법에 대한 쿠데타라고 비판하고 있다.[9]

일본은 현재 보수정치의 부활과 전전체제의 부활이라는 측면에서는 사실상 샌프란시스코 체제를 넘어서 작동하고 있으며, 헌법 9조의 개정에는 성공하지 못하였지만 무력화에는 성공하여 샌프란시스코 체제를 무력화하는 상황까지 왔다고 할 수 있다. 여기에서 우리는 1차 세계대전의 패전국 독일에 대하여 매우 가혹했던 베르사유 강화조약의 결과가 히틀러의 나치즘을 가져왔다면, 2차 세계대전 패전국 일본에 대하여 매우 관대했던 샌프란시스코 강화조약의 결과가 일본의 전전 파시즘의 새로운 부활을 가져온 것이라고 얘기할 수 있다. 이것은 하나의 세계사적 사건이라고 할 수 있다. 나치즘을 극복하는 데 인류는 20세기 후반세기의 대부분을 보내야 했다. 이제 일본의 재판再版 파시즘을 극복하는 데 인류는 21세기의 태반을 보내야 하게 될지 모른다. 우리는 일본의 전반적 우경화로 전후 민주주의에서 전전 파시즘의 부활을 목격하면서 샌프란시스코 체제 1.0에서 샌프란시스코 체제 2.0으로의 이행을 경험하고 있다.

샌프란시스코 강화조약의 경제적 실체는 미국 국가안전보장회의 NSC의 〈일본에 대한 미국의 정책에 관한 보고〉(NSC13/2)를 핵심으로 한 일본판 마셜플랜이 시동되고 6·25전쟁 특수의 집중적 수혜 등으로 일본경제의 고도성장이 본격화된 것이다. 샌프란시스코 체제는 중국 대륙의 공산화와 한국의 전쟁발발에 대응하여 일본을 미국의 전략기지로 만들면서 동시에 자본주의의 쇼윈도로 만들어 동아시아 제국을 일본경제의 주변지역으로 재편성하는 것이었다. 이후 미국의 정책은 이러한 샌프란시스코 체제의 구도대로 전개되었다. 전후 미국의 원조와 동아시아 제국에 동결된 일본자산이 전후 동아시아 경제재건의 기

9 우치다 마사토시, 〈아베 '개헌'을 독려한 아미티지 리포트〉, 본서 수록 논문 참조.

반이 되고, 농지개혁이 농촌의 과잉노동 배출을 가능하게 했으며, 이
것이 일본 자본의 진출과 결합돼 의존적 공업화가 이뤄질 수 있었다.
때마침 미국은 전후 인플레를 억제하기 위하여 국내시장을 개방하고
동아시아 제국으로부터 수입수요를 촉진하였다. 미·일 등의 자본의 무
제한 공급과 동아시아 제국의 국내 노동의 무제한 공급이 서로 만나
동아시아의 수출주도형 공업화가 본격화되고, 그 과정에 한국, 대만,
싱가포르, 홍콩 등의 신흥공업국이 출현하였다.

　1972년 오키나와 시정권施政權이 일본에 반환되어 샌프란시스코
체제의 변화를 예고하였다. 1972년의 '닉슨 쇼크'로 미·중관계가 정상
화되고, 이때를 전후하여 중·일 외교관계가 회복되었으며, '88 서울올
림픽'을 계기로 노태우 정부의 소위 북방외교로 한·러, 한·중 국교정상
화를 포함한 공산권 45개국과의 수교가 이루어졌다. 북한과 일본 사이
에도 2002년 고이즈미 총리의 평양방문과 평양선언이 이루어졌다. 중
국이 세계 최대의 시장이 되면서 동아시아 역내域內무역이 50%를 넘어
가자 역내투자가 따라가고, 2020년 역내무역이 55%를 넘어가자 당연
히 금융의 역내화가 병행해서 일어났다. 샌프란시스코 체제로 분단되
고 대립적이었던 동아시아 지역은 서서히 통합되기 시작하였다. 아세
안+3(한·중·일) 공동체가 형성되고 여기에 호주와 뉴질랜드가 가담하
면서 정례 서밋summit체제로 진전하였다. '치앙마이 이니셔티브'로 역
내 화폐·금융의 통합이 급진전하면서 무역·투자·금융 통합을 배경으
로 동아시아 역내포괄적경제동반자협정RCEP이 추진되고 마침내 비준
되었다. 한·중·일 서밋도 정례화하고 한·중·일 협력사무국도 설립되었
다. 이로써 동아시아 경제통합은 불회귀점을 통과하였는가? 동아시아
공동체의 성립으로 샌프란시스코 체제는 종언을 고하게 되었는가?

　동아시아 공동체의 성숙은 샌프란시스코 체제 졸업의 또 하나의
패턴이라 할 수 있다. 그러나 사태는 복잡하게 전개되었다. 저명한 사

회학자 칼 도이치Karl Deutsch는 국가들 사이의 접촉과 통신이 빈번해질수록 통합의 도수가 높아진다고 하는 소위 '칼 도이치 가설'을 내어 많은 공감을 샀다. 동아시아에서도 경제교류와 접촉이 폭증하여 이제 통합이 고도화하고 공동체가 본격화하리라는 전망이 지배적이었다.

그러나 사태는 역전하고 말았다. 과거사문제를 중심으로 한 역사분쟁과 분쟁 섬 문제를 중심으로 한 영토문제에 대한 샌프란시스코 강화조약의 "미해결 문제(unsolved problems)"가 끊임없이 제기되어 오히려 정치경제적 협력을 후퇴시켰다. 이러한 역현상을 '동아시아 패러독스'라고 한다. 서유럽에서 유럽연합 성립이 가능했던 것은 유럽의 지성 자크 아탈리Jacques Attali의 증언처럼 "역사화해가 유럽통합을 가능하게 했던 것"이다. 그렇다면 샌프란시스코 강화조약은 동아시아의 일정한 경제성장의 길을 유도하면서 동시에 동아시아 내부의 지속적 분쟁의 길도 열어 놓은 것일까? 캐나다 워털루대학의 하라 기미에 교수는 미국이 동아시아 국가들의 분쟁을 유도하기 위하여 샌프란시스코 강화조약에 전략적으로 역사분쟁과 영토분쟁의 씨앗을 심어 놓았을 것이라고 추정하면서, 2019년 서울회의에서 이렇게 놀라운 결론을 발표했다.[10] "강화조약의 모호한 자구들은 부주의 탓도 실수 탓도 아니었다. 오히려 그런 문제들은 의도적으로 미해결인 채로 남겨졌다."

더구나 미국은 일본 아베 전 총리의 평화헌법 개정노선을 전략적으로 지지해왔다. 평화헌법은 샌프란시스코 체제의 중요한 성과요 기둥이라 할 수 있는데, 그 개정운동을 지원하는 것은 무슨 까닭일까? 그것은 말할 것도 없이 미·중 패권대결에 일본을 반중대열로 적극 끌어들이기 위해서였다. 미·일은 인도·태평양 시스템의 미국·일본·인도·호주 4개국의 안전보장 협력체인 소위 쿼드QUAD동맹을 발족시켜 아시

10 原貴美惠,《サンフランシスコ平和条約の盲点: アジア太平洋地域の冷戦と'戦後未解決の諸問題'を考える》(渓水社, 2005);〈올바른 해결과 화해를 위한 열쇠들〉, 본서 수록 논문 참조.

아·태평양판 NATO(북대서양조약기구)를 지향하고 있다. 신종속이론에
는 주변부의 다음도 주변부라는 명제가 있다. 샌프란시스코 체제의 다
음은 샌프란시스코 체제의 졸업이 아니라 인도·태평양 체제라고 하는
'신 샌프란시코 체제'가 아닐까? 이것을 와세다대학의 이종원 교수는
'샌프란시스코 체제 2.0'이라 부르고 있다.[11] 샌프란시스코 체제의 운명
은 동아시아 공동체의 성숙과 역사분쟁의 시소게임에 그 단절의 가능
성을 내맡기고 있는 것 같다.

전후 70년, 2015년의 아베 담화는 과거 1995년의 무라야마 담화를
정면으로 부정하지는 않았지만 "덮어쓰기"로 사실상 부정한 것과 같
았다. 2019년 서울회의에 참석한 개번 매코맥Gavan McCormack 교수는
이렇게 지적하고 있다. "샌프란시스코 조약/냉전체제는 그것이 확립된
지 약 70년이 지나 유효 사용기한이 다 끝나가고 있다. 아베는 지금 그
틀을 유지하는 데 집중하면서 그 노력의 대부분을 워싱턴에 굽실거리
며 바치는 한편, 중국, 러시아 그리고 북한과 대립하면서 끊임없이 전
쟁준비에 박차를 가하고 있다."[12]

그리고 아베는 2010년의 간 나오토 담화는 완전히 무시하는 자세
로 사실상 과거로부터 벗어나려는 태도를 취했다. 한국은 정치경제적
으로 선진국 대열에 진입했음에도 불구하고 안보시스템으로는 미·중
대결 사이에 끼어 샌프란시스코 체제의 주변부로 재편입된 양상이다.
2차 세계대전 직후 미·중대결이 시작되면서 샌프란시스코 체제의 주
변부로 피해를 본 한국은 다시 새로운 미·중대결이 본격화하면서 샌프
란시스코 체제 2.0의 피해자로 다시 편성되고 있는데, 이 위기를 기회
로 바꾸는 전환이 무엇보다 중요해지고 있다.

11 이종원, 〈'샌프란시스코 체제'를 넘어서 어디로?: 경합하는 '동아시아' 지역질서 비전〉, 본
서 수록 논문 참조.
12 개번 매코맥, 〈종속주의를 넘어서〉, 본서 수록 논문 참조.

동아시아에 인권과 민주주의가 꽃피면 그 꽃은 샌프란시스코 체제와 충돌하기 마련이다. 그 만큼 샌프란시스코 체제는 민주주의를 외면하거나 서로 어울리기 어려운 성격을 갖고 있다. 한국의 경우를 예로 들어 살펴보자. 해방 후의 농지개혁은 농촌 과잉인구로부터 저임금 노동공급을 가능하게 했고, 군사정부의 개발독재 아래 차관과 일본으로부터의 청구권 자금 등 대량 공급된 외자와 재벌 자본이 결합함으로써 수출주도형 경제성장 10여 년 만에 중소득국이 되고, 중소득국에서 다시 10여 년 만에 신흥공업국NICs이 됐으며, 신흥공업국에서 다시 10여 년 만에 중소득자 중심의 시민사회를 만들어냈다. 이미 개발독재에 저항하며 형성된 반체제세력이 성장하면서 시민층과 제휴하여 광주항쟁과 6월항쟁을 일으켜 민주주의를 쟁취하였다. 여기서 반체제운동권과 개발독재가 길러낸 중산층(넥타이 부대)의 연대가 중요하다.

우리는 전후사에서 경제성장→신흥공업국→시민사회→민주주의의 진화과정을 확인했으며, 시민사회 단계에서 민주주의체제하의 인권이 중시되었고, 현재의 인권중시 풍조는 (과거)역사상의 인권유린 측면에 대한 비판을 고조시켰다. 그리하여 민주화되면 될수록 식민지 과거사문제는 오히려 더욱 예민하게 되고, 이에 비해 일본은 보수화하면 할수록 더욱 더 역사반성에 역행하여 한·일 간의 역사충돌은 거의 불가피하게 된다. 한국의 민주주의가 신장할수록 위안부문제, 징용자문제, 식민지 과거사의 인권유린 역사, 불평등조약 개정문제 등 공세 수위가 높아지게 되었다. 한국의 민주주의가 정착하면서 1991년 8월 14일 위안부 피해자 김학순 할머니의 증언이 나왔으며, 1992년 1월부터는 세계를 상대로 위안부문제를 제기한 수요집회가 시작되었다. 전후청산 문제가 사회적 이슈로 본격적으로 제기되었으며, 구한말 일본과의 불평등조약 무효화 내지 개정문제가 대두되었다. 마침내 2010년 한국병합 100년을 맞이하여 한·일 지식인 1000여 명이 참여한 '한·일 지식인 공동성명'이 발표되었다. 그리고 그 영향을 받아 일본 내에서 가장 진일보한 '간 나오토 총리 담화'가 발표되었던 것이다.

한·일 지식인 공동성명은 특히 한국의 미디어에 대대적으로 보도되어 크게 주목받았고, 그 영향을 받아 2011년 헌법재판소가 위안부 재판에서 국가의 부작위에 대한 위헌판결을 내렸으며, 2012년엔 대법원이 징용 피해자 재판에서 일제의 식민통치를 불법으로 규정하고 국가의 개입에 의한 손해배상 청구권이 청구권협약에 포함되지 않는다는 판결을 내렸다. 그리고 그것이 2018년 11월 강제동원 피해자 배상 판결에 직접적이고 결정적인 영향을 끼치게 되었다. 2018년 11월 대법원 판결은 "일본정부의 불법 식민지배 및 침략전쟁 수행과 직결된 일본기업의 반인도적 불법행위에 대한 위자료 청구권이 한·일 청구권 협정의 적용대상에 포함되지 않았기 때문에 강제동원 피해자의 일본 기업에 대한 위자료 청구권은 존재한다."라고 밝히고 있다. 이 판결의 핵심은 일제 식민지정책은 불법이었다고 규정하는 것으로, 이는 한·일 지식인 공동성명과 입장을 같이하는 한편 샌프란시스코 강화조약과는 정면으로 대립된다. 그만큼 이 판결은 획기적인 것이었다. 당시의 상황을 관찰한 도시환의 연구에 의하면, 그동안 한국고등법원은 기판력既判力 존중이라는 법리에 따라 전통적으로 일본 최고재판소의 판결을 그대로 수용해왔다. 직전인 2009년 2월과 7월의 일제 강제동원 항소심에서도 한국 고등법원은 일본 내 손배소송에서 원고 패소를 확정한 2007년의 일본 최고재판소의 판결을 그대로 승인하여 원고 패소판결을 내렸었다. 그것이 한·일 지식인 공동성명이 나온 뒤부터 헌법재판소에서 완전히 새로운 위안부 관련 판결이 나왔고 대법원에서도 징용자 관련 판결이 나온 것이다.[13] 물론 사법부의 자체 판단이 중요했겠

---

13 도시환, 〈2010년 한일지식인 공동성명과 역사정의의 과제〉, 《동북아역사재단뉴스》(동북
    아역사재단, 2020.8).

지만 한·일 지식인 공동성명이 역사의 물줄기를 바꿔놓았던 것이다.

그러자 미 국무부 주변에서 이는 국제법 위반이라는 비판이 언급된다는 보도가 연이어 나왔다. 여기에서 나오는 국제법 위반이란 말할 것도 없이 샌프란시스코 강화조약 위반이란 말이다. 샌프란시스코 체제는 동아시아 민주주의의 성숙으로 종언을 고할 운명이지만, 역으로 동아시아 민주주의는 샌프란시스코 체제의 제약 아래 놓여 있다고 할 수 있다.

대법원의 징용자문제 판결 후 징용자의 개인청구권 문제가 관심의 초점으로 부상했다. 위안부든 징용자든 샌프란시스코 강화조약은 개인청구권을 금하고 있고, UN을 중심으로 국제인권법 정신이 고양되면서 개인청구권을 인정하는 조류가 이와 맞부딪치고 있다. 한국의 위안부와 징용자는 일본 사법기관으로부터 개인청구권을 한 번도 인정받은 적이 없다. 그러나 1965년 청구권 타결 직후 일본 외무성 조약국장은 일본의회 답변에서 피해자의 인권에 대한 국가의 외교보호권만 종결된 것이며, 개인의 청구권은 살아있다고 밝힌 바 있다. 그러한 원칙은 2018년 11월 대법원의 징용자 재판 직후에도 일본 외상에 의하여 재확인되었고, 일본 변호사들의 한국 대법원재판 지지성명에서도 확인되었다. 그리고 일본도 과거 히로시마와 나가사키 원폭 희생자들의 대미 피해소송 과정에서 피폭자의 개인청구권을 인정했을 뿐만 아니라, 중국의 경우도 정부 간 국교 재개를 위한 일본과의 외교적 타결 뒤 중국인 강제징용자들이 낸 니시마쓰西松건설, 미쓰비시三菱광업 등에 대한 손해배상 청구소송에서 최종적으로 개인청구권이 인정된 경위가 있다. 결국 국가 간 외교협의는 개인 인권에 관한 외교적 보호권에만 영향을 미치는 것이지 개인청구권 자체는 국가가 개입할 여지가 없다는 기본적 원칙이 확인되고 있는 것이다. 이를 통해 동아시아의 시민·인민은 기본적으로 국가로부터 상대적으로 독립된 존재라는 원칙을 엿볼 수 있다. 이와 같은 원칙을 적용하기 어렵게 만드는 현실적 제약이 크고 샌프란시스코 강화조약이 태생적으로 가지고 있는 제약도 심해서, 이 틀 안에서는 위안부나 징용자 같은 전쟁피해자들의 개인청구권이 계속 막히고 있다. 이러한 가운데 극우 정치세력의 현실적 억압이 지속되고 있고, 미국은 중국 견제의 필요성에서 문제투성이인 샌프란시스코 조약을 여전히 옹호하는 입장이다. 그러나 UN 헌장과 인권선언은 전쟁피해자들의 개인청구권을 옹호하고 있으며, 2005년 UN총회에서 "피해자 중심주의"를 만장일치로 통과시켰다. 이와 같은 구조 속에서 국가로부터 개인의 자율성 원칙을 재확인하고 현실적으로 확장해 나가는 것은 매우 중요하다. 이 원칙은 동아시아의 10억을 내다보는 중산층과 스마트 피플smart people이 동아시아의 피동적인 손님이 아니라 주권자이자 주인이라는 사실을 자각하여 시빌 아시아(Civil Asia)로 나아갈 수 있게 하는 하나의 출발점이 될 수 있다.

한편 한·일 지식인 공동성명에서 샌프란시스코 체제 문제를 다루는 것으로 나아가는 과정에서 구한말 한·일협정의 문제에 대해서도 새로운 큰 진전이 있었다. 1910년의 한국병합조약은 순종 황제의 결제가 없는 미성립의 조약이라는 연구성과를 이미 공유한 상황에서, 일련의 연속 국제학술회의를 통하여 1905년의 이른바 을사보호조약이 실재 존재하지 않는 허구의 조약이라는 놀라운 사실이 이태진 교수에 의하여 제기되고, 일본의 도쓰카 교수/변호사가 독자적인 조사로 재확인하여 전 참석자가 이에 동의하는 감동적인 장면이 연출되었다.[14] 이

---

14 지난 2018년 10월 27~28일 중국 우한대학에서 열린 제3회 학술회의에서 이태진 교수의 〈Expectations for the new International Order of East Asia in 21st Century〉라는 제목의 발표에 이어 도츠카 에츠로 교수의 〈A Way towards Japan's defreezing of it's decolonization & process〉라는 제목으로 을사보호조약의 조약 부재 사실에 대한 감동적인 조사발표가 이어졌었다. 이태진, 〈한국병합 무효화 운동과 구미의 언론과 학계〉; 도츠카 에츠로, 〈일본의 탈식민 프로세스 동결 해제를 위하여〉, 본서 수록 논문 참조.

것은 일제의 통감부 설치의 불법성을 말해주는 것이며, 1910년의 한국 병합조약의 존립 전제조건과 역사적 근거를 무너뜨리는 중대한 사건이다. 지금 지구상에 을사늑약의 원본은 어디에도 존재하지 않는다.

이것은 역사적 사건이 아닐 수 없다. 아울러 국제법 개척자의 한 사람인 프랑스의 프랑시스 레이Francis Rey는 〈대한제국의 국제법적 상황〉(1906)에서 '강제에 의한 조약은 무효'라고 이야기하며 그 대표적인 3가지 사례 중 하나로 "을사보호조약"을 들었고, 하버드대학의 맨리 허드슨Manley Ottmer Hudson 교수 역시 강박duress에 의한 국제조약의 대표적 사례 중 하나로 1905년의 한·일 보호조약을 들었다.[15] 둘 다 순수 국제법의 정신에 따라 무효에 해당하는 대표적 조약의 하나로 을사보호조약을 거론했고, 이는 '국제연맹 전문가위원회'의 명의로 〈하버드 법대 보고서〉로 발표되었다. 이것은 다시 UN 국제법위원회의 결의를 거쳐 1963년 UN 총회에서 정식으로 통과되었다.[16] 이것은 샌프란시스코 체제의 정당성의 핵심을 바로 UN 총회가 부정했다는 문맥을 갖는 것으로, 앞서 본 한·일 지식인 공동성명의 정당성을 한층 더 강화시킨다.

맺음말

샌프란시스코 강화조약은 그 전문에 "어떠한 상황에도 UN 헌장을 준수하며 세계인권선언의 목표를 구현하려 애쓰며"라고 명기하고 있다. UN 헌장 준수와 세계인권선언 목표 구현을 내세우고 있는 것이다. 이러한 전후 강화조약의 수명은 70년이면 충분히 족하다.

---

15 이태진, 〈한국병합 무효화 운동과 구미의 언론과 학계〉, 본서 수록 논문 참조.

16 United Nations, 〈Article 35. Personal Coercion of Representatives of States〉, 《Yearbook Of The International Law Commition 1963(volume26)》; 도츠카 에츠로, 〈일본의 탈식민 프로세스 동결 해제를 위하여〉, 본서 수록 논문 참조.

샌프란시스코 강화조약은 동아시아의 경제성장에 직접적이든 간
접적이든 어느 정도 기여한 측면을 간과하기 어렵다. 그렇지만 전전
미국과 전쟁을 했던 전범세력에게는 약간의 처벌조처를 한 데 비해 동
아시아 제국에 침략과 식민지배의 파시즘 폭력을 자행한 데에 대해서
는 거의 전혀 처벌하지 않았다. 일본 파시즘세력을 관용하는 데 그치
지 않고, 중국의 공산화와 6·25전쟁 대응책의 일환으로 일본을 전쟁의
파트너로 손을 잡았을 뿐만 아니라, 일본이 전후 동아시아 제국의 새
로운 지배자로 군림하게 하였다. 미국은 샌프란시스코 체제를 통하여
일본 파시즘을 온존시킨 것이다. 앞서 살펴본 것처럼 이것을 두고 더
든 교수는 미국 외교의 "더러운 비밀"이라고 폭로하였던 것이다.[17]

이것은 UN 헌장 준수와 인권선언 목표에 함께한다는 조약 전문
에 반하는 것이다. UN은 2001년 8~9월 남아공의 더반에서 '인도주의,
인종차별, 배외주의 및 이와 관련한 불관용에 반대하는 세계회의'를
개최하여 노예제, 노예무역 및 식민지주의를 "인도에 반하는 죄"로 단
정하였다. 그리고 2010년 국제형사재판소 조약에서 공식적으로 침략
의 죄를 제정하였으며, 아울러 2005년 UN 총회에서 "피해자 중심주
의"를 만장일치로 채택하여 피해자권리 기본원칙을 명백히 했다. 하지
만 샌프란시스코 체제에서는 위안부문제와 징용자문제 등은 이러한
"인도에 반하는 죄", "침략의 죄", "피해자 중심주의" 원칙의 적용을 전
혀 받지 못하고 있다.

현대 국제법의 가장 중요한 원칙 중의 하나는 반인도범죄나 전쟁
범죄 등 인권침해의 피해자들은 진실규명 배상과 보상, 재발 방지 등
의 조처를 요구할 권리를 가지며, 가해자는 합당한 조치를 취할 의무
가 있다는 것이다. 한·일 청구권협정 때문에 위안부들과 강제징용 피

17 알렉시스 더든, 앞의 글.

해자들이 일본정부나 기업으로부터 당한 인권침해에 대한 피해보상과 보상을 요구할 수 없다고 우기는 것은 국제법의 기본을 모르는 무지의 억지라고 할 수밖에 없다. 빈 협약의 기본정신은 만약 한·일 청구권협정이 중요한 국제규범에 반하는 내용을 정당화하기 위한 것이었다고 하면, 그 조항 또는 그 조약 자체가 유효한 것으로 보기 어렵다는 것이기 때문에, 한·일 청구권협정을 그렇게 해석할 아무런 근거가 없는 것이다.[18] 백태웅 교수는 2021년 1월 8일 위안부 출신 피해자 12명이 낸 손해배상 청구소송에서 서울중앙지법 민사34부(재판장 김정곤)의 판결과 동 4월 21일 위안부 출신 피해자 2명과 유족들이 낸 손해배상 청구소송에서 서울중앙지법 민사15부(재판장 민성철)가 내린 판결이 거의 정반대로 나와 매우 당황스러웠다며, 여기에 대하여 전자는 "반인도범죄 및 전쟁범죄에 대해 보편적 관할권을 인정하고 인권침해의 구제에 적극적으로 대응해온 벨기에, 스페인, 이탈리아 등 여러 나라의 새로운 인권판례와 같은 맥락에 서있으며, 2차대전 후 시작된 인권보호 및 구제조처의 확대 추세를 반영한 주목할 만한 판결"이라며 높이 평가하고, 후자는 "국제법과 국제 인권법의 최근 경향에 비춰보면 용납할 수 없는 잘못된 국가주의적 접근"이라고 준엄한 질책을 하고 있다.[19]

샌프란시스코 체제는 1972년 2월 닉슨 미국 대통령이 중국을 방문하고, 같은 해 5월 오키나와 시정권의 일본반납, 9월 중·일 외교관계 수립 등으로 중대한 변화를 겪었다. 하지만 샌프란시스코 체제는 아직 종언을 고하지 않았으며 미국 오바마 정부의 '아시아로의 회귀(Pivot to Asia)' 정책과 트럼프-아베에 의한 중국이라는 대적 상대의 발명을 통해 샌프란시스코 체제의 재건 작업이 오늘날 인도·태평양지역의 미

18 백태웅, 〈일제하 반인도 범죄 피해자와 1965년 한·일 청구권협정〉, 본서 수록 논문 참조.
19 백태웅, 위의 글.

국·인도·호주·일본 4개국의 쿼드Quad동맹으로 귀결되고 있다. 이 쿼드
동맹의 확대 강화의 형태로 샌프란시스코 체제 2.0이 구체화될 것 같
은 조짐이다. 한국의 평창 동계올림픽을 계기로 한 남북화해와 그것에
이은 북·미 싱가포르 회담과 하노이 회담이 성공했더라면 샌프란시스
코 체제와 북한 간의 긴장이 극복되었을까? 개번 매코맥 교수와 와다
하루키 교수는 서울회의에서 북의 진정한 비핵화는 샌프란시스코 체
제 전체(오키나와 미군기지 포함)의 비핵화와 분리될 수 없다고 단정한
다.[20] 와다 하루키 교수는 "남북한과 일본 세 나라는 모두 비핵화 중립
화"하고 "미·중·러 핵보유 3대국은 한반도와 일본열도를 공격하지 않
겠다는 서약 아래 동북아 안보공동체를 구축"하는 것이 샌프란시스코
체제 너머의 새 이미지라고 밝히고 있다.[21] 중국의 스위안화 교수는
2005년의 6자회담에서 채택한 '9·19 공동성명'의 회복이 중요하다고
강조하고 한·중·일이 중심이 되고 북·러·몽이 참가하는 동북아 경제회
랑 건설에서 다시 시작하자고 역설한다.[22]

　우리는 무엇보다 동아시아 산업화의 결과로 10억 이상의 중산층
과 그 이상의 스마트 피플이 형성된 것을 주목하고 싶다. 그리고 한·
중·일의 시민 또는 인민들이 미약하게나마 개인청구권을 인정받고 있
고, 그것을 국가로부터 상대적 자율권의 회복을 의미하는 것으로 해석
했다. 이제 이들은 동아시아의 손님이나 각국 포퓰리즘의 꼭두각시가
아니라 독일통일 과정의 독일시민들이 "Wir sind das Volk(우리가 바로
주권자인 그 국민이다)."라고 외치며 뛰쳐나온 것처럼, 우리가 "동아시아
의 주인이다."라며 동아시아의 주인을 가둬 두고 있는 샌프란시스코

20　개번 매코맥, 앞의 글.
21　와다 하루키, 〈샌프란시스코 체제를 어떻게 넘을 것인가〉, 본서 수록 논문 참조.
22　스위안화, 〈포스트 샌프란시스코 체제와 한반도에서 중·미의 전략적 상호작용〉, 본서 수
　　록 논문 참조.

감옥을 깨뜨리고 나오면 동아시아의 새 하늘이 열릴 것이다. "깨어있는 주인" 행세를 제대로 하면 포퓰리즘은 발을 붙이지 못한다. "주인은 적을 만들기보다 친구를 만든다."라는 믿음 아래 '깨어있는 주인'이 주인 역할을 제대로 하며 UN 헌장이나 인권선언의 목표와 연대하여 함께 나아간다면 샌프란시스코 체제는 '시빌 아시아' 체제로 대체되어 나갈 수 있을 것이다. 그 과정에서 한·일 지식인 1000인 공동성명 같은, 샌프란시스코 체제 극복 세계 지식인 1000인 공동성명 같은 것이 혹 가능하지 않을까? 그래서 UN이 1963년에 폐기해야 할 세계 4대 최악의 국제조약을 선정 통과시킨 것과 같은 일을 다시 하도록 할 수 있지 않을까?

제1부

샌프란시스코 체제의 세계사적 성격:
전후 UN 질서하의 예외적 조약 체제

종속주의를 넘어서:
샌프란시스코와 동아시아의 '일본문제'

개번 매코맥Gavan McCormack(호주국립대학 명예교수)

여는 말

우리는 위험한 시대에 살고 있다. 이전의 어느 세대도 우리 세대가 지금 그런 것처럼 핵과 생태라는 두 개의 전선에서 갑자기 또는 서서히 멸종당할 위협에 대해 고민하지 않았다. 핵에 의한 최후의 심판 시계는 2019년 초 자정 2분 전으로 다시 세팅됐다. 세계 초강대국인 미국은 핵무기 제한 협정들을 폐기하고, 이란 핵협상을 파기했으며, 새로운 미사일과 요격미사일 시스템을 배치하고, 거액의 예산을 무기에—성능 개량과 사용 가능한 것으로 만들기 위한 용도로—배정했다.

한편 대기의 이산화탄소 농도가 올라가고, 해수면이 상승하고, 산성화하며, 플라스틱과 여러 형태의 오염물질들이 확산되면서 신음소리를 내게 한다. 생물종들이 사라지고, 빙산과 극지방의 얼음이 녹고, 숲은 불타며, 사막은 확장되고, 폭풍은 사나와지고 있다. 동아시아 국가들은 이처럼 양면적 위기를 맞고 있지만 이 국가들을 지배하는 제도적 틀은 격동의 2차 세계대전과 뒤이은 샌프란시스코 조약(1951) 체결로 확립된 이후 70년이 지난 현재까지 그대로 남아 있다. 당시 미국은 논란의 여지없이 '세계의 주인'이었으며, 샌프란시스코 조약 체제는 미

국의 그와 같은 지배력을 굳히기 위해 고안된 것이었다.[1] 그때 중국은
분열돼 있었고 그 체제에서 배제당했으며, 한국도 분단돼 있었고 전쟁
중이었다. 일본 또한 분단(오키나와가 본토에서 잘려 나갔다)되고 점령당
했으며 '점령 장치'로서 군사기지와 미군의 자유가 당연한 것, 지역과
세계의 '안보'를 위해 필수불가결한 것으로 받아들여졌다.

   물론 그 뒤로 세계는 많이 바뀌었다. 당시 세계의 GDP에서 미국
이 차지하는 비중은 약 절반에 이르렀지만 지금은 16%에 지나지 않으
며, 2050년이면 12%로 내려갈 것으로 전망된다. 반면에 중국은 1995년
부터 2016년까지 20년간 15배나 성장해 이미 세계 GDP의 18%를 차지
하고 있는데, 앞으로도 계속 상승해 2030년대에 27%로 정점에 도달한
뒤 2060년까지 서서히 내려가 약 20%쯤 될 것으로 예상된다.[2] 일본과
비교하면, 중국의 GDP는 1991년에 일본의 1/4이었으나 2001년에 일
본을 추월했고, 2018년에는 3배(또는 심지어 4배)가 됐다.[3] 미국 및 중국
과 비교하여 이러한 상대적 비중 저하는 일본을 불안하게 만들고 도
발하게 만들었다. 한국 역시 샌프란시스코 강화회의에 초청받지 못했
으나, 2018년에 남북한은 평화롭고 핵을 갖지 않으며 다자안보체제의
보장을 받는 한반도를 위한 협상을 시작했다. 그것은 샌프란시스코 조
약 체제를 흔들었다. 샌프란시스코 체제의 핵심국가인 일본의 역대 정
부는 조약 체결 때 그들에게 강요된 종속적/보호국적 지위와 국가 분
단 상태를 받아들였다. 샌프란시스코 조약 체결 당시 오키나와는 전리

1   Kimie Hara, ed., 《The San Francisco System and Its Legacies: Continuation, Transfor-mation,
    and Historical Reconciliation in the Asia-Pacific》(Routledge, 2015).
2   OECD, 〈장기 전망: 2060년까지의 세계경제 시나리오들〉
    http://www.oecd.org/economy/growth/scenarios-for-the-world-economy-to-2060.htm
3   寺島実郎, 〈脳力のレッスン【192】中国の強大化·強権化を正視する日本の覚悟〉, 《世界》(2018. 4),
    pp.42-47; IMF, World Economic Outlook, 2018도 참조. CIA의 〈World Factbook〉은 2017년
    판에서 이미 중국의 GDP가 일본의 4조 9200억달러를 4.5배나 상회하는 21조 2700억달
    러에 이른 것으로 발표하였다.

품으로서 미군에 점령당하고 통제당한 채 그 뒤 20년간 일본에 반환
되지 못했다. 샌프란시스코 조약 이후 오키나와인들은 그 조약이 규정
하고 있는, 군사화되고 식민화한 오키나와의 지위에 반대하는 투쟁을
벌여 왔다.

샌프란시스코 조약으로 동아시아 일원, 특히 한반도와 오키나와
열도에 단단히 채워진 냉전의 매듭이 풀리고 외국군의 점령이 종식된
다면 포스트-샌프란시스코 조약, 포스트-냉전, 포스트-미국 헤게모니
의 포괄적 지역질서로 가는 문이 열릴 수 있을 것이다. 그렇게 돼야 비
로소 핵과 기후변화 문제를 풀 수 있다. 이 글은 간단하게 그런 전망들
을 살필 것인데, 처음에는 일본에, 그 다음에는 오키나와에 초점을 맞
출 것이다. 물론 한국에 대해서도 충분히 얘기하고 싶지만 그 주제에
대해 훨씬 더 좋은 이야기들이 많이 나올 것이기 때문에 그 주제는 제
쳐 놓기로 한다.볼로냐가

속국

지난 40여 년간 나는 일본이란 나라에 대해 생각하고 글을 써 왔다.
2006년부터, 특히 아베 신조 정권 하의 일본의 특징을 드러내는 말로
나는 '속국client state, 屬國'을 사용해 왔다.[4] 내가 말하는 '속국'이란 (미국에
대해) 체계적이고 선택적으로 순종적 자세를 취하는 나라를 의미한
다.[5] 나는 이 말을 2010년 니시타니 오사무가 한 얘기에서 따왔는데, 그
는 그 말을 '자발적으로 노예상태를 선택하는 나라'라는 의미로 썼다.[6]

---

4   개번 매코맥 지음, 황정아·이기호 옮김, 《종속국가 일본: 미국의 품에서 욕망하는 지역패
    권》(창비, 2008).
5   Gavan McCormack, 《The State of the Japanese State: Contested Identity, Direction and Role》
    (Renaissance Books, 2018), pp.45-46.
6   西谷修, 〈'自発的隷従'を超えよ: 自立的政治への一歩〉, 《世界》(2010.2), p.126. 하지만 니시타

일본과 같은 '속국'의 특징은 미국과의 '동맹'을 선택하며, 그때 동맹은 주일미군 특히 오키나와 주둔 미군의 절대적 특권 위에 존재한다. 또한 동맹은 '집단안보'와 '정상적인' 군사력 사용(즉 전쟁)을 허용하기 위한 헌법 개정이나 재해석의 토대 위에, 사실상 그 나라 헌법보다 상위에 있다.

그런 선택은 직관에 반하는 걸로 보이지만, 일본에서 특히 강하다. 특이하게도 일본의 국가체제가 미국의 요구에 맞도록 구축(1945~1955)됐기 때문이다. 히로히토에서 아베까지 일본의 포스트 1945 리더들은 미국의 세계 지배가 계속될 것이고 그것은 어떤 다른 선택지보다 일본에게 더 낫다는 생각으로 국가를 글로벌 슈퍼 파워(세계 초강대국=미국)에 복종하도록(속국) 만들었다.

다시 '속국주의' 문제로 돌아가서 2013년에 나는 특히 비교 차원에서[7], 2014년에는 존 다우어John Dower와의 논의에서[8] 그리고 2018년 《일본국의 상태》와 다른 에세이들의 영어 및 일본어판에서 그 문제를 생각했다.[9] 다른 사람들도 비슷한 틀을 채용했다. 2012년부터 마고사키 우케루孫崎享의 베스트셀러 책들도 그것을 함축하고 있다.[10] 2016년에 시라이 사토시白井聰와 우치다 타츠루内田樹는 그들의 공저에 《속국 민주주의론屬國民主主義論》이라는 제목을 달았다.[11] 2018년에 시라이 사토시는 1945년 이전 일본의 천황 중심체제와 1945년 이후 70여 넌에 걸

니 오사무는 이 글에서 직접 '속국'이란 말을 쓰고 있지는 않다.

7　ガバン・マコーマック, 〈属国問題〉, 孫崎享・木村朗 編, 《終わらない'占領': 対米自立と日米安保見直しを提言する!》(法律文化社, 2013).

8　ジョン・W・ダワー, ガバン・マコーマック, 《転換期の日本へ: 'パックス・アメリカーナ'か'パックス・アジア'か》(NHK出版, 2014).

9　McCormack, 《The State of the Japanese State》.

10　마고사키 우케루 지음, 양기호 옮김, 《미국은 동아시아를 어떻게 지배했나: 일본의 사례, 1945~2012년》(메디치미디어, 2013).

11　内田樹, 白井聰, 《属国民主主義論: この支配からいつ卒業できるのか》(東洋経済新報社, 2016).

친 미국 추종적인 일본을 비교한 《국체론: 국화와 성조기国体論-菊と星条
旗》를 출간했다.[12] 최근에는 나카노 고이치中野晃一가 비슷한 현상을 설
명하면서 '사물화私物化된 국가'라는 말을 채용했다.[13]

'속국'이란 말을 실제로 쓰지 않고도 그 디스토피아적인 맥락을 확
인하고 싶으면 최근의 문헌들 일부를 훑어보기만 하면 된다(*옆 페이지
박스 참조).

이와 같은 어두운 면은 일본에 관한 영어 문헌 속에서는 거의 찾
아볼 수 없다. 아베 총리가 '민주적, 법치, 입헌국가' 일본의 총리로서
그리고 그 자신 '개혁적 민족주의자'로서 유엔과 미국 의회를 비롯한
복수의 청중들을 향해 얘기하는 관점은─널리 알려진 공식대로─"수동
적 대미 의존을 진정한 파트너십으로 전환"[14]하겠다는 것으로 받아들
여지고 있다.

말하자면 아베는 다음과 같이 보이는 것이다. "국내 개혁을 추진
하는 한편, 중국을 봉쇄하기 위해 호주와 베트남, 인도를 필두로 필리
핀, 인도네시아와 말레이시아를 이끌면서 캐나다를 바라보고 미국을
배후로 삼아 동맹을 엮어내는 실용적인 일본 보수주의자."[15]

반세기 넘게 이 문제를 다뤄 오는 동안 형성된 내 관점은 일본국
은 불안정한 기초 위에 서있으며, 비민주적 또는 반민주적 방향으로
나아가고 있다는 것이다.

냉전 이후 일본에서는 민주주의 국가이자 경제 대국인 일본이 이전

---

12 시라이 사토시 지음, 한승동 옮김, 《국체론: 천황제 속에 담긴 일본의 허구》(메디치미디어,
    2020). 또한 이 주제에 관한 짤막한 글로는 〈Okinawa to kokutai〉, 《Days Japan》 vol.15
    (2018.10), pp.4-11.
13 中野晃一, 《私物化される国家: 支配と服従の日本政治》(KADOKAWA, 2018).
14 Edward Luttwak, 〈Friendly Relations〉(reviewing Kenneth Pyle's 《Japan in the American Century》,
    Harvard, 2018), 《London Review of Books》(2019.4), pp.27-28.
15 Edward Luttwak, 위의 책.

일본: 민주적, 법치, 입헌국가?*

가고시마대학의 역사학자 기무라 아키라木村朗는 "일본은 이미 더는 법치 또는 민주 국가가 아니며, 암흑사회와 파시스트 국가를 향해 나아가고 있다."고 믿는다.

도쿄대학 철학자 다카하시 데쓰야高橋哲哉는 21세기 초 일본에 "극우"라는 딱지를 붙였다.

영화 제작자이자 저널리스트인 소다 가즈히로曽田和宏는 일본 유권자들이 천천히 데워지고 있는 파시스트의 냄비 물속에 앉아 있는 개구리와 같다며 그것을 "무관심의 파시즘"이라 부른다.

교토대의 독문학자 이케다 히로시池田浩는 아베와 아돌프 히틀러의 유사점을 지적한다.

호세이대 정치학과 교수 야마구치 지로山口二郎는 "일본이 급속히 문명붕괴 쪽으로 전락하고 있다는 위기감"을 느낀다.

작가 야마구치 이즈미山口泉는 일본사회의 구석구석으로 퍼져가는 "정치의 근본적인 부패"를 본다.

'세계평화를 위한 7가지 호소'를 내건 지식인과 작가들 그룹은 2017년 6월에 "이 나라의 정치체제는 완전히 아베 총리의 사유재산화 되었다. (…) 따라서 일본은 파시스트국가다."라고 선언했다.

교토 세이카대의 시라이 사토시 교수는 전쟁 전 (파시스트) 일본의 천황제 중심 국체 또는 국가체제와 미국이 지배하는 오늘날의 일본은 밀접한 상관관계가 있는데, 두 체제 모두 전체주의적이며 결국 기진맥진한 채 일본을 생존위기에 빠뜨리고 있다고 주장한다.

오나가 다케시翁長雄志 전 오키나와 지사(2014~2018)는 일본정부에 대해 다음과 같이 다양하게 언급했다. "거들먹거리는, 불합리한, 터무니없는, 어린애 같은, 타락한, 국민의 뜻을 무시하고, (…) 미국에게 뭐라 얘기할 수 있는 능력이 전혀 없는 존재."

도쿄대 명예교수인 역사학자 와다 하루키는 2019년 8월에 아베 정부가 한국을 상대하기를 거부하는 것과 관련해 이를 "평화국가로서의 일본의 종언"이라고 말했다.

---

*   와다 하루키를 뺀 나머지 자료들은 McCormack, 〈Old and new regimes in East Asia: Japan, Korea, and Okinawa〉, 《Transnational Asia》(2019)를 참고하였다. 와다 하루키는 다음의 기사를 참고하였다. 박민희, 〈도쿄대 명예교수 와다 하루키: 아베의 '한국 상대 안하기'는 평화국가 일본의 종언〉, 《한겨레》(2019년 8월 27일).

의 정복자·점령자에게 노예상태로 속박당하고 있는 것은 부적절하며, 이제 복종에서 자치로 나아가야 한다는 자각이 보수주의자와 진보주의자 모두에게 퍼져 나갔다. 문제는, 그러면 어떻게 해야 하는가 하는 것이었다. 나는 종속국가 일본의 각기 다른 단계 또는 버전을, 내가 마크 1과 마크 2로 명명한 것 그리고 마크 3 또는 종속주의 탈각, 다른 말로 하자면 종속국가주의를 극복하는 방법 등으로 나눠 가설을 세웠다.[16]

1) 종속주의, 마크 1, 1993~2010년

나는 종속주의의 마크 1 버전 논의의 틀을 냉전 종식, 소련의 붕괴와 중국의 흥기에 대한 가장 영향력 있는 반응, 오른쪽으로는 아베 신조와 일본회의日本会議와 같은 우익단체들 내의 그의 동료들 그리고 왼쪽으로는 1993~1994년의 호소카와 모리히로細川護熙 총리 그 10여 넌 뒤 일본민주당의 하토야마 유키오鳩山由紀夫처럼 상대적으로 자유주의적인 인물들의 도전에 대한 분석을 중심으로 설정했다.

1946년의 입헌적 평화국가 일본은 샌프란시스코 조약체제의 틀 안에서 발전하여 2021년 기준 세계 5위의 군사력을 지닌 국가가 됐다. 일본의 군사력(자위대)은 영국이나 프랑스보다 더 커졌으며, 일본이 미국 국방부의 해외 작전을 위해 지불하는 보조금은 다른 어떤 국가들의 그것보다 훨씬 많은 편이다.[17] 또한 약 1,000개에 이르는 미군 기지들 가운데 70~80척에 이르는 함정들을 거느리고 100기가 넘는 항공기들을 탑재한 핵추진 항모 로널드 레이건의 모항인 요코스카 등 100개 이상이 일본 영토 내에 있다.

16 나의 〈属国論マーク2〉, 木村朗 編, 《沖縄から問う東アジア共同体: '軍事のかなめ'から'平和のかなめ'へ》(花伝社, 2019), pp.144-163 참조.
17 2016년 기준 67억 6천만달러에 달한다. McCormack, 《The State of the Japanese State》, p.186 참조.

1993년, 처음으로 국회에 입성한 아베 신조는 "전후 체제"의 종식과 미국이 강제한 전후 시스템의 근본적인 개정을 요구하기 시작했다. 그는 전후 일본의 자유민주주의 모델을 신국가주의, 역사수정주의 그리고 새로운 신도(新神道)의 혼합체로 대체하고자 했다.[18] 그는 천황제 하의 일본을 유일무이하고 우월한 "아름다운 나라"로 이미지화했다.

아베가 "일본을 되찾는다."고 하거나, 전쟁 책임이나 위안부와 난징 학살을 부정하고 얼버무리면서 일본역사를 국민들이 자부심을 갖게 하는 쪽으로 다시 써야 한다고 주장할 때, 그는 일본이 여전히 미국에 대한 "속국" 지위를 어느 정도 유지하면서도 전후체제의 제약을 "벗어던지고" "정상" 국가(새 헌법 하에서 족쇄에서 해방된 일본군을 지닌)가 될 수 있을 것으로 믿는 듯 보였다. 하지만 국가/민족주의는 긍정과 부정을 동시에 할 수는 없다. 그가 이런 생각의 모순을 의식하고 있었는지 여부는 알 수 없지만, 아베의 마크 1 어젠다는 워싱턴(미국)의 "일본 조련사들"의 생각과는 상충되는 것이었다. '일본 조련사들'에게는 일본의 굴복이라는 것이 다른 어떤 것보다 중요했다.

종속국으로서의 지위를 얼버무리려던 아베의 초기 '냉전 이후 프로젝트'가 우파들의 주문이 분명했던 것만큼, 좌파 쪽에서도 중대한 도전이 일어났다. 호소카와 모리히로 정부(1993~1994) 그리고 일본민주당의 하토야마 유키오 정부(2009~2010)는 대등한 토대 위에 일·미 관계를 구축하고, 미국 중심의 일극주의에서 다극주의로 국가 축을 전환하는 시도로 보일 수 있었다.

그런 도전에 대한 워싱턴의 반응은 명백히 부정적이었다. 그 대신 워싱턴은 보통 핵심 집필자(조지프 나이Joseph Nye)의 이름을 따 〈나이

18 새로운 신도는 전쟁 전과 전쟁 중의 일본 '국체'(고쿠타이國體라는 말보다 구니가라國柄라는 말을 더 선호했다) 그리고 '국가 신도'(야스쿠니 신사를 포함하지만 그것으로만 한정되지 않는)의 신성한 장소들에 뿌리를 두고 있다.

보고서Nye Report〉로 유명한 1995년 보고서에서 종속국가 일본에 어울리는 원칙을 밝혔다. 그것은 동아시아 안보가 미군 주둔이라는 "산소", 즉 10만 명의 미군이 주둔하는 일본과 한국 내의 기지들 유지에 의존하고 있기 때문에 미국의 군사적 헤게모니의 축소는 전혀 생각할 수 없다는 것이었다. 그것은 일본과 한국에 완전한 주권을 허용할 수 없다는 것을 의미했다. 미국은 그들 나라에 정책을 지시하는 권한을 견지하겠다는 얘기였다.

조지프 나이는 리처드 아미티지Richard Armitage 그리고 전략국제문제연구소Center for Strategic and International Studies, CSIS 멤버들인 동아시아 학자, 관료들과 함께 1995년 보고서에 이어 2000년, 2007년 그리고 2012년, 2018년에도 미·일 관계와 일본에게 요구된 입장에 관한 보고서를 냈다.[19] 이 정책 제안서들은 동맹을 강화하고 일본의 복종적 지위를 굳히는 법률적 제도적 개혁들을 기술했다. 나는 국가 간 관계에서 이처럼 한 국가가 상대국에게 복종을 요구하는 확정된 원칙을 정기적으로 공표하는 것과 같은 관계를 달리는 알지 못한다.

종속 이후의 "자주적" 노선의 국가진로를 설정하려 했던 1993~1994년과 2009~2010년의 정치적 스펙트럼 상의 "좌파"와 "우파"의 시도는 그리하여 모두 실패로 끝났다.

2) 종속주의, 마크 2, 2012~2017년

아베 1기 정권과 2기 정권 사이의 기간(2007~2012)에 아베는 자신의 "국가/민족주의적인" 옷을 벗어 던지고 속국주의자로서 예상되는 일들, 즉 국가를 새롭고 더 깊은 종속주의, 이제 내가 얘기할 종속주의 마

---

19 Richard L. Armitage and Joseph S. Nye, ed, 〈More Important than Ever: Renewing the US-Japan Alliance for the 21stCentury〉(CSIS, 2018.10).
    https://www.csis.org/analysis/more-important-ever

크 2를 수행하는 데 집중해야겠다는 결심을 한 것으로 보인다.

아베가 재집권하기 몇 달 전, CSIS는 세 번째 보고서(2012)를 발표하는데 일본에게 "일류/제일선"(*원문 표현은 tier-one) 국가로 계속 남을지 말지에 대해 신중하게 생각하라고 주의를 주는 내용이었다. 그것은 그렇게 해야 일본이 미국이 바라는 것을 할 준비가 돼 있다는 의미였는데, 미국의 요구는 "어깨를 나란히 해서" 페르시아만과 남중국해에 해군 부대들을 파병하고, 무기 수출에 대한 제한을 완화하며, 국방예산과 군인들 수를 늘리고, 미국 국방부에 대한 연례 보조금을 유지, 증액하며, 오키나와와 괌 그리고 마리아나군도에 새로운 기지를 건설하는 계획을 밀어붙이고, "집단적 자위권"을 발동할 수 있도록 헌법을 개정하거나 그 해석을 바꾸는 것이었다. 워싱턴은 일본이 이를 망설일 경우 "이류"(*원문 표현은 tier-two) 지위로 간단히 밀려나 업신여김을 당할 것이 분명하다고 넌지시 알렸다. 2012년 12월 중의원 선거에서 승리한 뒤 아베는 서둘러 CSIS의 "일본 조련자들"에게 그와 그의 정부가 워싱턴의 조련자들이 얘기한 대로 하겠다는 뜻을 분명히 전달했다.

2기 집권 뒤 몇 년간 아베는 급진적인 헌법 관련 어젠다와 신국가주의적 원칙들을 포기하고 더 확고한 굴복자세를 취했다. 이 종속주의 마크 2 단계에서 아베는 "일본을 되살린다."거나 "전후 시스템을 넘어선다."는 말을 두 번 다시 하지 않았다. 2018년 무렵 한때 포스트 냉전, 포스트 복종 프로그램의 큰 그림에 맞춰 일본을 개조하는 일에 열중했던 이 선동가는 자국 내의 지지기반을 희생해서라도 동맹을 우선하는 미국적 대의에 충직한 하인이 됐다. 평화주의를 주창하는 일본의 헌법 조문과 아베 방식 아래 추진된 전쟁 준비 사이의 모순은 "적극적인 평화주의" 선언으로 가려지고 호도됐다.

아베 집권 2기(2013년 이후)가 시작된 지 6년이 지난 시점에서 일본은 워싱턴의 처방대로 꾸준히 방위비가 늘었고, 무기 수출 금지 원칙은 완화됐으며, 안보와 비밀유지를 위한 법률도 제정됐다. 2017년 3월, 아베 정부는 오래 자발적으로 견지해 왔던 방위비의 GDP 1% 상한 원칙을 폐기했으며, 2018년에 자민당은 방위비를 (명목상) GDP의 2%인 NATO 수준으로 배증하라고 요구했다.[20]

3) 종속주의, 마크 3? 2018~

2017년 도널드 트럼프의 대통령 취임 뒤 아베는 100% 지지를 선언하고 땅과 바다, 우주, 사이버 공간상의 미국의 글로벌 헤게모니 추구에 새로운 차원으로 편입되려 노력하면서 양국 관계를 돈독히 하는 데 다른 어떤 나라의 지도자들보다 더 앞장섰다. 일본은 첫 항공모함 건조에 착수했다. 3000km 떨어진 남중국해에 해상자위대를 급파했으며, 1945년 종전 이후 첫 해외 해군기지가 있는 1만km나 떨어진 지부티에도 파견했다. 또 어디에서 어떻게 기동하든 간섭을 받지 않는 5만 명의 미군을 주둔시키기 위한 기지를 오키나와와 괌에 건설하고 정비하는 데에 최우선권을 두었다.

이 마크 3 기간에 아베는 대미 관계에 초점을 맞추면서도 그 범주보다 훨씬 더 나아간 해외여행을 매년 평균 10~13회나 감행하면서 자신의 글로벌 어젠다에 조금이라도 보탬이 된다면 어디든 부산하게 돌아다니기를 계속했다.[21] 2019년 6월 아베는 이란을 방문하는 돈키호테 같은 모험을 감행했는데, 그것은 그저 트럼프의 지시에 따른 것이 아니라 자신이 사전에 먼저 허락을 받아 움직인 것이었다. 국제무대에서 발설한 아베의 메시지는 보편적 가치, 민주주의, 기본 인권과 법치였

---

20 〈防衛費'対GDP比2％'明記 自民防衛大綱提言の全容判明〉, 《産経新聞》(2018.5.25.).
21 外務省, 〈総理大臣の外国訪問一覧〉(2021.11.5.). 여기에는 2006년 10월 아베 총리의 1기 재임 시절부터 후쿠다, 아소, 하토야마, 간, 노다, 아베 2기, 스가, 기시다 현 총리에 이르기까지 외국 방문 이력이 정리되어 있다.
   https://www.mofa.go.jp/mofaj/kaidan/page24_000037.html

으나 2019년 그의 각료들 19명 가운데 15명 그리고 거의 모든 자민당 당료들은 일본회의라는 조직의 수중에 있던 자들이었다. 신보수주의, 신국가/민족주의 그리고 역사 수정주의의 우익적이고 반동적인 혼합체인 일본회의는 그 극단주의 또는 극우 국가/민족주의 때문에 지금의 다른 어떤 민주주의 국가에서도 용인될 수 없을 것이다.[22]

아베는 국내에서는 일본회의에게 신세를 지면서, 태평양 너머에서는 포괄적인 정책 방향을 모색했으나 트럼프의 요구는 간결했다. 2017년 11월 도쿄를 방문했을 때 트럼프는 다음과 같이 말했다.

"그 중의 한 가지, 내가 대단히 중요하게 생각하는 것은 일본 총리가 군사장비를 대량 구매하는 것이고, 그는 그렇게 할 것이다. 우리는 단연코 최고의 군사장비를 만든다. 그는 미국에서 그걸 구입할 것이다. 그것이 세계 최강의 (…) 완벽한 스텔스인 F-35 전투기든 (…) 아니면 수많은 종류의 미사일이든, 우리에겐 많은 일자리를 주는 것이고 일본이나 다른 나라들에겐 많은 안전을 제공한다."[23]

이에 아베는 이렇게 대응했다. "우리는 미국에게서 더 많이 살 것이다. 그게 내가 생각하고 있는 것이다." 그는 약속을 지켰다. 트럼프의 뜻이 '일본 통솔'이라는 건 의문의 여지가 없었다. 내각은 이제 건조를 시작하는 항공모함 탑재용 F-35B 42대를 포함해 105대의 F-35 통합타격전투기(F-35의 구입 가격만 약 1조 3천억엔, 한화 약 13조원에 해당한다) 그리고 약 6000억엔짜리 미사일 요격용의 지상배치 이지스 시스템인 '이지스 어쇼어Aegis Ashore' 2개 유닛의 구입을 확정했다. 내각은 이지스 어쇼어가 우주에서 극초음속 물체를 제대로 요격해서 파괴할 수 있는

---

22 McCormack,《The State of the Japanese State》. pp.29-30.
23 이날의 합동기자회견문 전문은 백악관 홈페이지에서 더 이상 제공하고 있지 않다. 대신 미국의 비영리 공공방송인 C-SPAN에서 기자회견 전체 동영상과 회견문을 제공하고 있다. https://www.c-span.org/video/?436837-1/president-trump-holds-joint-news-conference-japanese-prime-minister

지[24] 그리고 일본 도시들보다 북·미의 대도시들로 날아가는 (북한 발사) 미사일들을 요격하기에 더 적합하다는 지리적 이유로 아키타현과 야마구치현으로 예정된 부지 설정이 타당한지에 대해 심각한 의문이 제기됐음에도 불구하고 아무 논쟁 없이 이 두 가지 품목에만 약 2조엔 (한화 약 20조원), 곧 약 200억달러의 지출을 승인했다. F-35 스텔스 전투기들의 경우, 이들은 일본의 전수방위 원칙에도 맞지 않고 또 어쨌거나 "결함과 결점으로 홍역을 치르고" 있는 것들이었다.[25]

저명한 한 군사문제 전문가는 (*일본이 건조 중인) 항공모함과 F-35는 모두 "완전히 시대에 뒤떨어진" 것으로, 2차 세계대전 당시의 기병대와 별반 다를 것이 없다고 했다.[26] 2019년 9월, 18대의 드론과 7기의 크루즈 미사일이 사우디아라비아의 아브카이크-쿠라이스의 석유시설을 공격한 사건은 사우디아라비아나 일본과 같은 세계 주요 고객들이 선호하는 가장 비싼 하이테크 방어시스템도 상대적으로 싸고 쉽게 입수할 수 있는 무기들에 취약하다는 사실을 일깨웠다.[27]

2019년 5월 28일, 트럼프 대통령의 4일간의 일본 방문이 절정에 도달했던 그날, 새 천황과 함께 스모 경기장에서 열린 호화스런 환영회에 참석한 (그리고 '트럼프 컵'을 우승자에게 수여하기도 한) 트럼프 대통령과 아베 총리는 부인들과 수행원들을 동반하고 해상자위대의 '헬

24 특히 러시아나 중국의 신세대 미사일이 그들 주장대로 정확하게 그리고 마하 2 또는 시속 1만2000km의 속도로 날아갈 경우(러시아의 푸틴 대통령은 강력한 신형 미사일 발사에 성공했다고 밝힌 바 있다). 〈Russia's President Putin says it has successfully launched powerful new missile〉,《The Guardian》(2018.3.11).
25 田岡俊次, 〈F35Bを十数機搭載しても何の役に立つか: 日本の「空母」保有は単なる国家的虚栄心〉,《週刊金曜日》(2018.12.21).
26 Nicholas Burns, quoted in Peter Hartcher, 〈Australia's role on the main stage〉,《Sydney Morning Herald》(2019.10.15).
27 Patrick Cockburn, 〈The drone strikes on the Saudi oil facilities have changed global warfare〉,《Counterpunch》(2019.9.24).

리콥터 항모' 가가加賀의 갑판에 올라 "동맹"이 "어느 때보다 더 견고하
다."고 선언했다. 이는 본질적으로 일본정부와 군대가 그들의 미국 사
령관에게 바친 의례적 복종행위였다. 유추를 한 이는 거의 없었으나,
그것은 74년 전 미국 전함 미주리호 위에서 행한 "다른" 일본의 항복을
떠올리게 만들었다.

　　하지만 아베 총리가 세계무대에 자신을 '정치인'으로 등장시킨 방
식을 잘 생각해보면, 거기에는 그가 미국의 비위를 거슬리게 했을지도
모른다고 생각할 여지가 있다. 2017년부터 미국이 주도해온 대러시아·
중국·북한 동맹체제의 충직한 추종자이자 중요한 지지자로서의 자신
의 지위를 보전하기 위해 애쓰는 한편으로, 아베는 적어도 다른 대안,
심지어 미국의 계획에 반할 수도 있는 대안, 즉 시진핑과 블라디미르
푸틴이 샌프란시스코 조약 질서 이후를 겨냥해 설계한 구상에도 관심
을 보였다. 그런 정신으로 그는 러시아와 중국이 주도한 브릭스BRICS,
중국의 일대일로, 상하이협력기구 그리고 러시아의 동방경제포럼East-
ern Economic Forum에 관심을 표명했다. 논의 중인 다양한 대전략구상들,
아마도 특히 2017년 (그리고 2018년과 2019년에도) 9월에 동방경제포럼
이 열린 블라디보스토크 회의에서 논의된 구상은 미국과의 관계를 주
일미군기지 청산과 함께 대등한 것으로 전환하고, 적절한 시기에 북한
을 외교적으로 승인해서 2002년 고이즈미 총리 시절 시작됐다가 중단
된 북일 화해 프로세스를 재개하는 쪽으로 나아갈 가능성을 지니고
있었다.[28]

　4) 종속국들 리그
물론 일본만 미국이라는 주인을 순종적으로 끌어안고 있는 것은 아니

28　McCormack, 《The State of the Japanese State》, pp.145-149.

다. 논란의 여지없이 그리고 관련국들에게 거의 알리지도 않은 가운데 미국의 "동맹국들"(종속국들)이 아시아·태평양 지역의 미국 헤게모니에 대한 도전에 함께 대처하는 (미국-일본-호주의) 삼각 군사동맹이 점차 모습을 드러내고 있다. 원래 중국을 에워싸고 봉쇄하는 딕 체니(조지 W. 부시 정권 때 부통령)의 '자유와 번영의 원호arc, 弧' 구상과 관련 있는 이 삼각 군사동맹 구상은 호주의 국방 관계자들에게 널리 받아들여졌으며, 지난 10여 년간 호주-일본의 군사관계는 "점차 제도화되고 정규화"되어 왔다.[29]

스캇 모리슨 호주 총리는 아베에 대해 자신이 기댈 수 있는 "진정한 지혜"를 지닌 아시아의 원로 정치인이라고 칭송했다.[30] 호주 공군 조종사들은 일본 항공자위대와 함께 홋카이도 북부에서 전투훈련("무사도 수호자武士道守護者 19"라는 이름을 달았다)을 실시했다.[31] 일본 자위대가 호주에서 군사교육을 받고, 호주 항공기들이 알래스카에서 실시되는 군사훈련에 참가하러 가는 도중 종종 일본에 기착하는 등, 이는 "최근 양국 관계가 점점 더 돈독해지고 있는 자연스런 진화" 과정으로 여겨지고 있다.[32] 호주 해군과 일본 해상자위대도 미국이 주도하는 남중국해와 페르시아만 순찰에 참가하는 쪽으로 움직이고 있고, 호주 공군은 오키나와 가데나嘉手納기지에서 이륙한 미 공군기들이 유엔의 대북한 제재를 이행하기 위해 벌이고 있는 이른바 "유엔 순찰"에 협력하고

---

29 Emma Chanlett-Avery, Caitlin Campbell and Joshua A. Williams, 〈The US-Japan Alliance〉, Congressional Research Service Report, RL33740(2019.6..13), p.17

30 Nakano Koichi, 〈The leader who was Trump before Trump〉, 《New York Times》(2019.4.29).

31 〈Japan's first air combat drills with Australia contribute to peace, says Defense Minister Taro Kono〉, 《The Japan Times》(2019.9.25).

32 전 호주 국방장관 로스 배비지Ross Babbage의 발언으로 아래 기사에 인용되어 있다. Seth Robson, 〈Surveillance planes from Australia and New Zealand to help enforce N. Korea sanctions〉, 《Stars and Stripes》(2019.9.7).

있다.[33] 2016년부터 미 해병대는 태평양 주둔 병력을 북부 호주에 정기적으로 순환근무를 하게 함으로써 호주 북부도시 다윈을 글로벌 기지 제국의 하나로 효과적으로 편입시켰다. 호주와 일본은 또 협력관계를 한층 더 강화하기 위해 고안된 미국과의 외국군 방문협정에도 참가하기로 일찌감치 결정했다. 삼각동맹은 (인도를 불러들여) 사각 즉 "쿼드 Quad" 동맹이 될 잠재력을 지니고 있다.[34]

일본 (그리고 호주) 국방정책의 핵심은 핵무기로 미국의 "(핵)우산" 아래에 서는 것이다.[35] 1967년에 일본은 "비핵 3원칙"을 채택했으나,[36] 1969년부터 어떻게 하면 그 원칙을 피할 수 있는지 미국과 그 방법에 합의한 뒤 비밀협정을 맺었다. 2009년 2월, 아소 다로 정권은 〈미국의 확장억제에 대한 일본의 관점〉이란 제목의 문서에서 미국이 핵무기를 감축하지 말고, 다각화, 강화해야 하며 선제적으로 사용할 수 있는 권리를 보유할 것을 촉구했다.[37]

동맹은 후텐마普天間와 가데나 미 공군기지에 다시 핵무기를 배치 (1972년에 오키나와가 일본에 반환되기 전에 철수했다)하는 아이디어가 설득력을 얻고 있다는 걸 발견했다. 트럼프 정부가 2018년 2월에 "유연하고" "믿을 만한" 핵무기를 개발할 권리가 있다고 주장하는 '핵정책 재

33 Robson, 위의 글.
34 David Crows, 〈PM sharpens resistance to 'negative globalism'〉, 《Sydney Morning Herald》(2019.10.4).
35 일본은 약 6천 발의 핵폭탄을 만들 수 있는 대량의 플루토늄을 비축하고 있는데(그중 36톤은 영국과 프랑스에, 11톤은 일본에 두고 있다), 폐기처분 계획이 없는 상황에서 더 많은 원전들이 재가동될 경우 그 양은 더 늘어날 것으로 보인다.
36 *옮긴이: 핵무기를 보유하지 않고, 만들지 않고, 반입하지 않는다는 원칙을 말한다.
37 이 문서는 '아키바 메모'(당시 워싱턴의 일본대사관 공사였고 2018년에는 외무사무차관이 된 아키바 다케오秋葉剛男에서 딴 명칭)로 알려져 있다. 春名幹男, 〈秋葉メモ: アメリカ核戦略への日本の隠された要求〉, 《世界》(2018.4), pp.69-78; 더 많은 논의를 위해 다음 글도 참고하라. Grogory Kulacki, 〈Nuclear Hawks Take the Reins in Tokyo〉, 《Union of Concerned Scientists》(2018.2.16).

검토'를 발표했을 때,[38] 고노 다로 일본 외상은 거기에 대한 감사를 표명했다. 미국이 일방적으로 중거리핵전력제한 조약(INF)을 탈퇴한 지 2개월이 지난 2019년 10월, 미국과 일본 당국자들이 핵무기를 탑재할 수 있는 미사일을 오키나와에 (그리고 일본 본토와 호주, 필리핀, 베트남에도) 재배치할 것인지 논의하고 있다는 보도가 나왔다.[39] 오늘날 헤노코邊野古에서 진행되고 있는 그 작업에는 과거에 핵무기들이 비축돼 있던 장소들 가운데 하나인 오드넌스 데포트Ordnance Depot의 확장과 업그레이드도 포함돼 있다.

2017년부터 일본과 호주는 핵 '대국'들과 한편이 돼 유엔 총회에서 다수결로 채택된 핵무기금지 조약에 반대하면서 총회의 중소국가들에 대항하고 있다. 핵무기와 관련된 모든 것—보유, 제조, 사용 위협 또는 실제 사용—이 불법임을 선언한 그 조약은 지금 나라별로 비준절차가 진행되고 있다.

북한의 핵 위협에 국제적 관심이 쏠리고 있는 가운데 일본은 정밀조사를 모면했으나, 2011년 3월 히로시마와 나가사키 원폭 투하 이래 가장 심각한 핵 위협에 직면한 지역은 북한이 아니라 일본이었다. 후쿠시마 원전은 히로시마 투하 원폭 168개 분량에 상당하는 방사능물질을 대기 중에 방출했다. 그 이후 1백만 톤이 넘는 방사능 오염수를 저장하고 있는 가운데, 일본의 많은 지역들이 생활환경에 견디기 어려운 압박을 받고 있다.[40] 2013년 국제올림픽위원회IOC에서 아베는 원전

---

38 Department of Defence, 〈Nuclear Posture Review〉(2018.2).

39 新垣毅, 〈米 沖縄に新型中距離弾道ミサイル配備計画: ロシア側に伝達 2 年内にも 基地負担大幅増恐れ〉,《琉球新報》(2019.10.3).

40 小出裕章,《フクシマ事故と東京オリンピック》(径書房, 2019). 고이데 히로아키는 같은 제목의 짧은 글을 《The Asia-Pacific Journal》 2019년 5월호에 썼다. 같은 호에 노마 필드의 번역문과 해제가 영문으로 실려 있다. Norma Field, 〈The Fukushima Nuclear Disaster and the Tokyo Olympics〉,《The Asia-Pacific Journal》(2019.5)

핵문제가 "통제되고" 있다고 거짓 주장을 했으며, 이에 따라 일본은 2020년 올림픽경기 개최권을 확보할 수 있었다.

오키나와: 골치 아픈 현

일본 현대사에서 세계 최강의 두 나라 당국을 향해 일개 지자체인 현 縣, prefecture이 "No"라고 얘기한, 그것도 수십 년간 줄곧 그렇게 한 것은 전례 없는 현상이다. 일본에 반환된 지 수십 년이 흐르는 동안 오키나와의 정치사는 미국의 종속국가 일본이 부여한 종속적 지위에 저항해 온 역사였다. 아베 총리는 오키나와를 나머지 순종적인 지역 내부에 위치한 적대적인 영역으로 간주하는 듯하다. 하지만 "전후체제를 넘어서자."거나 일본을 "되살리자."는 아베의 구호를 진지하게 받아들인 건 오키나와 사람들이다. 오키나와 사람들이 1945년에 "잃어버린" 것은 바로 오키나와이며, 그것을 되찾아야 하는데 아베가 그들 앞을 가로막고 있는 격이다.

　오키나와가 일본 민족국가와 대립한 것은 폭력적인 통합이라는 독특한 경험에 뿌리를 두고 있다. 오키나와는 1609년 근대 초기국가 (에도), 1879년 근대국가(메이지)에 통합되었으며,[41] 1945년 전쟁의 압도적인 참사를 겪었고, 이후 일본에서 떨어져 나가 1945년부터 1972년까지 미국의 점령 아래 일본의 '전쟁국가'로 존재했다. 이와 대조적으로 일본 본토는 1951년에 체결된 샌프란시스코 조약 아래에서 "평화국가"로 존재했다.[42] 그리고 (일본에 반환된) 1972년부터 오키나와에 대한

41　나의 다음 글을 참고하라. 〈Ryukyu/Okinawa's trajectory: from periphery to centre, 1600-2015〉, Sven Saaler and Christopher W.A. Szpilman, ed., 《Routledge Handbook of Modern Japanese History》(Routledge, 2018), pp.118-134.

42　하라 기미에가 편집한 책에 실린 나의 글을 참고하라. 〈The San Francisco Treaty at Sixty: The Okinawa Angle〉, Kimie Hara, ed, 《The San Francisco System and Its Legacies》(Routledge,

주요 국가정책을 둘러싸고 중앙정부와 격렬한 대립을 계속하고 있는
데, 그 정책의 존재 이유는 미국을 섬기는 것이다.[43]

미국의 점령 초기에 오키나와는 미군의 철저한 통제하에 세계 전
쟁계획에서 핵심적인 역할을 떠안게 됐다. 최대 1300기의 핵무기가 배
치됐는데, 미 국방부의 정책 입안자들은 당시 소련과 중국의 주요 도
시들을 모조리 파괴하고 약 6억 명이나 되는 사람들을 죽이는(원문 그
대로!) 등 인류문명 자체를 끝장낼 가능성이 매우 높은 시나리오들에
서 오키나와에 중요한 역할을 맡겼다.[44] 당시 미군이 자신들의 토지를
마음대로 수용한 데에 반발하며 저항하던 오키나와 사람들은 나중에
일본으로 반환될 때 헌법에 명기된 원칙들이 자신들의 민주적 권리와
토지들의 원상회복 내지 반환을 보장해주기를 바랐다. 그것은 헛된 희
망이었다. 그 대신 오키나와에서는 테러처럼 "총칼과 불도저"를 앞세
운 토지 징발 과정이 가차 없이 진행됐다. 1972년 오키나와 반환 뒤 미
국 헤게모니 및 그와 관련한 군 우선주의가 단단히 고착됐다.

냉전의 종식과 함께 오키나와인들은 자신들의 땅을 되돌려 받는
"평화 배당금"을 다시 희망하기 시작했다. 그 꿈은 실현되지 않았을 뿐
아니라 1995년 12살의 오키나와 소녀를 3명의 미 해병대원들이 강간
한 악명 높은 사건이 일어나면서 주민들의 전례 없는 분노와 슬픔을
불러일으켰다. 미국과 일본정부는 후텐마 해병대 항공기지를 "5~7년"
안에 돌려주겠다고 약속하면서 그 분노를 가라앉히려 했다. 1972년의
오키나와 '반환' 때와 마찬가지로 그것은 공허한 약속이었으며, 후텐마

2014), pp.144-161.

43 자세한 내용은 다음 책을 참고하라. 개번 매코맥, 노리마쯔 사또꼬 지음, 정영신 옮김,
《저항하는 섬, 오끼나와: 미국과 일본에 맞선 70년간의 기록》(창비, 2014).

44 Daniel Ellsberg, 《The Doomsday Machine: Confessions of a nuclear war planner》(Bloomsbury
Publishing, 2017); Daniel Ellsberg in conversation with Peter Hannam, 〈Setting the world
alight〉, 《Sydney Morning Herald》(2018.3.9).

는 대체 시설이 건설된 뒤에야 반환될 것이고, 그 대체 시설 역시 오키나와에 건설될 것이었다. 그 제안은 거절당했다. 처음엔 1997년 나고 시민의 주민투표를 통해 그리고 오키나와 의회와 오키나와현 지사들의 무수한 결의들을 통해. 하지만 미국과 일본정부는 흔들리지 않았다.[45] 시설 건설 프로젝트는 처음에는 '헬리포트'를 위한 것이었지만 점차 바다 10미터 위로 돌출된 플랫폼에 V자 모양의 1,800미터 길이의 활주로 두 개와 수심 깊은 보조 항구와 저장 시설을 갖춘 웅장한 다기능 시설로 바뀌었다.

1) 대결, 사법적 그리고 정치적, 2006~2019년

2006년 "주일미군 재배치"를 위해 미국과 일본정부가 큰 틀에서 합의하고 지정지역인 오우라만大浦湾의 헤노코에 대한 예비조사를 시작하면서, 이 문제가 오키나와 정치의 가장 중요한 과제가 됐다. 2010년 선거에서 나카이마 히로카즈仲井真弘多는 그 제안을 중단시키겠다고 공언하고 지사로 선출됐지만, 3년 뒤 그는 강력한 압력을 받아 자신의 공약을 뒤집고 오우라만의 매립과 새 기지 건설에 동의했다. 그는 현 의회의 규탄을 받아 다음 해인 2014년 선거에서 패배해 지사직에서 물러났으며, 기지 반대 입장을 견지한 오나가 다케시가 당선됐다. 오나가는 실제로 법정투쟁을 통해 2016년의 상당기간 헤노코 매립작업을 중단시켰지만, 그해 말 일본 최고재판소가 다시 정부 쪽 주장을 받아들이면서 매립이 허용되었다. 2017년 4월에 첫 단계 공사가 재개돼 2018년까지 계속됐다. 2018년 7월, 오나가 지사는 전임 지사가 허가해준 원래의 문제 많은 매립 허가를 폐지하기 위한 공식적인 절차에 착수했으나, 바로 그해 8월 8일 갑작스레 사망하고 말았다. 오키나와현

---

45 자세한 내용은 다음을 참고하라. McCormack, 《The State of the Japanese State》; 매코맥, 노리마쯔, 《저항하는 섬》.

은 정부 안의 폐지 절차를 계속했고 8월 31일부터 매립 작업은 중단됐다. 하지만 또다시 일본정부는 오키나와현의 저항을 묵살했다. 일본정부의 오키나와방위국은 이시이 게이이치石井啓— 국토교통성 대신에게 행정심판법에 따라 오키나와현의 폐지 절차를 재검토하게 한 뒤 그것을 무효화하는 명령을 발동했다.

2018년 9월, 자신들이 바라는 후보의 당선을 위한 중앙정부의 전례 없는 개입에도 불구하고 다마키 데니玉城デニー가 8만 표 차이로 지사에 당선돼 헤노코 매립/건설 공사를 중단시켰다. 하지만 그가 당선된 지 며칠 지나지 않아 아베 정부는 현의 반대정서를 무릅쓰고 공사를 강행하겠다고 선언했다. 10월 30일, 이시이 국토교통상은 정부가 요구한 대로 현의 공사 중단 명령을 중지시키고, 매립 허가 폐지는 "부당하며" "일본의 안보 동맹국인 미국과의 신뢰관계를 손상시킬 것"이라고 밝혔다.[46] 분노한 오키나와 주민들의 항의를 무시하고 (중앙정부의) 오키나와방위국은 오우라만 공사 재개를 명했다. 11월 3일, 바로 1년 전에 일어난 일이다.(*이 글은 2019년 11월 8~9일 서울 코리아나 호텔에서 열린 제4차 회의에서 처음 발표되었다.)

최근 일련의 오키나와현 및 전국 선거에서 반-기지 건설 후보들이 당선됨에 따라 다마키 지사는 아베 총리에게 거듭 대화를 요구했으나, 아베는 이를 거부했다. 《아사히신문》은 2019년 초 사설에서 헤노코기지 건설 프로젝트는 "명백히 실패할 운명"이라며 이제 "미국과 협의할 때"[47]라고 지적했으나, 거대한 매머드급 공사의 시작에 불과한 오우라만 방조제와 "매립" 공사는 계속됐다.[48] 정부는 시위를 저지하고 지역의

---

46 Kyodo, 〈Okinawa governor meets top gov't official over US base transfer〉, 《The Mainichi》 (2018.11.6).

47 〈(社說) 辺野古移設 計画の破綻は明らかだ〉, 《朝日新聞》(2019.2.23).

48 2019년 말, 오키나와현 당국은 매립공사 진척도를 3%로 평가했다. 독립적인 전문가는 실질적인 진척도는 1% 미만일 것으로 봤다.

반대를 누르기 위해 동원한 경비부대에만 하루 2000만엔(한화 약 2억
원, 1인당 9만엔=약 90만원)이라는 돈을 쏟아부었으나 시민사회의 반대
저항운동은 매일 벌어졌다.[49] 2016~2017년 유엔 인권위원회는 일본정
부가 항의시위 지도자 야마시로 히로지山城博治를 마치 테러리스트인
것처럼 독방에 5개월이나 감금했다고 맹렬히 비난했다.[50]

　　그런 구금은 "인간의 평등을 무시할 의도가 있었고 또 그런 결과
를 초래한 시민운동가 차별이라는 점에서 인권선언 제2조와 7조 그리
고 인권규약 제2조(1), 26조, 27조 위반에 해당한다…."

　　헤노코 프로젝트에 대한 전문가들의 견해는 부정적이다. 2018년
10월, 110명의 행정법 전문가들이 서명한 성명은 정부가 "불법적으로
(…) 공명정대함 또는 공정성이 결여된" 행위를 했으며, "법치국가로서
의 자격"을 갖추지 못했다고 선언했다.[51] 그 두 달 뒤인 2019년 1월 24일,
131명의 헌법 전문가들, 학자들과 변호사들이 정부의 행위가 오키나와
주민들의 기본적 인권 문제라는 것과 헤노코 프로젝트가 불법적이며
위헌적인 것이라는 내용의 비슷한 성명을 발표했다.[52] 2월 24일 실시된
현 주민투표에서는 72% 이상의 유권자들이 헤노코 프로젝트에 반대
했는데, 이는 지지율 19%(또는 '모두 반대' 8.7%)보다 압도적으로 많았
다.[53] 그럼에도 정부는 아랑곳하지 않고 방조제 공사를 강행했다.

49　望月衣塑子,〈税を追う-歯止めなき防衛費(10): 辺野古新基地建設 県民抑え 際限なき予算〉,〈東
　　京新聞〉(2019.11.25).

50　매코맥, 노리마쯔,《저항하는 섬》; 그리고 자의적 구금에 관해서는 다음 보고서를 참고
　　하라. Working Group on Arbitrary Detention, Human Rights Council,〈Opinion No 55/2018
　　concerning Yamashiro Hiroji(Japan)〉, UN Human Rights Council(2018.12.27).

51　〈Henoko shin kichi, gyoseiho kenkyusha 110 nin no seimeibun zenbun〉,《Okinawa Times》
　　(2018.10.31).

52　〈民主主義 地方自治の侵害' '辺野古唯一は欺瞞' 憲法学者が辺野古新基地建設反対の声明 131人
　　が賛同〉,《琉球新報》(2019.1.24).

53　Eric Johnston,〈More than 70% in Okinawa vote no to relocation of US Futenma base to

아베 총리가 일본은 법치국가라고 주장했지만, 이 헌법 전문가 그룹의 한 사람이 지적했듯이, "아베 정부가 오키나와에서 자행하고 있는 것은 바로 '법치'를 짓밟는 짓"이었다. 오나가 지사(2014~2018)는 중앙정부가 "거들먹거리고" "터무니없으며" "유치하고" "타락했으며" "주민의 뜻을 무시"한다고 질타해 찬사를 받았다.[54]

2) 베이 바텀 마요네즈

2019년 2월, 중앙정부와 현정부 간의 분쟁 해결을 위한 패널이 기술적인 이유로 이시이 명령을 철회해 달라는 오키나와현정부의 요청을 거부했다.[55] 몇 개월 뒤 오키나와현은 오키나와정부의 2018년 8월 헤노코 해안 매립허가 취소에 대한 이시이 국토교통상의 무효선언의 유효성에 문제를 제기하는 두 건의 소송—헤노코 사법분쟁의 제6, 제7 사건—을 제기했다. 하나는 지방자치법 위반 혐의로 7월 18일 후쿠오카 고등재판소 나하 지법에 제소한 것 그리고 또 하나는 행정소송법 위반 혐의로 나하 지법에 제소한 것이었다.[56] 두 건의 소송은 모두 국토교통성의 결정이 한쪽 당사자가 다른 쪽의 행위의 적절성 여부를 판정함으로써—그의 표현대로 "선수이면서 동시에 심판"[57]으로 행동한—

Henoko〉, 《Japan Times》(2019.2.24).

54 매코맥, 노리마쯔, 《저항하는 섬》.

55 현이 제기한 소송은 행정불복심사법에 근거하지만, 재판소는 지방자치법에 의한 민원에 대해서만 관할권을 가지고 있다는 이유였다. 〈Dispute resolution panel throws out Okinawa request to reinstate landfill ban〉, 《每日新聞》(2019.2.19).

56 이 두 소송의 내용 요약은 다음의 문서를 참고하라. Okinawa Environmental Justice Project, 〈Review Henoko Plan!: 33 civic groups send a statement regarding US National Defense Authorization Act for FY 2020〉(2019.11.1).
http://okinawaejp.blogspot.com/2019/11/review-henoko-plan-33-civil-groups-send.html

57 다마키 지사는 "국토교통상의 재결裁決은 선수와 동시에 심판의 자격으로 공세를 취하고 있다."고 말하였다.

중앙정부가 부적절한 권한을 행사한 것이라고 공식적으로 항의했다. 또한 그 매립 후보지는 흔히 '마요네즈'로 불리게 되는 오우라만 바다의 진흙으로 돼 있는 데다, 그 너머에 활성단층선이 있어서 매립 명분으로 내세운 군사적 목적과 양립할 수 없었다. 이를 위해 원고는 정보자유법에 의거해 정부로부터 제출받은 증거를 제시했다.

기지 건설 엔지니어들은 헤노코-오우라만 기지 건설을 위해 계획된 대규모 콘크리트 철근 구조물이 지정된 장소에 안정적으로 타설될 수 있을지 2가지 요소들 때문에 의심을 갖고 있었다. 적어도 처음 계획안은 근본적으로 변경돼야 했다.[58] 그 두 요소는 환경영향평가(2014~2016) 때 은폐됐다가 시민운동 단체들의 노력으로 2018년에야 겉으로 드러났다. 2018년 12월, 정부는 해저 유동성문제는 4만개의 모래다짐 말뚝을 박아 해결하겠다고 밝혔다. 1월에 말뚝 개수는 6만개로 늘었으며, 몇 주 사이에 다시 7만 6900개로 늘었고, 깊이도 60~90미터(물속 깊이 30미터, 진흙 속 60미터)로 더 깊어졌다.[59]

2019년 1월 30일, 아베 총리는 국회에서 주목할 만한 사실을 인정했다. 그는 그 프로젝트가 언제 완공되는지 또 비용이 얼마나 드는지 얘기할 수 없었다. 그 2주일 뒤인 2월 15일, 정부는 "바닥 다지기" 공사에 3년 8개월의 기간이 추가될 것이며, "최선"의 시나리오에 따르더라도 "세계에서 가장 위험한 기지"(후텐마기지)의 반환 날짜는 지금까지 예정된 2022년에서 2025년이나 2026년으로 연기될 것이라 추정하는 자료를 국회에 제출했다. 그러나 오키나와현은 공사가 적어도 30년은 걸릴 것이며─만약 실제로 건설될 수 있다면─아마도 2조 5천억엔(약

58　北上田剛, 〈辺野古新基地は頓挫する：想像以上に深刻な軟弱地盤問題〉, 《世界》(2019.7).

59　〈(社説) 軟弱地盤に杭6万本 荒唐無稽な工事をやめよ〉, 《琉球新報》(2019.2.3); 〈浅瀬も くい1.3万本 軟弱地盤工事 計7.6万本 防衛局報告書で判明〉, 《琉球新報》(2019.2.9); Hideki Yoshikawa, 〈Abe's military base plan sinking in mayonnaise: Implications for the US Court and IUCN〉, 《The Asia-Pacific Journal》(2019.2.15).

230억달러. 한화 약 25조원) 또는 원래 계획 추정치의 10배가 들 것이라고 추산했다.[60] 엔지니어들은 그런 조건 아래서 매립을 성공시킬 만한 엔지니어링 기술 또는 경험을 일본이 갖고 있을지 의심하는 한편, 정부가 프로젝트를 강행할 경우 "90척 이상"의 모래다지기 말뚝 운반선을 오우라만으로 투입해야 할 것이며, 그 결과 닻사슬들이 해저 바닥을 긁고 심한 소음과 오염이 "듀공과 바다거북을 비롯한 오우라만 서식 생물들의 이동에 영향을 끼칠 가능성이 높다."고 봤다.[61]

2019년 말, 일본정부는 오우라만 바닥에 이제까지 시도해본 적 없는 엔지니어링 기술을 활용해, 그 기간이 얼마가 될지 비용은 얼마나 들지는 알 수 없지만, 수많은 생명체들의 생태계인 오우라만에 심각한 영향을 끼치지 않고 7만 7천개의 구멍을 파서 90미터 길이의 모래기둥을 박아 넣겠다고 주장했다. 이제 후텐마기지가 2025년 이전에 반환될 것이라 생각하는 사람은 아무도 없으며, 많은 사람들은 그보다 더 많은 시간이 걸릴 것으로 예상한다. 이런 위험성이 큰 공사가 미 대륙에서 추진된다면, 대체지가 어디든 안전과 환경을 이유로, 후텐마 해병대 항공기지가 어디로 이전되든 상관없이 즉각 중단될 것이다.

2019년 10월 23일, 법원은 두 미결 사건에 대한 첫 판결을 내렸다. 법원은 무뚝뚝하게 오키나와현의 제소 건을 기각했다. 기묘하게도 그것은 개인의 주장과 국가의 주장 사이에 비록 다른 점들이 있더라도, "본질적 부분"에서 "차이가 없다"[62]면서, 국가권력은 사실상 지방자치정부의 헌법적 원칙에 의해 제약을 받지 않는다고 선언했다. 《아사히신문》은 그 결과를 이렇게 요약했다. "법의 취지를 짓밟은 정부의 행위

60   伊藤和行, 〈辺野古工事 '13年で2.5兆円かかる' 県が初の試算〉, 《朝日新聞》(2018.12.12).

61   Okinawa prefecture(Washington DC office), 〈Concerns for environmental impacts of seabed improvement work in land reclamation in Henoko〉(2019.7.17).
      http://dc-office.org/post/1056

62   〈(社説) 関与取り消し訴訟 国追随の一方的な判決だ〉, 《琉球新報》(2019.10.24).

를, 법을 지키게 만들어야 할 재판소가 추인하는, 도저히 납득할 수 없
는 판결이다."[63]

법원(재판소)은 문제가 매우 많은 부분에 대해 본질적인 심문을 전
혀 하지 않았다. 2019년 7월 사건의 판결은 대법원 상고심에 회부되었
으며, 현이 몇 가지 추가 첨부파일을 포함해 432쪽짜리 문서를 제출한
두 번째(나하 지방법원) 사건은 여전히 진행 중이다.[64]

3) 전망, 2020년 그리고 그 너머

오키나와 주민들을 설득하거나 매수하고 때로는 협박해서 종속적이
고 군사우선주의적인 처방에 굴복시키려던 미국과 일본정부의 수십
년에 걸친 모든 시도들은 실패했다. 하지만 그럼에도 매립공사는 계속
되고, 오키나와의 저항은 분쇄돼 결국 실패로 끝날 것이며 오키나와는
영구히 군사우선주의에 굴복하게 될 운명이라고 생각할 수밖에 없는
것은 힘의 불균형 때문이다. 그렇다면 전망은?

법원은 어느 정도는 오키나와 사람들에게 유리한 판결을 내리고
헤노코기지 공사를 멈추라는 명령을 내리기도 하겠지만, 오키나와현
이 법정 싸움에서 승리할 것이라고는 사실상 생각할 수 없다. 1959년
(*미군 비행장 확장 반대운동을 둘러싸고 벌어진) 스나가와砂川 소송 이래
당시 최고재판소가 채택한 원칙은 굳건히 견지돼 왔다. 바로 미국과의
안보조약에 관한 문제들은 "고도로 정치적인" 것이어서 사법적 다툼의
대상이 아니라는 것이다.[65] 사실상 안보조약(안뽀)이 헌법(겐뽀)에 우선
하며, 사법부는 (안보의) 특권을 유지하려는 확고한 자세를 갖고 있다.
설사 모든 오키나와 사람들이 "안 돼!"라고 하더라도 정부는 밀어붙일

63 〈(社説) 辺野古判決 '脱法行為'許した司法〉,《朝日新聞》(2019.10.26).
64 〈(社説) 辺野古で7度目の裁判: 公正で実質的な審理を〉,《沖縄タイムス》(2019.7.18).
65 매코맥, 노리마쯔,《저항하는 섬》.

것이며, 법원은 그것을 합법화할 것이다. 새 기지는 건설될 것이다.

대중운동이 정부가 항복"할 수밖에 없는" 지점까지 진화할 수 있을까? 반기지운동이 국가에 항복을 강제할 정도로 승리할 수 있을까? 연좌농성과 항의가 지금까지 계속되고 있고, 그것은 분명히 공사를 지연시키거나 복잡하게 만들겠지만, 공사를 중단시키지는 못했으며 심각하게 위협하지도 못했다. 현재 다마키 현정부는 전국적으로 오키나와의 대의를 호소하고 지사가 국제적으로 그것을 제시하는 "캐러번 caravan" 캠페인(*무리지어 이곳저곳 이동하며 벌이는 운동)으로 국내 그리고 국제 여론을 흔들려 하고 있으나, 지금까지 별다른 영향(적어도 뚜렷한 영향)은 끼치지 못하고 있다.

몇몇 참신한 전술들을 생각해볼 수도 있다. 예컨대 기지 건설에 투입되는 지역노동자들이 파업을 하거나 노동력 공급을 차단할 수 있고, 미군 항공기들이 다니는 항공로에 대량의 풍선을 띄워 올릴 수도 있을 것이다. 그러나 그런 항의운동은 여전히 설득에 전념하거나 사법적 판결에 의존하고 있으며, 진실과 정의가 결국 승리할 것이라는 믿음을 고수하고 있다. 아마도 "오키나와" 문제는 정기 항공편이 오우라만 항의전선에 참가하려는 본토의 학생들, 시민 활동가들, 교수들을 실어 나르기 시작해야 비로소 "전국적인(national)" 문제로 부각될 것이다. "모두 오키나와(All-Okinawa)"가 "모두 일본(All-Japan)"이 될 때 그렇게 될 수 있다.

오키나와 지사가 중앙정부의 요구에 저항해서 그가 체포되고 투옥될 정도로 대립이 격해지면 전국적 그리고/또는 국제적으로 정부를 굴복시킬 수 있을 정도의 지지를 끌어낼 수 있을지도 모른다. 하지만 그런 일이 일어날 것 같지는 않다. 반기지와 반군사주의적 시각을 갖고 있던 최근의 역대 오키나와 지사들과는 달리 지금의 다마키 지사와 바로 직전의 오나가 지사는 기지 체제와 미·일 군사동맹에 대한 보수적 지지자들이어서 급진적 방식으로 국가와 맞설 것 같지는 않다. 실제로 오타 마사히데大田昌秀 지사를 빼고 나면, 1990~1998년 사이의 오키나와 지사들 중에 오키나와 정책을 결정할 때 군사적이고 동맹적인 이해가 최우선이 돼야 한다는 미국과 일본정부의 지배적인 주장에 반대한 지사는 한 사람도 없었다. 심지어 전임 오나가 지사는 오키나와를 글로벌 해병대 사령부가 되게 만들려는 야릇한 포부까지 품고 있었다.[66]

　　전임 오나가처럼 지금의 다마키 지사도 자신의 반대를 헤노코 신기지 프로젝트에 국한시키고 있다. 그는 오키나와섬 북부의 얀바루山原 숲속의 헬리콥터 이착륙장 공사나 아베 정부가 서두르고 있는 오키나와섬 남서쪽의 인근 섬들, 특히 미야코宮古島, 이시가키石垣島, 요나구니与那国島로의 군사(예컨대 자위대)시설 확장 계획에 대해서는 어떤 입장도 취하지 않는다. 다마키는 2018년 12월 도쿄와 뉴욕에서 한 연설에서 미·일동맹과 기지 지지 입장을 분명히 했으며,[67] 2019년 5월에 주일 미국대사에게(그리고 그를 통해 트럼프 대통령에게) 보낸 편지에서 자신과 오키나와현의 입장을 소개했는데, 거기서 그는 거의 비굴하다고 해야 할 정도의 어투로 자신과 오키나와는 미국정부가 일본의 안보와 동아시아의 평화 및 안보 유지에 엄청난 기여를 하고 있는 점을 잘 알고 있다고 말했다.[68]

　　다마키 지사는 또 미국의 나하 군사항 "반환"을 지지한다. 1974년

66　McCormack,《The State of the Japanese State》, p.115.
67　일본 외신기자클럽에서의 11월 9일 연설 그리고 뉴욕대에서의 11월 11일 연설. 이에 대해서는 기하라 사토루의 블로그《アリの一言》에 실린 다음 글을 참고하라. 〈沖縄·米戦闘機FA18の墜落は何を示すか〉(2018.11.15).
　　https://blog.goo.ne.jp/satoru-kihara/d/20181115
68　다마키 지사가 윌리엄 F. 해거티 주일 미국대사에게 보낸 편지, 2019년 5월 14일.
　　http://dc-office.org/post/1056

에 처음 언급되었던 그 반환은 대체 항구 건설과 연계되어 있었다. 후텐마 미 해병대 항공기지의 "반환"이 더 확장되고 업그레이드된 헤노코 시설 건설을 의미하듯이, 나하 군사항의 반환은 인근 우라소에浦添에 새로운 주요 기지를 건설하는 걸 의미했다. 2019년, 오래 중단돼 있던 군사항 이전 협상이 오키나와현과 나하시 그리고 우라소에시 사이에서 재개됐는데,[69] 오키나와현이 그 이후로도 계속 미국의 주요 군사항 시설을 유치한다는 데에 대해서는 어떤 의문도 제기되지 않았다. 나하 군사항은 가데나 미 공군기지와 후텐마 미 해병대기지처럼 신성불가침의 영역이다. "반환"이란 미국 주요 군사시설의 경우 '업그레이드와 개선'을 의미할 뿐이다. 감히 다른 것을 제안하거나 오키나와의 장래 탈군사화를 상상했던 오타 마사히데 전 지사는 도쿄로부터 가차 없이 적대적 존재로 낙인찍히고 공직에서 배제당했다.[70]

게다가 다마키 지사는 당선되자마자 미국이 종속국가 일본에 제시한 핵심 요구들 가운데 하나를 검토하겠다는 뜻을 내비쳤다. 그것은 오키나와에 있는 군사기지들을 단독(미국 또는 일본) 운영에서 "공동"시설로 이용하자는 것이었다."[71] 그가 우익 미디어인 《산케이신문》에 그런 뜻을 밝힌 것과 거의 동시에 워싱턴의 전략국제문제연구소의 보고서도 정확히 그 내용을 다루었다. 둘 다 미·일동맹을 강화하려 했다.[72]

미국정부의 개입, 즉 국방부 또는 미국에 본부를 둔 다른 기관이 헤노코를 거부할 가능성은? 두 가지를 언급할 만하다. 오키나와와 일본 그리고 미국의 환경운동 NGO 연합이 미국국립유산보존법US National Heritage Preservation Act에 의거해 듀공을 명의로 2003년 캘리포니아

69 〈那覇軍港の浦添移設案 沖縄県·那覇市·浦添市が検討会議設置で合意〉, 《沖縄タイムス》(2019.10.25).

70 2009~2010년 재임한 하토야마 유키오 총리도 같은 운명을 맞았다.

71 〈玉城デニー氏, 自衛隊と米軍の基地共同使用協議も インタビューで表明 沖縄県知事選〉, 《産経新聞》(2018.10.2).

72 CSIS의 2012년과 2018년 리포트를 참고하라.

지법에 제기한 소송이 지금 미국 고등법원에서 진행 중이며, 2020년 중에 평결이 내려질 것이다. 이는 미국 역사상 가장 오래 끈 자연보호 관련 소송이 됐다. 정부의 기지 건설 계획에 유리한 캘리포니아 법원의 판결은 중요한 환경정보(특히 '마요네즈' 문제)가 제공되지 않았다는 이유로 지금 도전을 받고 있으며, 이에 따라 듀공이 기지 건설로 인한 "역효과"를 당하지 않을 것이라는 결론은 부적절하고 부당했다.[73] 듀공 보호 프로젝트에서 멸종보다 심각하고 더 "역행적인" 효과를 생각하긴 어려울 것이다. 지금까지 진행 중인 이 소송에 대한 관심은 일본에서도 미국에서도 거의 미약했지만, 재판 결과에 따른 영향은 상당할 것이다. 그것은 미국 사법체제의 독립성을 재는 중요한 시험이 될 것이다.

그리고 최근 33개 오키나와 시민사회 단체들도 2020 회계연도 미국 국방수권법에 의해 소집된 의회(상·하원) 군사위원회의 "오키나와, 괌, 하와이, 호주 그리고 기타 지역에 대한 미군 배치계획 재검토" 논의에 주목하면서, 그 재검토가 후텐마 대체시설 건설(헤노코기지 건설)계획에 대해 명시적으로 거론하게 만들 "민주적, 법률적, 환경적, 문화적" 토대에 대한 웅변적인 탄원서를 발표했다.[74]

미국은 가끔 헤노코 대체시설에 대한 검토 가능성을 내비치면서 그것은 일본이 결정할 문제라 주장하는 한편, 일본정부가 확고한 입장을 견지하면서 모든 비용을 지불하는 한 미국정부는 실제로는 그것이 이미 실패했거나 미심쩍은 프로젝트라고 생각하면서도 계속 그럴 수도 있다는 청신호를 보낼 것이다.

마요네즈 같은 만의 해저와 오우라만 단층선 문제를 빼고도, 헤노

73 Hideki Yoshikawa, 〈Abe's military base plan sinking in mayonnaise: Implications for the US Court and IUCN〉, 《The Asia-Pacific Journal》(2019.2.15).
74 오키나와의 NGO, 환경운동의 관점, 오키나와 환경정의 프로젝트 등에 대한 비판적 검토를 위해서는 다음 글을 참고하라. 〈Hesitant Heritage: US bases on Okinawa and Japan's flawed bid for World Natural Heritage status〉, 《The Asia-Pacific Journal》(2019.4.15).

코 해안에 군사기지를 건설할 시간은 지구 온난화로 인한 해수면 상
승 때문에 이미 지나가 버렸는지도 모른다. 정보에 밝은 한 관찰자에
따르면, 미 해군의 버지니아 노포크 조선소는 30년 뒤에는 사용할 수
없게 될지도 모르며, "60년 또는 70년"이 걸릴 헤노코기지 프로젝트도
같은 운명이 기다리고 있을 가능성이 높다.[75] 1994년 개항한 간사이 국
제공항은 약 200억달러나 들여 매립한 오사카만의 인공섬 위에 건설
했는데, 지반을 강화하기 위해 다수의 파일들을 박아 넣었음에도 불구
하고 천천히 계속 침하하고 있으며, 2018년에는 태풍으로 거의 침수돼
문을 닫아야 했다.

　물론 국제 사회나 제도들이 어떤 식으로든 개입해서 건설을 막을
가능성도 있기는 하다. 2014년 1월 103명의 "국제사회의 학자들, 평화
운동가들과 아티스트들"이 오우라만 매립 움직임과 기지 건설을 비난
하는 성명을 발표했듯이, 가끔 국제적 관심이 오키나와에 쏠리는 경우
가 있다. 하지만 그런 모멘텀을 유지하기가 어렵고, 일이 복잡해져서
많은 사람들은 그 우여곡절을 알 수가 없다. 미군기지의 북쪽 훈련장
인근의 오키나와 북부 지역들과 헤노코-오우라만 기지 건설 지역과
매우 가까운 곳을 세계자연유산에 등재시키기 위한 지명 절차는, 정책
결정 때 기지와 군사적 고려가 기후변동이나 종의 감소보다 우선한다
는 게 거듭 확인되면서 중앙정부에 심각한 문제를 야기한다.

　일본은 2018년을, 국제 산호의 해에 세계에서 가장 풍요롭고 생물
학적 다양성을 지닌 연안 산호초 지대 가운데 하나를 대거 매립하기
시작함으로써 특이하고 귀중한 산호군락들과 다수의 다른 해양 생물
종들을 몰살시킨 해로 기록하게 했다. 아베 총리는 국회에서 위험에

75 〈(耕論) 辺野古, 米国から見た ローレンス·ウイルカーソンさん, ジェームズ·ショフさん〉,《朝
日新聞》(2019.2.22.). 로렌스 윌커슨은 1990년대 초 조지 W. 부시 정권 때 콜린 파월 국무장
관의 수석보좌관이었다.

처한 산호를 기지 건설 지역에서 안전하게 옮겨 심었다고 공언했으나, 이식이 필요한 전체 7만 4000개에 이르는 포리테스 오키나원시스Porites Okinawensis, 오키나와 해변 산호 군락들 중 오직 9개만 옮겨 심었을 뿐이다. 오키나와현의 허가(허가되지 않을 가능성이 높다)가 필요하고, 이식된 산호의 생존율은 매우 낮다.[76]

국제자연보존연맹은 이미 세 차례(2000년, 2004년, 2008년)나 "적절한 환경영향평가를 실시하고 듀공 보호계획을 시행하라."고 일본과 미국정부에 촉구했다. 국제자연보존연맹은 지금 일본정부가 "오키나와섬 북부 지역"을 세계유산에 등재 신청하기를 기다리고 있다. 하지만 그것을 심사숙고 하더라도 얀바루 숲과 오우라만의 귀중한 환경은 악화될 것이다. 산호 외에도 2019년에는 듀공이 멸종했을 것이라는 추측이 돌았고,[77] 오키나와 딱따구리도 위험에 처했을 것으로 보였다. 달리 말하면, 오키나와에게 미국의 종속국가인 일본의 '국체'는 자연의 가장 위대한 보고들 중 하나를, 미국이 샌프란시스코 공식에 따라 계속 그 힘을 무제한으로 동아시아에 투사할 수 있는 요새로 전환하도록 재촉하는 존재다.

말하자면 그것은, "지역 평화, 협력 그리고 공동체로 나아가는 움직임에 반하고, 헌법에 명기돼 있는 지역자치 원칙에 반하며, 민주주의 원칙에 반하고, 자연보존 명령에 반하는" 것이다.[78] 오나가 지사는, 그가 2015년 유엔 인권위원회 앞에서 중앙정부를 "주민의 뜻을 무시"한다고 비난했을 때 조금도 과장한 것이 아니었다.

---

76 "헤노코 지역 매립을 위해 아베 총리는 '그곳 산호들을 옮겨 심고 있다'고 주장하지만, 매립지에서 그런 활동은 벌어지지 않고 있는 게 현실이다."《琉球新報》(2019.1.8).

77 2019년 3월, 한 마리의 듀공 사체가 발견됐고 그 뒤 몇 년간 듀공의 모습이 발견되지 않아 국제자연보존연맹은 "멸종위험이 아주 높은" 종으로 지목할 것으로 보이는데, 많은 사람들은 이를 멸종과 같은 뜻으로 받아들일 것이다.

78 McCormack,《The State of the Japanese State》, pp.246-247.

요컨대, 오키나와현에서 가장 중요한 요소는 자연 자체의 개입 가능성인데, 그것은 미국과 일본정부가 헤노코 매립 프로젝트가 야기할 거대한 지질학적, 지진학적, 기후학적 문제들을 기술적으로 "해결"할 아무런 방도가 없다는 걸 인정하게 만들 것이다. 인간의 법(human laws)은 왜곡되거나 무시당할 수 있지만, 자연의 법칙(laws of nature)은 그렇지 않다.

그것은 일본정부에 대한 국제적 신용에 압박을 가해 북부 오키나와를 세계 최고의 생물학적 다양성과 자연 그대로의 환경(세계자연유산보전에 낸 등재 신청서 내용)을 지닌 곳으로 보호할 것이며, 동시에 그곳을 세계 수준의 군사력 집결지로 만들 것이라고 선언하게 했다. 문제들이 불거지면서 많은 전문가들과 평화·인권·환경 단체들이 일본정부의 능력과 그 계획의 실행 가능성을 의심한 것으로 보이며, 2018년 10월에《뉴욕타임스》편집국이 했던 바와 같이, 그것을 "일본의 가장 가난한 시민들에게 짊어지운 불공평하고, 원하지 않는 것이며, 종종 위험하기도 한 짐"으로 봤다.[79]

오키나와인들에게 국방과 국가안보를 명분으로 그들의 환경을 계속 약탈하는 것은, 미국인들에게 그랜드 캐년을 군사기지로 전용하는 것이 의미하는 바와 마찬가지일 것이다. 반기지운동 진영의 도전적인 과제는 현장과 모든 가능한 포럼-오키나와, 일본, 국제 그리고 정부와 비정부 포럼-에 대한 압박을 지속하면서, 일본정부 계획의 본질적인 부조리를 폭로하는 것이었다. 수그러들지 않는 적에 대한 수십 년에 걸친 진을 빼는 투쟁으로 지쳤지만, 오키나와 주민들의 반기지 정서는 그럼에도 강력하게 유지됐으며, 대중 저항의 "확고부동한 실체"가 일본국의 "거부할 수 없는" 힘보다 한 수 위임을 입증해낼 것이다. 그리

79 〈Toward a smaller American footprint on Okinawa〉,《New York Times》(2018.10.1).

하여 헤노코기지는 건설되지 못할 것이며, 오키나와와 그 인근 섬들의
끊임없는 군사화 시도를 중지시킬 수 있을 것이다.

맺음말

트럼프가 지배하는 국가의 기이한 점들에 대한 생각과 더불어 도쿄에
는, 19세기의 포함외교를 통해 시작돼 2세기에 걸쳐 지속된 "앵글로-
색슨"의 헤게모니가 20세기 중반의 전쟁의 격동기를 거치며 압도적인
미국의 군사력에 의한 샌프란시스코 체제를 확립하고 유지해 왔으나,
그것이 21세기에도 계속될 것인지 아니면 종언을 고할 것인지에 대한
걱정이 퍼져나가고 있다. 1940년대의 히로히토로부터 오늘날의 아베
에 이르기까지는 글로벌 초강대국에 굴복하는 것이 미국의 세계지배
와 자비가 앞으로도 계속될 것이라는 이해와 합치했다. 하지만 오늘날
아베가 최선을 다해 섬기고 있음에도, 미국은 국제적인 불법국가가 됐
다. 미국은 국제법과 유엔을 경멸하고, 파리 기후변화협정,[80] 환태평양
동반자협정, 로마조약과 그에 따라 설립된 국제형사재판소, 이란 핵합
의와 중거리핵전력제한협정과 같은 다자간 또는 조약에 의한 중요한
약속들을 폐기하면서 핵무기 개발에 더 많은 힘을 쏟고 있다. 때때로
아베 "내셔널리즘"으로 불리는 현상이 국가의 운명을 이른바 전능하
고 자비로운 후원자의 손에 맡기자고 하는 것이라면, 그것은 사실은
내셔널리즘이 아니거나 반내셔널리즘 또는 종속적인 사이비 내셔널
리즘일 것이다. 특히나 그 후원자가 탄핵 제기로 권위가 추락하고 있
는 괴짜 도널드 트럼프라면 더 의심스러운 것이다.

　미국이 허용해주는 대신에 미국에 군사, 외교, 경제적으로 굴복하

---

80 *옮긴이: 트럼프 정부 때 탈퇴했으나 바이든 정부 들어 복귀했다.

면서 신도神道를 신봉하는 "아름답고" "새로운" 일본으로 전후체제를 청산하려던 아베의 초기 시도 〈종속주의, 마크 1〉은 워싱턴에 의해 명백히 거절당했다. 미국에 대한 100% 지지의 〈종속주의, 마크 2〉는 2017년 "아메리카 퍼스트America First" 시기에 그 정점에 도달했으며, 한동안 변덕스럽고 폭력적이거나 필요한 정책들을 손상(일본에게) 시키는 듯했지만 아베는 그것을 고수했다. 하지만 아베 집권 8년차(제2기 내각 7년차)에 아베가 그런 모순의 한계치에 다가가고 있는 게 아닌가 하는 신호들이 나타났다. 샌프란시스코 조약/냉전 체제는 그것이 확립된 지 약 70년이 지나 유효사용기한이 다 끝나가고 있다. 아베는 지금 그 틀을 유지하는 데 집중하면서 그 노력의 대부분을 워싱턴에 굽실거리는 데 바치는 한편 중국, 러시아 그리고 북한과 대립하면서 끊임없이 전쟁준비에 박차를 가하고, 동시에 자신의 도박이 지닌 위험성을 줄이기 위해 러시아 푸틴과 화해하고 무역전쟁 확대에 반대하는 시진핑과 손을 잡는 쪽으로 살짝 움직이고 있다. 그는 또한 시진핑과 푸틴의 유라시아 전략을 긍정적으로 생각하고 있는 듯하다. 지금 우리는 매우 드물지만, 중대한 역사적·지정학적인 터닝포인트의 첫 단계를 목도하고 있다고 생각해야 할 것이다.

2018년에 한반도문제를 다룬 일련의 고위급 국제회의는 전쟁준비가 순식간에 평화협력으로 그리고 오래 얼어붙었던 외교적 정체 상태가 일거에 해소되는 쪽으로 바뀔 수 있음을 보여주었다. 한국전쟁을 끝내는 평화조약을 협상 테이블에 올릴 수 있다면, 오키나와의 미군 기지들도 폐쇄하고 반환할 수 있으며, 1947년에 히로히토가 그리고 1995년에 조지프 나이가 필수불가결하다고 주장했던 미국의 일본 및 한국 지배도 청산할 수 있다.[81] 종속주의가 영원할 필요는 없다.

---

81 1947년과 1995년에 대해서는 매코맥과 노리마쓰, 《저항하는 섬》을 참고하라.

이 글은 우리 시대에 맞서야 할 커다란 도전은 핵무기와 기후변화라는 제안으로 시작했다. 전자의 경우, 오랫동안 잠재적인 핵전쟁의 최일선에 서있던 한국은 지금 한반도 비핵화에 최우선적인 비중을 두고 있을 뿐만 아니라 비무장과 분단 극복 그리고 비무장지대의 평화지대로의 전환과 그 지속가능성(세계유산으로서)에 대한 비전을 선명하게 제시하고 있다.[82] 이와 대조적으로 일본은 무슨 수를 써서라도 미국의 핵 특권과 "핵우산"을 유지하려 애를 쓰고 있으며, 오키나와를 불가역적으로 군사화해서 미 국방부의 통제 아래 둠으로써 트럼프와 미 국방부의 비위를 맞추려 애쓰고 있다. 둘 다 미국이 고안해서 세운 나라들이지만 한국은 혁명을 통해 바뀌어 왔고 일본은 여전히 종속주의에 빠져 있다.

미국이 허약해지고 허둥댈수록 일본은 더욱 미국에 집착하며, 미국에 대해 굴종적으로 되면 될수록 형언할 수 없을 정도로 뛰어난 "일본인의" 자질을 더욱 강하게 주장하면서 그것을 보상받으려 애를 쓰는 듯하다. 그리하여 모리 요시로森喜朗 총리는 2000년에 일본이 "천황이 중심에 있는 신의 나라"라고 했고, 아베 정권 때 아베는 유일무이하게 "아름다운 일본"과 일본회의의 근본주의에 집착했다. 종속주의자 아베의 나라는, 부적절하게도 제국적 제도(유일무이하고 우월하다는 신도 신화 고수와 더불어)와 "아메리카 퍼스트" 독트린이라는 두 개의 기둥 위에 서있으나, 비통하게도 진실은 일본이 "영광스러운" 동시에 "비굴"할 수는 없다는 것이다.

게다가 국가의 영광과 굴욕의 혼합체인 아베 나라의 모순적인 미국 우선주의가 기후변동이나 문명의 지속 가능성을 다룰 여지는 전혀

---

82 문재인, 2019년 9월 24일 제74차 유엔 총회 연설.
   http://www.korea.net/Government/Current-Affairs/National-Affairs/view?affairId=534&sub
   Id=593&articleId=175568&viewId=49101

없을 것이다. 하지만 지구 온난화 가능성―이번 세기 말까지 섭씨 2도 혹은 3도까지 올라갈지 모른다―은 분명히 커지고 있다.[83] 붕괴된 해양 빙상들이 몇 세기에 걸쳐 세를 불리면서 해수면을 50미터 밀어 올릴 경우 니가타에서 나하에 이르는 일본의 해안도시들은 사람이 살 수 없게 될 것이다. 장기간 이어지는 퇴조와 종속주의의 진짜 비용은 분명해질 것이며 군사력은 아무리 강력해도 아무 소용이 없을 것이다.

---

* 이 글은 2019년 11월 8~9일 서울 코리아나 호텔에서 열린 제4차 회의에서 〈Beyond Clientelism: San Francisco and East Asia's 'Japan Problem'〉이라는 제목으로 처음 발표되었다.
* 한승동 번역

83 Josh Holder, Niko Kommenda and Jonathan Watts, 〈The three-degree world: the cities that will be drowned by global warming〉, 《The Guardian Weekly》(2017.11.3).

올바른 해결과 화해를 위한 열쇠들: 샌프란시스코 체제를 넘어서[1]

하라 기미에原貴美惠(캐나다 워털루대 교수)

샌프란시스코 체제: 냉전과 미국 지배하의 아시아·태평양 전후 질서

2차 세계대전 이후의 냉전 구조는 종종 '얄타 체제'에 기인하는 것으로 여겨진다. 얄타 체제는 1945년 2월 당시 소련 영토였던 크림반도 남부의 흑해 연안 도시 얄타에서 2차 세계대전 이후의 국제질서 구축에 관해 미국과 영국, 소련이 합의하면서 수립되었다. 하지만 아시아·태평양 지역의 국제질서에 관해서라면, '얄타 구상'은 샌프란시스코 체제에 영향을 미치지 못했다. 유럽에서는 동유럽 공산화와 독일 분단을 중심으로 한 일련의 동서 진영 간 긴장에 따라 얄타 체제가 굳어졌다. 1975년의 헬싱키협정은 얄타 체제의 현상 유지를 국제적으로 승인하는 과정이

---

1 이 글은 필자의 이전 작업들과 내용상 많은 부분이 겹치는데 특히 다음의 작업들과 그러하다. 《Cold War Frontiers in the Asia-Pacific: Divided Territories in the San Francisco System》 (Routledge, 2007); 〈The San Francisco Peace Treaty and Frontier Problems in the Regional Order in East Asia: A Sixty Year Perspective〉, 《The Asia-Pacific Journal》(2012.4); 〈Introduction: The San Francisco System and Its Legacies in the Asia-Pacific〉, 《The San Francisco System and Its Legacies: Continuation, Transformation and Historical Reconciliation in the Asia-Pacific》 (Routledge, 2015).

었다. 그러나 1990년대 초에 얄타 체제는 동유럽 민주화, 발트 3국의 독립, 독일 통일 그리고 소련의 해체와 함께 무너졌다. 그 이후 많은 사람들은 얄타 체제의 붕괴를 냉전의 종식과 같은 의미로 받아들였다.

하지만 아시아·태평양 지역에서는 얄타 체제가 국제질서로 수립된 적이 없다. 분명 얄타에서 2차 세계대전 이후의 국제질서가 논의됐으며, 일본에 영향을 미치는 일부 비밀협정들이 체결됐다. 때때로 "얄타 체제"와 "동아시아 얄타 체제"라는 말이 그런 협정에 토대를 둔 아시아·태평양 지역의 전후 질서를 지칭하기 위해 사용되기도 한다.[2] 그러나 "(동아시아) 얄타 체제"는 그런 협정들이 충실히 이행됐을 경우에만 효력을 갖는 희망사항에 불과했다. 1951년 샌프란시스코에서 일본과의 평화(강화)조약이 체결되었을 때, 얄타에서 합의한 것들은 왜곡되거나 모호해졌다. 유럽에서 시작한 동서 대립이 격화되는 새로운 상황 속에서, 전후 아시아는 애초의 계획과는 전혀 다른 길을 걷게 되었다.

샌프란시스코 조약은 2차 세계대전 이후의 아시아·태평양 지역 국제질서 형성에 중대한 영향을 끼친 국제적 협정이었다. 이와 관련 있는 다른 안보협정들과 함께 샌프란시스코 조약은 이 지역의 냉전적 대립구조의 토대를 만들었다. 샌프란시스코 체제는 샌프란시스코 평화회의 주최국인 미국의 전략적 이해와 정책적 우선순위를 충실히 반영했다. 이 체제는 미국의 지배적 영향력과 지속적인 군림, 즉 "팍스 아메리카나Pax Americana"를 보장했으며, 일본에 평화헌법과 더불어 민주주의와 경제적 번영을 가져다주었지만, 대신 다른 동아시아 사람들과 국가들에는 영속적인 분열을 안겨주었다.

냉전은 유라시아 대륙 양쪽 끝의 대서양과 태평양 지역에서 각기 다르게 전개됐다. "뜨거운" 전쟁까지는 가지 않은 채로 유럽과 미국 VS

---

2   Akira Iriye, 《The Cold War in Asia: A Historical Introduction》(Prentice-Hall, 1974), pp.93-97;
添谷芳秀, 《日本外交と中国 1945-1972》(慶應義塾大学出版会, 1995), pp.33-38.

소련은 "냉전"을 치렀다. 그와 대조적으로 아시아는 곳곳에서 "뜨거워
졌으며" 더 복잡했다. 전후 일본이 철수한 뒤 이 지역 일부에서는 해방
과 독립운동이 벌어졌으며, 새 국가의 통치원칙을 둘러싸고 내전이 발
발했다. 강대국들은 이 지역에 대한 영향력을 놓고 경쟁을 벌였다. 미
국과 소련이 직접 충돌하는 대신에 아시아 지역이 자본주의와 사회주
의 간의 대리전을 치루는 전쟁터가 됐다. 아시아에서 북대서양조약기
구(이하 NATO)와 같은 다자간 지역동맹을 결성하지 못한 미국은
1951년 8월 30일 필리핀과 상호방위조약을 체결했고, 9월 1일에는 오
스트레일리아·뉴질랜드와 3자 간 안보조약을, 일본과는 평화조약이
체결된 날인 9월 8일에 안보조약을 체결했다. 그렇게 해서 부챗살 같
은 군사동맹들로 짜여진 미국의 "샌프란시스코 동맹체제"가 그때 탄
생했다.[3] (미국은 1953년에 한국, 1954년에 대만 그리고 1961년엔 태국과 비
슷한 조약을 체결했다.)

정치적, 군사적 갈등과 함께 아시아·태평양 지역의 냉전구조에서
중요한 요소는 주요 참여자들 간의 지역적 갈등이다. 패배한 추축국들
의 조건에 따라 국경선과 영토 주권을 둘러싼 대립이 나타났다. 유럽
에서는 독일이 유일한 분단국가였으나, 동아시아에서는 국가와 사람
들을 가르는 냉전의 경계선들이 여러 곳에 생겨났다. 샌프란시스코 평
화조약은 그런 수많은 경계선 문제들을 만들고 증폭시키는 데 결정적
인 역할을 했다. 쿠릴열도에서 남극대륙까지 그리고 미크로네시아에
서 스프래틀리군도까지의 광대한 지역들이 그 조약에 포함됐다. 그러
나 샌프란시스코 조약은 그들의 최종 처분이나 정확한 지리적 한계를

---

3 샌프란시스코 동맹체제의 구체적인 내용은 다음 책을 참고하였다. William T Tow, Russell
   B Trood, Toshiya Hoshino, Nihon Kokusai Mondai Kenkyūjo, Griffith University. Centre for
   the Study of Australian-Asian Relations, 《Bilateralism in a multilateral era: the future of the
   San Francisco Alliance System in the Asia-Pacific》(Japan Institute of International Affairs, 1997).

명시하지 않았고, 따라서 이 지역 전체에 여러 "해결되지 않은 문제들"
의 씨앗을 뿌리고 말았다.

표 1은 동아시아 지역의 분쟁 당사국들을 표시함으로써 샌프란시
스코 평화조약과 이 지역의 주요 지역분쟁들 간의 관계를 보여준다.
일본제국에 속했던 지역의 전후 영토 재배치에서 비롯된 이 지역분쟁
들은 세 가지로 분류할 수 있다.

① 북방영토/남쿠릴열도, 독도/다케시마, 센카쿠/댜오위다오, 스프래틀
　리/난샤 그리고 파라셀/시샤열도와 관련한 섬 관련 지역분쟁들
② 한반도와 양안(대만해협)문제에서 보는 바와 같은 분단국가들[4]
③ 대만과 "오키나와 문제"에서 보는 바와 같은 영토 지위[5]

이런 문제들의 발생 원인을 딱히 샌프란시스코 평화조약 탓으로
만 돌릴 수는 없다. 예컨대 1945년 2월 얄타 회담에서 쿠릴열도와 사

4　샌프란시스코 평화조약이 중국과 대만의 분단을 결정한 것은 아니다. 하지만 타이완섬(*
　과거 포모사섬Formosa island으로 불렸던, 현재 타이완에서 가장 큰 섬)의 지위를 미결정 상태로
　남겨둠으로써 중화인민공화국(중국)이나 중화민국(대만)의 소유, 또는 대만 독립까지 여
　러 가능성이 남았다. 이 평화조약은 또한 "코리아Korea"의 최종 명칭도 명확하게 정하지 않
　았다. 비록 일본이 "코리아"를 포기하고 조약에서 독립을 인정했지만, 분단된 한반도에 두
　정부가 존재하고 서로 전쟁 중인 것에 대해서는 언급되지 않았다. 그 당시에 그리고 지금
　도 여전히 "코리아"에 해당하는 국가는 없고, 남쪽에는 대한민국(ROK, Republic of Korea)이,
　북쪽에는 조선민주주의인민공화국(DPRK, Democratic People's Republic of Korea)이라는 두 개
　의 국가가 있다.
5　오키나와(류큐)는 태평양상의 다른 일본 섬들과 함께 조약 '제3조'에 포함되어 있다. '제
　3조'에서 이 섬들에 대한 일본의 주권은 확인/부인 어느 쪽으로도 언급되지 않은 데 비
　해, 미국의 통제권(완전한 주권full sovereignty은 아닌 시정권施政權;Administrative rights)은 '미국이
　이들 섬에 대한 유엔의 신탁통치 협정을 제안하고 확인할 때까지'라는 단서 아래 확실히
　보장되었다. 이 조항에 명기된 "시정권"은 1970년대 초에 유엔 신탁통치를 거치지 않고
　일본에 반환됐다. 하지만 반환된 지 오랜 세월이 지났지만 주일미군 병력과 기지의 대다
　수가 오키나와에 집중 배치돼 있다.

표 1. 샌프란시스코 평화조약과 동아시아의 지역분쟁들

지역분쟁들	샌프란시스코 조약(관련 조항들)	관련 국가들
영토분쟁들		
독도/다케시마	제2조(a) 코리아	일본, 한국
센카쿠/댜오위다오	제2조(b) 대만, 제3조 류큐열도	일본, 중국, 대만
북방영토/남쿠릴열도	제2조(c) 쿠릴열도/사할린 남부	일본, 러시아(소련)
스프래틀리 & 파라셀	제2조(f) 스프래틀리 & 파라셀	중국, 대만, 베트남, 필리핀, 말레이시아, 브루나이
분단국들		
한반도	제2조(a) 코리아	한국, 북한
대만해협	제2조(b) 대만	중국, 대만
지위		
오키나와	제3조	일본, 미국
대만	제2조(b)	중국, 대만

할린 남부를 일본에서 소련으로 이양하는 비밀협정이 체결되었다. 그런데 일본이 포기한 지역의 최종 명칭이나 정확한 경계선을 명기하지 않은 채 샌프란시스코 조약이 추진되면서 얄타가 아닌 샌프란시스코에서 문제가 발생했다. 두 나라 사이에는 아직도 평화조약이 체결되지 않았으며, 오늘날까지도 일본과 러시아의 관계 정상화에 영토문제가 가장 큰 걸림돌이다.

이런 실체가 분명한 분쟁들 외에 샌프란시스코 평화조약은 전쟁 범죄, 배상 그리고 그것을 둘러싼 해석과 같은, 오늘날까지도 일본과 그 이웃나라들을 갈라놓고 있는 무형의 "역사"문제들에도 영향을 끼쳤다. 조약은 이른바 '도쿄재판'(1946~1948)으로 불린 '극동국제군사재판'의 판결을 일본이 받아들였다는 점을 명기했다. 하지만 도쿄재판은 난징 대학살, 일본 광산과 공장에서의 한국과 중국인의 강제 노동 그리고 일본군이 한국, 중국 및 기타 국가 여성들을 "위안부"로 강제 매매춘에 동원한 것과 같은 문제들에서 중국인과 조선인 등이 받은 고문과 학대에 대한 일본정부의 책임을 간과했다. 대신 도쿄재판은 "가장 직접적으로 서방 연합군에 영향을 끼친 일본의 행동들, 예컨대 일본군의 하와이 진주만 기습과 연합군 전쟁포로 학대에 초점을 맞췄다."[6]

샌프란시스코 체제의 "미해결 문제들"

연합국의 문서, 특히 미국(평화조약의 주 입안자) 문서들을 자세히 조사하면 지역 냉전과 일본 평화 정착의 모호성, 특히 영토 지정에 대한 애매한 표현 사이의 중요한 상관관계들이 드러난다. 이는 이러한 문제 해결에 도움이 되는 접근 방식을 더 잘 이해하고 개념화하기 위한 열쇠로서 현재의 분쟁 국가의 틀을 넘어서는 다자적 접근의 필요성을 시사한다.

1951년(일본이 항복한 지 6년이 지난)에 완성된 샌프란시스코 평화조약의 최종 초안에 앞서, 다양한 조약 초안들이 작성되었다. 초기 조약안들은 모두 미국의 전쟁시기 연구에 토대를 둔 것으로, 연합국들 간의 협력이라는 얄타 정신에 부합하는 것이었다. 이들 조약안은 일본에 대한 연합국들의 "징벌적인" 그리고 "엄격한" 정책을 반영한 것으로, 거기에서 일본은 정복한 영토들을 박탈당하고 군사적·경제적으로 약화돼야 할 적이었다. 영토의 처분과 관련해 이들 초기 조약안은 길고 상세하여 전후 일본의 국경선을 분명하게 긋고 미래의 영토분쟁을 확실하게 피하기 위해 국경 근처의 작은 섬들, 예컨대 다케시마, 하보마이, 시코탄 등의 이름을 구체적으로 명기하였다.

그러나 격화되는 냉전을 배경으로, 아시아에서는 1950년 6월 한

6   Gi-Wook Shin, 〈Historical Disputes and Reconciliation in Northeast Asia: The US Role〉, 《Pacific Affairs》(2010.12), p.664.

국전쟁 발발과 함께 냉전이 "열전"이 됐으며, 이에 따라 일본과의 평화조약은 미국의 새로운 전략적 이해에 발맞춰 바뀌었다. 특히 곧 동아시아에서 가장 중요한 미국의 동맹국이 될 일본과 필리핀은 비공산 서방진영을 지키기 위해 친미 정부가 들어서야 했던 반면, 공산국가들은 봉쇄돼야 했다.

　이런 맥락 위에서 일본과의 평화조약 초안은 다양한 변화를 겪으면서 결국 단순화됐다. 포모사(대만)나 쿠릴과 같은 섬들 그리고 기타 영토들을 제공받으려던 나라들의 이름이 초안에서 사라지면서 이 지역 이웃나라들 사이에 여러 "미해결 문제들"이 남게 됐다. 평화조약의 모호한 자구들은 부주의 탓도 실수 탓도 아니었다. 오히려 그런 문제들은 의도적으로 미해결인 채로 남겨진 것이었다. 샌프란시스코 조약에서 파생된 영토분쟁들—북방영토/남쿠릴열도, 다케시마/독도, 센카쿠/댜오위(오키나와), 스프래틀리/난샤 그리고 파라셀/시샤 문제들—이 모두 "애치슨 라인Acheson Line" 곧 1950년 1월에 발표된, 서태평양에 대한 미국의 냉전 방위선 주변에 나란히 포진해 있는 것은 결코 우연이 아니다.

　영토문제들은 애치슨 라인을 따라 북쪽에서 남서쪽으로 일본과 그 이웃나라들 사이에 포진해 있다. 100퍼센트 공산국가인 소련과는 북방영토가, 절반이 공산국가인 "코리아"와는 다케시마가 그리고 많은 부분이 공산주의 국가인 "중국"과의 사이에는 센카쿠가 있다. 이 문제들은 서방세계가 일본을 지키는 "쐐기"처럼, 또는 공산주의 세력권으로부터 일본을 갈라놓는 "벽"처럼 줄지어 늘어서 있다. 일본과 중국 간의 영토문제는 원래 오키나와(류큐)를 중심으로 진행됐고,[7] 센카쿠열도는 오키나와의 일부로서 미국의 시정권 아래에 있었는데, 1972년 오

7　(*1971년 유엔에서 축출되기 전까지) "중국"을 대표했던 장제스의 중화민국은 전후 초기부터 적극적으로 류큐/오키나와를 대만에 돌려달라고 요구하였다.

그림 1. 일본과의 평화조약 관련 지도와 영토조항들

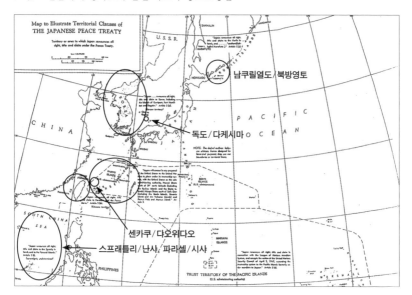

키나와에 대한 미국의 시정권이 일본에 반환된 뒤 분쟁의 초점이 센 카쿠로 옮겨 갔다.

한국전쟁이 발발하자 미국은 한때 "잃어버린" 또는 "버린" 것이라 며 방위선에서 지웠던 한국과 중국에 대한 정책을 바꿔 이 두 나라의 내전에 개입했다. 하지만 핵전쟁 또는 제3차 세계대전으로 확대될 수 있었던 이 지역 전쟁들의 확전을 피하기 위해 "봉쇄 라인"을 각각 북위 38도선과 대만해협으로 설정해 고정시켰다. 따라서 이 봉쇄의 경계선 들은 일본 방위의 관점에서는 다케시마(독도)와 센카쿠(오키나와) 섬들 과 함께 이중의 방위 쐐기들로 인식될 수 있었다. 한편 미국의 중국정 책이라는 관점에서 보면 센카쿠(오키나와), 스프래틀리 그리고 파라셀 의 섬들로 이어지는 중국의 해양 경계선 문제들은 대만과 함께 중국 봉쇄를 위한 쐐기로 보일 수 있다.

평화조약 제2조(f)에 명기된, 애치슨 라인의 남서쪽 끝 남중국해에 위치한 스프래틀리와 파라셀은 필리핀을 방어하기 위한 쐐기로 보일 수도 있다. 필리핀은 미국의 동남아시아 냉전 전략의 핵이었다. 전쟁 시기에 미국은 이 섬들에 대해 전후 처리 준비과정의 다양한 측면에서 중국이 영유권을 갖고 있는 것으로 간주했다. 하지만 최종 지명이 샌프란시스코 조약에 명기되지 않았는데, 그것은 그것이 불분명해서가 아니라 그 섬들이 중국 소유로 돌아가는 것을 막기 위해서였다. 남중국해의 이들 섬에 대한 주권(영유권)을 둘러싼 논쟁은 2차 세계대전 이전부터 있었다. 하지만 관련 국가들 및 논쟁의 성격과 관련해 전쟁 전과 후에 차이가 있는데, 그것은 동남아시아에서 전쟁 전의 식민지 경계선들이 전쟁 뒤에는 냉전의 경계선으로 재탄생했다는 것이다.[8]

한편 미국은 점령한 섬들에 대한 유엔 신탁통치 조건을 자국에 유리한 쪽으로 협상하면서 배타적 통제권을 확보해 적도 이북의 태평양을 "미국의 호수"로 만들었다.[9] 그런 섬들 중에 조약 제2조(d)에 명기된 미크로네시아는 미국의 핵 실험장으로 사용됐으며, 오키나와는 그 지역에서 가장 중요한 미국 군사기지 가운데 하나가 됐다.[10]

8　2차 세계대전 이전에 남중국해의 영토분쟁에 관여한 나라는 중국과 두 식민 종주국인 일본과 프랑스였다. 전쟁 뒤 일본과 프랑스는 철수했고, 해당 섬들을 둘러싼 분쟁은 중국과 대만 그리고 새로 독립한 이웃 동남아시아 국가들 사이에서 벌어졌다. 샌프란시스코 평화조약에 명기된 스프래틀리와 파라셀군도에 관한 자세한 내용을 보려면 《Cold War Frontiers in the Asia-Pacific》의 6장을 참조하라.
9　John W. Dower, 〈Occupied Japan and the American Lake, 1945-50〉, Edward Friedman and Mark Selden, ed., 《America's Asia: Dissenting Essays on Asian-American Relations》(Pantheon, 1971), pp.146-97; 서구 제국주의 열강들이 세계의 바다를 지배하는 것에 관해서는 Peter Nolan, 〈Imperial archipelagos: China, western colonialism and the law of the sea, 《New Left Review》(2013.3)를 참조하라.
10　미크로네시아와 류큐/오키나와의 자세한 내용은 《Cold War Frontiers in the Asia-Pacific》의 4장과 7장을 참조하라.

샌프란시스코 평화조약
제2장
영토

제2조

(a) 일본은 조선Korea의 독립을 승인하고, 제주도Quelpart, 거문도Port Hamilton 그리고 울릉도Dagelet를 포함한 조선에 대한 모든 권리, 권원權原 및 청구권을 포기한다.

(b) 일본은 대만Formosa 및 펑후Pecsadores제도에 대한 모든 권리, 권원 및 청구권을 포기한다.

(c) 일본은 쿠릴열도 및 일본이 1905년 9월 5일의 포츠머스 조약의 결과로 주권을 획득한 사할린의 일부 및 이에 근접하는 섬들에 대한 모든 권리, 권원 및 청구권을 포기한다.

(d) 일본은 국제연맹의 위임통치제도와 관련된 모든 권리, 권원 및 청구권을 포기하며, 또한 이전에 일본의 위임통치하에 있었던 태평양 섬들에 신탁통치를 확대하기로 한 1947년 4월 2일의 국제연합 안전보장이사회의 행동을 수락한다.

(e) 일본은 일본국민의 활동에서 유래하거나 다른 데서 유래하거나를 불문하고 남극 지역 모든 부분에 대한 권리 또는 권원 또는 모든 부분에 관한 이익에 대해서도 모든 청구권을 포기한다.

(f) 일본은 난샤군도Spratly Islands 및 시샤군도Paracel Islands에 대한 모든 권리, 권원 및 청구권을 포기한다.

제3조

일본은 북위 29도 이남의 난세이열도(류큐 섬들 및 다이토열도를 포함), 소후간孀婦岩 남쪽의 남방열도(오가사와라小笠原열도, 니시노시마西之島 및 가잔火山열도를 포함) 및 앞바다의 도리시마鳥島 및 미나미도리시마南鳥島를 미국을 유일 시정권자로 하는 신탁통치 제도 하에 두기로 한 국제연합에 대한 미국의 어떤 제안에도 동의한다.

*   출처: ⟨Conference for the Conclusion and Signature of the Treaty of Peace with Japan, San Francisco, California, September 4-8, 1951, Record of Proceedings, Department of State Publication 4392⟩, ⟪International Organization and Conference Series II, Far Eastern 3⟫ (Division of Publications, Office of Public Affairs, 1951.12), p.314

　미국의 냉전전략은 이들 지역의 통제 외에 일본과의 평화합의의 다른 측면들에도 반영되어 있다. 일본을 친미국가로 만들고자 미국이 제시한 평화조약은 일본을 미국에서 떼어놓기 위해 공산주의 국가들이 제시한 조건보다 더 자유주의적이고 일본에 매력적인 것이어야 했다. 따라서 일본과의 평화조약은 처벌보다는 "관대한" 쪽이었으며, 전후 일본의 민주화와 경제부흥에 초점이 맞춰졌다. 이 "역코스reverse course"가 결국 미군 점령기간에 전쟁범죄자로 공직에서 제거되거나 기소당한 보수 정치인들의 복귀 쪽으로 방향을 틀게 만들었다.

　대일 평화조약에서 파생된 분쟁들과 관련해, 직접적인 관련 당사국들 사이에 공감대가 형성돼 있었던 것이 아니라는 점은 주목할 만하다. 연합국들, 특히 미국과 영국은 "중국(China)" 승인을 둘러싸고 의견이 갈렸으며, 일본의 식민지였던 조선(Korea)은 연합국이 아니었다. 그 결과 중국(대륙의 중화인민공화국이든 대만의 중화민국이든)도 조선(대한민국이든 조선민주주의인민공화국이든)도 모두 평화회의에 초대받지 못했다. 소련은 평화회의에 참석했으나 평화조약에 서명하진 않았다. 대일 평화조약은 다국 간에 준비되고 서명을 받아, 49개국이 "관련국들" 자격으로 서명했다. 하지만 일본을 빼고는 주요 분쟁 당사국들 중에 조약에 참여한 나라는 하나도 없었다. 그 결과 다수의 미해결 분쟁들이 직접 당사국들과 그 지역에 남게 됐다.

　일본과의 전후 평화협정은 태평양전쟁을 끝내고 "전후post-war"시대를 시작하는 분명한 해결책이 됐어야 했다. 하지만 전쟁을 그렇게 끝내기 전에 일본과 아시아·태평양 지역 전체가 유럽·대서양권에서 시작된 냉전에 휩쓸리게 됐다. 대일 평화조약은 냉전의 부산물이었다. 이런 공통의 토대를 지닌 "미해결 문제들"은 동아시아의 나라와 국민들을 계속 분열시킬 운명이었다. 샌프란시스코 체제하에서 곧 새로운 형태의 "분할지배" 계획이 작동했기 때문이다.

샌프란시스코 체제의 변화와
동시대의 유산

샌프란시스코 합의 이후 60여 넌간 세계는 중대한 변화들을 겪었다. 1950년대의 냉전 해빙기, 1970년대의 데탕트기와 같은 동서 냉전의 긴장과 완화의 시기 이후, 냉전은 1990년대 초에 끝났다는 믿음이 널리 퍼져 있다.

아시아·태평양 지역에서 냉전은 유라시아대륙 반대편에 있는 유럽·대서양 지역의 냉전과는 다르게 전개됐다. 1960년대 초 중·소 분열 뒤 미·중·소 3자 체제가 등장했다. 중국은 한국전쟁 개입 뒤 미국 봉쇄 전략의 표적이 됐다. 1964년 핵 개발과 인도차이나전쟁 개입으로 중국은 아시아 냉전에서 훨씬 더 큰 비중을 차지하게 됐다. 핵무기의 등장이 2차 세계대전 이후의 국제관계를 근본적으로 바꾸고 미·소 냉전을 정의하는 데 최대의 요소가 됐듯이, 미·중의 대립은 직접적인 군사충돌 대신 말 그대로 진짜 "냉전"이 됐다. 그렇지만 중국 주변에서는 대리전쟁들이 내전 형태로 벌어졌다.

아시아에서는 일반적으로 미·중 간의 냉전이 1970년대에 진행된 미·중 간의 일련의 화해와 관계 정상화들을 통해 종결됐다는 시각이 있다.[11] 그러나 공산주의 체제 붕괴와 함께 근본적으로 종식된 유럽에서의 미·소 냉전과는 달리, 미·중 화해는 미·중 냉전의 "종결"이 아니었다. 그것은 공동의 가치를 공유하지 않는 두 대국들 간의 화해였다. 미·중 화해는 중·소 분쟁의 배경 속에서만 일어날 수 있었다. 1970년대의 데탕트 기간에 미국은 중국과 마찬가지로 소련과의 관계도 개선시키고 있었다. 게다가 미국은 대만과의 공식적인 외교관계를 종식시킨 뒤

---

11 예컨대 藤原帰一, 〈報告 米中冷戰の終わりと東南アジア〉, 《社會科學研究》(1993.2), pp.35-47.

에도 '대만관계법'을 도입해 대만 안보에 계속 관여했다. "미·중 냉전" 또는 "아시아의 냉전"이 끝났다는 보편적인 합의는 없지만, "미·소 냉전" 또는 "유럽의 냉전"은 그렇지 않았다.

1980년대 말과 1990년대 초, 미·소와 미·중은 화해했다. 동아시아에서 놀랄만한 긴장완화가 일어났고, 가장 다루기 힘든 경계선 문제들 일부가 해결될 수 있을 것이란 기대가 부풀었다. 1980년대 말 중국과 소련(러시아) 국경 협상에서 진지한 논의가 시작됐다. 두 나라는 2000년대에 들어 서로 양보함으로써 마침내 국경선을 확정했다. 하지만 샌프란시스코 평화조약에 공통의 토대를 둔 미해결 문제들 중에서 근본적인 해결을 본 것은 하나도 없었다. 사실 동서를 가르고 있던 벽이 완전히 무너진 유럽·대서양 지역에 비해, 아시아·태평양 지역에서 일어난 변화들은 근본적인 분열을 치유하지 못했다. 소련의 붕괴를 빼고는 이 지역 냉전의 대립구조는 기본적으로 계속 유지됐다. 그로부터 거의 30년, 샌프란시스코 조약 이후로는 70년이 지난 오늘날, 위에서 언급한 지역문제들 외에 중국과 한국은 여전히 분단돼 있으며, 이 두 나라의 공산주의 또는 권위주의 체제 쪽은 여전히 이웃나라들로부터 위협적인 존재로 인식되고 있다. 따라서 샌프란시스코 동맹체제를 통한 미군 주둔은 "오키나와 문제"와 같은 관련 문제들과 함께 이 지역에서 계속되고 있다. 반면 ANZUS(미국-호주-뉴질랜드 간의 태평양 안전보장조약)는 1990년대에 뉴질랜드가 반핵법을 제정하고 미국이 안전보장을 중지함에 따라 3자동맹으로서의 유효성을 상실했지만, 미국-호주 간 양자 안보동맹은 여전히 굳건하다. 미국의 다른 양자 안보동맹들과 함께 지역 안보체제가 계속 작동하면서 양자 간 특성이 유지되고 있다. 바르샤바조약기구가 사라지고, NATO가 예전 동유럽 공산주의 국가들을 회원국으로 받아들임으로써 반공이라는 구심점을 상실한 데 비해, 여전히 존속 중인 샌프란시스코 동맹체제는 북한과 중국을 포용할 어떤 징후도 보이지 않는다.

근본적인 대립구조가 남아 있다는 점에서, 1980년대 이후 동아시아에서 볼 수 있었던 극적인 긴장완화는 냉전의 "종식"이라기보다는 데탕트의 일종이라고 보는 게 적절할 것이다. 1950년대의 냉전 해빙과 1970년대의 데탕트에서 볼 수 있었던 긴장완화는 모두 그 뒤에 동서관계의 악화로 이어졌다. 예컨대 1989년 천안문 사태 이후의 미·중분쟁처럼 비슷한 현상들이 동아시아에서 관찰돼 왔다. 대만해협과 한반도에서의 군사적 긴장이 그랬고, 일본과 북한 간 외교관계 정상화 협상의 결렬, 일본과 그 이웃나라들 간의 영토분쟁과 역사 해석을 둘러싼 정치적 긴장도 그러했다. 그럼에도 1975년 헬싱키 협약이 (당시) 유럽의 기존 국경선들을 비롯한 정치적 현상유지를 승인한 것을 생각할 때, 국경선을 둘러싼 분쟁이 이어지고 있는 동아시아의 정치적 현상유지가 1970년대의 유럽 데탕트만큼의 긴장완화로 이어질 순 없을지도 모른다.

깊어지는 경제적 상호의존 및 다른 관계들

동아시아 국가와 국민들이 정치, 역사 그리고 미해결 국경선들로 분단돼 있지만, 그럼에도 그들은 밀접하게 연결돼 있고 경제적, 문화적 상호의존 그리고 기타 관계들을 심화시켜 왔다. 중국의 경제 개혁과 함께 이 지역의 냉전적 대립은 1970년대 말부터 부분적으로 해소되기 시작했다고 볼 수 있다. 전쟁으로 인한 파괴 이후 70여 년간의 동아시아 나라들의 경제부흥과 변화는 실로 놀라운 일이다. 1950년대에 일본부터 시작해 1970년대와 1980년대에 이른바 신흥공업경제지역(NIEs)이 그 뒤를 따랐고, 지금은 중국의 발흥과 함께 동아시아는 북한을 빼고는 세계경제에서 가장 왕성한 성장축이 됐다.

경제가 견인하는 다자간 협력과 다자간 제도 확립 또한 동아시아
에서 진행됐는데, 특히 1990년대 이후 활발해졌다. 태평양경제협력회
의Pacific Economic Cooperation Council, PECC, 아시아·태평양경제협력체Asia-Pa-
cific Economic Cooperation, APEC 그리고 동남아국가연합Association of Southeast
Asian Nations, ASEAN과 같은 토대 위에 구축된 광범위한 지역체제가 아시
아·태평양 지역에 등장했다. 1997년과 2008년의 글로벌 경제위기 이후
에 중국, 일본 그리고 한국을 포함하는 다자간 포럼들, 예컨대 아세안
+3(동남아국가연합과 중국, 일본, 한국), 중국-일본-한국 3국 정상회담 등
이 등장해 대두하는 지역주의에 새로운 차원을 더했다. 한편 러시아도
극동 지역에 투자를 확대하고 동아시아 이웃 국가들과 경제관계를 강
화하면서 존재감을 키우고 있는데, 특히 1998년에 APEC에 합류하고
2012년 블라디보스토크에서 APEC 회의를 주최한 뒤 적극적으로 나서
고 있다. 러시아는 2015년 이후 매년 블라디보스토크에서 동방경제포
럼Eastern Economic Forum을 열어 왔다.[12] 경제관계는 실제로 지역국가들을
연결하는 접착제가 되었는데, 노르웨이 오슬로국제평화연구소의 스타
인 토네손 교수는 이를 "동아시아 개발평화(East Asia's Development
Peace)"라고 부른다.[13] 중국은 이제 아시아와 태평양 지역뿐만 아니라
전 세계의 수많은 나라들에게 최대의 무역 파트너가 됐으며, 점차 주로
경제적 관계에 바탕을 둔 새로운 국제질서를 만들어 가고 있다.
　　지역협력의 확대와 상호작용의 증대는 이웃나라들 사이의 신뢰
구축 조치들로 이어졌다. 1990년대 이후 정부 및 비정부 차원의 신뢰
구축 조치들의 진척으로 냉전시대를 건너뛰는 도약이 이뤄졌는데, 특

12　러시아와 중국은 1996년에 '상하이 5'로 시작한 유라시아 안보기구 '상하이협력기구Shanhai
　　Cooperation Organization, SCO의 멤버이기도 하다.
13　Stein Tønnesson, 〈Explaining East Asia's Developmental Peace: the Dividends of Economic
　　Growth〉, 《Global Asia》(2015.12), pp.10-15.

히 환경, 음식, 에너지, 자연재해와 같은 비전통적 안보영역들에서 뚜렷했다. 어장漁場과 대륙붕 같은 분쟁지역에 관한 분쟁조정과 협력에서도 주목할 만한 발전이 이뤄졌다. 외교·안보 대화 분야에서도 위에서 언급한 포럼들을 활용한 다자간 협력이 활발하게 추구되고 있다. 그렇지만 활동이 증대되고 있는 것에 비해 통합의 깊이는 유럽에서의 그것과 비교하면 얕은 편이다. 냉전시대의 유럽공동체European Community, EC는 장기간에 걸쳐 유럽연합European Union, EU으로 진화했지만, '동아시아공동체East Asian Community' 구상('동아시아연합East Asian Union'이 아니다)은 여전히 장래의 염원으로만 남아 있다. 마찬가지로 동아시아 국가들은 아직도 충분한 상호신뢰관계를 구축하지 못하고 있다. 이 지역 국가와 국민들은 경제적으로 강력하게 연결돼 있으나 정치적으로는 아직도 분단돼 있으며, 영토와 "역사"문제들을 비롯해 위에서 애기한 "미해결 문제들"을 둘러싸고 여전히 다투고 있다.

　따라서 국제관계에서 전 지구적인 "탈냉전" 변화의 파도가 동아시아에까지 밀려왔으나, 그것이 샌프란시스코 체제에서 파생돼 지금도 유지되고 있는 대립구조를 반드시 부정하는 것은 아니다. 이른바 애치슨 라인과 봉쇄 라인은 미국의 존재감과 영향력이 지속되고 있는 이 지역의 나라들과 국민들을 여전히 갈라놓고 있다. 세계가 첨단기술로 더욱 긴밀하게 연결되고 경제적 상호의존성이 심화되는 이 새로운 시대에, 아시아·태평양 지역의 정치, 안보 상황은 약 70년 전 샌프란시스코 체제에 내재된 분쟁을 환기시킨다.

샌프란시스코 체제를 넘어서:
캐나다에서 얻은 영감?

"냉전"과 "냉전의 종결"에 관한 해석은 샌프란시스코 체제에 관한 해석

이 그러하듯 다양하다.[14]

이런 해석들과는 상관없이 그리고 이웃나라들끼리의 관계가 어떻게 개선됐든, 이런 분쟁의 근원들이 해소되지 않는 한 분쟁이 재발할 수많은 가능성들이 상존한다. 이런 분쟁들을 둘러싼 긴장이 주기적으로 고조됐으며 앞으로도 그럴 가능성이 높다. 게다가 한·일 간 그리고 중·일 간 영토분쟁에서 보듯, 눈에 보이는 유형의 분쟁들은 종종 해결되지 않은 과거사 또는 역사 해석을 둘러싼 이견 등처럼 보이지 않는 무형의 분쟁과 얽혀, 내셔널리즘을 격화시키고 이웃관계를 더욱 악화시킬 수 있다.

신뢰구축 조치를 강화하고 분쟁의 격화를 막기 위한 노력들은 분명 중요하지만, 신뢰구축 조치들만으로는 문제를 근본적으로 해결할 수 없다. 이어지는 악순환의 고리를 끊기 위해서는 이런 부정적인 유산을 미래 후손들에게 물려주는 일을 그만두고, 지역의 평화와 안정을 확보하며, 중요한 분쟁의 원인들을 제거할 필요가 있다. 복잡하게 얽힌 국제관계의 실타래들은 쉽게 풀 수 없다. 하지만 풀기가 어렵더라도, 이런 문제들을 풀 수 없는 것으로 치부해서는 안 된다. 반드시 해결의 실마리들이 있다.

주요 초점을 샌프란시스코 평화조약의 공통의 토대에 맞추면서, 필자의 초기 연구들은 지역의 냉전, 경계선 문제들 간의 연계 그리고 다자간 협상에서의 분쟁의 기원을 이들 논쟁적인 문제들의 중요한 측

---

14 이에 관해서는 《The San Francisco System and Its Legacies》의 〈Introduction: The San Francisco System and Its Legacies in the Asia-Pacific〉 2~13페이지를 참조하라. 일부에서는 "샌프란시스코 체제"를 샌프란시스코 조약과 미·일 안보동맹에 기반을 둔 전후 일본의 지위를 가리키는 말로 사용하지만, 이 책에서처럼 미국이 주도한 아시아·태평양 지역의 전후 지역질서 및 냉전질서라는 더 넓은 문맥 속에서 바라보기도 한다. 또 빈도수는 낮지만 이 지역의 미국 안보동맹체제, 즉 이 장의 초두에서 언급한 "샌프란시스코 동맹체제"를 가리키는 말로도 쓴다.

면으로 설명했다.[15] 다자간 틀을 통해 이룩한 성취들, 예컨대 1921년의 올란드 합의Åland settlement, 1925년의 헬싱키 협정Helsinki Accords과 헬싱키 최종의정서The Helsinki Final Act 등 유럽의 역사적 선례들도 그런 분쟁들의 해결 가능성을 생각할 때 성공 모델로서 주목할 만하다.[16]

아시아는 최근의 브렉시트 사태에서도 보듯 새로운 도전들이 있었던 유럽과는 여러 모로 다르다. 그러나 영토주권 개념들과 근대 국제관계 틀이 유럽에서 퍼져 나갔듯이 경험, 지혜 그리고/또는 그런 도전들을 극복하기 위한 교훈들은 의미가 있고 결국 아시아에도 적용될 수 있을 것이다.

유럽 외에 캐나다의 경험도 주목할 만하다. 특히 최근 원주민들과의 화해 노력이 그렇다. 캐나다가 이런 문제들에 대처하는 방식에는 교훈을 준 전례가 이미 있다. 캐나다는 전후 대일 평화조약에서 영토의 최종 명칭을 명기하지 말도록 제안해, 결과적으로 여러 분쟁의 씨앗을 뿌린 역사적 책임을 지고 있다. 한편 캐나다는 태평양 국가이면서 대서양 국가이기도 해서 유럽안보협력회의/기구 멤버로서 헬싱키 협정에 참가했다. 캐나다는 초대국인 이웃나라 미국과의 관계를 신중하게 고려하면서도 자국 독자적인 국제주의와 다자주의 외교노선을 추구하는 한편, 국가정책으로 다문화주의 입장에서 평화건설자로서의 국제적 인지도를 쌓았다.

하지만 비교적 긍정적인 국제적 인지도에도 불구하고 캐나다는 긴 식민지 역사를 지니고 있다. 원주민들과 식민지정부 간의 초기 관계들은 조약 및 교역과 군사동맹을 통해 형성됐다. 몇 세기에 걸쳐 이

15 《サンフランシスコ平和条約の盲点: アジア太平洋地域の冷戦と'戦後未解決の諸問題'を考える》(渓水社, 2005); 《Cold War Frontiers in the Asia-Pacific》(2007).

16 구체적인 내용은 《The Asia-Pacific Journal》에 실린 2012년 글과 함께 다음 작업을 참조하라. Kimie Hara and Geoffrey Jukes, ed., 《Northern Territories, Asia-Pacific Regional Conflicts and the Aland Experience: Untying the Kurillian Knot》(Routledge, 2009).

런 관계들은 법률로 제정된 식민지 및 가부장적 정책들에 의해 훼손
됐다. 그 기간에 원주민들은 자신들의 땅과 고유 언어와 문화를 박탈
당했다. 그들의 아이들은 가족으로부터 격리돼 이른바 '원주민 기숙학
교'에 수용된 뒤 백인 정주민들에 동화됐으며, 심지어 2차 세계대전 뒤
에도 오랜 기간 갖가지 방식으로 학대를 당했다.

1990년대에 왕립원주민위원회Royal Commission on Aboriginal Peoples의
권고가 있었고, 분쟁 해결 계획도 발표됐지만 캐나다 원주민들의 기대
에는 크게 미치지 못했다. 2007년 말에 캐나다 역사상 최대의 집단소
송에 관한 합의인 '원주민 기숙학교문제 해결협정'이 시행되기 시작했
다. 협정 내용 중에는 진실화해위원회Truth and Reconciliation Commission,
TRC 설치도 들어 있었는데, 이 위원회는 캐나다 전국에 걸친 다년간의
조사 끝에 2015년에 최종보고서를 내면서 캐나다인과 원주민들 간의
더 광범위한 화해를 위한 94개 "행동 요구"(권고)를 발표했다.[17] 저스틴
트뤼도 당시 총리는 캐나다를 대표해 그 보고서를 수용했으며, 이후
연방과 주, 지역, 시정부와 민간영역에 걸친 다양한 차원에서 주목할
만한 발전이 이뤄졌다.

한 예로 지금 캐나다 전국에서 공통적으로 실천되고 있는 "영역 인
정Territorial Acknowledgement" 또는 "토지 인정Land Acknowledgement"을 들 수
있다. 이는 전통영역으로 활용돼 온 땅 그리고/또는 국가 대 국가 협정
으로 특정 원주민들에게 약속한 영역들을 정중하게 인정하는 것으로,
수많은 공식행사나 학교 교실, 강의 계획표, 다양한 모임과 축제 등에
서 실천되고 있다.

17 "행동 요구"에는 아동복지, 언어와 문화, 건강, 정의, 유엔 원주민권리선언의 채택과 실행,
군주가 발표한 왕실 화해선언, 법 체제 속의 원주민의 공정한 권리, 국가 화해위원회 설
립, 전문적인 공무원의 발굴과 훈련, 교회의 사죄와 화해, 화해를 위한 교육, 청소년 프로
그램, 박물관과 기록보관소, 실종 어린이 찾기와 장례정보, 기념, 미디어, 스포츠, 비즈니
스 그리고 새로운 캐나다 유입인구 등에 대한 것들이 포함된다.

이런 것들은 한 국가(캐나다) 내의 국내문제들로 국제적 화해와는 상관없는 것이라 주장할 사람들도 있을 것이다. 하지만 그들의 역사는 협정과 조약에 기초한 국가 대 국가 관계들에서 시작됐다. 진실화해위원회의 "행동 요구"의 중요한 요소인 유엔 원주민권리선언United Nations Declaration on the Rights of Indigenous Peoples, UNDRIP을 위한 준비작업이 하우데노사니Haudenosanee(보통 이로쿼이족roquois 또는 식스 네이션즈Six Nations를 가리킨다)의 추장 데스카헤Deskahe의 작업과 함께 1923년에 시작됐는데, 데스카헤 추장은 캐나다가 실패한 문제를 UN의 전신인 국제연맹의 조약으로 인정받으려 했다. 데스카헤가 그 뒤 유럽여행을 할 때 가져간 여권은 캐나다가 아니라 '식스 네이션즈'의 여권이었다. 그 시절에 한국과 대만은 일본의 식민지배를 받고 있었다. 2007년에 유엔 원주민권리선언이 144개국이라는 대다수 국가들의 지지(반대 4, 기권 11)로 채택됐을 때 캐나다는 반대했다. 2016년 캐나다는 유엔 원주민권리선언에 대한 반대 입장을 공식적으로 철회했다(역시 거기에 반대했던 호주, 뉴질랜드, 미국도 2019년에는 입장을 바꿔 지지를 표명했다).

때때로 거센 저항과 도전을 받았으나 화해 노력을 떠밀고 가는 강력한 힘이 있었다. 캐나다에서 진행 중인 이런 화해 여정은 동아시아에서의 분쟁 해결과 화해를 생각하는 데 영감을 줄 수 있을 것이다.

* 이 글은 2019년 11월 8~9일 서울 코리아나호텔에서 열린 제4차 회의에서 〈Beyond the San Francisco System: Exploring Keys for Fair Settlement & Reconciliation〉이라는 제목으로 처음 발표되었다.
* 한승동 번역

샌프란시스코 체제를 어떻게 넘을 것인가:
일본인의 관점에서 본 샌프란시스코 체제

와다 하루키 和田春樹 (도쿄대 명예교수)

샌프란시스코 체제란 무엇인가

샌프란시스코 평화조약은 1951년 9월 8일 체결됐다. 일본을 포함한 49개국이 서명했는데, 이들 나라 중에서 핵심 서명국은 서방 6개국(미국, 영국, 오스트레일리아, 뉴질랜드, 네덜란드, 프랑스)과 동남아시아 5개국(인도네시아, 필리핀, 남베트남, 캄보디아, 라오스)이었다. 소련은 조약 서명을 거부했다. 중국(중화인민공화국)과 대만(중화민국) 그리고 한국(대한민국)과 북조선(조선민주주의인민공화국)[1]은 강화회의에 초청받지 못했다. 따라서 패전국 일본과 맺은 이 평화조약은 부분적이고 불완전한 것이었다.

그럼에도 존 포스터 덜레스와 요시다 시게루가 서명한 샌프란시

---

1 *옮긴이: 북한의 정식 국가 명칭은 '조선민주주의인민공화국'으로 영어로는 Democratic People's Republic of Korea으로 쓴다. 일반적으로 남한에서는 남한, 북한으로 부르는데 이 때 북한은 '북쪽의 한국'이라는 의미를 담고 있어, 북한에서는 대신 남조선, 북조선으로 구분해 부른다. 일본에서는 한반도의 두 국가를 부를 때 각각 한국과 북조선으로 부르는 경우가 많으며, 와다 하루키 교수도 평소 북조선이란 용어를 쓰기 때문에 여기서도 북조선으로 표기한다.

스코 조약은 미·일 안전보장조약과 함께 한국전쟁을 계속 수행할 수 있도록 미국 진영을 구축하고 거기에서 일본에게 어떤 지위를 부여할지 결정하는 역할을 했다. 이 체제를 우리는 샌프란시스코 체제라고 부를 수 있다.

샌프란시스코 체제는 전쟁을 끝낸 것이 아니라 계속하게 만든 국제적인 국가체제다. 샌프란시스코 체제에서 적군 진영은 북조선과 중화인민공화국 그리고 뒤에 숨은 소련으로 구성됐다. 미국 진영의 선봉에 선 것은 주한미군과 한국군 그리고 대만의 중화민국 국민당군이었다. 사령부와 미군의 주력부대들은 그 전략 및 병참기지들과 함께 일본과 오키나와에 배치돼 있었다. 일본 자위대는 명목상으로는 그 전쟁의 미군 진영 잠재전력에는 포함돼 있지 않았다. 샌프란시스코 체제는 오키나와를 포함한 일본열도 전체를 포괄하고, 그 통합성과 안전을 보장했다. 이 체제 내에서 일본은 미군의 주요 후방 지원자로 핵심적 역할을 수행했다.

사실 샌프란시스코 체제 덕에 미국 진영은 1952년과 1953년까지 중국과 북조선에 대한 전쟁을 계속 수행할 수 있었다. 그리고 정전 결정 뒤 이 체제는 남한과 북한이 비무장지대 내에서 지속적으로 적대관계를 유지하는 데 결정적인 역할을 했다.

샌프란시스코 체제를 강화하기 위한
까다로운 보완조치들

샌프란시스코 회의 뒤 샌프란시스코 체제를 강화하기 위한 보완조치들이 취해졌다.

첫째, 일본은 1952년 4월 28일 대만 국민당정부와 즉각적으로 중·

일 평화조약을 체결했다.[2] 딜레스는 요시다에게 장제스와 평화조약 협상을 시작하도록 종용했다. 첫 번째 공식회의는 1952년 2월 20일에 타이베이에서 시작되었다. 협상에서 대만 대표단은 일본에게 중국에 대한 배상의무를 인정하도록 요구하면서, 그 배상의무가 조약에 명기된다면 샌프란시스코 조약에 명시된 복구 및 기타 작업 등과 관련된 일본인들의 용역을 제외한 모든 배상혜택을 포기하겠다고 말했다. 그러나 일본 대표단은 그런 요구를 끝까지 완강하게 거부했다. 일본은 대만의 어려운 처지를 이용해 중국의 배상청구권을 포기하도록 강요했다. 중·일 평화조약이 중화민국-대만의 국제적 지위를 강화하는 데 기여했다는 점은 의심의 여지가 없다.

둘째, 일본은 1956년 10월 16일 소련과 공동선언에 서명함으로써 소련과의 외교관계를 회복했다. 하토야마 이치로 총리는 1955년 6월 소련과 평화조약 협상을 시작할 때 차라리 샌프란시스코 체제를 넘어서기를 바랐다. 샌프란시스코 조약에 명기돼 있듯이, 일본은 쿠릴열도와 사할린에 관한 모든 권리를 포기해야만 했다. 하토야마 정부는 요시다가 마쓰모토 슌이치 전권대사에게 샌프란시스코 회의에서 분명히 언급한 대로, 소련에게 넘겨주어야 할 쿠릴열도에 포함되지 않은 하보마이와 시코탄 두 섬을 반환받도록 하라고 지시했다. 하토야마는 소련과의 외교관계 정상화가 샌프란시스코 체제에서의 일본의 지위에 변화를 가져다줄 것으로 믿었다.

그러나 니키타 흐루쇼프 소련 공산당 서기장이 소련 대표 말리크에게 하보마이와 시코탄을 일본에 반환하겠다는 뜻을 표명하도록 서둘러 지시했을 때, 시게미쓰 마모루 일본 외상과 일·소 화해를 막고자 했던 외무성 내 요시다파 고위관료들은 남쿠릴열도의 에토로후와 쿠

2　*옮긴이: 이 단락에서의 중국은 국공내전에서 패퇴한 뒤 대만으로 옮겨간 중화민국을 가리킨다.

나시리 두 섬까지 넣은 4개 섬 반환이라는 새로운 협상목표를 설정하도록 공작했다. 런던에서 진행되던 협상은 곧바로 깨졌다.

　결국 하토야마는 가까스로 타협을 하고 1956년 10월에 모스크바에서 공동선언에 사인했다. 외교관계 정상화는 영토문제를 해결하지 못한 채 처리됐다. 그러나 공동선언에서 흐루쇼프는 일본의 희망에 답하면서 일본국의 이익을 존중해 평화조약이 체결된 뒤에 하보마이와 시코탄 두 섬을 내어 주기로 약속했다. 하지만 일본정부는 에토로후와 쿠나시리는 쿠릴열도에 속한 섬이 아니라고 주장하면서 4개 섬 반환을 계속 요구하기로 작정했다. 그리하여 잘못된 주장과 부당한 요구가 일·소 화해를 가로막았고 그것은 샌프란시스코 체제에 기여했다.

　셋째, 미국의 후원 아래 중국과 소련보다 더 이른 1951년 10월 20일에 일본과 한국 간의 예비회담이 시작됐다. 한국 대표단은 일본에게 식민지배에 대한 사죄의 자세를 보이라고 요구했다. 하지만 일본정부는 단호하게 사죄불가 방침을 견지하면서 식민지배를 전면적으로 정당화했다.

　1965년 6월 22일, 15년간의 저항 끝에 한국정부는 타협적인 조약인 한·일 기본조약 서명을 받아들였다. 조약 제2조는 다음과 같다. "1910년 8월 22일 및 그 이전에 대한제국과 대일본제국 간에 체결된 모든 조약 및 협정이 이미 무효임을 확인한다.(It is confirmed that all treaties or agreements concluded between the Empire of Japan and the Empire of Korea on or before August 22, 1910 are already null and void.)" 이 조항은 한국에서는 한·일 병합조약은 처음부터 "무효(null and void)"였다는 의미로 해석됐지만, 일본은 이를 합병조약이 한국이 건국될 때까지는 유효했다는 의미로 해석했다. 이처럼 가장 중요한 조항에 대한 해석상의 심각한 분열은 가능한 한 빨리 제거돼야 할 조약상의 결함이므로 보완돼야 한다.

　이 조약과 함께 두 나라는 한·일 간의 재산, 청구권 그리고 경제협력에 관한 문제들을 처리하기로 합의했다. 이 협정에서 일본은 무상 3억달러와 저리의 유상차관 2억달러를 제공하기로 약속했다. 이 협정 제2조는 두 국가 간에 제기된 청구권 문제들이 "최종적으로 그리고 완전히 해결됐다(finally and completely resolved)"는 것을 확인했다.

그때 한국정부는 영토문제를 보류하기로 결정했다. 그 결과 한국의 독도 영유는 한·일 양국 간에 논란거리로 남았다. 한·일조약은 한국 정부에 경제협력 기회를 제공함으로써 한국의 경제개발을 고무시켰다.

샌프란시스코 체제의 확대

1960년에 미국 진영과 공산 진영 간의 군사적 적대의 무대는 한반도에서 인도차이나반도로 옮겨갔다. 1960년 남베트남민족해방전선이 결성돼 남베트남의 프랑스 식민지 군대를 계승한 미군에 대해 무장저항을 시작했다. 베트남전쟁은 그렇게 시작됐다. 어떤 의미에서 이 전쟁은 한국전쟁의 연장이었다.

샌프란시스코 체제는 이 새로운 전쟁을 위한 역할을 충분히 수행했다. 1965년에 체결된 한·일협정은 한국에 경제협력 기회를 제공했다. 그리하여 일본의 지원을 받은 한국은 베트남에 지상군을 파병했다. 베트남인들과의 전쟁에 한국인들이 매년 5만 명씩 투입됐다.

북베트남은 소련과 중화인민공화국의 지원을 받았다. 북조선도 한국과 제2전선을 조성함으로써 북베트남을 지원하고자 했다. 북조선은 1967년부터 "유격대 국가"를 건설하기 시작해 1968년 1월 21일 한국 청와대를 습격하기 위한 무장 게릴라부대를 남파했다. 그 부대는 한국군에 의해 전멸당했다. 그 뒤에 북조선은 베트남 공중전에서 싸울 공군 조종사들을 북베트남에 파견했다. 샌프란시스코 체제에서 오키나와는 미군의 중심기지 역할을 했다. 그리고 일본은 미군의 영구적인 병참기지이자 휴식과 회복에 안성맞춤인 장소였다.

1972년, 샌프란시스코 체제 재검토 개시

1971~1972년 미국인들에 대한 베트남인들의 항전이 계속되고 있는 가운데, 중화인민공화국과 미국 지도자들이 함께 테이블에 앉아 '그들의 한국전쟁'이 무승부로 끝났다는 공통의 이해에 도달했다. 1972년 2월 닉슨 대통령의 베이징 방문은 미·중 관계에 결정적인 변화가 일어나고 있음을 세상에 알렸다.

일본은 서둘러 미국을 따라잡고는 과감하게 중국과 공동성명에 서명(1972년 9월 29일)함으로써 외교관계를 수립했다. 그 공동성명은 "일본은 지난날의 전쟁에서 중국인민들에게 다대한 손실을 끼친데 대한 책임을 느끼고 있으며, 이에 대해 깊이 반성한다."는 내용을 담았다. 결국 그 전쟁이 끝난 지 27년이 지난 뒤 나온 이 한 줄의 글은 일본이 아시아 국가의 희생에 대해 사죄한 최초의 문장이었다. 중화인민공화국은 그 사실을 인정하게 만들 수 있었다.

하지만 또 한편으로 중화인민공화국은 대만 국민당 정부의 전쟁 배상 청구권을 완전히 박탈하기 위해 일본으로부터 (국민당 정부와 맺은) 중·일 평화조약 폐기 조치를 받아내야 했기 때문에 모든 배상요구를 포기할 수밖에 없었다. 또 동시에 중국정부는 영토문제, 즉 댜오위-센카쿠 문제 해결을 보류하기로 결정했다.

1978년 중·일 평화우호조약이 체결되고 일본은 그 무렵부터 중국에 경제지원을 제공하기 시작했다. 1979년에 오히라 마사요시 총리는 중국을 방문해 1억 5천만 달러의 차관을 제공하겠다고 약속했다.

미군에게 맡겨졌던 오키나와 시정권施政權은 1972년에 일본에 반환됐다. 그러나 거대 미군기지들로 인한 무거운 짐은 변함없이 오키나와인들이 계속 젊어져야 했다.

그렇게 해서 샌프란시스코 체제는 바뀌기 시작했으나 그 변화는 미미했고 표면적인 차원에 그쳤다.

냉전 종결과 샌프란시스코 체제

1980년대 말 미·소 화해와 함께 세계사의 대변화, 즉 냉전의 종결과 소련 및 동유럽 사회주의권의 혁명이 시작됐다. 러시아의 고르바초프 정부는 정치체제뿐만 아니라 대외정책 역시 급진적인 변화를 추구하면서 미국과 진정으로 평화로운 외교관계를 맺기로 결정했다. 소련정부는 한국과도 외교관계를 수립하고자 했다.

이로써 동북아시아에서도 냉전이 끝나는 듯 보였다. 그러나 그것은 사실이 아니었다. 북조선과 샌프란시스코 체제 간의 적대관계는 바뀌지 않았을 뿐만 아니라 최악의 상황으로 치달았다.

소련이라는 보호막을 잃게 된 북조선은 경제적 어려움 속에 국가 위기상황을 맞았다. 이 역사적 전환기에 북조선 리더들은 위기 탈출을 위해 두 가지 정책 옵션을 채택했다. 하나는 잃어버린 소련 핵우산을 대체할 자체 핵무기 개발이고, 다른 하나는 일본과의 관계 정상화였다. 미국은 첫 번째 옵션을 격렬히 비난했고, 두 번째 옵션은 저지하려 했다.

일본정부와 북조선정부는 1991~1992년에 협상을 시도했으나 미국의 간섭으로 첫 라운드는 실패로 끝났다. 북조선과 일본의 관계 정상화 저지 공작은 성공적으로 수행됐다. 8년이 지난 2000년에 두 번째 라운드가 시도됐지만 역시 실패했다. 1년 이상의 비밀협상 끝에 고이즈미 준이치로 총리와 김정일 북조선 국방위원장이 가까스로 평양에서 만나 2002년 9월 17일 '평양선언'에 서명했다. 그들은 마침내 어떻게 관계 정상화를 추진할 것인지에 대해 합의했다.

하지만 그 성공은 일본 내의 격렬한 반대운동과 미국의 새로운 개입을 극복할 수 없었다. 북·일 정상화 프로세스는 또다시 중단됐다.

그리하여 북조선의 두 번째 옵션은 실현될 수 없었다. 북조선은 첫번째 옵션에 매달렸으며, 2006년에 최초의 핵폭발 시험을 실시했다. 그 결과 북조선과 미국 사이에 분쟁의 가혹한 전선이 새로 형성됐다.

새 지도자 김정은은 2016년과 2017년에 핵무기뿐만 아니라 장거리 탄도미사일 개발 프로젝트도 성공적으로 수행했다. 짜증이 난 미국은 이들 북조선의 시도를 저지하기 위해 온갖 노력을 경주했다.

샌프란시스코 체제는 한차례 중대한 변화를 겪었으나, 이제 아베 신조 일본 총리와 미국의 도널드 트럼프 대통령에 의해 재건되고 있다. 두 지도자들은 특히 2017년에 북조선에 대한 제재와 군사적 위협을 강화하기 위해 진력했다. 아베 총리는 새로운 안보 관련법들을 준비하면서 미국의 군사적 위협을 지원할 준비가 돼 있다고 큰소리 쳤다. 일본은 샌프란시스코 체제 내의 자국 지위를 바꿀 작정이었다.

전쟁 위기와 그 해소 노력

2017년에 북·미 간 갈등은 심각한 위기국면으로 빠져 들었다. 북조선은 핵 개발과 탄도미사일 프로젝트를 전력을 다해 밀어붙였다. 그리고 3월 6일 북조선은 일본 아키타 연안에서 300킬로미터 떨어진 해상에 떨어진 중거리 미사일 4발을 발사했으며, 조선중앙통신은 그 발사가 비상사태시 주일미군 기지들 공격 임무를 지닌 포병대에 의해 수행됐다고 발표했다. 2017년 9월 유엔 총회 연설 그리고 11월의 동아시아 국가들 순방 때도 트럼프 대통령은 김정은이 자신의 "완전하고 검증 가능하며 불가역적인 비핵화" 요구를 받아들이지 않을 경우 북한을 완전히 파괴할 수밖에 없다면서, 줄곧 북조선 지도자 김정은을 공개적으로 위협했다. 아베 신조 총리는 한결같이 북조선에 대한 트럼프 대통령의 정책에 완전히 동의한다고 선언했다. 트럼프 대통령의 한국 방문 뒤 미국 핵추진 항공모함 3척이 미군의 공격능력을 과시하기 위해 동해로 진입했다.

그럼에도 11월 29일 북조선은 새로운 대륙간 탄도미사일 '화성 15호'를 시험발사했는데, 이 미사일은 1만 4000킬로미터 이상 날아갈 수 있는 것으로 추산됐다. 북조선 당국은 "국가 핵무력 완성의 역사적 대업, 로켓 강국의 위업"을 실현했다고 선언했다. 이런 일들로 말미암아 북·미 간 갈등은 중대한 위기국면에 돌입했다. 우리가 북조선과 미국의 새로운 전쟁 가능성을 눈앞에서 목도하고 있다는 사실이 분명해졌다.

12월에 관계자들이 이 위기 해소를 위해 나섰다. 일부 인사들이 2017년 11월 13일에 채택된 유엔 총회의 "올림픽 휴전" 결의안을 북조선 정부를 설득하는 데 활용했다. 결의는 모든 사람들에게 "2018년 평창 올림픽은 아시아에서 열리게 돼 있는 3회의 연속적인 올림픽 및 패럴림픽 게임의 첫 번째로, 2020년엔 도쿄 올림픽, 2022년엔 베이징 올림픽이 잇따라 열릴 것이고 이들 게임은 한국과 일본, 중국에게 스포츠와 그 이상의 새로운 파트너십 가능성을 열어줄 것"이라는 사실을 상기하자고 호소했다. 한국 정부는 여러 통로를 통해 그 메시지를 북조선 지도자 김정은에게 전달했다.

핵전쟁의 끔찍한 이미지를 살펴본 김정은은 부친(김정일)의 입장, 즉 핵외교로 복귀하기로 생각을 바꿨다. 김정일이 고이즈미 총리에게 두 번째 정상회담에 즈음해서 다음과 같이 얘기한 것을 우리는 기억할 수 있다. "우리는 생존권을 확보하기 위해 핵무기를 개발해왔다. 우리가 생존을 보장받는다면 핵무기는 더 이상 필요 없을 것이다." "우리는 6자회담을 통해 미국인들과 이중창을 부르고 싶다. 우리는 미국인들과 목이 쉬도록 함께 노래를 부르고 싶다."

김정은은 자신의 새로운 생각을 신년사를 통해 공개하면서, 북조선이 평창 동계올림픽에 참가하겠다는 뜻을 밝혔다. 그 뒤 그는 미국 대통령과 정상회담을 하고 싶다는 뜻을 피력했다. 트럼프 대통령도 핵전쟁의 끔찍한 면모를 살핀 뒤, 문재인 대통령의 특사가 2018년 3월 8일 자신에게 전달해준 김정은의 북·미 정상회담 제의를 즉각 받아들였다.

2018년 6월 12일, 도널드 트럼프 대통령과 김정은 위원장이 싱가포르에서 첫 정상회담을 열었다. 그들은 새로운 북·미관계 수립 그리고 한반도에 항구적이고 탄탄한 평화체제를 구축하는 문제들에 관한 포괄적이고 진지한 의견들을 교환했다. 트럼프 대통령은 북조선에 체제안전을 보장해주고, 김정은 위원장은 확고하고 흔들림 없는 비핵화 완수 의지를 재확인했다. 두 가지 과제가 의제로 설정됐다. 첫 번째 과제는 종국적으로 한국전쟁을 어떻게 끝내느냐 하는 것이고, 두 번째 과제는 한반도를 어떻게 비핵화 하느냐는 것이다. 우리는 이제 샌프란시스코 체제가 해체돼야 한다고 이야기할 수 있다.

그리하여 그 정상회담은 미국과 북조선 간의 전쟁공포를 종식시키고 동북아시아에 새로운 평화 프로세스를 위한 길을 열었다.

북·미 평화 프로세스: 우리 희망의 근거

이제 마침내 샌프란시스코 체제를 넘어서야 할 때가 됐다. 동북아시아의 모든 국가와 국민들은 북·미 협상이 성공적으로 마무리될 수 있도록 지원해야 할 책임을 져야 한다. 도널드 트럼프 대통령과 김정은 위원장이 가장 큰 책임을 져야 하는 것은 당연하다. 그들은 평화와 비핵화 프로그램을 짜내야 하며 악수를 멈춰서는 안 된다.

하지만 1년 반이 지났다. 그들은 협정조차 확정하지 못했다. 만일 두 나라가 평화롭게 협상을 벌이고 대등한 토대 위에 합의들을 축적해 나가려 한다면, 2005년 9월의 제4차 6자회담 제5항을 존중하고 준칙으로 채택해야 할 것이다. 제5항의 내용은 다음과 같다. "6자회담은 '공약 대 공약, 행동 대 행동' 원칙에 따라 단계적 방식으로 합의를 (…) 이행하기 위해 보조를 맞춰 간다는 데에 합의했다."

이번 가을에 미국 대표단과 북조선 대표단이 마침내 6자회담 원칙에 따라 협상을 시작해 영변 핵시설 제거와 북조선의 석탄 및 섬유 제품 수출금지 조치의 일시적 중단에 관한 협상을 시작한 것으로 보인다. 양쪽 모두 제안된 협상안들을 균형이 잘 갖춰진 것으로 받아들일 순 없을 것이다. 상호 제안들을 좀 더 재검토해 볼 필요가 있다. 우리는 다음 만남을 위한 준비 작업이 빨리 이뤄지기를 바랄 뿐이다.

하지만 이 협상은 정말 어려운 작업이 될 것이다. 나는 북조선의 핵무기는 한국과 일본에 대한 미국의 핵우산이 완전히 제거돼야 소멸될 수 있을 것으로 생각한다. 그리고 주일 및 주한미군이 전략 및 전술 핵무기로 무장하지 않는다 하더라도 그들은 핵무기로 철저히 무장한 미국 군사력의 일부일 수밖에 없고 언제나 미국 핵우산의 보호를 받고 있다는 것은 의심의 여지가 없다. 달리 말하면, 한반도의 완전한 비핵화를 실현하기 위해서는 한국과 일본에 대한 미국의 핵우산을 제거할 필요가 있다고 할 수밖에 없다. 따라서 주한 및 주일미군 문제에 관한 논의가 불가피하다. 일반적으로 말해서 한반도의 완전한 비핵화는 동해/일본해, 일본열도 및 오키나와의 비핵화와 분리될 수 없다.

따라서 우리는 북·미 평화 프로세스의 최우선 과제에 유의해야 하는데, 그것은 한국전쟁을 완전히 끝내고 진정한 평화를 확립하는 일이다. 그렇게 하지 않고는 샌프란시스코 체제 속에서 살아온 사람들은 미군이 자국에서 철수하는 것을 받아들이지 않을 것이다.

한국정부는 남북 간의 화해를 위해 엄청난 노력을 기울였다. 2018년 판문점과 평양에서 채택된 두 개의 공동선언은 놀라운 성공을 거두었다. 하지만 지금 북조선은 북조선에 대한 한국의 느린 정책변화 속도에 불안해하고 있다. 남북 간의 분위기는 사그라들었다. 오늘날 한국인들 중에 한반도에서 새로운 전쟁이 일어날 가능성이 있다고 생각하는 사람은 아무도 없지만, 진정한 상호신뢰감은 없다. 남북의 국민들은 한국전쟁에 관한 공통의 역사적 이해를 공유하고 있지 못하다. 공통의 역사 이해 공유 없이는 전쟁 기억이 사람들을 불안에서 벗어나게 해줄 수 없을 것이다.

하지만 지금 상황은 초기단계라 할 수 있다. 한국정부는 미국정부를 설득하지 못하는 한 개성공단과 금강산 관광에 대한 정책을 바꿀 수 없다. 일본 아베 정부의 정책은 문재인 정부에 진짜 장애물이 되고 있다.

트럼프 대통령이 김정은의 2018년 3월 8일 북·미 정상회담 제의를 즉시 수락했을 때 아베 총리는 큰 충격을 받았다. 그는 서둘러 트럼프 대통령에게 전화를 걸어 북조선이 핵무기를 모두 포기할 때까지 제재를 완화해서는 안 된다며, 북조선의 최대 범죄행위인 일본인 납치문제가 일본인에게는 사활적인 중요성을 갖고 있다고 말했다.

우리는 일본인 납치문제에 대한 아베 총리의 정책 3원칙이 오랫동안 일본과 북조선 간의 관계 정상화를 가로막아 왔다는 것을 알고 있다. 이들 원칙은 아베가 처음 총리가 된 2006년에 선언한 것이었다. 첫 번째 원칙은 납치문제가 일본의 가장 중요한 문제라는 것이다. 두 번째 원칙은 납치문제 해결 없이는 일본과 북조선 간의 관계 정상화는 있을 수 없다는 것이다. 세 번째 원칙은 일본은 아직도 살아있는 것으로 추정하는 모든 피납자들의 즉각적인 송환을 계속 강하게 요구할 것이라는 점이다. 그런 요구는 북조선인들을 거짓말쟁이로 간주한다

는 걸 의미한다. 북조선이 일본에 납치 사실을 인정했을 때 그들은
13명을 납치했으며 그 13명 중 8명은 죽고 5명은 살아있다고 이야기
했다. 따라서 세 번째 원칙은 일본의 외교관들이 북조선과의 관계 정
상화 협상을 할 수 없게 만든다.

싱가포르 북·미 정상회담 뒤 아베 총리는 그 납치문제를 풀기 위
해 김정은 위원장을 조건 없이 만나고 싶다고 말했으나 북·미 간 평화
프로세스 진척에 보탬이 되는 어떤 조치도 취한 적이 없다. 이것이야
말로 진짜 문제다.

일본인들이 아베의 이 3원칙을 제거할 수 있다면, 일본은 조건 없
이 북조선과의 외교관계를 즉시 진전시키고 정상화할 수 있다. 일본이
평양에 대사관을 설치하고 북조선은 도쿄에 대사관을 설치한다면 일
본과 북조선은 즉시 핵과 탄도미사일 문제, 제재문제, 경제협력 문제
그리고 납치문제에 관한 협상을 조금도 서두르거나 불안해하지 않고
시작할 수 있다. 우리는 그런 조건 없는 외교관계 수립의 좋은 사례를
알고 있다. 2014년에 쿠바와 외교관계를 수립한 오바마 대통령이 바로
그러한 사례에 해당한다. 일본과 북조선의 관계 정상화는 북조선에 불
가역적인 체제안전 보장을 제공할 수 있으며, 북·미 협상과 한·미 협상
에 대한 강력한 지원책이 될 수 있다.

만일 그런 협력자(동맹)가 나타난다면 한국은 더 적극적으로 북조
선과 협상을 벌일 수 있고, 진정한 상호이해와 신뢰를 향해 나아갈 수
있게 될 것이다. 이를 위해 한국 국민은 일본국민의 마음을 얻기 위해
노력해야 할 것이다.

동북아시아 공동의 집

사람들은 오래 전부터 지역 공동체에 관한 다양한 계획들에 대해 애

기해 왔다. 1990년 7월, 《동아일보》가 주최한 서울 심포지움에서 나는 '세상 사람들이 함께 살 수 있는 공동의 집'에 관한 내 생각을 처음으로 제시했다. 2003년 2월 새로 취임한 노무현 대통령은 "평화와 번영의 공동체"인 "동북아시아 공동체"를 만들고 싶다고 밝혔다. 노 대통령의 제안에 고무돼 나는 그 해에 《동북아시아 공동의 집: 신지역주의 선언》을 도쿄에서 출간했다. 이 모든 계획들은 모두 상상의 산물이었다.

그러나 새로운 역사시대가 시작되면서 새로운 지역공동체에 관한 새로운 긍정적 그림이 등장하고 있다. 평화운동가인 우메바야시 히로미치梅林宏道 교수는 1996년부터 오랫동안 "동북아시아 비핵무기 지대" 구상을 품어왔다. 그에 따르면 일본, 한국 그리고 북조선은 각자 자국 내에서 핵무기를 생산도 반입도 하지 않겠다고 서약하고, 미국과 러시아, 중국은 이들 세 나라를 핵무기로 공격하지 않겠다고 서약할 수 있다. 이 또한 상상의 산물이었다.

하지만 이제 우리의 상황이 극적으로 바뀌었다. 북조선은 자체 핵무기를 갖고 있으면서 한반도 비핵화를 완수하겠다고 공언하고 있다. 일본과 한국은 미국 핵우산의 보호를 받고 있지만, 핵무기 불보유 원칙을 고수하고 있다. 그리고 러시아, 중화인민공화국과 미국은 모두 핵무기로 무장한 초대국들이다.

따라서 만일 북·미 평화 프로세스가 한반도와 오키나와를 포함한 일본열도의 완전한 비핵화에 합의한다면, 남북한과 일본 세 나라는 모두 비핵화, 중립화될 것이다. 이 나라들은 정규군 또는 최소한의 군사력을 보유할 수 있겠지만, 일본뿐만 아니라 남북한도 그들 나라의 헌법에 '제9조'(*군대 보유와 전쟁 포기를 규정한 일본헌법 제9조)를 넣어야 할 것이다. 이들은 평화국가 연합을 구성할 수도 있다.

이들 나라는 주변의 미국, 러시아, 중국 등 핵보유 3대국과 함께 동북아 안보공동체를 구축해야 한다. 핵보유 3대국은 한반도와 일본열도를 공격하지 않고 개입하지도 않겠다는 서약 아래 결속하게 될 것이다. 이것이 미래의 우리 동북아시아 궁극의 이미지다. 우리는 샌프란시스코 체제 너머로 이 이미지를 보고 있다.

---

* 이 글은 2019년 11월 8~9일 서울 코리아나호텔에서 열린 제4차 회의에서 〈How To Go Beyond the San Francisco System: A Viewpoint from Japanese〉라는 제목으로 처음 발표되었다.
* 한승동 번역

전후 아시아·태평양 국제질서에 대한 도전

찰스 암스트롱Charles Amstrong(전 미국 컬럼비아대 교수)

여는 말

최근에 일반적으로 서방, 특히 미국의 많은 논평가들이 이른바 '전후의 자유주의 국제질서'의 쇠퇴에 대해 깊은 우려를 표명해 왔다.[1] 이 자유주의 질서의 내용과 가치에 대해서는 상이한 관점들이 있지만, 흔히 일반적으로 자유로운 국제교역 체제, 교역과 국제분쟁을 조절하는 일련의 합의된 규칙들, 국제기관 존중 그리고 안정적인 군사동맹들을 포함하는 것으로 여겨지고 있다.

이 질서는 2차 세계대전 말기에 미국의 리더십 아래 확립된 일련의 제도들, 특히 국제연합UN, 세계은행World Bank, 국제통화기금IMF 그리고 최근의 세계무역기구WTO에 구현돼 있다. 이 "자유주의 국제질서"(정치적 의미의 자유주의기도 하지만 특히 경제적 의미에서의 자유주의)는 19세기 말에서 20세기 초 영국의 세계 지배에 뿌리를 두고 시작됐지만, 지금의 자유주의 질서는 미국의 리더십과 밀접하게 연관돼 있고 심지어 어느 정도는 미국 리더십의 규정을 받고 있다. 따라서 전후 국

---

1 예컨대 미국 외교정책 수립에 관한 내용을 다루는 대표적인 잡지《포린 어페어즈Foreign Affairs》가 "자유주의 질서는 위험에 처했나?(Is the Liberal in Peril?)"라는 주제를 다룬 호의 전문가 분석을 참고하라. https://www.foreignaffairs.com/ask-the-experts/liberal-order-peril

제질서의 쇠퇴에 관한 우려는 미국의 리더십과 글로벌 파워의 쇠퇴에 대한 불안과 밀접하게 연관돼 있다. 미국의 힘과 리더십은 다른 지역 그리고 어쩌면 글로벌 '비-자유주의' 세력, 특히 중국에 비해 쇠퇴하고 있는 것으로 여겨진다.

미국의 힘과 영향력은 순수한 군사력 측면을 빼고는 상대적으로 쇠퇴하고 있으며, 전후 질서의 구성요소들이 일련의 도전들에 직면하고 있다는 상당한 증거가 있다. 이 글에서 나는 아시아·태평양에 초점을 맞추면서, 전후질서와 그 도전자들의 경제적, 정치적 측면뿐만 아니라 그들의 공간적 구성과 지향에도 초점을 맞출 것이다. 이 분석의 핵심에는 '1945 이후', 즉 2차 세계대전 문제를 해결하기 위해 확립된 미국 주도의 아시아·태평양 국제질서가 왜 오늘날에도 대체로 유지되고 있는지 그리고 아시아·태평양과 유라시아 관계들의 급격한 변화에도 불구하고 앞으로도 지속될 수 있을지에 대한 의문이 자리 잡고 있다. 이 글은 세계 및 지역적 공간질서 개념의 진화를 반영하는 역사적 관점을 취하면서, 아시아·태평양에서의 방식들을 포함해 국제질서에 대한 현재 미국의 접근방식의 토대가 되는 깊은 사고구조가 존재한다는 것을 보여줄 것이다. 이 기저에 깔린 깊은 사고구조는 지정학geopolitics으로 알려진 19세기와 20세기의 전략적 전통과 같은 것일 수 있는데, 그것은 오늘날 미국에서 크게 부활하고 있다. 나는 유럽과 미국에서의 지정학적 사고의 역사에 대한 간단한 소개와 함께 이 역사와 함께 진행된, 태평양 및 세계 권력(Pacific and world power)으로 미국이 흥기해가는 얘기로 시작할 것이다. 그런 다음 미국이 2차 세계대전 이후 동아시아 강대국으로서의 지위를 확립하고, 1950년대에 동맹체제와 경계선 획정을 완수하면서, 1970년대 이후 아시아·태평양이 지경학적 geo-economic 거시지역macro-region으로 등장하는 과정을 검토할 것이다. 끝으로 이 글은 중국의 일대일로Belt and Road Initiative, BRI를 검토하고, 이

것이 아시아·태평양 질서와 어떻게 연관돼 있는지, 곧 일대일로와 더불어 점증하는 유라시아 통합이 아시아·태평양에 하나의 도전이 될지, 대안이 될지, 아니면 보완이 될지를 논의할 것이다. 나의 예비적인 결론은, 일대일로와 아시아·태평양 질서는 그 둘이 딱히 비교할 만한 것이 아니며, 각기 매우 다른 원칙과 제도 위에 구축돼 있는 것이어서, 일대일로를 전통적인 앵글로-아메리카의 지정학 렌즈를 통해서 바라볼 경우 잘못된 이해, 또는 분쟁까지 초래할 수도 있다는 것이다. 글의 마지막은 동아시아와 유라시아의 급변하는 관계 변화 속에서 미국이 주도하는 아시아·태평양 질서의 전후 지속에 대한 몇 가지 생각들로 마무리 짓게 될 것이다.

지정학: 영토, 기술 그리고 권력

앞서 얘기했듯이, 21세기에 들어 책과 학술논문, 대학 교육과정 그리고 대중매체들에 등장하는 단어 빈도수로 볼 때, 지정학의 인기가 미국과 영어권 국가들에서 눈에 띄게 되살아나고 있다.[2] 냉전 이후 한때 (인터넷을 비롯한) 기술과 글로벌 통신 및 경제적 융합을 통해 정복당한 것으로 생각됐던 '공간(space)'이 글로벌 정치무대에 핵심적인 문제로 복귀했다. 이 복귀는 냉전시대 이후의 민족분쟁 증가를 비롯해 동아시아와 동유럽을 포함한 세계의 많은 지역들에서 일어난 영토분쟁, 글로벌 테러리즘의 위협 등 현실세계의 많은 사건들로 인해 촉발됐다. 지정학은 군사 요소, 기술 그리고 지역과 글로벌 경쟁 속에서 공간과 영

---

2 로버트 캐플런Robert D. Kaplan의 책, 특히 다음과 같은 책들이 큰 영향력을 끼쳤다. 로버트 캐플런 지음, 이순호 옮김, 《지리의 복수: 지리는 세계 각국에 어떤 운명을 부여하는가?》 (미지북스, 2017)

토를 넘나드는 다른 힘의 형태들의 전략적 응용으로 정의될 수 있다.[3]

1899년에 스웨덴의 정치인 루돌프 크젤렌Rudolf Kjellen이 만든 이 용어는 독일에서 대중화된 뒤 곧 영국을 장악했다. 영국에서 지정학의 가장 유명한 지지자는 지리학자이자 정치인이었던 핼퍼드 매킨더Halford Mackinder였다. 그가 1904년 왕립지리학회에 제출한 논문 〈역사의 지리적 중심축Geographical Pivot of History〉은 앵글로-아메리카의 세계관과 대외정책에 깊은 영향을 끼쳤으며, 특히 냉전시기에 그러했다. 지정학 개념은 19세기 말에 영국 패권의 절정기에 주도면밀하게 보급돼, 세계를 세력경쟁과 영토에 대한 영향력이라는 관점에서 보게 만들었는데, 이는 영국의 제국주의적 이익에 부합하였다. 같은 시기에 미국은 자국의 힘을 해외, 특히 카리브해와 태평양에서 확장해가고 있었다. 미국인들에게는 매킨더보다는 육지가 아닌 해양에서의 세력투사(oceanic power projection)를 우선시한 해군 전략가 알프레드 사이어 머핸Alfred Thayer Mahan이 더 강력한 영향을 끼쳤다. 1890년에 출간된 머핸의 대표작 《해양세력이 역사에 끼친 영향력The Influence of Sea Power on History》은 미 해군 장교들의 필독서가 됐으며, 최근에는 중국에서도 널리 읽히고 있는 것으로 보인다.[4]

3　지정학에 대해서는 여러 다른 정의들이 있지만, 대부분은 영토, 기술 그리고 권력이라는 핵심 요소들 주변으로 수렴된다. 특히 John Agnew의 《Geopolitics: Re-Visioning World Politics(2nd Edition)》(Routledge, 2003), Saul Bernard Cohen의 《Geopolitics: The Geography of International Relations》(Rowman & Littlefield, 2009) 그리고 Klaus Dodds의 《Geopolitics: A Very Short Introduction》(Oxford, 2014) 등을 참조하라.
4　David Scott, 〈China's Indo- Pacific Strategy: The Problems of Success〉, 《Journal of Territorial and Maritime Studies(vol.6 no.2)》(2019), p.103.

태평양 세력으로서의 미국, 1890~1945년

머핸과 매킨더가 지정학의 지적 전통의 토대를 세우는 가운데·미국은 태평양 세력으로 발전해가고 있었다. 미국은 18세기에 뉴잉글랜드에서 중국 연안까지 항해한 "차이나 클리퍼China clippers"로 거슬러 올라가는 태평양 횡단 교역의 오랜 역사를 갖고 있었다.[5] 19세기 증기선의 등장과 함께 미국의 군사 및 경제적 팽창은 태평양 전역으로 나아갔는데, 그 중에서 가장 중요한 사건은 1854년에 일본과 무역 및 외교관계를 맺은 것이었다. 이후 미국은 1898년의 스페인-미국 전쟁을 통해 스페인의 예전 식민지인 필리핀을 차지함으로써 태평양 세력이 되었으며, 아시아에 상주할 수 있게 되었다. 또한 미국은 이 전쟁으로 스페인에게서 괌을 빼앗았으며, 같은 해 독립왕국이던 하와이를 병합함으로써 20세기 초에는 아시아·태평양의 강국으로 등장하였다. 지금도 미국은 태평양 전역에 걸쳐 많은 섬들을 영유하고 있는데, 그 미국 영토들에 사는 주민들은 평범한 미국 시민들에게 주어지는 투표권이 없으며, 많은 미국인들은 그런 사실조차 알지 못하고 있다.

20세기에 미국은 태평양에 진출했던 유럽 국가들―영국, 프랑스, 러시아 그리고 짧은 기간이었지만 독일―을 밀어냈으며, 1920년대가 되면 태평양에서 미국과 영향력을 다툴 나라로 남은 것은 일본뿐이었다. 가장 악명 높은 것―적어도 한국인들에게는―은 일본이 러일전쟁에서 승리한 뒤인 1906년에 미국과 일본이 밀약을 맺은 것이었다. 이 밀약에서 미국은 필리핀 지배에 대해 일본이 간섭하지 않는 것을 교환조건으로 대신 일본의 한국 지배를 용인해주었다. 1차 세계대전 뒤 전승국 동맹의 일원이었던 일본은 독일이 소유했던 남태평양을 물려

---

5   *옮긴이: 클리퍼clipper는 속도가 빠른 범선을 말하며, 차이나 클리퍼는 이 범선을 이용해 중국에서 차를 최대한 빨리 들여오는 경쟁을 뜻한다.

받았다. 알다시피 두 제국은 결국 1941년에 하와이의 진주만에서 충돌
했다. 4년 뒤 태평양전쟁이 일본의 패배로 끝나자 미국은 태평양에서
도전자가 없는 특출한 지위를 차지한 가운데 일본이 태평양에서 갖고
있던 섬들뿐만 아니라 한국(소련과 분할점령), 대만 그리고 남사할린과
같은 대륙 쪽의 영유지들에 대해서도 탈식민통치 이행과정을 감독했
다. 4개 연합 전승국들이 전후 질서를 감독한 유럽과는 대조적으로 아
시아·태평양에서는 미국이 전후 국가들의 영토의 경계 획정을 비롯한
강화 조건을 일방적으로(한국이라는 일부 예외도 있지만) 정했다.

전후 태평양 질서: "샌프란시스코 체제"

2차 세계대전이 끝나기도 전에, 그 뒤에 이어진 냉전에 대한 미국의 지
정학적 상상의 윤곽이 그 모습을 드러내고 있었다. 이 새로운 미국의
지정학을 가장 잘 예시한 아이디어의 소유자는 네덜란드 태생의 정치
학자 니컬러스 스파이크먼Nicolas Spykman이었다. 1942년에 나온 스파이
크먼의《세계정치 속의 미국전략America's Strategy in World Politics》은 매킨
더의 "세계 섬" 이미지를 업데이트하고 수정했다. 매킨더와 마찬가지
로 스파이크먼의 지정학도 유라시아 공간에 초점을 맞췄으나, 내부 또
는 "중심부(heartland)"와 매킨더가 "외부 초승달(outer crescent)"이라고
불렀던 외부 또는 "주변부(rimland)"의 상대적 중요도를 뒤바꾸었다. 스
파이크먼은 다시 머핸에게 귀를 기울이면서 미국이 유라시아에서 동
떨어진 해양세력임을 강조하면서, 바다를 지배하는 것이 글로벌파워
의 핵심요소라고 선언했다.[6] 주변부를 지배하는 것이 핵심이며, 미국
은 그 지리적 위치, 엄청난 군사력과 경제력 그리고 광활한 유라시아

---

6   Nicolas Spykman,《America's Strategy in World Politics: The United States and the Balance
    of Power》(Harcourt, Brace & World, 1942).

땅덩이를 차지하기 위한 세력 싸움에서 벗어나 있는 점 때문에 그것을 지배할 수 있는 독보적인 위치를 차지하고 있다는 것이었다.

스파이크먼의 그런 관점은 유럽과 아시아가 전쟁으로 기진맥진한 상태가 된 뒤 미국이 유라시아의 동쪽과 서쪽 주변부, 즉 대서양과 태평양 가장자리를 지배하면서 예언적인 것으로 비치게 됐다. 이 주변부/중심부 이분법은 어느 정도 의도적으로 고안된 것으로, 1947년 이후 냉전정책의 핵심이 되는—소련 그리고 나중에는 중국—"봉쇄" 정책에 반영됐다. 우리는 또한 국무장관 딘 애치슨이 얘기했던 "거대한 초승달(Great Crescent)"이라는 생각 속에서 이 지리적 사고의 메아리를 발견할 수 있다. 미국이 영향력을 끼칠 수 없는 소련 지배하의 광대한 유라시아 내부공간은 상관없었다. 훨씬 더 중요한 것은 미국이 산업화되고 자원 풍부한 주변부들, 즉 거대한 초승달—또는 교차하는 두 초승달들—을 지배하고 있다는 점이었다. 그 지역은 한편으로는 영국과 서유럽에서 터키와 중동으로 펼쳐져 있었고, 또 한편으로는 일본에서 동남아시아로 뻗어나갔다.[7]

유럽 상황과 발전하는 범대서양동맹은 미국의 전후 시기의 핵심 관심사였으나, 일본 패전 뒤의 동아시아는 중요하지만 부차적 관심사였다. 태평양에서 지배적인 군사력을 지닌 미국의 지위는 2차 세계대전 종전 뒤인 1945년부터 1950년대 중반까지 10년간 강화됐다. 이것이 전후 미국이 주도한 아시아·태평양 국제질서의 탄생이었다. 태평양 지역이 전쟁에서 전후/냉전체제로 전환했음을 보여준 것은 무엇보다 미국의 일본 점령통치 종식이었으며, 그것은 1950년 6월의 한국전쟁 발발로 가속도가 붙었다.

---

7 Michael Schaller, ⟨Securing the Great Crescent: Occupied Japan and the Origins of Containment in Southeast Asia⟩, 《The Journal of American History(vol.69, no.2)》(1982), pp.392-414.

1951년의 샌프란시스코 조약은 미국의 점령이 종식되고 아시아·태평양 동맹체제가 시작됐음을 공식화했다. 여기에서 샌프란시스코 체제의 구체적인 내용까지 파고들 여지는 없지만, 간단히 말해 샌프란시스코 조약은 미군 주둔은 계속되지만 일본 본토 4개 섬이 독립했다는 것을 공식적으로 확정했다(오키나와는 1972년까지 미군 점령통치가 이어졌다). 그리고 일본이 그 이전의 식민지 소유에 대한 통제권을 "포기"했다고 선언했으며 그리고 무엇보다 일본과 그 이웃나라들 간의 영토적 경계(국경)를 확정했다.

의미심장하게도 한국과 중국–북한, 남한, 중화인민공화국, 대만의 중화민국–정부는 샌프란시스코 강화회의에 초청받지 못했다. 따라서 이들 나라에 직접적으로 충격을 가하는 영토 경계(국경) 획정과 기타 문제들이 한국과 중국의 이해를 물어보지도 않은 채 결정됐으며, 그 영향은 오늘날까지도 동아시아에 뚜렷하게 남아 있다. 특히 한국과 일본 간의 독도/다케시마 그리고 중국과 일본 간의 댜오위다오/센카쿠열도 영토분쟁이 그러하다.

샌프란시스코 조약의 뒤를 이어 미국과 그 동아시아 동맹국들 사이에 일련의 상호방위조약들이 조인됐다. 일본, 한국 그리고 필리핀과 맺은 조약들은 여전히 살아있으며, 대만 및 남베트남과 체결한 조약들은 효력을 잃었다. 오스트레일리아, 뉴질랜드 그리고 타이(태국), 동남아시아 동맹국들은 아시아·태평양 동맹체제를 특징짓는 2국 간 상호동맹의 "자전거 바큇살(hub and spoke)" 체제를 형성했다. NATO로 구현되어 있는 복수의 범대서양 동맹체제와는 달리 범태평양 체제는 몇 번의 시도에도 불구하고 복수의 동맹 형태로 정착시키는 데 실패했다. 원래 이른바 팽창주의적인 소련과 중국을 봉쇄하기 위해 만들어진 이 범태평양 동맹체제는, 비록 최근에 "인도·태평양" 전략동맹으로 재개념화되기 시작했지만, 대단히 오래 살아 남았다.

 2차 세계대전 이후 냉전 기간에 아시아·태평양에 구축된 미국 주
도 질서는 냉전 시기에 그 지역을 재편한 사태 전개에도 불구하고 다
소간에 변함없이 유지됐다. 교착상태의 한국(한반도), 미국의 베트남전
패배, 일본이 앞서고 대만이 뒤따른 동아시아 연안국들의 경제적 부흥
그리고 미·중 간의 관계 정상화, 개혁개방 이후 미국이 지배하는 지역
체제로의 중국의 경제적 통합과 중국의 비범한 경제성장 등 이들 가
운데 그 어느 것도 지금까지 아시아·태평양의 국제질서를 근본적으로
바꿔 놓지 못했다. 부분적으로 이는 모든 참가자들이 동의할 수 있는
유효한 대안이 없었기 때문이다. 마찰과 가끔씩의 불만에도 불구하고
일본제국의 전후 배치문제 그리고 냉전 시기에 미국의 이익을 챙기기
위해 고안된 일련의 경계와 관계들은 지금까지 유지되고 있다.

 냉전 종식 이후 아시아·태평양에 대한 미국의 지배적인 접근 자세
는 중국이 여전히 미국이 주도하고 있는 전후 자유주의 질서에서 "이
해 당사자"가 될 것이라는 점이었는데, 실제로 중국은 세계무역기구
가입을 비롯해서 점차 자본주의 세계경제에 통합되었다. 1980년대와
1990년대의 아시아 경제의 발전과 함께 아시아·태평양은 군사동맹체
제만큼이나 경제적 주체로서의 특징을 지니게 됐다. 이는 냉전 종식과
함께 이뤄진 1989년의 아시아·태평양 경제협력체APEC 결성으로 제도
화됐다. 무엇보다 미·일 협력이 낳은 APEC은 가맹국들 간의 자유무역
원칙을 토대로 설립된 유수의 자유주의적 기구다. 아시아지역 멤버들
의 상대적인 힘은 변화했지만, 아시아·태평양은 여전히 미국이 주도하
는 21세기 초 국제질서 아래에 있다고 할 수 있다. 하지만 그것이 이제
바뀌기 시작했다.

아시아·태평양의 대안:
일대일로, 유라시아와 인도·태평양

21세기의 두 번째 10년대, 즉 2020년대는 아시아·태평양 국제질서에 아마도 지금까지 가장 심각한 도전의 시기가 될 것이다. 미국 주도의 국제질서를 대체하려는 몇 가지 조짐들이 훨씬 전부터 뚜렷해졌는데, 동아시아와 유라시아 국가들이 새로운 관계 및 네트워크로 전환하고 있음을 뚜렷이 보여준 것은 2007~2008년의 글로벌 금융위기였다. 새로운 용어들이 미국, 중국 그리고 러시아가 제각각 주도하는 새로운 전략, 구상 또는 제도들을 선명하게 드러내기 위해 새롭게 만들어지거나 그 용도가 변경됐다. 즉 2011년부터 등장한 인도·태평양, 2013년의 일대일로 그리고 2014년에 러시아와 벨라루스, 카자흐스탄, 키르기즈스탄 및 아르메니아가 체결한 유라시아경제동맹Eurasian Economic Union 등이 그것이다. 이들 셋은 거의 같은 시기에 등장해 더 큰 범주의 태평양-유라시아 공간의 공간적 방향의 변화를 반영했는데, 이들은 제대로 병립할 수 없으며 사실상 서로 너무 다르다. 일대일로는 느슨한 투자 및 인프라 구축 프로젝트이며, 유라시아경제동맹은 조약을 토대로 한 경제동맹이다. 그리고 인도·태평양은 기본적으로 전략적으로 인도를 끌어들이기 위해(하지만 동맹은 아니다) 전후의 미국동맹체제를 좀 더 서쪽으로 투사한 전략구역(strategic zone)이다. 요컨대 인도·태평양은 중국의 발흥에 대처하기 위해 설계된 미국 주도 하의 아시아·태평양 동맹체제의 지리적 확장이다.

　얼핏 보기에 아시아·태평양과 유라시아/일대일로 지형 간의 대조는 머핸에서 매킨더와 스파이크먼에 이르는 전통적 지정학의 고전적 충돌이 다시 등장하는 듯하다. 즉, 해양세력 대 육지세력, '주변부' 대 '중심부'의 충돌이다. 하지만 그들 간에 경쟁을 할 수는 있겠지만 실제

로 그래야만 할 필연적 이유는 없다. 일대일로는 지정학적 전략으로
간주되고 있으나 그런 것 같지는 않다. 일대일로에서는 경제와 군사가
완전히 분리돼 있다. 일대일로는 유라시아 육지공간을 가로질러 서쪽
으로 확장하고 있지만, 중국의 군사적 관심은 여전히 방어적이며 동남
연안지대 쪽에 집중돼 있을 뿐만 아니라, 중국이 글로벌 차원은 말할
것도 없고 동아시아에서 미국의 압도적 우위에 대해 전면적인 도전을
시도하고 있다는 명확한 근거는 어디에도 없다. 한편 일대일로는 중국
이 주도한 지역 차원의 세계은행과 같은 아시아인프라투자은행Asian
Infrastructure Investment Bank처럼, 미국 주도 아래 설립된 전후의 제도들을
연상시키는 새로운 제도들과 연관돼 있다. 하지만 중국은 전후에 미국
이 했던 것처럼 군사지배나 동맹체제를 구축하려는 구체적 조치는 말
할 것도 없고 그런 의향조차 없다는 걸 지금까지 보여주었다.

　전체적으로 점증하는 유라시아 통합 움직임의 일부인 중국 주도
하의 일대일로가 미국이 주도하는 아시아·태평양 질서를 반드시 저해
하는 것은 아니다. 이 둘은 이론상 상호보완적인 방식으로 공존할 수
있다. 그러나 일대일로에 의한 유라시아대륙의 통합이 아시아·태평양
질서와 직접적으로 경쟁하는 것은 아니지만, 그것을 분산시킬 수는 있
다. 일대일로 하에서 유라시아의 운송과 경제 흐름의 방향이 바뀌면서
유라시아 '초대륙'의 전례 없는 통합을 촉진하고 있다.[8] 최근 수십 년간
미국의 아시아 동맹국들은 경제적으로는 좀 더 중국 쪽으로 기울었으
나 군사적으로는 여전히 미국에 강하게 얽매여 있다. 이는 유라시아의
상호연관성을 더욱 가속시킬 것이다. 아시아·태평양과 유라시아 경제
적 거시지역의 강세가 아마도 장기적으로 가장 중요한 발전요소가 될
것이다. 유럽과 아시아는 지금 글로벌 명목GDP의 61.93%, 구매력지수

8　Kent E. Calder, 《Super Continent: The Logic of Eurasian Integration》(Stanford University
　Press, 2019).

평가의 실질GDP의 69.41%를 차지하고 있다.[9] 유라시아가 내부적으로 통합될수록 전후 미국의 우위를 뒷받침해준 범대서양과 범태평양 관계들은 상대적으로 쇠퇴할 수밖에 없게 될 것이다.

맺음말

아시아·태평양의 전후 국제질서는 지난 70여 년간 어떤 면에서는 대단한 회복력을 보여주었다. 샌프란시스코 조약 아래 획정된 영토의 경계들이 유지됐으며, 미국의 2국 간 동맹체제는 아시아·태평양에서 유일한 주요 군사동맹체제로 계속 존속해왔다. 하지만 이 국제질서는 점증하는 압박과 도전에 직면하고 있다. 한국과 일본 간의 그리고 동남 중국해의 분쟁을 비롯해 전후 경계 획정에서 미해결 문제로 남은 영토분쟁들이 격렬해지고 있으며 앞으로 더욱 그럴 것이다. 동아시아의 가장 중요한 미국 동맹국들인 한국과 일본은 반세기 전에 관계를 정상화한 이후 가장 심각한 대립상태에 빠져들고 있다. 아시아에서 미국 군사동맹의 가치는 유럽에서와 마찬가지로 지금 미국 대통령(트럼프)에 의해 공개적으로 의문부호가 붙고 있다. 이는 전후질서가 근본적인 변화 없이 이런 압박들을 얼마나 견딜 수 있을지를 가늠하게 해줄 미해결 문제다.

　무엇보다도 유라시아 대륙에서의 관계 변화들은 미국이 주도해온 낡은 아시아·태평양 지역질서에 대한 도전이다. 만일 미·중 관계가 무역분쟁이 계속되면서 파산하는 최악의 시나리오로 귀착된다면 동아시아에서 미국의 존재감은 급속히 쇠퇴하게 될 것이 분명하다. 미국은 당분간 중국과의 균형을 유지하는 데 필요한 경제적 자원 같은 것

9　위의 책, p.7.

을 투입할 생각이 없어 보인다. 이런 극단적인 시나리오를 상정하지 않을 경우, 친태평양 성향과 대륙 성향 간의 균형은 명백히 후자 쪽으로 기울게 될 것이다. 아시아·태평양 질서는 지금 변화하고 있지만 우리는 아직 그 방향을 알 수 없다. 일대일로는 대안이 아니지만 지정학적 도전은 더더욱 아니다. 일대일로를 지정학적 경쟁이라는 렌즈를 통해 바라보는 것은 위험을 자초하는 일이다. 일대일로를 주로 미국이 주도하는 질서에 대한 경쟁자로 그리고 양자가 승자와 패자라는 제로섬 관계로만 존재할 수 있다고 보는 것은 분쟁을 자초해 자기실현적 예언이 될 것이다.

---

* 이 글은 2019년 11월 8~9일 서울 코리아나 호텔에서 열린 제4차 회의에서 〈Challenge to the Post-war Asia-Pacific International Order〉라는 제목으로 처음 발표되었다.
* 한승동 번역

일본의 제2차 세계대전 기억의 진화와 샌프란시스코 평화조약

양찬楊嬋(중국 상하이교통대 교수)

전쟁의 기억 방식

제2차 세계대전에 대한 전후 일본의 전쟁기억 문제를 다루는 문헌들은 세 종류로 나눌 수 있다. 먼저, 전쟁의 충격과 일본인들이 지난 전쟁을 어떻게 대하느냐 하는 문제가 전후 일본에 관한 많은 역사서술의 중심을 이루는 부류다. 전후와 전쟁기 일본의 연속성 그리고 전쟁 자체의 중대성(그 전쟁은 일본이 경험한 전쟁들 중 가장 길고 가장 끔찍했으며, 일본제국이 메이지 유신 이후 감행한 전쟁들 중에서 유일하게 실패한 전쟁이었다)에 주목하는 쪽이다.[1] 일부 학자들은 심지어 1990년대 중반까지 어떻게 하면 정상적인 국가가 될 수 있는지 그리고 어떻게 전시의 과거에 맞설 수 있는지에 대한 두 가지 답이 없는 질문들이 일본이 전

---

[1] 예컨대 다음과 같은 책들을 참고하라. 나카무라 마사노리 지음, 유재연 옮김, 《일본 전후사 1945-2005》(논형, 2006); 中村政則, 《戰後史》(岩波書店, 2005). 이 책의 중심에는 15년전쟁(1931년 '만주사변'에서 1945년 패전까지의 전쟁-역주)에 대한 기억이 전쟁횡단사적 방법론(methodology of Trans-War History)을 토대로 자리 잡고 있다. 존 다우어 지음, 최은석 옮김, 《패배를 껴안고: 제2차 세계대전 후의 일본과 일본인》(민음사, 2009); John W. Dower, 《Embracing Defeat: Japan in the Aftermath of World War II》(W. W. Norton & Company, 2000).

후 시대로 진입하는 것을 여전히 방해하고 있다고 이야기한다.[2] 그리
고 '전쟁 책임' 또는 '전쟁 기억' 문제를 직접 다룬 상당수 연구들은 특
별한 순간이나 1945년 이후 지금까지의 전 기간에 일본인들이 어떻게
전쟁을 기억하고 있는지만을 논하기도 한다.[3] 이들 논의가 언제나 국
가중심적인 것은 아니다.[4] 마지막으로, 일본인들이 어떻게 전쟁을 기
억하는지는 그 전쟁과 관련된 특별한 논란거리들(일본 학교의 전쟁 관
련 교육, 난징 대학살과 위안부문제에 관한 논의 같은), 또는 전쟁시기 사건
들에 관한 개인들의 기억(히로시마와 나가사키 원폭 투하와 같은)이 진화

2   P. J. Bailey, 《Postwar Japan: 1945 to the present》(Blackwell, 1996). 전후시대의 기간을 정하기
    는 어렵다. 전후 일본사의 역사기록적 관점에서, 일본이 국제사회에 복귀하는 과정을 끝낸
    것으로 간주된 1970년대 초에 이른바 전후 일본사를 다룬 출판물들이 등장하기 시작했다.
    Masataka Kosaka, 《A history of postwar Japan》(Kodansha International, 1972). 전후 일본사를
    다룬 문헌들은 쇼와 천황이 죽고 '1955년 체제'가 붕괴한 1990년대에 다시 붐을 이뤘다.
    Andrew Gordon, ed., 《Postwar Japan as History》(University of California Press, 1993); Mikiso
    Hane, 《Eastern phoenix: Japan since 1945》(Westview Press, 1996). 2000년대 이후 전후사 전
    반을 다룬 책들은 드물어졌지만 이런 작업들도 있다. Duncan McCargo, 《Contemporary
    Japan》(Palgrave Macmillan, 2004).
3   関沢まゆみ 編, 《戦争記憶論: 忘却 変容そして継承》(昭和堂, 2010). 많은 문헌들이 일본의 전쟁
    기억을 독일과 미국의 그것과 비교한다. 예컨대 Sebastian Conrad, 〈Entangled Memories:
    Versions of the Past in Germany and Japan, 1945-2001〉, 《Journal of Contemporary History
    (vol.38, no.1)》(2003.1), pp.85-99. 하지만 중국과 일본을 비교하는 문헌은 극소수다. 그럼에도
    예컨대 쿠쉬너의 글은 1990년 이후 중국과 일본에서의 전쟁기억을 비교했다. Barak
    Kushner, 〈Nationality and Nostalgia: The manipulation of memory in Japan, Taiwan and
    China since 1990〉, 《The International History Review(vol.29)》(2007), pp.709-944.
4   예컨대 후지와라 기이치는 일본의 전쟁기억 진화를 전후 일본의 반전평화주의, 전후 일
    본 민주주의와 같은 주제를 통해 다루는데, 대부분 지식인과 민중의 관점을 취한다. 후지
    와라 기이치 지음, 이숙종 옮김, 《전쟁을 기억한다: 히로시마·홀로코스트와 현재》(일조
    각, 2003); 藤原帰一, 《戦争を記憶する: 広島·ホロコーストと現在》(講談社, 2001); 고스게 노
    부코는 15년전쟁의 유산이 일본과 과거 적들(주로 영국과 중국)의 화해 논의를 통해 다뤄
    지는 방식을 개인들과 비공식 조직들 또는 일부 주변국 기구들(예컨대 공사관)의 관점에
    서 논한다. 小菅信子, 《戦後和解: 日本は〈過去〉から解き放たれるのか》(中央公論新社, 2005).
    이시다 다케시는 '전쟁 책임'에 대한 일본 진보적 지식인들의 변화하는 인식을 다룬다. 石
    田雄, 《記憶と忘却の政治学: 同化政策·戦争責任·集合的記憶》(明石書店, 2000).

해온 역사를 다루는 문헌을 통해서도 포착될 수 있다.[5]

이런 광범위한 문헌들을 토대로 일본의 전쟁기억의 진화사를 몇 가지 뚜렷한 단계들로 구분해낼 수 있으며, 나아가 일본 전쟁기억의 진화과정 형성에 영향을 끼치는 모든 요소들—국가, 보통사람들, 사회단체들과 외부 세력들 그리고 국가와 지역 간의 기억 차이까지 살펴볼 수 있다. 지금과 비슷하게 지난 수십 년간 일본의 전쟁기억은 치열하게 논란거리가 돼 왔고 이런 전쟁 추모의 문제적 측면들—피해의식, 기억상실 그리고 전쟁미화—또한 이 시기에 출현했다. 일본 전쟁기억의 논란 여지와 문제들을 제거할 수 있는 기회가 1950년대에 있었다. 샌프란시스코 조약 제11조는 이렇게 명기돼 있다.

"일본은 극동국제군사재판소 및 일본 국내와 국외의 다른 연합국 전쟁범죄법정의 판결을 수락하며, 또한 일본에 구금돼 있는 일본국민에게 이들 법정이 부과한 형을 집행할 것이다. 이들 구금돼 있는 자들을 사면하고, 감형하거나 가출옥시킬 권한은 각 사건들에 형을 부과한 하나 또는 둘 이상의 정부 결정 및 일본의 권고에 따르는 경우 외에는 행사할 수 없다. 극동국제군사재판소가 형을 선고한 자들에 대해서는 그 권한을, 재판소에 대표자를 보낸 정부의 과반수 결정 및 일본의 권고에 따르는 경우 외에는 행사할 수 없다."

일본정부는 샌프란시스코 평화조약에 서명했으며, 따라서 1952년 조약이 발효된 이후 일본은 제2차 세계대전을 기억할 때 전후 군사재판의 평결에 어긋나지 않게 기억해야 한다. 그런데 일본은 왜 그렇게

---

5   Peter Cave, 〈Japanese Colonialism and the Asia-Pacific War in Japan's History Textbooks: Changing representations and their causes〉, 《Modern Asian Studies(vol.47)》 (2013.11), pp.542-580. 가사하라 도쿠시 지음, 이상복 옮김, 《남경사건: 일본군은 왜 남경대학살을 강행했는가》(어문학사, 2017); 笠原十九司, 《南京事件》(岩波書店, 1997); 《南京事件論爭史: 日本人は史実をどう認識してきたか》(平凡社, 2007). 히로시마에 관한 연구는 뒤에 다시 소개한다.

하지 못했는가? 바꿔 말하면, 왜 일본의 2차 세계대전 기억은 일본정
부가 이미 전쟁기억의 단일 버전, 즉 제국일본이 반박할 여지가 없는
'가해자'로 고발당하고 일본의 전쟁시기 교전 당사자들이 이를 입증한
군사재판 평결을 수용했음에도 왜 여전히 논란거리이며 문제가 많은
가? 이 의문에 대답하기 위해서는 우리는 전쟁기억 자체의 성격과 일
본 전쟁기억의 구체적인 진화사를 살펴봐야 한다.

제2차 세계대전사 관련 문제들에 대한 집단기억 접근법

1982년 교과서 사건―2차 세계대전 역사를 둘러싸고 일본과 전쟁 당
시 교전 당사국들(특히 중국과 기타 동아시아 국가들) 간에 벌어진 최초
의 대형 외교마찰―은 관련 연구자들(주로 정치학자들)에게 2차 세계대
전사 관련 문제들의 성격과 규모 측면에서 분수령으로 여겨졌다. 그들
은 1982년 이전에는 전쟁사 문제를 지금처럼 핵심적인 문제로 여기지
않았다. 그 이후 전쟁사 관련 문제들이 일본의 대외관계에서 특별하고
도 심각한 요소로 발전하는 것을 관찰할 수 있었다.

중·일 관계를 예로 들면, 현재의 중·일 관계는 몇 가지 측면들―군
사적 측면, 외교/정치적 측면, 경제적 측면 그리고 인간/개인적 측면으
로 이뤄져 있다.[6] 전쟁시기 역사관련 문제들은 이 모든 측면들에 그림
자를 드리우고 있으며, 동시에 이들 측면의 영향을 받고 있다.[7] 전쟁시

6   E. Chanlett-Avery and D. K. Nanto, 〈The Rise of China and Its Effect on Taiwan, Japan, and
     South Korea: U.S. Policy Choices〉, CRS Report for Congress(2006). 아키라 이리에도 중·일
     관계에는 안보적 유대, 경제적 유대, 문화적 유대가 존재한다는 비슷한 생각을 갖고 있다.
     Akira Iriye, 〈Chinese-Japanese Relations, 1945-90〉, 《The China Quarterly(no.124)》(1990.12)
     참조.
7   Julia Rose, 《Interpreting Difficult History at Museums and Historic Sites》(Rowman &
     Littlefield Publishers, 2016); Daqing Yang, 〈Mirror for the future or the history card?
     Understanding the 'history problem'〉, Marie Söderberg, ed., 《Chinese-Japanese Relations in

기 역사관련 문제가 점점 복잡해지면서 그런 문제가 발생하는 원인을
한 나라의 조작 탓으로 돌렸던 이전의 연구들에 비해 논의 방식도 점
차 포괄적인 것으로 바뀌었다. 예컨대 '중국이 역사 카드를 꺼내든다',
'일본 군국주의의 부활' 그리고 '전쟁의 상처들은 자연스레 치유하기
어렵다'는 주장들을 분석한 뒤, 조지워싱턴대학의 다칭 양Daqing Yang
교수는 모든 주장들에는 그 나름의 합리성이 있기 때문에 어떤 한 가
지 요소를 역사문제의 유일한 원인으로 보는 것은 결국 '장님들과 코
끼리' 같은 얘기가 돼 버린다고 말한다. 역사문제에 철저히 다가가기
위해 줄리아 로즈Julia Rose는 국제관계론과 지역론에서 정교한 틀을 도
출해냈다. 그 틀을 활용해 두 나라 안팎의 요소들이 어떻게 상호작용
해 역사문제를 둘러싼 외교적 마찰을 만들어내고 정책 결정자들이 어
떻게 그것을 푸는지를 분석할 수 있다.[8]

　위에서 살펴본 연구—나는 이것을 '외교적 접근'이라 부른다—는
통찰력이 있다. 하지만 이런 접근은 중·일 역사문제를 '중·일 문제'로만
볼 뿐 '역사'를 보지 못한다. 이런 접근법은 역사문제를 둘러싼 몇 가지
영향력이 큰 외교적 마찰들을 검토하고 정책 결정자들이 문제를 만들
어내거나 제거하는 유일한 결정 요소들인 양 그들에게만 초점을 맞춤
으로써, 그 문제가 실은 '15년전쟁'[9] 역사와 관련된 것이라는 사실을 깨
닫지 못한다. 게다가 사람들의 감정과 전쟁 추모와 같은 다른 측면들
을 무시함으로써, 이런 접근은 중·일 역사문제가 두 나라 정부의 문제
일 뿐만 아니라 두 나라 시민사회와 국민의 문제라는 사실, 또한 그것
이 더 긴 역사적 과정의 산물이라는 사실을 보지 못한다.

　　the Twenty First Century》(Routledge, 2001).
8　　Julia Rose, 위의 책; Daqing Yang, 위의 글.
9　　*옮긴이: 일본이 만주사변을 일으킨 1931년부터 중일전쟁, 태평양전쟁으로 확대되어
　　1945년에 일본의 패배로 종결된 전쟁을 부르는 이름. 아시아·태평양전쟁으로 불리기도
　　한다.

서구 개념인 '집단기억'이나 '집단추모'를 동아시아 문맥에 적용하고, 전쟁사 관련 문제와 2차 세계대전 기억을 불가분의 것으로 보는 비교적 새로운 연구가 최근 주로 정치학, 역사학 그리고 철학 분야에서 발전했다. 이런 새로운 연구는 역사문제 형성에 대해 비슷한 관점을 공유하는데, 다음과 같이 요약할 수 있다. 즉, 전쟁 이후의 진화과정, 동일한 2차 세계대전에 관해 일본과 다른 나라들의 설명들은 각각 다양하며 서로 문제적(problematic)이다. 현재 일본과 다른 나라들 간의 전쟁기억의 괴리는 문제적인 상황이며, 이것이 전쟁역사에 대한 일본인과 다른 나라 국민들 간의 충돌을 야기하고 결국 다양한 역사문제들을 자꾸 만들어낸다. 나는 특히 '문제적'이라는 단어의 상대성을 특별히 강조하고 싶다. 예컨대 중국의 15년전쟁 추모는 일본인들에게 문제적이지만, 다른 나라들, 예컨대 한국에게 반드시 문제적인 것은 아니다. 나는 전쟁사 문제 형성을 조사하는 이런 새로운 연구방식을 사회역사적 접근이라고 부르는데, 바로 이 글이 채택하고 있는 방식이다.

사회역사적 접근의 핵심 개념인 '집단기억'은 한 무리의 사람들의 기억으로 정의할 수 있는데, 전형적으로 한 세대에서 다음 세대로 옮겨가면서 개인적 기억들의 총합보다 더 커지는 기억이다.[10] 따라서 사회역사적 접근은 전쟁사 관련 문제를 일본과 다른 나라들의 문제적인 집단적 전쟁기억과 연관지음으로써 '문제적 추모'를 수용하는 모든 사람들(한 국가의 일부 최고위 리더들뿐만 아니라 사회의 여러 다른 층들의 사람들 모두)에게 역사문제를 만들어낸 책임을 묻는다. 그리고 사회역사적 연구는 유럽의 2차 세계대전 추모에 관한 글들의 정수 즉 전쟁기억의 '진화적 특성'을 채택한다. 말하자면, 유럽의 2차 세계대전 추모에 관한 글들은 유럽의 전쟁추모에 관한 지금의 설명을 전후 초기, 냉전

---

10 Anne Whitehead, 《Memory》(Routledge, 2008).

그리고 1989년 베를린 장벽 붕괴 이후 기간에 이뤄진 진화적 변화의 산물로 인식한다.[11]

외교적 접근에 한계가 있기 때문에, 지금의 역사문제를 관련 국가들 국민 그리고 전쟁시기뿐만 아니라 전후의 역사와도 연결하는 사회역사적 접근이 이 글과 관련된 질문들을 다루는 작업에 더 적합하다고 나는 주장한다. 지금 일본의 '15년전쟁' 추모의 문제적 측면들은 어떤 것인가? 일본의 전쟁추모는 어떻게 지금의 문제적 방식으로 각기 진화했는가? 왜 샌프란시스코 조약의 제6조는 일본의 전쟁기억의 진화 코스를 바꾸지도, 문제를 제거하지도 못했을까?

지금의 일본 전쟁추모는 그 '논쟁성(contested nature)' 때문에 복잡다단하다. 즉, 일본에서는 독일(과거 극복)이나 중국(저항, 증오와 비난)에서처럼 전쟁추모에 관한 통합되거나 지배적인 주제가 없다. 필립 시턴은 일본에서 진행한 자신의 경험적 연구에서 전쟁추모와 관련한 5개의 주요 그룹들과 그들의 전쟁추모 설명들을 확인한다. 즉 진보계, 진보성향 그룹, '잘 모르고' '관심 없는' 그룹, 보수계 그리고 내셔널리

---

11 더 정확하게 말하면, 파괴적인 전쟁 직후 대다수 유럽 국가들은 자신들이 치른 지난 2차 세계대전의 어두운 면과 대면하는 것을 피하기 위한 다양한 전략들을 채택한다. 냉전이 시작된 뒤 '2차 세계대전의 기억은 공산주의와 반공산주의 그리고 반파시즘의 논리에 의해 분열되고 왜곡됐다.' 냉전 종식 이후에는 동·서 유럽에서 전쟁 기억을 제거하는 과정이 있었다. Richard Ned Lebow, 〈The Memory of Politics〉 and Thomas C. Wolfe, 〈Past as Present, Myth, or History? Discourses of Time and the Great Fatherland War〉, Richard Ned Lebow, Wulf Kansteiner, Claudio Fogu, eds., 《The Politics of Memory in Postwar Europe》, pp.249-283; Jan-Werner Müller, ed., 《Memory and Power in Post-War Europe: Studies in the Presence of the Past》(Cambridge University Press, 2002); Nonna Bannister, 《The Secret Holocaust Diaries: The Untold Story of Nonna Bannister》(Tyndale House, 2010); David Cesarani, 〈Lacking in Convictions: British War Crimes Policy and National Memory of the Second World War〉, Martin Evans, Kenneth Lunn, eds., 《War and Memory in the Twentieth Century》(Bloomsbury, 1997), pp.27-42.

스트/수정주의자들.[12] 내셔널리스트들의 전쟁추모('대동아전쟁' 미화)와 수정주의자들의 전쟁추모(잔혹행위 부정)의 문제적 측면들은 외부자들에겐 일본 전쟁추모의 지배적 주제로 쉽게 그 모습을 드러낸다. '잘 모르고' '관심 없는' 그룹-기억 상실-의 문제도 종종 비판받는다. 하지만 일본 전쟁추모의 진짜 걱정스러운 문제는 피해의식인데, 이는 대다수 일본인들이 지니고 있는 의식이다. 나오코 시마즈는 전쟁책임의 짐을 군과 다른 사람들의 어깨 위에 올려놓음으로써 일본인들은 영구히 전쟁 희생자로 거듭날 수 있음을 암시한다.[13] 게다가 매우 근시안적인 피해의식이 일본 침략의 진짜 희생자들, 특히 아시아의 희생자들을 무시하고 자리잡았다. 일본인들의 전쟁추모는 어떻게 지금의 문제적 버전 쪽으로 진화하게 되었을까? 이에 대답하기 위해서는 일본 전쟁추모의 진화사를 검토함으로써 이들 문제적 전쟁기억들이 만들어지는 기원을 찾아내야 한다.

일본의 2차 세계대전 추모의 진화

전쟁시기의 일본에서 보통의 일본인들은 일본군이 중국에서 자행한 갖가지 잔혹행위들에 대해 알지 못했다. 그것은 국가 검열 때문만이 아니라 극우민족주의 교육과 일본 당국의 선전 동원으로 나라 전체가 그것에 대해 알고 싶어 하지 않았기 때문이기도 했다.[14]

---

12 Philip A. Seaton, 《Japan's contested war memories: the 'memory rifts' in historical consciousness of World War II》(Routledge, 2007). 자신이 일본에서 수집한 다양한 종류의 데이터를 토대로 시턴은 이데올로기, 통속적 이야기, 가족, 지역, 신문, 박물관 등에 담겨 있는 논란 많은 일본의 전쟁기억을 보여주었다.

13 Naoko Shimazu, 《Japanese Society at War: Death, Memory and the Russo-Japanese War》(Cambridge University Press, 2009).

14 Takashi Yoshida, 《The Making of the "Rape of Nanking": History and Memory in Japan, China, and the United States》(Oxford University Press, 2009), p.24.

1945년 8월 15일 전쟁이 끝난 뒤 대다수 일본인들이 매우 다양하고 진보적인 방식으로 자신들의 전쟁시기의 행위에 대해 반성하고 전쟁책임 문제를 논의하기 시작한 짧은 시기가 있었다.[15] 연합국군 총사령부GHQ가 이런 흐름을 만들어내는 데 가장 중요한 역할을 한 것으로 여겨지고 있다. GHQ의 개혁으로 군과 신도神道 종교, 극우민족주의 교육처럼 나쁜 것으로 인식된 것들을 비판할 수 있는 일정한 자유가 일본인들에게 주어졌다.[16] 더욱이 전범재판(극동국제군사재판)은 일본군이 자행한 전쟁시기의 수많은 잔혹행위들을 폭로했고, 그것은 많은 일본인들에게 충격을 안겨주었다. 난징대학살도 그 중의 하나로, 일본에서 널리 논의되고 학교 교과서에도 실렸다.[17]

그럼에도 존 다우어 같은 학자들에 따르면, 천황 히로히토를 전범재판에 회부하지 않고, 일부 군 지도자들을 일본국가가 자행한 범죄들을 "청소"하는 데 활용하기로 한 GHQ의 결정은 '야마토(일본) 남자들이 자신들의 제국과 안보를 열광적으로 추구하면서 타국 사람들에게 자행한 짓을 무시하려는 강력한 대중적 경향을 부추겼다.'[18] 이 때문에 지금 가장 우려할 만한 문제인 일본의 전쟁기억 문제—피해의식—를 만들어낸 것에 GHQ의 책임이 있다고 이야기하는 것이다.

15　1945년 8월 15일과 극동국제군사재판 사이에 전쟁책임에 대한 일본국민들의 생각은 오히려 다양했다. 石田雄, 《記憶と忘却の政治学》.

16　예컨대 이들 개혁의 구체적 내용은 Mikiso Hane, 《Eastern phoenix》, p.13. 참조. 그럼에도 점령당국이 허용한 자유는 강력한 검열과 함께 주어졌는데, 예컨대 전쟁시기에 미군이 저지른 잔혹행위들에 대한 논의는 금지되었다. Takashi Yoshida, 《The Making of the "Rape of Nanking"》 참조.

17　Takashi Yoshida, 앞의 책.

18　John Dower, 《Embracing defeat》, p.27. 신기욱(Gi-Wook Shin)도 극동국제군사재판, 샌프란시스코 평화조약(전쟁시기 일본의 범죄행위에 대한 배상 의무를 탕감해주었다)과 미국인들의 범죄(예컨대 공습, 원자폭탄 투하)를 통해 미국이 일본의 문제적 전쟁기억 형성에 역할을 했다고 지적했다. Gi-Wook Shin, 〈Historical Disputes and Reconciliation in Northeast Asia: The US Role〉, 《Pacific Affairs(83)》(2010), pp.663-673.

그렇지만 일부 학자들은 GHQ가 피해의식을 안겨준 것이라기보
다는 일본인들의 자연스런 선택이었다고 주장한다. 프란치스카 세라
핌은 3중 트라우마—전쟁의 고난, 패배 그리고 외국군 점령하의 주권
상실—때문에 피해의식의 씨앗이 공식적으로 그것을 받아들이기 전에
이미 일본인들 속에 뿌려졌다고 얘기한다. 캐롤 글럭도 피해의식은 극
동국제군사재판에서 일본에 주어진 것이며, 일본인들에게 강제된 것
이 아니라 그것이 과거와 필사적으로 절연하려던 일본에 어울리는 것
이어서 일본인들이 자발적으로 받아들였다고 했다.[19]

　　1947년 이후 냉전이 시작되면서 점령당국의 개혁정책은 명백히
역코스를 타게 되었으며, 그것은 대단한 국민적 자부심으로 전쟁을 추
모하던 보수주의자들을 복권시켰다.[20] 게다가 GHQ는 실용주의적 이
유를 대면서, 일본이 전쟁시기에 자행한 생물학전(세균전 등)과 같은
잔혹행위 일부를 은폐하기 시작했다.[21]

　　1952년 4월, 외국군의 점령통치가 끝나고 일본은 독립을 되찾았
다. 일본의 보수정부는 GHQ가 도입했던 초기의 일부 민주적 개혁들

19　Franziska Seraphim, 《War memory and social politics in Japan, 1945-2005》(Harvard University Press, 2006); Carol Gluck, 〈The Past in the Present〉, Andrew Gordon, ed., 《Postwar Japan as History》.

20　Bruce Cumings, 〈Japan's Position in the World System〉, Andrew Gordon, ed., 《Postwar Japan as History》, pp.34-64.

21　일부 연구자들은 미국이 일본에게서 실험 데이터를 넘겨받는 대신에 731 부대원들이 극동국제군사재판과 다른 전범재판을 받지 않도록 해주는 조건으로 이시이 시로石井四郎 731부대 사령관과 비밀거래를 했다는 사실을 알아냈다. Sheldon H. Harris, 《Factories of Death: Japanese Biological Warfare, 1932-45, and the American Cover-up》(Routledge, 1995). 그리고 1948년 1월 26일, 미스테리 독살 사건이 제국은행에서 발생했다. 증거들은 이 사건이 '731부대'의 옛 부대원들과 관련돼 있다는 것을 가리켰지만 미국과 일본정부는 731부대의 활동 공개를 꺼렸기 때문에 그 사건 조사를 막았다는 얘기가 소문으로 돌았다. Hal Gold, 《Japan's Infamous Unit 731: Firsthand Accounts of Japan's Wartime Human Experimentation Program》(Tuttle Publishing, 1996); 常石敬一, 〈七三一部隊の亡靈: 帝銀事件再読〉, 《現代思想(33)》(2005), pp.154-160.

을 폐기하려 했다. GHQ의 민주적 개혁이 뒤집힌 이 두 번째 '역코스' 기간에 보수정부는 일본 애국주의를 육성하기 위한 정책을 본격적으로 시작했다. 교육이 그 표적이 됐는데, 1956년 10월에 문부성은 좌파 교과서들을 줄이기 위한 교과서 검증 법령을 발표했다. 정부는 또 15년전쟁의 국민공동추모와 함께 국가공동체를 구축하기 위해 전국 전몰자추도식(1963년부터)과 같은 전쟁 기념일들을 활용하기 시작했다. 동시에 피해의식은 특히 히로시마와 나가사키 피폭이 국가적 서사가 되면서 더욱 만연하게 됐고, 1954년의 제5후쿠류마루第五福龍丸[22] 사건 이후에는 국가적 고난의 상징이 됐다.[23]

전쟁추모가 이처럼 보수적인 국가 헤게모니에 의해 장악됐음에도, 이시다는 1950년대 후반은 지식인들이 전쟁을 다루는 방식에서 새로운 시대를 실제로 목격한 때였다고 주장했다. 그는 1950년대 말은 지식인들이 GHQ와 극동국제군사재판에 의해 촉발된 전쟁관을 뒤집고 자신들 방식대로 전쟁을 보려 했던 시기라고 말했다. 동아시아 나라들에 대한 일본의 책임을 강조한 다케우치 요시미竹内好와 같은, 전쟁에 대한 여러 진보적 관점이 그들 지식인 사이에 생겨났다.

1960년에 일본에서 미·일 안보동맹 강화에 반대하는 대규모의 파괴적인 시위가 벌어졌다.[24] 그 1960년 위기 뒤에 이케다 하야토池田勇人 총리가 전임자들이 내건 헌법개정과 재무장 목표를 경제성장 목표로 대체했다. 이 단계에서 물질적 발전에 몰입해 있던 국가는 일본의 15년

---

22 *옮긴이: 일본의 참치잡이 어선. 1954년 3월 1일 서태평양의 비키니환초에서 실시된 미국의 수소폭탄 폭발실험 때 인근 지역에서 어로작업을 하다 방사능에 노출돼 선원 1명이 그 후유증으로 숨졌다. 히로시마와 나가사키에 이은 제3의 피폭으로 일본에서 크게 다루어졌다.

23 1955년 〈개탄스러운 교과서 문제〉라는 제목의 기사가 등장해 당시 사용되고 있던 교과서들이 좌편향의 개탄스러운 '붉은 교과서들'이라 비난했다. Takashi Yoshida, 《The Making of the "Rape of Nanking"》; 石田雄, 《記憶と忘却の政治学》.

24 Mikiso Hane, 《Eastern phoenix》.

전쟁 추모(기억) 만들기에는 비교적 소극적인 자세에 머물렀다. 그럼
에도 당시 이미 하야시 후사오林房雄와 같은 몇몇 수정주의 지식인들은
'대동아전쟁'의 '정당성'을 설파하면서 일본인들에게 내셔널리즘을 부
추기는 움직임을 시작했다.[25] 게다가 이른바 일본 전후 기적의 고도성
장기에 자민당이 창출해낸 경제적 번영은 일본을 안정시켜 사람들의
관심을 정치활동에서 경제적 추구 쪽으로 돌렸다. 환경오염처럼 일본
국민들을 전쟁기억 쪽으로 몰아간 일부 문제들이 여전히 존재했으나,
진보주의자들과 그들의 전쟁관에 공감했던 여론은 1960년대의 급속
한 경제성장 덕에 점차 사라지기 시작했다.[26]

1970년대에 경제적 성취로 일본국민들은 국가 정체성과 관련해
더욱 안전하다고 느끼게 됐고, 그를 통해 일본국민들은 지난 전쟁시기
에 대해 좀 더 개방적으로 바라보게 되었다.[27] 몇몇 사건들, 예컨대 베
트남전쟁, 오키나와 반환, 중국과의 외교관계 정상화와 천황의 1971년
영국 방문, 1975년 미국 방문은 일본국민들로 하여금 동아시아 국가들
에서 자행한 자신들의 잔혹행위를 다시 생각하게 만들었다.[28] 한편 자

25 林房雄,《大東亜戦争肯定論》. 먼저《中央公論》(1963년 9월~1965년 6월)에 연재되었고, 1964~
    1965년에 걸쳐 두 권으로 정리하여 출판되었다(番町書房). 1976년에 합책본 개정신판이
    나왔고 1984년에 신서본으로 나온 이후 여러 차례 출간되었다. 대동아전쟁의 시작을
    1845년으로, 서구세력의 동점에 대한 반격으로 '대동아 백년전쟁'이 시작되었으며, 침략
    전쟁이 아니라 해방전쟁이라고 주장했다.
26 빠른 경제성장을 뒷받침한 논리는 발전주의(developmentalism, 発展主義)였는데, 1930년대
    일본의 대륙침략을 뒷받침한 것도 이 발전주의였다. 이는 일본이 동아시아 나라들을 침
    략한 것은 일본에게 필요한 선택이었다는 주장이다. 급속 경제성장정책 비판론은 간접
    적으로 일본국민들에게 '침략의 불가피성'론의 정당성에 대해 의문을 갖게 했다. 石田雄,
    《記憶と忘却の政治学》.
27 레보Lebow와 칸슈타이너Kansteiner가《The Memory of Politics in Postwar Europe》에서 도
    입해 사용한 이론. "사람들은 자신들의 국가 정체성이 더 안전해졌다고 느낄수록 자신들
    의 과거에 대해 더 개방적인 자세가 되며, 그들을 지탱해온 역사해석과 표상들에 대한 의
    문까지도 제기한다."
28 石田雄,《記憶と忘却の政治学》.

민당의 헤게모니는 1970년대에 일본의 경제적 기적이 닉슨 쇼크[29]와 오일 쇼크[30]의 충격을 받았을 때 몇 차례 흔들렸다.[31] 이런 경제불황은 1976년의 록히드 스캔들[32]과 같은 자민당 정치인들의 몇 차례 스캔들 폭로와 시기적으로 겹쳤다. 1980년대 초, 앞서의 리더십 위기에서 회복된 뒤 자민당은 1960년 이전의 리더들이 각종 국내외 문제들에 대처하기 위해 강조했던 내셔널리즘과 헌법개정 목표를 다시 채택했다. 결국 15년전쟁사를 주요 내용으로 하는 애국주의 교육이 자민당 주도로 다시 실시됐다.[33]

1970년대가 끝나고 특히 1982년 교과서 사건이 터진 이후 중국정부 역시 애국주의를 부추기기 시작했다. 그 비슷한 시기에 일본정부도 본격적으로 애국주의 캠페인을 시작했다. 일본과 중국의 (15년전쟁에 대한) 전쟁기억을 문제투성이로 만들고, 결국 중·일 간에 역사문제를 야기하는 데 끼친 이들 캠페인의 역할에 대해서는 광범위한 논의가 이뤄졌다.

예컨대, 허위난何忆南은 15년전쟁 '신화'론을 전개했는데, 이는 나의 '문제적 전쟁기억'론과 같은 것으로 볼 수 있다. 그녀는 신화는 '종종 역사적 사실을 왜곡'하지만, '대중들로부터 가장 깊은 정서적 공감을 불

---

29 *옮긴이: 1971년에 리처드 닉슨 미국 대통령이 달러와 금 태환제도를 일방적으로 폐지한 사건.

30 *옮긴이: 1973년과 1978년에 원유값 급등으로 세계경제가 전반적으로 휘청거린 사건.

31 리처드 닉슨 대통령이 1971년에 브레턴우즈 체제를 종식시키자 일본 통화 엔은 강세가 돼 즉각 1달러당 360엔에서 1달러당 308엔으로 환율이 급등했다. Richard H.K. Vietor, 《Japan: Deficits, Demography, and Deflation》(Harvard Business School, 2005).

32 *옮긴이: 미국 방산업체 록히드가 항공기를 팔기 위해 1950~1970년대에 각국의 각계 고위층에게 뇌물을 뿌렸는데, 일본의 경우 1974년 다치바나 다카시의 탐사보도로 다나카 가쿠에이 당시 총리가 과거에 뇌물을 받은 사실이 폭로돼 구속됐다.

33 Mikiso Hane, 《Eastern phoenix》; Kanako Ide, 〈The Debate on Patriotic Education in Post-World War II Japan〉, 《Educational Philosophy and Theory(41)》(2009), pp.441-452.

러일으킬 수 있는 '공유된 과거의 그림'을 제시하고 '다른 나라들이 같
은 역사적 사건들을 전혀 다르게 해석하도록 이끄는' 경향이 있다고
이야기한다. 그리고 엘리트들은 '국가안보정책을 정당화하거나 국내
정치문제를 해결하기 위해' 신화를 이용하고 만들어낸다고 본다. 허위
난은 일단 신화가 엘리트들의 단기적 목적을 위해 선전되고 국민이
이를 받아들이면, 그것을 없애기 어렵다고 얘기한다.[34] 폴란드와 서독
은 깊은 화해를 이뤄냈지만 중국과 일본은 왜 실패했는지를 탐구한
논문에서, 그녀는 그것은 폴란드-서독 간의 전쟁기억의 차이가 양국
정부의 신화해체 구상─통합교과서 프로젝트를 통해 축소됐기 때문이
라는 점을 지적했다. 반면 중국과 일본 간의 차이는 1980년대에 양국
정부의 국가신화 만들기로 더 벌어졌다.

   허위난은 일본에서 보수정부는 '전쟁의 오명을 떨쳐버리고' 더 적
극적인 대외정책들을 정당화하기 위해 나카소네 야스히로中曾根康弘의
'전후정치 총결산' 운동과 같은 애국적/민족주의적 캠페인들을 통해
'자만(自慢, self-gloryfying)'과 '자기기만(self-whitewashing)'의 신화를 조장
했다고 얘기한다. 중국에서는 중국공산당 체제가 체제에 대한 일부 도
전들에 대처하기 위해 조장한 15년전쟁에 대한 '타자 비방 신화'와 장
쩌민의 애국주의 교육운동이 지목됐다. 그 뒤 '역사를 둘러싼 전후 중·
일 간 정치적 마찰들의 변동'에 대한 그녀의 조사가 보여주었듯이, 일
본과 중국은 전후 30년 간의 침묵 뒤 1982년부터 전쟁기억을 둘러싸
고 요란스럽게 충돌하기 시작했다.

34 Yinan He, 〈Remembering and Forgetting the War: Elite Mythmaking, Mass Reaction, and
   Sino-Japanese Relations, 1950-2006〉, 《History and Memory(vol.19, no.2)》(2007), p.45; Yinan
   He, 《The Search for Reconciliation: Sino-Japanese and German-Polish Relations since
   World War II》(Cambridge University Press, 2010), p.206.

일본 전쟁기억의 논쟁성

1982년 이전의 일본 전쟁기억의 가장 현저한 특징은 그 '논쟁성'이었다. 1982년 이전의 일본에는 15년전쟁에 대한 근본적으로 다른 몇 가지 관점들이 공존했다(예컨대 그 전쟁은 일본 자신의 생존을 위해 필요했다, 그 전쟁은 백인 제국주의자들을 아시아에서 몰아내고 대동아공영권을 건설하기 위한 것이었다, 그 전쟁은 수백만 명의 일본인과 다른 나라 국민들의 목숨을 앗아가게 했으므로 완전히 잘못된 전쟁이었다 등등). 따라서 일본의 전쟁기억은 매우 논쟁적이었다. 게다가 일본국민들에게는 몇 가지 독특한 타입의 전쟁시기/전후시기 경험들이 있었는데, 그것이 이런 논쟁성을 더 강화시켰다. 시민으로서 겪은 15년전쟁과 전투원으로서 겪은 15년전쟁, 이 두 가지가 주요한 타입인데, 이는 더 세분될 수 있다.

대다수 일본 시민들은 후방에 머물렀기 때문에 그들 대다수의 전쟁경험은 공습/원폭 투하로 인한 것이었으며, 전쟁 중의 그리고 그 직후의 극도로 어려웠던 삶이었다. 또 제국의 식민지에서 살던 일본 백성(신민)들도 있었는데, 대체로 그들이 어디에서 살았는지 위치에 따라 그들의 전쟁경험도 결정됐다. 예컨대 만주에 살았던 일본인 정주민(만주 개척이민)들은 전쟁기간에 만족스럽고 평화로운 삶을 살다가 1945년 8월 8일 소련이 만주로 밀고 들어온 뒤 졸지에 지옥 같은 환경 속으로 내던져졌다. 전투원들의 경우 그 중 일부는 주로 가해자로 전쟁에 참가했다. 하지만 전쟁에 가미카제 자살 공격대원으로 끌려간 젊은 학생들처럼 일부 전투원들이 전쟁에서 수행한 역할은 훨씬 더 복잡하다. 일본 항복 뒤의 전투원들의 경험은 또 달랐다. 소련군에 의해 시베리아로 끌려간 전쟁포로들은 스스로를 전쟁의 희생자로 여기는 경향이 있다. 반면에 중국공산당 체제의 재교육을 받고 일본으로 송환된 사람들(예컨대 중귀련中帰連, 중국귀환자연락회 멤버들)은 진심으로

죄의식을 가졌을 뿐 아니라 일본제국군이 중국에서 자행한 범죄의 핵심 폭로자들이 됐다.[35]

국가와 시민들은 전쟁기억을 둘러싸고 종종 서로 다퉜다. 일본 교과서 검증체제에 대한 이에나가 사부로家永三郎 씨의 3건의 제소 그리고 학교의 역사교육과 전쟁기억을 둘러싼 일본 국내의 싸움에 대한 자신의 검토를 토대로, 노자키 요시코野崎歡는 이에나가와 그의 지지자들이 학교 교과서를 둘러싼 싸움에서 전쟁기억에 관한 공식방침에 반대하는 개별적인 일본국민을 대표한다고 말했다. 노자키는 또 이에나가가 수십 년을 다툰 그 모든 소송에서 다 이기지도 못했고, 쟁점이 된 부분들에서도 모두 승소하진 못했지만, 그는 법정 밖에선 이겼으며, 일본의 전쟁기억에 변화를 가져다주었다고 주장했다.[36] 그리고 일부 연구자들은 진보주의자들과는 별도로 내셔널리스트와 수정주의자들도 자민당 정부와는 다른 자신들의 전쟁기억 방식―본질적으로 보수적이었지만 외압에 시달렸다―을 옹호했다. 예컨대 1982년 교과서 사건 뒤 일본정부는 공개적으로 교과서의 부적절한 서술내용을 바로잡겠다고 약속했다. 교과서 내용 수정에 불만을 품은 유명한 수정주의자 다나카 마사아키田中正明와 같은 몇몇 군 출신자들이 '난징사건(Nanking incident)'에 대한 잘못된 서술을 담은 교과서를 허용했다며 1984년 3월 13일에 문부성을 상대로 소송을 제기했다. 같은 기간에 진보주의 교과서 집필자 이에나가 사부로는 교과서 검증제도를 통해 검열을 했다는

---

35 中久郎 編,《戰後日本のなかの'戰爭'》(世界思想社, 2004)에 수록된 관련 글 참조. 다른 지역에서 겪은 다른 전쟁시기의 경험에 대한 증언들이 NHK의 온라인 전쟁증언집에 실려 있다. http://www.nhk.or.jp/shogenarchives/kioku/
36 Yoshiko Nozaki, 《War Memory, Nationalism and Education in Postwar Japan, 1945-2007: the Japanese history textbook controversy and Ienaga Saburo's court challenges》(Routledge, 2008).

이유로 문부성을 상대로 두 번째 소송을 제기했다.[37]

　시민들은 그들끼리 논쟁을 벌이기도 했다. 글럭은 과거 역사의 후견인을 자처하는 네 그룹의 사람들을 분류했다. 즉, 진보주의 지식인들, 보수주의 지식인들, 대중적인 과거사 콘텐츠 제공자들 그리고 과거사에 대한 개별적 기억들을 지닌 개인들이다. 이들 후견인 중에서 진보주의 지식인들과 보수주의 지식인들은 서로 다투었으며, 대중적인 과거사 콘텐츠 제공자들 내에서도 서로 다른 종류의 기억을 일본인 청중들에게 제시했다.[38] 예컨대 중국과 비슷하게, 15년전쟁 기간에 인기 있었던 일부 군가軍歌들은 전후 일본에서도 계속 유행했다. 이들 군가는 〈동기의 사쿠라同期の櫻〉처럼 종종 특별한 사건이나 전쟁의 특별한 측면을 떠올리게 함으로써 청취자들에게 강렬한 감정을 불러일으켰다. 그 노래는 항상 가미카제 부대원들과 연관돼 있었다. 앨범과 영화 등으로 이들 노래를 보급한 아티스트들은 일본의 전쟁기억 속에 최소한일지라도 반드시 향수(nostalgia)를 집어넣었다. 그리고 국가주의적인 15년전쟁 소재의 영화들처럼 작품을 통해 전쟁을 미화한 자들도 있었다. 그런 영화들은 제2장에서 소개했듯이, 중국정부로부터 심한 비난을 들었다. 그럼에도 다수의 공급업자들은 일본국민뿐만 아니라 다른 아시아 국가들의 국민에게도 고통을 안겨준 제국 일본의 침략전쟁을 가차 없이 비판했다. 예컨대 〈인간의 조건人間の条件〉 연작 영화들은 주인공 가지의 눈을 통해 만주지역 중국인들을 학대하는 일본군의 모습을 보여주었다.

　그리고 과거사에 대한 개별적 기억들을 지닌 개인들도 종종 서로 다투었는데, 특히 그들이 15년전쟁 추모를 위한 사회적 행위자로 나설

37　Takashi Yoshida, 《The Making of the "Rape of Nanking"》; Kanako Ide, 〈The Debate on Patriotic Education in Post-World War II Japan〉.
38　Carol Gluck, 〈The Past in the Present〉.

때 그러했다. 이런 논쟁은 15년전쟁 기억에 대한 다른 설명들을 옹호
한 5개 사회단체들의 역사를 추적하고 일본에서 사회정치가 어떻게
전쟁기억에 영향을 끼쳤는지를 연구한 세라핌이 제대로 보여주었다.
세라핌이 연구한 5개 단체 중에서 일본교원조합과 일·중우호협회가
전통적으로 진보적 전쟁기억의 후견인들로 여겨졌다. 일본전몰학생
기념회(わだつみの会)는 전사한 젊은 엘리트 학생들을 추모하는 유명한
단체로, 전후 일본 반전운동의 근간이었다.

　　나머지 두 단체인 신사협회神社協會와 일본전쟁유족회는 전쟁으로
희생당한 군인들의 영령英靈을 찬양하는 일에 가담했기 때문에 전통적
으로 국가주의적 전쟁기억의 후견인들로 여겨졌다. 후자 쪽 단체들은
야스쿠니 신사를 국유화하라고 일본정부를 압박했으며(그 시도는 최종
적으로 1974년에 실패했다), 일본 총리에게 야스쿠니 신사를 '공식' 참배
하라고 요구했다. 그렇지만 그들 단체 내에서도 논란이 벌어졌다. 이런
류의 전쟁기억 강화와 유족회의 활동에 반영돼 있는 국가주의적 입장
의 위험성을 느낀 기독교유족회는 1969년에 자신들의 협회를 따로 만
들어 야스쿠니신사에 봉안된 일족의 위패를 철수시키는 캠페인을 시
작했다. 세라핌은 이런 민간 사회 구성원들의 실천을 매우 높이 평가했
다. 이들은 전쟁기억을 만들고 협상할 때 '전쟁과 전후에 대한 자신들의
해석을 유권자들과 국가 그리고 대중들에게' 전달했다. 세라핌은 나아
가 서로 다른 개인과 단체들이 전쟁기억을 이용했고, 그것은 '변화하는
상황에 대한 자신들의 특수한 이해'를 증진시키는 도구로서 '전후 정치
구조 속에 깊이 새겨졌다'고 지적했다. 중국의 상황과 비슷하게, 이들의
'이해'는 경제적 보상처럼 실용적이어야 하며, 동시에 전쟁에서 목숨을
잃은 사랑하는 사람들에 대한 찬양처럼 정신적인 것이어야 한다.[39]

39　Franziska Seraphim, 《War memory and social politics in Japan, 1945-2005》, pp.5-8; 靑木康
　　榮, 〈鎭められない戰爭の記憶〉, 中久郎 編, 《戰後日本のなかの'戰爭'》.

또 전쟁시기의 경험은 일본 곳곳마다 다르기 때문에 각 장소마다 지배적인 추모 양태 또한 다르다. 예컨대 오키나와전투는 태평양전장에서 가장 많은 사상자를 냈으며, 일본 영토 내에서 벌어진 유일한 전투(비록 널리 알려진 이런 인식이 정확한 건 아니지만)로 간주됐다. 게다가 그 전투는 대규모 집단자살과 1972년까지 미국의 오키나와 점령과 같은 온갖 비극들을 초래했다. 따라서 15년전쟁에 대한 오키나와 사람들의 기억은 일본의 다른 지역의 그것과는 매우 다를 수밖에 없었다. 마찬가지로 교토와 나라는 그 지역의 역사적 유산 덕에 연합군의 공습에서 벗어났다. 교토와 나라 출신자들의 전쟁기억은 1945년 3월 10일에만 약 10만 명이 목숨을 잃은 도쿄처럼 공습으로 극도의 고통을 당한 지역들 사람들의 그것과 같을 수 없다.[40]

전국과 지역의 전쟁추모의 차이점은 1972년 이전의 일본에서도 관찰할 수 있었다. 예컨대 원폭 투하로 인한 히로시마의 고통은 모든 일본인들에게 15년전쟁의 일본인 희생자의 상징으로 활용되어 왔다. 그럼에도 히로시마 지역의 기억과 일본 국가의 기억이 항상 일치하는 것은 아니다.[41] (*원폭 투하라는) 비극적인 사건 직후에 그 충격적인 무

---

40 병사로 참전한 오키나와 전투에 관한 본인의 기억을 담은 와타나베 고지渡邊幸二의 〈나의 전후私の戰後〉'와 같은 NHK 전쟁증언 아카이브 속의 관련 증언들 참조. 오다 마사에小田昌衛의 〈나의 도쿄 대공습私の東京大空襲〉 그리고 고바야시 미치오小林道夫의 〈도야마 공습富山空襲〉.

41 8월 6일 이전의 히로시마 전쟁기억, 예컨대 히로시마의 광적인 분위기, 미국인을 향한 만연한 증오, 일반주민들의 일상생활 그리고 식민지 신민들의 삶은 John Hersey,《Hiroshima》(Penguin Books, 1985); Kyoko Selden and Mark Selden,《The atomic bomb: Voices from Hiroshima and Nagasaki》(The East Gate Book, 1989); Kai Bird and Lawrence Lifschultz, eds.,《Hiroshima's Shadow》(Pamphleteer's Press, 1993) 등을 참조하라.
1982년 이전에 수많은 문학작품들이 8월 6일의 기억을 다뤘다. 히로시마 시립도서관과 히로시마 평화연구소는 다음과 같은 자료들을 볼 수 있는 훌륭한 곳이다. Lisa Yoneyama,《Hiroshima traces: Time, Space and the Dialectics of Memory(University of California Press, 1999); 奥田博子,《原爆の記憶》(慶応義塾大学出版会, 2010). 히로시마 지역 기구가 펴낸 백과사전 형식의 책들, 예컨대 広島県,《原爆三十年: 広島県の戦後史》(広島県, 1976); 中国新聞社,

그림 1. 〈평화의 노래〉. 1947년에 제1회 히로시마 평화기념식을 위해 만들어졌으며, 1950년 과 몇 번의 예외를 빼고는 매년 기념식에서 불려졌다.

1. 雲白く たなびくところ / 空のはて 東に西に / おお高く こだまひびけ と / 鐘は鳴る 平和の鐘に / いまわれら 雄しく起ちて / その栄え ここ に興さん

2. 波青く たゆとおところ / 海のはて 南に北に / おお遠く 祈りとどけ と / 鐘は鳴る 平和の鐘に / いまわれら 試練を越えて / その行手 ここ に仰がん

3. 風清く かがやくところ / 国のはて 世界の友に / おお熱く 想いかよえ と / 鐘は鳴る 平和の鐘に / いまわれら 手をさし伸べて / その睦み こ こに歌わん

기에 대한 여러 도발적인 반응들이 있었지만, 원폭 투하에 대한 논의
들은 1945년 9월 중순 점령당국이 신문강령을 발표한 뒤 일반적으로
검열을 당했다. 게다가 '미국의 피폭자 격리는 당시 일본사회 내의 외
면으로 더욱 심해졌다.' 일본 사람들은 피폭자 피해 내용이 《나가사키
의 종長崎の鐘》의 출간으로 공개된 1949년까지 원폭의 인적 피해에 대
해 느끼지 못했다. 일본정부 역시 1952년에 미군 점령통치가 끝난 뒤
에도 피폭자들에 대한 특별지원을 하지 않았다.[42] 이런 상황 속에서 피
폭자 치료와 도시 재건은 주로 히로시마 지역 자원에 의존했다. 다른
일본인들이 홀대하는 가운데서도 지역적으로 추모활동이 조직됐다.
예컨대 1946년 2월 10일에는 원폭투하로 사망한 학술계 또는 예술계
인사들을 위한 애도행사가 열렸고, 3월 10일에는 지역 잡지인 《주고쿠
분카中国文化》에서 원폭투하에 관한 특별호가 발간됐다. 1947년에는 제
1회 히로시마 평화기념식이 조직됐는데 이 행사는 지금도 매년 열리
고 있다. 또 니노시마 공동묘지似島千塚가 조성돼 1947년 11월 13일에
제막식이 열렸다.[43]

　히로시마의 원폭투하 고통을 일본의 국가기억 속에 통합하는데

《ヒロシマの記録》(中国新聞社, 1986). 중국에서의 난징(대학살)과 비슷하게 원폭투하는 지
역 전쟁기억의 거의 모든 것에 해당했다. 中国新聞社, NHK, 《NHKと中国新聞の原爆報道》
(NHK, 2003). 히로시마 평화제広島平和祭와 같은 기념식들, 히로시마시와 평화공원 주변의
기념시설들에 대해서는 다음을 참조하라. 小堺吉光, 《ヒロシマ読本》(広島平和文化センター,
1995). 문학작품, 노래, 영화 그리고 희생자 증언들은 水ロ九八二郎, 《原爆を読む》(講談社,
1982); John Whittier Treat, 《Writing ground zero: Japanese literature and the atomic bomb》
(University of Chicago Press, 1995); 'ヒロシマと音楽'委員会, 《ヒロシマと音楽》(汐文社, 2006) 등
을 참조하라. 그밖에 이마보리 세이지今堀誠二 아카이브처럼 히로시마시와 현의 아카이브
들에 수장돼 있는 히로시마 시민들의 전쟁기억 아카이브에 많은 기록자료들이 있다.

42　John W. Dower, 〈The Bombed: Hiroshimas and Nagasakis in Japanese Memory〉, Michael J.
　Hogan, ed., 《Hiroshima in History and Memory》(Cambridge University Press, 1996), p.127.

43　기념행사는 1950년 한국전쟁이 발발하자 점령당국에 의해 금지됐다. 이는 피폭자 시인
　토게 산키치峠三吉와 같은 피폭자들의 항의를 받았다. 中国新聞社, 《ヒロシマの記録》.

이정표가 된 것은 1954년 3월 1일의 제5후쿠류마루 사건이었다. 그 사건은 일본의 반핵운동의 기원으로 간주됐다.[44] 한편 그들의 일본인 동료들에 의해 반핵운동의 중심이 됐지만 히로시마 사람들은 사실은 히로시마 경험의 의례화와 정치화에 딱히 열정적이었던 것만은 아니다.[45] 8월에 히로시마에 우르르 몰려들어 정치적 논란거리를 둘러싸고 서로 요란스럽게 다투는 일본 활동가들과 원폭으로 인한 어려움에 용감하게 맞서면서 조용히 살아가던 히로시마 피폭자들 간의 대조적인 모습이 오에 겐자부로大江健三郎의 《히로시마 노트》에 잘 묘사돼 있다.[46]

또 히로시마에서 고취한 전쟁추모 문화와 일본정부와 일본의 대다수 다른 지역에서 고취한 그것은 달랐다. 일본 중앙정부는 1945년부터 1982년까지 몇 번의 예외를 빼고는 대체로 보수적인 성향을 갖고 있었다. '전쟁을 어떻게 기억할 것인가'와 관련해 보수적인 중앙체제의 공식라인을 요약하는 서로 다른 설명들에서 뽑아낼 수 있는 몇 가지 키워드들은 '기억상실', '우익', '내셔널리스트' 그리고 '부정denial'이다. 한편 그 시기의 히로시마 시장 6명은 모두 히로시마를 일본 전후 평화운동의 중심으로 그리고 국제적인 평화도시로 만드는 일에 헌신했다. 그들 중에는 피폭자인 하마이 신조浜井信三와 아라키 다케시荒木武도 포함돼 있었다.[47] 말하자면 히로시마 사람들은 히로시마의 체험을 일본의 국가적 고난으로서뿐만 아니라 인류의 비극으로 생각했다.

따라서 대다수 일본인들이 1960년대와 1970년대에 그들 자신이

---

44 Mindy Haverson, 〈Memory and Memorial: How the Hiroshima Bombing and its Korean Victims have Shaped and Challenged Postwar Japanese Identity〉, 《Stanford Journal of East Asian Affairs(102)》(2011), pp.69-80.

45 John W. Dower, 〈The Bombed〉.

46 오에 겐자부로 지음, 이애숙 옮김, 《히로시마 노트》(삼천리, 2012); 大江健三郎, 翁家惠 译, 《广岛札记》(中国广播出版社, 2009); 大江健三郎, 《ヒロシマ·ノート》(岩波書店, 1965).

47 *옮긴이: 두 사람 모두 피폭자 출신 정치인으로 각각 히로시마 시장을 역임했다.

전쟁시기에 겪은 고통에 침잠해 있을 때, 히로시마는 이미 해외의 원폭 희생자들과 일본군의 피해자들에게 큰 관심을 보이기 시작했다.[48] 이는 대체로 히로시마의 체험을 세계에 알릴 때 그것을 체험한 사회적 행위자들이 당시 전쟁추모를 내향적으로 바라보고 있던 대다수 다른 일본인들보다 먼저 다른 나라들의 전쟁추모 비판/차이점들과 조우해야 했기 때문이다. 예컨대 화가 마루키丸木 부부는 1970년에 로스앤젤레스에서 원폭과 관련한 자신들의 그림 전시회에서 미국인들로부터 이런 질문을 받았다. 만일 중국인 아티스트가 일본 점령군이 난징에서 자행한 야만적인 중국인 학살에 대해 그린다면 그리고 그 그림을 일본에 가지고 온다면 당신은 어떻게 할 것인가? 그 만남이 있은 뒤 마루키 부부는 전쟁기간에 일본의 가해자적 측면을 진지하게 성찰하기 시작했고 그런 면들을 반영해 〈난징대학살도南京大虐殺の図〉와 같은 그림들을 창작했다.[49]

그럼에도 일본인들뿐만 아니라 외국의 연구자들도 거듭 얘기하는 것이 하나 있는데, 그것은 전후 일본사회에서 거의 모든 단체들이 공유하고 있는 피해의식이다. 전쟁책임 문제를 반성적으로 바라보는 진보주의자들조차도 이런 피해의식의 징후를 보였다. 예컨대 이에나가 사부로는 이렇게 생각했다. 제국 일본은 사람들의 자유와 권리를 손상시키고, 전쟁을 일으켜 수많은 일본국민들을 죽음으로 몰아간 데 대한 책임이 있다. 그리고 연합국 쪽, 특히 미국과 소련도 일본에 고통을 안겨주었다.[50]

---

48 히로시마시 정부의 분투에 관한 더 많은 정보는 다음 글을 참조하라. Seiitsu Tachibana, 〈The Quest for a Peace Culture: the A-bomb Survivors' Long Struggle and the New Movement for Redressing Foreign Victims of Japan's war〉, 《Diplomatic History(vol.19, no.2)》(1995), pp.329-346.

49 丸木位里, 丸木俊,《原爆の図 普及版完本》(小峰書店, 2000).

50 후지와라 기이치는 피해자로서의 경험은 일본인들을 단결시키고, 전쟁을 일본인의 체험

맺음말

2차 세계대전에 대한 전쟁기억은 1982년 이전 일본사회의 주요 구성 부분이었다. 그리고 전쟁기억은 또 일본의 외교 분야도 지배하고 있었다. 예컨대 전쟁범죄와 전쟁배상을 위한 화해와 협상과정에서 일본은 예전의 적국들과의 관계를 개선시켰다.[51] 피해의식에 젖은 전쟁기억에서 출발한 평화주의운동은 가끔 미국의 정책들을 비판하기도 했다.[52] 일본국가 그리고 15년전쟁과 전시/전후 경험에 대해 각기 다른 시각을 갖고 있는 다양한 사회 행위자들과 제1선 행위자들은 일본의 전쟁추모를 형성해가는 과정에서 종종 서로 경쟁했다(중국의 경우 이 행위자들은 서로 교감했다). 또 전쟁기억은 지역마다 달랐다. 따라서 일본의 전쟁기억은 논쟁적이고 복잡했다. 하지만 그럼에도 피해의식에 젖은 전쟁이야기 속에서 단결돼 있었다. 중국에 비견할 만한 이런 특성은 1982년 이후 15년전쟁에 관한 일본의 문제 많은 전쟁기억에 직접 영향을 끼쳤다.

1982년 교과서 사건 뒤에 밀려 온 외국의 압력이 일본의 전쟁 논의 분위기를 완전히 바꿔버렸다. 외국의 비판과 일본정부의 타협으로 뒤틀리면서 피해의식 및 국가주의 관점과 같은 일본의 전쟁기억 문제들은 더 악화됐다.[53] 일본의 보수 정치가들도 애국교육 프로그램들을 강화했다. 그럼에도 최근의 연구들은 1970년대 말부터 일본정부가 후

으로 얘기할 수 있게 해준다고 주장했다.《전쟁을 기억한다》참조. 한편 이에나가 사부로 家永三郎의《戦争責任》(岩波書店, 2005)은 1985년에 초판이 발행됐는데, 저자는 주로 1980년 대 이전 시기에서 1차 및 2차 자료들을 광범위하게 끌어냈다.

51 Barak Kushner, 〈The Dissolution of the Japanese Empire and the Struggle for Legitimacy in Postwar East Asia, 1945-1965〉. https://cordis.europa.eu/project/id/313382/reporting에서 간단한 개요를 확인할 수 있다.

52 후지와라 기이치,《전쟁을 기억한다》.

53 나카무라 마사노리,《일본 전후사 1945-2005》.

원한 애국 캠페인의 효과에 대해 의문을 제기하기 시작했다.[54] 이데와 다나카田中洋 같은 학자들은 자민당이 시작한 애국 캠페인, 특히 학교의 애국교육 캠페인이 일본사회의 맹렬한 반대에 부닥쳤음을 시사했다. 또 처음부터 애국주의 국가 캠페인과 일본의 문제 많은 전쟁기억 사이의 상관관계를 암시했던 일부 학자들도, 공식 후원을 받은 애국 캠페인이 일본인들 사이에 애국심이나 내셔널리즘을 불러일으키는 데 실패했으며, 오히려 일본국민들 속에 지난 전쟁에 대한 냉소주의 또는 무관심을 조성했다고 지적했다.[55]

이 글이 제시한 가장 중요한 탐구문제로 돌아가자. 일본의 2차 세계대전 기억은 일본정부가 이미 샌프란시스코 조약 제2조를 수용했는데도 왜 여전히 논쟁적이고 문제적인가? '집단기억'의 특성과 일본의 2차 세계대전에 대한 기억의 진화에 관한 실증적 연구에 따르면, 샌프란시스코 조약도 일본정부도 일본의 전쟁기억의 진화경로를 바꾸지 못했고 그것이 안고 있는 문제들—일본의 보통 국민들, 일본의 민간 행위자들, 전쟁시기의 일본정부와 국제사회, 지난 70년의 전후와 현재가 상호작용하면서 빚어낸—을 제거하지도 못했다.

* 이 글은 2019년 11월 8~9일 서울 코리아나호텔에서 열린 제4차 회의에서 〈Evolution of Japanese World War Two Memory and The San Francisco Peace Treaty〉라는 제목으로 처음 발표되었다.
* 한승동 번역

54 Kanako Ide, 〈The Debate on Patriotic Education in Post-World War II Japan〉; 田中洋, 〈教育法規改正にみる'愛国心教育'〉, 《琉球大学教育学部紀要(76)》(2010), pp.67-76; Che-po Chan and Brian Bridges, 〈China, Japan, and the Clash of nationalisms〉, 《Asian Perspective(vol.30, no.1)》(2006).
55 Caroline Rose, 〈Patriotism is not taboo: Nationalism in China and Japan and implications for Sino-Japanese relations〉, 《Japan Forum(12)》(2001), pp.169-181.

제2부

샌프란시스코 조약과 동북아 국가의 참가 문제

샌프란시스코 평화조약과 동북아시아의 유산

정병준(이화여대 사학과 교수)

샌프란시스코 평화조약에 이르는 길

1951년 9월 8일 샌프란시스코에서 대일 평화회담이 개최되었다. 최초에 54개국이 초청되었으나, 버마(미얀마), 인도, 유고슬라비아는 불참했고, 51개국이 참가했다. 이 가운데 소련, 체코슬로바키아, 폴란드가 서명을 거부해서, 일본은 총 48개국과 평화협정을 체결했다. 조약문 본문이 16쪽인 데 비해 서명국의 날인이 15페이지에 이를 정도로 다수 국가와 평화조약을 체결한 것이다. 그러나 샌프란시스코 평화조약은 현상적으로는 다수 국가와의 평화조약으로 나타났지만, 본질적으로는 평화조약과 같은 날 체결된 미·일 안보조약 및 미·일 행정협정(1952)에서 드러나듯 미국과 일본 간의 평화조약이었다. 이후 동북아시아에는 샌프란시스코 체제라고 불리는 미국 중심의 지역질서가 구축되었다.

이는 2차 세계대전시기 연합국들이 동아시아에서 유지해왔던 협력체제가 공식적으로 종결되고, 샌프란시스코 체제가 그를 대체하게 되었음을 의미했다. 연합국은 카이로 회담(1941.11)과 얄타 회담(1945.2), 포츠담 회담(1945.7)을 통해 일본의 무조건 항복과 전후 동아시아 협력

체제를 선언했다. 일본을 상대로 공동전선을 형성한다는 미·소 협력의
얄타 체제는 1947년 이후 일련의 사태를 통해 미·소 대결의 냉전체제
로 전환되었다. 중국은 공산화되면서 4대 강국의 지위를 상실했다. 영
국은 식민지 이탈에 따른 제국의 붕괴와 영연방 유지에 집중했고, 전
후 재건의 상황에서 동북아시아에 관심을 둘 여력이 없었다. 1947년
이래 일본을 어떻게 처리할 것인가 하는 문제는 미국의 결정과 일본
의 선택, 동의여부에 달려 있었다.

　샌프란시스코 평화조약은 2차 세계대전 이후 동북아시아 지역질
서의 변화가 반영된 결과였다. 1949년 중국의 공산화와 1950년 한국전
쟁이 직접적인 영향을 끼쳤다. 국공내전이 서막이었다면 한국전쟁은
제2막이었고, 대일 평화조약은 그 연장선상에 놓여졌다. 즉 중국의 공
산화(1949), 한국전쟁(1950), 샌프란시스코 평화조약(1951)은 끊이지 않
는 사슬처럼 서로 연결되고 상호영향을 주고받으면서, 중국·한국·일
본을 관통하는 지역질서를 창출했다. 핵심은 냉전의 주변부였던 동북
아시아에서 국공내전과 한국전쟁이라는 열전을 통해 냉전이 전면화
된 것을 의미했다.

　미국은 1946년부터 국무부 내에서 대일 평화조약 준비작업을 시작
했다. 대일 평화조약은 크게 세 단계를 거치면서 진행되었다.[1] 1945~47년
간 미국은 전면강화, 조기강화를 추진했지만 소련과 중국의 반대로 좌
절되었다. 당시 소련과 중국은 조기강화에 반대했다. 1948~1950년간
냉전이 본격화되면서 미국은 소련의 참가를 배제한 단독강화를 추진
했고, 미국의 오키나와 보유 및 미군의 일본주둔 보장을 통해 국내적

1　〈Summary of Negotiations Leading Up To the Conclusion of the Treaty of Peace With Japan〉, Robert A. Fearey (1951.9.18), U. S. National Archives and Records Administration, Record Group 59, Lot 56 D 527, Office of Northeast Asia Affairs, Records Relating to the Treaty of Peace with Japan - Subject File, 1945-51, box. 1.

이견, 부처 간 이견을 해소했다. 또한 일본과는 평화조약과 함께 안보조약을 체결하는 방식의 타협이 이루어졌다. 마지막으로 1950~1951년간 존 포스터 덜레스가 대일 평화조약 담당 대통령 특사가 되어 실제로 대일 평화조약이 체결되었다. 모든 쟁점과 갈등은 한국전쟁 발발 이후 해소되기 시작했다. 미국은 1951년 1~2월 일본과 먼저 조약에 대한 합의를 이룬 후 가장 중요한 동맹국인 영국과 협의하기 시작했다. 이후 미국은 기타 연합국과 협의를 통해 조약 초안을 완성한 후 1951년 9월 샌프란시스코 회담을 개최했다.

미국은 1949년까지 전쟁책임, 배상, 영토할양에 중점을 둔 징벌적 조약을 추구했다. 조약문은 복잡했고, 일명 "명령된 평화"로 패전국의 권리는 인정되지 않았다. 1950년 덜레스가 등장한 이후 진정한 평화조약, 관대한 조약을 추구하면서 조약의 성격이 변화되었다. 덜레스의 대일 강화 7원칙(1950.9)은 일본을 평화협상의 파트너로 인정하는 것이었다. 요시다 시게루 총리는 대일 강화 7원칙이 일본의 예상보다 "의외로 관대한 것"으로 용기를 얻었다고 썼다.[2]

일본은 1945년 말부터 평화조약에 대한 준비를 시작해 1947년에 들어 일본정부의 기본입장을 정리했다. 1948년 이후 냉전이 일본으로 확산되면서 역코스가 시작되었고, 일본은 '사실상의 평화'와 '단독강화'를 예상했다. 한국전쟁의 발발 이후 일본은 미국 주도의 단독강화를 예상하고 1950년 하반기에 들어 평화조약 준비를 완료했다. 요시다 시게루 총리에 따르면 1948년 이래 연합국 총사령부 외교국과 워싱턴에 수십 책에 달하는 자료를 충분히 제공했고,[3] 외무성 간부 시모다 다케조도 심야에 시볼드 대사의 사무소를 은밀히 방문해 수십 책의 평

---

2   吉田茂, 《回想十年(第3卷)》(新潮社, 1958), pp.29-30.
3   위의 책, p.26.

화조약 관련 자료를 충분히 전달했다.[4] 외무성 조약국장이었던 니시무라 구마오에 따르면 미 국무부에 총 36책의 설명 자료가 건네졌다.[5]

영국은 1950년 이후에야 대일 평화조약 준비 작업을 시작했고, 1951년 초에야 본격적인 조약 준비에 돌입했다. 영국은 1947년 이탈리아 강화조약에 기초한 징벌적 조약을 구상했으나 전반적으로 대일 평화조약에는 수동적 입장이었다.

한국전쟁 와중에 있던 한국과 내전이 끝나지 않았던 중국은 대일 평화조약에 대한 본격적 준비를 진행할 수 없었다. 이 과정에서 미국은 일본과 합의한 후 공식 초안을 작성했고, 영국과 본격적인 협의에 돌입했다. 이후 관련 당사국들의 동의를 얻어 샌프란시스코 평화회담에 이르게 되었다.

샌프란시스코 평화조약의 특징과 성격

미국이 주도한 샌프란시스코 평화조약은 전후 동북아시아의 질서를 정의한 기본 조약이었으며, 한국전쟁 중 급속히 추진, 체결된 데 그 기본적 특징이 있다. 이 조약을 통해 일본은 연합국의 점령상태를 종식하고, 미국·영국 등 연합국과의 적대관계를 청산했다. 일본은 주권을 회복하였으며, 전후 일본의 영토가 결정되었다. (일본) 제국과 (서방의) 제국은 평화를 회복했지만, 제국과 식민지, 점령지 간의 평화는 회복되지 않았다.

샌프란시스코 평화조약의 특징은 다음과 같다.

첫째, 추축국의 일원이었던 이탈리아 강화조약과 비교하면 조기

4 下田武三 著, 永野信利 編,《戰後日本外交の證言: 日本はこうして再生した(上)》(行政問題研究所, 1984), p.54.
5 西村熊雄,《日本外交史 27: サンフランシスコ平和條約》(鹿島研究所出版會, 1971), pp.45-47.

강화가 아닌 지체된 '늦은 강화'였다. 그러나 그 결과 징벌적 조약이 아닌 비징벌적 조약을 체결할 수 있었다. 2차 세계대전 당시 추축국이었던 이탈리아는 독일 패망 이전 독일과의 관계를 절연하고 연합국에 가담한 특수한 지위를 점했고, 그 결과 1947년 파리 외상회의를 통해 연합국들과 조기강화 체결에 성공했다. 그러나 미국, 소련, 영국, 프랑스, 그리스, 유고슬라비아, 알바니아 등 이탈리아를 상대로 한 연합국과 맺은 이 조약은 징벌적인 성격이 강했다. 전문에는 이탈리아가 3국동맹에 가담해 추축국의 일원으로 전쟁을 도발했다는 전쟁책임이 명시되었고,[6] 전범 처리(45조), 육해공군 제한(46-72조)이 자세히 규정되었으며, 주변국에 영토 할양은 물론 나아가 전쟁배상금으로 소련에 1억 달러, 알바니아에 5백만 달러, 에티오피아에 2천 5백만 달러, 그리스에 1억 5백만 달러, 유고슬라비아에 1억 2천 5백만 달러의 배상을 지불(74조)해야 했다.

역시 추축국의 일원이었던 일본은 본토 항전과 '1억 옥쇄'를 주장했으나 원자폭탄과 소련의 참전으로 무조건 항복했다. 그 결과 연합국들은 일본과의 조기강화에 반대했고, 연합국 사령부의 점령은 1951년까지 지속되었다. 역설적으로 이러한 늦은 강화는 일본에 기회가 되었다. 1947년 유럽에서 시작된 냉전이 1948년 이후 동아시아까지 확산되었기 때문이다. 중국의 공산화와 한국전쟁 이후 체결된 샌프란시스코 평화조약에는 일본의 전쟁책임, 영토할양, 배상이 명시되지 않았다. 즉,

---

6   이탈리아의 전쟁책임은 이탈리아 강화조약의 전문 2번째 단락에 명시되어 있다.
"Whereas Italy under the Fascist regime became a party to the Tripartite Pack with Germany and Japan, undertook a war of aggression and thereby provoked a state of war with all the Allied and Associated Powers and with other United Nations, and bears her share of responsibility for the war." Union of Soviet Socialist Republic, United Kingdom of Great Britain and Northern Ireland, United States of America, France, Australia, etc. Treaty of Peace with Italy. Signed at Paris, On 10 February 1947. 《United Nations Treaty Series(Volume 49, no.747)》(1950), p.127.

일본과의 늦은 강화는 일본에게 우호적 기회를 제공했다. 추축국에서 떨어져 나온 이탈리아는 징벌적 조약을 체결한 반면, 끝까지 추축국의 일원이었던 일본은 비징벌적 조약을 체결했던 것이다.

둘째, 샌프란시스코 조약은 미국 중심의 조약이었다. 이는 다음과 같은 세 가지 점에서 잘 드러났다.

① 전면강화 원칙의 폐기

먼저 2차 세계대전 중 연합국은 추축국과는 단독으로 강화조약을 체결하지 않는다는 전면강화overall peace 원칙에 합의했다. 연합국들은 1942년 1월 1일 공동선언에서 적국과 단독 휴전·강화를 하지 않는다는 단독 불강화의 원칙에 합의했고, 1943년 10월 30일 미·영·소·중 공동선언에서도 적국의 항복과 무장해제에 관해서는 협동해 행동한다는 약속을 함으로써 전면강화의 원칙에 합의한 바 있었다.

그런 점에서 미국이 주도한 단독강화는 1942년 연합국들이 적국과 단독으로 강화하지 않고 전면적·집단적으로 강화해야 한다는 단독 불강화 원칙 합의에서 벗어난 것이다. 또한 다수강화majority peace는 미국과 영국을 중심으로 하는 진영이 소련과 중국, 친공산국가를 배제한 채 다수 연합국과 일본의 강화를 추진한 것을 의미하는데, 미국은 1947년 이래 전면강화 원칙을 부정하고 미국 주도의 단독강화 그리고 동시에 (대일 이사회에서 2/3의 찬성에 의한) 다수강화를 선택했다.

중국과 소련은 주요 연합국의 비토권을 주장하며 전면강화를 주장했으나, 미국은 다수강화의 원칙을 고수했다. 샌프란시스코 조약은 미국이 주도하고, 영국이 그에 따랐으며, 소련은 서명을 거부하고, 중국은 배제된 미국 주도의 단극적 평화조약이었다. 일본과 48개국이 서명했으나, 샌프란시스코 조약의 핵심은 미국 주도의 미국·일본과의 평화조약이었다.

②조약 체결의 계기와 시점

평화조약 체결의 결정적 계기는 1950년 말 한국전쟁의 급박한 전개였다. 1950년 10월 중국인민지원군(*중국은 공식적인 군대인 인민해방군이 직접 참전하는 형식 대신 자발적으로 참여한 의용군으로 포장하며 '인민지원군'의 형식을 취해 참전했다)의 참전으로 한국전쟁의 전세는 재역전되었다. 유엔군은 바로 직전 북한을 궤멸 직전까지 몰고 갔지만, 이제 개전 직후의 위기상황이 재현될 것을 두려워하게 되었다. 11월 말부터 2주간 벌어진 미 제1 해병사단의 장진호전투Battle of Chosin Reservoir는 유엔군의 퇴각을 보여주는 대표적인 사례였다.

중국인민지원군의 참전으로 유엔군이 퇴각하기 시작하자 일본의 중요성과 조기강화의 필요성이 급부상했다. 1950년 12월부터 1951년 1월 초까지 아시아의 유일한 반공 교두보인 일본과의 조기 강화가 필요하다고 결정되었다. 1950년 11월 15일 덜레스는 맥아더에게 조속한 시일 내 도쿄회동을 제안했고, 12월 8일에는 일본정부에 조기강화 의사를 타진했다. 미국은 일본마저 놓칠까 다급해했고, 주요 동맹국인 영국과 협의하기 전에 대일 강화조약의 핵심수속을 일본과 결정했다.

덜레스가 도쿄로 건너간 1951년 1월 말 한국전쟁의 상황은 개전 이래 최악의 상황이었다. 1951년 1월 4일 서울은 다시 공산군의 수중에 들어갔고, 한국정부와 민간인력의 해외 철수와 망명정부 수립 혹은 원자폭탄 사용 가능성 등이 논의되기 시작했다. 전선은 북위 37도선까지 밀려 있었다.

1951년 1월 25일부터 2월 9일까지 덜레스의 도쿄 방문은 사실상 대일 평화조약의 결정과정이었다. 일본정부는 이미 1946년부터 외무성 내에 특별기구를 조직해 본격적인 강화조약을 준비 중이었는데, 1949년에 접어들면서 소련을 배제한 단독강화를 예상하고 있었다. 전후 일본 외무성의 최대 목표는 가혹하지 않은, 혹은 명령되거나 강제

되지 않은 '평화조약'을 체결하는 것이었다. 그런데 사실 1951년 1~2월
간 덜레스 사절단과 일본 외무성 간의 협상과정에서 미국 측의 관대
한 조약초안을 "믿을 수 없는 제안"이라고 평가했다.[7]

덜레스의 보좌관이자 훗날 주일대사를 지낸 존 앨리슨과 일본 외
무성 이구치 사다오 차관은 1951년 2월 9일 일련번호가 붙은 5개의 문
서들에 서명했다.[8] 이는 임시적이며 잠정적인 것처럼 보였지만, 사실
상 이날 대일 평화협정의 기본 골격과 합의가 이뤄졌다. 대일 평화조
약의 핵심적 쟁점들이 미국과 일본 사이에 타결되었으며, 대일 평화조
약, 미·일 안보협정, 미·일 행정협정 등 3가지 주요 협정에 대한 예비
각서provisional memorandum; 假覺書가 체결됨으로써 조약의 패키지 딜pack-
age deal이 성립되었다. 5개의 문서들은 아래와 같다.

I. 대일 평화조약에 대한 개략적 초안(Provisional Memorandum)(1951. 2. 8).[9]

II. 미·일 안전보장협정 초안(Agreement between the United States of America
    and Japan for Collective Self-defense made Pursuant to the Treaty of Peace
    between Japan and the Allied Powers and the provisions of Article 51 of the
    Charter of the United Nations).[10]

III. 미·일 안전보장협정 초안의 보유補遺(Addendum to Agreement between
    the United States of America and Japan for Collective Self-defense made

7   FO 371/92547, 213351, FJ 1022/383, Mr. Clutton to Mr. Morrison, no.148(119/244/51)(1951.
    5.1), Subject: Record of Meeting with the Japanese Prime Minister on the 30th April at
    which the main theme of conversation with the Japanese Peace Treaty.

8   〈Memorandum(February 9, 1951)〉, singed by John M. Allison and S. Iguchi, NARA, RG 59,
    State Department Decimal File, 694.001/2-1051.

9   〈假覺書(1951.2.8)〉, 《日本外交文書: サンフランシツコ平和條約對米交涉》(日本外務省, 2006),
    pp.266-281.

10 〈日本國聯合國間平和條約及び國際 合憲章第五十一條の規程に從i作成された集團的自衛のた
    めのアメリカ合衆國及び日本國間協定〉, 위의 책, pp.281-284.

Pursuant to the Treaty of Peace between Japan and the Allied Powers and the provisions of Article 51 of the Charter of the United Nations).[11]

Ⅳ. 미·일 행정협정 초안(Administrative Agreement Between the United States of America and Japan to Implement of the Agreement They Have Entered into for Collective Defense).[12]

Ⅴ. 미·일 행정협정 초안 보유(Addendum to Administrative Agreement Between the United States of America and Japan to Implement of the Agreement They Have Entered into for Collective Defense).[13]

일본으로서는 평화와 안보를 맞교환한 것이었고, 미국으로서는 조기강화와 미군의 주둔 및 기지사용권을 얻어낸 것이다.

이 도쿄 방문과정에 동행한 덜레스 및 앨리슨 부인 일행은 국무부 주일 정치고문이자 연합국 대일 이사회 의장 대리인 시볼드의 일본 부인 등 일본인들과 함께 기모노를 입고 사진을 찍었다.[14] 이 사진은 대일 평화조약의 중요 정신이 어떤 것이었는지를 보여준다.

③ 조약체결 과정

미국이 일본과 5개의 협정 초안에 서명한 시점에서 미국의 가장 중요한 동맹국이었던 영국은 조약 초안조차 완성하지 못한 상태였으며, 미국 측 역시 공식 초안을 완성하지 않았다. 미국은 일본과 합의한 후에

11 〈日本國聯合國間平和條約及び國際 合憲章第五十一條の規程に従i作成された集團的自衛のためのアメリカ合衆國及び日本國間協定の補遺〉, 위의 책, pp.284-286.

12 〈集團的自衛のため作成された協定の規程を實施するためのアメリカ合衆國及び日本國間行政協定〉, 위의 책, pp.287-298.

13 〈集團的自衛のため作成された協定の規程を實施するためのアメリカ合衆國及び日本國間行政協定の補遺〉, 위의 책, pp.299-300.

14 〈Photographs〉, photo album by the Kyodo News Service, February 1951, William J. Sebald Papers, Box 68, Manuscript Collection no.207, Nimitz Library, U. S. Naval Academy.

공식 초안을 마련(1951.3)했고, 영국과 협의를 개시(1951.4)했다. 미국은 소련과 중국을 배제했고, 영국과는 협의·합의도 하지 않은 채 급속하게 일본과만 합의했으며, 그 뒤에 이를 합리화하기 위한 협의들을 진행했다. 영국과의 협상과정에서 덜레스는 자신의 뜻대로 협상이 추진되지 않자 "필요하다면 영국을 배제하고 일본과 평화조약을 추진할 수 있을지를 고민"했다.[15]

덜레스는 1951년 1~2월과 4월 두 차례 동경 방문 이후 주요 동맹국이던 영국, 필리핀, 호주, 뉴질랜드를 직접 방문했고, 워싱턴과 뉴욕에서 주요 연합국 대표들과 접촉했다. 영국과의 협의과정에서 대일 평화조약의 성격, 중국의 회담 참가 문제 등에서 이견이 있었지만, 곧 미국안을 중심으로 합의에 도달했다. 두 차례 미·영 합동초안에 대한 조율작업이 진행되었으나, 영국과의 협의는 미·일 합의에 대한 사후 조정과정의 성격이 강했다. 그밖에 50여 개에 달하는 조약 참가국들과는 협의라기보다는 통보에 가까운 조율방식을 취했다. 합의된 조약초안에 대한 연합국들의 동의가 있은 후 1951년 9월 샌프란시스코에서 연합국과 일본과의 평화조약이 체결되었다. 샌프란시스코 평화조약은 법적이며 공식적인 의식儀式이었을 뿐이다. 실제 조약의 체결은 1951년 1~2월 덜레스사절단의 도쿄 방문 과정에서 미국과 일본 간에 합의되었기 때문이었다.

셋째, 샌프란시스코 평화조약은 냉전·반공을 내건 평화조약이었으며, 또한 진정한 '평화'조약이었다. 앞서 보았듯 샌프란시스코 평화조약은 전시 4대 연합국 중 미국이 주도하고, 영국이 참여했으나, 소련은 서명을 거부하고, 중국은 배제되었다. 일본은 48개 국가와 평화를

15 〈Minutes: Dulles Mission Staff Meeting, Dai Ichi Building, April 17, 9:00 A.M.〉 by R. A. Fearey, RG 59, Office of Northeast Asia Affairs, Records Relating to the Treaty of Peace with Japan-Subject File, 1945-51, Lot 56D527, Box 6.

회복했지만, 동북아시아에서 오랫동안 가장 큰 큰 침략과 피해를 받은 중국과 한국은 배제되었다. 중국은 대만과 본토로 분열되어서 대표성에 논란이 있다는 이유로, 한국은 일본의 식민지였다는 이유로 배제된 것이다. 동북아시아의 가장 큰 피해국가들이 제외된 것은 이 조약이 '평화'보다는 공산주의의 저지라는 '반공'에 중점을 둔 것이며, 동북아시아가 중심이 아니라 미국 중심이었다는 점에서 미국과의 반공평화였다고 할 수 있다.

조약 자체는 1차 세계대전 이후 베르사유 강화조약, 2차 세계대전 이후의 이탈리아 강화조약과 비교할 수 없을 정도로 비징벌적인 진정한 평화조약, 관대한 조약generous peace treaty이었다. 샌프란시스코 평화조약의 조약문에는 전후 강화조약에 관행적으로 제시되던 패전국의 전쟁책임, 영토할양, 막대한 배상이 명시되지 않았다.

또한 협상과정에서 패전국의 협상권이 인정되었고, 승전국의 조약 초안이 패전국에 제시되었다. 미국은 자국의 평화조약 초안(1951년 3월, 1951년 7월)을 일본에 제시하며 일본정부와 협상했으며, 동맹국이던 영국정부의 조약초안(1951.4.7)까지 일본정부에 열람시키고 협상했다.[16] 덜레스는 1951년 4월 제2차로 도쿄를 방문했는데, 이때 일본 외무성과 함께 영국 외무성이 작성한 대일 평화조약 초안을 검토했다. 영국정부는 덜레스 일행이 워싱턴을 떠나기 직전 초안을 미국 측에 송부했는데, 덜레스가 이를 일본정부에 보여주고 협의한 것은 외교사에 전례가 없는 것이었다.[17] 그만큼 일본정부에 우호적인 조치였는데, 아

---

16 영국 외무부는 1951년 4월 7일 자 조약 초안을 미 국무부에 송부했는데, 덜레스 일행은 1951년 4월 도쿄를 2번째로 방문하면서 영국 초안을 가지고 갔다. 덜레스 일행이 도쿄 방문을 끝낸 직후 영국 외무부의 대표단이 워싱턴을 방문해(4.25~5.4) 협의를 시작했다.

17 정병준, 〈윌리엄 시볼드와 '독도분쟁'의 시발〉, 《역사비평(71)》(2005); 정병준, 〈독도 영유권 분쟁을 보는 한·미·일 3국의 시각〉, 《사림(제26호)》(2006); Jung Byung Joon, 〈Korea's Post-Liberation View on Dokdo and Dokdo Policies (1945-1951)〉, 《Journal of Northeast

마도 영국정부와는 상의가 없었을 것이다. 왜냐하면 영국 외무성의 대표단은 덜레스 일행이 도쿄 방문을 끝낸 직후 워싱턴을 방문(1951.4.25~5.4)해 협의를 시작했기 때문이다. 미국과 영국정부의 핵심적 협의는 덜레스가 2차례 도쿄방문을 끝낸 뒤, 또한 일본정부와 조약의 대강에 합의한 후 진행되었다. 워싱턴과 런던에서 이루어진 미국과 영국의 협의에서 핵심적 사항은 변경되지 않았다. 한국전쟁의 전황이 미국의 대일 평화조약 추진의 주요 동력원이자 결정적 계기를 제공한 것이었다.

넷째, 일본은 류큐열도에 신탁통치가 실시되는 등 주권의 일부가 제약되었지만, 연합국과 적대관계를 청산하고, 미국의 안보를 제공받게 되었다. 이는 주권과 안보를 교환한 평화이자, 요시다 시게루의 노선Yoshida Doctrine이 선택되었음을 의미한다. 일본의 조기 주권회복의 조건으로 재군비가 요구되었고, 요시다 총리는 헌법상 제약, 경제부흥 우선, 타국의 경계, 국민감정을 내세워 경무장을 타협안으로 제시했다. 당시 일본에는 요시다 노선이라 불린 경무장輕武裝 통상국가通商國家 노선, 사회당 등이 주장한 비무장·중립국 노선, 하토야마 이치로와 기시 노부스케 등의 대미자립·자주헌법 제정의 국가주의노선 등 3가지 길이 존재했는데, 그 가운데 요시다가 선택한 것은 경무장 통상국가 노선이었다.[18] 이미 1949년 일본 외무성은 평화헌법으로 군대보유, 교전권이 부재한 '평화국가' 일본의 안전보장 방안을 고려했는데, 여기에는 첫째 영구중립의 선언, 둘째 특정국가와의 동맹조약 체결, 셋째 상호안전보장기구의 설립 등 세 가지 방안이 있다고 보았다.[19] 이 가운데

Asian History(vol 5-2)》(2008).
18　五白旗頭眞,《日米戰爭と戰後日本》(講談社, 2005); 五白旗頭眞,《米国の日本占領政策: 戰後日本の設計図(上. 下)》(中央公論社, 1985).
19　〈日本の安全を確保するための諸方法に關する考察(1949.5. 條約局法規課)〉,《日本外交文書》, p.396.

첫째와 셋째는 현실성이 없으며, 결국 미국과의 동맹조약 체결이 선택
된 것이다. 일본은 주권을 회복하고 평화를 회복했으나, 주권의 제약
과 불평등성, 대미종속적 한계를 갖게 되었다.[20]

　다섯째, 미국 중심의 동북아시아 질서가 구축되었다. 미국은 양자
안보조약을 통한 안보·지역질서를 창출했다. 최초 미국은 일본과 호
주·뉴질랜드·필리핀을 포함하는 태평양 지역 안보협력체제의 구축을
희망했지만, 영국과 호주·뉴질랜드·필리핀의 반대에 부딪쳤다. 2차 세
계대전 당시 연합국의 일원이었던 필리핀·호주·뉴질랜드 등은 미국이
동맹국인 자신들이 아닌 적국이었던 일본에 안보를 제공하는 상황에
분노했고, 이 과정에서 미국은 미·일 안보조약을 전후해 1951년 미국·
필리핀 상호방위조약, 미국·호주·뉴질랜드와 안보조약ANZUS 등 3개의
교차적이며 쌍무적인 조약을 체결했다. 미국은 한국(1953.10), 베트남
(1953.10), 대만(1954.12)과도 일련의 방위조약을 체결하였으며, 동남아
시아에서는 '태평양협의체' 구상을 거쳐 '동남아시아조약기구'를 결성
(1954.9)했다. 이처럼 아시아에는 미국을 중심으로 미국·일본, 미국·한
국, 미국·호주·뉴질랜드의 안보동맹이 체결되었다. 개별국가와의 동맹
은 하나의 고리가 되어 아시아·태평양 지역을 관통하는 안보의 사슬
이 되었다.

　일본은 동아시아에서 가장 중요한 미국의 동맹국이 되었고, 오키
나와가 핵심적 군사기지로 부각되었다. 1951년을 기점으로 미국 중심
의 양자조약을 연결함으로써 태평양과 동아시아를 연결하는 방위동
맹의 연쇄가 형성되기 시작했다. 이는 1947년 이래 미국이 구상해온
일본을 중심으로 한국과 대만을 정치·경제·군사적으로 위계서열화해
연결시킨다는 구상의 실현이었다.

20　도요시타 나라히코 지음, 권혁태 옮김,《히로히토와 맥아더: 일본의 '전후'는 어떻게 만들
　　어졌는가》(개마고원, 2009).

동아시아의 유산

냉전과 반공의 지역질서를 구축한 샌프란시스코 평화조약의 상대편
에는 소련·중국·북한으로 이어지는 공산주의 3각동맹이 위치해 있었
다. 1950년대 동북아시아의 공산주의 동맹은 세계혁명의 사령관 스탈
린, 아시아혁명의 지도자 마오쩌둥으로 대표되는 것이었지만, 3국은
1960년대 초반까지만 해도 제도적인 동맹관계를 맺지 않았다. 이는 동
맹은 조약문의 문구가 얼마나 강력한가에 달려 있는 것이 아니라 문
서 뒤의 정신에 위치해 있음을 보여준다.[21]

세계적 수준의 냉전은 이미 20세기 후반에 종식되었지만, 아시아
에서는 여전히 분단된 한반도로 표상되는 냉전이 지속되는 한편, 샌프
란시스코 체제에서 비롯한 유산들이 지속되고 있다.

1) 전쟁책임

샌프란시스코 평화조약의 가장 부정적인 유산은 전쟁책임에 관한 문
제다. 조약문에는 왜 '평화'를 회복해야 하는지에 대한 논리적 설명이
부재했다. 1947년 이탈리아 강화조약에서 연합국은 '3국 동맹'으로 구
성된 '추축국'의 일원인 파시스트 정권 하의 이탈리아가 침략전쟁을
개시했다는 점을 분명히 명시했다. 이 조약에서는 추축국에서 탈퇴한
이탈리아에 대해 분명한 전쟁책임이 조약문에 명시된 반면 샌프란시
스코 체제에서는 전쟁 책임이 물어지지 않았다.

대일 평화조약을 준비하는 초기에는 미국 측도 일본의 전쟁책임
에 대한 강한 의지를 가졌다. 미국이 대일 평화조약을 본격적으로 준
비한 1947년 3월 휴 보튼이 이끄는 국무부 극동국 대일 조약 작업단은

21　1953년 8월 강력한 문구의 한·미 상호방위조약을 요구하는 이승만 대통령에게 한 존 포
스터 덜레스 미 국무장관의 발언.

평화조약 초안에서 "일본이 중국을 침략했으며, 나치스 독일 및 파시
스트 이탈리아와 3국 동맹을 맺었고, 태평양 지역에 대한 침략을 개시
했다."고 기록했다.[22] 아시아의 대재앙인 일본군국주의의 부활을 저지
하고, 일본은 연합국 통치 하에 남아야 한다는 주류적 견해를 반영한
것이었다. 이런 견해는 1948년까지 지속되었다.[23]

1949년에 들어 미국의 공식적인 대일 정책이 전환되었는데, NSC
13/3(May 6, 1949)은 조약의 기본정신이자 목적이 가능한 한 비징벌적
인 것이라고 밝혔다. "2. The Nature of the Treaty. It should be our aim to
have the treaty, when finally negotiated, as brief, as general, and as nonpuni-
tive as possible."[24] 그럼에도 불구하고 1949년 11월 2일 미 국무부 조약
초안은 일본의 군사력 재부활 방지를 위한 예방조치로 극동위원회
11개국 대표들로 구성되는 대사회의Council of Ambassadors 구성 및 그 예
하에 감시위원회Commission of Inspection 조직을 명시했다. 그러나 주일 정
치고문 시볼드는 이 초안이 실행할 수 없는 것이며, 자멸적이고, 평화
조약이 아니라 평화보복적 접근으로, 베르사유조약의 재판이라고 주
장했다.[25] 마침내 1951년 2월 8일 미국과 일본이 가서명한 '대일 평화조
약에 대한 개략적 초안'에는 이전 초안들에 등장했던 기본원칙, 특별
정치조항, 전범 등 일본의 전쟁책임과 관련된 조항들이 사라졌다. 평
화조약의 첫 번째 장은 평화(peace)로 시작되었다. 일본의 의무나 전쟁
책임은 포함되지 않았다.

22 〈Memorandum〉 by George Atcheson, Jr to SCAP, Subject: Memorandum for General
   MacArthur: Outline and Various Sections of Draft Treaty. March 19, 1947. NARA, RG 59,
   State Department Decimal File 740.0011PW(Peace)/3-2047.
23 이오키베 마코토 외 지음, 조양욱 옮김, 《일본외교 어제와 오늘》(다락원, 2002), pp.71-72.
24 NSC 13/2. May 6, 1949. Foreign Relations of the United States, 1949, The Far East and
   Australasia, Volume VII, Part 2, p.730.
25 William J. Sebald with Russell Brines, 《With MacArthur in Japan: A Personal History of the
   Occupation》(W. W. Norton & Company, 1965), p.246.

1950~1951년간 영국의 대일 평화회담에 대한 기본태도는 이탈리아 강화조약과 마찬가지로 징벌적이며 배상을 요구하는 방식이었다. 1950년 1월 영연방 외무장관들의 콜롬보 회의에서 논의된 평화회담의 기본원칙은 ①일본의 완전한 비군사화·비무장화 ②일본의 침략부활 가능성을 제거하기 위한 조치에 관해 다른 연합국과 협력 강화 ③타국을 위협하지 않을 평화애호 일본의 발전[26] 등이었다. 영국 외무부는 1951년 2~3월 평화조약 초안들을 작성했는데, 전문에 "2. 군국주의정권the militarist regime 하의 일본이 독일 및 이탈리아와 삼국동맹의 일원이 되어 침략전쟁을 수행하고, 그리하여 모든 연합국 및 협력국과 기타 UN과 전쟁상태를 도발하여, 전쟁에 대한 책임을 지니게 되었으므로"[27]라고 일본의 전쟁책임을 명시했다.

그러나 1951년 4~7월간 영·미 협의를 거쳐 확정된 샌프란시스코 평화조약문에는 결국 일본의 전쟁책임과 관련된 어떠한 조항도 포함되지 않았다.

이는 일본은 물론 주변 국가들에게 불행한 미래를 예견케 하는 것이었다. 일본은 추축국의 일원으로 아시아·태평양에서 2천만 명, 일본에서 3백만 명의 인명피해를 불러일으킨 전쟁의 원인 제공자였음에도 어떠한 전쟁책임도 명시되지 않았다. 전쟁의 책임은 도쿄재판에서 소

26 〈United Kingdom Paper on the Japanese Peace Treaty Discussed at Colombo-January, 1950〉, RG 59, State Department Decimal File, 694.001/1-950, p.7.
27 2. Whereas Japan under the militarist regime became a party to the Tripartite Pact with Germany and Italy, undertook a war of aggression and thereby provoked a state of war with all the Allied and Associated Powers and with other United Nations, and bears her share of responsibility for the war
FO 371/92532, FJ 1022/97, 〈Japanese Peace Treaty〉(1951.2.28); FO 371/92535, FJ 1022/171, 〈Japanese Peace Treaty: Second revised draft of the Japanese Peace Treaty〉(1951.3); FO 371/92538, FJ 1022/222, 〈Provisional Draft of Japanese Peace Treaty(United Kingdom)〉 (1951.4.7).

수의 전범들에게 돌려졌고, 평화를 회복하는 과정에서 일본의 전쟁책임에 대한 국제(법)적 규정과 책임이 주어지지 않았다. 전후 일본은 (*전쟁에 실질적인 책임이 있는) 천황제가 폐지되거나 천황이 바뀌지도 않았으며, 도쿄전범재판과 연합국 사령부의 점령으로 사실상 면책되고 말았다. 이에 따라 일본국민들은 전쟁책임이라는 중요한 문제를 공식적으로 인식할 수 없게 되었다.

일본은 평화를 회복했으나, 동아시아 국가들에게는 새로운 일본이 아닌 침략국가의 변용이었으며, 일본국민들에게는 불행했던 과거와 절연할 수 있는 공식적·국제적 기회가 상실되어 버렸다. 전후 일본이 아시아 국가들과 다양한 과거사 분쟁을 벌이게 된 데는 이러한 배경이 작용했다.

2) 과거사 문제

샌프란시스코 평화조약의 주체는 미국과 일본이었다. 일본과 역사적 갈등을 빚어온 한국, 중국, 소련은 배제되었거나, 서명하지 않았다. 조약에는 전쟁책임이 명시되지 않았고, 주요 인접국들의 참가가 부정됨으로써 평화를 회복할 수 없었다. 이의 연장선상에서 과거사를 둘러싼 갈등이 발생하게 되었다.

전시 연합국 대일 정책의 중요 합의였던 카이로 선언은 단순히 아시아·태평양전쟁 시기의 과거만을 다루는 것이 아니었다. 여기에는 청일전쟁으로 일본이 획득한 타이완과 팽호도의 반환, 만주로부터의 철수, 러일전쟁으로 일본이 획득한 사할린과 쿠릴열도의 반환, 한일병합으로 획득한 한국의 자유·독립, 제1차대전기 획득한 남태평양 위임통치령의 박탈 등이 명시되었다. 이는 명백하게 일본이 관여한 과거사를 대상으로 한 것이었다.

카이로 선언은 포츠담 선언으로 계승되었고, 일본은 포츠담 선언

을 수락함으로써 항복이 성립하게 되었다. 그런데 샌프란시스코 조약
에서는 일본과 연합국이 어떤 이유로 이전의 적대관계를 청산하고 평
화를 회복하는지에 대한 인식이 배제되어 있다. 이는 전쟁책임과 함께
중요한 인식의 결여라고 할 수 있다.

　나아가 동아시아의 가장 큰 피해국들은 조약 체결과정에서 배제
되었고, 이후 양자 조약으로 개별적으로 평화를 회복해야 했다. 때문
에 일본과 인접한 주요 국가들과 일본 간의 과거사 문제가 정리될 수
없었다. 당연히 이 연장선상에서 식민지 문제, 점령 문제가 다뤄지지
않았다.

　한국, 중국, 소련은 일본과의 양자협상, 조약, 선언을 통해 관계를
정상화해야 했다. 그러나 그것은 기본적으로 과거사를 중요하게 다루
지 않은 샌프란시스코 조약의 범위 내에서 이루어졌다. 식민지였던 한
국은 1965년 일본과 국교를 정상화 하면서, 과거사가 "이미 무효(al-
ready null and void)"라고 타협했으며, 역시 일본의 식민지였던 타이완
에 세워진 중화민국 정부는 1952년 일본과 평화조약을 체결하면서 전
쟁상태를 종료하고, 1941년 이전 체결한 조약·협약·협정은 전쟁의 결
과 무효가 되었다("It is recognised that all treaties, conventions, and agree-
ments concluded before 9 December 1941 between Japan and China have be-
come null and void as a consequence of the war")고 썼을 뿐이다. 평화를 회
복하는 과정에서 일본 정치인들은 사과의 뜻을 표명했으나, 일본 외무
성이 공식적으로 사과하거나 반성을 밝힌 적은 없다.

　때문에 근대 일본의 식민지, 점령지에서 벌어진 다양한 과거사 문
제들이 샌프란시스코 평화조약의 체결국가가 아닌 한국과 중국 등을
중심으로 제기되고 있는 것이다. 난징대학살, 위안부 강제동원, 강제연
행·강제노동, 야스쿠니신사 등의 대표적인 사건들과 식민지·점령지
지배의 불법성을 둘러싼 역사 갈등이 지속되고 있는 것이다.

이러한 과거사 논쟁은 배상·보상·청구권 문제와 직결되는 것이다. 한국전쟁의 와중에서 미국은 일본에게 전쟁책임과 배상을 요구하지 않았다. 전후 일본경제의 파탄과 미국의 경제원조 등을 배경으로 실질적으로 무배상 원칙을 적용했다. 일본의 전후 배상은 동남아시아 국가들에 대한 아시아·태평양전쟁 시기의 점령기간 동안에 관한 것이지 19세기 말 이래 한국과 중국에 대한 식민지와 점령에 관한 것은 아니었다.

3) 영토분쟁

현재 동북아시아에서 주요한 영토분쟁은 모두 섬을 둘러싸고 벌어지고 있으며, 또한 모두 일본과 인접국가들 간에 일어나고 있다. 러시아는 북방 4개섬, 중국·타이완은 댜오위다오, 한국은 독도를 둘러싸고 일본과 갈등을 벌이고 있다. 이는 직접적으로 샌프란시스코 평화조약과 관련이 있다.

2차 세계대전시기 연합국들은 합의된 대일 영토정책을 수립한 바 있다. 1943~1945년간 연합국은 카이로 선언과 포츠담 선언을 통해서 1914년 이후 탈취, 점령한 태평양 도서 박탈, 1894년 이래 중국에서 도취盜取한 만주, 대만, 팽호도 등 영토의 중국 반환, 일본이 폭력과 탐욕으로 약취掠取한 지역에서 구축, 일본의 영토는 주요 4개 섬과 연합국이 결정하는 작은 부속도서로 한다는 등의 내용을 합의한 바 있다. 결국 전후 일본의 영토는 주요 4개 섬과 연합국이 결정할 작은 섬들로 국한되었다.[28] 일본은 포츠담 선언을 수락함으로써 항복했고, 이는 전후 일본영토에 대해 연합국과 일본이 합의한 공식 정책이 되었다.

때문에 전후 미국·영국 등 주요 연합국은 물론 일본 역시 어떤 섬

---

28 〈領土條項〉(1946.1.31),《日本外交文書》, pp.46-47.

을 일본의 부속도서로 결정할 것인가 하는 점을 정책의 중심에 놓았다. 1945~1950년에 이르는 시기 연합국 실무자들은 대일 평화조약을 준비하는 과정에서 카이로 선언과 포츠담 선언이 합의한 바에서 출발했다. 문제는 일본영토에 인접한 섬들이 1000여 개가 넘었다는 사실이다. 연합국 실무자들은 일본령에 포함될 작은 부속도서들을 특정했고(일본령 도서의 특정), 1천 여개가 넘는 섬들을 조약문에 전부 특정하는 것이 불가능했으므로, 경도와 위도로 경계선을 그어 일본령을 표시했으며(경위도선의 활용), 문서의 복잡한 내용을 첨부지도로 간단히 표시(부속지도의 첨부)했다.

지금까지 발견된 미 국무부의 대일 평화조약 초안 가운데 지도가 포함된 것은 1947년과 1949년의 2건인데 모두 위와 같은 방식으로 제작되었다. 일본령 도서를 특정하고, 경위도선으로 일본의 경계를 표시했으며, 첨부지도를 활용했다. 먼저 1947년 10월 14일자 국무부 정책기획단이 작성한 "PPS/10 Results of Planning Staff Study of Questions Involved in the Japanese Peace Treaty," Memorandum by George F. Kennan to the Secretary of State(Marshall) and the Under Secretary(Lovett)(1947.10.14.)를 보면,[29] 현재 논란이 되고 있는 독도는 한국령으로, 북방 4개 섬은 일본령으로, 다오위다오의 소속은 표시되지 않았다.

1949년 11월 2일 미 국무부의 대일 평화조약 초안에도 지도가 포함되었는데,[30] 1947년의 지도와 비교해 보면 북방4개 섬이 일본령에서 제외된 것으로 변경된 점이 눈에 띈다. 하지만 일본령 도서를 특정하

29　FW 740.0011PW(Peace)/10-2447, RG 59, Department of State, Decimal File, 740.0011PW (Peace) file, Box 3501.

30　〈Treaty of Peace with Japan〉(1949.11.2), p.1, RG 59, Department of State, Decimal File, 740.0011PW(Peace)/11-1449; .Letter by W. Walton Butterworth to William J. Sebald, Acting United States Political Adviser for Japan (1949.11.4), RG 59, Department of State, Decimal File, 740.0011PW(Peace)/11-1449.

그림 1. 미 국무부 정책기획단 대일 평화조약 보고서(PPS/10)의 첨부 지도(1947.10.14)

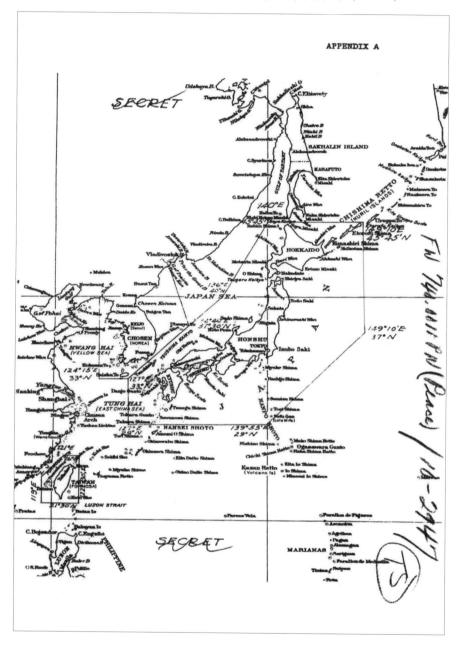

그림 2. 미 국무부 대일 평화조약 초안(1949.11.2)의 첨부 지도

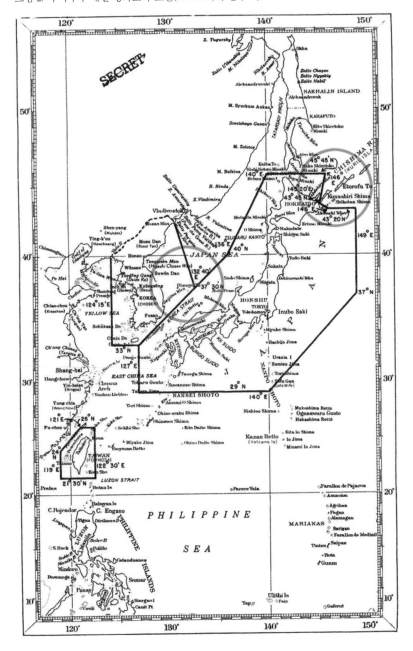

그림 3. 영국 외무성의 대일 평화조약 초안 첨부 지도(1951.3). "The Territory under Japanese Sovereignty as Defined in Art. I of Peace Treaty" Research Dept. F. O., March, 1951, RG 59, Records Relating to the Treaty of Peace with Japan 1947-1951, Lot File 56D527, box 4. folder "Peace Treaty (Press-Speeches)"

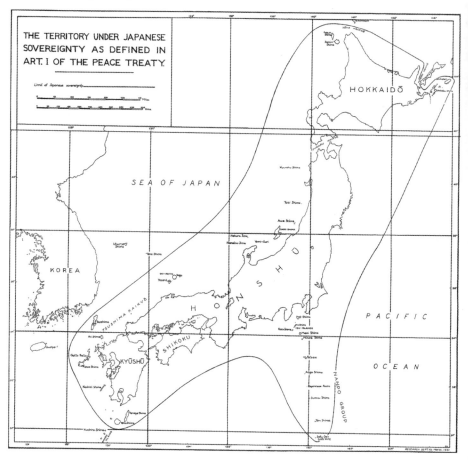

고, 이를 경위도선으로 표시한 후 첨부지도로 표시하는 것은 동일했다. 영국 외무성도 1951년 4월 대일 평화조약 초안[31]을 완성하며 역시 지도를 제작했다. 이 지도는 독도를 한국령으로 규정했으며, 북방4개 섬 가운데 하보마이와 시코탄을 일본령으로, 쿠나시리와 에토로후는 러시아령으로 규정했다. 미국의 신탁통치 아래 들어간 류큐는 일본령 에서 배제되었다. 영국 외무성의 조약 초안은 1947년 이탈리아 강화조 약을 모델로 삼은 것이었다.

1947~1949년간 미 국무부와 1951년 영국 외무부는 전시 연합국이 합의하고 일본이 동의한 대일 영토정책의 연장선상에서 일본의 영토 문제를 구상했다. 그러나 1950년 덜레스가 평화조약 대통령특사로 임 명된 이후 이전 연합국의 대일 영토정책은 폐기되었다. 덜레스는 더 많은 국가가 참가하는 평화조약을 구상했고, 간단한 조약을 추구했다. 그 결과 조약문은 간단해졌으며, 영토문제는 전반적으로 다뤄지지 않 았다. 미국은 미국과 관련된 남태평양의 위임통치령, 류큐 등에 대해서 만 정확하게 규정했고, 나머지는 결정하지 않은 채 그대로 두었다.

전후 일본 외무성의 영토정책은 가급적 많은 섬들을 일본의 부속 도서로 인정받는 것이었는데, 이런 목적 하에서 1946~1950년 사이 영 토와 관련된 다수의 참고자료를 만들어 맥아더 사령부와 미 국무부에 송부했다. 1950~1951년간 샌프란시스코 평화회담을 준비하는 과정에 서 미국은 아시아·태평양전쟁 기간에 연합국과 합의한 대일 영토정책 을 사실상 폐기했다. 문제는 이후 새로운 대일 영토정책에 대해 다른 연합국과 아무런 논의나 합의 과정 없이, 어떤 것도 결정하지 않은 채 로 샌프란시스코 평화조약을 체결했다는 것이다. 샌프란시스코 평화

31 FO 371/92538, FJ 1022/222, 〈Provisional Draft of Japanese Peace Treaty(United Kingdom)〉
    (1951.4.7), pp.15-50; (2) FO 371/92538, FJ 1022/224, 〈Provisional Draft of the Japanese
    Peace Treaty and list of contents〉(undated), pp.90-140.

회담에서 일본의 영토문제는 공식적으로 논의되지 않았다. 심각한 문제는 일본과 영토를 접하고 있는 중국, 한국, 러시아가 이 조약과정에서 배제되거나 서명하지 않았다는 점이었다. 그 결과 일본영토의 불명확한 부분이 남게 되었고, 이로 인해 이후 동북아시아 영토분쟁의 가능성을 남기게 된 것이다.

사실 1952년 일본정부는 구 식민지였던 한국을 상대로 독도 영유권을 주장하기 시작했는데, 미 국무부는 이 상황에 대해 극히 우려했다. 1953년 미 국무장관 덜레스는 미국과 일본 모두에게 안보위협이 되는 하보마이에 대해서는 이것이 일본령이라고 적극 옹호했지만, 일본이 왜 소련이 아닌 한국을 상대하는지 알 수 없다고 경고했다.[32]

4) 일본에 남긴 유산

일본과 관련해서는 오키나와 문제, 미군기지 문제, 일본의 헌법개정·보통국가화 문제, 미·일 안보조약 문제 등 미국과 관련된 문제들이 남아 있다.[33]

동아시아의 평화와 공존

샌프란시스코 회담은 2차 세계대전 이후 동아시아의 전후 질서와 체제를 만든 회담이었다. 여기에는 크게 2가지 힘이 작용했는데, 첫째는

32 Secretary of State (Dulles) to Tokyo, December 9, 1953. no.497, RG 84, Tokyo Embassy, Classified General Records 1952-63, Box 23, Folder 322.1-Liancourt Rocks
33 존 다우어는 미·일 관계에 초점을 맞춘 샌프란시스코 시스템의 문제적 유산으로 다음의 8가지를 들고 있다. ①오키나와 "두 일본" ② 해결되지 않은 영토문제 ③일본에 있는 미군기지 ④(일본의) 재무장 ⑤"역사문제" ⑥"핵우산" ⑦중국의 봉쇄와 일본의 아시아로부터의 굴절 ⑧"종속적 독립" John W. Dower, 〈The San Francisco System: Past, Present, Future in U.S.-Japan-China Relations〉, 《The Asia-Pacific Journal》(2014.2), pp.4-23.

아시아·태평양전쟁을 중심으로 전개된 일본과 연합국의 적대관계, 둘째 2차 세계대전 이후 세계적 수준과 동북아시아 수준에서 전개된 냉전이라는 새로운 적대관계였다. 첫 번째 적대관계는 연합국 대 추축국의 대결양상이자, 파시스트진영 대 반파시스트진영의 대결, 제국주의 대 식민지의 대결 양상이었고, 두 번째 적대관계는 공산주의진영과 자본주의진영의 대결이었다. 국공내전과 중국의 공산화, 한국전쟁의 연장선상이었던 것이다. 한국, 중국, 소련이 배제된 샌프란시스코 체제는 첫 번째 적대관계를 부분적 평화관계로 전환했으며, 두 번째 적대관계를 공고화했다. 즉 새로운 적대관계로 오래된 적대관계를 부분적으로 대체한 것이었다.

때문에 샌프란시스코 체제에는 이 조약에서 배제된 동아시아 인접 국가들의 이전 관계들이 여전히 중요한 유산으로 남게 되었다.

첫째, 일본은 조약에 참가하지 않은 국가들과는 개별적으로 평화를 회복했다. 한국, 중국, 소련 인도, 버마 등과 평화를 회복했지만, 과거사를 해결하거나 청산하지는 못했다.

둘째, 일본-미국 관계는 평화와 안보를 교환했으나, 주권의 제약과 안보의 제약을 벗어나지 못하고 있다. 일본이 동북아시아 국가들과 충돌하는 다양한 역사문제, 영토문제에 대한 유일한 중재자·발언자가 미국이라는 점이 이를 잘 대변하고 있다.

셋째, 일본과 미국은 인접 공산주의 국가들 가운데 중국, 소련과는 평화관계를 회복했다. 한국전쟁에서 미국과 중국이 동맹국의 지휘권을 인수해서 격전을 벌인 후 26년이 지난 다음이었다. 그렇지만 세계적 수준의 냉전이 종식된 이후에도 미국과 일본은 북한과는 아직도 적대관계를 유지하고 있다. 탈냉전 이후에도 냉전이 유일하게 지속되는 것이다.

넷째, 샌프란시스코 체제는 2차 세계대전의 산물이자 냉전의 산물

이다. 그 후 수십 년이 흘렀다. 미국 주도의 이 질서 외부에 소련·중국·
북한의 동맹이 위치했다면 21세기 동북아시아는 G2로 대표되는 미국
과 중국의 협력과 대결의 시대를 맞고 있다. 이 속에서 북한은 핵개발
로 현상변경을 시도하고 있다.

　이 시점에서 동북아시아의 평화와 공존을 위해서 어떤 평화가 요
구되는 것인가를 생각해본다. 샌프란시스코 체제가 이 모든 것을 불러
온 유일한 원인은 아니지만, 부분적 평화를 회복하는 동시에 부분적
적대관계를 유지, 온존시킨 것 또한 사실이다. 그런 점에서 이후 동북
아시아 국가들의 미래는 주체들의 현명한 선택에 달려 있을 것이다.

---

* 이 글은 2016년 10월 28일 미국 컬럼비아대에서 열린 제1차 회의에서 처음 발표되었다.

한국 참가 문제를 둘러싼 미국과 영국의 의견 차이: 샌프란시스코 평화조약의 가변성

이태진(서울대 명예교수)

여는 말: 효력을 갖지 못하는 조약들

필자는 1990년대 초부터 일본이 한국의 주권을 빼앗기 위해 강제한 조약들의 불법성을 연구해 왔다. 일본은 1904년 2월 초에 러일전쟁을 일으키면서 교전 당사국이 아닌 한국에도 대규모 병력을 투입한 뒤 군사기지 사용권, 외교권, 내정권 등에 관련되는 조약을 차례로 강제하였으며 마침내 1910년 8월 '한국병합'에 이르렀다. 필자는 오랜 연구를 통해 6년간 맺어진 주요 5개 조약의 각 문서에 남겨진 하자와 결격이 대부분 일본의 군사력을 배경으로 한 강제의 산물이라는 것, 모든 조약에 국가원수(고종과 순종황제)가 발부하는 비준서가 없다는 것, 국권 이양 관련 칙령勅令, 조칙詔勅, 법률法律 등의 결제에 황제의 친필 서명이 위조된 사실 등을 밝혔다.

1910년 8월 29일 강제 병합 후 국내외에서 한국인들의 항일 투쟁이 벌어졌으며, 1918년 미국 윌슨 대통령이 새로운 세계질서의 원칙 중 하나로 '민족자결주의'를 표명한 가운데 1919년 3월 1일, 한국에서는 거국적인 독립만세운동이 일어나 주권회복운동에 새로운 전기를 마련하였다. 국내에서 만세운동의 함성이 아직 계속되는 가운데 항일 독립운동가들은 4월 11일 중국 상하이 프랑스 조계지에 모여 국회에 해당하는 의정원議政院을 개설하여 대한제국을 승계하는 민국이란 뜻으로 대한민국이란 국호를 정하고 임시정부를 세웠다.

필자는 대한민국 임시정부가 파리평화회의를 주도한 윌슨 대통령을 비롯해 열강의 수뇌들을 상대로 벌인 주권회복운동에 관한 연구를 수행하면서 국제연맹The League of Nations의 역사적 위상과 역할에 새롭게 관심을 가지게 되었다. 그 가운데서도 특히 미국의 국제법학자이자 하버드대학교 법대 교수였던 맨리 허드슨Manley Otto Hudson이 제안하여 추진한 국제법 법전화法典化, codification 사업을 주목하였다. 이 사업은 1927년부터 1935년까지 7개 부문에 걸쳐 추진되어 그때까지 학자 개인의 학설로 존재하던 국제법을 공법公法의 지위에 올려놓았다. 이를 통해 20세기 초까지 극성하던 열강 간의 비밀협약 및 그에 따른 영토 경쟁의 폐해를 청산하기 위한 기반이 마련되었다. 허드슨 교수가 총책임을 맡고 일리노이주립대학교의 제임스 가너 교수가 담당한 '조약법에 관한 보고'는 역사상 효력을 가질 수 없는 조약으로, ①1776년 폴란드 분할 때 러시아가 강제한 조약 ②1905년 일본이 한국에 강요한 '보호조약' ③1915년 미국 해병대가 아이티 의회를 포위하고 강요한 조약 등을 들었다. 1905년 한국과 일본 사이의 '보호조약'은 일본이 대한제국의 외교권을 빼앗아 병합으로 가는 길을 연 조약이었다.

'샌프란시스코 체제를 넘어서'를 주제로 열린 국제학술회의의 제3차 우한대학교 회의에서 필자는 맨리 허드슨 교수가 국제연맹의 법전화 사업에 대해 '20세기 그로티우스의 법 정신' 실현이라고 그 의의를 부여한 점을 주목하였다. 이는 열강들에 의한 약소국 침탈의 역사를 종식시키고 국제정의를 재확립하기 위해 내건 기치였다. 그의 주도로 이루어진 성과는 1946년에 새로 발족하는 국제연합The United Nations의 국제법위원회International Law Commission에 그대로 넘겨졌다. 이 위원회는 1935년의 국제연맹의 '조약법'을 승계하고 보완해 1963년에 새로운 보고서를 총회에 제출하여 결의안으로 채택시켰다. 역사상 효력을 가질 수 없는 조약으로 앞서 언급한 세 조약에 더해 1938년 9월 나치 독일이 체코슬로바키아 분할을 목표로 추진한 뮌헨협정을 추가하였다. '20세기 그로티우스의 법 정신'은 국제연합에서도 그대로 이어지고 있었다.

　이런 내용을 전제로 필자는 1951년 9월 6일에 샌프란시스코에서 체결된 '대일 평화조약'이 과연 국제연맹과 국제연합의 법 정신을 지킨 것인지를 검토하여 그 결과를 '우한 회의'에 제출하였다. 대일 평화조약에서 국제연맹과 국제연합의 법 정신은 찾아보기 어려웠다. 조약의 취지나 조문 어디에도 국제연합 창설의 정신을 직접 언급하거나 노력하고자 한 흔적을 찾아볼 수 없었다. 1935년의 '조약법에 관한 보고'와 이를 승계한 1963년의 국제연합 총회 결의로 채택된 국제법 보고서는 일본의 한국 통치를 불법으로 판정하였다. 이에 따르면 한국은 샌프란시스코 평화조약의 서명국, 비준국으로 참가했어야 한다. 그러나 한국은 1910~1945년 사이에 일본 영토의 일부로서, 또 항일전쟁의 교전국이 아니었다는 이유로 그 조약에서 배제되었다.

　필자는 이러한 문제점을 지적하면서 이 조약이 어디까지나 냉전 체제 아래에서 나온 '상황 논리'의 결과로서, 항구적으로 따라야 할 만한 조약이 못 된다는 비판적 견해를 제시하였다. 이 발표의 결론 부분에서 필자는 특히 미국이 논의 초기에 한국이 반드시 서명 및 비준에 참여해야 한다고 주장한 사실에 주목하고, 이것이 영국과 일본의 반대에 부딪혀 끝내 한국 배제로 낙착되는 까닭을 다음 과제로 남겼다. 이 발표는 곧 이 과제에 관한 보고다.

1950년 한국전쟁, 중국의 개입:
샌프란시스코 평화조약 추진 계기

1945년 8월 15일, 일본의 히로히토 일왕이 '무조건 항복'을 선언하면서
아시아·태평양전쟁이 끝났다. 8월 21일 미국정부는 소련·영국·중국정
부에 대해 패전국 일본의 관리를 위한 기구로 극동자문위원회The Far
Eastern Advisory Commission의 설립을 제안하였다. 이 제안으로 4국 대표가
모인 협의회는 일본의 항복문서의 여러 규정을 실천하는 데 필요한
정책 추천의 기능을 미국정부에 부여하면서 위원회의 이름을 극동위
원회The Far Eastern Commission로 고쳤다. 극동위원회는 1947년 7월 10일
부터 1948년 12월 23일까지 무장 해제, 민주화, 경제 회복 등에 관한
13개의 정책을 결정하였다.

　일본을 평화국가로 출범시키는 평화조약 관련 조치는 1949년까
지 관련국 간에 표면적으로 별다른 진전이 없었다.[1] 이해 9월 미국의
딘 애치슨 국무장관과 영국의 어니스트 베빈 외무상이 워싱턴에서 만
나 소련을 제외한 평화회의에 합의하였다. 이때부터 평화회의를 준비
하기 시작했지만 실질적인 진전은 없었다. 1950년 1월 12일 애치슨 방
어선 선언, 1월 15일 일본 지식인 모임 평화문제토론회의 〈평화문제에
대한 성명〉 등이 잇따랐지만 이때도 실질적으로 진전된 것은 없었다.
2월에 미국 의회에서 야당인 공화당이 중국 정책의 실패를 맹렬히 비
난하는 가운데 이른바 매카시 선풍이 일었다. 트루먼 대통령은 초당
외교를 표방하여 4월에 공화당의 존 포스터 덜레스를 국무장관 고문

---

[1] 일본정부는 1945년 11월부터 1947년 5월까지 '평화조약 연구 간사회'를 만들어 준비 작
업을 수행케 하였으며, 미 국무부 역시 1947~1948년 사이 '대일 조약작업단'을 구성해 조
약 초안을 준비하도록 한 사실이 있었다. 정병준, 《독도 1947: 전후 독도문제와 한·미·일
관계》(돌베개, 2010), 3장, 4장을 참고하라.

으로 지명하고 5월에 정식으로 그를 대일 평화 담당으로 임명하였다.[2]
덜레스가 임무를 수행하기 위해 도쿄를 거쳐 6월 18일부터 3일간 서
울을 다녀간 뒤, 6월 25일 북한 인민군이 38선을 넘어 전쟁을 일으켰
다. 따라서 대일 평화조약의 실행 문제는 한국전쟁을 계기로 시작된
것이나 마찬가지였다. 그 후 덜레스가 자신의 방침을 내놓는 데 수개
월이 소요되었다. 그는 10월 하순에 중국군(*1949년 제2차 국공내전에서
중국 공산당이 승리한 이후를 기점으로 중국군은 중국 본토의 중국인민해방
군을 의미한다)이 한국전에 개입하는 것을 계기로 대일 평화조약 체결
의 긴급성을 주장하였다.

　미 국무부의 극동 담당이었던 앨리슨은 1950년 12월 2일 자로 덜
레스에게 '일본 평화조약Japanese Peace Treaty'이란 제목을 붙인 '제안서'를
보냈다.[3] 주요 내용은 다음과 같다.

1. 어제 당신과 만났을 때, 당신은 평화조약을 체결하지 않은 상태에서
　일본이 국내외에서 자유롭게 행동하도록 허용할 수 있는 한계치가
　어느 정도 되는지, 그간의 극동위원회의 결정과 일본의 항복문서를
　즉각 조사해보는 것이 좋겠다고 제안한 바 있다. 이에 대해서 거듭
　생각해본 결과, 나는 현 상황이 매우 심각하며 더욱 강력한 조치가
　필요한 시점이 되었다고 믿는다.
2. 내 생각으로는, 기존 극동위원회 정책의 틀 안에서 미국이 일본에게
　지금보다 더 큰 자유를 부여하려고 시도하는 것은 매우 어려울 뿐만

2　福永文夫,《日本占領史 1945-1952: 東京·ワシントン·沖繩》(中央公論新社, 2014).〈第5章 サンフ
　ランシスコ講和: 占領の終結(講和への道: 全面講和か単独講和か;米軍駐留容認と朝鮮戰爭の激化;
　二つの条約締結へ―講和と日米安保)〉을 참고하였다.
3　J. M. Allison to John Forster Dulles, December 2, 1950. Microfilm, USE Micro-copy No.
　Coo4 3 (UPA) Roll No.(s) 1. Declassified NND 867209 RG 59 Entry Japanese peace treaty
　1947-52 Box 1. (copies to Mr. Rusk, Colonel Babcok, NA-Mr. Johnson), pp.55-66.

아니라, 우리 동맹국들이 우리에게 신뢰성의 문제를 제기할 우려가 있고, 실제로 원하는 결과를 얻지도 못할 것이다.

3. 극동위원회의 현재 지시 틀 안에서 무엇을 할 수 있는지 충분한 연구가 이미 이루어졌고, 현재 틀 안에서는 할 수 있는 것이 별로 없다는 결론을 도출했다. 맥아더 장군도 그 구상을 맹렬히 반대한다. 나는 일본도 이러한 제한적인 방식 속에 우리가 할 수 있는 것 정도로 만족할 것이라고 믿지 않는다.

4. 현재의 조건은 극동위원회 발족 당시에 고려된 것과는 완전히 달라졌고, 지금 상황은 극동위원회의 준거 사항들 또는 이전의 결정들을 준수하기 어려울 정도로 매우 심각하다는 것을 우리에게 우호적인 극동위원회 회원국들에게 솔직하고 강력하게 전달하는 것을 심각하게 고려해야 한다. 이것이 정직한 태도이고, 우리의 우호국들은 우리의 이러한 입장을 이해할 것이라고 믿는다. 물론, 일본이 그들의 이익에 위협이 되도록 허용할 의사를 우리는 갖고 있지 않으며, 그러한 상황이 발생하지 않도록 조치를 취할 것이라는 것을 우리의 우호국들에게 확신시킬 필요가 있다.

태평양 전쟁이 끝난 뒤 일본에 대한 대책은 극동위원회의 결정에 따랐으나, 1950년 6월 25일의 한국전쟁의 발발로 상황이 바뀌어 다른 기준이 세워져야 한다는 내용이다. '제안서'는 이어서 다음과 같은 대책을 제시하였다.

5. 일본이 자유 독립국으로 세계 국가들의 연합에 다시 참여할 수 있도록 하려는 우리의 의도에 우리에게 우호적인 극동위원회 회원국들이 동조해달라고 요청하고, 이를 위해 일본이 자발적으로 우리 편이 될 수 있도록 평등한 기반 위에 군사지원을 위한 협약들을 만들어야 한

다. 군사협약은 일본이 그들 자신의 자위 즉 일본지역 방어와 관련하여 육군 병력을 제공하고, 우리와 우리의 동맹국들이 해군과 공군력을 제공하는 데 동의하도록 하는 것으로, 협약서는 유엔 헌장의 용어들을 사용하여 작성할 것이며, 또 뉴질랜드, 오스트레일리아, 필리핀 등이 참여하는 상호방위협약이 이루어진다면 그러한 협약에 일본이 공동 서명국이 되도록 하는 것도 고려할 필요가 있다.

'제안서'는 '미국과 일본 간의 협정' 초안을 첨부하였다. 정확하게는 '일본과 연합국 간의 평화조약과 유엔 헌장 제51조에 따라 만든 집단자위를 위한 미국과 일본과의 협정'을 첨부하였다. 전문前文 5개 사항과 부속 조항 4개 조 그리고 '미국군의 해외에서의 법적 지위'도 첨부되었다. 이것이 샌프란시스코 대일 평화조약 체결에 근거하여 같은 날 미국과 일본 사이에 체결된 '미·일 안보조약'의 초안에 해당한다는 것은 쉽게 짐작할 수 있다.

1950년 6월 25일 38도선을 남하한 북한 인민군은 9월 15일 맥아더 사령관이 지휘하는 유엔군의 인천상륙작전 성공으로 북으로 밀리기 시작하였다. 9월 28일 유엔군은 서울을 수복하고 38도선을 넘어 10월 19일 평양을 탈환하였다. 10월 26일에는 한국군의 한 부대가 압록강에 도착하였다. 유엔군이 평양을 탈환한 10월 19일 중국군이 개입하여 함경도 강계-함흥을 잇는 산악 루트로 침투하였다. 앨리슨의 '제안서'는 중국군의 개입으로 유엔군이 다시 남하하던 시점인 1950년 12월 2일에 제출되었다. 당시의 극동 상황은 '제안서'가 말하는 것처럼, 패전국 일본에 대한 전후 제재 위주의 임무를 띤 극동위원회의 방침과 그 결정에 묶여 있을 수 없었다. 위원회의 주요 구성원 4개국(미, 영, 소, 중)이 반으로 나뉘어 전쟁을 벌이는 상황에서 그것은 지켜지기 어려웠다. 국무부 극동담당 앨리슨의 '제안서'는 일본 본토를 방어하기 위한 군사적인 방안에 역점이 두어졌다. 한국전쟁에 중국군이 개입한 상황에서 혹시라도 소련군이 사할린을 통해 일본 영토에 침입하는 상황이 심각하게 고려되었다. 샌프란시스코 '대일 평화조약'이 '미·일 안보조약'을 동반한 까닭이 바로 여기에 있었다. 미국정부는 중국과 소련이 합동으로 자유진영에 대한 전면적인 침공으로 한국뿐 아니라 일본까지 공격하는 상황을 크게 우려하였다.

1951년 1월 4일, 한국군과 UN군은 중국군의 남하를 저지하지 못하고 서울 철수를 결정하였다. 다음 날 인민군과 중국군이 서울을 장악하였다. 1월 4일, 덜레스 고문은 애치슨 국무장관에게 극동의 현황에 관한 편지를 보냈다.[4] 편지에서 덜레스는 러스크, 앨리슨 등과 함께 합동참모본부와 일본의 평화 정착 진행에 관하여 상의한 사실을 앞머리에 밝히고 다음과 같은 내용을 피력하였다.

먼저, 1950년 9월 7일 자의 미국 국무장관과 국방장관의 공동 제안서는 대통령의 동의를 받아 지시로 내려졌으나, 중국군의 한국 개입으로 호의적 해결을 기대할 수 없게 되었다고 하면서, 이에 붙들려 시간을 지연하는 것은 장기적인 관점에서 미국과 일본의 관계에 도움이 되지 않는다고 하였다. 이어서 다음과 같은 두 가지 현실적인 문제를 언급하였다.

첫째, 일본인이나 일본의 정치 지도자들은 공산세력이 가까이 오고 있다는 위협감을 느끼면서 동시에 프랑스령 인도차이나, 시암(태국), 버마(미얀마) 등지로부터의 식량 공급에 대해서도 위협을 느끼고 있다. 이에

---

4   John Foster Dulles to Dean Gooderham Acheson, January 4, 1951, microfilm, USE Microcopy No. Coo 43 (UPA) Roll No. (s) 1, Declassified NND 867209 RG 59 Entry Japanese peace treaty 1947-52 Box 1, (copies to Mr. Rusk, Colonel Babcok, NA-Mr. Johnson), pp.13-16. 이 문서는 상단의 Top Secret이란 표기가 지워져 있다.

대한 군사적, 경제적 대책이 필요하다.

둘째, 영국은 대일 평화조약에 주도권을 모색하여 런던에서 영연방 총리회의를 열고 이를 통해 '태평양 협정Pacific pact'을 고려하고 있다. 영국이 준비하는 안은 우리가 생각하는 것과는 많은 차이가 있다.[5] 결론적으로 우리가 일본 평화정착 문제를 더 미루는 것은 우리에게 도움이 되지 않는다.

그런데 합동사령부는 오히려 다음과 같은 두 가지 이유로 새로운 조치보다 현상을 더 유지하기를 바라고 있다고 하였다. 첫째 한국(전쟁) 문제가 청산될 때까지 일본에서의 우리의 현재 권위를 유지하기 위해, 둘째 소련이 '항복문서'에 입각한 점령군으로서 또는 1950년 2월에 체결된 중·소 조약에 의하면 일본의 재무장이 소련군의 일본 진주를 강제한다는 주장 아래, 소련이 일본 영토로 무장병력을 진입시킬 수도 있으므로 이런 사태를 막기 위해 일본 내 미국의 육군 병력을 증강하기 위해서 현상을 더 유지하기를 바란다는 것이다. 이에 대해 덜레스는 두 가지 모두 타당하지 않으며 새로운 대책을 미룰수록 일본의 위험은 더 커진다는 것이 자신의 의견이라고 밝혔다. 덜레스의 이 편지는 국방장관 조지 마셜의 비서실에도 전달되었다.

덜레스의 편지에 따르면 미국 측은 중국군의 한국전 개입에 직면하여 소련군의 일본 영토 진입을 크게 우려하였던 것이 확실하다. 소련의 일본 침공 예상이 1951년 9월의 샌프란시스코 대일 평화조약과

5 영국은 영연방 회의로서 1947년 캔버라 회의, 1950년 1월 콜롬보 회의 등을 개최하여 동남아시아의 안정화, 일본의 재무장 문제 등을 논의하면서 미 국무부와 접촉하였다. 콜롬보 회의는 의견이 엇갈리는 가운데 '연방작업위원회'를 별도로 구성하여 협의를 위임하였지만, 특히 일본의 재무장문제와 관련하여 '태평양 협정'을 준비하면서 인도, 오스트레일리아, 뉴질랜드의 강한 반대로 난항을 거듭하였다. 木畑洋一,〈對日講和とイキリスのアシア政策〉, 渡辺昭夫, 宮里政玄 編,《サンフランシスコ講和》(東京大学出版会, 1986) 참조.

미·일 안보조약의 체결을 서두르게 한 결정적인 계기였던 것이다.

미국과 영국의 한국 참가 찬반 의견

1) 찬반 의견의 변천
1951년 1월 4일 자의 덜레스 서면 제안 이후 미국정부는 대일 평화조
약 및 이에 동반하는 미·일 안보조약의 조기 체결을 위해 영국 정부와
협의를 진행하였다. 두 나라는 협의에서 한국(South Korea)의 평화조약
서명국 및 비준국 참여 문제를 놓고 의견이 갈렸다.

다음 〈표 1〉은 1945년 8월 15일 일본이 무조건 항복을 선언한 뒤,
연합국과 일본 사이의 평화조약 체결 과정에 한국 대표를 참가시킬
것인지에 대한 미국과 영국 양국 정부의 의견 변천을 정리한 것이다.
당사국인 한국 정부의 참가 희망 의사 표시도 함께 포함하였다.

미국은 승전 연합국의 대표로서 1945년 10월에 국무부 안에 평화
조약 체결을 위한 태스크포스를 발족시켰지만 2년 여간 협상에 있어
서 별다른 진전을 보지 못했다. 1947년 7월에 일본 통치에 대한 연합
국의 주요 현안 결정을 담당하는 기구로 발족한 극동위원회도 조약
체결을 위해 특별히 움직이지 않았다.

1910년 이후 일본으로부터 큰 피해를 받았던 한국은 1947년 8월
29일에 미 국무부를 상대로 앞으로 있을 대일 평화회의에 한국을 반
드시 참가시켜 주기를 바라는 의사를 밝혔다.[6] 하지만 미 국무장관 딘
애치슨의 말에 따르면, "미국과 영국 등은 1947년에 평화회의를 추진

6 "The Political Adviser in Korea (Jacobs) to the Secretary of State, Seoul, 29 August 1947",
   《Foreign Relations of the United States(FRUS), 1947, vol.VI》(Government Printing Office,
   1947), p.511.

했지만 실패했다."[7] 1948년의 상당 기간에는 1946년부터 시작되었던 극동국제군사재판International Military Tribunal for the Far East에 관심이 집중되어 있었다.

미국은 1949년 12월에 평화조약 안을 공개하였는데, 이때 한국이 서명국으로 참가하는 것을 허용한다는 방침을 세웠다. 이에 대해 영국이 처음으로 반대 의사를 밝혔다. 뒤에서 살펴보듯 영국은 1949년 중국 공산당이 국공내전에서 승리, 본토에 중화인민공화국(이하 중국)을 수립하자 이와 유대를 전제로 정책을 세우고 있었으므로 한국 참가에 대해 미국과 의견이 같지 않았다.[8] 한국은 1945년 이전에 일본 영토의 일부였고, 해방 후에도 주권국가로 보기 어렵다는 것이 그 이유였다. 그렇지만 한국을 참가시켜야 한다는 미국의 태도는 1950년 6월 18~20일 덜레스 고문의 한국 방문 때도 달라지지 않았다.

1950년 6월 25일 북한 인민군이 38도선을 남하하여 전쟁을 일으켰다. 덜레스가 서울을 다녀간 5일 뒤였다. 미국 국무부는 전황이 매우 불리한 가운데도 7월에 다시 한 차례 한국의 참가에 대한 호의적 검토

7 "The United States and British Governments, as well as others, attempted in 1947 to bring about a peace conference and failed." "The Secretary of State to Certain Diplomatic Offices, Washington, 27 December 1949," 《Foreign Relations of the United States(FRUS), 1949, The Far East and Australasia, vol.VII, Part 2》(Government Printing Office, 1949), p.931.

8 영국은 미국이 한국 참가 의견을 내는 움직임에 대해 1950년 1월에 일련의 문서를 작성하여 "한국이 일본의 영토였던 것은 의심할 바 없는 사실로서, 지금도 완전히 하나의 국가인지 어떤지 의문의 여지가 있다."는 내용을 담았는데, 이것은 제2법률고문이었던 제럴드 핏츠모리스의 견해였다고 한다. 김민수, 〈대일 강화조약 한국 참가 문제〉,《국제정치》(일본국제정치학회, 2002.12). p.139. 이러한 일련의 문서는 영국이 중화인민공화국을 공식 인정한 1950년 1월과 시기적으로 일치하는데, 울프에 따르면 영국의 중화인민공화국 공식 인정은 아시아에서 "영국 교역에 유리한 조건을 확보하기 위한" 것이었다. David C. Wolf, 〈'To Secure a Convenience': Britain Recognizes China-1950〉,《Journal of Contemporary History》(1983), pp.299-326.

표 1. 한국 참가를 둘러싼 미국과 영국의 의견 변천[9]

날짜	미국	영국	비고
1945. 10.			국무부의 조약 태스크포스 발족
1947. 08.			남조선 과도입법의원: 미 국무부에 대일 평화회의 참여 의사 전달.
1949. 12.	참석 허용		미국 안: 한국, 서명국으로 참여
1950. 01.		참석 반대	①1945년 이전 일본의 일부 ②해방 후도 주권국가라고 보기 어려움.
06. 18~20	호의적 의사		존 덜레스, 한국 방문 때.
06. 25	**북한군 38선 남하, 6·25 한국전쟁 시작**		
07.	호의적 검토		미 국무부: 규정 추가 의사.
1950. 10. 19	**중국군 한국전쟁 개입**		
1951. 01. 01~05	**중국군 38선 남하, 서울 진입**		
01. 26	참석 허용		주미 한국대사 장면-덜레스 면담, 영국과 일본 설득 의사 표시.
03. 11		참석 반대	영국 정부안 작성: 소련이 북한 참석 요구 우려.
03. 14	**서울 수복**		
03. 21	참석 허용	참석 반대	미국 대표 존 앨리슨, 한국 정부에 초안 전달 의사 표시. 영국 대표 로버트 스콧, 한국의 다른 법적 입지 이유로 반대.
03. 23	참석 허용		미국정부, 한국에 미국 조약안 전달.
04. 16		조건부 찬성 의사	외교부 장관 허버트 모리슨 메모: 우리의 반대 의견에 대해 만약 미 정부가 '중요성' 첨부한다면 반대 고집하지 않겠다.
04. 23	참석 허용		요시다 시게루-덜레스 회담. 덜레스, 한국 정부의 위신 세우기, 재일在日 조선인(공산주의자 다수) 문제와 배상권 문제는 고려해보겠다.
05. 01~04	참석 허용	참석 반대	미국 대표 앨리슨: 한국이 공격당한 사실에 비춰 참가 허용하면 정치적 이득이 있을 것. 영국 대표 톰 린슨: 한국은 비교전국으로 대일 평화조약의 모든 조건이 적용될 수 없다. 한국: 미 정부에 1919년 베르사유 조약의 폴란드 서명 예를 들어 참가 허용 요청.

05. 09	참석 반대		국무부: 한국의 주장이 설득력이 있어 보이지 않는다. 폴란드 정부는 당시 서구 열강이 인정한 반면, 한국 임시정부는 그렇지 못하다. 임정의 항일 투쟁은 평화조약 참가 "문제와는 무관하다."
05. 16	참석 반대		영국 측 의견 쪽으로 기울어짐.
06. 01	참석 반대		*미국, 임시정부가 승인되지 않았다는 근거에 따라 공식적으로 영국 의견에 동의. 6월 1일 자 미국 초안에서 한국이 서명국 명단에서 빠지고, 초안 10항에 조약 일부 조항에 대해 "대한민국을 '연합국'으로 간주한다."는 내용 삽입.
06. 14	참석 반대	참석 반대	*6월 14일 자 영-미 수정 초안에서 6월 1일 자 초안에 삽입된 "(조약 일부 조항에 대해서) 대한민국을 '연합국'으로 간주한다."는 내용 삭제.
07. 09	참석 반대	참석 반대	한국 제외 결정을 한국 정부에 통보. 1942년 1월 유엔 선언 서명국 중심으로 명단 작성할 것.

의사를 밝혔다. 앞에서 언급하였듯이 10월 하순 중국군의 한국전쟁 개입 후 이듬해 1월 4일 중국군이 서울로 진입해 들어온 그날, 덜레스는 일본을 평화국가로 자리 잡도록 하는 평화조약 체결과 일본에서 미군 병력의 강화를 통해 일본의 안보를 보장하는 조치가 동시에 시급히 이루어져야 한다는 내용의 편지를 애치슨 국무장관에게 보냈다.[10] 미국정부는 중국군이 한국전에 개입하는 상황에 직면하여 소련군이 홋카이도를 통해 일본 영토로 진입하는 상황을 매우 심각하게 생각하였다. 일본을 자유민주국가로 탄생시켜 우방으로 만드는 동시에 미군의 협력 아래 자위 국방력을 확보할 수 있게 해야 한다는 정책이 서둘러

---

9   〈표 1〉은 *로 표시된 부분을 제외하고, 다음 논문에 정리된 내용을 활용하여 작성되었다. Kang Seong Mo, 〈Great Britain's Postwar Insecurity and the Question of South Korean Participation in the Japanese Peace Treaty〉, 《Seoul Journal of Korean Studies》(서울대학교 규장각한국학연구원, 2015.12).

10 木畑洋一, 앞 논문, 1986.

세워졌다. 이와 같은 미국의 양면 정책이 같은 해 9월에 샌프란시스코에서 '대일 평화조약'과 '미·일 안보조약'으로 구체화되는 것은 잘 알려진 사실이지만, 그 계기가 한국전쟁 그것도 중국군의 개입에서 비롯한다는 사실은 새롭게 주목할 필요가 있다.

1951년 1월부터 덜레스는 두 가지 이유를 들면서 한국의 참가를 허용한다는 주장을 거듭 밝혔다. 첫째는 대한민국 임시정부가 중국의 국민당 정부와 함께 항일전선에 참가하였다는 것, 둘째는 현재 공산군과 싸우고 있는 한국의 정치적 위상을 높일 필요가 있다는 것이었다.[11] 이 주장은 〈표 1〉에서 보듯이 1951년 1월 중공군의 개입 이후 5월 4일까지 다섯 차례에 걸쳐 표명되었다. 이에 반해 영국은 같은 기간에 네 차례에 걸쳐 반대하였다.[12] 한 번은 영국 외무장관이 유화적인 견해를 표한 바 있었지만 결국 원래의 입장이 유지되었다(4월 16일). 한국의 참석에 대해 찬성 의사가 강하던 미국은 5월 9일 이후 영국의 의견을 수용하는 쪽으로 기울어 한국은 끝내 9월의 샌프란시스코 평화회의에 참석하지 못하였다.

2) 영국의 반대 이유: 중국과의 관계 유지

영국은 한국의 참여가 중국과 소련을 자극할 것이라는 이유로 한국 참가를 반대하였다. 현실적으로 영국에겐 제국주의 시대 이래 중국과 동남아시아에서 확보한 상업적, 정치적 지분을 유지하는 것이 매우 중요

11 국제연합은 1948년 대한민국을 승인하였다. 이때 미국이 소련과의 대립 속에 승인의 중심 역할을 하였는데 덜레스가 당시 미국 대표였다. 미국은 이때 일본의 한국지배 상태를 '노예상태'라고 지적한 카이로 선언(1943.11.27)과 1941년 12월 10일 대한민국 임시정부가 대일 선전포고對日宣戰布告를 한 사실을 인지하고 있었다. 김민수, 앞 논문, p.138.
12 1951년 3월 미국의 초안이 배포된 뒤, 영국이 4월 11일에 한국의 서명국 참여 조항(18조)에 한차례 더 반대 의견을 냈다는 자료도 있다. 塚本孝, 〈韓國の對日平和條約署名問題: 日朝交渉, 戰後補償問題に關聯して〉, 《レファレンス》(国立国会図書館調査及び立法考査局, 1992.3).

하였다. 특히 중국과 홍콩이 차지하는 경제적 중요성은 매우 컸다.[13] 이 이해관계를 보호하기 위해 영국은 두 개의 주요한 과제를 설정하고 있었다. 중국의 새 공산정권과 호의적 관계를 유지하는 한편, 공산권의 결속을 막기 위해 중국과 소련 사이에 쐐기를 박는 것이었다.[14]

제2차 세계대전이 끝났을 때 영국은 전면적 경제 파탄에 직면하여 있었다. 미국과 달리 식민지 네트워크에 기반을 둔 경제구조 탓이었다. 중국, 홍콩, 말라야 등과의 경제관계는 세계, 특히 영국에 중대한 의미가 있었다. 중국은 많은 원료와 교역 자원을 가진 나라였다. 1949년 당시는 이러한 중국의 자원을 활용하려는 영국의 상인과 기업이 중국에 상당한 규모의 투자를 하고 있는 상태였다. 또한 홍콩은 세계에서 가장 중요한, 번성하는 항구와 시장을 가진 곳으로 홍콩의 조선造船과 선박 수리는 매우 중요한 산업이었다.[15] 정치적으로나 심리적으로 반공산주의의 거점으로서 가지는 의미도 컸다. 말라야 역시 고무와 주석 같은 원료자원 또 식량자원의 제공지로 서구 경제에 가지는 중요성이 컸다. 영국은 이미 전쟁 전에 확보한 세 지역에서의 우위관계를 재가동하여 자체 경제위기를 극복하고자 하였다. 공산주의자들에 의한 중

---

13 동남아시아, 동아시아에서의 영국의 경제 문제는 木畑洋一, 앞 논문 참조.

14 이하의 서술은 앞 Kang Seong mo의 글에 근거한다.

15 1951년 1월 말에 덜레스와 도쿄의 영국 대사관 사이에 일본의 조선 시설 규모에 관한 논의가 있었다. 즉 미국 측에서 지금까지 영국 측에서 관리하던 일본의 조선 사업 시설을 일본에 넘겨주는 차원에서 그동안 파악된 조선 시설의 규모를 영국 측에 문의하였다. 도쿄 주재의 영국 측 담당자(C. P. Scott)가 런던 외무성의 담당자(Sir A. Gascoigne) 앞으로 보낸 전보(암호 해독문)에 따르면, 담당자는 자신의 조선 자문관은 시설 가용 능력이 연간 70만 톤이라고 하지만 실제는 40만 톤으로 낮추어야 할 것으로 생각한다고 보고하였다. 이것은 영국이 일본이 다시 자유국가로 재출범하면 조선 부문에서 홍콩을 위협할 것에 대비하여 연간 40만 톤 이내로 한정하여 허용하기 위한 사전 준비였다. 〈Public Record Office, F.O. 371 closed until 1982, 92530. 1951, Far Eastern Department, Japan J 1022/36, From Tokyo to Foreign Office 38, Sir A. Gascoigne no.111, 30th January, 1951〉. 영국은 이 밖에 일본의 섬유산업 부활에 대해서도 경계하였다.

국 지배는 '혐오스럽지만' 유대는 필요하다는 것이었다. 동시에 영국은 중국이 소련과 지나치게 밀착하는 것을 막고자 하였다. 소련의 막강한 군사력과 중국이 결합하면 서방세계에 큰 위협이 될 것으로 판단하였기 때문이다.

미국의 극동정책을 담당한 덜레스는 여러 차례 영국 정부와 접촉하던 끝에 영국과 중국의 유대 확립이 소련의 일방적 우위를 저지하는 데 도움이 된다는 판단 아래 한국 참가 카드를 버리는 길을 택하였다. 소련이 홋카이도를 통해 일본에 침공하는 상황은 미국이 가장 경계하던 것으로서, 이를 방지하는 데 영국의 정책적 판단이 도움이 된다고 생각하였다. 5월 초까지 한국이 조약 서명국으로 참가하는 것이 정치적으로 이득이 될 거라고 주장하던 미국은 5월 9일부터 태도를 바꾸었다. 이때 한국정부는 영국의 반대를 꺾기 위해 1919년 베르사유 강화조약 때 폴란드 임시정부가 서명국으로 참여한 것을 예로 들어 참가 허용을 요청하였다. 그러나 6월 1일자 평화조약 초안에서 미 국무부는 이러한 한국정부의 주장에 대하여, 폴란드정부는 당시 서구 열강으로부터 인정받은 데 비해 한국의 임시정부는 2차 세계대전 중 그러한 인정을 받은 적이 없으므로 임정의 항일투쟁은 조약 참여 문제와는 어떠한 '상관도 없다(do not, therefore, have any bearing on the question)'고 서술하였다. 이렇게 미국은 한국이 대일 평화조약에 참가할 수 없다는 것을 공식적으로 채택하여 6월 1일 참석국 명단에서 한국을 제외하였으며, 6월 14일 수정본에 반영한 뒤 7월 9일에 이를 한국정부에 통보하였다.

한국 참가 반대 이유의 정당성 문제:
유엔 국제법 정신에 대한 배반

미국이 한국정부에 최종 결과를 통보하였을 때, 한반도의 전황은 38도
선을 경계로 쌍방이 치열한 공방전을 벌이던 중이었다. 1951년 3월
14일 유엔군이 중국군을 밀어내고 서울을 수복하였을 때 맥아더 사령
관은 38도선 돌파를 명령하였고, 6월 25일에는 유엔에서 소련 대표가
휴전회담을 제의하였다. 그러나 한국의 이승만 대통령은 이를 거부하
고 '북진통일'을 외쳤다. 4월 10일 미국의 트루먼 대통령은 중국군에 대
한 강경한 태도를 보여온 맥아더 사령관을 해임하고, 6월 29일 후임인
매튜 벙커 리지웨이 사령관에게 정전 교섭을 명령하였다. 한국의 대일
평화조약 참가의 숙원은 한반도에서 벌어진 유엔군과 공산군 간의 치
열한 공방전이 휴전을 모색하는 가운데 중국과의 유화관계를 지속하
려는 영국의 입김으로 버림받았다.

  한국 배제는 과연 정당한가? 설득력이 있는 결정인가? 이를 검토
하기 위해 미국, 영국 두 나라의 찬반 의견의 내용부터 비교해볼 필요
가 있다.

  1949년 11월 23일, 미 국무장관 대행은 주한 미국대사에게 대일 평
화조약에 한국의 참여 여부에 대한 의견을 물었고, 같은 해 12월 3일,
서울의 주한 미국대사 무초는 국무부에 "한국은 (중·일전쟁에서) 교전
국belligerent이었다고 주장하고 있으며, 한국정부의 위상을 제고하고,
미국과 유엔의 의지를 확인하는 차원에서도 한국은 '일본조약'에 서명
국으로 참여해야 한다."고 강력하게 건의하였다. 이는 미국 측의 한국
참가 찬성 의견으로 가장 앞서는 주장이다. 1951년 1월부터 4월 상반
기 사이 덜레스가 영국과 교섭할 때도 미국정부는 이 의견을 견지하
였다. 좀 더 구체적으로 한국 임시정부는 중국 장제스 국민당 정부와

함께 항일전선에 참여하였다고 언급되기도 하였다.[16] 1919년 4월 상하이에서 출범한 대한민국 임시정부의 항일 투쟁을 공식적으로 인정하는 견해다.

한편 영국은 1949년 12월에 미 국무부가 위 서울 주재 대사관의 건의를 받아 미국 안을 작성하여 영국 정부에 제시했을 때, 1950년 1월에 한국은 1945년 이전 일본의 일부였으며, 해방 후에도 주권국가로 보기 어렵다는 두 가지 이유로 반대 의사를 밝혔다. 1951년 4월 23일, 일본의 요시다 시게루 총리가 도쿄를 방문한 덜레스에게 제시한 〈한국과의 평화조약Korea and Peace Treaty〉에도 거의 같은 내용이 일본정부의 의견으로 제시되었다. 요시다 시게루는 만약 한국이 서명국이 되면 100만 명에 달하는 재일 한국인에 대한 재산권과 배상권이 문제가 된다는 것을 덧붙였다. 그는 한국인들은 대부분이 공산주의자라고 언급하기도 하였다.[17]

미국의 견해는 한국의 중칭 임시정부가 광복군을 창설하여 장제스 국민당 정부군의 지원과 협력 아래 항일전선에 참가한 사실을 중시하였다. 광복군이 중국 서쪽에서 미군 또는 영국군과 작전을 수행한 사실을 기억한 것이다. 영국도 이 사실을 기억하였을 것이지만, 다른 목적 때문에 이를 외면하였다. 앞에서 살폈듯이 영국은 전후에 중국에서의 경제적 이익과 관계 유지가 절박한 상황에서 이를 해결하기 위해 사실을 외면하였다. 한국 참가를 허용할 경우 중국과 소련을 자극하여 마찰이 생길 것을 우려한 것이다.

실제로 한국 임시정부가 1945년 8월 이전에 국제연맹으로부터 공식적으로 승인받은 사실은 없었다. 그러나 1931년 일본이 만주사변을 일으키면서 시작된 동아시아의 불안정한 상황은 국제연맹이 그런 일

16 주 11의 내용 참조.
17 Kang Seong Mo, 앞 논문, p.160.

을 할 기회를 앗아갔다. 당시 국제연맹은 국제분쟁을 법적으로 처리할 수 있는 기반을 확보한 가운데 만주사변의 진상 조사를 위해 리튼 조사단을 현지에 파견하였고, 조사단은 일본의 행위를 불법으로 판정하여 원상회복을 '권고'하였다. 일본은 이에 불복하고 국제연맹 탈퇴를 선언, 이후 본격적인 군국주의의 길로 들어서 중·일전쟁, 태평양전쟁을 연달아 일으켰다. 이러한 상황에서 한국 임시정부나 국제연맹이 정부 승인 문제 같은 것을 신청하거나 심의한다는 것은 거의 불가능하였다.

그런 가운데 1935년에 발표된 〈조약법에 관한 보고서〉가 1905년 한국과 일본이 맺은 '보호조약'에 대해 효력을 발생할 수 없는 조약으로 규정한 사실은 매우 주목할 만한 성과다. 국제연맹이 주요 사업을 통해 일본이 한국을 '식민지'로 만든 결정적 계기가 된 조약을 효력을 발생할 수 없는 조약으로 판정한 것이기 때문이다. 이는 항일투쟁을 벌이고 있는 임시정부를 사실상 승인한 것이라고 봐도 좋을 것이다.

일본에 이어 파시즘의 길로 들어선 독일, 이탈리아가 잇따라 국제연맹을 탈퇴하여 세계가 다시 전쟁을 눈앞에 둔 상황에서 1935년의 〈조약법에 관한 보고서〉가 가지는 의미는 결코 적지 않다.[18] 이 보고서

18　국제연맹 법전화 사업의 '조약법에 관한 보고서'가 1905년 보호조약에 대한 조사의 근거로 든 것은 Francis Rey, 〈La situation internationale de la Corée〉, 《Revue Générale de Droit International Public, Tome XIII》(1906)이었다. 프란시스 레이는 1919년 파리 강화회의 때 프랑스 대표단의 일원이었고, 이후 도나우강 국제법위원회의 사무총장으로 활동하였다. 이태진, 《끝나지 않은 역사: 식민지배 청산을 위한 역사인식》(태학사, 2017). pp.290-291. '조약법에 관한 보고서'의 보고자였던 제임스 가너는 미국 일리노이주립대학교 교수였지만 프랑스어를 유창하게 구사하여 프랑스에서 보내는 학술 활동의 시간이 많았던 편으로 레이와 교분을 나누는 사이였을 가능성이 높다. 1919년 한국 임시정부 대표단이 파리 평화회의에 제출한 '청원서'에 대해 이 회의가 끝날 무렵 사무총장이 파리 대표부에 이 사안은 곧 새로 탄생할 국제연맹에서 다룰 사안이란 회답을 보냈던 것으로 확인된다. 그렇다면 위 '조약법에 관한 보고서'의 1905년 보호조약에 관한 평가는 곧 이에 대한 회답이란 공적 의미가 부여될 수 있을 것이다. 이태진, 앞의 책, p271; 이태진,

가 국제연맹을 대신하여 새로 출범한 국제연합에서 그대로 승계되었다면 더욱 그러하다.

국제연맹은 국제법을 공법의 기반 위에 올리는 성과를 냈지만, 침략국가에 대한 제재 장치를 가지지 못하는 약점이 있었다. 이 약점을 보완하기 위해 1942년부터 국제연합의 결성이 준비되어 1946년 12월에 출범하였다. 국제연맹은 이듬해 자진 해산하였다. 국제연맹의 국제법 법전화 사업의 성과는 사업의 주관자 맨리 허드슨의 주도로 국제연합에서 국제법위원회를 조직하여 그대로 수용되었다. 1963년 국제연합 산하의 국제법위원회는 국제연맹의 '조약법에 관한 보고서'를 보충하여 총회에 제출, 결의로 채택시켰다. 역사상 효력을 발생할 수 없는 조약에 1776년 러시아의 폴란드 분할 조약, 1905년 일본과 한국의 '보호조약', 1915년 미국과 아이티 사이의 조약 등에 더해 나치 독일의 체코슬로바키아 분할 강제 조약이 하나 더 추가되었다.

미국은 국제연맹과 국제연합의 창설을 주도한 나라다. 국제연맹에서 국제법의 법전화 사업을 주도한 맨리 허드슨 교수는 법전화 사업을 일컬어 '20세기 그로티우스 정신의 실현'이라고 하였다. 19세기 말에서 20세기 초기까지 열강들 사이의 식민지 경쟁에서 조장된 비밀 협약의 무법과 불법의 관행을 타파하기 위해 모든 조약은 공개를 원칙으로 하는 것을 전제로 법전화 사업을 추진하였다. 그는 지금까지 개인의 학설로 존재하던 국제법을 공법의 지위에 올려놓았다. '그로티우스 정신'의 표방은 열강의 이해관계가 아니라 국제정의의 실현을 목표로 하는 것이었다.

이러한 관점에서 샌프란시스코 대일 평화조약을 앞두고 미국정부가 한국을 서명국으로 참가시켜야 한다고 주장한 것은 매우 타당한

⟨San Francisco Peace Treaty with Japan and the Problems with the 'Colony' Korea⟩, '샌프란시스코 체제를 넘어서' 국제학술회의 1차 회의(2016.10.28).

것이었다. 그 주장이 관철되지 못하고 중국의 한국전 개입과 소련의 일본 침공 가능성 등을 이유로 영국의 주장이 수용된 것은 큰 오류였다. 이 변화에 작용한 영국과 일본의 입김은 분명히 자국의 이해관계를 앞세운 제국주의 시대의 유물로 비판받아야 할 여지가 많다. 영국 정부가 미국이 주도하는 대일 평화조약에 개입한 것에 대해 "동아시아·태평양 지역에서의 제국주의 대국이라는 의식을 버리지 못한 영국 정부는 가능한 한 미국과 대등에 가까운 입장으로부터 대일 강화조약에 관여하려는 노력을 계속했다."[19]는 지적은 주목할 논평이다.

맺음말: 샌프란시스코 평화조약의 가변성

일본은 19세기 말엽에서 20세기 전반기까지 약 60년간 네 차례나 큰 전쟁을 일으켰다. 1894년의 청일전쟁, 1904년의 러일전쟁, 1937년 중일전쟁, 1941년의 태평양전쟁 등이 모두 일본이 일으킨 전쟁이다. 일본은 국제정세의 변동으로 불가피하게 일으킨 전쟁이라고 변명하지만, 실제로는 막부를 타도하고 메이지정부를 성립시킨 조슈長州 번벌 세력의 스승 요시다 쇼인의 대외 팽창론을 실현하는 계획적인 전쟁들이었다.

　　요시다 쇼인은 1854년 옥중에서 쓴 《유수록幽囚錄》에서 증기선 시대에 사면이 바다인 섬나라 일본은 무방비 상태나 마찬가지이며, 이 조건에서 서구 열강의 식민지가 되지 않기 위해서는 서구 열강의 기술을 속히 배워 주변국을 선점하는 것이라고 역설하였다. 홋카이도 개척 후 캄차카반도 진출, 류큐 합병, 타이완 점령, 조선반도-만주-몽골 침략, 중국 점령 등 순차를 제시하기까지 하였다. 나아가 필리핀, 오스

19　木畑洋一, 앞 논문, p.185.

트레일리아, 캘리포니아로 진출하여 태평양을 일본의 바다로 만들어 야 할 것이라는 지침까지 남겼다.[20] 일본이 벌인 전쟁들은 모두 쇼인의 제안을 하나씩 차례차례 실천에 옮긴 '기획전쟁'이라고 할 수 있다.

샌프란시스코 대일 평화조약이 진정한 평화를 위한 조약이라면 메이지유신 이후 일본이 벌인 모든 전쟁에 대한 책임을 물었어야 마땅 하다. 1951년의 대일 평화조약은 이 가운데 중일전쟁과 태평양전쟁 두 가지만 대상으로 하였다고 하지만, 그마저도 당사국인 중국(중화인민 공화국과 중화민국-대만)이 불참한, 요건 불비의 조약이라 할 수 있다.

한국은 네 차례의 전쟁 모두로부터 큰 피해를 입은 나라인데도 1910년 일본에 '병합'되어 그 영토가 되었다는 이유로 평화회의에 초청 받지 못하였다. 1904년의 러일전쟁은 일본이 한국을 보호국으로 만들 기 위해 일으킨 전쟁이었다. 그 전승을 배경으로 '보호조약'이 강제되 고, 이를 바탕으로 1910년 무력을 앞세워 강제로 병합이 이루어졌다. 하지만 당시 한국은 1907년 제2차 헤이그평화회의, 1919년 파리평화 회의에서 주권회복운동을 전개하여 큰 관심을 끌었으며, 또 1935년 국 제연맹의 '조약법에 관한 보고서'가 1905년의 보호조약을 인류 역사에 서 효력을 발생할 수 없는 조약 셋 중의 하나로 규정한 전사가 있었다.

그런데도 샌프란시스코 평화회의는 이를 외면하고 강제 병합의 결과로 초래된 '일본 영토의 일부'를 참가 자격 배제의 이유로 삼았다. 침략행위를 응징하는 평화회의가 침략행위를 정당화해주는 꼴이 되 었다. 샌프란시스코 평화조약은 중일전쟁과 태평양전쟁이 왜 일어났 는지를 따지지 않은 상태에서 침략행위를 범한 자를 우대하는 조약이 되고 말았다. 샌프란시스코 평화조약은 일본이 저지른 전쟁범죄를 묻 는 조약이 아니라 냉전체제에 대한 대응전략 차원에서 '일본 구하기'

---

20 이태진, 〈吉田松陰と德富蘇峰: 近代日本による韓國侵略の思想的基底〉, 辺英浩, 小宮秀 譯,《都 留文科大學研究紀要(第80号)》(2014.10); 이태진,《끝나지 않은 역사》, p.145.

조약이 되어버렸다. 평화회의를 주관한 미국의 트루먼 대통령은 개회식에서 "일본을 경제 안정 속에 자유민주주의 국가로 재탄생시켜 태평양 지역을 공산권의 공격으로부터 방어하는 체제를 만드는 것이 곧 국제연합의 목전의 과제"라고 강조하면서, "일본이 고통을 준 나라들에 대해 국가 배상금 지불을 이행해야 한다는 원칙도 잘 알고 있지만, 일본국민에게 '절망적'인 배상의 짐을 지울 수는 없다."라고 양해를 구하였다.

샌프란시스코 평화조약은 동북아시아에 위급하게 다가온 공산세력의 저지를 위해 일본을 조약을 체결할 수 있는 국가로 만드는 것이 목적이었다. 평화조약은 어디까지나 이에 후속한 '미·일 안보조약' 체결을 위한 수순이었다. 미국과 영국의 전략적 판단이 동북아시아에서 공산세력의 남하를 저지하기 위해 불가피한 것이었다고 하더라도, "일본이 고통을 준 나라들에 대해 국가 배상금 지불을 이행해야 한다는 원칙"은 결코 망각할 수 없는 중요한 과제였다. 당시에 일본의 침략행위의 최대 피해국 중 하나인 한국이 공산군과 맞서 싸우는 최일선의 나라가 아니었던가? 이 모든 문제점이 바로 잡히지 않는다면 샌프란시스코 조약은 역사상 오명으로 남고 말 것이다.

샌프란시스코 대일 평화조약은 다자조약으로서 형식상으로도 많은 문제점이 있었다. 한국이 일본의 식민지로서 그 영토의 일부였다는 이유로 끝내 초청받지 못한 것과는 달리, 파키스탄, 인도, 실론(스리랑카), 인도네시아, 베트남, 라오스, 캄보디아 등은 식민지 모국인 영국, 네덜란드, 프랑스 등이 연합국이란 이유로 조약 서명국이 되었다. "공정하거나 합리적 의사결정과는 현저히 거리가 먼" 조치였다.[21] 이는 역사상 최대의 식민지 보유국이던 영국의 입김에 따른 불공정한 처사였

21　정병준,《샌프란시스코 평화조약의 한반도 관련 조항과 한국정부의 대응》(국립외교원 외교안보연구소 외교사연구센터, 2019), p.122.

다. 샌프란시스코 대일 평화조약이 일본에 대해 관대하게 처리된 데 대해, 이탈리아 정부는 '대이탈리아 평화조약'(1947.2.10)과의 차이에 불만을 품고 개정을 요구하는 소리를 높이기도 했다.[22]

샌프란시스코 대일 평화조약에서 영국이 개입한 정도는 아시아·태평양전쟁에 대한 영국의 실제적인 기여에 비추어 과도한 것이었다. 이에 대해서는 이미 "동아시아·태평양 지역에서의 제국주의 대국이라는 의식을 버리지 못한" 결과란 비판이 나와 있지만, 그 잘못된 영향력 행사로 빚어진 오류는 바로잡아야 할 것이다. 무엇보다도 영국의 주장이 바로 요시다 시게루처럼 일본 제국주의를 긍정하는 의식의 계기로 작용하였다면 중대한 사안이 아닐 수 없다.

결론적으로 샌프란시스코 평화조약은 냉전체제 논리와 제국주의 의식이 동거하는 결과가 되었고, 그 불합리한 관계는 이후로도 동북아시아 국제정세 불안정의 중요한 원인의 하나로 작용하였다. 동아시아의 진정한 평화를 위해서는 국제연합의 이름으로 "21세기 그로티우스법 정신"의 구현 차원에서 새로운 노력이 기울여져야 할 것이다.

---

* 이 글은 2019년 11월 8~9일 서울 코리아나호텔에서 열린 제4차 회의에서 처음 발표되었다.
* 이 논문 작성에 1차 사료로 활용된 미 국무장관 존 포스터 덜레스 자료(RG 59 General Records of Department of Stat, Japanese Peace Treaty Files of John Foster Dulles, 1947-1952)는 정병준 교수가 제공해 준 것이다. 호의에 감사를 표한다.

22 김민수, 앞 논문, p.137. 대이탈리아 평화조약에 비해 대일본 평화조약의 영토문제에 관한 처리가 매우 소략한 것에 대한 지적도 있다. 강병근, 〈평화조약 내 영토조항에 관한 연구: 대일 평화조약과 대이태리 평화조약을 중심으로〉, 《국제법학회논총(63-4)》(2018).

동아시아 동맹국들 간의 문제?
문제 많은 미국의 과거

알렉시스 더든Alexis Dudden(미국 코네티컷대 교수)

2019년 말에 무서운 코로나 바이러스(COVID-19) 팬데믹이 발생하기 전에도, 미국 대외정책의 모든 잘못을 도널드 트럼프 대통령의 탓으로 돌리고 싶은 유혹이 있었다. 하지만 트럼프 행정부는 오랫동안 미국정부의 행위에 영향을 끼쳐온 무신경함과 종종 인종차별적이었던 관행을 단순히 드러냈을 뿐이라는 게 진짜 미국의 문제라고 할 수 있다. 달리 말해, 도널드 트럼프와 그의 지지자들이 좋지 않은 상황을 더욱 악화시키긴 했지만, 그 상황들 중 일부는 트럼프 정부 등장 전부터 좋지 않았다. 동북아시아 동맹국들인 한국과 일본에 대한 미국의 정책이 명백히 그런 경우다.

2019년 7월에 시작된, 수출 규제와 안보 태세를 둘러싼 한국정부와 일본정부 간의 대치 상황은 두 나라의 거리로 흘러나와 항의를 부추겼다. 한국인들은 일본제 자동차와 맥주, 일본 관광 등을 보이콧했고, 일본인들은 학생들의 한국 수학여행과 자국 내 한국 관련 미술전시 등을 취소했다. 많은 사람들이 양국 관계를 1945년 일본의 한국지배가 끝난 이후 "최악"이라고 단언하도록 자극했다. 비교 검토가 부족하긴 하지만, 도널드 트럼프조차 놀란 듯했다. "이건 마치 (내가) 일본과 한국 관계에 전업으로 관여하는 것 같은 일이다. (…) 그들이 나를 원한다면, 나서겠다." 그동안 워싱턴의 전문가들은 양국의 불안정한 관계가 새로운 골칫거리거나 아이폰 재생목록을 바꾸는 것처럼 다루기 쉬운 일이라도 되는 듯 "우방국들이 서로 협력해서 일을 해결하는 것"의 중요성에 대해 진부한 얘기들을 쏟아냈다.

최근의 이런 논의 가운데 우선순위에서 빠져 있는 것이 1945년 이후 한국과 일본이 계속해서 위태로운 관계를 지탱하고 있는 구조적 균열에 대한 인식이다. 항상 명심해야 할 것은, 한국에 대한 일본의 식민지배(1910~1945)가 끝날 때까지 한국인들은 자신들의 나라가 둘로 나뉠 것이라고는 상상도 하지 못했다는 점이다. (그 부분은 일본인들도 마찬가지였고, 미국인들 역시 그런 것은 생각도 하지 못했다.) 하지만 이제는 잘 알려져 있듯이, 1945년 8월 10일 늦은 밤에 워싱턴에서 일하던 두 미국인 딘 러스크와 찰스 본스틸은 한국 지도를 쳐다보면서 북위 38도를 따라 선을 그었다. 그것은 서울을 미국의 통제 아래에 두는 대신 그 선 북쪽에 있는 것은 모조리 소련에게 주겠다는 것이었다. (모스크바의 지도자들은 식민지 조선이 아닌 일본을 상대로 2차 세계대전에 참전한 것이었으며, 전리품으로 일본의 북쪽 절반을 받을 것으로 기대했다.) 몇 년 후, 1953년 7월 한국전쟁이 휴전으로 끝나면서 그 선은 사실로 굳어졌다. 한편 점점 더 가망이 없어지고 있는 것 같기는 하나, 1945년 이후의 한국사는 1945년 이전의 과거사를 지우기 위해 임시방편적인 무수한 정치적 노력을 기울였지만 성공하지 못했다. 그리고 이것이 그런 과거사를 지우려는 지속적인 노력에도 불구하고 오늘날까지 워싱턴의 행동이 점점 더 미국을 그 과정 속으로 끌어들이고 있는 지점이다.

한국과 일본 모두 안전 보장자로서의 미국에 의존하고 있는 상황에서 서울과 도쿄에서 비판이 나오지 않는 것은 놀랄 일이 아니다. 하지만 한국보다 일본을 중시하는 미국의 지속적이고 편법에 가까운 일본 편애는 마찬가지로 사태를 악화시킨다. 1965년에 미국 외교관들은 식민지 시절의 잘못을 해소하려는 한·일 간의 '기본관계에 관한 조약 (Treaty on Basic Relation)', 흔히 '국교 정상화 조약(Normalization Treaty)' 으로 알려진 조약을 체결하도록 이면공작을 진행했다. 하지만 이처럼 '역사문제를 풀겠다'는 의도-그것이 미국이 주장하는 바였다-로 시작한 협상에서 북한을 배제시킴으로써 이 조약은 시작부터 치명적인 결함을 갖고 있었다. 달리 말하면, 일본의 식민지배 기간에 조선은 분단돼 있지 않았기 때문에, (*북한이 빠진 상태에서는) 식민지배의 실체- 노예 노동이나 재산 몰수 같은-를 다루는 어떠한 협의도 처음부터 무의미했다. 그렇지만 1965년에 워싱턴은 그런 식의 해결을 요구했으며, 이 북한 배제는 언젠가는 역사의 반격을 초래할 게 뻔했다. 그런 일이 2019년 여름에 일어났는데, 그것은 차분하고 진보적인 미래를 바란다면 1945년 이후의 동북아시아 기하학(geometry)을 만든 미국의 방식을 재검토하는 것이 긴요하다는 것을 다시 한번 일깨웠다.

중요한 것은, 지금의 사태를 끌어가는 것은 경제도 안보도 아니라는 점이다. 그것은 역사다. 특히 조선에 대한 일본의 식민지 및 전시 지배하의 강제·노예 노동의 역사에 대한 상반된 이해가 오늘날 진행중인 "역사문제"를 반복하게 만든다. 주요 기준들은 주로 영토분쟁 그리고 일본 통치하에서 고통을 당한 개인들에 대한 최선의 보상책이 무엇이냐에 관한 것이다. (지금의 현안들에서는 영토적 요소가 뒤로 물러나 있지만, [*이명박 대통령이 독도를 방문했던] 2012년에는 영토분쟁이 제일선의 그리고 핵심적인 요소였으며, 당시 전문가들은 양국 관계를 "최악"이라 단언했다.) 명백하게 이러한 핵심 요소들에 대한 미국의 개입은 역사를 현재에 본질적인 요소라기보다는 배경소음 정도로 여기는 결정들이 계속되면서 이미 논쟁의 여지가 많은 역사문제를 더욱 악화시켰을 뿐이다. 이런 식으로 일본의 1945년 이전 과거사와 관련해 두 개의 주요한 법적 해결에 관여한 미국의 외교적 노력은 그 구조적 어려움이 어떻게 시작됐는지를 정확하게 보여준다. 워싱턴은 역사를 현재에 대한 배경음악 정도로 취급하기를 좋아하지만, 서울은 이제 이러한 지속적인 정책적 근시안에 대해 공개적으로 이의를 제기하고 있다. 한국과 일본이 함께했던 1945년 이전 역사에 대해 (*양국의 서로 다른) 대중적 인식이 사실상 현실적인 안보 위협이 되었기 때문에 미국은 이 위태로운 역사문제들을 해결하기 위해 노력할 필요가 있다.

* * *

먼저, 2019년 한·일 간의 갈등은 그해 7월 초 일본이 한국에 대해 "국가 안보상의 이유"를 내세우며 경제 제재(*주요 반도체 부품·장비 수출 규제)를 가하면서 시작됐다. 양국 정부는 서로 상대가 필요한 적대적인 민족주의적 공격을 부추겼으며, 워싱턴은 양국에게 협력을 촉구하며 미온적으로 개입했다. 결국 서울은 이대로는 승산이 없는 상황이라 결론짓고—당신들이 우리를 믿지 않는다면, 우리도 당신들을 믿을 수 없다—(*한·일 양국이 맺은 유일한 군사협정인) 미국이 구축한 도쿄와의 군사정보포괄보호협정GSOMIA을 파기해버렸다. 국방 분석가들은 경악했고, 남한 사람들은 북한이 이 소식에 기뻐하며 세계 외교무대에 "언제든지 모든 미사일을 날릴 수 있다(all missiles all the time)"는 자기들 식의 접근법을 재개함에 따라 더 첨예하게 분열되었다.

2018년 11월, 한국 법원은 일본 미쓰비시중공업이 75년 전에 자신들에게 가한 고통에 대해 배상을 요구한 90살이 넘은 3명의 전 강제동원 피해자들에게 승소 판결을 내렸다. 일본 역사가들은 약 80만 명의 한국인들이 1939~1945년에 일본으로 강제동원된 것으로 보고 있으며, 이 사건을 포함한 배상청구 소송들이 1970년대에 이미 일본 내에서 시작되었지만 아무 소용이 없었다. 그리하여 결국 한국 법원은

2018년 판결을 통해 이들 원고에게 약 8만달러(1억원)를 지급하라는 명령과 함께 이를 실현하기 위해 현재 한국에서 영업 중인 피고 후계 기업들의 자산을 동결했다(관련 사건들에서 일부 원고들은 배상금 지불을 요구하지 않거나 단 1엔만 요구했다). 일본정부는 그 판결에 망설이다가, 대다수 한국인들의 반대에도 불구하고, 1965년 한·일협정으로 "과거사는 완전히 해결"됐다고 주장하면서 한국을 무역상의 우대조치인 화이트 리스트에서 제외하는 식으로 보복했다. 한국정부는 이에 맞대응하면서 대다수 국민들과 함께 양국 간의 모든 경제적, 외교적, 안보적 관계를 효과적으로 중단할 수 있는 근거를 확보했다. 일본 보도에 따르면, 3개월 만에 한국인들의 일본 관광이 50% 가까이 줄고, 닛산과 혼다는 각각 매출이 80% 이상 줄었으며, 일본 맥주업체들은 판매량이 97%나 줄었다.

많은 사람들이 왜 이런 문제들이 더 논의되지 않는지 눈살을 찌푸리며 의아해했을 것이다. 결국 미국 외교관들은 북한 미사일에 초점을 맞춰야 하지 않느냐고 재빨리 지적하고 나섰다. 심지어 COVID-19 재난 속에서도 평양은 계속 미사일을 발사함으로써 그런 지적이 적절해 보이게 만들었다. 하지만 여러모로 북조선의 그런 비생산적이고 호전적인 행동은 워싱턴을 돋보이게 하는 역할만 완벽하게 해냈을 뿐이다. 북의 미사일 발사는 미국이 일본의 항복 이후 일본에 대한 (주변지역 피해자들의) 보상 요구를 무시함으로써 일제 식민통치하에서 고통받은 사람들을 어떻게 실망시켰는지에 대한 관심을 흐리게 한다.

특히 여기에는 한국인과 중국인 그리고 다른 아시아 사람들뿐만 아니라 일본 기업들에서 강제노동에 종사한 미군 포로들American POWs도 포함돼 있다. 그들 역시 여전히 배상도 보상도 받지 못하고 있다. 따라서 여러 가지 측면에서 일제 통치하에서 고통받은 사람들에게 속죄하기 위해 체결된 조약들이 애초에 문제가 많은 것이었다는 사실을 분명히 하는 것은 그들의 존엄성을 회복하는 과정에서 여전히 중요하다. 여기에는 일본에 대한 연합군의 점령통치를 종식시킨 1951년의 샌프란시스코 조약과 1965년 서울과 도쿄 사이에 체결된 한·일협정이 모두 포함된다.

무엇보다도 일본과 한국 간의 "역사문제"의 영토적 요소와 관련해, 미국 관리들이 일본 점령통치 기간(1945~1952)에 내린 결정들이 오늘날까지 문제의 핵심으로 남아 있다. 예컨대 해리 트루먼 대통령의 특사 존 포스터 덜레스의 지휘 아래 미국이 이끄는 연합국은 1951년 샌프란시스코 조약에서 한·일 두 나라가 자국 영토임을 주장하는 작은 섬들에 대한 주권을 명시하지 않기로 결정했다. 한국과 일본의 강력한 로비에도 불구하고 소유자가 누구인지를 명시하지 않기로 한 이 최종 결정은 1952년 4월에 나온 일본과 그 주변을 나타내는 새 지도 속에 그대로 구현됐다(미국정부는 오늘날까지 그 입장을 고수하고 있다).

당시 어떤 결론도 내리지 않기로 한 미국의 결정은, 일본과 한국이 이 문제를 그들 스스로 풀어야 한다고 거듭 주장하는 지금 미국의 입장을 석연치 않은 것으로 보이게 만든다. 지금 미국은 (*이미 저지른 오판과 책임방기 등등의 실패를 포함해) 그것을 죄다 자국의 역사에서 배제함으로써 스스로 그 문제와 무관한 듯 굴고 있으며, 일본과 한국은 이미 경직된 그들의 입장을 더 굳히고 있다. 이런 상황은 외견상 한·일 양국이 자신들을 곤경에서 구해 달라고 미국에게 요청하고 있는 것처럼 보이게 만든다.

알다시피 샌프란시스코 체제the San Francisco System는 두 가지 사태 전개를 토대로 구축됐다. ①연합국에 의한 일본제국의 완전 해체, ② 미국 점령하의 일본정부가 A급 전범자 25명에 대한 유죄평결을 포함해 극동전범재판의 판결에 승복하는 것이 그것이다. 당시 일본 총리 요시다 시게루는 일본과 일본국민을 위해 그 조약에 서명했고 히로히토 천황도 그 결과에 만족했다. 별로 알려지지 않았으나, 1952년 4월 26일 도쿄에 있던 매튜 릿지웨이 장군은 트루먼 대통령의 샌프란시스코 조약 전담 특사였던 존 포스터 덜레스에게 다음과 같은 전문電文을 보냈다.

일본 천황폐하께서 황송하게도 오늘 아침 몸소 내게 전화를 걸어…다음 주 월요일에 일본이 다시 주권을 회복할 수 있게 해준 데에 대한 개인적인 감사의 뜻을 표명하셨습니다.[1]

이로써 한때 북중국에서 남태평양에 이르렀던 거대한 일본제국은 오늘날 우리에게 친숙한 해마 모양의 열도, 아시아대륙 동쪽 끝 북태평양에 떠 있는 '일본'으로 축소됐다.

의미심장하게도 그때 한국전쟁이 진행 중이었는데, 1950년 6월 25일 발발한 그 전쟁은 일본 점령통치에 관여하고 있던 미국인들 중 다수를 깜짝 놀라게 만들었다. 샌프란시스코 조약의 영토 관련 결정들이 예전의 일본제국 영역에 새로운 지리적 균열을 야기했다는 점만으로도, 이것(*한국전쟁)은 오늘날 교착상태에 놓여 있는 그 섬에 관한 논의에서 여전히 중요한 요소인데, 당시 미국 관리들 생각에 한국은 명백히 일본제국 영토에 포함돼 있었다.

당시의 공식적인 미국 외교문서들을 통해서 그때를 살펴보면, 한국전쟁 발발 전 일본에 있던 미국의 일본 점령통치 관리들-더글러스 맥아더 장군이 총지휘했다-간의 대화와 논의가 점차 그 섬들에 대한 일본의 권고 쪽으로 기울거나 그 문제를 그들이 완전히 무시하고 있었다는 걸 보여준다. 점령통치에 관련된 미국인들은 점령지 도쿄에서

1　〈Ridgeway to Dulles〉(1952.4.26.), catalogued in the John Foster Dulles Papers, Seeley Mudd Manuscript Library, Princeton University.

살며 일하고 있었고, 그들이 임무를 수행하는 동안 특정 일본 관리들과 우호적이 되었다는 점을 고려할 때 이는 놀라운 일이 아니다.

그럼에도 혼슈, 시코쿠, 규슈 그리고 홋카이도 등 4개의 주요 섬들 외에 일본이 자국 영토라고 주장한 것들 중에서 빠진 것들―일본 관리들이 미국인 점령통치 관리들에게 정기적으로 "잃어버렸다"거나 "도난당했다"고 주장해온 영토들―중 가장 중요한 것은 남쿠릴열도(일본에서는 북방영토로 알려져 있다)인데, 이 섬들은 오늘날까지 모스크바와 계속 영유권을 다투고 있다. 그리고 그때 미국이 일본의 반환 요구를 완전히 무시했던 당시의 류큐열도―일반적으로 오키나와로 알려져 있다―가 있는데, 어쨌거나 일본 관리들은 이 섬들을 남쿠릴열도보다 훨씬 더 기꺼이 미국에게 제물로 바쳤다. 마지막으로 당시에는 일본이 다시 통제권을 회복하는 쪽으로 미국에서 논의한 적 없었던―적어도 공식 기록상으로는―보닌제도(1968년에 미국이 일본에게 반환한 뒤 오늘날 오가사와라제도로 알려져 있다)가 있다.

학자들을 비롯한 많은 사람들은 국무장관 딘 애치슨이 1950년 1월 12일 워싱턴의 내셔널 프레스클럽에서 했던 유명한, 이른바 '방어선 연설'이 그 무대를 마련하는 데 결정적인 역할을 했다고 오랫동안 지적해왔다. 애치슨은 그 연설에서 한반도를 미국의 전략적 필요 대상에서 제외했는데, 그것이 미국의 방어선에서 뺀다는 것을 암시함으로써 몇 달 뒤 북한이 남한을 침략하는 데 청신호로 작용했다는 주장을 둘러싼 논란이 오래전부터 있었다. 그러나 애치슨이 오늘날 한국과 일본이 다투고 있는 섬들―한국 주변의 다른 섬들은 차치하고―에 대해 언급을 하지 않았다는 것은 분명하다. 이런 사실들을 종합하면, 그 지역의 영토들―특히 그 섬들―에 대한 애치슨과 맥아더의 일반적 관점과 그 역사적 순간에 그들의 주권을 명시하는 것과의 관련성이 왜 샌프란시스코 조약 체결 때 그것이 논의대상으로 상정됐는지를 이해하는 데

핵심적인 요소다. 맥아더 장군이 한국전쟁 발발 전에 "일급기밀Top Se-
cret", "기밀Secret", "비밀Confidential" 외교문서에서 "아시아 연안(the Asiatic
littorals)", "아시아 둘레(the Asiatic fringe)"—맥아더는 아시아대륙 연안에
활 모양으로 펼쳐져 있는 섬들을 이렇게 불렀다—라고 강조한 영토들
은 그가 미국의 서해안을 방어하는 데 중요하다고 본 것이 무엇이었
는지를 명확하게 보여준다.[2] 일본이 한국과 다투고 있는 영토는 이 범
주에 들어가지 않았다.

　미국 정책 입안자들에게 역사인식을 둘러싼 오늘날의 논란에서
핵심은 특정 영토들에 대한 맥아더의 등급 매기기가 지역 (*재편) 계획
에서 구체화됐을 것이라는 점이다. 그 이상도 그 이하도 아니었다. 맥
아더에게는 류큐 섬들(오키나와)이 가장 중요했고 그다음은 대만이었
다. 오늘날 한국과 일본이 영유권을 다투고 있는 섬들은 맥아더의 머
릿속에는 없었기 때문에, 다른 미국 정책입안자들이 주고받은 동시대
의 외교문서들에서 그 섬들이 언급될 때 그것은 맥아더나 애치슨의
'방어선' 개념에는 없는 것이어서 주목할 만하다. 당시 이 특별한 섬들
에 관한 공식적 언급은 특정한 미국인들이 그 섬들을 일본 정치인들
로부터 호감을 얻어내는 수단으로 여겼다는 것을 말해준다.

　미국 외교문서들은 일본인들이 그 섬들 영유권을 얻어내기 위해
강력한 로비를 벌였다는 것—결국 한국인들도 그랬지만—을 보여준다.
그러나 서울과 도쿄의 그런 노력들 간의 차이는 도쿄 주재 미국인 관
리들에게 간결하게 요약돼 종종 말 그대로 아무 근거도 없이 일본인
호스트들이 그들에게 요구하는 대로 워싱턴에 전달됐다. 따라서 오늘

2　예컨대 다음 자료들을 참조하라. 〈Memorandum of Conversation, by the Chief of the
　Division of Northeast Asian Affairs(Max Bishop)〉, Washington, February 16, 1949(Participants
　General of the Army Douglas MacArthur, William J. Sebald, Acting U.S. Political Adviser for Japan,
　Max W. Bishop, Chief, Division of Northeast Asian Affairs), in 《Foreign Relations of the United
　States(Volume VII)》(1949), p.657.

날의 고조되는 긴장은 많은 일본 관리들이 그 거래에 끼어든 것으로 추정되는, 1951년 샌프란시스코 조약의 허점에 그 원인이 있다. 조약에는 많은 다른 섬들도 언급되어 있지만 오늘날 분쟁이 벌어지고 있는 섬들은, 조약의 발효 과정에서 일본 로비보다 전략적 사고가 우세했기 때문이 아니다. 따라서 일부 일본인들이 오늘날 "한국의 기만"이라고 폄훼하는 것은 미국인들이 한 결정과 누락에 그 책임이 있다.

무대 뒤의 중요한 플레이어는 윌리엄 J. 시볼드였다. 그는 1946년과 1952년 사이에 여러 중요한 자리에 앉아 있었다. 미군의 일본 점령 기간에 도쿄에서 그가 맡고 있던 맥아더의 수석 정치보좌관도 그 가운데 하나였다. 1965년 5월−말썽 많았던 (*한·일 국교정상화) 조약 서명 직전−에 시볼드는 회고록《일본에서 맥아더와 함께: 점령기의 개인사With MacArthur in Japan: A Personal History of the Occupation》[3]를 출간했다. 시볼드는 일본의 유력 정치인들과 개인적인 관계를 돈독히 했으며, 그런 관계들을 통해 그는 '한국'에 대한 그들의 입장을 내면화하게 됐다. 그는 그것을 계속 활용했으며, 심지어 한반도가 분단된 뒤에도 그랬다. 그는 미국의 이익, 말하자면 "일본을 공산권으로부터 지켜낸다는 미국의 분명한 목표"에 자신의 이해를 일치시켰다. 특히 그의 책은 한국 국민을 노골적으로 경멸했다.

간단히 말하면, 시볼드의 회고록에서 놀라울 정도로 선명하게 드러나는 것은 그가 개인적으로 한국과 한국인들을 업신여기고, 때때로 경멸하는 것이다. 시볼드의 회고록이 그가 일본을 떠난 지 한참 뒤인 1965년에 출간됐다는 점을 기억하는 것은 중요하다. 그때 그는 수십 년간 함께 일하며 지냈던 친구들과 동료들에게 작별 인사도 하지 않고 떠나 일본인들에게 충격을 주었다. 게다가 시볼드의《일본에서 맥아

---

3   William J. Sebald with Russell Brines,《With MacArthur in Japan: A Personal History of the Occupation》(W. W. Norton & Company, 1965)

더와 함께》는 일본과 한국의 관계 정상화 순간에 등장해, 일본과 일본의 1945년 이후 전망을 가능한 한 효과적으로 미국인 독자들(특히 워싱턴에 있는 그의 이전 동료들)에게 잘 보여주겠다는 개인적인 목적을 도드라지게 만들었다.

318쪽에 이르는 그의 책에 영토분쟁이나 한국의 배상금 청구에 대해서는 단 한 마디 언급도 등장하지 않는다는 것은 전혀 놀랍지 않다. 오늘날 '역사문제'의 영토 요소와 관련해, 이는 무엇보다 시볼드가 예전에 워싱턴에 보낸 몇 통의 전문들에 대해 오늘날 일본정부가 어떤 무게를 부여하든 그것과는 상관없이, 시볼드 자신은 자칭 그의 역사에서 그런 문제들을 언급할 가치가 있는 것으로 보지 않았다는 것을 확인할 수 있다. 대신에 한국과 한국인들에 대한 그의 경멸은 요란하다. 시볼드가 본 한국인들—절대 일본인들이 아니다—은 폭력적이지만, 또 엄청 '불행'하고 '무능'하다. 시볼드는 그로서는 다소 운이 없게도 "그의 책임 중의 하나"였던 "불행한 반도"에서 일어난 한국전쟁 발발에 대해 얘기할 때 이를 더할 나위 없이 선명하게 묘사했다.[4] 그와 맥아더 그리고 일본에 있던 모든 미 점령 당국자들이 1950년 6월 25일 북한의 한국 침공에 대해 얼마나 준비가 돼 있지 않았는지—특히 그런 일을 '아는' 것이 그의 책임영역이었기 때문에—그 자기인식 또는 자기성찰의 결여는 놀라울 정도지만, 시볼드는 그 전쟁이 그가 억압당하고 불행하고 가난하며 말이 없고 침울한 "슬픈 백성의 나라"라고 부른 곳에서 어떻게 일어났는지를 묘사했다.[5] 그는 한국 사회의 내부분열이 자신이 업신여긴 "불행한" 지역과 환경을 조성하는 데 강력한 영향을 끼친 오랜 식민지 유산 탓이라는 얘기는 차치하고, 20세기 전반기에 일본인들이 한국인들을 탄압했다는 얘기조차 단 한 마디도 하지 않았다.

4   앞의 책, p.177.
5   앞의 책, p.181.

끝으로 한국인들을 일본인들의 지배를 받은 "행운아"로 묘사한 시 볼드는 조약 체결 순간에 샌프란시스코에 도착했다. 일본/중국 대 일 본/대만 문제 그리고 모스크바와 거래하는 일의 복잡성 등에 관한 세 세한 내용들로 가득 채우면서 시볼드는 "많은 어려움과 일부 당혹감 을 안겨준 또 다른 '평화' 노력"으로 미끄러져 들어간다. 즉 두 나라 간 의 주요 난제 중 일부를 해결하기 위한 한·일회담이 연합군 최고 총사 령관의 승인 아래 1951년 10월 20일에 열렸다.[6] 시볼드의 한·일협상 깎 아내리기는 일본이 전후 야망을 달성할 수 있도록 도와주지 못한 그 의 실패를 상기시킨다. 그가 실패한 것은 한국의 주장에 공감했기 때 문이 아니라, 미 국무장관 존 포스터 덜레스와 미군 정책입안자들이 이 작은 땅덩이의 나라(한국)에서 자신들의 전략적 목적을 위해 합법 적인 기동력을 유지하기로 결정했기 때문이다. 그리고 모든 면에서 그 상황은 오늘날과 같다.

* * *

1945년 이후 일본과 한국의 관계는 일본정부가 오랫동안 자국의 좀더 골치 아픈 역사문제들이 현재와 미래를 훼손하지 못하도록 막는 데 몰 두해왔다는 것을 보여준다. 다시 말해 특별한 교착상태가 발생할 때 "역 사문제들"이 어디에서도 튀어나오지 못하도록 하는 것이다. 샌프란시 스코 조약 제5장 14조는 이를 다음과 같이 분명하게 명기해 놓고 있다.

일본은 연합국들에게 전쟁기간에 입힌 손실과 고통에 대한 배상을 해 야 한다는 점이 인정된다. 그럼에도 지금 일본의 자원이 그렇게 하기에

6   앞의 책, p.287.

는 충분하지 않다는 점 또한 인정된다…

이와 함께 이 조약의 미국 설계자들은 도쿄와 전쟁시기의 연합국
들뿐만 아니라 한국(그때는 대한민국Republic of Korea과 조선민주주의인민
공화국Democratic People's Republic of Korea으로 나뉘어져 있었다)을 비롯해 그
들 나라의 지배하에 있던 나라들과 도쿄의 양국 간 관계 수립이라는
골치 아픈 패턴을 만들어냈다. 2002년부터 1965년 일본과의 관계 정상
화에 관한 문서들의 기밀해제를 시작한 한국정부의 노력으로 많은 부
분이 잘 알려져 있지만, 일본 관리들은 일본이 한국에 건넨 돈은 어떤
형식이건 모두 법적인 보상 또는 배상으로 간주하기를 거부했다. 마찬
가지로 미국도 분명한 태도를 취했는데-일본 관리들의 우려에 대해
서도-당시 대통령선거에서 당선된 한국의 박정희 대통령이 협상의
일부로 일본이 제공한 기금 약 8천만 달러를 오직 특정 산업분야에만
쓰고, 강제동원 노동자들과 "위안부"(일본군 성노예)처럼 개인 배상을
요구한 일제 치하의 한국인 희생자들을 위해 쓰지 않는 것에 대해 반
대하지 않았다. 동시에 일본은 강제동원 노동자들에 대한 미지급 임금
을 전용해 착복하고 그 일부를 일본제국의 희생자들을 위해 썼다. 워
싱턴은 이들 문제를 다루지 않고 방치했으며, 그 결과 이제 우리는 다
시 과거를 어떻게 기억할 것인가-즉 기억전쟁에 대한 논의의 한가운
데에 서게 됐는데, 이 문제를 푸는 것은 역사문제를 논의하는 것보다
훨씬 더 어렵다.

1965년 6월, 13년이나 끈 협상 끝에 일본과 한국 외교관들은 많은
사람들이 "정상화(normalizing)" 또는 "과거사와의 타협(coming to terms
with the past)"이라 얘기하는 관계를 수립했다. 그것은 한국과 함께 일
본의 탈식민화 과정이 공식적으로 시작된 순간이었다. 1965년 합의가
한국과 일본의 관계를 독립국가들 간의 관계로 새로 출범-재개가 아

니라―시켰다는 점을 이해하는 것이 중요하다. 일본의 1910년 한국 식민화 이전에 도쿄는 한반도 전체와 관계를 수립했으며, 합병으로 나라를 빼앗아 일본제국에 복속시켰다. 1945년 8월, 한반도는 미국과 소련의 점령지역 두 개로 분단되었다. 이는 기본적으로 점령당한 일본과 남한/북한 사이에는 공식적인 관계가 수립되지 않고, 오직 여러 관련 점령 당국들 간의 관계만 있었을 뿐이며, 그것마저 매우 혼란스러웠다는 걸 의미한다. 1948년에 남북한이 각각 국가로 등장했으며, 그런 상황은 한국전쟁 뒤 더 굳어졌다. 1953년 평양과 워싱턴 간의 정전협정은 북한 입장에서 보면 남한보다 더 큰 정통성을 부여받게 된 셈으로, 전쟁을 끝내려면 미국이 종전협정에 서명해야 된다는 걸 의미한다. 따라서 (*남한이) 1965년에 북한의 참여 없이 예전 지배자(일본)와의 관계를 시작하기로 결정한 것은 서울과 평양 사이에 새로운 긴장을 조성하였다. 이는 유엔 제재와는 전혀 상관없이 1965년 한·일 기본조약이 당시의 국제적 관례와 의례를 근거로 남한을 한반도의 유일 합법정부로 선언했기 때문이다. 이 또한 오늘날의 남북 평화구상과는 달리, 워싱턴 역시 아직 대처할 준비가 돼 있지 않은 문제다.

워싱턴이 당시 이런 과정에서 전혀 배제되지 않았다는 점이 중요하다. 1960년대 초 베트남에 대한 미국의 관심이 커지면서 워싱턴은 한국의 개발과 군사원조에 투입되던 자금의 일부를 공산주의에 대한 최신 방어벽 건설에 쓰고 싶어 했으며, 한국을 지원하느라 떠안고 있던 짐의 일부를 도쿄에 넘겨주고 싶어했다. 당시 미국의 유명한 주일 대사였던 에드워드 라이샤워는 오랜 세월 실패를 거듭한 한·일 간의 협상과정을 지켜보면서, 협상의 진전을 위해서는 일본이 식민지배로 인한 한국인들의 원한을 공식적으로 풀어줘야 한다고 도쿄 쪽에 역설했다. 도쿄 쪽이 그렇게 하기를 주저했지만 라이샤워는 일본이 식민지 시절에 대한 모종의 발표를 해야 한다는 입장을 확고하게 견지했다.

관계 정상화로 가는 몇 개월간 일본 관리들은 한국과 관련한 일본의 사과정치(apology politics) 전개 과정에서 미국이 수행한 중요한 역할을 보여주는 발언들을 했다.

대사 재임 기간에 라이샤워가 한 미묘하면서도 기념비적인 중요성을 지닌 발언 중에 근대 이후 일본과 한국의 관계를 묘사한 "불행한 역사(unhappy history)"라는 게 있다. 실용적 관점에서, 그것은 과거를 그 누구도 비난받지 않는 불확정적인 시간 속에 유폐시킨 참으로 천재적인 말이었다. 하지만 그것이 그 뒤 일본과 한국의 외교관들과 정치인들이 양국의 장래에 관하여 거듭 "유감스럽게도(regretfully)" "과거사(the past)"를 똑같이 애매한 말들 속에 유폐시키게 만듦으로써, 특별한 역사 인식을 요구한 사람들을 계속 분노하게 만들었다. 이 말은 뿌리를 내리고 연극의 가장 강력한 사과 기술(apologetic technique)로 등장했으며, 일본의 지도자들은 결국 비슷한 말들이 세계적으로 유행했던 1990년대에 그것을 서면으로 공고히 했다.

1964년 9월, 라이샤워는 국무장관 딘 러스크에게 "일본이 과거 한국을 식민지배한 것에 대해 사과하는 것"은, "단지 일본의 관리들과 대중이 한국인들에게 자신들이 사과해야 할 어떤 빚도 진 게 없다고 느끼기" 때문에 어렵다는 걸 인정하는 메모를 써서 보냈다. 11월에 라이샤워는 일본 외상 시이나 에쓰사부로와 아침식사를 함께 하면서 일본이 "한국인들에게 식민지배의 과거에 대해 사과같은 것(some sort of apology)"을 하도록 촉구했다는 사실을 러스크 장관에게 전문으로 보고했다. 시이나 외상의 비서가 곧 있을 외상의 한국 방문 때 "가능한 한 사과 표현에 가깝게" 하겠다고 제안하자, 라이샤워는 "과거 불행했던 역사를 뒤돌아보는 전향적인 발언 같은 것(some sort of forwardlooking statement)…이 일본 대중을 자극하지 않고 한국인들 감정을 누그러뜨릴 수 있을 것"이라고 강력하게 권고했다.

1965년 2월 겨울에 시이나는 며칠간 일정으로 서울을 방문했다. 일본의 사회주의자들은 집권 자민당이 평양을 희생시키고 서울과의 관계를 정상화하기로 결정한 것에 항의하며 의회에 내각 불신임안을 제출했고, 한·일 양국의 학생들은 북한을 배제한 방식의 해결에 항의하는 시위를 벌였다. 하지만 사토 에이사쿠 일본 총리와 한국의 박정희 대통령은 어떤 대가를 치르더라도 시이나의 방한을 성사시키기로 작정했다. 일본 외상은 서울 김포공항에 도착하자마자 두 나라가 공유했던 "불행한 시기(the unfortunate period)"에 대한 일본 쪽의 "유감(regret)"을 발표했다.

시이나는 기다리던 기자들 앞에서 이렇게 이야기했다. "나는 우리가 우리 두 나라의 긴 역사 속에서 불행했던 시기의 참으로 유감스러운 상황에 대해 깊이 반성해야 한다고 믿습니다. (…) 이런 희망 속에 우리는 미래지향적인 영원하고 우호적인 관계를 수립하고, 그 바탕 위에 서로 존중하고 번영하는 새로운 역사를 만들어갈 수 있습니다." 두 나라는 아직 외교관계를 수립하기 전이었는데, 그 순간은 일본 관리가 한국(Korea)—남북—에서 식민지 시대에 대해서 한 첫 공개 발언이었다. 《아사히신문》 특파원 이마즈 히로시는 시이나의 발언이 매우 중요한 것이라고 지적하며 관계 개선에 대한 자신의 바람을 전했다. 그때 린든 존슨 정부의 국가안보회의 멤버 제임스 톰슨은 "시이나는 일본이 지은 죄에 대해 일본이 할 수 있는 사죄의 최대치에 다가갔으며, 모두들—국가를 포함해—매우 기뻐했다."고 말했다.

그런 해결방식의 경직성은 분명해서, 최근까지 희생자들은 결국 그들의 주장에 무관심할 법정에서 국가 창조의 물레를 따라 달리는 것 외에 달리 항의할 선택지가 없었다. 따라서 2018년 10월 일부 강제동원 노동자들에 대한 한국 대법원의 배상 확정판결은 이 특별한 노력 차원을 넘어 일본의 전쟁에 동원돼 강제노동을 당했던 중국인이나

북한사람 또는 미국인들에게까지 확대될 수 있을 것이다. 이런 점에서
워싱턴은 일본이 잘못된 행동을 하도록 줄곧 돕고만 있다. 1965년에
합법적이었던 것 또는 도쿄가 오늘날 "과거사는 완전히 해결했다"고
주장하는 것은 이제 더는 국제적 기준이 아닌 것으로 여겨지고 있다.
대신에 오늘날 강제노동은 처음부터 불법이었고 국가가 그 책임을 져
야 하는 것으로 간주된다. 이런 점에서 미국은 동북아시아의 "역사문
제"를 둘러싼 매우 반생산적인 교착상태를 유지하기 위한 미국의 개
입이 어떤 것인지 이해하기 위해 더 많은 노력을 기울여야 할 것이다.

* 이 글은 2019년 11월 8~9일 서울 코리아나호텔에서 열린 제4차 회의에서 ⟨Trouble Among East Asian Allies? America's Troubling Past⟩라는 제목으로 처음 발표되었다.
* 한승동 번역

제3부

샌프란시스코 체제의 역사적 배경:
일본의 동아시아 침략과정

한국병합 무효화 운동과 구미의 언론과 학계:
1907~1936년의 동향

이태진(서울대 명예교수)

여는 말

일본제국의 한국에 대한 영토적 야욕은 1894년의 청일전쟁 때 이미 시작되었다. 무쓰 무네미쓰 외상과 이토 히로부미 총리를 중심으로 이때 이미 조선을 보호국으로 만들려고 하였다.[1] 이에 대해 조선 군주(고종)가 '감금' 상태 속에서도 미국 클리블랜드 대통령에게 조미수호통상조약에 근거한 '간섭' 지원을 요청하여 클리블랜드 대통령이 일본정부에 친서를 보냄으로써 보호국화 방침은 철회되었다. 당시 일본이 조약개정에 묶여 첫 수교국인 미국정부의 요구를 외면할 수 없었기 때문에 철회가 쉽게 이루어졌다.

　일본의 영토 침략의 야욕은 10년 뒤, 러일전쟁을 거치며 다시 발동되었다. 오랜 숙제였던 조약개정이 1899년에 해결되었기 때문에 이제는 열강의 하나가 되고자 전시 군사력을 배경으로 소기의 목적을 달성하고자 하였다. 1904년 2월 6일 시작된 러일전쟁 때 한반도는 일본군의 작전지역이 되어 대한제국의 국권은 이미 짓밟힌 상태가 되었

---

[1]　유영익, 《갑오경장 연구》(일조각, 1990), pp.24-28, 56-57.

다. 이에 대해 고종황제는 수교국 국가원수들을 상대로 '친서 외교'를
펼쳐 이를 극복하고자 하였다. 일본의 도발을 예견하여 1903년 8월
15일자로 러시아 황제에게 유사시 공동전선을 펴기를 요청하는 친서
를 비밀리에 보낸 것을 필두로, 구미 열강에 대해 1904년 1월 중립국
선언을 통지하고, 1905년 11월 17일 '보호조약'이 강제된 후, 수교국 정
부에 그 폭력성을 알리면서 외교관계의 지속을 호소하였다. 1907년 6월
제2차 헤이그 만국평화회의에 특사를 보냄으로써 무효화 운동은 정점
을 이루었다.

　고종을 중심으로 펼쳐진 투쟁은 국제법적 무효화 운동이었다. 이
러한 노력에 대해 국제사회는 과연 어떤 반응을 보였을까? 그동안 고
종의 무효화 운동 자체는 많은 연구가 이루어졌으나 구미 사회의 반
응에 관한 것은 찾아보기 쉽지 않다. 이처럼 연구가 부진한 것은 제국
주의의 힘의 세계에서 고종의 투쟁이 사실상 무용한 것이라는 선입견
으로 말미암은 점이 없지 않다. 과연 국제사회는 실제로 한국의 무효
화 운동에 대해 눈길을 주지 않을 정도로 냉혹하였던가? 아니면 우리
의 선입견이 주요한 국제적 반응을 놓치게 만든 것은 아닐까?

　이 글은 후자의 입장에서 1907년 6월에 헤이그에서 열린 제2차 만
국평화회에 참석한 3특사의 활동, 1919년 파리 평화회의를 계기로 한
대한민국 임시정부의 파리 대표부 및 구미위원부의 활약, 1936년의 브
뤼셀 국제평화회의 참가 등을 중심으로 구미의 언론계 및 학계의 반
응을 살펴보고자 한다. 궁극적으로는 1935년에 하버드 대학교의 법대
교수단 이름으로 제출, 발표된 〈조약법에 관한 보고서〉가 1905년 보호
조약을 '효력을 발생할 수 없는 조약' 3가지 사례 가운데 하나로 든 배
경에 대한 이해가 될 수 있기를 기대한다.

대한제국의 무효화 운동에 대한 국제 언론,
학계의 반응

1) 프랑스 레이의 1905년 '보호조약'에 대한 연구
1905년 11월에 '보호조약'이 강제된 후 프랑스의 국제법학자 프랑시스
레이Francis Rey는 바로 이와 관련된 논문을 발표하였다. 1906년 프랑스
의 국제공법 논문집《Revue Generale de Droit International Public》
13호에 실린 〈대한제국의 국제법적 상황La Situation Internationale de la
Corée〉이라는 논문이 바로 그것이다.[2] 레이는 이 논문에서 1904년 2월
23일의 '의정서'와 1905년 11월의 '보호조약'의 관계를 다루며 '보호조
약'은 완전히 무효라는 견해를 밝혔다. 그는 먼저 일본이 1904년 2월
23일의 '의정서'를 통해 한 약속을 1905년 보호조약을 통해 지키지 않
은 점을 다음과 같이 지적하였다.

　①다른 강대국과의 관계에서 일본은 한국에 대하여 체결한 약정을 존
　　중하지 않았다.
　②일본은 대한제국에 대해 한 약속engagement을 위반하였다.

①에 관해서는 1904년 2월 23일자로 한·일 간에 체결된 '의정서'
제5조에 일본 또는 한국은 앞으로 제3국과 협정 취지에 반하는 어떤
조약도 상호동의 없이는 체결하지 못한다고 선언하였다. 이 약정에 따
르면 1905년 8월 23일~9월 5일 사이에 러시아와 서명한 조약(포츠머스
강화조약)은 한국 측의 동의를 받지 않은 것이므로 위법이라고 하였다.

2　이 잡지는 1894년에 창간되었으며, 레이의 논문을 번역해 소개한 다음 글에 잡지에 대한
　내용도 함께 소개되어 있다. 프란시스 레이, 최종고·남효순 역, 〈대한제국의 국제법적 지
　위〉, 이태진 편《일본의 대한제국 강점: 보호조약에서 병합조약까지》(까치, 1995).

한국의 동의를 미리 받지도 않고 일본이 유익하다고 판단하는 보호 또는 통제 조치를 취할 권리를 강대국으로부터 인정받는 것은 한국과 한 약속을 어기는 것이라고 하였다. 그는 어떤 조약이든 '조문의 내용은 상호적이다. 약소국과 계약을 체결한 강대국이 제재를 받지 않고 마음대로 약정에서 벗어날 수 있다면 조약을 왜 체결하는가?'라고 반문하였다.

②에 관해서는 1895년 4월의 시모노세키 조약과 위 '의정서'에서 한국의 독립을 보장한다는 것을 약속하였는데 1년 9개월 만인 1905년 11월에 보호 관계를 만든 것은 모순이라고 지적하였다. 보호 관계는 독립과 양립할 수 없는 절대적 모순이라는 것이다.

다음으로 1905년 11월 17일의 '보호조약' 자체가 가지는 문제점을 두 가지로 들어 이를 무효 원인으로 간주하였다.

① 한국정부 측의 동의 표시의 결함
② 일본 측이 한국에 대해서 확약하였던 보장 의무의 위반

먼저 특파대사 이토 히로부미가 한국 황제를 폐현한 자리에서 4시간 동안 황제의 동의를 강요하고, 11월 17일의 '궁정 회의'(조약 강제 현장)에서 한국 측으로부터 거부되자, 하세가와 요시미츠長谷川好道 사령관이 병력을 이끌고 회의장에 나타나 조약에 서명하도록 강압적으로 행동한 것을 지적하였다. 또한 이런 행위는 일본국과 같은 문명국으로서는 부끄러운 정신적, 육체적 폭력이며, 이런 폭력을 통해 한국정부를 강압하여 조약을 체결한 사실을 지적하였다. 이런 강제 행위를 종용받은 뒤, 고종 황제가 즉시 강대국, 특히 워싱턴에 대표를 보내 그동안 가해진 강박에 대하여 맹렬히 이의를 제기한 사실도 중시하였다.

레이는 이상과 같은 사실을 지적한 뒤, 조약에 대한 서명이 행해

진 특수한 상황을 이유로 1905년 조약이 무효라고 주장하는 데에 주
저하지 않는다고 하였다. 공법公法에도 사법상私法上의 원칙이 적용되는
데, 전권대사에 대하여 폭력이 행사되는 경우에는 폭력은 조약을 무효
로 돌릴 만큼의 의사표시의 결함에 해당한다는 것이 일반적으로 인정
되고 있다고 하였다. 그는 이 조약은 무엇보다도 일본 측의 정치적 과
오라고 비판하면서 다음과 같은 충고를 덧붙였다.

레이는 역사가 주는 교훈으로 타민족에게 폭력을 행사하여 그들
이 원하지 않는 체제를 강요함으로써 만인 공통의 양심을 저버리는
국가들에게는 고난이 끝났다고 믿는 바로 그 순간에 고난의 시대가 시
작될 것을 들었다. 일본은 여러 가지 이유로 문명국들의 호의를 받고
있지만, 너무 일찍 이 고난을 경험하지 않게 되기를 바랄 뿐이라고 경
고하며 끝을 맺었다.

뒤에서 더 자세히 살피겠지만 레이의 논문은 1920년대 중반 이래
하버드 법대 교수단에 의해 이루어진 '조약법' 연구에서 효력을 발생
할 수 없는 조약의 사례를 검토할 때 중요한 선진 연구로서 직접 활용
되었다(이 연구는 국제연맹 국제법위원회의 필요에 따라 시작된 것으로, 국
제연맹의 입장을 반영하고 있다). 레이의 논문은 국내 학계에 이미 소개
된 바 있지만, 그의 국제법 연구의 세계는 별로 연구되거나 알려진 것
이 없다. 앞으로의 연구가 요망된다.[3]

---

3   현재 확인되는 그의 논저를 제시하면 아래와 같다. (발표 연도순)
　　①근동과 미개국의 척도에서의 외교(관), 영사의 보호; 외무성 문서관의 미간행 문서철
　　에서La protection diplomatique et consulaire dans les échelles du Levant et de Barbarie: avec des documents
　　inédits tirés des Archives du Ministère des Affaires Etrangères, Larose, 1899. ②국제법적 관점에서 본 러
　　일전쟁La guerre Russo-Japonaise au point de vue du droit international, A. Pedone, 1907. ③한국에서의
　　외국인의 법률적 조건La condition juridique des étrangers en Corée, 1908 ④헤이그 회의 후의 국
　　제사법Le droit international privé d'après les Conventions de La Haye. I, 1902년 회의 후의 연합Le
　　mariage, d'après la Convention du 12 juin 1902 공저: G C Buzzati; Francis Rey, Sirey, 1911. 시리즈:
　　Bibliothèque étrangère de droit international privé. ⑤1939년 전쟁에서의 프랑스에 대한

2) 1907년 헤이그 특사 활동에 대한 윌리엄 스테드의 지원

대한제국은 1905년 '보호조약'이 강제되자 바로 여러 수교국을 상대로 그 불법성을 알리고 규탄하는 무효화 운동을 폈다. 고종 황제 스스로 나서서 수교국인 러시아, 미국, 영국, 프랑스, 독일, 이탈리아, 벨기에, 덴마크 등 서구 열강의 국가 원수들을 상대로 이른바 친서 외교활동을 전개했다. 고종은 미국 주재 공사관을 통해 미국 대통령에게 이 사실을 알리게 하고, 이어 독일 황제에게 친서를 보내는 한편 영국인 기자 더글러스 스토리Douglus Story를 통해 일본에 의한 보호통치보다 구미 열강들에 의한 5년 시한부 보호통치를 역제안하기도 하였다. 이어 1906년 6월 22일자로 러시아 황제 등 수교국 국가원수 앞으로 친서를 보내면서 더 적극적인 활동을 펼쳤다.[4]

1906년 4~6월의 수교국 원수들을 상대로 한 '친서외교'는 사실은 제2차 헤이그 만국평화회의를 겨냥한 것이었다. 1899년의 제1차 헤이그 평화회의에 이어 제2차 회의는 본래 1906년 8월 초에 개최하기로 예정되었고, '보호조약'이 강제되기 직전인 1905년 8월경에 대한제국 황제는 초청 권한을 가진 러시아 황제로부터 대표를 보내달라는 초청장을 받은 상태였다.[5] 그래서 이듬해 6월에 미국인 고문 호머 헐버트 Homer B. Hulbert를 전권위원으로 임명하여 자신의 친서를 각국 원수들에게 전달하게 하였던 것이다. 그러나 일본 측은 이 사실을 '보호조약' 직후인 그해 12월에 알게 되어 회의연기 운동을 펼쳤고, 그것이 성공하여 실제로 제2차 만국평화회의는 1907년 6월에 열렸다. 고종의 '친서외교'는 이로써 적지 않은 타격을 입었지만 황제는 여기서 주저앉지

독일의 국제법 위원회의 위반Violations du droit international commises par les Allemands en France dans la guerre de 1939.

4　김기석, 〈광무제의 주권수호 외교, 1905~1907: 을사늑약의 무효를 중심으로〉, 이태진 편, 《일본의 대한제국 강점》, pp.246-253.

5　金庚姬, 〈ハグ密使'と國際紛爭平和的處理條約〉, 《文學研究 集(12)》(明治大學人文學部, 2000).

않았다. 최근 1906년 8월 22일자로 고종이 러시아 니콜라이 2세에게 보낸 친서가 발견되어 주목을 받았다.[6] 필자가 보기에 이 친서는 헐버트 편에 보낸 친서들이 무용하게 되어버린 뒤, 제2차 만국평화회의 참석 초청장을 보내준 러시아 황제 니콜라이 2세에게 다시 일본에 의한 한국의 침략 상황을 자세히 담은 서한을 보내 새로이 개최일이 잡힐 회의에도 참석할 수 있게 되기를 바라는 뜻을 전했던 것으로 보인다.

대한제국 광무 황제의 주권 수호를 위한 투쟁은 1907년 6월에 열린 제2차 헤이그평화회의에 3인의 특사를 파견하는 형태로 이어졌다.[7] 러시아 황제로부터 답이 오지 않았지만, 이상설, 이준, 이위종 등 3인의 특사를 비밀리에 파견하였다. 이들은 처음부터 회의장에 정식으로 입장할 수 있으리라고 믿고 간 것은 아니었다. 러시아 페테르부르크에 도착하여 공사관을 통해 러시아 황제에게 다시 정식으로 입장할 수 있도록 교섭을 벌였으나, 황제의 반응을 받지 못한 상태에서 헤이그로 향하였다. 3특사는 6월 27일 헤이그 현지에서 준비한 〈공고사控告詞〉를 기자회견을 통해 발표하였다. 당시 영국의 유명 언론인 윌리엄 스테드 William Thomas Stead는 〈공고사〉를 보고 뜨거운 반응을 보였다. 헤이그 평화회의 현장에서 회의 진행을 지켜보기 위해 4개월간 발행한 《평화회의 편지Courrier de la Conference》에 〈공고사〉의 전문全文이 프랑스어로 실렸다.[8]

윌리엄 스테드는 이름난 평화 운동가였다. 그는 "유럽 통합국가

6   최덕규, 〈파리강화회의(1919)와 김규식의 한국독립외교〉, 《서양사연구(35)》(2015)

7   윤병석, 《이상설 전-해아海牙 특사 이상설의 독립운동론》(一潮閣, 1984)

8   윌리엄 스테드에 관한 주요 자료는 다음과 같다. Sydney Robinson, 《Muckraker: The Scandalous Life and Times of W.T. Stead》(Robson Press, 2012); Bel Mooney, 〈High morals and low life of the first tabloid hack〉, 《Daily Mail》(2012.5.25.); British Library, 〈The newspaper giant who went down with the Titanic: Conference at the British Library to mark centenary of the death of W.T. Stead〉(2012).

(United States of Europe)" "국가 간의 최고법정(High Court of Justice among the nations)" 등에 대해 많은 관심을 가졌다. 이것은 국제연맹의 초기 버전에 해당하는 것으로 그는 심지어 정의에 대한 법적 방어를 위해 무력을 사용하는 것에 지지를 보내기도 했다. 이런 강렬한 평화주의 사상으로 그는 1899년, 1907년의 헤이그 평화회의를 적극적으로 취재하였다. 1차 회의 때의 뛰어난 취재로 그는 국제적으로 명성을 떨쳤고, 이어 1907년의 제2차 회의 때도 회의가 열린 4개월간 매일 회의 취재 신문을 발행하는 열정을 보였다.[9] 그는 대한제국 3특사가 발표한 〈공고사〉에 큰 감명을 받고 자신이 발행하던 일간지 《평화회의 편지》에 소개했다.

언론인들의 반응은 이에 그치지 않았다. 2주 정도 지나 7월 9일에는 각국 신문기자단의 언론 국제화 추진협회The Foundation for the Promotion of Internationalism에 이상설과 이위종 두 특사가 귀빈으로 초청받아서 이위종이 유창한 프랑스어로 '한국의 호소'를 연설하였다. 이 모임도 윌리엄 스테드의 사회로 진행되었고, 회의 내용은 잘 알려졌듯이 《헤이그의 동정Haagsche Courant》지에 보도되었다.[10] 이어서 이상설과 이위종은 영국, 미국, 프랑스 등지를 다니면서 독립운동을 지지해줄 것을 호소하였다. 누가 그들을 지원했는지는 앞으로 밝혀야 할 과제지만, 특사들은 이 무렵부터 구미 지식인들이 벌이던 도덕주의적 국제 평화운동의 기운에 닿아 있었다.

윌리엄 스테드는 영국의 "부정과 독직을 철저하게 파헤치는 저널리즘의 개척자"로서 전환기인 빅토리아 시대의 가장 논쟁적인 인물이

9   그는 이런 적극적인 취재 활동을 인정받아 나중에 헤이그 평화회의 궁에 흉상이 세워지기도 했다.
10 이위종의 연설문은 영문으로 요약되어 《The Independent(LXIII)》(1907.8) pp.423-426에 실렸다. 윤병석, 앞의 책, p.87.

었다. 그는 새로운 저널리즘을 선도했다. 기존의 전단지형 신문을 손에 쉽게 잡히는 타블로이드판으로 바꾸었으며, 신문이 여론과 정부의 정책에 어떻게 사용될 수 있는지를 보여주는 신문을 만들어 곧 "저널리즘에 의한 정부"로까지 이어졌다. 1880년대에는《폴 몰the Pall Mall》지, 1890년 이후에는《비평들의 비평the Review of Reviews》을 통해 필명을 날리면서 "신사들을 위해 신사들이 쓰는" 전통적인 보수신문에서 대중을 위한 정치를 이끄는 민주주의 신문으로 영국 신문들이 새롭게 탄생하는 데 크게 영향을 미쳤다. 그의 유려한 필치는 선진적인 인도주의 언론으로 높이 평가받아서 여러 차례 노벨평화상 수상 후보에 오를 정도였다.

그는 1912년 4월 15일 타이타닉호의 승객으로 일생을 마쳤다. 이때도 자신의 구명조끼를 다른 사람에게 넘겨주고 스스로 죽음을 택하여 세기적인 뉴스의 주인공이 되었다. 그는 미국 언론과도 깊은 유대 관계를 맺어 1920년에 뉴욕의 센트럴파크에 기념 동상이 세워지기도 했다. 세계적 명성을 얻은 저널리스트를 기억하기 위하여 미국의 친구들과 숭배자들이 세운다는 문구가 새겨졌다.

제2차 헤이그 만국평화회의 특사 파견 사건에 대해서는 지금까지 일본의 방해로 본 회의장에 들어가지도 못한 한계를 지나치게 의식하여 패배주의적 역사인식에 사로잡힌 경향이 없지 않았다. 하지만 〈공고사〉에 대해 큰 관심을 보이고 두 차례의 행사까지 주도해준 윌리엄 스테드가 당시 구미 사회에 큰 영향력을 발휘한 인물이었던 것을 생각하면, 대한제국의 조약 무효화 운동에 대한 국제적 반향에 대해서 오히려 더 적극적으로 고찰해볼 필요가 있을 것이다.

국제연맹의 탄생과
대한민국 임시정부의 국제적 무효화 운동

1) 1910년대 국제 평화운동과 국제연맹의 탄생

1840년대 증기선이 대양을 건너기 시작하면서 산업혁명 이후 자본주의 경제는 급속도로 발전하였다, 이로써 서구 열강의 식민지 경쟁이 더욱 활발해지고 1870년대 초반에는 제국주의Imperialism란 말이 등장하였다. 1890년대 후반 이후 열강의 식민지 경쟁이 더욱 가속화 하는 가운데 분쟁이 잦아지고 서로의 이권 쟁취를 위한 열강 간의 '비밀협약'이 빈번하게 이루어졌다. 분쟁은 크고작은 전쟁으로 이어지고 그 속에서 많은 사람의 인명이 희생되고 인권이 유린되었다. 이런 가운데 분쟁을 종식하는 방안을 모색하는 평화운동이 구미 사회에서 일어났다. 1900년에 미국의 철강왕 앤드류 카네기가 4천만 파운드의 평화기금을 내고[11], 1901년 스웨덴에서 노벨평화상이 제정된 것에서 알 수 있듯 당시는 분쟁 해결을 통한 평화 열망이 넘치는 시대였다. 1901년에 창설되어서 1920년 국제연맹이 탄생하기까지 20년간의 노벨평화상 수상자의 수상 사유는 당시의 평화 지향성을 읽기에 좋은 자료다.

표 1에서 보듯 수상자의 수상 내역은 국제적십자사, 국제평화학회, 제네바 협정, 국제의회연맹, 국제영구평화국, 국제중재연맹, 국제중재재판소, 국제연맹 등 국제평화의 실현에 이바지하기 위해 세운 기구나 조직의 수립, 발전에 기여한 공로자가 절대다수다. 20년간 1914, 1915, 1916, 1918년의 4회는 세계대전으로 수상자를 내지 못했다. 그리고 16회 수상 중 7회(볼드 표시 연도)에 걸쳐 공동수상자(2인)가 나온 것도 주목된다. 국제평화에 기여하기 위해 노력하여 큰 공로를 세운 사

---

11 William T. Stead, 《Mr. Carnegie's Conundrum: £40,000,000 What Shall I Do With It?》 (Adamant Media Corporation, 2005).

234 제3부 샌프란시스코 체제의 역사적 배경

람들이 그만큼 많았다는 것을 의미한다. 16회 가운데 3회에 걸쳐 평화
운동 관련 기구가 직접 수상 대상이 된 것도 주목된다. 즉, 1904년에 프
랑스의 국제법학회Institute de Droit Internationale, 1910년에 국제영구평화
국Permanent International Peace Bureau, 1917년에 적십자사 국제위원회Inter-
national Committee of The Red Cross가 각각 수상하였다.
국제법학회의 등장 시기도 주목된다. 1873년 브뤼셀에서 국제법
학회, 국제법협회The International Law Association가 최초로 창설되었다.[12]
'제국주의'란 용어가 등장한 바로 그 시기에 국제법에 뜻을 가진 사람
들의 국제 모임이 최초로 등장하였다. 국제법협회는 연구 활동도 수행
하는 기구로서 본부를 런던에 두고 회원들의 연례 모임을 가졌으며,
프랑스, 네덜란드, 러시아 등지에 지회를 두었다.

표 1. 1901~1920년 노벨 평화상 수상 일람

연도	이름	국가	직업
1901	Henri Dunant Frédéric Passy	스위스 프랑스	국제적십자사 창설자, 제네바 협정 제안자 제1차 프랑스 평화학회 창설자 및 회장
1902	Charles Albert Gobat Élie Ducommun	스위스 스위스	국제의회연맹의 사무총장, 국 제영구평화국 명예총재 국제영구평화국 명예총재
1903	William Randal Cremer	영국	영국 의회 의원, 국제중재연맹 총재
1904	Institute of International Law	벨기에 (소재지)	국제법학회
1905	Bertha von Suttner	오스트리아	국제영구평화국 회장, 〈너의 무 기를 내려놓으라Lay Down Your Arms〉의 저자

12 篠原初枝,《国際連盟: 世界平和への夢と挫折》(中央公論新社, 2010), p9.

1906	Theodore Roosevelt	미국	러시아-일본 평화협정 유도
1907	Ernesto Teodoro Moneta	이탈리아	롬바르디 평화조정연맹 회장
	Louis Renault	프랑스	국제법교수, 헤이그와 제네바 평화회의에 영향
1908	Klas Pontus Arnoldson	스웨덴	작가, 스웨덴 의회 의원, 스웨덴 평화 및 중재연맹 창설자
	Fredrik Bajer	덴마크	덴마크 의회 의원, 국제영구평화국 명예총재
1909	Auguste Beernaert	벨기에	벨기에 수상, 벨기에 의회 의원, 헤이그 국제중재재판소 회원
	Paul Henri d'Estournelles de Constant	프랑스	프랑스 의회 의원, 프랑스 의회 국제중재모임의 창설자 및 회장, 국가이익방어 및 국제조정위원회의 창설자
1910	Permanent International Peace Bureau	스위스 (소재지)	국제영구평화국
1911	Tobias Asser	네덜란드	네덜란드 수상, 추밀원 회원, 헤이그 국제사법회의 제안자
	Alfred Fried	오스트리아	저널리스트, 평화저널 《무력은 아니다Die Waffen Nieder》 창설자
1912	Elihu Root	미국	미국 국무장관, 여러 국제 중재협정 발의자
1913	Henri La Fontaine	벨기에	벨기에 의회 의원, 국제영구평화국 회장
1914~1916	None		
1917	International Committee Of The Redcross	스위스 (소재지)	국제적십자사
1918	None		
1919	Woodrow Wilson	미국	미국 대통령, 국제연맹 창설자
1920	Léon Bourgeois	프랑스	프랑스 의회 의장, 국제연맹 평의회 의장

* 볼드 표시는 공동 수상 연도, 밑줄 표시는 기구 또는 조직 수상 연도.

1894년 프랑스에서는 국제공법학회가 발족하여《국제공법 리뷰 La Revue générale de droit international public, RGDIP〉를 발행하기 시작하였다.[13] 1897년 일본에서도 국제법학회를 창설하고 1902년부터《국제법잡지 國際法雜誌》를 간행하기 시작했다. 일본이 이렇게 일찍 국제법에 대해 관심을 가진 것은 나름대로 까닭이 있었다. 즉, 일본은 1850년대 이래 서구 열강과 체결한 수호통상조약의 '불평등'을 해소해야 하는 이른바 조약개정의 과제가 중요했다. 1899년 조약개정이 실현된 뒤로는 계획하고 있던 대외 팽창을 위한 전쟁에서 당면하게 될 전시戰時 국제법에 대한 이해와 연구의 필요성을 의식한 면도 없지 않았다. 따라서 일본의 국제법은 평화주의의 자연법自然法보다는 팽창정책을 실현하기 위한 실정법實定法의 이론 개발에 치우치는 경향을 보였다.[14]

1906년에는 미국 국제법학회The American Society of International Law, ASIL가 발족하였다.[15] 이 학회는 창립 이래로 한 세기에 걸쳐 "정의와 평화 세계의 초석" 역할을 했다는 평가를 받을 정도로 평화운동의 성격을 강하게 지녔다. 미국 국제법학회는 국제 분쟁을 전쟁보다는 정식의 분쟁 해결 메커니즘을 통해 해결해야 한다고 믿는 일군의 법조인들이 조직한 학회였다. 1895년부터 미국의 외교정책 수립에 관여하는 사람들이 뉴욕주의 북부에 있는 모혼크 호수에 모여 회의를 거듭하던 끝에 1905년 11차 회의에서 학회 창립과 저널《미국 국제법 잡지American Journal of International Law》발행에 합의하였고, 이듬해 1월 뉴욕시의 변호사협회 사무실에서 미국 국제법학회의 규약을 정식으로 채택하였다. 이 학회는 정부의 대외정책에 직접적으로 이바지한다는 뜻에서 시작했기 때문에 초기에는 학회의 정기적인 연례 모임을 백악관에서 열고

13 Antoine Pillet, Paul Fauchille, A. Pedone 등이 중심 역할을 하였다.
14 백충현·이태진, 〈일본 국제법학회와 대한제국 국권 침탈정책〉,《서울국제법연구(6-2)》(1999).
15 https://www.asil.org/about/asil-history

대통령이 연설하는 특색을 갖고 있었다.[16] 미국의 대외정책 결정에 관한 오피니언 리더 그룹의 이러한 평화 질서 확립에 대한 노력은 곧 우드로 윌슨 대통령을 통하여 국제연맹의 탄생으로 이어졌다.

1913년 3월 미국 제28대 대통령으로 취임한 우드로 윌슨 대통령은 그 자신이 평화주의자였다. 프린스턴 대학교의 행정학 교수로서 총장을 역임한 그는 당시 미국 내의 평화운동에 동조하여 미국의 초대 대통령이었던 워싱턴이 경고한 것과 달리, 미국이 유럽정치에 관여하여 새로운 평화적 국제질서 확립에 앞장서야 한다는 생각을 가지고 있었다. 그리하여 세계대전이 일어난 다음 해인 1915년에 '하우스 대령Colonel House: Edward Mandell House'을 중심으로 전후 질서를 모색하는 준비기구로 '조사국The Inquiry'을 두고 미국 대학교수들의 인력을 대규모로 동원하여 방안을 수립하게 하였다. 이를 통해 1918년 1월 4일에 이른바 '흑서The Black Book' 형식으로 16개 분과 123명의 참여 교수들의 활동을 발표하였다.[17] 16개 분과는 국제법, 외교사, 경제, 일반연구, 지도, 참고문헌 및 아카이브 등 관련 분야에 관한 분과 6개 외에 나머지 10개는 지역(아프리카, 오스트리아-헝가리제국, 발칸, 극동, 서아시아, 러시아와 동유럽, 태평양 제도, 이탈리아, 서유럽, 라틴 아메리카) 분과로 나뉘었다. 가장 중요한 분야는 국제법으로서 여기에는 8인의 위원이 배당되었다.[18] 이들은 새로운 국제기구의 법적 기반을 마련하는 임무를 맡았으며 그 가운데 하버드 법대 교수인 맨리 허드슨Manley O. Hudson의 역할이 가장

---

16 위와 같음. 초대 회장 Elihu Root는 제1차 한·일협약(1904.8) 제2차 한·일협약(을사늑약, 1905.11) 당시 미국 국무장관으로서 대한제국 정부가 제2차 한·일협약이 불법적으로 강제되었다는 사실을 통지하였을 때 진상을 알지 못하고 대한제국 정부의 항의를 거의 무시하는 과오를 범했다.

17 최덕규, 〈파리강화회의(1919)와 김규식의 한국독립외교〉, 《서양사연구(35)》(2014), pp.136-138.

18 8인의 명단은 다음과 같다. Ruth Bache-Wig, David Hunter Miller, Glenn Coleman, Charles G. Stratton, F. C. Hicks, Laura Turnbull, Manley O. Hudson, Frank L. Warrin, Jr.

돋보였다. 허드슨 교수는 국제법과 국제재판에 관련된 여러 조직의 수립을 주도하였다. 1935년 조약법에 관한 하버드 법대 보고서도 그의 주관으로 이루어졌다. 그도 영국 언론인 윌리엄 스테드와 마찬가지로 평화운동의 실천자로서 여러 차례 노벨 평화상 후보에 올랐다.

윌슨 대통령은 '조사국'의 성과에 근거하여 1918년 1월 8일 의회 연두 연설에서 〈14개조The Fourteen Points〉를 발표하였다. 그것은 제1차 세계대전의 종료를 앞두고 전후의 국제질서를 구상한 내용으로, 전후의 평화적 국제질서를 위한 원칙과 독일에 의해 침략당한 지역의 원상회복에 관한 규정 두 가지로 구성되었다. 윌슨 대통령은 1918년 12월 중순 프랑스에 도착하여 '자유의 사도'라는 찬사를 받으면서 파리에 들어갔다. 전승국 수뇌들과 사전 접촉을 거듭한 끝에 1919년 4월에 '4대국(Big Four)' 위원회가 열렸다. 이어서 6월 28일에 '베르사유 조약'이 체결되었고 이 조약에 근거하여 이듬해 1920년에 국제연맹이 탄생하였다. 국제연맹의 탄생은 곧 19세기 말엽부터 미국, 프랑스 등지에서 열기를 더해간 평화운동이 가져온 결실이었다.

구미 지역에서 고조된 위와 같은 국제 평화운동의 흐름에 비추어, 대한제국의 황제가 1901년에 국제적십자사에 가입하면서 영세중립국을 도모한 것이라든지, 국제사회를 상대로 일본의 조약 강제에 대한 투쟁을 굽히지 않고 추진한 것은 메아리 없는 외로운 외침이 결코 아니었다. 고종은 국제사회 평화운동의 흐름을 알고 이에 의탁하여 국운을 만회하려 한 것이다. 그러나 국제사회는 아직 열강의 이권 경쟁이라는 구습이 더 강했기 때문에 실현되기는 어려웠다. 구래의 실정주의實定主義와 신사조인 이상주의理想主義의 대립 국면에서 한국은 후자에 입지를 두고 주권 수호운동을 펼쳤던 것이다.

2) 1919년 파리 강화회의와 임시정부 파리위원부巴里委員部 활동

1918년 1월 초에 발표된 윌슨 미국 대통령의 〈14개 조〉는 모든 약소국 국민에게 큰 기대를 안겨 주었다. 14개 조 가운데 제1조(모든 국가 간의 계약과 외교는 공개적으로 이루어져야 한다)와 제4조(모든 주권의 문제는 주민의 이해관계와 그 요구가 공개적으로 공정하게 조정되어야 한다)는 국내외에서 10여 년간 항일 독립운동을 펼치던 한국인들에게도 큰 기대를 안겨주었다. 이 새로운 상황에 대응하기 위해 같은 해 8월 20일에 여운형은 상하이에서 신한청년당新韓青年党을 조직하고 곧 서울에 들어와 이상재를 만나고 11월 하순에 돌아가 당원과 협의하여 파리에 외교 대표부를 두기로 하고 김규식을 대표로 정하였다.

1919년 1월 21일 고종이 갑자기 붕어하였다. 조선총독부가 살해하였다는 소문이 무성한 가운데 김규식은 1919년 2월 1일 상하이를 떠나 파리로 향하였다. 그가 파리로 향하던 도중에 도쿄 유학생들이 2월 8일 독립선언서를 낭독하고, 3월 1일에는 황제의 국장 예행을 계기로 전국에 걸쳐 대규모의 항일 독립 만세운동이 일어났다. 김규식이 3월 13일에 파리에 도착하였을 때 국내에서는 아직도 곳곳에서 일본군과 경찰의 탄압 속에 만세시위운동이 계속되고 있었다. 전국적인 만세운동에 힘입어 4월 13일에는 중국 상하이에서 신한청년당을 중심으로 대한민국 임시정부를 수립하였다. 이로써 파리의 김규식은 이제 신한청년당의 대표가 아니라 임시정부의 외무총장 겸 파리 대표부의 위원 신분이 되었다.

김규식은 현지 프랑스 지식인들과 이미 유럽에 와있던 몇 명의 한국인들의 도움을 받으면서 대표부를 설치하여 파리 평화회의에 한국의 입장을 공식적으로 전하는 방식을 모색하였다. 파리 대표부의 활동에 관한 기존의 연구에 따르면 대표부는 1919년 4월에 파리 평화회의의 의장이던 클레망소 프랑스 총리에게 한국인과 한국 임시정부의 '호

소문'을 전달하고, 5월 12일자로 미국 윌슨 대통령과 영국 로이드 조지 수상에게 비슷한 내용의 '청원서'를 전달하였다. 이어서 5월 14일에는 다른 나라의 대표단에도 이를 각각 발송한 것으로 알려져 있다.[19]

김규식은 5월 12일자로 청원서를 공식적으로 제출하는 임무를 마치고 8월에 이승만이 미국에 구미위원부를 설치하고 그를 위원장으로 임명하여 미국으로 돌아갈 때까지 4개월여 파리에서 활동하였다. 김규식을 중심으로 한 파리 외교부의 활동에 관해서는 기존의 연구들이 이미 가능한 많은 것을 밝혔으므로[20] 여기서는 다만 5월 12일자로 미국 윌슨 대통령에게 보낸 편지와 이에 첨부된 〈청원서〉의 내용에 대해서만 개략적으로 살피기로 한다.

윌슨 대통령은 파리에 도착한 후 평화회의 진행을 위해 장기 체류하였다. 파리 대표부의 대표 김규식은 신한청년단 대표, 한국국민회 대표, 대한민국 임시정부 대표 등의 직함으로 윌슨 대통령에게 서한을 보냈다.[21] 서한 내용의 대부분은 첨부하는 청원서에서 유의할 점, 강조

19 최덕규, 앞의 글 참조.
20 이정식,《김규식의 생애》(신구문화사, 1974); 이현희,〈우사 김규식의 생애와 사상〉,《강원문화연구(6)》(2001);〈김규식과 대한민국임시정부〉,《문명연지(3-1)》(2002); 홍순호,〈독립운동과 한불관계: 1906~1946〉,《한국정치외교사연구(2)》(1985) 등
21 수신인 윌슨 대통령의 주소는 다음과 같이 기입되었다. 11, Place des Etats-Unis, Paris. '청원서'의 말미에는 다음과 같은 여러 집단의 이름으로 제출자가 표시되었다. "THIS PETITION is presented in thename and on behalf of the Provisional Republican Government of Korea and of the Eighteen Million Seven Hundred Thousands Korean living in Korea proper, in China, Siberia, Hawaii, the United States and elswhere as well as of the Five Thousand and More Korean who fought for the Allied cause on the Eastern Front before the Treaty of Brest-Litosvk- in the aggregate forming and constituting the Korean People and Nation- by the undersigned John Kiusic Soho Kimm, the duly accredited Member of the Korean Delegation appointed by the New Korean Young Men's Society, etc., etc.." John Kiusic Soho Kimm (Signature) Delegate of New Korean Yong Men's Society, Delegate of the Korean National Association,Delegate of the Provisional Government of the Korean Republic, Etc., Etc.,Etc.. 이 자료는 이태진,《끝나지 않은 역사: 식민지배 청산을 위

점을 적시하는 내용이다. 서두에 앞서 (평화회의 의장에게) 보낸 "일본으로부터 해방되어야 하는 한국인과 한국의 요구"를 귀하의 정독을 위해 첨부하여 보내는 것이라고 밝혔다. 실제로 첨부된 문건에는 '요구(Claim)'란 단어가 '청원(Petition)'으로 바뀌고 수식어도 더 붙었다. 이를 명시하면 "일본으로부터의 해방과 독립국가 한국의 복구를 바라는 한국인과 한국의 청원(THE PETITION of the KOREAN PEOPLE AND NATION for liberation from Japan and for the reconstitution of Korea as an independent state; 이하 '청원서'로 줄임)"이라고 하였다. 4월에 평화회의 의장 앞으로 보낸 것으로 알려진 '요구'에서 "일본으로부터의 해방"에 더하여 "독립국가 한국의 복구"라고 하고 '요구' 대신 '청원(서)'으로 머리 단어를 바꾸었다.

　'청원서'는 "정중히 아룀"이란 인사말 아래 "(1) 한국인은 정착 생활과 문화를 가진, 아시아의 역사적인 국가들의 하나로서 4200년 이상 동안 국가로 존재하였으며 이 42세기간의 대부분 기간 한국은 국가적 독립을 유지해왔다."라고 하면서 장구한 역사를 가진 국가로서 독립성을 유지해온 것을 소개하였다. 이 서두는 한국이 일본의 식민지가 될 미개한 나라가 결코 아닐뿐더러 '민족자결'의 능력을 충분히 갖춘 민족이란 것을 천명하기 위한 것으로 보인다. 이하 20개 사항을 15개 부문으로 분류하여, 독립국으로서의 한국의 지위가 국제조약 관계를 통해 이미 확립된 것을 일본이 기만과 폭력으로 이를 파괴하는 위법행위를 한 이래 잔혹한 식민통치의 실태, 이에 항거하는 혁명(3·1만세 운동), 이에 대한 일본의 탄압 등을 고발한 다음, 한국병합이 '폐기'되어야 할 사유를 다시 정리하였다. 그 순서를 제시하면 아래와 같다. (후미의 괄호 속의 번호는 사항 순번)

　한 역사인식》(태학사, 2017)에 부록 1로 수록되어 있다.

그림 1. 파리평화회의를 위해 파리에 체류 중이던 임시정부 파리 대표부의 김규식이 우드
로 월슨 미국 대통령에게 보낸 서한

LA MISSION COREENNE

38, Rue de Châteaudun, PARIS (9e)

May 12tn, 1919

The Honourable Woodrow Wilson,
Président of The United States of America,
11, Place des Etats-Unis, Paris.

Dear Mr. President,

I have the honour to submit for your perusal a copy of the
claim of the Korean People and Nation for liberation from Japan,
which my Delegation has filed with the Peace Conference.

The claim has been cast in the form of a Petition, with a
Memorandum setting forth : series of facts and views in support
of our claim for the reconstitution of Korea as an independent
state. Sections 1-15 of the Petition are a summary -- with the
exception of the important foot-notes on pages 2 and 5 -- of the
principal points developed in the Memorandum. The rest of the
Petition deals with matter untouched in the Memorandum.

May I invite your special attention to Section XIV of the
Memorandum in which the question is put :

"Is not the gravest indictment of Japan's work in Korea to
be read in the fact that Christianity is seriously regarded as
a force hostile to the success of the Japanese system of govern-
ment in the country ?"
I venture to suggest, however, that Sections XVIII - XXI
of the Memorandum will be found to summarise and re-state current
views in the Far East which ought to be deeply interesting to you,
Mr. President, both as an American statesman and as one who thinks
of and for the future.

Lest the urgencies of the moment should prevent you from
glancing at those sections of the Memorandum, I am hoping to tempt
your intellectual curiosity on the subject by a quotation from
Section XIX which briefly indicates, in the sense of a definition,
a policy of empire unmatched in its sweep of conception since the
crumbling of Rome

"Japan's Continental policy aims, first, at the seizure of the
hegemony of Asia through the DOMINATION AND CONTROL OF THE MAN-POWER
AND NATURAL RESOURCES OF CHINA -- possible only by the Japanese
possession of the continental point d'appui of Korea -- and, next,
at the MASTERY OF THE PACIFIC OCEAN AS THE SOLE MEANS OF FORCING AN
ENTRANCE FOR JAPANESE EMIGRANTS INTO THE RICH LANDS OF THE AUSTRALIES
AND THE PACIFIC SEABOARD OF THE UNITED STATES .... in other
words, the CONVERSION OF THE PACIFIC INTO A JAPANESE LAKE'".

The Memorandum proves that this policy is a reality.

I have the honour to be,

Mr. President,

Your most obedient,
humble servant

For The Korean Delegation
(Signé) John KIUSIC SOHO KIMM

그림 2. 윌슨 대통령에게 보낸 서한에 첨부된 문건의 첫 번째 페이지

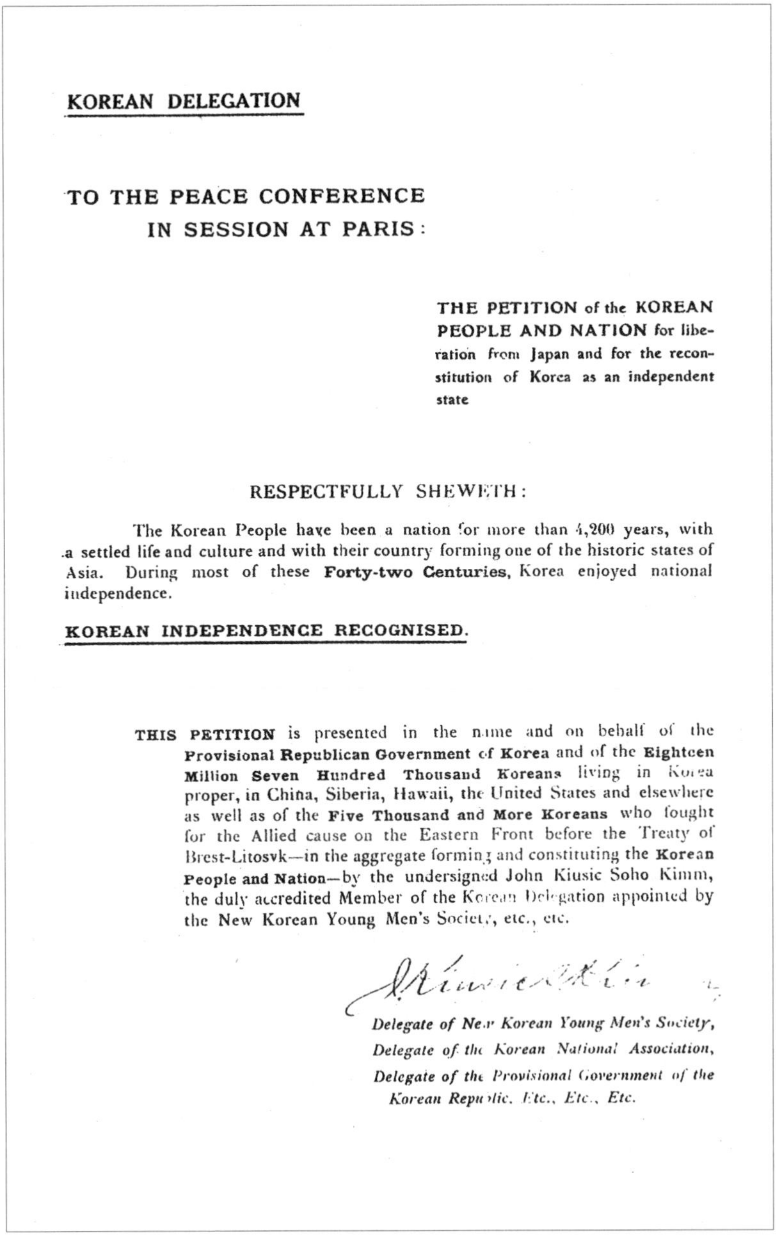

KOREAN DELEGATION

TO THE PEACE CONFERENCE
IN SESSION AT PARIS :

THE PETITION of the KOREAN
PEOPLE AND NATION for libe-
ration from Japan and for the recon-
stitution of Korea as an independent
state

RESPECTFULLY SHEWETH :

The Korean People have been a nation for more than 4,200 years, with a settled life and culture and with their country forming one of the historic states of Asia. During most of these **Forty-two Centuries**, Korea enjoyed national independence.

KOREAN INDEPENDENCE RECOGNISED.

THIS PETITION is presented in the name and on behalf of the Provisional Republican Government of Korea and of the Eighteen Million Seven Hundred Thousand Koreans living in Korea proper, in China, Siberia, Hawaii, the United States and elsewhere as well as of the Five Thousand and More Koreans who fought for the Allied cause on the Eastern Front before the Treaty of Brest-Litosvk—in the aggregate forming and constituting the Korean People and Nation—by the undersigned John Kiusic Soho Kimm, the duly accredited Member of the Korean Delegation appointed by the New Korean Young Men's Society, etc., etc.

Delegate of New Korean Young Men's Society,
Delegate of the Korean National Association,
Delegate of the Provisional Government of the
Korean Republic, Etc., Etc., Etc.

1. 4200년의 역사를 가진 문화국가 (1)

2. 구미 여러 나라가 이미 승인한 한국의 독립 (2)

3. 하나의 국제적 원칙으로서의 한국 독립 (3)

4. 일본의 한국 독립 침해 (4)

5. 한국의 저항 (5-6)

6. 일본의 한국 교육과 재산 통제 (7-8)

7. 일본과 기독교 (9)

8. 일본을 위한 한국 (10-11)

9. 세계에 적대하는 일본 (12-13)

10. 일본의 대륙정책 (14)

11. 진행 중인 정책 (15-a~f)

12. 한국의 혁명 (16)

13. 혁명의 진행 (17)

14. 대한민국 (18)

15. 일본의 억압 (19)

16. 병합조약의 폐기 (20-I~VI)

이 중에서 2~4는 일본의 한국병합 불법성에 대한 지적이다. 즉, 독립국가로서 한국의 존재는 일본, 미국, 대영제국 및 다른 열강과 각기 평화와 통상의 조약으로 확인되었고, 또 1895년 4월 17일의 시모노세키 조약, 1902년 1월 30일의 영일동맹, 1904년의 의정서 등에서 일본 스스로 분명히 한국의 독립과 독자성을 보장한 것으로서, 이런 국제적 조약 관계로 보장된 자주 독립성을 기만과 폭력으로 짓밟고 강제로 병합하였다는 내용이다. 그 후 일본의 한국인에 대한 지배는 노예나 가축에 대한 것과 같은 방식으로 모든 자발적인 발전의 기회를 박탈하고 있다는 것을 지적하였다. 그리하여 마침내 1919년 3월 1일 독립

만세운동의 혁명(revolution)이 일어나 최근까지 진행되고 있다는 것을 밝혔다.

일본이 진행하고 있던 대륙정책(사항 순번 14)에 대해서는 다음과 같이 지적하였다. 즉 지금 아무런 구속을 받지 않고 집행되고 있는 이 정책은 일본 외 다른 나라들의 세계에 큰 위험을 안기고 있다. 일본은 먼저 중국의 인력과 자연자원에 대한 지배와 통제를 확보한 다음, 동남아시아 섬들로 진출하는 한편, 일본인 이민을 통해 오스트레일리아와 미국의 태평양 연안 지역으로 들어가 태평양을 일본의 내해內海로 삼을 계획이라고 하였다(사항 순번 15). 이 점은 서한에 따로 발췌 전재하여 윌슨 대통령이 반드시 읽기를 바랐다.

'청원서'는 정연한 논리를 갖추고 있는 점이 돋보인다. 조약 관계를 통한 병합의 불법성에 대한 지적은 저 앞에서 본 프랑시스 레이의 논증을 끌어들인 것이라고 할 정도로 비슷하다. 다만 이에 더해 장구한 문화민족의 국가 경영력을 피력하고 국권 탈취 후의 일본 식민통치의 잔혹성을 거론하여 그 지배의 부당성을 강하게 부각시켰다. 그리고 일본의 팽창을 방치할 경우, 미국을 포함한 태평양 연안에 위기가 닥치게 될 것을 지적한 점은 20여 년 뒤 실제로 펼쳐지는 비극의 역사를 예고하는 것이었다.

끝으로 '병합조약의 폐기'에서는 "한국인은 1910년 8월 22일의 병합조약은 완전 무효(null and void)로 선언되거나 아니면 다음과 같은 이유로 평화회의에 의해 폐기(abrogation)되어야 한다는 의견을 제출한다."라고 하였다.[22]

① 병합조약은 법적인 그리고 국제적인 문서로서의 효력을 가질 수 없

22　이 내용은 이우진, 〈임정의 파리강화외교〉, 《한국정치외교사논총(3)》(1987), p.139에서 처음 소개되었다.

게 하는 기만과 폭력의 환경에서 체결되었다.

② 한국인과 국가(The Korean people and Nation)는 당시 '괴뢰' 상태가 된 한국 황제가 병합조약의 조건에서 그들을 취급할 권리를 끊임없이 부정해왔다. (한국인은) 사람으로서 그들(일본)이 소유한 가축이 아니므로 한국인의 (조약에 대한) 승인은 이 조약 효력의 기본 조건이어야 한다. 이 승인은 결코 주어진 적이 없다.

③ 이 병합조약은 일본정부가 한국 그리고 다른 열강과 가진 한국의 독립 보전에 관한 국제적 보증에 대한 직접적인 위반이다.[23]

④ 한국과 일본 또는 다른 열강과의 사이에 그리고 일본과 중국, 러시아, 영국과의 사이에 체결된 한국에 관한 여러 조약에서 한국은 독립 주권국가로서 명백하게 인정되고 그 정치적 자유와 영토 보전이 국가 간의 공법公法 기반 위에 수립되었다고 하는 규정으로 명확히 보증되었다. 그 공법적 기반은 하나의 열강(특히 일본)이 아니라 현재의 '평화회의'와 같은 국제회의에 모인 열강에 의해 최종적으로 개정改正을 회부하여 고치는 절차를 밟지 않으면 위법일 수 있다.

⑤ 평화회의는 윌슨 대통령의 〈14개 조〉에 표시된 원칙에 따라서 회원국들의 문제를 해결하기 위해 만나는 것이다. 이 원칙은 1918년 1월 8일 미국 대통령이 의회에 보내는 메시지에 의해 "모든 사람과 국민 그리고 그들이 강자이든 약자이든 서로가 자유와 안전의 동등한 조건 위에 살 권리에 대한 정의의 원칙으로" 규정되었다.[24]

23 '청원서'는 여기에 각주를 붙여 국제적 보증의 예로서, "The Japan-Korean Treaty of February 26 or 27, 1876.--- the Japan-Russian Protocol of April 25, 1898. The Japan-Korean Protocol of Febrary 23, 1904. ---"등을 들었다.
24 원문을 옮기면 다음과 같다. The principles underlying this statement of views is defined by the President in his Message to Congress on January 8, 1918, as "the principle of justice to all people and nationalities and their right to live on equal terms of liberty and safety with one another, whether they be strong or weak." 이 중에 " "부분은 〈The Fourteen Points〉에 동일한 문장이 있는 것은 아니다. 아마도 윌슨 대통령의 의회 연설문 중에 들어있는 문장

전쟁 중의 연합국의 하나로서 일본은 〈14개 조〉를 우선적인 정의의
원칙과 함께 분명히 받아들였다. 이 정의의 원칙이 한국인과 국가의
승인 없이 그 바람과는 반대로 천황이 전 한국에 대한 모든 주권을
계속 행사함으로써 명백하게 범해진 만큼, 무효(nullification)를 선언하
든지 또는 위에 말한 병합조약의 폐기(abrogation)를 선언하는 것이
'평화회의'의 권리이자 의무이다.

⑥ 이미 한 세기 반 전 분리 병합되었던 폴란드를 복원한 것 그리고 반
세기 동안 프러시아의 지배를 받았던 알자스-로렌의 병합 해제(dis-
annexation) 등에서 표시된 원칙들의 관점에서 제외되지 않는다면, 국
제법에 근거한 권리와 국가들의 잘못을 고치도록 하는 '새로운 정의(the
New Justice)'에 의하여 한국인이 한국을 독립국가로 복원(reconstitution)
할 것을 요구하는 것은 당연하다.

〈청원서〉의 논리는 정연하다. 지금까지 무효화 운동이 1905년의
보호조약 강제를 상대로 한 것에 더하여 1910년의 병합조약이 고종황
제 대신 순종황제를 '괴뢰'로 앉혀 놓고 강행하여 한국인의 의사와 전
혀 무관하게 이루어진 조약이므로, 이와 같은 일본의 불의·불법에 대
해 〈14개 조〉의 원칙과 평화회의의 '새로운 정의'의 정신에 의해 폴란
드의 국가 복원, 알자스-로렌의 병합 해제 등과 같은 조치가 평화회의
의 권리와 의무로서 단행되어야 한다고 하였다. 〈청원서〉의 논리는 앞
의 프란시스 레이의 주장이나 1907년의 〈공고사〉에 병합 강제를 더
추가하여 1918~1919년의 '새로운 정의'의 기준에서 더 발전시킨 것이
었다.

그러나 '평화회의'는 현실적으로 역사적인 문제를 다루는 기회는

이지 않을까 생각되나 확인하지 못했다. 〈The Fourteen Points〉 중에서는 제5조가 이에
가까운 내용이다.

아니었다. 평화회의는 동맹국, 심지어 승전 측인 연합국 간의 제국주의 유산, 즉 서로가 차지했던 타국 영토들에 대한 기득권 정리를 우선할 수밖에 없었다. 〈14개 조〉에 규정된 것만 보더라도, 러시아(6조), 벨기에(7조), 폴란드(13조), 알자스-로렌, 오스트리아-헝가리, 터키(10, 11, 12조), 폴란드(14조) 등 국가의 내지 지역에서의 점령상태 해제와 국가(민족) 독립 문제가 우선 조정 사항으로 다루어졌다.[25] 아시아의 피식민지의 경우, 제5조의 원론적인 규정이 있을 뿐이었다.

윌슨 대통령은 중국 문제 해결에 뜻을 가지고 중국 대표를 평화회의에 참석하도록 하였다. 중국 대표는 독일이 확보했던 산둥반도의 이권을 중국에 되돌릴 것을 원했다. 그러나 일본이 1915년에 연합국에 참가하면서 이미 그 이권을 이관받으려고 〈21개 조〉를 제시하였다. 중국의 요구에 맞서 일본은 산둥반도가 중국에 돌아간다면 국제연맹에 가입하지 않겠다고 주장하여 윌슨 대통령을 궁지에 몰았다. 5대 강국 중 이미 이탈리아가 발칸 반도의 피우메Fiume 자유국 문제에 대한 불만으로 국제연맹 불참을 선언한 상황에서 일본마저 가입하지 않는다면 미국과 윌슨 대통령의 리더십이 큰 상처를 입을 것이 불 보듯 하였다.[26]

한국의 〈청원서〉는 '일본의 대륙정책'을 논하면서 일본이 중국의 자연자원과 인력에 대한 통제를 확보한 다음, 동남아시아와 태평양으로 진출할 것이라고 '경고'하였지만, 윌슨 대통령은 오히려 반대로 일본이 국제연맹에서 벗어나면 통제할 길이 없다고 판단하였다. 윌슨은 일본을 국제연맹에 묶어 두는 것이 더 좋은 방법이라고 생각했다. 그리하여 일본의 〈21개 조〉를 수용하는 것으로 낙착함으로써 평화회의는 한국문제를 포함한 동아시아 문제를 더 다룰 수 없게 되었다. 1919년 6월 28일 평화회의가 종결될 즈음, 평화회의의 사무총장 헨리 화이트

25 이우진, 앞의 글, pp.140-141.
26 이우진, 앞의 글, p.141.

Henry White는 파리 대표부 김규식 앞으로 "한국 문제는 강화회의에서 취급할 성질이 아니므로 앞으로 수립되는 국제연맹에 문의하기 바란다."라는 서한을 보내왔다.[27] 제출된 〈청원서〉에 대한 회답이었다.

파리 강화회의에서 벌인 독립청원운동에 대한 지금까지의 연구는 대체로 이와 같은 경위에 따라 실패한 것으로 규정하였다.[28] 그러나 파리 강화회의는 일차적으로 〈14개 조〉에 명시된 사항들을 다룬 것이므로 제5조의 원론적 사항에 속하는 한국문제는 오히려 사무총장이 앞으로 수립되는 국제연맹에 문의하기 바란다고 한 측면에서 어떤 전개가 있었던가를 추적해볼 필요가 있다.

3) 1921년 런던 영국연방 수상 회의와 임정 구미위원부

파리 대표부는 파리 평화회의가 끝이라고 생각하지 않았다. 김규식을 비롯한 파리 대표부는 강화회의에 한국 문제가 직접 다루어지도록 〈청원서〉를 비롯한 문건에 온갖 힘을 기울였을 뿐 아니라 여러 분야의 지식인, 전문가들을 상대로 한국 알리기에 진력하였다.[29]

파리 대표부는 평화회의가 종료된 직후인 6월 30일, 미국 대표단에 한국 문제 설명회를 개최하였다. 7월 28일에는 프랑스 동양정치연구회에서 한·중 양국 문제 연설회가 열렸으며, 30일에는 프랑스 국민정치연구회에서 한국 문제 보고회를 열었다. 31일에는 또 동양정치연

27 홍순호, 앞의 글, p.268. 홍순호가 제시한 근거는 다음과 같다. Archíves des Ministère des Affaires Corée, Politique Etrangère, Relations avec le France, Fráncais en Corée II. 1917-1930. Bureaux de la Mission Coréene, l'Action Coréene pour son indépendance, 《La Corée Libre(Revue mensuelle, politique, Economique et lettéraire, no.1)》(1920.5), pp.26-30.
28 篠原初枝의 《国際連盟》은 서문에서 국제연맹이 '실패했다'라는 평가에 반대하면서 오히려 제2차 세계대전 후 국제연합으로의 연속성을 살필 필요성을 제안하고 있다. 序文 ii.
29 파리 대표부는 당시 '공고서' '한국의 독립과 평화' '홍보' '일제 약속의 가치란 무엇인가' '자유한국' 등 5종의 출판물을 불어(공고서는 영어, 불어)로 쓴 것을 수천 부씩 발행하여 배포하였다. 홍순호, 앞의 글, p.272.

구회에서 제2차 한국 문제 연설회가 열렸다.[30]

미국의 이승만 임시정부 대통령은 이 무렵 파리 대표부 대표 김규식을 미국으로 오라고 누차 소환 명령을 내렸다. 김규식은 8월 8일 김탕, 여운홍 등을 대동하고 파리를 떠나 미국으로 출발하였다. 바로 이 출발에 앞서 8월 6일 저녁에 만국 기자 구락부에서 송별 만찬회를 열었다. 이 자리에 프랑스 상원의 부의장 르북Lebouq, 전 대한제국 기기창 고문관 뻬이외르Payeur 장군,[31] 전 러시아 헌법학회 의장 미노르Minor, 전 주한공사 대리 군츠부르크Gunzbourg 남작, 중국 측 인사로 이우증李友曾 박사, 요섭 총영사, 이 밖에 미국인, 프랑스 국회의원, 신문기자 등 70여 명이 참석하여 성황을 이루었다. 이승만 대통령이 보내온 축전이 낭독되고 김규식의 보고 연설이 있은 다음, 내빈들의 간곡한 축사가 잇따랐다.[32]

김규식 일행이 출발한 뒤 부위원장 이관용이 위원장 대리가 되어 서기장 황기환과 함께 대표부를 이끌었다. 그런데 같은 해 10월 10일 이관용이 스위스에서 학업을 계속하기 위해 위원장 서리 사표를 제출하여 황기환 서기장이 위원장 직무를 대리하게 되었다. 황기환은 미국에 거주하던 교민으로 미군 자원병으로 독일에 와 있다가 1919년 6월 3일에 파리 대표부에 합류하였다.[33]

파리 대표부는 이후 황기환을 중심으로 블라디보스토크에서 온 대한국민의회大韓國民議會의 윤해, 고창일 등이 참여하여 유지되었다. 황기환은 10월 10일, 프랑스 인권옹호회 임원회에 참석하여 한국 문제를

30 홍순호, 앞의 글, p.268.
31 1901년부터 3년간 군사고문관, 기기창 사관, 당시 포병 대위.
32 홍순호, 앞의 글, p.268.
33 이우진, 앞의 글, p.138; 국사편찬위원회 편,《한국독립운동사 자료 2권: 임정편 II》의 '三. 대한민국임시정부 구미위원부 활동' 중 '황서기장의 영경장래英京來往'에는 "오월초순에 미국 자원병으로 구주에 출전하였던 황기환씨"라는 소개가 있다.

보고한 다음, 1920년 1월 8일에는 이 옹호회와 협의하여 한국 문제에
관한 대 연설회를 개최하여 프랑스의 정치, 언론계의 지식인 500여 명
이 참석하는 대성황을 이루었다. 이 연설회에는 소르본대학 교수 올라
르A. Aulard 프랑스 인권옹호회 회장의 개회사에 이어 황기환 주 파리위
원부 위원장 서리가 답사한 다음, 소르본대학 철학교수인 샬레Féleleien
Challaye의 연설로 절정을 이루었다. 샬레 교수는 1919년 초에 프랑스
하원 외교위원회에 의해 극동에 특파되어(당시 35세) 한국의 3·1만세
운동을 직접 목격한 사람으로서 자신이 촬영한 필름을 상영하였다. 화
면에 일본 군경이 만세 시위하는 한국 군중을 탄압하는 광경이 펼쳐
지자 청중은 모두 대경실색하여 분노하였다고 한다. 이어서 중국인으
로 프랑스에서 성장하여 김규식의 대표부 설립 당시부터 큰 도움을
준 사동발謝東發 박사(세계평화를 위한 중국지부)가 한국 근대사에 대한
보고를 한 다음에 그 자리에서 '한국독립후원동지회 파리지부Ligue des
Amis de la Corée á Paris'가 결성되었다.[34]

상하이 임시정부는 파리 강회회의 후 파리 대표부(구미 대표부)가
국제평화 관련 기구를 상대로 한 국권 회복 운동을 계속하도록 하였
다. 1920년 1월 20일, 스위스로 돌아가 있던 이관용은 대한적십자사 구
주지부장 자격으로 제네바에서 열린 만국적십자 총회에 참가하였다.
그는 상하이 임시정부의 요청에 따라 일본적십자사에서 한국적십자
사를 분리해주기를 요청하면서 일본의 폭정과 간도에서의 일본군의
만행을 폭로하였다.[35]

1920년 4월 19일에서 26일까지 이탈리아 북서부 지방에 있는 산

34 홍순호, 앞의 글, pp.270-271.
35 홍순호, 앞의 글, p.271. 1908년 일본은 대한제국의 국제적 기반을 없애기 위해 대한적십
　자사를 일본적십자사에 편입시켰다. 이때 대한제국의 적십자사 병원을 대한의원으로 개
　편하여 이 현대적 병원시설이 마치 통감 이토 히로부미의 치적처럼 보이게 하였다.

레모에서 파리 강화회의에 이어 연합국 최고회의Allied Supreme Council가 열렸다. 오토만이 지배했던 중동지역의 행정을 위한 위임통치를 위한 국제연맹의 A급 사안 배정을 결정하기 위한 회의였다. 파리 대표부의 황기환 대표서리는 4월 23일 자로 이 회의에 한국 독립안을 토의를 함께해주기를 요청하는 전문電文을 보냈다.[36]

황기환은 영국을 내왕하면서 임정의 대 영국 외교를 수행한 것으로 알려졌다. 그는 1921년 9월 2일 임정의 '임시주외 외교위원부 규정'에 따라 런던 위원부 위원장을 겸임하고, 또 10월 30일에 이승만의 구미 위원부의 명령에 따라 런던에 가서 한국독립후원회 영국지부The League of Friends of Korea in Great Britain에 참석하여 연설하였다.[37] 그의 활동에 대해서는 앞으로 더 자세히 규명할 필요가 있다.

1921년 6월에 런던에서 영국연방 총리 회의가 열렸다. 황기환은 임시정부 구미대표부Korean Mission To America and Europe의 영국연방 주재 대표Delegate To Great Britain 자격으로 영국연방 총리 제위 앞으로 〈호소문〉을 보냈다.[38]

이 〈호소문〉은 1919년의 〈청원서〉와 거의 비슷하게 18개 항목으로 구성되었지만, '기독교인들에 대한 박해와 학살', '제암리 학살', '(중

---

36 국사편찬위원회 편,《한국독립운동사 자료 2권: 임정편 II》의 '三. 대한민국임시정부 구미 위원부 활동' 중 '쌍어레모 회의에 국민의회의 통첩전달' 관련 내용. 쌍어레모(산레모) 시는 인도주의법 국제학회가 있는 곳으로서 난민과 국제 인도주의법에 관한 과정을 두고 있다. http://www.iihl.org

37 위의 책, '三. 대한민국임시정부 구미위원부 활동' 중 '황서기장의 영경래왕'.

38 호소문의 영문 제목은 다음과 같다. The Appeal Of The Korean People For Liberation From Japan And For The Reconstitution Of Korea—As An Independent State. 필자는 공식 서한 1매, 호소문 16매로 구성된 이 문건의 복사본을 가지고 있다. 국사편찬위원회 편,《일제 침략하 한국36년사(6권)》. 1921년 7월 27일. "倫敦 駐箚委員 黃玘煥이 大韓民國臨時政府에 다음과 같이 報告하다. 1. 民國 3年 6月 10日 〈제네바〉市에서 開催된 國際聯盟擁護會에서 韓國問題의 討論이 있었다. 2. 民國 3年 6月 12日 大英帝國總理會에서 韓國獨立을 要求하다."

국) 치엔타오 한국인 학살' 등이 새롭게 추가되었다. 제16항의 '팽창정
책'에서는 일본이 오스트레일리아와 미국 태평양 연안 식민지 개척의
가능성을 언급하여 일본과 앵글로-색슨 열강 간의 거대한 싸움이 불
가피할 것이란 점을 지적하였다. 이것은 임시정부가 굳이 영국연방 총
리 회의에 〈호소문〉을 제출한 이유에 해당하는 내용이다. 일본이 중국
을 지배하면, 곧 일본은 세계를 지배하고, 영국연방의 해외 영토에 일
본인을 정착하게 하여, 세계를 일본의 이상, 일본의 거친 관료주의, 일
본식의 통치 세계로 바꾸어놓고 말 것이라고 지적하였다.

　〈호소문〉은 최종 항목인 "우리가 요구하는 것"(18항)에서 대영제
국과 한국 사이에 체결되었던 1883년의 수호통상조약을 상기시키고
이 조약에 양국이 서로 한 나라가 조약의 정신에 위배되는 위협을 받
으면 "최선의 조치를 위해 힘을 쓴다(exert good offices)"는 규정이 있음
을 지적하였다. 그리고는 "우리는 지금 어둠 속에서 당신들에게 호소
하고 있다. 우리가 당신들에게 당신들의 엄숙한 국가적 약속을 상기시
키는 것은 우리가 영국 국민의 성실성과 정의감에 대한 신뢰를 가지
고 있기 때문"이라고 끝을 맺었다.

　황기환은 〈호소문〉을 제출하는 공식 서한에 다음과 같은 내용을
담았다. "1905년의 보호조약과 1910년의 병합조약을 한번 검토해보라.
우리는 그 검토가 이 조약들이 명백히 강압에 의해 체결된 것이며, 따
라서 완전무효(Null And Void)로 선언되어야 마땅하다는 것을 보여줄
것으로 확신한다." 또한 "일본의 지배 아래 우리는 노예 수준에서 살고
있으며, 당신들이 맹세한 상호우애, 우리를 도와준다는 엄숙한 약속
그리고 보편적 인류애로서 우리를 도와주기 바란다."라며 마지막으로
"아시아의 평화는 한국의 장래에 달려 있다."고 호소하면서 끝냈다.

　황기환은 1923년까지 주 파리 겸 런던 위원부를 맡아 런던과 파
리, 미국을 왕래하면서 외교활동을 펼쳤다. 불행하게도 그는 1924년

4월 18일 미국 뉴욕시에서 심장마비로 사망하였다. 이후로 임시정부의 유럽에서의 외교활동은 소강상태에 들어가 버린다. 황기환을 통한 임시정부의 열강을 상대로 한 외교활동은 국제연맹을 상대로 한 것이나 마찬가지였다.

4) 1936년 브뤼셀 국제평화회의와 임정 파리 외교 특파원

황기환 이후 임시정부의 유럽에서의 활동은 추적하기 어려운 상태다. 황기환을 돕던 노동자 출신의 홍재하가 파리 주재 위원부의 존속을 위해 노력하였다.[39] 그 후 1919년 파리 위원부 설립 무렵 10대 후반의 청소년으로 파리에 온 서영해가 고등학교, 대학교 교육과정을 마치고 1929년 무렵 자신의 숙소에 "한국 지회(Agence Korea, 7, rue Maebranche)"라는 현판을 붙이고 활동하기 시작하였다.[40]

《동아일보》 1930년 2월 13일 자에는 이달에 프랑스에 유학 중인 서영해가 프랑스어로 된 〈조선 여자의 일생을 중심으로〉라는 소설을 발표하였다는 짤막한 기사가 실렸다.[41] 같은 신문 1934년 12월 12일 자에는 "프랑스에 거류하는 서영해가 한국 전설들을 엮어 모은 《명경(明鏡)의 불행Miroir, cause de malDeur!》이라는 프랑스어로 된 한국 전설집을 파리 피기에-르 서점에서 출판하다. 서영해는 이미 일찍이 《조선생활상朝鮮生活相》이라는 책을 프랑스어로 간행한 바 있다."라고 보도하였다.[42] 한국의 역사, 특히 일본에 의해 핍박받는 한국인의 모습을 소재로 불어로 소설을 쓰던 서영해는 1936년에 이르면 임시정부 외교요원으로 활동하기 시작하였다.

---

39 홍순호, 앞의 글, pp.273-274.
40 홍순호, 앞의 글, p.276.
41 국사편찬위원회 편,《일제 침략하 한국36년사(9권)》, 1930년 2월중·2월말. 소설의 원제목은《Autour d'une vie coreéene》이다.
42 국사편찬위원회 편,《일제 침략하 한국36년사(10권)》, 1934년 12월중·12월말

임시정부 국무회의는 1936년 3월 8일 자로 파리에 외교 특파원을 두기로 하고 서영해를 선임하였다.[43] 즉, 지난 18년간 조국광복을 위해 분투해온 임시정부가 급박하게 돌아가는 세계정세에 기민하게 대처하여 성공을 거두기 위한 방략의 하나로 프랑스 파리에 외교 특파원을 설치한 것이다. 이를 통해 유럽 방면에 대한 외교 사무를 민활하게 도모하기로 하고, 그 수임首任으로 유럽에서 10여 년간 조국을 위해 노력하던 서영해 씨를 선출하였다. 같은 해 10월 15일에 서영해는 브뤼셀에서 개최된 만국평화회의에 출석하였으며 "각국 대표들을 일일이 심방하고 우리의 사정을 널리 선전하였다."라는 내용이 보도되기도 했다.[44]

상하이 임시정부는 창립 후 수년 만에 좌우 분열로 힘을 잃었다. 1926년 말에 국무령國務領으로 취임한 김구는 한국애국단을 발족하여 1932년 4월 말 윤봉길의 홍커우공원 의거를 성공시킨 뒤, 중국 장제스 정권으로부터 강력한 지지를 받기 시작하였다. 홍커우 공원 의거로 항저우로 피난한 임시정부는 1935년 11월 자싱嘉興으로 옮기면서 장제스 정권과의 유대 강화 아래 그동안 침체했던 구미 외교활동의 전열을 새롭게 가다듬었다. 이 무렵 국제정세도 실제로 급박하게 돌아가고 있었다.

1935년 1월 일본이 런던군축회의를 탈퇴하고, 3월에는 독일이 베르사유 군비제한 조약을 폐기하고 재무장에 들어갔다. 8월에 일본은 천황 중심의 국가체제를 밝히며 국체명징國体明徵 운동을 벌였다.

---

43 국사편찬위원회 편,《한국독립운동사 자료 1권: 임정편 I》중 12. 大韓民國臨時議政院 提案 審査報告 및 決議案(其一) (大韓民國二十二年~二十七年·一九四〇年~一九四五年) 13. 大韓民國二十七年度 第三十七回議會 政府提案及決議文(全)--- 韓法外交代表交換案, "法國臨時政府에 서 韓國臨時政府로부터 事實上 關係를 建立하기로 하고 法國駐華大使에게 命하여 此旨를 我 外務部長에게 正式通牒하였으므로 大韓民國二十七年(1946) 三月八日 國務會議에서 韓法 兩國의 事實上 關係가 이미 成立된 以上에는 兩國間에 事實上 外交代表를 交換하기로 決議하고 同月十二日 國務會議에서 徐嶺海를 我臨時政府駐法代表로 選任하였음."

44 《韓民》1936년 10월 15일 萬國平和大會에 我代表 徐嶺海(서영해) 氏 出席 --

1936년 2월에는 황도파皇道派 청년 장교들이 쿠데타(2·26사건)를 일으켰고, 3월에 독일이 라인란트 비무장지대를 침입했으며, 5월에는 이탈리아가 에티오피아를 합병하였다. 7월에는 스페인의 프랑코가 파시스트 반란을 일으켰다. 1936년 9월 3일의 브뤼셀 만국평화회의는 다시금 전쟁으로 치닫고 있는 국제정세를 억지해보려는 국제연맹 창설 정신의 연장이었다.[45] 《한민韓民》은 서영해가 운영하던 파리의 〈고려통신〉에 의거하여 이 회의에 참석한 서영해의 활동을 다음과 같이 전하였다.[46]

우리 임시정부 외교특파원 서영해 씨는 9월 3일부터 6일까지 벨기에 수도 브뤼셀에서 열린 만국 평화대회에 참석하였는데, 씨는 각국 대표를 일일이 방문하고 세계평화의 반분인 동양 평화는 오직 한국 독립에 있는 것을 역설하고 또 한국 민족이 요구하는 평화는 결코 노예적 평화가 아니요, 자유 민족의 평화이니 그러므로 우리는 필사적으로 우리 민족의 자유 독립을 위하여 일본에 대하여 최후의 일각, 최후의 일인까지 항전할 터인데 무력만 존중하는 일본에 향하여 정의 인도의 이론은 우이독경牛耳讀經인즉 진정한 평화를 바라는 자는 반드시 한국 독립을 정신적과 물질적으로 도우라고 말하였다 한다. 이 대회에 출석한 대표는 사십여 국 대표 삼천여 명이라 하며 대회 중 공회위원회工會委員會에서 결의한 것은 금후 공인들은 침략국에 대하여 군수품의 제조와 운반을 거절하기로 하였다 한다.

위에서 주목되는 것은 한국의 상태를 '노예적'이라고 언급한 점이

45 1936년 9월의 브뤼셀 국제평화회의에 관한 연구는 현재 이루어진 것이 많지 않은 것 같다. 필자는 이 회의의 관계자료가 현재 미국의 Swathmore College Peace Collection으로 수장되어 있는 상황을 파악하였다. 서영해가 실제로 어떤 활동을 했는지 구체적으로 살필 기회를 가져보고자 한다.
46 국사편찬위원회 편,《대한민국 임시정부 자료집》중 16, 외무부 Ⅳ. 외무부장 公函.

다. 이것은 일찍이 1919년의 〈청원서〉, 1921년의 황기환의 〈호소문〉
등에 나타난 표현이지만 그 인식이 계승된 점뿐만 아니라 국제적으로
한국의 상황을 '노예 상태'로 처음 규정한 카이로 선언(1943년 11월)에
가장 가까운 시점의 표현이란 사실에 주목할 필요가 있다.[47] 서영해는
1940년 7월 20일 자로 임시정부의 주요 인물인 조소앙에게 다음과 같
은 편지를 보냈다.[48]

> 고려통신사高麗通信社가 저 아모리 결사적 활동을 하엿고 또 해외 산재한
> 우리 혁명지사들이 아모리 헌신적 노력을 한다 할지라도 뒤에 턴턴한
> 임시정부와 같은 중앙지도기관을 배경 안이하면 모든 공로가 다 실데
> 없음내다. 제가 과거 10여 년 내에 구주 각국 정치가들을 만히 맛나보
> 앗는대 모두 '상해 대한임시정부' 소식을 물읍대다. 과연 우리 삼일운동
> 의 위력이 얼마나 컷음내까! 그래서 제가 김구 선생께 편전片箋할 때마
> 다 만분 양보하야서라도 통일적 임시정부를 턴턴히 새우는 것이 우리
> 광복운동의 제일 급선무라고 역설한 것임내다.

고려통신사는 서영해 자신이 파리에서 운영하던 언론 매체다. 임
시정부 본부에서 그의 활동을 높이 평가하자 중앙지도부의 발전이 더
중요하다는 겸양의 뜻을 표한 내용이다. 여기서 주목되는 것은 서영해
자신이 10여 년 구주 각국의 정치가들을 많이 만났는데 모두 '상해 대
한임시정부'의 소식을 물었고 이를 3·1 만세운동의 힘이라고 서술한
점이다. 이것은 1920년대 중반 이후 임시정부의 존재가 구미 지식인들

47　카이로 선언은 'enslavement'란 단어를 썼다. 해당 문장은 다음과 같다. "The aforesaid three
　　great powers, mindful of the enslavement of the people of Korea, are determined that in due
　　course Korea shall become free and independent."
48　국사편찬위원회 편, 《대한민국 임시정부 자료집》 16 IV. 외무부장 公函, 2. 대외 교섭과
　　선전의 중요성을 역설하고 방책을 개진한 편지.

의 기억에 그대로 남아 있었다는 것을 방증한다.[49] 그가 임시정부 외교 특파원으로 참석한 1936년의 브뤼셀 국제평화회의는 제1차 세계대전에 대한 반성으로 성행한 국제 평화운동이 제2차 세계대전으로 단절되기 직전의 마지막 대회로서 의미가 있다. 임시정부의 국제 평화운동에 대한 기대는 세계정세가 새로운 국면으로 접어들기 직전까지 끊이지 않았다.

국제연맹의 국제법 연구와
'조약법'에 관한 1935년 하버드 법대 보고서

1) '조약법'에 관한 하버드 법대 보고서가 나오기까지

앞에서 살폈듯이 1919년 3월부터 시작된 대한민국 임시정부 파리 대표부의 독립청원운동은 같은 해 6월 28일 평화회의의 사무총장이 임정 대표위원 김규식에게 "한국 문제는 강화회의에서 취급할 성질이 아니므로 앞으로 수립되는 국제연맹에 문의하기 바란다."라는 서한을 보내온 것으로 종결되었다. 그러면 국제연맹이 수립된 후에는 사정이 어떻게 되었을까?

위 사무총장의 회신 이후에도 한국 임시정부 대표들은 기회가 있을 때마다 국제회의에서 한국 독립의 당위성을 역설하였다. 한국 측은 일본제국의 한국병합이 조약 위반이거나 불법적인 조약을 강제하였다는 것을 쟁점으로 삼았다. 그렇다면 이 조약들에 대한 국제연맹의 공식적인 의견 표시를 곧 한국의 '청원'에 대한 회답이라 할 수 있지 않을까. 이런 관점에서 1935년에 하버드 법과대학 교수단의 '찬조auspice'를 통

---

49 서영해는 1945년 3월 8일 프랑스 임정이 중경 임시정부를 승인, 임정은 국무회의를 소집, 파리에 대표부 설치하라고 결의, 서영해를 주법(駐法) 대한민국임시정부 대표로 임명하였다(3월 12일 자).

해 나온 〈조약법'에 대한 보고서〉를 주목할 필요가 있다. 이 보고서는 하버드대학교가 아니라 국제연맹의 이름 아래 만들어진 것이었다.

〈'조약법'에 대한 보고서〉는 역사상 효력을 발생할 수 없는 조약으로 3개의 조약을 언급하고 있는데, 그중 하나로 1905년 11월 일본제국이 대한제국에 요구한 '보호조약'이 포함되었다. 평화회의 사무총장 헨리 화이트가 평화회의 종료 시점에서 한국의 주권회복 요청은 국제연맹에서 다룰 문제라고 답하였던 만큼, 이 하버드 보고서는 국제연맹이 한국 독립문제와 관련하여 내놓은 유일한 공식 발언으로서 곧 1919년의 '청원서'에 대한 답변이라고 할 수 있을 것이다. 다시 말해 국제연맹은 1935년 당시 법적으로 한국병합은 불법이라는 판단을 내리고 있었다. 병합은 이 '보호조약' 위에 이루어진 것이므로 원인 무효가 될 수밖에 없는 것이다.

국제연맹은 설립에 동의하거나 가입하고자 하는 나라들이 서명할 계약서 준비에서 시작되었다. 평화조약에 서명한 나라들이 원 회원국으로서 32개국, 계약서에 동의하도록 초청받은 나라는 13개국이었다. 이중에는 미국처럼 결국 가입하지 않은 나라도 있다(미국은 국제연맹 창설을 주장한 나라였지만 입장을 바꾸었다). 스위스 제네바에 본부를 둔 국제연맹은 총회, 이사회, 사무국, 상설 국제사법재판소Permanent Court of International Justice, 국제노동기구International Labour Organization, ILO 등을 주요 기간 조직으로 하고 이외에도 상설 위임통치위원회, 상설 군사자문위원회, 군비축소위원회, 법률전문가위원회 등이 있었다. 국가 간의 분쟁을 지양하여 평화체제를 모색하는 것이 연맹의 목적이었기 때문에 상설 국제사법재판소의 존재에서 알 수 있듯 연맹에서 국제법의 비중이 가장 컸다.

국제연맹은 1920년대 후반에서 30년대까지 국제협약을 '법전화法典化, codify' 하는 여러 사업을 추진하였다. 이 작업은 각국의 국가법을 발전시키려는 시도와 관련 있는 것으로서, 각국 학계, 법조계에 방향 제시의 측면에서 많은 자극을 주었다.[50] 국제연맹의 발전에 이바지한 이 지대한 작업은 하버드 법대 교수단이 중심이 되어 추진하였으며,[51] 특히 이 연구를 이끈 인물은 하버드대학의 국제법 교수 맨리 오트머 허드슨이었다.[52]

허드슨은 탁월한 능력을 가진 젊은 법률가로서 일찍이 우드로 윌슨 대통령과 그의 자문관이었던 하우스 대령의 신뢰를 받았다.[53] 1918년 하우스의 초청을 받고 워싱턴 D.C.로 와서 '평화의 조건에 관한 조사위원회(이하 '조사국'으로 줄임)' 16개 분과의 하나인 국제법 분과에 속하였다. 8인의 교수로 구성된 국제법 분과에서[54] 허드슨 교수는 중심적인 역할을 담당하였다. 이 국제법 전문가 그룹은 국제연맹의 계약서(Covenant)와 상설 국제사법재판소의 규정(Statute)을 기초하여 연맹의 모양새를 갖추는 역할부터 수행하였다. 허드슨은 이런 활약으로 1919년 파리 평화회의가 열릴 때, 미국 대표 곧 윌슨 대통령의 법률 고문으로 동행하였다. 이때 그는 국제연맹의 초대 사무총장 에릭 드루몬드 경을 포함한 저명한 국제적 인물들과 접촉하면서 국제연맹의 법률에 관한 모든 일을 주관하는 지위를 확보하였다.

1927~1928년 '국제법 연구The Research in International Law'가 하버드

---

50 James T. Kenny, 〈Manley O. Hudson and the Harvard Research in International Law 1927-1940〉, 《International Lawyer(vol.11. no.2)》(1977.4), p.319.

51 〈Supplement: Research in International Law〉, 《The American Journal of International Law(vol.29)》(1935). 이 증보는 머리에 'General Introduction: Previous Work of the Research in International Law'을 통해 1927년 이래 '연구'의 경위를 자세히 소개하였다.

52 그의 이력에 대해서는 Erwin N. Griswold, 〈Manley Ottmer Hudson〉, 《Harvard Law Review(vol.74, No2)》(1960.12) 참조.

53 이하 허드슨 교수의 국제연맹 활동에 관한 서술은 앞의 Kenny의 논문에 근거한다. pp.320-329.

54 주 18의 명단 참조.

법대 교수단의 찬조 아래 시작되었다.[55] 국제연맹의 가장 중요한 사업인 국제법의 '법전화'를 위한 작업이었다. 전문가 회의는 먼저 법전화의 시험 과제로 7개를 선정하였다.

① 국적
② 해수역
③ 외교관의 특권과 면책
④ 자기 영토 안에서 사람 또는 외국인 재산에 가해진 손해에 대한 국가의 책임
⑤ 공해상의 약탈행위
⑥ 해양에서의 상품의 판매
⑦ 국제회의의 소환 절차 및 조약의 초안 등이었다.

위 7개 중 ①~③은 1929~1930년, ④~⑦은 1929~1932년에 각각 단계적으로 완성되었다.[56] 그 대략의 경위는 다음과 같다. 1927년 국제연맹 총회는 '국제법의 혁신적인 법전화'를 위한 첫 회의를 1930년 4월 13일 헤이그에서 열기로 합의하고 7개 과제 중 3개를 우선하기로 하였다. 그런데 총회는 이와 같이 인류 역사상 전례가 없는 작업을 착수하기로 하였지만 이런 임무를 수행할 별도의 기관을 가지고 있지 않았다. 허드슨 교수는 이 과제를 수행할 프로젝트의 책임자로서, 1927년 11월 이를 수행할 하버드 법대 교수단을 조직하였다.[57]

허드슨 교수는 같은 법대 동료로 공법학 전공의 제임스 브라운 스콧James Brown Scott을 비롯해 미국 전역의 국제적 명성을 가진 법률가들

55 주 51의 Supplement 참조.
56 위와 같음.
57 James T. Kenny, p.320.

과 함께 준비 작업에 착수하였다. ①~③을 중심으로 한 초기 작업은
주州 기금의 법률 연구위원회로부터 연구비를 받고 록펠러재단에서
추가 지원금을 받았다. 44명의 학자와 법률가들이 자문위원단이 되어
1928~1929년 2년간 4차례 회합을 가지면서 임무를 수행하였다. 7인으
로 구성된 실행위원회가 회합을 이끌고, 위 3개 과제를 수행하는 워킹
그룹에[58] 자문위원이 9인씩 배정되었다.[59] 모두 당대 최고의 법률가들
로서 허드슨 교수 자신도 실행위원회의 일원이었다. 연구 프로젝트의
모든 방향은 실행위원회 및 그 의장과 프로젝트 책임자 허드슨 교수
가 이끌었다. 3개 분야 회의의 초안은 1930년 국제연맹 회의에 맞추어
준비하였다. 1929년 4월까지 준비된 합의 초안과 해설은 국제연맹 사
무총장에게 제출되어 "가치 있는 기여"라는 평가를 받았다.[60]

이때 허드슨 교수는 프로젝트 책임자로서 중요한 제안을 하였다.
즉, 3개 분과의 성과에 대해 분쟁 조정을 처방하는 최종적인 정관을 작
성하여 넣도록 주문하였다. 이는 국제연맹의 가맹국들이 중재 또는 분
쟁 조정에 관한 규정을 알고 사전 합의로 분쟁을 해결하도록 유도하
는 의미를 가지는 것이었다. 이는 곧 법전화의 홍보 효과와 동시에 상
설 국제사법재판소의 부담을 줄일 수 있는 조치였다. 허드슨은 합의된

58 워킹그룹의 책임자(reporter)는 예일대학교의 Edwin M. Borchard(the responsibility of states),
국무성의 부 법무관(Assistant Solicitor of the Department of State) Richard W. Flournoy.
Jr.(nationality), 하버드 대학교의 George Grafton Wilson(territorial waters) 등이었다. James T.
Kenny, p.321.
59 7인의 보고자는 다음과 같다. Joseph H. Beale(Harvard Law School), Eldon R. James(Harvard
Law School, member of the Permanent Court of Arbitration),Francis B. Sayre (Harvard Law School,
member of the Permanent Court of Arbitration), Charles Cheney Hyde (Columbia Law School),
James Brown Scotti (President of the Institute de Droit International), George W. Wickersham
(President of the American Law Institute), Manley O. Hudson(Bemis Professor of International
Law, Harvard Law School). James T. Kenny, p.321.
60 James T. Kenny, p.323.

조항들을 이런 형태로 정리해서 포함시키는 것이 상설 국제사법재판
소의 역할을 강화하는 방법이라 생각하였다. 그 결과는《미국 국제법
잡지》에 특별부록Supplement으로 실려 널리 배포되었다. 이 연구는 카
네기 국제평화기금The Carnegie Endowment for International Peace의 협력을 받
아서, 세계 여러 나라의 국적 법nationality laws을 모아 출판하는 일도 수
행하였다. 이 일은 허드슨이 국무성의 법무관 리처드 플러노이Richard
W. Flournoy와 함께 주관하였다.[61]

'국제법의 혁신적 법전화'를 위한 국제연맹 회의는 기대한 만큼의
성과를 올리지는 못했던 것으로 보인다. 이중국적 문제, 무국적 문제
등에서 해결되지 않은 과제가 많았고, 국가 의무와 수역水域 분야의 '법
전화'를 위한 기금 확보에도 어려움이 있었다. 그러나 허드슨은 굽히
지 않고 계속 진행을 촉구하여, 1929년부터 ④~⑦의 작업에 착수해
1932년까지 완료하였다. 1930~1932년 사이에도 어려움이 많았지만[62]
1932~1933년 사이에는 앞의 완성 과제들을 출판하였다.[63] 그간의 성과
가 책으로 출간되고 또《미국 국제법 잡지》를 통해 학계에 널리 알려
지면서 '수많은' 저명한 학자들로부터 칭송과 격려가 들어오면서 프로
젝트의 지속이 확실하게 보장되었다.[64] 1932년, 위원회는 1935년까지
제3단계의 작업을 계속하기로 합의하였다. 제3단계에서 자문위원회
는 48명으로 늘었을 뿐더러 학문적으로나 정치적으로 비중이 큰 인물
들이 대부분이었다.[65]

61　James T. Kenny, p.324.

62　James T. Kenny, p.325.

63　1930년 Richard W. Flournoy, Jr. and Manley O. Hudson이 편집한 《A Collection of
　　Nationality Laws of Various Countries》, 1932년 A. H. Feller and Manley O. Hudson이 편집
　　한 《A Collection of the Diplomatic and Consular Laws and Regulations of Various
　　Countries》가 출판되었다.

64　James T. Kenny, p.321.

65　1932년부터 시작하여 1935년에 완성하는 제3단계 연구 성과는 주 52의 글에서 충실히

이 기간에 실행위원회는 다음과 같은 3개의 연구 주제를 추가하기로 결정하였다(주제 뒤에 보고자를 함께 적시하였다).

① 본국송환, 인도의 법: 코넬 로스쿨 학장 찰스 버딕Charles K. Burdick
② 범죄에 관한 사법 관할권: 캘리포니아대학교 법학대학 교수 에드윈 딕슨Edwin D. Dickson
③ 조약법: 일리노이주립대학교 교수 제임스 윌포드 가너James Wilford Garner

필자가 이번 연구를 통해 가장 기대한 것은 1935년 하버드 법대의 조약법에 관한 연구, 일명 '하버드 법대 보고서'의 작성 경위와 연구 주체를 구체적으로 살피는 것이었다. 그것이 위의 ③을 통해 판명되었다. 즉, '1905년 보호조약'을 효력을 발생할 수 없는 역사상의 조약 3개 중 두 번째로 언급한 이 보고서는 하버드 법대의 허드슨 교수가 국제연맹을 위한 대형 프로젝트 중의 하나로 진행한 것이었으며, 일리노이대학교의 제임스 가너 교수가 그 보고자였음을 알게 되었다.

소개하고 있다. 이 보고서의 머리에 'General Introduction: Previous Work of the Research in International Law'가 실려 1927년 이래의 추진 경위가 소개되어 있다. 앞의 제임스 케니 교수의 글은 1977년의 시점에서 맨리 허드슨 교수의 역할 중심으로 정리한 것인 반면, 이 보고서의 서문은 연구 자체의 경위를 중심으로 한 차이가 있다. 이 보고서는 1932년부터 시작된 제3단계 때 학계의 호응이 커서 자문위원회에 참여한 저명한 교수들이 무려 48명에 달한 사실을 중시하여 전 위원의 이름과 소속, 직함을 수록하였다. 한편, 제임스 케니는 저명한 국제법 전문가인 프란시스코 드 라 바라Francisco L. De La Barra, 상설 국제재판소의 법관인 월더 슈킹Walther Schucking, 판 아메리칸 유니온의 회장인 레오 로우Leo S. Rowe 등이 연구 성과의 기여를 크게 칭찬한 것을 비롯해 수많은 지원 편지들이 유럽 학계로부터 쇄도하였다고 하였다. 그리고 미국 국내로부터도 모든 대학Bowdoin College의 다니엘 스텐우드Daniel C. Stanwood, 제임스 브라운 스콧James Brown Scott, 죠지 위커샴George W. Wickersham 등 최초 자문위원회 17인도 찬사를 보내왔다고 밝혔다. James T. Kenny, p.326.

2) 〈조약법〉 '보고자' 제임스 가너 교수와 프랑스

'국제법 연구'의 총설은 조약법 연구의 경위로서 다음과 같은 사실을
소개하고 있다. 즉, 1925년에 상기의 '국제법의 혁신적인 법전화를 위
한 국제연맹 전문가 위원회the League of Nations Committee of Experts for the
Progressive Codification of International Law'가 앞으로의 조약법에 관한 본격적
인 연구를 위해 예비 조사로서 "국제회의의 절차와 조약의 체결과 초
안에 관한 절차"라는 연구 주제를 설정하고 이를 기초 조사할 소위원
회를 구성하였다. 이어 1927년 4월에 위 전문가 위원회는 이 주제가
'법전화'를 위한 준비가 어느 정도 무르익었다는 결론에 도달하였지만,
이를 실행하기 위해서는 특별한 과정이 필요한 것으로 의견을 냈다.
연맹 이사회와 총회가 다가왔을 때, 관계자들은 연맹의 사무총장 지시
로 조사된 주제를 받기도 하였다. 이듬해 2월 20일 쿠바 아바나에서 열
린 제6회 미주 국가들의 국제회의에서 '조약들'에 관한 협정을 채택하
는 성과를 거두었다. 그러나 회의에 참가한 모든 국가들이 비준을 한
것은 아니었다. 이를 경험하면서 '실행위원회'는 이 주제를 새롭게 '개
척'하는 것이 마땅하다는 결론에 도달하였다. 그리하여 실행위원회는
최종적으로 이 주제의 보고자로 제임스 가너를 선정하게 되었다.[66]

제임스 가너는 미시시피주 출신으로 고향에서 농공계통 대학을
졸업하고 시카고대학교와 컬럼비아대학교에서 박사학위 과정을 마쳤
다.[67] 그는 본래 정치학 전공으로 박사학위를 받은 뒤 펜실베이니아대

---

66 그의 연구팀 구성은 다음과 같이 소개되었다. Assistant Reporter; Mr. Valentine Jobst.
    Advisers; Benjamin, Philip C. Jessup, Charles M. Barnes, Howard T. Kingsbury, Clarence A.
    Berdahl, Hunter Miller, Clyde Eagleton, Jesse S. Reeves, John A. Fairlie, John B. Whitton,
    Richard W. Flournoy, Jr. George W. Wickersham, Green H. Hackworth, George H. Wilson,
    Chesney Hill, Lester H. Woolsey, Charles C. Hyde, Quincy Wright (이상 18명)

67 아래 제임스 가너에 관한 서술은 다음 글을 주로 참조하였다. David G. Sansing, 〈James
    Wilford Garner〉, James B. Lloyd, ed., 《Lives of Mississippi Authors, 1817-1967》(University of
    Mississippi, 1981).

학교에 취직하여 수년간 가르치다가 일리노이주립대학교로 옮겨 그
곳에서 오랫동안 가르쳤다. 하버드 법대와는 특별한 인연이 없었다.
일리노이대학교에서 그는 주로 국제법, 대외정책, 비교 정부론 등을
가르쳤는데 그의 강의는 한 해에 수강생이 2,722명이 될 때도 있을 만
큼 인기가 있었다고 한다.

　제1차 세계대전은 그에게 학문적 관심과 경력에 큰 변화를 가져
올 정도로 충격을 주었다. 그는 1915~1919년간《미국 국제법 잡지》에
시리즈 논문을 발표한 다음, 이를 토대로 1920년에《국제법과 세계대
전International Law and the World War》을 출판하였다. 이 저서로 그는 국제
법 학자로서 명성을 떨치게 되었을 뿐만 아니라 수많은 강연, 집필 및
상담 의뢰를 받게 되었다. 1920~1921년에는 '제임스 헤이즌 하이드
James Hazen Hyde 강좌'[68] 프로그램의 수혜자가 되어 프랑스의 여러 지방
대학들, 파리와 벨기에의 대학들에서 프랑스어로 강의하였다.[69] 이어
그는 1922~1923년 2년간 타고르 강의 프로그램으로 인도로 가서 캘커
타대학교에서 강의하였다. 이 해외 강의를 통해 그는《미국 정치의 이
상과 제도Idées et Institutions Politiques Americans》(1921)《최근의 국제법 발달
Recent Developments in International Law》등을 출판하였다. 1924년에는 코넬
대학교에서 국제법에 관한 강좌를 맡고, 이듬해에는 프랑스 정부로부
터 레지옹 도뇌르 훈장을 받기도 하였다.

　1926년 국제연맹과 이어질 계기가 만들어졌다. 그는 이해에《미
국 국제법 잡지》에 실린 〈국제법 법전화의 기능적 관찰Functional Scope

68　프랑스 역사와 문화에 대해 관심이 많았던 증권업자 제임스 하이드는 프랑스-미국 간 교
　　수 교환 강좌 프로그램을 만들어 자신의 이름을 붙였다.
69　제임스 가너의 아버지는 프랑스 위그노 파의 후손으로서 가너 자신이 프랑스에 대해 관
　　심이 많고 프랑스어도 할 수 있었다. 그의 부인 역시 외국어, 특히 프랑스어에 탁월한 능
　　력을 가져 국제법에 관한 프랑스 논문 번역과 프랑스어로 강의를 할 때 큰 도움을 받았
　　다고 한다. 주 67의 글 참조.

of Codification in International Law〉이란 글을 읽었다. 이것은 아마도 1925년
에 국제연맹의 '전문가 위원회'에서 예비조사로서 "국제회의의 절차와
조약의 체결과 초안에 관한 절차"의 준비와 관련이 있는 글로 보인다.
1927년은 제임스 가너에게 가장 바쁜 해였다. 이해에 '매우 수준 높은
연구'로서 《세계대전 중의 전리품(포획) 법Prize Law during the World War》
을 출간한 후, 그는 국제법의 법전화를 위한 하버드 법대 교수단과 함
께 일할 자문단의 일원으로 지명을 받았다. 이런 과정을 거쳐 마침내
1932년에 추가 과제의 하나인 '조약법'에 관한 연구팀의 '보고자'로 선
정되었던 것이다.

　　그의 다채로운 학문 활동에서 주목해야 할 것은 프랑스 학계와의
잦은 접촉이다. 그가 주관하여 완성시킨 '조약법' 연구는 다음과 같은
3개 조약을 효력을 발생할 수 없는 사례로 들었다.[70]

①1773년 러시아 군인들이 폴란드 분할을 위해 의회를 포위하고 강요
　한 조약
②1905년 일본의 전권대신이 군인들의 도움을 받아 (한국) 황제와 대신
　들을 위협하여 승인을 받은 조약
③1915년 미군이 아이티 의회를 점령한 가운데 미국정부가 승인을 받
　으려 한 조약

이 가운데 '1905년 보호조약'에 대한 평가에서 기존 연구로 참고한
대표적인 것이 앞에서 살펴본 프란시스 레이의 논문이었다. 1906년에
프랑스의 국제법 잡지에 실린 레이의 논문이 이처럼 가장 중요한 근
거로 보고서에 들어간 것은 우연이 아니었다. 제임스 가너가 프랑스

70　주 51의 글, p.1157.

국제법학자들과 접촉했던 것이 이를 가능하게 했을 것이다. 프란시스 레이는 국제법학자이면서 실무적인 법률가로서 1919년 파리 평화회의 때 프랑스 대표단의 일원으로 참가하였으며, 1930년대에는 도나우 강 국제법 위원회의 사무총장을 맡고 있었다.[71]

제임스 가너 교수팀의 작업은 1934년 3월에 거의 끝나가고 있었다. '법전화' 프로젝트의 총 책임자인 맨리 허드슨 교수는 1934년 3월 22일 자로 제임스 가너 교수의 동료인 존 페어리John A. Fairlie[72]에게 아래와 같은 매우 감동적인 편지를 써 보냈다.[73]

친애하는 페어리 씨에게,

(전략) 가너 교수의 연구는 나에게 지속적으로 창조적 자극을 주었다. 그는 많은 어두운 구석에 램프 불을 켜고 그리고 많은 지식 분야에 횃불을 들고 세대를 앞장서 나갔다. 옛 학도들의 연구 그리고 그들이 이룬 기여들에 비춰보건대 그는 미국 역사상 국제법 분야의 교수로서 가장 높은 자리에 올랐다. 그의 연구가 발산하는 광채는 내가 지금까지 알고 있는 가장 매력적인 정신의 하나이다. 나는 비록 하찮은 후배 동

---

71 海野福寿, 〈フランシ·レイ '韓國の國際狀況': 國際法からみた韓國保護條約無效論〉, 《戰爭責任研究(第二号)》(1993), p.80.

72 존 페어리(1872~1947)는 조약법 연구팀 자문단의 한 사람이었다. 주 66 참조. 페어리는 정치학자로서 당시 일리노이대학교의 정치학과 주임 교수였다. 허드슨 교수는 편지의 서두에, 이 대학교에서 열리는 제임스 가너 교수 재직 30년의 공로를 표하는 만찬에 자신이 초대된 것은 무한한 영광이지만 다른 일로 참석하지 못하는 것을 애석해하는 내용을 먼저 담았다. 제임스 가너는 같은 정치학과 소속이었다. 이로 미루어 보면, 페어리 교수는 학과장으로서 허드슨 교수에게 초청 편지를 보냈고, 허드슨은 이에 대한 답신에서 제임스 가너의 원고에 대한 소감을 적어 보낸 것으로 판단된다.

73 제임스 가너 자료(James W. Garner Papers; 1830, 1891-1939, 1942)는 현재 일리노이주립대학교의 문서 자료실(University of Illinois Archives)에 소장되어 있다.(Record Series Number 15/18/20).

료이지만[74], 전문 분야에서 그를 동료가 되도록 요구할 수 있는 멤버십을 가지고 있었던 것이 자랑스럽다.

허드슨은 1935년 11월 7일 제임스 가너가 작업한 책을 전해 받고[75] 다시 다음과 같은 편지를 가너에게 보냈다. 당시 가너는 파리에 머물고 있었다.[76]

'조약'에 관한 당신의 멋진 책이 제 손에 들어왔습니다. 그리고 저는 지금 말할 수 없을 정도로 전율하고 있습니다. 이것은 절대적으로 최고입니다. 당신과 일할 수 있었던 것이 참으로 즐겁습니다. 저는 제가 살아 있는 동안 이것을 나의 일생에서 가장 행복한 장면의 하나로 기억하겠습니다.

맺음말

1905년의 '보호조약'에서부터 1945년 제2차 세계대전이 종료되기까지 40년간은 한국인들에게 역사상 가장 어려운 고난의 시대였다. 이 고난의 역사를 묶은 첫 속박인 '보호조약'에 대해 한국인들은 한 번도 투쟁을 멈춘 적이 없었다. 그리고 이 투쟁은 세계의 지식인들과 양식 있는

74　제임스 가너는 1871년생으로서 1886년생인 허드슨보다 15살 더 많았다.
75　이 '책(volume)'은 별도의 책이라기보다 《The American Journal of International Law(vol.29)》에 실린 〈Supplement: Research in International Law〉(1935)의 한 파트 'Law of Treaties'를 가리키는 것으로 생각된다. 이 증보판에는 조약법 외에도 함께 시작된 다른 부문의 연구 결과도 함께 실려 있다. 그 명칭은 아래와 같다. I. Draft Convention on Extradition, With Comment II. Draft Convention on Jurisdition with Respect to Crime, With Comment III. Draft Convention on the Law of Treaties, With Comment.
76　수신 주소는 다음과 같다. American University Union, 173 Boulevard St. Germain, Paris, France.

정치가들로부터 뜨거운 성원을 받고 있었다. 이 투쟁은 1900년을 전후하여 제국주의의 부당성에 대한 인식 아래 이를 극복하기 위한 국제평화운동의 조류를 타고 있었다. 1901년부터 시작된 노벨 평화상과 1920년에 창설된 국제연맹은 이 새로운 조류의 주요한 표지였다.

1905년 11월 '보호조약'을 강제당한 대한제국의 황제는 이를 무효화하기 위해 수교국 국가 원수들을 상대로 '친서외교'를 벌였으며, 1907년 6월 헤이그에서 열린 제2차 만국평화회의에 특사 3인을 파견하였다. 이 회의는 1899년의 제1차 평화회의의 육전陸戰에 관한 협상의 성과에 이어 해전海戰에 관한 열강 간의 군비 확장 조정에 역점을 두었다. 따라서 동방의 약소국의 '공고(控告, 항소)'가 파고들 자리는 거의 없었다. 그러나 윌리엄 스테드와 같은 국제적 명성을 가진 언론인의 도움은 대한제국의 주권회복 운동을 외롭지 않게 해주었다. 스테드는 20세기 초 언론 분야에서 국제 평화운동을 이끈 주요한 인물이었다.

20세기 초 지식인 세계의 국제 평화운동은 1918년 1월 미국 윌슨 대통령이 〈14개 조〉를 발표하고 그 정신의 실현으로 1919년 파리 평화회의를 거쳐 1920년 국제연맹을 탄생시키면서 인류 역사에 새로운 획을 그었다. 국제연맹은 국가 간의 분쟁을 조정하여 세계대전과 같은 참극을 되풀이하지 않도록 하는 것을 목표로 한 사상 최대의 국제조직이었다. 그 목적 달성을 위해서는 모든 약속과 규약을 '정의'의 기준에서 '법전화' 하는 작업이 중요하였다. 국제연맹이 내세운 이 새로운 사명은 상설 국제재판소란 기구가 잘 대변한다. 한편 하버드 법대 교수단의 협력 아래 추진된 '국제법의 혁신적 법전화를 위한 국제연맹 전문가 위원회'의 운영 역시 국제연맹의 가장 큰 기여로 평가할 수 있다.

하버드 법대 교수단을 구성하여 지대한 과업을 이끈 맨리 허드슨의 존재는 이 논고에서 가장 주목되는 사항이었다. 그가 주도한 대형 프로젝트의 일부로서 '조약법' 연구를 담당한 일리노이대학교의 제임

스 가너 교수는 프랑스 학계와의 빈번한 접촉으로 1905년 '보호조약'
의 불법성을 최초로 지적한 프란시스 레이의 견해를 알게 되었으며,
그 내용을 '하버드 법대 보고서'(1935)에 그대로 반영하였다. 이들에게
관통하는 하나의 정신은 곧 20세기 초 구미 지식인 세계를 지배한 국
제평화 운동이었다. 1919년 이후 대한민국 임시정부의 파리 대표부 또
는 구미 대표부의 부단한 활약이 직접, 간접으로 이 '법전화' 작업에 영
향을 끼쳤을 가능성도 배제할 수 없다.

　　1935년에 발표된 하버드 법대 보고서의 '조약법'에 대한 판단은
1963년 유엔 국제법 위원회의 보고서에 그대로 반영되었으며, 같은 해
유엔 총회에 제출되어 채택까지 되었다.[77] '조약법'에 관한 국제연맹의
성과[78]가 1963년의 유엔 국제법위원회의 보고에 반영된 과정은 앞으
로 밝혀져야 할 연구 과제지만 여기서도 맨리 허드슨의 가교 역할이
주목된다. 국제연맹 법전화 '연구'는 1940년에 제4단계에 진입한다. 이
프로젝트의 실질적 주관자인 허드슨은 3단계 작업이 끝난 1936년
10월 국제연맹의 상설 국제재판소의 재판관으로 지명받았다.[79] 허드슨
이 이를 수락한 것은 연구가 4단계에 진입하던 시점인 1940년이었다.
당시 세계는 1937년의 중일전쟁, 1939년 독일의 폴란드 침공 등을 거
치며 다시 대규모 전쟁상태에 돌입한 상황이었다. 전쟁 방지를 위해
20여 년의 시간을 국제법 정리에 종사해온 허드슨 교수로서는 이 불
운한 기운을 지나쳐 볼 수 없었을 것이다.

　　1945년 10월 24일 미국, 영국, 소련, 중국 등 4대국의 합의에 따라

77　〈Documents of the fifteenth session including the report of the Commission to the General
　　Assembly, UNITED NATIONS〉, 《Yearbook of the International Law Commission 1963 vol.
　　II》.

78　1935년의 하버드 법대 보고서는 '국제연맹 전문가 위원회'의 이름으로 이루어진 것이다.

79　앞 제임스 가너 자료(James W. Garner Papers) 중 1938년 10월 8일 자 맨리 허드슨이 제임
　　스 가너에게 보낸 서한.

국제연합이 새로운 평화체제 구축을 목표로 발족하였다. 국제연맹은
이 새로운 조직이 발족한 시점에 아직 존속하였다. 1946년 4월 10일에
서 18일까지 제네바 본부에서 총회가 열려 43개 가맹국 중 35개국 대표
들이 모인 가운데 연맹의 업적에 대한 경의를 표하면서 해산하였다.[80]

　허드슨 교수는 이 전환기에서도 접속 연계의 역할을 담당하고 있
었다. 그는 1945년 출범한 유엔의 총회와 국제법위원회, 미국 변호사
협회 양쪽에서 일하고 있었다. 그는 '국제법의 혁신적 발전을 위한 변
호사 위원회'의 의장으로 일하면서 북미 대륙의 변호사들에게 유엔 국
제법 위원회에 대한 지원을 직접 호소하였다. 1947년 그는 여기에 모
인 견해들을 유엔의 '국제법의 혁신적 발전과 그 법전화를 위한 위원
회Committee on the Progressive Development of International Law and its Codification'
로 가져갔다. 위원회는 그의 발표에 이어 '국제법위원회의 규약 초안'
을 작성하였다. 이 초안은 1947년 11월 21일 총회에서 승인되었다.
1963년 국제법위원회의 보고서가 이 초안과 어떤 관계가 있는지는 앞
으로 검토해야 할 과제지만, 그가 20여 년간 국제연맹 아래에서 추구
한 국제법의 '법전화' 사업과 관계가 있을 것이다. 국제연맹에서 달성
한 성과가 이 초안을 통해 국제연합의 것으로 이어지고 있다고 보는
게 타당할 것이다. 허드슨의 평생에 걸친 사명은 후배 법학자에 의해
"1927년에 그와 함께했던 학자들의 축적된 경험의 덕으로 이루어진
것"이라고 평가받기도 하였다.[81]

　국제연맹은 세계대전의 재발로 실패한 역사로 간주하는 경향이
있지만 20세기 초에 시작한 인류의 새로운 역사 곧 국제 평화운동의
첫 성과로서 그 역할을 높이 평가할 만하다. 예컨대 상설 국제재판소
는 국제관계에 보편적 법질서를 수립한 국제연맹의 유산으로 평가되

80　篠原初枝, 앞의 책, pp.263-264.
81　이상은 James T. Kenny, p.328-329 참조.

고 있다. 국제연맹 이전까지 각국에 의한 구체적인 권리, 의무관계를 규정한 조약체계는 존재했지만, 국제사회 전체를 상정한 법질서는 없었다는 것이다. 또한 국제연맹이 만주사변, 중일전쟁, 에티오피아전쟁, 소련의 핀란드 침공 등을 비롯해 대국이 일으킨 전쟁에 대해 '정사(正邪, 옳고 그름)'의 판단을 내린 사실도 주목할 만하다. 새로운 연구는 비록 국제연맹이 전쟁을 막지는 못했지만, 일체 침략전쟁을 인정하지 않았던 것에 주목하기도 한다. 국제연맹의 가맹국 전체가 만주사변과 중일전쟁에서 일본을 비난하였으며, 에티오피아 침공으로 이탈리아에 대해 제재를 가하였고, 핀란드 침공 때는 소련을 연맹에서 제명하기도 했다.[82]

또한 특히 우리에게 중요한 것은 국제연맹과 국제연합이 승계 관계라고 할 때, 1905년 '보호조약'에 대해 두 기구의 국제법 관련 조직은 프랑시스 레이와 한국의 주장 곧 "'보호조약' 및 '병합조약'은 무효(null and void)"라는 주장에 손을 들어주고 있다는 점이다.

---

* 이 글은 2017년 12월 1~2일 미국 펜실베이니아대에서 열린 제2차 회의에서 처음 발표되었다.

82　篠原初枝, 앞의 책, pp.265-270.

성급한 평화, 불쾌한 탐욕:
1919년 베르사유 조약과
1951년 샌프란시스코 조약의 비교[1]

김성원(한양대 법학전문대학원 교수)

여는 말

국제법은 국제공동체의 평화와 안전의 유지에 중요한 역할을 담당하여 왔다. 국제 권력정치의 냉엄한 현실에서, 국가이익을 추구하는 국가 간의 갈등은 불가피한 것이며, 이러한 국가 간의 갈등은 종종 전쟁으로 이어져 왔다. 전쟁은 오늘날 국제체제를 구성하는 국가 중심적 체제가 존재하기 이전인 고대시대부터 존재해왔으며, 전쟁 이후 전쟁에 참여하였던 실체 또는 국가는 분쟁 당사자 간의 미래 관계를 형성하기 위하여 일반적으로 평화조약을 체결해왔다. 이러한 맥락에서, 인간의 역사와 전쟁/평화조약은 동전의 양면과 같은 것으로 이해할 수 있다.

고대시대부터 존재해온 평화조약의 내용은 일반적으로 과거에 대한 반성과 미래에 대한 희망을 규정한다. 무엇보다도 평화조약의 내용은 전쟁을 일으킨 국가에 대하여 관대한 입장을 취하는 것이 중심이었다. 평화조약의 주된 목적이 전쟁의 금지라는 점을 감안할 때 이

---

1   이 글은 필자의 이전 작업 중 특히 다음 글의 내용을 중심으로 정리한 것이다. 〈베르사유 조약과의 비교를 통한 샌프란시스코 조약의 비판적 검토〉, 《동아법학(85)》(동아대학교 법학연구소, 2019).

러한 관용은 충분히 이해될 수 있다. 그러나 전쟁을 유발한 국가에 대
한 평화조약의 이와 같은 특성은 제1차 세계대전 이후 체결된 1919년
베르사유 조약에서 극적으로 변화하였다.

　1919년 베르사유 조약은 전쟁 발발에 대한 독일의 책임을 특정함
으로써 독일에 대한 국제공동체의 단호한 태도를 반영하였다. 1919년
베르사유 조약에 따라 독일 영토는 분할되었고, 전쟁범죄자의 처벌이
시도되었다. 그러나 이와 같은 혁명적 발전은 1951년 샌프란시스코 조
약으로는 이어지지 않았다. 달리 말해 1951년 샌프란시스코 조약은
1919년 베르사유 조약 이전의 평화조약과 같은 유형으로 이해될 수
있다. 오늘날까지 계속되는 동아시아 영토분쟁의 주된 이유가 1951년
샌프란시스코 조약이라고 할 때, 1919년 베르사유 조약과 비교함으로
써 1951년 샌프란시스코 조약에 대한 비판적 검토가 필요하다.

　본 논문은 1951년 샌프란시스코 조약의 과거지향적 성격을 검토
한다. 이를 위하여 본 논문은 첫째, 국제법상 평화조약의 함의를 검토
한다. 둘째, 1919년 베르사유 조약의 주요 내용과 중요한 측면을 살펴
봄으로써, 1919년 베르사유 조약과 이전 시기 평화조약 간의 차이점을
이해할 수 있다. 셋째, 1919년 베르사유 조약과 비교를 통해 1951년 샌
프란시스코 조약의 문제점을 살펴본다. 마지막으로, 본 논문은 독도
문제에 대한 1951년 샌프란시스코 조약의 유산을 고찰한다.

국제법상 평화조약의 함의

1) 평화조약과 국제체제

평화조약은 국제법의 발달과 밀접한 관련을 맺는다. 전쟁 종결 후 체
결되는 평화조약은 향후 평화적 체제를 수립하며, 평화조약의 체결에
따라 전쟁 전과 후의 상황은 불가피하게 변경된다. 이러한 변경에 따

라 형성된 국제체제는 국제법의 시대 구분의 설정 및 국제관계학의 연구에 대하여 중요한 참조점이 된다.

예를 들어 1648년, 30년 전쟁 후에 체결된 베스트팔렌 조약West-falischer Friede, Peace of Westfalen은 국가 중심적 국제체제the state-centric international system를 도입하는 데 있어서 중요한 역할을 하였다.[2] 아울러 나폴레옹전쟁 이후 형성된 빈 회의 및 유럽협조체제는 유럽의 세력균형 형성 및 유지에 큰 공헌을 하였다.[3] 이러한 의미에서, 국제체제는 주요 평화조약에 의해 커다란 영향을 받았다고 해도 과언이 아니다. 국가 중심적 국제체제는 베스트팔렌 조약 없이는 등장하지 못했을 것이며, 또한 유럽공법으로 이해되었던 국제법의 확산 역시 유럽협조체제에 내재된 제국주의와 시민주의 없이는 진행될 수 없었을 것이다.

무엇보다 평화조약은 그 조약의 체결을 통해 전쟁으로 황폐해진 평화와 안전의 회복을 목적으로 한다. 일반적으로 평화조약의 구성은 전문前文, 평화와 우호 관계 조항, 전쟁의 정치적 및 영토적 원인을 다루는 분쟁해결 관련 조항, 재정과 경제 및 법적 문제를 다루는 조항, 전쟁의 결과를 다루는 조항, 사면 조항 및 포로 교환 조항, 보장 조항, 이행 확보 조항 등을 포함한다.[4]

2) 역사적 맥락에서 평화조약
(1) 고전 시기 이전
벨Christine Bell은 히타이트와 이집트 제국 간에 체결된 카데쉬 조약the

---

2   베스트팔렌 평화조약에 대한 개괄적 소개는 Arthur Nussbaum, 《A Concise History of the Law of Nations(rev. ed.)》(The Macmillan Company, 1961), pp.115-117 참조.

3   Thomas Fitschen, 〈Vienna Congress(1815)〉, in Rüdiger Wolfrum, ed., 《The Max Planck Encyclopedia of Public International Law(vol.X)》(Oxford University Press, 2012), pp.678-683.

4   Christine Bell, 《On the Law of Peace: Peace Agreements and the Lex Pacificatoria》(Oxford University Press, 2007), p.77.

Treaty of Kadesh을 고전 시기 이전 평화조약의 전형적인 형태로 제시한
다.[5] 이 조약은 구조와 내용 모두에서 현대적 반향을 갖는다. 카데쉬 조
약은 형제애의 확립을 언급하는 긴 전문으로 시작하고, 과거 조약상의
약속을 재확인한다. 카데쉬 조약은 제3자가 공격하는 경우, 제3자와
동맹을 설정하거나 상대방을 공격하지 않으며, 난민의 귀환이나 범죄
자를 자국에서 다루도록 인도하는 내용 등을 담고 있다. 두 국가가 합
의한 국경은 조약 본문에는 포함되어 있지 않지만, 다른 파피루스 문
서에 포함되어 있다.[6]

베데르만David J. Bederman은 조약 전반에 걸쳐 전쟁 및 평화와 관련
된 기대의 확보와 명확성을 도출할 수 있는 몇 개의 '규범'이 존재한다
는 점을 언급한다:

첫째, 외교의 수행, 특사에게 면제 부여, 외국인에게 보호의 제공,

둘째, 조약과 동맹에 신성함 부여,

셋째, 전쟁을 선언하는 국가에 대한 제약 및 실제 적대 행위의 제
한과 관련된 규범 등이 평화조약에 포함된다.[7]

초기 로마 제국의 평화조약에 대하여, 발두스Christian Baldus는 평화
조약의 내용에 관한 조약 제정 실행을 제시하는데, 평화조약에는 평화
적 해결, 무력사용의 포기, 향후 우호 관계, 인질 교환과 같은 영토 또
는 안보 문제 관련 부수적 합의, 배상 지불 등과 같은 문제가 포함되었
다.[8] 이러한 의미에서, 근대 이전 시기 평화조약의 내용은 매우 간단한
형태로 유지된 것으로 볼 수 있다.

5　Christine Bell, 앞의 책, pp.80-81.
6　Christine Bell, 앞의 책, p.81.
7　David J. Bederman, 《International Law in Antiquity》(Cambridge University Press, 2001), p.22.
8　Christian Baldus, 〈Vestigia Pacis. The Roman Peace Treaty: Structure or Event?〉, in Randall
　　Lesaffer, ed., 《Peace Treaties and International Law in European History: From the Late
　　Middle Ages to World War One》(Cambridge University Press, 2004), pp.114-115.

고대 시기와 초기 중세 시기의 평화조약 간에는 상당한 연결성이 존재한다. 초기 중세 시기에서 16세기에 이르는 동안 평화조약은 분쟁 당사국의 선언을 통하여 체결되었고, 상호 서약으로 확인되었다. 미래에 관하여 평화조약은 종종 전쟁 개시 금지 및 평화의 안정화를 목표로 하는 조항을 두었다. 특히, 다수의 평화조약은 상대방에게 손해를 야기하지 않으며, 그들의 동맹과 국민이 상대방에게 손해를 끼치는 것을 불허하며, 만약 손해를 입히는 경우 보복 허용을 통하여 이러한 점을 집행할 것을 언급하였다. 과거에 대하여 평화조약은 사면, 원상회복, 통상 관련 특별한 조치의 전시 중단의 해제 및 과거의 특권 회복, 일정한 경우 전쟁포로의 귀환 등을 다루었다.[9]

1540년부터 유럽 국제법 질서에 위기가 발생하였는데, 레사퍼Randall Lesaffer는 이러한 위기는 평화조약에 반영되고 평화조약에 의해서 구성된 것으로 설명한다. 봉건적 국제질서가 붕괴함에 따라, 평화조약 실행에서의 변화는 개념과 사실로서 주권 국가의 등장을 만들었다. 이러한 변화는 베스트팔렌 평화를 위한 길을 닦는 규범의 융합을 나타내는 것이다.[10]

(2) 고전 시기 및 전간기

국제법의 고전 시기는 오늘날 우리가 알고 있는 국제법적 체제가 더욱 분명하게 등장한 것으로 여겨지는 시기다. 유럽의 구교와 신교 국가 사이에 체결된 베스트팔렌 조약은 상위의 권위를 인정하지 않는, 복수의 독립 국가로 구성되는 국제법적 체제의 기본 구성요소를 수립

9   Karl-heinz Ziegler, 〈The Influence of Medieval Roman Law on Peace Treaties〉, in Lesaffer, 앞의 책, pp.148, 150-152.
10 Randall Lesaffer, 〈Peace Treaties from Lodi to Westphalia〉, in Lesaffer, 앞의 책, p.43.

한 것으로 간주된다.[11] 베스트팔렌 체제가 등장하기 이전, 이른바 공동 비준co-ratification은 평화조약의 중요한 구성 요소로서 일반적으로 인식 되었다.[12]

고전 시기 동안 국가 간 문서로, 평화조약은 주권에 대한 베스트 팔렌식 서사를 강화하는 것으로 볼 수 있다. 그러나 이 시기의 조약 입 법 실행은 또한 국가 간 체제로서 국제법의 공고화에 대한 선형성에 도전하였다. 원주민은 19세기와 제1차 세계대전 이전까지 조약을 체 결할 수 있는 국가로서 취급되었다.

예를 들어 1778년에서 1868년 사이, 미국은 인디언과 367개의 조 약을 체결하였다.[13] 원주민이 조약을 체결할 수 있는 능력을 갖춘 '국 가'에서 그러한 능력을 결여한 국내 집단으로 이전하는 변화는 두 가 지 차원에서 국가성의 개념을 강화하는 조약이 비조약으로 전환하는 것을 보여준다: 원주민으로부터 조약 체결권의 박탈은 유럽 모델의 국가성과 관련된 국가 간 관계를 더욱 강화하는 것이며, 국가와 원주 민 간의 갈등을 국내 헌법 및 입법의 관할권 대상으로 복귀시킴으로 써 국가의 배타적 관할권 아래에 두게 되는 것이다.

국제법의 근대 시기는 파리(베르사유) 평화조약으로 대표된다. 베 스트팔렌 체제와 유사하게 파리 조약은 국제법의 역사에서 근본적인 전환점으로 간주된다.[14] 파리 조약은 전쟁에 대한 정치적 책임 및 처벌 요소를 도입하였다는 점에서 획기적이었다.[15] 또한 파리 조약은 국제

11 Antonio Cassess, 《International Law(2nd ed)》(Oxford University Press, 2005), pp.22-25.
12 Randall Lesaffer, 앞의 책, pp.19-21.
13 Francis Paul Prucha, 《American Indian Treaties: The History of a Political Anomaly》 (University of California Press, 1994), p.1.
14 Christian Tomuschat, 〈The 1871 Peace Treaty between France and Germany and the 1919 Peace Treaty of Versailles〉, in Lesaffer, 앞의 책, p.384.
15 Mathias Schmoeckel, 〈Consent and Caution: Lassa Oppenheim and his reaction to World War I〉, in Lesaffer, 앞의 책, pp.270-274.

평화와 안전의 유지에 있어 세력균형을 무용지물로 만드는 국제기구로서 국제연맹을 창설하는 주요 동력이었다.

전간기戰間期 시기에 이러한 조약과 소수자권리 체제는 주권이 다투어지는 영토 경계, 국제연맹의 위임 통치 체제 및 인민자결권의 등장과 같은 문제에 대한 새로운 조치를 통해 국제법과 국가 하부 집단 간의 관계를 재형성하였다. 파리조약의 특정한 체제, 국제연맹의 가입 기준과 위임 등은 민족주의 분열을 해결하기 위하여 소수 민족의 보장을 제공하였다.[16]

파리 평화조약과 전간기 국제행정의 발전은 국가 간 분쟁과 국가 내 분쟁 간의 연관성을 보여준다. 파리 평화조약과 전간기는 국가와 비국가 행위자가 관련된 평화조성 실행을 통하여 국제적 및 국내적 법적 질서의 논리가 형성된다는 주장을 더욱 강화하였다. 개입을 수반하는 규범적 질서와 설명적 서사의 혼합은 국가 간 갈등과 국제적 갈등을 연결시켰다. 전간기 체제는 누가 국민인지에 대한 문제를 결정하지 않고서 국제분쟁을 다룰 수 없다는 점을 보여주었다. 이 시기에 대한 법적 대응은 국제적 제도와 민족주의 간의 직접적인 관련이 국가의 개념을 보완하는지 아니면 훼손하는지에 대한 오늘날의 논쟁을 예시하였다.[17]

평화조약으로서 1919년 베르사유 조약

1) 역사적 배경
1918년 4월부터 독일의 지도자들은 제국이 피할 수 없는 군사적 패배

16 Simon Chesterman, 《You, The People: The United Nations, Transitional Administration, and State-Building》(Oxford University Press, 2004), pp.13-25.
17 Christine Bell, 주석 3의 책, p.93.

에 직면했다는 것을 명확히 인식하게 되었다. 9월 말, 정치 및 군사 지도자들은 먼저 휴전을 요청하고 두 번째로 평화를 위하여 미국 대통령 윌슨과 의사를 나눌 것을 결정하였다. 1918년 10월 29일부터 11월 4일까지 파리에서 개최된 연합국 간 회의는 14개조를 기반으로 휴전 협정과 분쟁의 평화적 해결 조건을 논의하였다. 영국과 프랑스는 독일의 잔여 군사력을 파괴하기 위한 가혹하고 광범위한 조건을 형성하는 데 성공하였다. 1918년 11월 5일, 회의 결과가 미 국무장관 랜싱이 서명한 랜싱 노트 'Lansing Note' 형식으로 독일에게 전달되었다. 이는 약간의 수정을 거쳐, 1918년 11월 11일 최종적으로 서명된 휴전협정의 내용이 되었다.[18]

휴전협정을 체결한 후, 연합국은 최종 평화 해결을 어떻게 조직할 것인지에 대한 문제에 해답을 제시해야 했다. 장소에 대한 프랑스의 제안과 토론을 바탕으로, 미국, 영국 및 프랑스는 궁극적으로 파리에서 평화회의를 소집하기 위한 컨센서스를 형성했다. 회의는 공식적으로 1919년 1월 18일에 개최되었고, 1920년 8월 10일 마지막 회의가 열렸다.[19]

1919년 6월 28일 베르사유궁전의 거울방에서 평화조약을 서명하였다. 1919년 6월 20일 독일국민의회는 찬성 237 반대 138로 조약을 승인하였다. 이 조약은 미국, 영국, 프랑스, 이탈리아, 일본 등 연합국과 독일 간에 서명되었다. 중국은 서명국으로 언급되었지만 최종적으로 조약에 서명하지 않았는데, 최고위원회가 일본의 이익에 유리하게 결정한 산둥 및 자오저우胶州 영토 관련 조항에 대한 논쟁이 있었기 때문이다.[20]

18　Frank Schorkopf, 〈Versailles Peace Treaty(1919)〉, in Wolfrum, 주석 2의 책, p.658.
19　위의 책.
20　위의 책, p.659.

2) 1919년 베르사유 조약의 내용

(1) 독일의 국경과 해외 영토

무엇보다도 1919년 베르사유 조약은 미래에 대한 평화적 관계를 재확인하는 전통적 평화조약의 조항을 두지 않았으며, 평화를 단지 전쟁이 없는 상황으로 정의하지 않았다.[21] 1919년 베르사유 조약 제2부에서 제4부는 영토 변경과 이것의 정치적 함의를 규정하였다. 1919년 베르사유 조약에 따라 독일의 영토 경계는 벨기에, 룩셈부르크, 프랑스, 스위스, 체코슬로바키아, 폴란드 및 덴마크에 대하여 재조정되었으며[22], 비무장지대의 설정, 제3국 간의 조약 수락, 주민선거의 실시 및 소수자 보호와 관련된 정치적 책임이 독일에 부과되었다.[23]

1871년 조약으로 독일에 할양되었던 알자스와 로렌은 프랑스로 반환되었다. 라인 좌안 및 우안으로부터 50킬로미터 내륙으로 향하는 지역은 비무장지대로 설정되었다. 프랑스는 또한 자르 분지의 철광에 대한 배타적 이용권을 획득하였다. 독일은 국제연맹의 조치에 따라 15년의 기간 동안 자르 분지에 대한 권리를 포기하였고, 자르 분지의 최종 결정은 국민투표에 맡겨졌다. 오스트리아에 대하여 독일은 오스트리아의 독립을 보장하고, 국제연맹 이사회의 동의가 없는 한 이러한 독립은 침해될 수 없음이 규정되었다.[24] 아울러, 폴란드는 독일로부터 포메라니아를 획득함으로써 발틱해에 접근이 가능하게 되었다. 단치히와 주변 지역은 국제연맹의 보호에 속하는 자유시가 되었다.[25] 1919년 베르사유 조약 제4부는 해외 영토 관련 사항 및 국제협정 관련 권리를 다룬다. 독일은 해외 식민지에 대한 모든 권리를 포기하였고, 불가리아,

---

21 위의 책, p.660; 〈Treaty of Peace with Germany(Treaty of Versailles)〉, Preamble.

22 〈Treaty of Peace with Germany〉, Part II, Article 27-30.

23 위의 글, Part III, Article 31-117.

24 위의 글, Article 80.

25 위의 글, Article 100.

중국, 이집트, 라이베리아, 모로코, 시암, 산둥지역 및 터키 관련 조약에 근거한 독일의 모든 권리는 1919년 베르사유 조약에서 포기되었다.[26]

(2) 군사 및 처벌 조항

1919년 베르사유 조약 제5부는 광범위한 군축을 규정하고 있다.[27] 독일 육군은 100,000명, 해군은 15,000명으로 감축되었다.[28] 원칙상 공군은 배제되었고, 탱크와 잠수함의 보유도 금지되었다. 허용되는 군비, 탄약 및 군함 소유는 세부적으로 규제되었으며, 숫자가 제한되었다.[29] 독일은 강제 징병제를 폐지해야 했으며, 모병제로 전환되었다.[30] 이와 같은 군축 조항의 이행은 연합국 위원회에 의해서 감독되었다.[31]

1919년 베르사유 조약의 특징 중 하나는 처벌 조항이다.[32] 처벌 조항은 독일 황제인 빌헬름 2세의 인도와 전쟁범죄를 저지른 자에 대한 기소를 규정하였다. 1919년 베르사유 조약 제227조는 조약의 신성함과 국제적 도덕에 대한 중대한 범죄를 저지른 독일 국가원수를 대상으로 재판을 할 수 있는 특별법원의 설치를 규정하고 있다.[33]

---

26 위의 글, Article 118-158.

27 위의 글, Part V, Article 159-213.

28 위의 글, Article 160 (1); 183.

29 위의 글, Article 171; 181.

30 위의 글, Article 173.

31 위의 글, Part V, Section IV, Article. 203.

32 위의 글, Part VII, Article 227-230.

33 위의 글, Article 227. 원문은 다음과 같다. Article. 227: The Allied and Associated Powers publicly arraign William II of Hohenzollern, formerly German Emperor, for a supreme offence against international morality and the sanctity of treaties … In its decision the tribunal will be guided by highest motives of international policy, with a view to vindicating the solemn obligations of international undertakings and the validity of international morality. It will be its duty to fix the punishment which it considers should be imposed (…)

(3) 배상 및 보장 조항

범죄인 인도에 관한 1919년 베르사유 조약의 조항은 평화조약의 주요 내용에서의 전환이 이루어지고 있음을 보여준다.[34] 이러한 변화는 1919년 베르사유 조약 제8부에서 더욱 구체화된다.[35] 제8부는 전쟁, 잔혹 행위 및 이의 결과에 대한 독일의 전적인 책임을 규정하는 전쟁 유죄 조항2부으로 시작한다.[36] 1919년 베르사유 조약의 이행은 연합국 군대에 의한 라인 좌안의 독일 영토 및 4개의 라인 교두보(코브랜츠, 쾰른, 켈 및 마인츠)의 점령으로 보장되었다.[37] 점령은 총 15년으로 제한되었으며, 조약 조건이 충족되는 경우 5년 및 10년 후에 연속 철군이 예정되었다.

3) 국제법상 함의

베르사유 조약은 여러 가지 측면에서 전례가 없는 법적 문서였다. 평화조약의 쟁점인 영토 및 재정 관련 요소를 제외하고, 1919년 베르사유 조약은 전통적 조항을 수정하였고 새로운 내용을 도입하였다. 1919년 베르사유 조약은 과거의 전쟁을 잊고 우호에 바탕을 둔 협력 관계의 형성과 같은 평화조약의 전통적 개념을 포기하였다.

대신 전쟁 유죄 조항은 연합국이 독일의 정치적, 경제적, 재정적 책임을 향후 결정되지 않은 시점까지 확장하여 독일을 영구적으로 처

---

34 위의 글, Article 227-230.
35 위의 글, Article 231-247.
36 위의 글, Article 231. 원문은 다음과 같다. Article. 231: The Allied and Associated Governments affirms and Germany accepts the responsibility of Germany and her allies for causing all the loss and damage to which the Allied and Associated Governments and their nationals have been subjected as a consequence of the war imposed upon them the aggression of Germany and her allies.
37 위의 글, Part XIV, Article 428-433.

벌할 수 있도록 하였다.[38] 따라서 1919년 베르사유 조약은 이전 교전 당사국 간의 새로운 관계에 관한 예상된 기준이 아니었다. 게다가 1919년 베르사유 조약에 수록된 전쟁범죄 피의자의 인도를 위한 처벌 조항은 독일이 예상하지 못한 새로운 법적 발명이었다. 이들의 목적은 전쟁의 도덕적 타당성에 대한 구제가 아니라, 독일 국민에 대한 굴욕 감으로 확인되었다.[39]

비록 윌슨의 14개조가 제기한 예상을 만족시키지는 못하였지만, 1919년 베르사유 조약의 관련 조항들은 인민 자결권과 소수자 보호를 국제법의 개념으로서 도입했다. 또한 1919년 베르사유 조약은 국제연 맹의 설립 및 국가 간 평화의 보장을 위한 집단안보체제의 이념과 직 접 연결되었다. 이러한 맥락에서 1919년 베르사유 조약은 상설국제사 법재판소PCIJ의 설립에 공헌하였는데, 베르사유 조약 제14조에서 국제 연맹 이사회에 세계 법원의 설립을 위한 계획을 수립할 책임을 부여 했기 때문이다.[40]

1919년 베르사유 조약에서 검토되는
1951년 샌프란시스코 조약의 유산

1) 앞을 보며, 뒤로 가기
국제평화와 안전에 대한 1919년 베르사유 조약의 실질적 공헌에 대하

38 Schorkopf, 주석 17의 글, p.663.
39 위의 글.
40 〈Treaty of Peace with Germany〉, Article. 14: The Council shall formulate and submit to the Members of the League for adoption plans for the establishment of a Permanent Court of International Justice. The Court shall be competent to hear and determine any dispute of an international character which the parties thereto submit to it. The Court may also give an advisory opinion upon any dispute or question referred to it by the Council or by the Assembly.

여 열띤 논쟁이 있지만, 1919년 베르사유 조약이 징벌적 요소와 함께 전쟁의 정치적 책임에 관한 요소를 도입함으로써 국제정의를 달성하고자 한 시도는 부인할 수 없는 사실이다. 1919년 베르사유 조약의 참신함과 독일에 대한 처벌이 함께 한다는 점은 의심의 여지가 없다. 또한 1919년 베르사유 조약은 독일 영토의 획정에 관한 상세한 조항을 두고 있다. 비록 식민지를 포함해 독일 영토의 재분배는 신랄한 비판의 대상이 되었지만, 1919년 베르사유 조약은 전쟁을 야기한 국가로서 독일을 처벌하고자 하는 국제공동체의 의사를 명백히 반영한 것이었다. 이러한 맥락에서, 1919년 베르사유 조약은 과거를 잊고 미래를 희망하는 평화조약의 공통 특성에서 완전히 벗어난 것이었다.

이러한 측면에서 대일 평화조약인 1951년 샌프란시스코 조약은 1919년 베르사유 조약의 혁명적 성격을 반영하고 있을까? 1951년 샌프란시스코 조약이 앞에서 언급한 (베르사유 조약에서 확인된) 혁명적 성격을 가졌는지 검토하는 것은 독도분쟁에 관하여 매우 중요한데, 왜냐하면 1951년 샌프란시스코 조약이 독도분쟁의 주요 원인으로 제기되고 있기 때문이다. 달리 말해 이러한 검토는 1951년 샌프란시스코 조약에 대한 평가와 직접 관련되는데, 특히 전쟁에 대한 일본의 책임 또는 일본 영토의 재분배에 관한 세부 조항이 1951년 샌프란시스코 조약에 포함되어 있는지를 검토하는 것이다.

앞에서 언급한 바와 같이 1919년 베르사유 조약은 독일 영토의 재분배와 관련된 상세한 조항을 두고 있다. 또한 1919년 베르사유 조약은 인접국에 대한 독일의 영토 경계에 관한 다수의 조항을 두고 있다.[41] 1919년 베르사유 조약에 규정된 자르 분지에 대한 상세한 조항은 이러한 사실을 뒷받침하는 좋은 사례다.[42] 1919년 베르사유 조약과 비

41 위의 글, Part II. Boundaries of Germany.
42 위의 글, Part III. Section IV.

교할 때, 1951년 샌프란시스코 조약은 일본이 일본의 침략 희생국에게 반환하여야 하는 영토에 대하여 단지 하나의 간단한 조항만을 두고 있을 뿐이다.[43]

의심의 여지없이, 일본이 피해국에게 반환하여야 하는 영토에 관한 상세한 조항의 결여는 동아시아에서 계속되는 영토분쟁의 주된 원인으로 간주된다. 1947년 대이탈리아평화조약에 대한 상세한 검토 후에 강병근 교수는 희생국에 대하여 일본이 반환하여야 하는 영토에 관한 1951년 샌프란시스코 조약의 간략한 조항은 아시아에서 일본과 희생국 간의 국제관계를 위태롭게 하는 주요 원인이라고 주장한다.[44]

침략 희생국에게 일본이 반환하여야 하는 영토에 관하여 1951년 샌프란시스코 조약이 간략한 조항만을 둔 점을 정당화하기 위해 반론

---

43 1951년 샌프란시스코 조약 제2조 원문은 다음과 같다.

    The 1951 Treaty of San Francisco, Article 2.

    (a) Japan, recognizing the independence of Korea, renounces all right, title and claims to Korea, including the islands of Quelpart, Port Hamilton and Dagelet.

    (b) Japan renounces all rights, title and claims to Formosa and the Pescadores.

    (c) Japan renounces all right, title and claim to the Kurile Islands, and to that portion of Sakhalin and the islands adjacent to it over which Japan acquired sovereignty as a consequence of the Treaty of Portsmouth of September 5, 1950.

    (d) Japan renounces all right, title and claim in connection with the League of Nations Mandate System, and accepts the action of the United Nations Security Council of April 2, 1947, extending the trusteeship system to the Pacific Islands formerly under mandate to Japan.

    (e) Japan renounces all claim to any right or title to or interest in connection with any part of the Antarctic area, whether deriving from the activities of Japanese nationals or otherwise.

    (f) Japan renounces all right, title and claim to the Spartly Islands and to the Paracel Islands.

44 강병근, 〈평화조약 내 영토조항에 관한 연구: 대일 평화조약과 대이탈리아 평화조약을 중심으로〉, 《국제법학회논총》(2018), pp.223-224; Kimie Hara, 《Cold War Frontiers in the Asia-Pacific》, p.7.

이 주장될 수 있다. 일본의 탐욕으로 황폐해진 동아시아와 비교할 때, 1919년 베르사유 조약이 다루어야 했던 지역은 사실상 중부 유럽 전체의 영토를 포괄하는 것이었다. 또한 독일이 다수의 이웃 국가와 인접하고 있는 사실은 독일이 수용해야만 하는 영토상의 변경에 관련하여 상세한 조항을 둘 수밖에 없었다는 점을 뒷받침할 수 있다. 이러한 맥락에서 일본이 포기해야 하는 영토에 대하여 1951년 샌프란시스코 조약이 상세한 조항을 두는 것은 필요하지 않았던 것이라고 주장될 수 있다. 그러나 독일과 일본 간의 정치적 및 지정학적 차이가 있지만, 그럼에도 불구하고 1951년 샌프란스시코 조약이 1919년 베르사유 조약의 체결 방식을 거의 따르지 않았다는 점은 부인할 수 없는 사실이다.

2) 전쟁 유발 국가로서 일본에 대한 처벌 의사 결여

1919년 베르사유 조약에 규정된 이른바 '전쟁 유죄' 조항은 이전 평화조약과 1919년 베르사유 조약을 구별하는 가장 중요한 성격이다. 즉, 과거를 잊고 미래를 희망하는 것은 1919년 베르사유 조약에서 발견되지 않는다. 이러한 의미에서, 1919년 베르사유 조약은 20세기 초반 전쟁과 전쟁 범죄자에 대한 국제공동체의 분명한 태도와 전쟁과 전쟁의 책임에 대하여 국제법이 어떠한 입장을 수립할 것인가를 반영하는 역사적 가치를 가진 것이라고 할 수 있다.

반복하건대, 1919년 베르사유 조약에 규정된 앞서 살펴본 것과 같은 '가치'가 1951년 샌프란시스코 조약에서 반영되고 있는가? 불행히도 이 질문에 대한 답변은 긍정적이지 않을 것으로 생각된다. 1951년 샌프란시스코 조약의 교섭사 및 교섭과 체결 과정에서의 정치적 분위기에 대한 철저한 검토 없이 제시되는 주장은 이 문제에 대한 권위 있는 답변으로 간주될 수 없다. 그러나 1951년 샌프란시스코 조약은 1919년 베르사유 조약에서 목격된 평화조약의 새로운 형태에 해당하지 않는 것으로 보이며, 특히 전쟁 유죄 관련 쟁점에서 더욱 그러하다.

1951년 샌프란시스코 조약에 규정된 부정의를 폭로하기 위하여, 1919년 베르사유 조약 제231조, 즉 전쟁 유죄 조항을 살펴볼 필요가 있다. 1919년 베르사유 조약 제231조는 다음과 같다.

제231조: 독일과 그 동맹의 침략으로 인한 전쟁 결과로 연합국 및 연합국 국민이 입은 모든 손실과 손해를 유발한 것에 대한 독일과 그 동맹의 책임을 독일은 수락하고 연합국 정부는 이를 확인한다.

1919년 베르사유 조약 제231조에 상응하는 조항은 1951년 샌프란시스코 조약 제14조다. 1951년 샌프란시스코 조약 제14조 (a)는 다음과 같다.

제14조 (a): 일본이 전쟁 중 일본에 의해 발생한 피해와 고통에 대하여 연합국에 배상을 해야 하는 것은 주지의 사실이다. 그럼에도 불구하고 일본이 생존 가능한 경제를 유지하면서 그러한 모든 피해와 고통에 완전한 배상을 하는 동시에 다른 의무들을 이행하기에는 일본의 자원이 현재 충분하지 않다는 것 또한 주지의 사실이다.

불행히도 전쟁책임 관련 조항은 1951년 샌프란시스코 조약에서 찾을 수 없다. 동아시아 지역에서 안보를 유지하는 데 필수적인 일본의 전략적 가치를 쉽게 무시할 수 없었기 때문에[45], 전쟁책임 관련 조항이 없다는 점에 근거하여 1951년 샌프란시스코 조약이 고전 형태의

---

45 Kim HongNack, 〈The U.S and the Territorial Dispute on Dokdo/Takeshima between Japan and Korea, 1945-1954〉, 《International Journal of Korean Studies(vol.13, no.2)》(2009), pp.106-112.

평화조약으로 회귀하였고 1919년 베르사유 조약에서 나타난 혁신적 성격을 반영하지 않은 것이라고 평가하는 것은 충분하지 않다. 그러나 1951년 샌프란시스코 조약이 오늘날 동아시아 지역에서 영토분쟁의 주요 원인이라는 점을 부인하는 것도 쉽지 않은데, 왜냐하면 1951년 샌프란시스코 조약은 일본의 전쟁책임에 대한 조항을 두지 않고 희생국에게 일본이 반환해야 하는 영토에 대한 상세한 조항을 두고 있지 않기 때문이다.[46]

　일부는 1951년 샌프란시스코 조약의 반동적 성격을 1919년 베르사유 조약과 1951년 샌프란시스코 조약 사이의 30년 간격에서 찾을 수 있다고 주장할 것이다. 1919년 베르사유 조약이 그 이상을 실현하지 못하였기 때문에 1951년 샌프란시스코 조약은 이러한 실수를 반복하지 않기 위하여 평화조약의 전통적 접근에 기반하여 일본에 대하여 보다 유연한 태도를 취한 것으로 이해할 수 있다. 그러나 1947년 대이탈리아 평화조약에 대한 강병근 교수의 연구를 고려할 때, 이러한 반론은 쉽게 수락되지 않을 것이다.

　1951년 샌프란시스코 조약의 반동적 성격의 이해에 관하여 박배근 교수가 제시한 설득력 있는 주장이 도움이 될 것이다. 박배근 교수는 식민주의 관점에서 1951년 샌프란시스코 조약의 결점을 분석하였다. 박배근 교수는 일본과 희생국이 유럽 국가들이었다면 1951년 샌프란시스코 조약의 내용은 보다 상세하게 규정되었을 것이라고 주장한다.[47] 1919년 베르사유 조약을 통해 프랑스가 추구한 주된 목표는 유럽에서 독일의 영향력 확장을 막기 위하여 독일을 무기력하게 만드는 것이었다. 즉, (*베르사유 조약을 준비하던 당시에) 독일 문제는 유럽뿐만

---

46 강병근, 앞의 글 참조.
47 2018년 10월 19일 개최된 제3회 국제법사 연구회에서 박배근 교수는 이와 같은 견해를
　　주장하였다.

아니라 미국을 포함한 세계적 문제로 이해되었지만, 일본 문제는 기껏 해야 동아시아 지역에 제한된 사소한 문제로 간주되었을 가능성을 배제할 수 없다. 이러한 가설적 주장은 1951년 샌프란시스코 조약의 교섭사에 의해 뒷받침된다.

또한 1919년 베르사유 조약은 빌헬름 2세를 포함한 전쟁 범죄자의 인도 조항을 두고 있지만, 1951년 샌프란시스코 조약은 이러한 조항을 두고 있지 않다. 이에 관하여 1951년 샌프란시스코 조약은 국제 정의의 실현과 동아시아 지역의 평화체제 수립에 충분한 주의를 기울이지 않은 것이다. 1951년 샌프란시스코 조약은 공산주의의 확산 방지를 위해 동아시아 지역에서 미국의 영향력을 위하여 필요한 일본의 재수립을 이유로 급하게 체결되었다. 이러한 과정에서 강대국의 탐욕스러운 야망에 따라 희생국의 이익은 재차 희생되고 말았다.

맺음말

제1차 대전의 황폐화 이후, 국제공동체는 전쟁을 유발한 국가에 대하여 유연한 태도를 취하는 평화조약의 전통적 내용을 더는 수락할 수 없다는 단호한 입장을 취하였다. 평화조약에서의 관점의 변화는 1919년 베르사유 조약으로 현실화되었다. 1919년 베르사유 조약은 평화조약의 새로운 형태의 발전 및 전후 문제에 관한 국제법의 발전에 상당한 공헌을 하였다.

만족스럽지 않은 결과에도 불구하고, 1919년 베르사유 조약이 실현하고자 하였던 인민자결의 중요성, 일반 국제기구의 필요성, 국가 간 분쟁의 사법적 해결의 추구는 제1차 세계대전의 비극을 극복하고자 하는 국제공동체를 위한 청사진으로 이해할 수 있다.

정치적 상황과 역사적 배경에 대한 상세한 검토 없이, 샌프란시스코 조약의 당사국들이 1951년 샌프란시스코 조약에서 실제로 무엇을 의도하였는지를 파악하는 것은 사실상 불가능한 일이다. 그럼에도 불구하고 독도 분쟁의 근본적인 원인에 관한 연구는 1951년 샌프란시스코 조약의 내용에 대한 검토를 통해서 이루어져야 한다. 1951년 샌프란시스코 조약의 내용에는 1919년 베르사유 조약의 내용에서 명확히 발견되는 혁신적인 특성을 찾을 수 없다는 것이 일반적인 견해다. 달리 말해 평화조약으로서 1951년 샌프란시스코 조약은 평화조약의 새로운 형태와는 거리가 멀다.

　1951년 샌프란시스코 조약 중 제2조가 동아시아 지역 영토분쟁의 주된 원인이지만, 1951년 샌프란시스코 조약에 관한 문제는 제2조에만 국한되지 않는다. 1951년 샌프란시스코 조약은 제2조를 포함하여 최악의 평화조약으로 인식되어야 하는데, 1919년 베르사유 조약에서 제시된 새로운 가능성을 전혀 반영하지 않았기 때문이다. 동아시아 지역의 영토분쟁 해결을 위해 1951년 샌프란시스코 조약의 결함을 폭로하는 더 많은 연구가 계속되어야 할 것이다.

---

* 이 글은 2019년 11월 8~9일 서울 코리아나 호텔에서 열린 제4차 회의에서 처음 발표되었다.

일본의 탈식민 프로세스
동결 해제를 위하여

도츠카 에츠로戶塚悦郎(일본 류코쿠대 교수)

2016년 컬럼비아대에서 열린 "샌프란시스코 체제를 넘어서: 동아시아의 평화체제를 향해" 1차 회의 때, 내 발표시간 말미에 나는 다음과 같이 주장했다.[1]

"한국의 이태진 교수 등의 학자들은 연구를 통해, 1905년에 일본이 체결했다는 한국보호조약Korea Protectorate Treaty, 이른바 '한일협약(을사늑약)'은 존재하지 않았다는 사실을 밝혀냈다. 이태진 교수는 자신의 연구를 계속해 일본에서 그 사실을 확인했다. 우리의 연구는 이토 히로부미와 휘하 담당관리들이 1905년에 천황에게 제대로 보고하지 않았으며, 이후 역대 일본정부가 계속된 항의들을 묵살했다는 사실을 보여준다."

이와 관련해, 컬럼비아대학 도서관이 대한제국 당시 고종 황제가 만든 매우 중요한 문서를 소장하고 있는 것으로 알려졌다.

---

1 Etsuro Totsuka, 〈Japan's re-joining into the cold war world and its freezing of the decolonization process〉(2016.10.28).

1905년 11월 17일의
'일한협약' 원본은 존재하지 않는다

이 사진에 나와 있는 1905년 11월 17일의 '일한협약', 1905년 한국보호
조약 문서는 일본 외무성이 발간한 것이다.[2] 일본 외무성이 1934년에
발간한 이 문서의 1905년 11월 17일 조약문에서 일본어, 한국어, 영어
본의 제목을 봐주시기 바란다. 한국어 제목이 한일협상조약韓日協商條約
으로 돼 있는 것을 확인할 수 있을 것이다.

　위의 사진은 2008년 8월 17일 헤이그에 있는 이준 평화박물관에서

2　《舊條約遺産 3(朝鮮 琉球)》(日本 外務省, 1934), p.204. 이 사진은 2009년 11월 14일 교토대학
　도서관에서 촬영한 것이다.

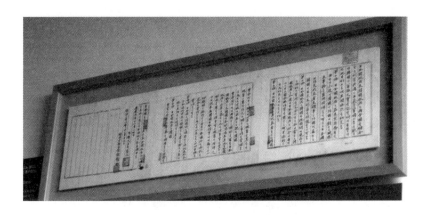

찍은 것이다. 이것은 1905년 11월 17일 서울에서 체결한 조약 원본의 복제품이다. 놀랍게도 여기에는 문서 제목이 없다! 나는 이 사실 역시 2007년에 출간된 이태진 교수의 책을 통해 확인했음을 밝혀 둔다.[3] 이 것을 보고 나는 일본의 변호사로서 일본에 있는 문서들을 조사해봐야 겠다는 의무감을 느꼈다. 그래서 2010년 2월 9일 일본 외무성 공문서 보관소에 갔다.

그리고 나는 1905년 11월 17일의 '일한협약'이라는 제목이 달린 원 본 조약문은 찾을 수 없었으나, 뒤 페이지의 사진에서 보듯 같은 날 작 성된, 제목 없이 첫줄이 비어 있는 문서를 찾아냈다.[4]

실은 1905년 11월 17일의 '일한협약' 원본의 존재는 일본에서 확 인된 바가 없다. 1905년 11월 17일의 '한일협상조약' 원본의 존재는, 이 태진 교수가 알아냈듯이 한국에서도 확인된 바가 없다. 조약 초안은 아무런 법률적 효력도 가지지 않는다는 것을 의심하는 사람은 없다.

3　Yi Taijin, 《The Dynamics of Confucianism and Modernization in Korean History》(Cornell University, 2007), p.199.
4　나는 이 사진을 일본 외무성 공문서보관소 홈페이지(www.jacar.go.jp/goshomei/index.html) 에서 찍었다. 이 사진은 2010년 6월 25일에 방문했을 때 내가 본 원본과 동일하다. 원본의 사진 촬영은 금지돼 있다.

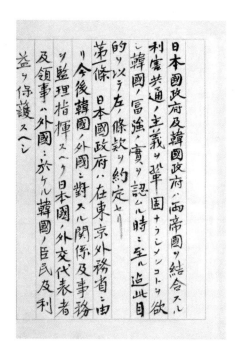

조약 체결을 추정할 수 있다고 해서
그것이 법적으로 유효한가?

1992년 가을에, 일본이 전선으로 내보내기 위해 조선인 '위안부' 피해
자들을 모집한 일의 법률적 근거를 찾고 있던 도중 우연히 충격적인
유엔 문서를 발견했다. 나는 런던대학 고등법률연구소 도서관에서 유
엔 국제법위원회International Law Commission, ILC가 1963년에 발간한 보고
서를 찾아냈다.[5] ILC의 1963년 보고서는 1905년의 한국보호조약이 일
본이 한국정부대표들을 강압해서 체결한 것이라는 이유로, 그것을 무

5   〈UN Document:-A/CN.4/163〉, 《Yearbook of the International Law Commission: 1963, vol.
    II》, p.139.

효(null and void)로 판정된 4개의 유사조약들 중의 한 사례로 지목했다. 그리하여 나는 이 조약의 유효성에 대해 조사하기 시작했다. 이것이 내가 찾아낸 것이다. 아래 사진을 봐주시기 바란다.[6]

　　2006년에 나는 한 학술지에서 '일한 보호조약(Japan-Korea Protectorate Treaty)'이 이토 히로부미와 일본군이 (외부대신을 비롯한) 대한제국 대표들을 협박하는 가운데 한국 외부대신이 서명한 것이어서, 그 조약은 처음부터 무효(null and void ab initio)였다고 주장했다.[7] ILC의 보고서를 발견한 1992년 가을, 말하자면 위에서 얘기한 2006년의 학술지에 논문을 발표하기 14년 전에 나는 사회당의 참의원 국회의원 모

6　〈Documents of the fifteenth session including the report of the Commission to the General Assembly〉, 위의 책, p.197.

7　戸塚悦朗, 〈統監府設置100年と乙巳保護条約の不法性: 1963年国連国際法委員会報告書をめぐって〉,《龍谷法学(vol.39, no.1)》(2006), pp.15-42.

토오카 쇼지本岡昭次에게 코멘트를 부탁하며 초고를 보냈다. 모토오카 의원실에서는 내게 그 논문을 발표하면 "테러리스트들에게 살해당할" 위험을 초래할 수 있다고 경고했다. 내가 아는 저널리스트도 같은 우려를 표명했다.

왜 이 문제가 일본에서는 터부시되는 것일까? 유엔 총회에 제출된 ILC의 1963년 보고서는 기밀문서가 아니었다. 하지만 영어로 작성된 그 문서를 일본의 언론이나 일반대중은 모르고 있었다. 1910년의 '일·한 합방조약'은 1905년의 '일·한 보호조약'을 토대로 해서 체결됐다. 만일 일·한 보호조약이 무효(void)라면, 일·한 합방조약 역시 무효(void)로 판정돼야 한다. 하지만 그런 주장은 조선에 대한 일본의 식민지배가 정당했다는 주장을 고수하는 사람들에겐 골치 아픈 법적 문제를 안겨주게 될 것이고, 따라서 거센 저항을 불러일으킬 것이다. 결국 논문 발표를 연기할 필요가 있었다.[8]

일본에서 바로 그 논문을 공표하는 대신 나는 유엔에 제출될 NGO 보고서를 썼다. 그 보고서는 1910년 한일합방의 유효성과 1905년 보호조약의 유효성 사이의 상관관계를 검토한 것이었다. 제네바의 유엔 국제화해위원회International Fellowship of Reconciliation, IFOR의 수석대표 르네 왈도는 1963년 ILC 보고서의 주장(1905년 '보호조약'의 불법성)을 평가하는 IFOR 명의의 성명서를 내자는 데에 동의했다. 보고서는 1993년 2월에 유엔 인권위원회에 제출됐으며, 유엔 NGO 문서로 배포됐다.[9] IFOR 문서는 일본 〈마이니치신문〉[10]과 〈재팬 타임스〉를 통해 보도됐다.

8   나는 일찍이 일본의 그런 억압적인 분위기에 대해 보고한 바 있었다. 〈Japan's Colonization of Korea in Light of International Law〉, 《The Asia Pacific Journal》(2011.2).

9   유엔 문서 E/CN.4/1993/NGO/36. 인권위원회 제49차 어젠다 19항, 예방 분과위원회 보고서 제44차, NGO 협의기관인 국제화해친목회가 제출한 성명서(카테고리 II) 1993년 2월 15일.

10   〈從軍慰安婦問題, スイスの人権組織 '日韓保護条約は無効' 63 年, 国連委が報告書〉, 《毎日新

이 IFOR의 1993년 2월 15일 성명서는 역사적으로 중요할 뿐만 아
니라 지금도 여전히 의미가 있다. 나는 그것을 이 발표문에 붙여 여러
분과 공유하고자 한다. 다행히 터부는 깨졌다. 일부 정치인들, NGO들,
역사가들이 그 문제에 대한 진실을 찾아내기 위한 노력을 시작했다.

언론이 그 사실을 보도한 것을 알고 참의원의 모토오카 쇼지 의원
이 그 문제에 대한 정보를 국회에 제출해달라고 정부에 요구했다. 외
무성 조약국장은 모토오카 의원에게 어떤 질의도 하지 말아 달라고 강
력하게 충고했다. 하지만 모토오카 의원은 외무성의 강력한 저항에도
불구하고 자신의 정보제출 요구를 철회하지 않았다.[11] 외무성은 ILC의
1963년 보고서 뒤에 나온 ILC 1966년 보고서는 1905년 조약의 유효성
(적법성) 문제를 제기하지 않았다고 밝혔다. 이는 일본정부의 문제적
주장에 관한 1963년 ILC 보고서 논의가 불러일으킨 충격을 약화시키
기 위한 발표였다. 외무성은 1963년 ILC 보고서가 유엔 총회에서 채택
된 사실 자체에 대해서는 언급하지 않았다.[12]

모토오카 의원은 한국 방문과 다른 조사 과정을 통해 강력한 증거
들을 수집했으며, 나중에 자신이 대표로 있던 국제인권법연구회를 통
해 그 결과를 문서로 발간했다.[13]

무너지는 일본 학자들의 주장

일본의 시사정론 월간지 《세카이世界》가 이태진 서울대 교수의 연구를

聞》(1993.2.16).
11 本岡昭次, 〈参議院予算委員会議録 7号 平成5年 3月 23日〉(1993), pp.8-13.
12 1963년 11월 18일 유엔 총회는 1963년 ILC 보고서에 관한 결의안 1902(XVIII)를 채택했다.
13 国際人権研究会 編, 《1905年'韓国保護条約'は成立していたか》(国際人権研究会, 1993). 이것은
    학문적 또는 상업적 목적으로 공식 발표된 것은 아니며, 정치 캠페인 자료로 활용됐다.
    위에서 언급한 나의 일본어 보고서는 여러 문서들에 내 이름을 달고 게재됐다.

신자[14] 국제법 전문의 사카모토 시게키坂元茂樹 간사이대 교수와 현대 한
일관계사 전문의 우노 후쿠주海野福寿 메이지대 교수가 《세카이》에 반
박 글을 실었고,[15] 다른 역사가들도 그 논의에 참여했지만 그 과정에서
합의를 도출해내지는 못했다.

1) 진실을 내버린 일본의 저명 역사가

우노 교수는 한국을 함께 방문하면서 이 문제를 논의한 뒤, 처음에는
내가 '1905년 조약'과 관련해 제기한 "절대 무효론"이 "논란의 여지가
없는" 것으로 보인다는 글을 발표했다.[16] 하지만 나중에 그는 1963년
ILC 보고서를 토대로 한 내 주장에 대해 지지를 철회했다. 그때 그는
"모든 국제조약들이 비준절차를 거친다고 할 수는 없으며, 비준하지 않
았다는 것이 무효 이유가 되진 않는다."고 했다.[17] 그는 '1905년 조약'이
"부당하지만 유효(적법)하다."고 판단했다. 그리하여 그는 "한국병합은
그 형식상 유효하며, 이는 국제법적으로 합법이고 조선(한국)이 국제적
으로 일본의 식민지로 인정받았다는 것을 의미한다."고 결론지었다.[18]

우노 교수는 해외조사를 마치고 일본으로 돌아온 뒤 갑자기 입장
을 바꿔 일본 역사가들의 지배적인 견해에 동조하면서 한·일 간 과거
조약들의 '유효(적법)성'을 인정했다. 나는 그에게 무슨 이유로 입장을
바꿨는지 물었다. 그는 "일본에서는 모두 그렇게 얘기한다."고 대답했
다. 그는 자신의 글을 그렇게 극적으로 바꾸게 한, 학문적으로 타당한

14 李泰鎮, 〈日韓対話 韓国併合は成立していない 上 日本の大韓帝国国権侵奪と条約強制〉, 《世界》(1998.7), pp.300-310; 李泰鎮, 〈日韓対話 韓国併合は成立していない 下 日本の大韓帝国国権侵奪と条約強制〉, 《世界》(1998.8), pp.185-196.
15 坂元茂樹, 〈旧条約問題の落とし穴に陥ってはならない〉, 《世界》(1998.9), pp.193-206; 海野福寿, 〈李教授の'韓国併合不成立論'を再検討する〉, 《世界》(1999.10), pp.261-262.
16 海野福寿, 〈一九五年'第二次日韓協約'〉, 《駿台史学(91巻)》(1994), pp.1-34.
17 海野福寿, 《韓国併合》(岩波書店, 1995), pp.164-165.
18 海野福寿, 위의 책, p.244.

이유를 단 한 가지도 제시하지 않았다. 그는 아마도 일본정부 그리고/
혹은 일본 학자들에게 설득당했을 것이다. 예컨대 사카모토 교수는 비
록 1963년 ILC 보고서가 제기한 관례적인 국제법의 존재를 인정했지
만, 역사가가 아닌 자신이 역사적 상황이 한국의 대표들을 강압했는지
여부를 밝혀내기는 어렵다고 말했다.[19]

　　일본의 국제법(조약법) 학자들이 조약들을 더 세밀하게 검토할 것
으로 예상했으나, 그런 일은 일어나지 않았다. 결국 1996년에 당시 무
라야마 도미이치村山富市 총리가 국회에서, 일본이 정치적·윤리적 책임
이 있지만 "나는 병합조약이 합법적으로 체결됐으며, 역동적인 외교가
전개되던 당시와 같은 역사적 상황 속에서 그것은 유효했다는 걸 인
정한다."는 정도로 대응한 것에서 더 나아가지 못했다. 그 결과 그런 조
약들의 유효(적법)성에 관한 일본과 한국의 입장 차이는 여전히 크게
벌어져 있다.[20]

2) 무라야마 총리의 국회발언은 법률적으로 타당한가?

한국 서울대의 국제법 권위자 고 백충현 교수는 1905년의 '한국 보호
조약'과 1910년의 '한국 병합조약'를 포함한 한·일 간의 5개 조약들이
대한제국의 비준을 받지 않았기 때문에 원천 무효였다면서 '비준 필요
론'을 옹호했다.[21]

　　'비준 불필요론'을 옹호한 우노의 입장은, 일본 외무성 조약국이
규정한 "타국과의 조약 및 국제협약들 체결 절차"(1936)라는 기준에 따

19　坂元茂樹,〈日韓保護条約の効力: 強制による条約の観点から〉,《関西大学法学論集(44巻 4·5号)》
　　(1995), pp.869-932.

20　무라야마 도미이치 총리의 참의원에서의 답변(1995). 村山富一,〈参議院本会議会議録 4号
　　平成 7年 10月 5日〉, p.19.

21　白忠鉉,〈日本の韓国併合に対する国際法的考察〉, 笹川紀勝·李泰鎮 編,《国際共同研究韓国併
　　合と現代: 歴史と国際法からの再検討》(明石書店, 2008), p.389.

라 '국가는 비준이 필요없는 타입2 형식의 조약들을 체결할 수 있기' 때문에, 1905년의 '한국 보호조약'은 고종황제의 재가(ratification; 비준, 승인) 없이도 유효했다는 것이다.[22] 1936년, 즉 1905년 보호조약 체결이라는 사건이 일어나고 한참 지난 시기에 작성된 문서를 1905년에 체결된 조약의 유효(적법)성을 뒷받침하는 증거로 인용하는 것이 법률적으로 타당한가? 이 문제는 뒤에 논의하게 될 것이다.

사카모토 교수는 일본에서 권위 있는 국제법 교수들 가운데 한 사람으로, 조약법 전공자다. 그는 1998년에 쓴 〈일·한 보호조약의 유효(적법)성: 비준에 관하여〉를 비롯해 이 문제에 관한 여러 편의 논문을 발표했다.[23] 이 논문에서 나는 신중하게 검토돼야 할 두 가지 중요한 결함들을 지적하려고 한다.

첫째, 사카모토 교수는 비준을 위한 명시적 조항이 없기 때문에 일본과 한국 양국 정부가 당시의 역사적 상황에서 1905년 보호조약을 황제의 재가 없이 양국 외무대신들의 서명만으로 마무리하기로 하는 데 동의한 것으로 추정해야 한다고 결론지었다. 논리적으로 생각하는 사람이라면, 컬럼비아대학 도서관에 소장돼 있는 다음과 같은 고종의 역사적 문서를 발견하고도 어떻게 그런 추정을 할 수 있단 말인가? 비록 그 문서들의 존재는 그 전에 이미 언론을 통해 보도됐지만, 나는 2016년 10월 28일 그 도서관을 직접 찾아가 사진을 찍었다.[24]

이 사진은 대한제국 고종황제가 1906년 6월 22일 오스트리아-헝가리 황제에게 보낸 개인적인 편지의 원본이다. 고종황제는 자신의 대리인을 통해 비슷한 형태의 개인 편지를 당시의 주요 9개국 원수(통치자)들에게 보내려 했다. 하지만 불행하게도 그 편지들은 전달되지 못

22 海野福寿,《韓国併合》, pp.164-165.
23 坂元茂樹,〈日韓保護条約の効力〉,《法学新報(104巻 10·11合併号)》(中央大学法学会, 1998).
24 《동아일보》(1993.10.24.);《朝鮮時報(no.1)》(1993);《出版法律新聞(no.12)》(1993).

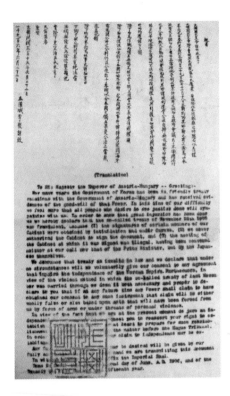

했으며, 지금 컬럼비아대학 도서관에 소장돼 있다. 고종황제는 이 편지들에서 일본정부의 주장을 강하게 부정하면서, 자신은 1905년 11월 17일 조약을 체결하도록 재가한 적이 없다고 분명히 얘기하고 있다.

3) 일본학자들은 '시제법'을 무시했다

둘째, 사카모토 교수는 위의 논문에서 일본과 유럽에서 발간된 많은 문서들을 토대로 '비준 불필요론'을 취했다. 하지만 나는 그가 인용한 1969년 '조약법에 관한 빈 협약' 등에 관한 중요한 학술 논문들이 희한하게도 모두 1905년 이후에 발간되거나 채택된 사실에 주목했다. 이게

법률적으로 타당한가? 나는 앞서 우노 교수의 입장에 대해서도 같은
의문을 제기했다.

우리가 1905년 조약의 유효(적법)성 여부를 결정하기 위한 중요한
날짜는 언제인가? 그날이 1905년 11월 17일이라는 것을 의심할 사람
은 아무도 없을 것이다. 결국 그 유효성 여부는 그 중요한 날짜, 즉
1905년 11월 17일에 존재했던 당시의 국제법을 적용함으로써 결판이
날 것이다. 이는 세상에 '시제법Inter temporal Law' 문제로 알려져 있다.

《오펜하임의 국제법Oppenheim's International Law》은 국제법 연구 분
야에서 권위 있는 참고도서로, 일본에서도 널리 읽힌다. 그 책 제9판
(1996)은 "조약은 그것이 체결된 시기에 시행 중이던 국제법의 일반규
칙들에 비춰, 이른바 시제법에 따라 해석돼야 한다."고 주장한다.[25] 이
를 일본에선 '지사이이호時際法; 시제법'라고 부른다.[26]

나는 1905년 11월 17일 이전에 나온 학술 문서들을 조사한 결과
'비준 필요론'이 압도적으로 증거자료에 의해 뒷받침되고 있다는 것을
알게 되었다.

1899년에 일본에서 출간된《홀의 국제공법Public International Law of
Mr. Hall》에서 영국의 국제법 권위자 윌리엄 에드워드 홀William Edward
Hall은 국제조약에서의 '비준 필요론'에 대해 설명하면서, "조약이 유효
(적법)하기 위해서는 그 조약을 체결하는 국가 최고권력의 비준이 필요
하다."고 주장한다.[27]

---

25 Robert Jennings, Arthur Watts eds., 《Oppenheim's International Law(Ninth Edition)》
(Longman, 1996), p.1281.

26 Fujita Hisakazu, 《International Law Lectures I: Nations/International Societies》(Tokyo
University Publications, 1992), p.214.

27 윌리엄 홀이 쓰고 다치 사쿠타로立作太郎가 번역한《ホール氏国際公法》(원서 제4판 번역)이
메이지 32년(1899)에 도쿄법학원東京法学院에서 출간됐다. 위에 언급한 내용은 일본어판
p.433, 영문 원서에서는 p.345에 등장한다. 저자는 다음과 같은 예외도 인용했다. '국제계
약이 일국의 군주나 유일한 조약 체결권 행사자의 손으로 직접 체결되거나, 관청에 부수

1905년 '한국 보호조약'의 조항들이 비준의 필요성에 대해 명확하게 명시하지 않았다는 점은 지적돼야 한다. 하지만 홀은 대표가 충분한 권위를 갖고 서명한 조약은, 특별히 따로 명시하지 않는 한 일반적으로 명백한 비준이 필요하다고 주장했다. 그는 "비준 의사를 표시하는 것은 거기에 반하는 특별한 합의가 없는 한, 관례상 그 일을 위해 파견된 협상가들에 의해 조약이 체결될 때 언제나 필수요건이 된다."고 지적했다.[28]

나는 일본국립도서관에서 1905년 이전에 이용할 수 있었던 일본어로 된 국제법 관련 서적들을 찾아 조사해보았다. 그런데 '비준 불필요론'을 지지하는 책은 한 권도 없었으며, 대신 '비준 필요론'을 지지하는 책은 21권이나 됐다.[29]

맺음말

결론적으로, 1905년 11월 17일의 일한협약이 존재하지 않았다는 것은 의심의 여지가 없다. 1910년의 '한국 병합조약'은 첨부된 1993년 IFOR의 성명서에서 설명한 대로 그 토대가 무너졌다. 이미 결론이 난 것이라고 생각할 사람도 있겠지만, 이른바 1905년 '한국 보호조약'과 1910년 '한국 병합조약'은 한국 황제의 재가를 받은 적이 없으며, 따라서 원천무효다.

나는 내 연구 결과를 미국에서 출간된 《동양 평화Peace in the East》에

적인 권력에 의해 체결될 때'. 하지만 1905년 '한국보호조약'은 고종황제가 서명하지 않았다. 그리고 고종황제와 같은 권위를 지닌 기관은 존재하지 않았다.

28　위의 책, 일본어판 p.433, 영문 원서 p.345.
29　戸塚悦朗, 〈'韓国併合'100年の原点と国際法: 日韓旧条約の効力問題と'批准必要説'に関する文献研究〉, 《現代韓国朝鮮研究(第10号)》(2010.11), pp.27-37.

실린 글에서 설명했다.[30] 한국어판과 일본어판도 나와 있다.[31] 조만간
중국어판도 출간돼 중국 독자들이 같은 정보를 공유할 수 있기를 간
절히 바란다. 그것은 동결된 일본의 탈식민 프로세스를 해제하는 작업
에 틀림없이 도움이 될 것이다.

---

* 이 글은 2018년 10월 27~28일 중국 우한대에서 열린 제3차 회의에서 〈A way towards Japan's defreezing of its decolonization process〉라는 제목으로 처음 발표되었다.
* 한승동 번역

30 Totsuka Etsuro, 〈The An Chunggŭn Trial and Peace in the East: The Effect of the 1905 "Japan-Korea Protectorate Treaty" on International Relations〉, Yi Tae-Jin, Eugene Y. Park, and Kirk W. Larsen, ed., 《Peace in the East: An Chunggun's Vision for Asia in the Age of Japanese Imperialism》(Lexington Books, 2017).
31 도츠카 에츠로, 〈안중근 재판의 불법성과 동양평화〉, 이태진, 안중근·하얼빈학회 편 《영원히 타오르는 불꽃: 안중근의 하얼빈 의거와 동양평화론》(지식산업사, 2010); 戶塚悦朗, 〈安重根裁判の不法性と東洋平和〉, 李泰鎭, 安重根·ハルビン学会 編, 《安重根と東洋平和論》(日本評論社, 2016).

대일 강화조약은 무엇을 부인하는가: 기점으로서 청일전쟁과 그 전쟁 원인의 부당성을 중심으로

오시진(강원대 법학전문대학원 교수)

여는 말

대일 강화조약(1951)과 청일전쟁(1894~1895) 사이에는 어떤 관계가 있을까? 이 두 가지 역사적 사건을 연결해 보는 것은 직관적이지 않다. 왜냐하면 전자는 제2차 세계대전 후 일본과 연합국 사이에 전시 활동 중 발생한 사안을 해결하려는 것을 목적으로 하고, 후자는 1894년부터 1895년까지 청나라와 일본 사이의 동아시아 패권 전쟁에 관한 것이기 때문이다. 그러나 대일 강화조약 제2조를 검토하였을 때 몇 가지 의문이 발생한다. 만일 대일 강화조약이 제2차 세계대전 중 누적된 침략으로 인해 발생한 영토문제를 해결하려 했다면, 본 조약 제2조는 왜 이 전쟁이 시작되기 전에 발생한 영토문제를 규정하는 것일까? 특히 제2조 (b)항에서 일본은 1895년 시모노세키 조약에 근거한 포모사(Formosa, 대만섬의 옛 이름)에 대한 권리, 권원, 청구를 포기했다. 더욱이 대일 강화조약 1947년 초안(이하 "1947년 초안")은 일본 영토를 다시 설정하기 위한 기준일로 1894년을 명시하고 있다.

　바로 여기에 제2차 세계대전 이후 체결된 다른 평화조약과 비교해서 대일 강화조약의 특이점이 드러난다. 다른 평화조약들은 제2차 세계대전 직전인 1930년대나 1940년대에만 관련된 것이기 때문에 영토 관계를 19세기까지 완전히 되돌리지는 않는다. 그렇다면 일본과의 평화조약은 왜 다른가? 이 질문은 유효한 역사적인 연구가 될 수 있다. 그러나 본 연구는 왜 일본과의 평화조약이 다른 동기에 의해 구성되게 되었는지에 대한 역사적 질문에는 답하지 않는다.

본 연구는 청일전쟁을 대일 강화조약(1951) 제2조의 영토관계의 기준점으로 설정함으로써 발생하는 대일 강화조약의 법적 함의에 관한 문제를 탐구한다. 왜 본 조약의 조항이 이렇게 규정되었는지에 대한 정치적 동기와 무관하게 1894년으로 영토관계를 되돌리면 그 법적 결과가 발생한다. 또한, 그 파장이 너무 광범위해서 이 짧은 논문에서는 그 법적 결과를 다 검토할 수 없다. 그럼에도 이 연구는 청일전쟁의 정당성에 관련된 법적 함의를 지적하고자 한다. 본 연구는 1947년 초안이 청일전쟁 이후 조성된 영토에 관한 모든 법적 관계를 부정하고 있다는 지점에서 논의를 시작한다.

19세기 후반과 20세기 초 많은 국제법학자들이 청일전쟁을 일본 측의 정당한 전쟁이라고 옹호했기 때문에 대일 강화조약에서의 소급적 조치는 법적 설명이 필요하다. 왜 제2차 세계대전 후 갑자기 청일전쟁이 부당한 전쟁으로 취급되었는가? 청일전쟁 당시 국제법학자들은 전시 중에 일본이 국제법을 준수했는지에 주목하여 긍정적인 평가를 하는 경우가 있었다. 그러나 청일전쟁의 전쟁 개시(jus ad bellum)에 관한 주제에 대해 충분히 논의한 사례는 찾아보기 어렵다. 청일전쟁의 원인에 대한 의문은 여태껏 소외된 질문 중 하나다. 이 의문은 대일 강화조약에서 해결되지 않은 문제들을 해소할 문맥을 제공할 수 있다.

일본 영토 설정의 기준시점

왜 제2차 세계대전 이전과 관련된 사안이 대일 강화조약 제2조에 명시되어 있는가?

제2조 (a)항은 한국의 독립에 관한 것인데, 당시 "한국(Korea)"이란 용어가 무엇을 지칭하는지는 명확하지 않다.[1] 이런 불명확성과 관계없이 본 사안은 제2차 세계대전과 직접적으로 관련이 있는 것이 아니라 한·일병합조약(1910)에 관한 것이다.

제2조 (b)에 규정된 포모사(대만)에 대한 권리, 권원, 청구 포기는 청일전쟁 후 시모노세키조약(1895)에 관한 것이다.

제2조 (c)에 규정된 쿠릴열도 문제는 1905년 포츠머스 조약에 관한 것이다.

제2조 (d)는 국제연맹(1919) 체제에서 일본의 지배하에 있던 위임통치 포기를 명시하고 있다.

제2조 (e)는 남극에 관한 것이다. 일본이 제2차 세계대전이 끝날 때까지 남극에 대한 국제적 영토 권원을 획득했다고 할 수는 없지만, 시라세 노부와 다른 탐험가들은 1910년부터 남극 탐험을 시작했다.[2]

제2조 (f)는 1939년 제2차 세계대전 중 일본이 점령한 스프래틀리군도 및 파라셀군도를 규정하고 있다.[3] 그렇다면 형식적으로 보았을 때 제2차 세계대전과 직결된 조항이 제2조 (f)밖에 없어 보인다.

대일 강화조약 제2조의 기준시점은 무엇일까? 이 조항의 세부사

1 강병근, 〈샌프란시스코 평화조약에 따른 'Korea/조선'의 독립승인과 한·일 간 청구권 해결에 관한 일고찰〉,《동북아법연구(10권 3호)》(전북대학교, 2017), pp.159-182.
2 Kimie Hara, 〈Antarctica in the San Francisco peace treaty〉, 《Japanese Studies(vol.26, no.1)》 (2006), p.82.
3 King C. Chen, 《China's War with Vietnam, 1979: Issues, Decisions, and Implications》 (Hoover Institution Press, 1987), p.43.

안은 서로 아무런 관련성이 없어 보이고 별도로 처리가 필요한 사안
들로 보인다. 게다가 본 조항이 일본 영토에 대한 명확한 지침을 제공
하고 있지도 않다.[4] 미국 국무부에서 작성된 여러 대일 강화조약 초안
중 1947년 초안들은 여러 다른 초안들과 최종 대일 강화조약에서 명

---

4   1951년 9월 5일 미국 샌프란시스코에서 열린 일본과의 평화조약 체결에 대한 덜레스의
     연설은 조약의 해석에 적용될 수 있는 관련 상황을 알려준다. 다음은 그의 연설의 발췌문
     이다. "What is the territory of Japanese sovereignty? Chapter II deals with that. Japan
     formally ratifies the territorial provisions of the Potsdam Surrender Terms, provisions which,
     so far as Japan is concerned, were actually carried into effect 6 years ago. The Potsdam
     Surrender Terms constitute the only definition of peace terms to which, and by which, Japan
     and the Allied Powers as a whole are bound. There have been some private understandings
     between some Allied Governments; but by these Japan was not bound, nor were other
     Allies bound. Therefore, the treaty embodies article 8 of the Surrender Terms which
     provided that Japanese sovereignty should be limited to Honshu, Hokkaido, Kyushu,
     Shikoku and some minor islands. The renunciations contained in article 2 of chapter II
     strictly and scrupulously conform to that surrender term." John Foster Dulles, 〈John Foster
     Dulles's Speech at the San Francisco Peace Conference〉, 1951년 9월 5일. http://worldjpn.
     grips.ac.jp/documents/texts/JPUS/19510905.S1E.html
     덜레스는 대일 강화조약 제8조에 구체적으로 명시된 포츠담 선언의 항복조건에 부합하
     기 때문에 일본의 영토가 충분히 명확하다고 보는 듯하지만, 제8조는 확정적이지 않다.
     포츠담 선언 제8조는 다음과 같다. "The terms of the Cairo Declaration shall be carried out
     and Japanese sovereignty shall be limited to the islands of Honshu, Hokkaido, Kyushu,
     Shikoku and such minor islands as we determine." (Potsdam Declaration, Proclamation Defining
     Terms for Japanese Surrender Issued, at Potsdam, July 26, 1945.). 그러나 본 선언은 작은 섬들에
     대한 전체 목록을 제공하지 않는다. 또한, 1943년 카이로 선언의 조건을 언급하며, 다음
     과 같은 내용을 담고 있다. It is their purpose that Japan shall be stripped of all the islands
     in the Pacific which she has seized or occupied since the beginning of the first World War
     in 1914, and that all the territories Japan has stolen from the Chinese, such as Manchuria,
     Formosa, and the Pescadores, shall be restored to the Republic of China. Japan will also be
     expelled from all other territories which she has taken by violence and greed. The aforesaid
     three great powers, mindful of the enslavement of the people of Korea, are determined that
     in due course Korea shall become free and independent. (The Cairo Declaration, from the
     Conferences at Cairo and Tehran, 1943).

[Draft of Treaty with Japan]

Part One—Territorial Clauses

Order of articles in present draft:

1. Japan, territorial limits
2. China (Formosa and the Pescadores; Liaotung peninsula)
3. U.S.S.R. (Karafuto and the Kuriles).
4. Korea
5. Bonin, Volcano, Parece Vela (Pacific)
6. Former Mandated Islands
7. Pratas, Paracel, Spratly (South China Sea)
8. Antarctica

The typographical arrangement is intended to facilitate study in the present draft form.

SA-E/GR:SWBoggs
July 24, 1947

Part One - Territorial Clauses

Section I. Territorial Limits

Article 1

1. The territorial limits of Japan shall be those existing on January 1, 1894, subject to the modifications set forth in Articles 3 and 5. why As such these limits shall ~~include~~ the four principal islands of Honshu, Kyushu, Shikoku and Hokkaido and all minor ~~offshore~~ islands, including the islands of the Inland Sea (Seto Naikai), the Habomai Islands Shibotan.

Article 4

Japan hereby renounces all rights and title to Korea (Chosen) and all minor offshore Korean islands,

including Quelpart (Saishu To),

the Nan How group (San To, or Komun Do) which forms Port Hamilton (Tonaikai),

Dagelet Island (Utsuryo To, or Matsu Shima),

Liancourt Rocks (Takeshima),

확하게 드러나지 않는 사실을 제공한다.[5]

이 자료에서 주목해야 할 두 정보가 있다. 첫째, 조항의 순서다. 첫째 조항은 일본의 영토 제한에 관한 것이다. 대일 강화조약(1951) 제2조와 1947년 초안을 비교해보면, 전자에 일본의 영토 제한에 대해 언급하는 부분이 없다는 것을 쉽게 알 수 있다. 둘째, 일본의 영토는 1894년 1월 1일에 현존하는 영토로 제한된다.[6]

이 두 정보는 최종 대일 강화조약(1951)에는 존재하지 않는다. 이 사안에 대한 관행은 무엇일까? 조약 제정 당사자들에게 주어진 재량권이 크기 때문에, 당시 다른 평화조약들과 비교하는 것이 중요할 수 있다.

위 평화조약들의 영토 조항은 매우 유사하다. 첫째, 위 평화조약들은 조약 주체의 영토를 규명하고 제한한다. 둘째, 위 평화조약들은 모두 대상 국가의 영토를 되돌리거나 회복시키는 기준시점을 제공한다. 이러한 특성은 앞서 언급한 1947년 초안에서도 찾을 수 있지만, 대일 강화조약(1951)에서는 찾을 수 없다.

법학적인 관점에서 보았을 때, 1894년 1월 1일 기준시점은 그 날짜를 정하는 데 내재된 동기에 관계없이 중요하다고 할 수 있다. 1947년

---

5   Draft of Treaty with Japan: Part One-Territorial Clauses, Peace Treaty-1947, Records Relating to the Treaty of Peace with Japan, 1945-1951 [Entry A1 1230], Record Group 59: General Records of the Department of State, 1763-2002.

6   제1조 제1항의 문언 표현은 포츠담 선언 제8조와 거의 유사하다. "The terms of the Cairo Declaration shall be carried out and Japanese sovereignty shall be limited to the islands of Honshu, Hokkaido, Kyushu, Shikoku and such minor islands as we determine." 포츠담 선언 제8조는 두 부분으로 되어 있다. 1부는 카이로 선언문을 언급하고 있고, 2부는 작은 섬들에 대한 언급 없이 4개 주요 섬들의 이름을 제시한다. 포츠담 선언의 첫 부분을 1947년 초안 제1조 제1항으로 대체한다면 나머지 문장은 상당히 유사해 보인다. 즉, 카이로 선언이 의미하는 바는 1947년 제1조 제1항의 첫 부분이 될 수 있다. "The territorial limits of Japan shall be those existing on January 1, 1894."

표 1. 당시 평화조약들의 영토 조항 원문

대이탈리아 평화조약 (1947)	Territorial Clauses Section I — Frontiers Article 1 The frontiers of Italy shall, subject to the modifications set out in Articles 2, 3, 4, 11, and 22, be those which existed on January 1, 1938. These frontiers are traced on the maps attached to the present Treaty (Annex I).
대불가리아 평화조약 (1947)	PART I: FRONTIERS OF BULGARIA Article 1 The frontiers of Bulgaria, as shown on the map annexed to the present Treaty (Annex I), shall be those which existed on January 1, 1941.
대루마니아 평화조약 (1947)	PART I: FRONTIERS Article 1 The frontiers of Roumania, shown on the map annexed to the present Treaty (Annex I), shall be those which existed on January 1, 1941, with the exception of the Roumanian-Hungarian frontier, which is defined in Article 2 of the present Treaty.
대헝가리아 평화조약 (1947)	PART I FRONTIERS OF HUNGARY ARTICLE 1 1. The frontiers of Hungary with Austria and with Yugoslavia shall remain those which existed on January 1, 1938.
대핀란드 평화조약 (1947)	Part I Territorial Clauses Article 1 The frontiers of Finland, as shown on the map annexed to the present Treaty (Annex I), shall be those which existed on January 1, 1941, except as provided in the following Article.

초안의 제1조는 "일본의 영토 한계는 1894년 1월 1일에 현존하는 영토로 하며, 제3조 및 제5조에 규정된 수정에 따른다."고 규정되어 있다.

표 2. 1894년 이후 일본의 영토 취득 조약과 활동 예시

1895	시노모세키 조약(1895)과 그에 따른 영토 변경
1898	미나미 도리시마(Marcus Islands) 병합
1905	포츠머스 조약(1905)과 그에 따른 영토 변경
1905	시마네현의 다케시마(독도) 편입(선점)
1910	한·일 병합조약
1919	파리 평화조약에 따라 중국 산동 지역 및 태평양 지역 섬들에 대한 독일의 권리 인정
1932	일본의 만주국 독립 선언
1936	일본의 몽강蒙疆 독립 선언
1940	일본의 프랑스령 인도차이나 병합
1941	진주만 공격 이후 일본의 웨이크 섬, 필리핀, 뉴기니 북부, 영국령 말라야, 네덜란드령 동인도 제도 및 기타 태평양 섬 점령

이 문안은 1894년 이후에 이루어진 모든 일본의 영토 변경을 부인한다. 다시 말해 1894년 이후 모든 일본의 영토 획득이나 변경의 결과를 부정하는 것이다.

대일 강화조약이 관대하고 모호한 내용을 담고 있는 이유로 당시 냉전의 등장과 동태가 지적되어왔기 때문에, 왜 1947년 초안이 채택되지 않았는지 짐작하기 어렵지 않을 수 있다. 그러나 왜 일본 영토를 다시 설정하는 데 1894년을 기준시점으로 삼았는지 그 배경은 찾기 어렵다. 왜 1919년 혹은 제2차 세계대전 직전은 안 되는가? 이것은 대답이 필요한 질문이다.

그런데 위 1947년 초안을 1947년에 체결된 다른 평화조약과 비교하면 간과할 수 없는 또 다른 요소가 드러난다. 여타 평화조약이 기준시점으로 제공하는 연도는 모두 1938년 또는 1941년이다. 간단히 말해서 그들이 되돌리려고 시도한 영토의 기준시점은 제2차 세계대전 이

전에 존재했던 영토였다. 그렇다면 1947년 초안은 다른가? 1894년 1월 1일 존재했던 영토로 되돌리려 했던 것은 청일전쟁 이전의 영토 상황으로 되돌리려는 시도를 의미하며 청일전쟁 이후 일어난 영토변화는 용납될 수 없음을 암시한다. 이러한 소급적 조치의 법적 결과는 상당히 심각하며 이 짧은 논문은 1894년으로 되돌리는 데 관련된 모든 주요 영향을 다룰 수 없다. 그러나 이 연구는 1894년으로 되돌리는 사안과 관련된 하나의 법적 문제에 초점을 맞추려 한다.

청일전쟁의 부당성

정치적 동기와 무관하게 1894년으로 영토 상황을 되돌리는 데에는 그 법적 결과가 뒤따른다. 이러한 입장은 법적인 설명이 필요하다. 19세기 후반과 20세기 초에 많은 국제법학자들이 청일전쟁을 일본 측에 정당한 전쟁으로 인식했기 때문이다.[7] 그러나 1947년 초안은 그러한 정당성을 부인하고 있다. 따라서 제2차 세계대전 이후 왜 갑자기 청일전쟁이 부당하게 되었는지에 대한 해명이 있어야 한다. 다시 말해서 당시 받아들여졌던 시모노세키 조약을 갑자기 제2차 세계대전 후에 받아들일 수 없는 것으로 만들게 된 법적 결함이 무엇인지 설명이 필요하다. 이러한 질문에 답하기 위하여 여러 다른 접근법이 있을 수 있다. 그러나 법적인 관점에서 보면 청일전쟁 전후로 충분히 논의되지 않은 한 가지 사안이 있다. 앞서 지적했듯이, 다수의 국제법학자들은 청일전쟁을 일본이 국제법을 따른 전쟁이라고 일본 측을 옹호했었다. 그러나

---

7   예를 들어 Thomas Erskine Holland, 〈International Law in the War between Japan and China〉, 《The American Lawyer(vol.3)》(1895); John Westlake, 〈Introduction〉, in Sakuye Takahashi, 《Cases on International Law during Chino-Japanese War》(Cambridge University Press, 1899).

그들은 이 전쟁의 원인에 대해서는 명확하게 논의하지 않았다.

청일전쟁의 원인이나 이를 정당화하는 이유는 여러 가지 정치적, 경제적, 사회적 이유로 다층적이고 복잡할 수 있다. 그러나 법의 관점에서 1894년 8월 1일 공식 선전포고가 법적 분석의 첫 단계로 중요하다고 할 수 있다. 본 선전포고를 검토해보았을 때 국제법적인 관점에서 보면 무시할 수 없는 사안들이 있다.

무엇보다도 일본은 한국이[8] 아닌 청나라에 전쟁을 선포했다.[9] 청나라가 한국의 개혁을 방해함에 따라 "영원한 방해의 재앙으로부터 자유(freedom from the calamity of perpetual disturbance)"를[10] 실현하기 위해 일본은 1882년 청나라와 맺은 조약에 의해 군대를 한국에 보낼 수 있다고 주장했다.[11] 이러한 주장은 한국을 피해자로 그리고 일본을 가해

8　청일전쟁(중국 측은 갑오전쟁으로, 일본 측은 일청전쟁으로 부르고 있다)에 대해 영문으로 소개하는 아래의 홈페이지를 참고하였다. https://sinojapanesewar.com/ 그중 일본 측의 개전 선언은 http://sinojapanesewar.com/declaration.htm에서 볼 수 있다. "We hereby declare war against China, and we command each and all of our competent authorities, in obedience to our wish, and with a view to the attainment of the national aim, to carry on hostilities by sea and land against China, with all the means at their disposal, consistently with the law of nations."

9　위의 홈페이지, 개전 선언 중에서. "Korea is an independent state. She was first introduced into the family of nations by the advice and under the guidance of Japan. It has however, been China's habit to designate Korea as her dependency, and both openly and secretly to interfere with her domestic affairs."

10　위와 동일. "We, in virtue of the treaty concluded with Korea in 1882, and looking to possible emergencies, caused a military force to be sent to that country, wishing to procure for Korea freedom from the calamity of perpetual disturbance, and thereby to maintain the peace of the east in general."

11　위와 동일. "Thereupon Japan advised Korea to reform her administration, so that order might be preserved at home, and so that the country might be able to discharge the responsibilities and duties of an independent state abroad. Korea has already consented to undertake the task, but China has insidiously endeavored to circumvent and thwart Japan's purpose."

자 청나라로부터 조선을 구하려 하는 구조로 묘사한다. 선전포고를 불과 이틀 앞둔 1894년 7월 29일, 후쿠자와 유키치는 이 전쟁이 문명을 향한 진보를 시도하는 자와 그 진전을 좌절시킬 자 사이의 전쟁이라는 견해를 신문에 기고했다.[12] 우치무라 간조는 청일전쟁은 법적인 면에서는 정당할 뿐 아니라 문명의 전쟁이었기 때문에 윤리적 차원에서도 정당하다고 주장하였다.[13] 이런 주장은 당시에 잘 알려진 청일전쟁에 대한 수사학적 틀이라 할 수 있다. 이 전쟁의 핵심에는 야만적인 중국이 취약한 한국의 주권과 독립을 침해한다는 담론이 있었고, 그 담론은 당시 문명의 이름으로 일본의 개입을 요구했다. 그것은 야만인 대 문명인의 십자군 전쟁이라고 볼 수 있었던 것이다.

그렇다면 여기서 제기될 수 있는 문제는 당시에 전쟁의 정당성이나 용인할 만한 원인이 있었는가 하는 것이다. 많은 법학자들이 추정한 것과는 달리, 19세기 후반에 전쟁은 무분별하게 시작될 수 없었다. 당시 전쟁론은 종종 무차별 전쟁론으로 인용된다. 자연법학의 정당 전쟁론 소멸과 법실증주의의 등장은 전쟁 시작의 정당한 이유를 논의하는 것이 시대착오적이라 오판을 내리게 한다. 즉, 19세기에는 전쟁개시법 없이 무차별적으로 전쟁을 개시했을 것이라 착각을 일으키게 한다. 그러나 무차별 전쟁론은 4대 급진주의자, 즉 오펜하임, 웨스트레이크, 로렌스, 안질로티가 취한 입장으로 제1차 세계대전이 끝날 때까지 일반적으로 받아들여지지 않았다.[14] 정당 전쟁론 시대의 종말이 전쟁을 일으키는 것과 관련된 국제법의 종말을 의미하지는 않았다. 윤리적 규범은 이미 관습적으로 받아들여졌고 주류 법실증주의자들은 이러

12 가토 요코 지음, 박영준 옮김, 《근대 일본의 전쟁 논리: 정한론에서 태평양전쟁까지》(태학사, 2003), p.111.
13 정응수, 〈우치무라 간조의 전쟁관의 변천〉, 《일본문화학보(15)》(2002), pp.30-31.
14 Randall Lesaffer, 〈Aggression before Versailles〉, 《The European Journal of International Law(vol.29, no.3)》(2018), p.790.

한 낡은 규율을 재활용하고 주권국가의 기본권 안에서 형성된 자기보
존권에 반영했다.[15] 한마디로 자의적인 침략이 무분별하게 허용되지
않았고 전쟁을 개시하기 위해서는 상대국의 주권을 침해할 정당한 이
유가 필요했다.[16]

  그러므로 일본은 청나라와의 전쟁을 정당화할 이유가 있었어야
했을 것으로 판단하는 것이 타당하다. 일본이 "국가들의 가족(the Fami-
ly of Nations)" 구성원들 사이에서 받아들여진 "전시법(jus in bello)", 즉
전쟁 중의 법을 준수하기 위해 노력했다면 일본이 전쟁개시법 기준을
무시하지 않았을 것이라 추측하는 것이 타당하기 때문이다. 그렇다면
다음과 같은 질문이 생긴다. 일본은 어떤 종류의 명분을 제시했는가?
피해국의 독립을 지키기 위해 제3자의 야만적인 탄압에 개입한 것이
정당했는가? 이 질문에 대해서 국제법학자나 역사가들이 탐구하고 있
지는 않다. 그러나 전쟁 개시를 정당화하는 것은 국제법에 따라 전투
가 어떻게 관리되고 진행되는지에 관한 것보다 훨씬 중요한 사항 중
하나다. 그렇다면 문제는 피해자를 구하거나 보호하려는 문명 전쟁 개
시가 전쟁의 정당한 원인인가 하는 것이다.

  주의해야 할 점은 법적 전쟁의 범위는 "국가들의 가족"에 속했던
주권국가 간에서만 성립될 수 있는 것으로 제한된다는 것이다. 당시
전쟁법을 포함한 국제법의 규칙을 지키는 것은 해당 국가가 정말로
문명국가들 중 하나라는 증거가 된다.[17] 그것이 바로 일본이 청일전쟁
을 야만적인 중국인에 대한 전쟁으로, 또 일본을 전쟁법을 준수하는
문명화된 존재로 구조화하려 시도했던 이유 중 하나다.[18] 만약 전쟁이

15 위의 글, p.791.
16 김성원, 〈국제법상 무력위협에 관한 일고찰〉, 《동아법학(59)》(2013), pp.361-386.
17 Gerrit W. Gong, 《The Standard of 'Civilization' in International Society》(Oxford University Press, 1984), p.15.
18 Sakuye Takahashi, 주석 7의 책.

미개한 국가 사이에서 발생했거나, 문명국과 미개한 국가 사이에서 발생한 것이라면, 국제법의 규칙은 엄격하게 적용되지 않는다. 왜냐하면 그것은 정확히 국제법이 규정한 주권국 간의 전쟁이 아니기 때문이다. 19세기 전반부 미국의 외교관이자 국제법학자로 활동했던 헨리 휘튼 Henry Wheaton은 국제사회에는 보편적 국제법이 없으며 국제법은 "국가들의 가족" 구성원에게만 적용된다고 명시적으로 언급했다.[19] 1844년에 독일의 법학자 빌헬름 헤프터Wilhelm Heffter는 "유럽 국가의 법은 그 역사적 뿌리에 따라 근본적으로 기독교 국가에만 구속력을 두고 있다. (…) 그러나 비기독교 국가들과 관련하여서는 기대된 상호주의에 따라 국제법이 부분적으로 신중하게 측정된 적용만 된다."고 하였다.[20]

이러한 측면에서 보면, 일본은 19세기 소위 미개한 국가들과 맞닥뜨린 유럽 국가들의 경우처럼 최고 수준의 국제법 규칙을 엄격하게 지킬 필요가 없었다. 특히 중국은 엄밀히 말해 당시 "국가들의 가족"이 아니었고, 청일전쟁이 발발했을 때 일본 역시 "국가들의 가족"의 완전한 회원국으로 국제사회에 받아들여지지 않았다. 영국의 국제법학자 토마스 어스킨 홀란드Thomas Erskine Holland는 일본이 전쟁법을 꼼꼼하게 준수한다고 주장했지만, 전쟁 발발 전의 일본은 견습(probation) 지위로, 또 중국은 "국가들의 가족"의 입회 후보일 뿐이라고 하였다.[21] 따라서 엄밀히 말하자면, 양국이 청일전쟁 중에 국제법을 적용할 필요는 없었다. 그럼에도 불구하고, 국제법의 규칙을 따르는 것은 문명국가의 지위를 획득하는 데 기여하고 또한 "국가들의 가족"의 일원이 되는 데 기여하였다.

19 Henry Wheaton, 〈Elements of International Law〉, James Brown Scott ed., 《The Classics of International Law》(Carnegie Endowment for International Peace, 1866), p.15.

20 다음 책에 인용되어 있는 것을 재인용하였다. Wilhelm G. Grewe, Michael Byers(trans), 《The Epochs of International Law》, (De Gruyter, 2000), p.464.

21 Thomas Erskine Holland, 주석 7의 글, p.387.

그러나 문명국과 비문명국 사이에 발생한 무력충돌 상황에서 국제법의 기준을 충족시켜야 하는 "전쟁"이 있었다. 즉, 문명국이 야만을 퇴치하고 야만과 싸우기 위해 문명의 이름으로 전쟁을 일으킬 수 있는 경우가 있었다. 바로 인도적 개입이 그것이다. 19세기의 인도적 개입은 서구 열강들이 무자비하고 야만적인 통치자들로부터 기독교인 피해자들을 구하려는 생각과 밀접한 관련이 있었다.[22] 비기독교 통치자들은 잔학행위와 대량학살의 책임이 있는 야만적인 가해자로 인식되고 있었다.

1821년부터 1830년까지 일어난 그리스 독립전쟁에서는 오스만제국이 그리스 국가의 독립을 방해하는 미개하고 전제적인 억압자로 취급되었다.[23] 1826년, 차르 니콜라스 1세는 공동 무력개입을 호소했고, 1827년 10월 20일 영국, 프랑스, 러시아의 연합 해군이 나바리노 전투에서 오스만 함대를 전멸시켰다.[24] 1860년부터 1861년까지의 시리아 내전에서는 기독교의 한 종파인 마론파 교도들Moronites이 1860년 5월에 드루즈인들Druze에게 반란을 일으켰으나 역으로 15,000명 이상의 기독교인들이 몰살되었다.[25] 이후 프랑스, 영국, 오스트리아, 프로이센, 러시아가 개입했다. 영국의 국제법 전문가인 이언 브라운리Ian Brownlie는 이 사건이 19세기에 유일한 진정한 인도주의적 개입이라 평가하였다.[26] 1876년부터 1878년까지의 "4월 항쟁" 동안 불가리아인들에게 잔

22 Ibrahim Seaga Shaw, 〈Historical Frames and the Politics of Humanitarian Intervention: from Ethiopia, Somalia to Rwanda〉, 《Globalization, Societies and Education(vol.5, no.3)》,(2007), p.354.
23 Gary J. Bass, 《Freedom's Battle: The Origins of Humanitarian Intervention》(Vintage, 2008), p.92.
24 Alexis Heraclides, 〈Humanitarian Intervention in the 19th Century: The Heyday of a Controversial Concept〉, 《Global Society(vol.26, no.2)》(2012), p.222.
25 위의 글, p.223.
26 "No genuine case of humanitarian intervention has occurred with the possible exception of

학행위가 행해졌다. 4월 항쟁은 오스만제국에 대한 불가리아의 반란
이었다. 이는 1875년 보스니아-헤르체고비나에서 오스만제국에 반하
여 일어난 일련의 반란 행위에 뒤따른 항쟁이었다. 불가리아의 반란은
수많은 오스만 관리들과 이슬람교도들을 학살하는 것을 포함했다. 이
에 오스만제국 정부는 반란군을 진압하기 위해 비정규군대인 바시 바
주크bashi-bazouks를 보냈고, 이 과정에서 약 1만2000명에서 2만 명의 불
가리아인이 학살됐다.[27] 이 사건 역시 종종 19세기 인도주의적 개입의
예시 중 하나로 언급되어 왔다.

　언급한 19세기 인도적 개입 사례의 경우, 가해자들의 야만성이 강
조되어 터키 국가의 주권을 침해하는 것이 정당화될 수 있었다. 즉, 가
해자의 미개성이 대상 국가의 주권을 침해하는 정당성의 근거가 되었
다. 그리스의 국제관계 및 갈등해결 학자인 헤라클리데스Alexis Heraclides
가 지적한 바와 같이, 미개한 국가의 주권은 "비합법화(delegitmated)"되
었고, 따라서 "문명국이 비문명국을 개입할 경우 비개입(원칙) 침해가
더 허용되었다."[28] 비록 국제법학자들이 합의에 이르지 못했지만, 인도
주의에 근거한 개입에 관해서는 19세기에 일반적으로 받아들여질 수
있는 것으로 여겨졌다.[29]

the occupation of Syria in 1860 and 1861." Ian Brownlie, 《International Law and the Use of Force by States》(Oxford University Press, 1963), p.340.

27　Alexis Heraclides, 주석 24의 글, p.225.

28　Alexis Heraclides, 〈Humanitarian Intervention in International Law 1830-1939. The Debate〉, 《Journal of the History of International Law(vol.16)》(2014), pp.29-30.

29　그러나 다수의 저명한 국제법학자들은 인도적 개입에 대해 견해를 달리하였다. Bluntschli, Mimiami, Fiore는 인도적 개입이 법적 권리라 보았다. Heffter는 억압에 의해 발생한 내전에 개입하는 것을 지지하였다. Calvo는 국가가 그 신민에 범죄를 저질렀을 경우에 개입이 정당화 된다는 입장을 취하였다. Samuel Herrick, 〈Interference by one nation in the internal affairs of another nation on the ground of humanity〉, 《The Brief(vol. VI, no.3)》(1906), p.196. Woolsey는 자기보전과 자국의 신민에 범죄를 저지른 경우 개입이 정당화 된다고 보았다. Theodore D. Woolsey, 《Introduction to the Study of International

　그러나 청일전쟁의 경우는 앞서 본 것처럼 문명을 수호하기 위해
야만에 맞서는 인도적 개입은 해당될 수 없었다. 그들이 전쟁을 일으
켰던 원인은 무엇이었나? 국제법학자들이 인도적 개입의 정당 원인에
대해 구체적으로 논의하는 경우는 드물지만, 대부분 극단적인 인도적
상황을 지적하고 있다.

　휘튼은 그리스 독립 사례를 언급하며 "인류의 일반적인 이익"이
"야만적이고 전제적인 정부의 지나침"에 의해 침해되고 있다고 설명
한 바 있다.[30] 인도적 개입은 억압적인 정부가 해당 국민들을 학살하거
나 통제하에 있는 사람들을 학살하는 프레임을 씌운다. 그러나 당시
한국의 경우 일방적인 민간인 학살 등 극단적인 인도주의적 상황은
발생하지 않았다. 게다가 한국은 청나라의 통제 상태에 있다고 할 수
도 없었다.[31]

Law: Designed as an aid in teaching and in historical studies》(C. Scribner & co., 1864), p.57.
그러나 Halleck, Lawrence와 Oppenheim은 인도적 개입이 국제법 체계의 일부라 보지 않
았다. Henry Wager Halleck, 《International Law》(H. H. Bancroft & Company, 1861), p.340;
Thomas Joseph Lawrence, 《Principles of International Law(4th ed.)》(D.C.Heath&Co., 1910),
pp.128-129; Lassa Francis Lawrence Oppenheim, 《International Law: A Treatise(vol.I, 2nd
ed.)》(Longmans,Green and Co., 1912), pp.194-195.

30　Henry Wheaton, 《Elements of International Law》(Carey, Lea & Blanchard, 1836), p.91.

31　조선왕조는 청일전쟁의 원인이 된 중국의 속국으로 자주 묘사되어 왔다. 일제는 청일전
쟁 이후 실제로 일본이 한국을 중국의 탄압으로부터 해방시켜 한국을 주권국가로 만들
었다고 주장하기도 했다. 하지만 그 전제는 당시의 역사적 사실에 기초하지 않는다. 한반
도의 역대 왕조국가와 조공관계를 갖는 중국의 정책은 대내외적으로 해당 국가의 자율
적 지위를 존중했다. 유교사상의 '예'에 기초한 동아시아 대외 관계는 중세 종주국이나
계약상의 속국 관계와는 달랐다. 게다가 조선은 1894년까지 서로를 동등한 주권자로 인
정하는 국제법에 근거하여 서구 열강이나 일본 등과 수많은 조약을 체결하였다. Si Jin
Oh, 〈Resolving the Misunderstood Historical Order: A Korean Perspective on the Historical
Tributary Order in East Asia〉, 《Journal of the History of International Law》(2019), pp.1-37.
(Online edition, doi:10.1163/15718050-12340115.) 서방에 많이 알려진 '은둔의 왕국'과 같은
한국의 특정 이미지는 외부 세력이 만들어 퍼뜨린 것으로 한국에 대한 오해를 더욱 심화
시킨 측면이 있다. Yi Tae-Jin, 〈Was Korea Really a 'Hermit Nation'〉, 《Korea Journal(vol.38,

지적했듯이 당시 국제법의 기준에 따라 문명 대 야만의 대립이 전쟁의 원인이 될 수는 없었다. 당시 널리 퍼진 문명담론에서도 서구 제국 열강의 문명화 사명은 정확하게 말할 때 전쟁의 원인이 아니라 오히려 식민지화의 원인이었다. 일본이 식민지화를 명분으로 전쟁을 일으킨 셈이다.

맺음말: 남은 질문들

대일 강화조약은 무엇을 부인하는가? 대일 강화조약 제2조에 규정된 영토문제의 단순한 표현과 병행적 나열을 고려할 때 본 조항의 목적은 파악하기가 어렵다. 제2차 세계대전 이후 다른 평화조약과 비교 대조하였을 때 일반적이지 않은 부분도 있다. 왜 대일 강화조약 제2조는 제2차 세계대전이 발발하기 전에 일어났던 영토문제를 규정하여 처분하고 있는가? 특히 대일 강화조약 제2조 (b)는 1895년 시모노세키 조약에 관한 사항으로 포모사(대만)의 권리, 권원, 청구 포기를 규정하고 있다.

당시 다른 평화조약과는 달리, 대일 강화조약은 상대적으로 더 비정형적이며 영토 관계를 되돌리기 위한 기준시점이 나타나지 않는다. 그러나 "1947년 초안"은 기준시점을 1894년으로 되돌리려고 시도했다. 이러한 양상은 대일 강화조약에 분명하게 드러나지는 않지만, 제2조의 규정 내용을 살펴보면 가장 초기 시점은 제2조 (b)항으로 청일전쟁이 된다.

1947년 초안은 이 조약의 저자들이 영토 관계를 되돌리려는 시점이 1894년이라는 점을 명확하게 하고 있다. 즉, 1947년 초안은 일본의 영토 관계를 청일전쟁 이전 시점으로 되돌리려 하였다. 이에는 여러 법적 파장이 있을 수 있다. 그러나 학계에서 아직 충분히 논의되지 않은 부분이 있다. 19세기와 20세기 초의 국제법학자들은 일본이 국제법에 따라 전쟁을 수행했다고 하는 반면, 청나라는 그렇지 않다고 주장하였다. 그럼에도 청일전쟁에서 전쟁개시의 정당성에 대한 문제는 심도 있게 논의되지 않았다. 본 글에서 논의된 바와 같이 청일전쟁의 원인에 대한 문제점들이 제기될 수 있다. 1947년 초안이 무엇을 해결하려고 시도했는지는 분명하지 않지만, 1947년 초안의 법적 효과는 막대하고, 이와 관련된 다른 모든 문제들을 여기서 논의하는 것은 불가능한 일이다. 그러나 1894년 이후 모든 영토 관계를 부인하는 것은 당시 국제법학자들에 의해 주장된 것을 부인하는 것을 포함한다.

지적했듯이 청일전쟁은 야만과 맞서는 문명의 전쟁으로 포장되었고, 일본은 문명담론의 틀을 이용하여 이 전쟁에서 승리했다. 그러나 문명 대 야만의 무력충돌은 "국가들의 가족" 구성원인 주권국가 간의 전쟁의 정의에 해당하지 않는다. 즉, 당시 전쟁법상 전쟁이 아니다. 문명 대 야만의 틀이 개입의 원인이 될 수 있는 경우는 인도적 개입이다. 그럼에도 불구하고, 이러한 개입은 이 경우에 정당화될 수 없다. 인도적 개입의 요건을 충족했다고 할 수 없기 때문이다.

이러한 법적 난점은 대일 강화조약에 대한 의문을 더욱 제기하게 한다. 청일전쟁 이후 발전된 질서나 체제를 논의하기 위해서는 더 많은 연구가 필요하다. 1947년 초안의 이면에 있는 동기와 상관없이, 1894년으로 거슬러 올라가 그 이후의 모든 영토 관계를 거부하게 되면 1894년 이후에 일어난 모든 영토 변화와 관련된 규범적 질서를 부인한다는 것을 암시한다. 이 사안은 대일 강화조약 조문과 규정에 한눈에 드러나게 표현되어 있지는 않다. 아마도 1947년 초안에 참여한 사람들은 다른 동아시아 체계를 구축하려고 시도했을 수 있다. 그들은 청일전쟁 이후 형성된 다른 질서를 상상했을지도 모른다. 바로 이점이 1947년 초안이 남긴 난제로, 1951년 대일 강화조약에서 해결되지 않은 채 남겨졌다. 1951년 샌프란시스코 조약 이후의 시스템은 이러한 당면 문제들을 해결하기 위해 재정비가 필요할 수 있다.

---

* 이 글은 2019년 11월 8~9일 서울 코리아나호텔에서 열린 제4차 회의에서 처음 발표되었다.

제4부

해결되지 않은 문제들:
샌프란시스코 체제와 의도된 분쟁

샌프란시스코 평화조약과 영토문제:
일본 외무성의 영토문제 자료집과 그 영향

정병준(이화여대 사학과 교수)

여는 말

제2차 세계대전이 종결되었을 때, 많은 사람들은 평화의 회복을 기대했다. 동북아시아에서는 일본이 패전국이 되었고, 그 식민지·점령지로 고통받았던 많은 국가들이 해방과 독립을 기대했다.

그러나 패전국, 식민지, 점령지의 운명은 승전국과 강대국의 결정에 달려 있었고, 동아시아에는 다양한 새로운 영토의 경계선이 그어졌다. 1945년 9월 2일 만주에서부터 조선, 중국, 인도차이나, 버마(미얀마), 말레이반도, 남태평양에 걸쳐 산재해 있던 일본군의 무장해제를 목표로 한 연합국 최고사령부 일반명령 제1호가 공표되었다.[1] 이 결과 동아시아에는 2개의 분단국가가 만들어졌다. 한반도는 북위 38도로, 베트남은 북위 16도로 분할되었다. 이후 한국, 베트남, 중국에서 내전이 발생한 것은 냉전의 영향이자 2차 세계대전이 남긴 결과였다.

1945년 6~8월 무렵 미국의 전쟁기획자들은 한반도의 북위 40도선

---

1 〈Revision of General Order no.1〉(1945.8.11), SWNCC 21/5, United States Department of State, 《Foreign relations of the United States, 1945. The British Commonwealth, the Far East, Volume VI》(U.S. Government Printing Office, 1945), pp.635-639.

분할안, 미·소·영·중 4대국 점령안, 북위 38도선 분할안 등을 고려했고, 한반도는 도마 위의 생선과 같은 운명이었다.[2] 일본에 대해서도 다양한 분할 점령안이 고려되었고, 그 중에는 4대국에 의한 공동 점령 방안도 포함되어 있었다.[3] 종전 시점에서 소련군은 북한으로 진격 중이던 데 반해 미군은 오키나와에 주둔 중이었다. 스탈린은 독일을 분할 점령한 것처럼 한반도를 분할 점령하는 데 동의했고, 나아가 일본의 공동 점령을 희망했다. 스탈린은 트루먼에게 한반도 분할을 수용하는 대신 소련군의 홋카이도 분할 점령을 제안(1945.8.16)했으며, 홋카이도 점령을 위해 2개 사단을 동원할 계획을 세우기도 했다.[4]

한국에 관한 한 38도선은 일본군의 무장해제라는 국제법적 근거를 갖는 것이었지만, 38선 이북의 소련군과 38선 이남의 미군은 이 선을 점령군의 경계선이자, 자신들이 후원하는 국가의 국경선으로 만들어버렸다. 그 토대 위에서 내전이자 국제전이 발생했다. 때문에 한국인들은 자신들이 일본 패전의 대가를 대신 치렀다고 생각하고 있다.

1951년 샌프란시스코 평화조약이 체결되기 전까지 동북아시아의 여러 섬들이 강대국의 장기판의 말처럼 취급되었다. 1945년 9월 런던 외상회의를 위해 준비된 소련의 정책문서들은 러일전쟁기 침략의 발판이 된 대마도를 한국에 제공하는 대신, 제주도를 러시아가 점령해야 한다는 방안을 제안했다.[5] 1947년 8월 영연방 외상회의는 한국의 공산

2　김기조, 《38선 분할의 역사 1941~1945》(동산출판사, 1994); 신복룡, 《한국분단사연구》(한울아카데미, 2001).

3　Department of State, 〈Memorandum for the President, Subject: National Composition of Forces to Occupy Japan Proper in the Post-Defeat Period〉(1945.8.13), RG 59, State Department, Decimal File 740.00119 Control(Japan)/8-1345.

4　〈Stalin to Truman〉(1945.8.16), 《FRUS, 1945, Volume VI》, pp.667-668; Tsuyoshi Hasegawa, 《Racing the Enemy: Stalin, Truman, and the Surrender of Japan》(Belknap Press of Harvard University Press, 2005), pp.271-274.

5　〈Записка к вопросу о бывших японских колониях и подмандатных территориях(일본의 식

화를 우려해 제주도를 일본령으로 하는 방안을 고려하기도 했다.[6]
1943년 11월 카이로회담에서 루즈벨트 대통령은 장제스 총통에게 류
큐를 돌려주겠다는 제안을 하기도 했다. 강대국의 정책적·전략적 고려
에서 당사국들의 의사는 부차적인 문제였으며, 큰 고려의 대상이 되지
못했다.

결국 중국의 국공내전, 한반도의 한국전쟁을 거친 후에 일본과 연
합국과의 평화조약이 체결되었다. 49개 국가가 서명한 유례없는 이 평
화조약은 냉전과 반공을 축으로 한 미국 주도의 조약체제였다. 이 평
화조약은 일본과 관련된 영토, 주권, 정치, 경제 조항 등을 다루었는데,
그 가운데에서 영토문제는 동북아시아의 새로운 질서와 혼란을 가져
왔다.

샌프란시스코 평화조약 이후 동북아시아에는 일본-러시아(북방
4개섬), 일본-한국(독도), 일본-중국(조어도)을 둘러싼 '도서 분쟁'이 제기
되고 있다.

특히 일본과 영토를 마주한 중국, 한국, 러시아(옛 소련)의 3개국은
평화조약에 초청받지 못했거나, 서명하지 않았다. 중국은 내전 이후
자유중국과 공산중국으로 분립되었고, 한국은 남한과 북한으로 분단
된 이후 전쟁상태였으며, 러시아는 미국 주도의 조약을 거부했다. 때
문에 아시아·태평양전쟁, 혹은 중일전쟁, 혹은 한일 강제병합으로 오
랫동안 고통을 받아왔던 중국, 한국, 러시아가 배제된 것은 이 평화가
식민지·점령지·피해국과의 평화회복이 아니었음을 의미한다.

민지 및 위임통치지역 문제에 대한 노트)〉, АВПРФ, Фонде ф.0431/1, Описы 1, Папкабв 8,
      Поp 52, c.42~43; 김성보, 〈소련의 대한정책과 북한에서의 분단질서 형성, 1945~1946〉, 역
      사문제연구소 편,《분단50년과 통일시대의 과제》(역사비평사, 1995), p.65.
6   Canada, Department of External Affairs, 《Documents on Canadian External Relations,
      vol.13》(1947), p.22; 《FRUS 1947, vol.VI》, pp.532-533; 原貴美惠《サンフランシツコ平和條
      約の盲點: アジア太平洋地域の冷戰と'戰後未解決の諸問題》(溪水社, 2005), p.50.

샌프란시스코 평화조약 이후 동북아시아의 영토문제와 관련해 다양한 문제제기와 의문들이 제기되었다. 이 글은 그 가운데에서 1946~1949년간 일본 외무성이 제작한 영토관련 조서들이 끼친 영향과 의미를 살펴보려고 한다.[7]

일본의 로비는 존재했는가?

샌프란시스코 평화조약 이후 일본과 인접 국가들의 영토분쟁이 발생했고, 조약의 체결과정에서 동북아시아의 인접 국가들이 공식적으로 자신의 견해를 밝힐 수 있는 기회를 봉쇄당했기 때문에 적지 않은 의혹과 음모론이 제기되었다.

제2차 세계대전부터 한국전쟁에 이르는 시기 일본은 맹렬히 대미 로비를 시도했다. 일본의 로비활동은 'American Council on Japan'이 조직적으로 매개했으며, 막스 비숍Max Bishop, 조셉 그루J. Grew, 발렌타인J. Ballantine, 앨리슨J. Allison 등 국무부 외교관들이 로비스트로 개입했다. 일본의 목적은 미국의 일본 민주화·탈군국주의화 정책 저지, 대륙과의 연계 도모, 일본의 경제회복과 한국의 경제발전 연계 등이었다.[8]

7   이에 대한 선행연구들은 다음과 같다. Sung-Hwa Cheong, 《The Politics of Anti-Japanese Sentiment in Korea: Japanese-South Korean Relations Under American Occupation, 1945-1952》(Greenwood Press, 1991); Kimie Hara, 《Japanese-Soviet Russian Relations since 1945: a difficult peace》(Routledge, 1998); 이석우,《일본의 영토분쟁과 샌프란시스코 평화조약》(인하대학교출판부, 2003); 原貴美惠, 위의 책; 정병준,《독도1947》(돌베개, 2010); 와다 하루키 지음, 임경택 옮김,《동북아시아 영토문제, 어떻게 해결할 것인가》(사계절, 2013)

8   Howard Schonberger,〈The Japan Lobby in American Diplomacy, 1947-1952〉《Pacific Historical Review(vol.46, no.3)》(August 1977); John G. Roberts,〈The 'Japan Crowd' and the Zaibatsu Restoration〉,《Japan Interpreter(vol.12)》(1979), pp.384-415; Bruce Cumings,〈Introduction: The Courese of Korea-American Relations, 1943-1953〉, Bruce Cumings ed.,《Child of Conflict: The Korean-American Relationship, 1943-1953》(University of Washington Press, 1983), p.24.

한국에서는 1949년 미 국무부의 평화조약 초안에 독도가 일본령으로 표시됨으로써 독도문제가 표면화되었으며, 여기에 일본 영토문제 로비가 존재했을지도 모른다는 생각이 있다. 특히 주일 미 정치고문, 연합국 최고사령부 외교국장, 연합국 대일 이사회 미국대표를 겸임하던 윌리엄 시볼드가 그 중심에 위치해 있다. 당시 총리였던 요시다 시게루는 "조약 입안 시 가능한 한 우리 편에 유리하도록 고려될 수 있게 손쓰는 것이 필요하다고 생각했다. 특히 포츠담 선언에서 언급한 '일본이 침략에 의해 취득한 영토'의 범위를 부당하게 확대해석 받지 않도록 노력하는 것이 무엇보다도 중요하다고 생각됐다. 설명자료는 영토문제만 해도 7책이나 되는 방대한 규모였다."고 회고했다.[9]

1948년부터 (연합군) 총사령부 외교국의 호의로 극히 비공식적인 형태로 (일본) 외무성에서 (연합군 총사령부) 외교국에 [외무성이 준비한 자료를] 제출해서, 동 외교국이 워싱턴에 보내는 길이 열렸다. (…) 수십 책 수십만 단어에 달하는 자료를 작성해 1950년까지 2년간 평화조약의 내용에 관계될 사항에 대해 거의 망라된 자료의 제출을 끝냈다. 뒤이어 동년 미국정부가 평화조약안의 기초에 착수할 무렵에는 미국정부당국의 수중에는 일본 측에서 온 자료가 이미 충분히 건네졌다고 생각한다.[10]

요시다는 미국이 일본의 대변자로 역할하기를 기대한 위에서 충분한 자료를 미국에 제공했다고 했다. 다른 연합국과는 달리 미국은 실제 점령을 통해 일본의 실정을 타국보다 잘 이해했으며, 제반 일본의 주장과 희망에도 가장 동정적이었던 데다가, 미군 장병들이 귀국

9   이종학 전 독도박물관장, 〈독도박물관 보도자료〉(2001.12.20); 〈독도 갖겠다, 일본 패전 뒤 대미 로비〉, 《중앙일보》(2001.12.23.); 吉田茂, 《回想十年(제3권)》(新潮社, 1958), pp.25-26, 60-70.
10 吉田茂, 위의 책, p.26.

후 일본·일본인에 대해 호의적으로 보고했고, 미국인들이 본래 관용과
선의를 갖고 있었기에 미국을 일본 이익을 옹호하고 대변할 국가로
상정했다는 것이다.[11] 연합군 총사령부와 일본정부의 중간 연락을 담
당했던 종전연락중앙사무국終戰連絡中央事務局 총무부장 아사카이 고우
이치로朝海浩一郎도 1950년 간행된 회고록에서 미·일관계에서 주일미군
의 우호적 반응, 실질적 외교관으로서의 역할을 강조한 바 있다.[12]

외무성 조약국 제1과장으로 평화조약 연구의 중심역할을 한 시모
다 다케소는 카이로 선언에서 연합국이 영토적 야심이 없다는 점을
천명한 데 주목해, 오키나와·오가사와라·북방영토의 반환을 실현하는
데 중점을 두었다.[13] 영토문제와 관련해서 외무성 조약국의 가와카미
겐조川上健三가 각 영토의 사실史實을 "극명히 조사해 상세한 보고서를
작성"하였고, 이것이 조약국장 하기와라 도오루萩原徹 아래서 검토·작
성된 "Minor Island Adjacent to Japan Proper" 시리즈였다.[14] 일본 측 문
서는 1946년 이후 미·소 대립이 격화됨에 따라 연합군 총사령부 측에
'흔쾌히 접수'되었다. 시모다는 "도쿄 니혼바시의 미츠이 본관에 있던
시볼드 대사의 사무소를 심야에 은밀히 방문해, 몇 차례나 보고서를
전달"했으며, 미국이 대일 평화조약의 기초를 잡을 때 일본 측의 자료

11 吉田茂, 위의 책, p.24-25.
12 "일본은 현재 미국과 외교관계가 없지만, 일본에 관한 소개는 全美에 산재한 인사들에 의
해 부단히 행해지고 있는 것에 마음 든든하다. 이는 눈에 보이지 않는 큰 자산이다. 장래
외교관계가 열리는 경우에, 일본은 이러한 연줄에 의해 어느 정도 기초가 이미 미국에 마
련되었다고 할 수 있다. (중략) 일본 上下의 교묘한 점령군과의 협력에 의해 일본은 귀중
한 친구를 다수 미국 내부에 획득하고 있다." 朝海浩一郎, 《外交の黎明》(讀賣新聞社, 1950),
pp.185-186.
13 下田武三 著, 永野信利 編, 《戰後日本外交の證言: 日本はこうして再生した (上)》(行政問題硏究
所, 1984), p.50.
14 川上健三, 〈聯合國の占領及び管理下における外交〉, 吉澤淸次郎 監修, 《日本外交史 (講和後の
外交, 1: 對列國關係, 下)》(鹿島平和硏究所, 1973).

가 충분히 건네져 그것을 참고할 수 있었다고 밝혔다.[15]

시볼드의 사무소를 심야에 은밀히 방문해 여러 차례 보고서를 전달했다는 시모다의 회고에서는 비정상적이며 비밀스런 시볼드와 일본 외무성의 관계가 단면적으로 드러난다. 시볼드는 우호적인 시선으로 일본문제를 처리했으며, '근면성실한 일본인', '미소 띤 마을', '예의 바른 일본인'에 대비되게 한국에 대해서는 '슬프고, 억압받고, 불행하고, 가난하고, 조용하며, 음울한 민족', 또 독재자가 지배하는 경찰국가라는 관점을 가지고 있었다.[16]

다른 한편으로 전후 동북아시아의 영토문제가 발생한 것은 미국이 샌프란시스코 평화조약에서 동북아시아의 영토문제를 명확하게 처리하지 않았기 때문이며, 그 이유는 한반도의 공산화에 대한 대비이자 일본에 대한 미국의 영향력 확대를 위한 전략적 사고의 결과라는 시각이 있다.[17] 하라 기미에는 샌프란시스코 평화조약에서 쿠릴, 센카쿠, 스프래틀리, 타이완, 오키나와, 독도 등이 명확하게 처리되지 않은 이유는 우연이나 실수가 아니라 의도적으로 많은 문제들이 이 지역의 냉전 때문에 미해결 상태로 남겨진 것이라고 보았다. 샌프란시스코 조약에서 시작된 독도, 북방섬, 센카쿠의 분쟁들은 지역의 냉전 국경과 선을 같이 하게 되었다는 것이다.

점령군 당국과 일상적 접촉을 통한 개인적·집단적 신뢰관계의 회복, "합리적 문서"의 지속적 제공을 통한 일본에게 유리한 논리적 근거와 방향 제시, 전후 미·소 협력에서 미·소 대결로 전환된 세계정세의 변화, 냉전의 전면화와 중국 공산화, 한국전쟁의 발발, 조기 평화조약이 아닌 종전 후 6년 만의 늦은 평화조약 체결 등의 조건이 종합되어

---

15 下田武三 著. 永野信利 編, 위의 책, p.54.
16 William J. Sebald, 《With MacArthur in Japan》, pp.23, 44-45, 86-89, 181-182.
17 原貴美惠, 앞의 책, pp.29-71.

일본에게 우호적인 진정한 평화조약을 가능하게 했다. 샌프란시스코 평화조약은 전쟁책임이 명시되지 않았고, 배상을 요구하지 않으며, 영토문제를 불명확하게 할 뿐만 아니라 패전국의 의견 진술권을 충분히 제공하는 평화조약, 관대한 평화조약이 되었다. 때문에 1951년 3월 미국 측 평화조약 초안이 일본 언론에 보도되었을 때 관대한 조약 초안을 보고, 일본국민들이나 국회는 그 진정성을 의심하며 시큰둥하게 반응할 정도였다.[18]

1946년부터 일본 외무성은 우선순위에 따라 영토문제에 관한 자료를 작성했고, 이를 연합국 최고사령부 외교국을 거쳐 미 국무부에 송부하였다. 요시다 시게루의 회고처럼 일상적인 매일의 접촉을 통해 일본은 미국을 일본의 대변자로 만들고, 나아가 실질적으로 일본의 이익을 반영할 수 있는 통로를 만들었다. 외교국장 시볼드를 위시한 외교국 관리들과 미 정치고문실의 미 국무부 관리들은 일본정부의 목소리에 동정적이었으며, 적극적으로 이들의 이해를 반영하려고 노력했다. 일본정부의 목소리는 합리적으로 평가되었고, 이를 미 국무부에 전달할 안정적 통로가 확보되었으며, 이를 중계한 미 외교관과 관리들은 일본에 우호적이었다. 이것이 1947~1951년간 일본 외무성이 가지고 있었던 영토문제 관련 외교이자 로비의 실체였다.[19]

---

18 FO 371/92547, 213351, FJ 1022/383, Mr. George Clutton to Mr. Morrison, no.148(119/244/51) (1st May 1951), Subject: Record of Meeting with the Japanese Prime Minister on the 30th April at which the main theme of conversation with the Japanese Peace Treaty.

19 정병준, 앞의 책, pp.322-331.

일본 외무성의 영토문제 대책과 자료집의 제작

1) 일본 외무성의 영토문제 대책

패전 이후 일본 외무성의 외교·영사업무는 정지되었으나, 외무성 자체
는 폐지되지 않았다. 총 1만여 명의 외무성 직원들은 70%가 감축되어
3천여 명이 남았고, 이들의 최대 과제는 다가올 평화회담을 준비하는
것이었다. 요시다 시게루, 시게미츠 마모루 등 전 외상들의 조언에 힘
입어 외무성은 1945년 11월부터 평화조약문제를 본격적으로 준비하
기 시작했고, 이는 외무성 내부의 논의 단계(1945.11~1947.4), 외무성과
정부 부처들의 협의 단계(1947.5~8), 관련부처 장관들의 협의단계
(1947.9~)로 진행되었다.

1947년 7월에 접어들면서 미국을 중심으로 조기강화 움직임이 본
격화되었다. 이와 발을 맞춰 일본정부는 연합국과의 공식·비공식 접촉
을 본격화하였다. 미국은 1950년 5월 존 포스터 덜레스를 대일 평화조
약 담당특사로 임명하면서 조기강화를 본격화했는데, 이 시점에서 이
미 일본은 5년간 이상 평화조약 준비작업을 진행했고, 외무성과 관련
부처들이 주요 의제·쟁점들을 정부 차원에서 논의·결정한 단계에 도
달해 있었다.

외무성은 대일 평화조약을 일반문제, 정치조항, 경제조항 등 3개
범주로 나누어 준비했는데, 영토문제는 정치조항의 핵심적 범주로 다
루어졌다. 일본은 포츠담 선언(1945.7), 카이로 선언(1943.12), 연합군 최
고사령관 점령정책 재성명(1945.12.19)에서 일본의 영토가 혼슈, 홋카이
도, 시코쿠, 규슈 및 기타 작은 섬들로 국한되며, 태평양 도서들의 박탈,
만주·대만·팽호도의 중국 반환, 점령지의 반환, 조선의 독립 등은 기정

사실이라고 판단했다.[20] 결국 전후 영토문제의 핵심은 연합국이 결정할 일본 인근의 1,000여 개의 도서를 어떻게 확보하는가 하는 점으로 귀착되었다.

기본적으로 일본 외무성은 일본이 태평양전쟁에 대해서는 책임이 있지만, 그 이전에 대해서는 문제가 없다고 판단했다.[21] 영토문제와 관련해서 일본은, 획득 당시 국제법 및 국제관례상 통상적인 것으로 인정되었던 방식으로 취득했고 세계 각국이 오랫동안 일본령으로 승인했던 지역들을 포기할 수는 있지만, 이들 지역을 보유했다는 사실만으로 국제적으로 범죄시하고 징벌적 의도로 이들 지역을 일본에서 분리하려는 것은 승복할 수 없다는 입장을 취했다.[22]

1946년 5월 완성된 외무성의 영토문제에 관한 방침·원칙들은 다음과 같이 제시되었다.

① 공정한 영토 귀속의 결정: 연합국은 누차에 걸쳐 영토적 야심이 없다고 성명했으며, 아울러 포츠담 선언은 일본의 파괴 내지 노예화를 목적하고 있지 않다고 선언했으므로 공정한 해결방안에 노력할 것.

② 일본 근접 작은 섬들: 연합국이 결정할 일본 근접 작은 섬들에 대해 민족적·지리적·역사적·경제적 논거에 입각해 극력 일본의 보유로 허락될 수 있는 범위를 확대하려고 노력할 것. 특히 아마미오시마奄美大島 및 이즈오시마伊豆大島에 대해서는 이 지역이 역사적·지리적·민

20 〈想定される聯合國側平和條約案と我か方希望との比較檢討〉(1946.1.26),《日本外交文書: サンフランシツコ平和條約準備對策》(日本外務省, 2006), p.19.

21 外務省 編纂,《サンランシスコ平和條約 準備對策》(2006), p.183(조성훈, 2008,〈제2차 세계대전 후 미국의 대일 전략과 독도 귀속문제〉,《국제지역연구(17권2호)》, p.46.)

22 〈割讓地에 관한 경제적. 재정적 사항처리에 관한 진술〉(1949.12.3), 外務省外交史料館所藏マイクロフィルム 第七回公開分, 1982,《對日平和條約關係準備研究關係(제5권)》740~742코머; 다카사키 소우지 지음, 김영진 옮김,《검증 한일회담》(청수서원, 1988), pp.7-8.

족적으로 일본에 속하는 것이 타당한 이유를 권위 있는 과학적 자료에 의거해 설명할 것.

③ 류큐제도: 류큐제도는 연합국의 공동 신탁통치 혹은 미국의 단독 신탁통치가 실시될 가능성이 크며, 중화민국의 영토가 될 가능성은 상당히 낮다고 보이는데, 전자의 경우(연합국의 공동신탁·미국의 단독신탁)은 반대할 수 없으나, 후자의 경우(중국령)은 그럴 이유가 없다는 점을 강력히 주장하고 최악의 경우에는 인민투표에 의해 최종 귀속 결정 방향을 구할 것.

④ 사할린 남부·쿠릴: 쿠릴에 대해서는 얄타협정으로 소련에 인도한다는 밀약이 있었지만 일본으로서는 이에 구속될 필요가 없으며, 또한 사할린 남부에 대해서 포츠담 선언의 수락에 의해 일단 주권 포기의 예약을 했으나, 전쟁에 의한 영토 탈취의 불승인주의에 의거해 이들 지역의 귀속 결정은 마땅히 인민투표 등의 일정 조건을 붙이는 방식을 연구할 것.

⑤ 이오지마硫黃島: 오키나와섬처럼 미국의 신탁통치 지역 하의 전략지역으로 지정될 것으로 예상되는 바 이에 대해 반대할 수 없을 것.

⑥ 조선·대만: 조선의 독립 및 대만의 중국에의 반환은 이를 승인하며, 이에 수반해 조선의 안전보장에 관한 규정을 둘 것.[23]

일본이 주로 관심을 가지고 있던 지역은 아마미오시마·이즈오시마, 류큐제도(오키나와), 사할린 남부·쿠릴열도, 이오지마 등이었음을 알 수 있다. 일본은 이 섬들에 대해 연합국으로부터 "일본 본토에 근접한 작은 섬들"로 인정받는다는 목표를 가지고 있었다.

일본정부는 1947년 7월 초순까지 외무성이 준비한 평화조약 준비

---

23 《(平研政1)對日平和條約に於ける政治條項の想定及對處方案(案)》(1946.5), 日本外務省(2006), pp.95-96.

자료들을 미국·호주에 제공했고, 7월 24일 조지 애치슨 주일 미 정치
고문에게 일본정부의 9개 요망안을 제출했다. 9개 요망안 중 제7항은
영토문제를 다루고 있다.[24] 이에 따르면 "포츠담 선언에 의하면 일본
주변의 작은 섬의 귀속은 연합국 측에서 정하도록 되어 있지만 이 결
정에 있어서 이들 작은 섬과 일본 본토와의 사이에 역사적·인종적·경
제적·문화적으로 긴밀한 관계를 충분히 고려해줄 것을 희망한다."고
되어 있다. 당시 일본 외상의 이름을 따 '아시다 이니셔티브'로 알려진,
1947년 6월~7월간 일본 외무성의 연합국 최고사령부 외교국, 민정국
등과의 접촉시도는 일단 연합국을 자극한다는 이유로 거부되었고, 문
서는 반환되었다. 그렇지만 요시다 시게루나 시모다 다케조의 평가에
따르자면, 아시다의 문서가 미국의 대일 평화조약 작성에 상당한 영향
을 주었음이 확실했다.[25]

영토문제와 관련한 일본정부의 최종 입장은 1950년 10월 〈대미 진
술서(안)〉에 제시되었다. 일본은 대서양 헌장The Atlantic Charter의 제 원
칙에 동의했기에, 대만 및 팽호도에 대한 권원을 포기하고, 조선을 독
립시키고, 남양제도의 위임통치를 포기할 충분한 용의가 있다고 일단
전제했다. 그 대신 역사적·인종적으로 항상 일본령이었던 섬들을 보유
하는 것이 허락되어야 한다고 주장했다. 이 섬들은 일본이 전쟁으로
취득한 것이 아니라 오랫동안 그리고 지속적으로 일본의 영토였기 때
문이라는 것이다. 일본 외무성이 거론한 섬들은 다음과 같았다.

① 쿠릴: 우리는 무슨 이유로 남사할린 외에 쿠릴열도를 포기할 것을
   요구하는지 이해할 수 없다.
② 하보마이·시코탄: 우리는 현재 소련에 의해 부당하게 점령되어 있는

---

24 〈アチソン大使に對する會談案〉(1947.7.24), 日本外務省(2006), pp.245-247.
25 下田武三 著. 永野信利 編, 앞의 책, p.57; 吉田茂, 앞의 책, p.23.

하보마이제도 및 시코탄의 원상회복을 당연히 기대한다.

③ 난세이쇼토·오가사와라제도·이오지마: 우리는 현재 일본의 행정 범
위 밖에 존재하며 미국군의 점령 하에 있는 난세이쇼토, 오가사와라
제도 및 이오지마제도의 영유를 온전하게 지킬 수 있기를 희망한다.
만약 미국에서 이 섬들이 응당 필요하다면, 충분히 미국 측의 요청에
따를 용의가 있다는 것을 부언하고 싶다.[26]

2) 일본 외무성의 영토문제 자료집 〈Minor Islands Adjacent to Japan Proper〉 시리즈

일본 외무성은 1946~1949년간 대일 평화조약을 준비하는 과정에서
일본령으로 인정받고 싶은 섬들에 대한 자료집을 제작해 연합국 최고
사령부와 연합국에 배포했다. 요시다 시게루와 외무성 조약국장을 지
낸 니시무라 구마오西村熊雄에 따르면 외무성이 제작한 것은 총 7책의
영토 관련 자료집이었다.[27]

외무성은 1946년 11월 《치시마(쿠릴), 하보마이, 시코탄》이라는 영
토문제 설명 자료집을 낸 이래, 1950년 12월 작성된 《아시아에서 일본
경제》까지 총 36책의 '자료'를 미 국무부에 제출했다.[28] 그런데 실물을
확인해보니 '책'이라기보다는 수십 쪽 분량의 팸플릿이었다.

영토문제 자료집은 모두 7종이며, 그중 4종은 영문명 《일본의 부
속소도Minor Islands Adjacent to Japan Proper》,[29] 일본어명 《日本の附屬小島》
라는 일련의 시리즈로 간행되었다.[30] 이들 영토문제 자료집의 공개현

26 〈對米陳述書(案)〉(1950.10.4.), 日本外務省(2006), pp.25-26.
27 吉田茂, 앞의 책, pp.25-26, 60-70; 西村熊雄, 《日本外交史 27: サンフランシスコ平和條約》(鹿島研究所出版会, 1971), pp.45-47.
28 西村熊雄, 앞의 책, 45쪽.
29 정병준, 앞의 책, pp.331-342.
30 〈對米陳述書(案)〉(1950.10.4.), 日本外務省(2006), pp.24-30.

표 1. 일본 외무성이 미 국무부에 송부한 영문 '설명자료' 36책 목록

분류	항목	발행연월
1. 일반문제	1. 일본의 현상(정치편)	1950. 2.
	2. 일본의 현상(경제편)	1949. 12.
2. 영토문제	1. 쿠릴, 하보마이, 시코탄	1946. 11.
	2. 사할린 남부, 하보마이, 시코탄	1949. 4.
	3. 사할린	1949. 1.
	4. 류큐 및 난세이쇼토	1947. 3.
	5. 오가사와라, 이오지마제도	1947. 6.
	6. 태평양 및 일본해 소 제도	1947. 6.
	7. 대마도	1949. 6.
3. 정치문제	1. 재판관할권문제	1948. 2.
	2. 분리지역 재류 일본인과 재일 분리지역인	1948. 2.
	3. 일본의 경찰제도	1948. 6.
	4. 재일외국인의 지위	1950. 6.
	5. 일본과 만국조약	1949. 3.
	6. 재외 일본인의 처우	1949. 10.
4. 경제문제　A. 장래의 관계	1. 일본에 허용되어야 할 생활수준	1948. 8.
	2. 일본의 생활수준의 실태	1947. 12.
	3. 〈일본의 생활수준의 실태〉의 별표	1947. 12.
	4. 어업 문제	1948. 1.
	5. 일본의 해운	1948. 3.
	6. 일본의 민간항공의 문제	1948. 1.
	7. 일본의 인구문제	1948. 6.
	8. 일본의 포경	1949. 1.
	9. 태평양전쟁에서 우리나라의 피해 (부: 원자폭탄 피해)	1949. 4.

4. 경제문제 B. 기성사실 관계	1. 일본의 섭외채무 및 분리지역에서 일본의 채권채무	1948. 6.
	2. 약탈재산의 현상	1948. 9.
	3. 점령비	1948. 7.
	4. 공업소유권	1948. 10.
	5. 외국인저작권문제	1948. 4.
	6. 포획심검	1949. 2.
	7. 재일연합국재산	1950. 9.
	8. 배상문제	1950. 5.
5. 특수문제	1. 해저전선	1948. 5.
	2. 일본에서 기상 및 해양관측	1948. 5.
	3. 마약문제	1950. 2.

* 출전: 西村熊雄,《日本外交史 27: サンフランシスコ平和條約》(島研究所出版会, 1971), pp.45~47.

황은 다음과 같다.

이 가운데《일본의 부속소도Minor Islands Adjacent to Japan Proper》시리즈는 모두 미국립문서기록관리청National Archives and Records Administration, NARA에 소장되어 있으며,[31] 일본 외무성 외교사료관에서는 〈Part II 류큐 및 기타 난세이제도〉(1947.3)만이 최근 공개되었다.[32] 오스트레일리아에서는 〈Part I 쿠릴열도, 하보마이제도, 시코탄〉(1946.11)의 소장 사실이 알려져 있다.[33]

한편 나머지 3건의 영토문제 자료집은 〈사할린樺太〉(1949.1), 〈남쿠

31 RG 84, Foreign Service Posts of the Department of State, Office of the U.S. Political Advisor for Japan-Tokyo, Classified General Correspondence, 1945-49, Box 22; RG 59, State Department, Decimal File, 894.014/7-1447, 894.014/9-2347

32 와다 하루키 지음, 임경택 옮김, 《동북아시아 영토문제, 어떻게 해결할 것인가》(사계절, 2013), p.232.

33 발견자는 하라 기미에였다. 와다 하루키, 같은 책, p.100, 232.

표 2. 일본 외무성이 미 국무부에 송부한 영토문제 영문 '설명자료' 7책 목록

	일어 제목	영어 제목	발행월	공개상황	공개국가
①	日本 附屬小島 I, 千島齒舞及 色丹島	Minor Islands Adjacent to Japan Proper, Part I. The Kurile Islands, the Habomais, and Shikotan	1946. 11.	영문	미국, 호주
②	日本 附屬小島 II, 球及 他 南西諸島	Minor Islands Adjacent to Japan Proper, Part II. Ryukyu and Other Nansei Islands	1947. 3.	영문	미국, 일본
③	日本 附屬小島 III, 小笠原及 火山列島	Minor Islands Adjacent to Japan Proper, Part III. The Bonin Island Group, the Volcano Island Group	1947. 3.	영문	미국
④	日本 附屬小島 IV, 太平洋 及 日本海小諸島	Minor Islands Adjacent to Japan Proper, Part IV. Minor Islands in the Pacific, Minor Islands in the Japan Sea	1947. 6.	영문	미국
⑤	樺太	(unknown)	1949. 1.		
⑥	南千島, 齒舞, 色丹島	South Kuriles, Habomai Islands, Shikotan Island	1949. 4.		
⑦	對馬	Tsushima	1949. 7.	영문	미국, 일본

릴, 하보마이, 시코탄섬南千島, 齒舞, 色丹島〉(1949.4), 〈대마對馬〉(1949.6)인데, 이중 〈대마〉 자료집은 미국과 일본에서 공개되어 있다.[34] 나머지 2종의 자료집, 즉 〈사할린〉과 〈남쿠릴, 하보마이, 시코탄섬〉은 실물이 확인되지 않은 상태다.

34 RG 59, State Department, Decimal File, 794.022/1-2450; 와다 하루키, 앞의 책, pp.237-238.

일본 외무성의 영토문제 자료집 시리즈의 영향

이 시리즈의 제I부는 1946년 11월, 제II부, 제III부는 1947년 3월, 제IV
부는 1947년 6월에 각각 발행·배포되었다. 시리즈의 제목은 그대로 유
지되었고, 부별로 다루고 있는 도서의 명칭이 부제로 붙었다. 이러한
출간 순서는 일본이 생각하는 중요도서의 중요도와 우선순위를 반영
하는 것이다.

《일본의 부속소도》에서 다뤄진 도서들은 ①쿠릴열도, 하보마이,
시코탄 ②류큐, 난세이제도 ③오가사와라제도, 이오지마제도 ④태평
양 소도서(大東·南鳥島·沖ノ鳥島), 일본해 소도서(독도·울릉도) 등이었다.
이러한 순서는 모두 일본 외무성이 설정한 중요도를 반영한 것이었
다.[35] 즉 일본 외무성의 중요도 판단순위는 쿠릴열도-류큐(오키나와)-
오가사와라·이오지마-독도·울릉도의 순서였음을 알 수 있다.

주일 미 정치고문실 문서에 따르면, 이 자료집들은 모두 3차(1947년
2월, 7월, 9월)에 걸쳐 주일 미 정치고문실을 통해 미 국무부에 20부씩
송부되었고,[36] 연합국 최고사령부) 내에서는 경제과학국·법무국·민정
국·천연자원국·최고사령관·민간첩보국 등에 배부되었다.[37] 이 자료들은
미 국무부가 대일 평화조약 초안을 준비하기 시작한 1947년 초반부터
이미 극동국 평화조약작업단 및 지리담당관에게 전달된 상태였다.

또한 하라 기미에가 오스트레일리아 공문서관에서 이 시리즈 중

---

35 정병준, 앞의 책, pp.331-365.
36 United States Political Adviser for Japan, Despatch no.1296, Subject: Minor Islands Adjacent
  to Japan(1947.9.23), RG 84, Office of the U.S. Political Advisor for Japan-Tokyo, Classified
  General Correspondence, 1945-49. Box 22.
37 Minor Islands Adjacent to Japan Proper, Part I. The Kurile Islands, The Habomais, and
  Shikotan, Foreign Office, Japanese Government, November 1946, 표지, RG 84, Office of the
  U.S. Political Advisor for Japan-Tokyo, Classified General Correspondence, 1945-49. Box
  22.

제1부를 발굴한 데서 알 수 있듯이 일본 외무성은 미국, 오스트레일리아는 물론 영국 등 극동위원회 소속 연합국들에게 이 자료집을 송부했을 것으로 판단된다.

1) 《일본의 부속소도》 제I부: 쿠릴열도, 하보마이제도, 시코탄 (1946.11)

제I부에서 다룬 것은 쿠릴열도 지역으로 현재 러시아와 영토분쟁을 벌이고 있는 홋카이도 북방의 4개 섬, 즉 에토로후(Etorofu to, 擇捉島), 쿠나시리(Kunashiri Shima, 國後島), 시코탄(Shikotan Shima, 色丹島), 하보마이제도(Habomais, 齒舞諸島)를 다루었다. 잘 알려진 것처럼 얄타협정(1945.2)에서 연합국들은 남사할린은 소련에 반환될(return) 것이며, 쿠릴은 소련에 인도될(hand over) 것이라고 결정했다. 그런데 쿠릴의 범위가 문제였다.

1946년 11월 간행된 이 자료집은 쿠릴열도를 북쿠릴열도와 남쿠릴열도로 나누어 설명하며, 에토로후와 쿠나시리로 구성된 남쿠릴열도는 일본령이며, 하보마이와 시코탄은 쿠릴열도의 일부가 아니라 홋카이도의 일부라고 주장했다.

일본 외무성은 쿠릴열도(치시마)를 우루프섬Uruppu 이북의 북쿠릴열도와 에토로후Etorofu, Yetorofu, 쿠나시리섬Kunashiri으로 이루어진 남쿠릴열도로 구분해 설명했다. 북쿠릴은 1875년 쿠릴·사할린교환조약에 의해 평화적으로 획득한 것이고, 남쿠릴은 항상 일본의 영토였으며 1855년 일로통호조약日魯通好條約으로 일본의 영유권이 확인되었다고 주장했다.[38] 일본 외무성은 얄타협정에 따라 소련에 남사할린을 반환하고, 쿠릴을 인도한다고 할 때, 러일전쟁 전 원상회복이라면 남사할

---

38 Minor Islands Adjacent to Japan Proper, Part I. The Kurile Islands, The Habomais and Shikotan, Foreign Office, Japanese Government, November 1946, pp.2-7.

린 반환으로 족하며 남쿠릴을 포함한 쿠릴열도 전체의 반환은 받아들
일 수 없다고 주장했다.

　나아가 일본 외무성은 시코탄과 하보마이에 대해서도, 이들 섬은
쿠릴열도의 일부가 아니라 홋카이도 네무로반도의 연장부이며, 전후
소련군이 점령한 지역이라고 주장했다. 일본은 도쿠가와 막부 이래 이
지역이 네무로노구니根室國의 일부였으며 일본인이 거주한 곳으로, 일
로통호조약(1855)과 쿠릴·사할린교환조약(1875)에서도 외교상 논의되
지 않은 일본령이라고 주장했다.[39] 1945년 9월 2일자 연합국 최고사령
부 지령(SCAPIN) 제1호에 의해 만주, 북위 38도 이북의 조선, 사할린,
쿠릴의 일본군은 극동소련군 지휘관에게 항복하게 되었는데, 이때 쿠
릴의 소련군이 시코탄과 하보마이를 점령해 일본인들을 축출했다는
것이다. 외무성은 "우리는 당연히 소련에 의해 이 섬들이 부당한 '사실
상의' 점령에서 '법률상의' 병합으로 허가되지 않기를 희망한다."라고
썼다.[40]

　즉, 일본 외무성은 얄타협정에서 소련에게 인도될 쿠릴열도에는
남쿠릴열도에 속하는 에토로후·쿠나시리섬은 포함되지 않으며, 홋카
이도 네무로반도의 연장인 시코탄·하보마이는 종전 이후 소련에 의해
불법적으로 무력점령된 것임을 주장한 것이다.[41]

　그럼에도 불구하고 이 자료는 1956년 이후 일본정부의 공식견해
와는 다른 것이었다.

39　Minor Islands Adjacent to Japan Proper, Part I. The Kurile Islands, The Habomais and
　　Shikotan, Foreign Office, Japanese Government, November 1946, pp.9-10.
40　〈對米陳述書(案)〉(1950.10.4), 日本外務省(2006), p.27.
41　연합국 최고사령부 일반명령 제1호(1945.9.2)는 하보마이와 시코탄이 누구에게 항복할지
　　명시하지 않았지만, 쿠나시리 제89사단의 지휘하에 있던 이 두 섬 주둔 제4연대는 소련
　　군 총사령관에 항복함으로써 하보마이와 시코탄은 쿠릴열도와 함께 소련군 지배하에 들
　　어갔다. Minor Islands Adjacent to Japan Proper, Part I. The Kurile Islands, The Habomais
　　and Shikotan, Foreign Office, Japanese Government, November 1946, p.9. note 5

그림 1.《일본의 부속소도》제I부(1946.11) 첨부 지도(남쿠릴열도와 북쿠릴열도, 시코탄. 하보마이를 구분)

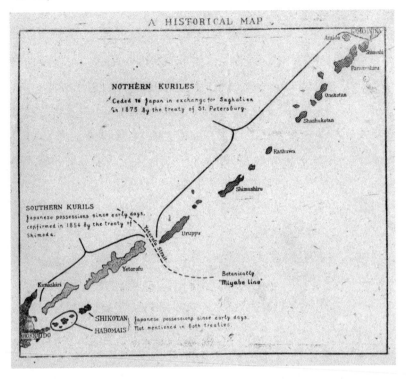

　　첫째, 일본 외무성은 북쿠릴열도와 남쿠릴열도로 구분하고 남쿠릴열도의 일본 영유를 주장했지만, 에토로후·쿠나시리가 남쿠릴열도에 속함으로써 전체적으로는 소련에게 인도할 '쿠릴'의 범주에 포함된다는 점을 인정하였다. 첨부지도에서는 북쿠릴(▨무늬), 남쿠릴(▤무늬)로 표시했지만, 남쿠릴열도가 쿠릴열도의 범위에 속한다는 점을 분명히 한 것이다.

　　둘째, 일본 외무성은 시코탄과 하보마이를 모두 홋카이도의 연장으로 검은색(■무늬)으로 표시했다. 그런데 여기서 시코탄이 홋카이도의 연장인지 쿠릴의 연장인지가 분명치 않다. 일본 외무성이 인용한 자료들에서조차 시코탄과 하보마이가 쿠릴에 포함되는 것으로 나타나 있다.

《러시아 백과사전The Russian Encyclopedia》(I. E. Andreevsky, 1890)은 하보마이와 시코탄이 쿠릴에 포함되는 것으로, 《러시아 대백과사전the Grand Russian Encyclopedia》(P. N. Milyukov, 1904)은 하보마이의 절반 정도가 쿠릴에서 배제되는 것으로 기록했다.[42] 반면 《미국 항해도The American Sailing Directory》(1930)에는 하보마이와 시코탄이 쿠릴에서 배제되어 홋카이도 항목에서 다뤄졌고, 《영국 항해도The British Sailing Directory》(1940)에서도 쿠릴열도에 대한 설명과 별도로 하보마이·시코탄을 다루었다. 《브리태니커 백과사전The Encyclopedia Britannica》(1911)에 규정된 쿠릴열도의 경도·위도선 범위에는 하보마이와 시코탄이 포함되지 않지만, 본문에서는 쿠나시리와 시코탄이 쿠릴의 주요 섬으로 소개되어 있다.[43]

셋째, 일본 외무성의 제I부는 시코탄을 하보마이와 함께 다루었지만, 일본에서도 시코탄은 홋카이도의 연장인 네무로노구니 소속이 아니라 치시마, 즉 쿠릴 소속으로 인식되었다. 1869년 홋카이도가 설치되고, 11개국이 설치되었을 때 시코탄은 네무로노구니 소속이 되었지만, 1885년 네무로현 치시마노구니千島國에 편입되었다. 그후 시코탄은 쿠나시리·에토로후와 관계가 깊어져 자주 '남치시마 3도'로 불렸다.[44] 일본 외무성은 시코탄을 일본에 남길 가능성을 높이기 위해 원래 남

42 Minor Islands Adjacent to Japan Proper, Part I. The Kurile Islands, The Habomais and Shikotan, Foreign Office, Japanese Government, November 1946, p.5. note 1.

43 Minor Islands Adjacent to Japan Proper, Part I. The Kurile Islands, The Habomais and Shikotan, Foreign Office, Japanese Government, November 1946, p.6, note 3.

44 寺島敏治, 〈昭和十年代前半期における南千島三島六か村の実態〉, 《史流(25号)》(1983), p.41; 〈南千島の一万余名 根室の収容所で血の叫び四年間〉, 《讀賣新聞》(1949.12.15.); 박병섭, 〈대일강화조약과 독도·제주도·쿠릴·류큐제도〉, 《독도연구(16집)》(2014), pp.154-155.

쿠릴에 속한 시코탄을 네무로노구니와 일체화하여 홋카이도 본도의 일부로 묘사한 것이다.

일본 외무성의 《일본의 부속소도 제I부: 쿠릴열도, 하보마이제도, 시코탄》(1946.11)이 간행된 이후 주일 미 정치고문실과 국무부에서는 일본이 주장하는 남쿠릴열도와 시코탄·하보마이의 처리를 둘러싼 다양한 논의가 존재했다.[45] 1947년 이후 미 국무부 극동국에서 작성된 다양한 조약 초안들과 1951년 영국 외무성의 조약 초안들은 쿠릴열도의 범위를 둘러싸고 논란이 있었지만, 대체로 에토로후·쿠나시리는 쿠릴열도에 포함된다는 점에는 동일했고, 다만 시코탄과 하보마이가 쿠릴열도에 포함되는지의 여부에 대해 의견이 엇갈렸다.

특히 1949년 시볼드를 중심으로 한 주일 정치고문실은 적극적으로 쿠릴열도에 관한 일본 외무성의 견해를 대변하려고 노력했다. 시볼드는 〈에토로후, 쿠나시리, 하보마이, 시코탄섬이 일본에 미치는 경제적 중요성〉(1949.12.12)이라는 보고서[46] 및 〈남부 쿠릴섬 반환에 대한 일본인들의 청원〉(1949.12.31)이라는 문서를 국무부에 송부하며,[47] 이들 4개 섬이 쿠릴열도의 일부라는 주장은 역사적 근거가 박약하며, 이들 섬들을 소련에 병합하지 않도록 해야 한다고 주장했다.

국무부 극동국은 시볼드의 초안 검토서가 도착한 이후 남부 쿠릴섬에 대한 법률적 검토를 법무실에 의뢰했다. 왜냐하면 북방4개 섬에 대해 1949년 10월 13일자 초안은 일본령으로, 11월 2일자 초안은 소련령으로, 11월 14일자 시볼드 전문은 일본령으로 주장했기 때문이었

---

45 와다 하루키, 앞의 책, pp.89-105; 和田春樹, 《北方領土問題を考える》(岩波書店, 1990).

46 Despatch by Sebald to the Secretary of State, Subject: Economic Importance to Japan of Etorofu, Kunashiri, Habomai, and Shikotan Islands. (1949.12.12), no.866, 740.0011PW(Peace)/12-1249.

47 Despatch by Sebald to the Secretary of State, Subject: Japanese Petition for Return of Southern Kuril Islands (1949.12.31), 740.0011PW(Peace)/12-3149.

다.[48] 당시 극동국은 쿠릴문제의 참고문서로 총 9개 문서를 제시했는데, 여기에는 일본 외무성이 작성한 2개의 중요문서가 포함되어 있었다.[49] 반면 러시아 측 문서나 자료는 전혀 포함되어 있지 않았다. 러시아 측 자료는 일본이 주장하는 남쿠릴(에토로후·쿠나시리)은 물론 하보마이·시코탄도 모두 쿠릴열도로 규정한 경우가 많았다.

미 국무부 법무실은 하보마이와 시코탄의 경우 소련에게 넘겨주기로 한 쿠릴열도의 일부가 아니지만, 쿠나시리와 에토로후는 쿠릴열도의 일부라고 판단했다. 즉 하보마이와 시코탄은 일본령인 반면 쿠나시리와 에토로후는 소련령이라는 판정이었다.[50] 이런 검토의 결과 하보마이와 시코탄은 일본령으로, 쿠나시리와 에토로후는 소련령으로 결정되었다.

1951년 샌프란시스코 평화조약 체결과정에서 일본정부는 소련에 인도된 쿠릴열도에는 쿠나시리와 에토로후 즉 남쿠릴열도가 포함되어 있음을 인정했다. 다만 미국의 지지 하에 하보마이와 시코탄은 소련이 강점하고 있는 지역으로 주장했다. 1956년 일본과 소련은 러·일공동선언을 체결하면서 일본 홋카이도에 인접하고 상대적으로 작은 시코탄과 하보마이에 대해서는 평화조약 체결 후 반환협상을 벌이기로 했고, 규모가 크고 논쟁이 분명한 에토로후와 쿠나시리에 대해서는 귀속협상을 벌이기로 했다. 이후 일본 국내 정치에서 쿠나시리와 에토로후를 포기한 데 대한 비판이 거세게 일자 일본정부는 1956년 이래 쿠나시리와 에토로후가 쿠릴열도에 포함되지 않는다는 주장을 내세우게 되었

48 Memorandum by Hamilton(FE) to Fisher(L), Subject: Southern Kurile Islands, (November 22, 1949) 740.0011PW(Peace)/11-2249

49 2. "South Kuriles; Habomai Islands; Shikotan Island," Japanese Government, April, 1949; 7. "Minor Islands Adjacent to Japan," 1947.

50 Memorandum by Conrad E. Snow(L/P) to Hamilton(FE), Subject: Southern Kurile Islands and the Shikotan Archipelago (1949.11.25) 740.0011PW(Peace)/11-2549

다.[51] 이후 문제는 해결되지 않은 채 현재까지 논란이 지속되고 있다.

2)《일본의 부속소도》제II부: 류큐제도, 기타 난세이제도(1947.3)

제II부는 류큐제도로 일본어로 난세이쇼토(Nansei Shoto, 南西諸島) 혹은
류큐렛도(Ryuku Retto)로 불리는 지역을 다루고 있다. 샌프란시스코 회
담 이래 미국의 신탁통치하에 들어갔다. 이 자료집은 난세이쇼토를 가
고시마현(鹿兒島縣 薩南諸島)과 오키나와현(沖繩縣 琉球諸島)으로 구분했
다. 가고시마현에는 오스미大隅諸島, 아마미오시마가 속하며 오키나와
현에는 오키나와, 사키시마先島諸島가 속하는 것으로 설명했다.

일본은 이 지역이 미국 혹은 연합국의 신탁통치하에 놓일 경우 거
부하지 못할 것으로 예상했다. 한편 일본은 류큐의 중국령을 우려했기
때문에[52] 류큐가 일본에 귀속되는 것이 정당하다는 논리를 강조하고
있다.[53] 특히 중국과 일본에 양속 屬된 상황과 메이지 시기 중·일 간의
논쟁을 소개하고 있다.

일본은 신탁통치 자체에도 반감을 가지고 있었다. 유엔의 신탁통
치제도의 본래 사명이 "예를 들어 아프리카의 제반지역과 같이 문화
의 정도가 현저히 낮은 지방의 사람들을 발전시키는 것을 주요 목적
으로 한 것"인데, 이들 지역은 일본 본토와 정치·경제·사회·교육상 다
를 바 없기에 특별히 이들 지역을 일본에서 분리해 신탁통치할 이유
가 없다고 주장했다. 미국이 이 지역에 중대한 군사적 가치를 두고 있
다는 점을 이해하기 때문에 미국의 요망에 부응하고 적극 협력할 용
의가 있지만, 신탁통치 외의 별도의 방법으로 문제를 처리할 수 있을

51 와다 하루키, 앞의 책, pp.109-118.
52 《(平研政1)對日平和條約に於ける政治條項の想定及對處方案(案)》(1946.5), 日本外務省(2006), pp.95-96.
53 Minor Islands Adjacent to Japan Proper, Part II. Ryukyu and Other Nansei Islands, Foreign Office, Japanese Government, March 1947, pp.5-8.

것이라고 주장했다.[54]

그렇지만 현실적으로 샌프란시스코 평화조약에 이르는 과정에서 일본이 류큐에 대한 미국의 신탁통치 계획을 반대할 수는 없었다. 때문에 일본은 일단 북위 30도 이남의 중요 섬이자 인구 밀집지였던 아마미오시마에 대한 일본 영유권을 강조했다. 평화조약 체결과정에서도 아마미오시마 관련 청원이 덜레스와 미 국무부, 맥아더사령부에 가장 많이 쇄도했다. 아마미오시마는 일본의 행정권에서 분리되었지만 미군이 점령하지 않았으며, 1953년 12월 일본에 반환되었다.[55]

이 자료집에서 일본 외무성은 류큐의 중국 귀속 가능성에 촉각을 곤두세우며 역사적 증거들을 제시했지만, 역설적으로 현재 중국과 문제가 되고 있는 조어도(댜오위다오釣魚島, 일본명 센카쿠尖閣列島)문제에 대해서는 다음과 같이 언급하고 있다.

센토제도(Sento Islands*원문 그대로) (총면적 2평방 마일)는 사키시마 부속 열도의 북쪽에 위치하는 무인도이며 중요성이 거의 없다.[56]

일본 외무성이 센카쿠제도의 이름을 센토제도(尖頭, Sento Islands)로 기록했을 뿐만 아니라, 무인도로 "중요성이 거의 없다."고 규정한 부분은 현재의 논란에 비추어 매우 이례적이며 이 시점에서 센카쿠를 평가하던 일본 측의 솔직한 심정을 보여주는 것이다.

센토(Sento Shoto: 尖頭諸島)라는 지명은 'Pinnacle Islets'이라는 영문 이름을 번역한 것으로, 1908년 일본 해군기록에 등장하며 이는 'Gyo-

---

54 〈對米陳述書(案)〉(1950.10.4), 日本外務省(2006), pp.28-30.

55 吉田茂, 1958, 앞의 책, pp.66-67.

56 Minor Islands Adjacent to Japan Proper, Part II. Ryukyu and Other Nansei Islands, p.2. 원문
    은 다음과 같다. the Sento Islands (total area 2 Sq. m.) lying north of Sakishima sub-group are
    uninhabited and of little importance.

그림 2. 《일본의 부속소도》 제II부(1947.3) 첨부 지도 난세이제도

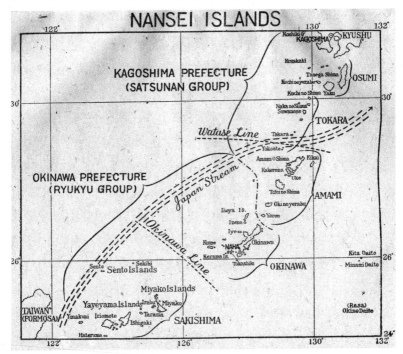

cho Jima'(영어: Hoa pin su, 중국어: Diaoyu Yu)로부터 동쪽으로 6리(li)에 위치한 것으로 기록되었다.[57] 이 지역은 일본어로는 The Senkaku Is-lands(尖閣諸島, Senkaku-shotō), 중국에서는 the Diaoyu Islands(钓鱼岛), 타이완에서는 the Diaoyutai Islands(釣魚台列嶼), 영어로는 the Pinnacle Is-lands로 불렸다고 한다. 때문에 영어 the Pinnacle Islands를 한자어로 쓴 것이 Sento(尖頭), Senkaku(尖閣)가 된 것이다.

그렇다면 일본 외무성의 영토자료집 제II부는 미국에 어떤 영향

57 Unryu Suganuma, 《Sovereign Rights and Territorial Space in Sino-Japanese Relations: Irredentism and the Diaoyu/Senkaku Islands》(Association for Asian Studies and University of Hawai'i Press, 2000), p.91.

을 주었는가? 먼저 조약문에 일본 명칭인 남서제도(난세이쇼토)가 공
식적으로 사용되었다. 1951년 3월 미국의 공식 초안에는 "북위 29도
이남의 류큐제도"로 표기되었는데, 일본정부는 이를 "북위 29도 이남
의 난세이제도"로 변경해줄 것을 요청(1951.4.4)했다. 그 이유는 "북위
29도 이남에 위치한 아마미제도는 류큐제도에 속하지 않으며(강조),
사츠난(薩南)제도에 속하는데, 난세이제도는 사츠난제도와 류큐제도,
즉 큐슈와 대만 사이의 모든 섬들을 포함"한다는 것이었다.[58]

시볼드 역시 류큐보다 난세이가 역사적으로 정확한 것이라고 보
고했다. 시볼드는 "일본인들의 '류큐제도' 사용은 '난세이제도'와 동일
한 것이 아님(강조), 전자의 용어(류큐제도)는 구 오키나와현 내에 포함
된 섬들(오키나와, 다이토와 센토섬을 포함한 산키시마 소군小群에만 적용됨.
(시볼드)"[59]라는 의견을 첨부한 후 당일 무선으로 국무부에 송부했다.

시볼드의 의견은 매우 주목할 만한데, 첫째 난세이라는 명칭이 정
확하다, 둘째 류큐제도에 센토가 포함되어 있다고 설명했기 때문이다.
시볼드의 견해는 일본의 입장을 반영한 것으로 센토=센카쿠의 일본령
을 주장한 미국 측 기록으로 평가할 수 있다. 다만 센토가 산키시마(사
키시마의 오기)에 속한다고 쓸 정도로 부정확한 정보를 인용하고 있다.

일본 측 의견서를 접수한 미 국무부의 실무자 피어리Robert A. Fearey
는 국무부 지리고문인 보그스Boggs에게 도움을 청했다.《미국 수로지U.
S. Hydrographic report》를 검토한 보그스는 난세이쇼토(남서제도)가 타이
완 북동해안 끝에서 규슈 남단까지 호(弧, arc)형으로 뻗어 있는데, 섬은
남쪽에서 북쪽으로 사키시마군도Sakishima Gunto, 오키나와군도Okinawa
Gunto, 아마미군도Amami Gunto, 토카라군도Tokara Gunto, 스미군도Sumi

---

58 〈平和條約草案に對するわが方意見〉(1951.4.4.), 日本外務省(2006), pp.351-352.
59 Telegram by Sebald to the Secretary of State, no.1750 (April 4, 1951), RG 59, Department of
     State, Decimal File, 694.001/4-451

Gunto 등 5개로 불린다는 사실을 발견했다.[60] 때문에 보그스는 "난세이"
가 보다 정확한 용어로 사용되어야 한다는 의견을 제시했다.[61]

피어리는 "류큐"가 보다 더 친숙한 이름이며, 일본이 "난세이"를 제
안한 것은 이것이 일본어 단어("류큐"는 중국어 "Loochoo"에서 기원함)이
며 미래에 일본의 소유권을 위한 암시이기 때문일 가능성이 있다고
정확히 지적했다. 피어리는 첨부된 지도에 보그스가 언급한 5개의 군
도와 그 옆에 다이토군도Daito Group 등 총 6개의 군도들을 표시했다. 그
런데 이 지도에서 피어리는 세키비쇼(Sekibisho, 赤尾嶼)라는 지명 아래
센토Sento라고 표기했는데, 이는 다른 섬이다. 여기서 사용한 것은 미
국무부가 활용하던 《수로지》 제1500호의 일부로 일본령, 한국령, 대만
령이 표시된 지도였지만, 센토와 같은 작은 지명은 나타나지 않았다.
대축적의 지도도 문제였지만, 역시 '중요성이 없는' 무인도에 대한 관
심이 약했기 때문이다. 여하튼 피어리와 보그스의 판단에서 센토는 난
세이에 포함되지 않았다.

종합하면 일본 외무성은 1947년 센카쿠를 "센토제도(총면적 2평방
마일)는 사키시마 부속열도의 북쪽에 위치하는 무인도이며 중요성이
거의 없다."고 평가했고, 시볼드는 1951년 센토섬이 "산키시마 소군小
群"에 포함되고, 이는 오키나와현의 일부가 된다고 보았다. 반면 보그
스와 피어리는 센토섬을 다른 지명에 표시하고, 남서제도에 포함되지
않는다고 판단했던 것이다. 역시 무인도로 중요성이 없다고 평가되었
기 때문에, 이름(센토, 산키시마), 위치(세키비쇼) 등이 정확하게 판단되
지 않은 것으로 볼 수 있다. 당연히 샌프란시스코 평화조약 제3조에 센

60 U.S. Hydrographic Office no.123B "Sailing Direction for Japan, Volume II (southern part) 1st
    edition 1943, p.317
61 Memorandum by Fearey to Allison, Subject: Nansei Shoto (1951.4.5), RG 59, Department of
    State, Decimal File, 694.001/4-551.

카쿠·센토는 명시되지 않았다.

3) 《일본의 부속소도》 제III부: 보닌제도, 볼캐노제도(1947.3)

제III부는 1947년 3월 간행되었는데, 보닌제도, 일본어로 오가사와라
(Ogasawara, 小笠原諸島) 및 볼케이노제도, 일본어로 가잔(Kazan, 火山) 혹
은 이오지마(Iwo, 硫黃島)를 다루었다. 오가사와라는 1875년 일본령에
편입되었고, 이오지마는 1891년에 일본에 편입되었다고 주장했다.

이 자료집의 핵심은 일본이 언제 이 섬들을 발견했으며, 유럽·미
국과의 논쟁 끝에 어떻게 이 섬들의 주인이 되었는가를 해명하는 데
초점이 두어져 있다.[62]

보닌제도(오가사와라)는 1593년 봉건 일본의 다이묘 중 하나였던
오가사와라 사다요리小笠原貞賴에 의해 발견된 것으로 믿어지며, 이때부
터 일본에 알려졌다. 스페인, 미국, 영국이 이 섬을 명명하거나 조사한
바 있다. 보닌이라는 이름은 일본어 부닌(Bunin, 無人)에서 유래한 것이
다. 1820년대 이후 미국과 영국 간에 보닌제도를 둘러싼 분쟁이 있었
다. 1861년 일본의 조사와 이주가 시행되었고, 1876년 이래 섬에 대한
일본정부의 법령이 실시되었다. 1880년 도쿄도로 행정권이 이관되었
고, 1882년까지 모든 외국 거주자가 귀화해서 일본 신민이 되었다.

2차 세계대전 시기 이오지마 전투는 태평양전쟁의 대표적 전투지
로 기록되었다. 전후 미 해군이 점령했다. 미군은 이 두 섬을 군사적 요
충지로 판단했고, 신탁통치 지역에 포함시켰다.

류큐와 보닌제도 등에 대한 미국의 신탁통치는 소련의 반발을 불
러왔다. 미국은 1951년 3월 공식 초안을 소련에 송부했고, 소련은 5월
7일 이에 대한 논평을 송부했다. 논리적인 측면만 고려할 때 역설적으

---

62 Minor Islands Adjacent to Japan Proper, Part III. The Bonin Island Group, the Volcano
    Island Group, Foreign Office, Japanese Government, March 1947, pp.1-8.

로 소련의 제안은 일본에게 가장 합리적이고 유리한 방안이었다. 소련의 주장은 다음과 같다.[63]

① 미국, 영국, 소련, 중국(중화인민공화국) 대표로 구성되는 외무장관회의를 1951년 6월이나 7월에 개최해 대일 평화조약 준비를 시작할 것
② 대만과 팽호도는 "중국"에 반환될 것
③ 류큐와 보닌섬을 일본 통제로부터 배제하는 데 인용할 수 있는 법률적 정당성이 없음
④ 일본군의 규모 제한을 포함해 일본 군국주의 부활을 방지하기 위한 보증방안이 조약에 포함될 것
⑤ 평화조약 체결 후 1년 내에 점령군은 철수할 것
⑥ 일본의 평화적 경제발전에는 제약이 없을 것
⑦ 조약은 일본과 전쟁을 벌였던 그 어떤 국가를 상대로 겨냥된 어떤 협력에도 일본이 참가하지 못하도록 금지할 것
⑧ 조약 서명국가들은 일본의 유엔가입을 지원하기로 합의할 것

핵심은 대일 평화조약은 중화인민공화국을 포함한 4대국 외상회의에서 결정하며, 류큐·보닌섬을 미군 신탁통치 하의 군사기지로 만드는 데 반대한다는 것이었다. 미국은 답신(1951.5.19)을 통해 외상회의를 거부했다.

결국 이 지역들은 샌프란시스코 평화조약 3조에 의해 미국의 신탁통치지역으로 설정되었다. 두 섬은 1968년 일본에 반환되었다.

---

63 "Summary of Negotiations Leading Up To the Conclusion of the Treaty of Peace With Japan," by Robert A. Fearey (1951.9.18), p.9. RG 59, Records Relating to the Treaty of Peace with Japan—Subject File, 1945-51, Lot 56D527, Box 1.

그림 3.《일본의 부속소도》제III부(1947.3) 첨부지도

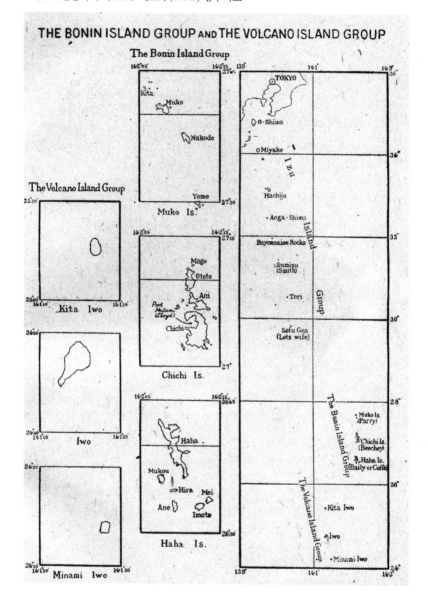

4)《일본의 부속소도》제IV부: 태평양·동해(일본해)지역 소도서
　　(1947.6)

이 시리즈 가운데 마지막으로 간행된 제IV부는 표지, 도판 1쪽, 목차
1쪽, 본문 12쪽, 도판 1쪽으로 되어 있다. 제IV부에서는 태평양 지역 소
도서로 ①다이토(Daito, 大東)군도, ②마커스섬(Marcus Island, 미나미토리
시마, 南鳥島), ③파레체 벨라섬(Parece Vela Island, 오키노토리시마, 沖ノ鳥
島)를, 동해(일본해) 지역 소도서로 ①독도(Liancourt Rocks, Takeshima, 竹
島), ②울릉도(Dagelet Island, Matsushima, Utsuryo, Ullung Island)를 다루고
있다.[64]

　제III부에서 다루지 못했던 다이토군도, 마커스섬, 파레체 벨라섬
등을 추가적으로 다룬 한편으로 동해의 울릉도와 독도를 다룬 것이다.
　이 자료집의 가장 큰 특징은 일본 외무성이 1947년 6월 연합국을
대상으로 공식 간행한 책자에서 독도와 울릉도가 일본의 부속도서 범
위에 포함된다고 주장한 사실이다.[65] 이 자료집은 논쟁·논란이 있는 섬
들로 일본이 일본령 부속도서로 인정받고 싶어하는 섬들을 다루고 있
다. 일본의 부속도서 시리즈 제I부에서 제IV부에 이르기까지 동일하게
유지되는 일관성이다. 또한 일본 외무성은 일본령이 명백한 도서들,
예를 들어 쓰시마對馬島, 이키壹岐島, 오키隱岐諸島 등의 섬은 이 자료집에
서 다루지 않았다. 여기서 다룬 도서들은 논란·논쟁의 여지가 있지만,
일본 외무성의 입장에서 자국령으로 주장할 수 있다고 판단한 것들이

64　Minor Islands Adjacent to Japan Proper, Part IV, "Minor Islands in the Pacific, Minor
　　Islands in the Japan Sea," Foreign Office, Japanese Government, June 1947. RG 84, Foreign
　　Service Posts of the Department of State, Office of the U.S. Political Advisor for Japan—
　　Tokyo, Classified General Correspondence, 1945—49, box 22. 이하의 설명은 정병준, 앞의
　　책 342~365쪽을 참조.
65　이 소책자의 표지 안쪽에는 연합국 당국의 정보제공용(For Information of the Allied
　　Authorities)이라고 적혀 있다.

그림 4.《일본의 부속소도》제IV부(1947.6) 첨부 지도

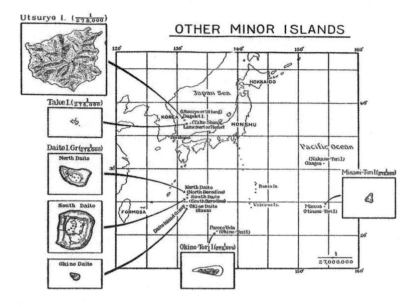

다. 일본은 제III부에서 류큐를 다루면서 대만을 설명하지 않았고, 그 이유는 당연히 일본령이 아니었기 때문이다. 그런데 일본은 동해안의 수많은 섬들을 설명하면서 울릉도와 독도를 함께 '일본의 부속도서'의 범위에 포함시켰던 것이다.

　일본이 영유권을 주장한 도서의 범위에 독도뿐만 아니라 울릉도가 포함되어 있다는 것은 놀라운 일이다. 때문에 이 영토자료집 제IV부는 일본에서 공개되지 못한 것으로 생각된다. 일본은 울릉도의 일본 영유권을 주장할 수 없었지만, 일본령 부속도서에 울릉도를 포함한 것은 명백한 의도를 갖고 있었기 때문이다. 즉 한국령에 전혀 의문이 없는 울릉도의 한국 영유권을 부정하거나 훼손함으로써, 그 부속도서인 독도의 한국 영유권을 부정하기 위한 것이었다. 즉 울릉도를 공격함으로써 자연스럽게 독도의 영유권을 주장하려는 의도였던 것이다.

독도와 울릉도는 자료집 본문 5쪽(8~12쪽), 지도 2쪽에서 다루어졌다. 지도에서 일본 외무성은 울릉도와 독도를 일본령으로 표시하고 있다. 동해도 일본해로 표시하고 있다.

먼저 울릉도에 대한 내용부터 살펴보자.

II. 다줄렛섬(Matsu-shima, Utsuryo 혹은 울릉도)

2. 역사

1878년에 들어서야 비로소 이 섬은 프랑스 해군의 라페루즈(La Perouse) 선장이 발견함으로써 세계 최초로 다줄렛이라는 이름으로 명명되었다. 그러나 일본 문서에는 일찍이 1004년에 우루마섬(Uruma Island)으로 불렸는데, 이는 울릉도와 같은 고대 일본어다.

한국인들에게도 이 섬은 고대부터 알려져왔다. 13세기 중반 이후 한국인들은 수차례 식민화를 시도했다. 후에 이 섬은 범죄자들과 도적들의 편리한 은닉처가 되었다. 한국정부는 1400년대 이래로 오랫동안 이 섬에 대한 공도空島 정책을 고집했다.

이리하여 이 섬이 한국정부에 의해 실질적으로 포기되자, 일본인들 상당수가 이 섬에 무상출입을 계속했다. 1592년 도요토미 히데요시의 한국 원정은 이 지역에서 일본인 활동을 급증케 했고, 그 후 약 1세기 동안 이 섬은 모든 면에서 일본 어업기지로 남아 있었다.

17세기 초부터 일본과 한국 사이에 이 섬의 소유권문제를 둘러싼 협상이 반복되었다. (중략)

그러나 한국 당국은 위에서 언급한 사건 이후에조차 공도 정책에 하등의 변화가 없었다. (중략)

메이지 초기(1868년 무렵), 일본 내에서는 송도松島개발을 주장하는 운동 (중략) 일본인들의 출입이 금지된 섬이 분명했기 때문에, 일본정부는 이 청원들을 받아들이지 않았으나 일본인들은 여전히 이 섬에 갔다.(중략)

1910년 한국 병합으로 이 섬은 조선총독부의 통치하에 들게 되었다.[66]

(강조는 인용자)

위의 강조 부분에서 드러나듯이, 일본 외무성은 명확하게 울릉도를 일본령 혹은 일본의 지배를 받은 지역으로 묘사하고자 하는 의도를 보여주었다. 일본 외무성의 설명은 11세기에 일본이 먼저 울릉도를 인지했으며, 한국은 13세기 중반 이후에야 식민지화를 시도했지만, 15세기 이후 공도정책을 취했고, 임진왜란 후 1세기 동안 일본이 이 섬을 지배했다. 17세기 말 울릉도 영유권을 둘러싼 논쟁 끝에 한국령이 인정되었지만, 한국은 여전히 공도정책을 취했고, 일본 어부들이 인근에서 계속 어업을 했다. 19세기 후반에도 일본 내에서 울릉도 개발논의와 청원이 있었고, 일본정부의 불허에도 일본인들이 울릉도를 출입했다. 즉, 일본이 먼저 울릉도를 인지했으며, 1세기 동안 지배했고, 영유권 논쟁이 있었으며, 한국이 공도 정책으로 사실상 방치한 사이에 일본이 실질적으로 개발했다는 내용이다.

한국에서 이미 널리 알려진 512년 고대왕국 신라의 우산국 정벌 및 신라 편입으로 시작되는 울릉도의 역사기록을 완벽히 무시한 채, 11세기 일본 기록이 가장 앞서는 것처럼 역사기록으로 내세운 점을 알 수 있다. 일본이 왜 울릉도를 굳이 일본의 부속도서 시리즈에 넣었는지 알 수 있는 대목이기도 하다.

이 자료집은 특정 도서에 대한 일본의 영유권을 주장하기 위한 목적으로 제작되었기 때문에 한국령에 추호도 의문이 없는 울릉도는 이 자료집에 들어갈 수 있는 성질의 것이 아니었다. 이 자료집에 거론된 섬들은 대부분 연합국이 일본의 행정권을 정지시켰거나 영유권과 관

66 Minor Islands Adjacent to Japan Proper, Part IV, "Minor Islands in the Pacific, Minor Islands in the Japan Sea," June, 1947, pp.10-12.

련해 논쟁의 대상이 된 지역들이었다. 이 자료집의 일본어 제목은 '일본의 부속소도'였으므로 일본이 울릉도를 일본의 부속도서의 대상으로 취급했음은 의문의 여지가 없다.

역사적 사실과 상식으로 볼 때 울릉도를 일본령으로 인정받기는 불가능한 일이었다. 그런데도 연합국을 상대로 한 일본 외무성의 공식 영토자료집에 왜 울릉도가 일본의 부속도서 범위에 들어가게 되었는가? 여기에는 크게 두 가지 점이 작용했다고 생각된다.

첫째 19세 후반 이래 일본은 독도가 아닌 울릉도에 대한 영유 야심을 갖고 있었다. 그러나 역사적으로 한국령이 너무 명백했기 때문에 울릉도의 부속도서인 독도로 관심을 돌렸던 것이다. 또한 전근대 시기 독도를 언급한 일본 측 자료에는 독도가 울릉도의 부속도서로 함께 등장하고 있다. 일본 측 자료에서 독도가 단독으로 나타나고 있지 않다. 독도는 울릉도와 결합될 때만 기능할 수 있는 섬이자 울릉도의 부속도서로 취급되었기 때문이다. 대한제국 정부가 울릉도를 군으로 선포한 실질적인 이유도 일본의 침략으로부터 울릉도의 영유권을 명백히 하고자 했기 때문이었다.[67] 1905년 일본이 불법적으로 독도의 영토 편입을 선포한 이후 간행된 첫 책자의 명칭이 《죽도와 울릉도》였는데,[68] 울릉도와 독도를 하나의 세트로 파악하는 인식이 자연스럽게 패전 후인 1947년까지도 지속되었던 것이다.

둘째 일본 외무성은 한국령이 분명한 유인도 울릉도에 대한 한국의 영토정책이 허술했던 것을 공격함으로써, 무인도 독도에 대한 영토정책이 전무했음을 드러내고자 하는 의도를 갖고 있었다. 즉 울릉도를 공격함으로써 독도의 이익을 취하고자 하는 태도였다.

67　송병기, 〈울릉도의 지방관제 편입과 석도〉, 《울릉도와 독도》(단국대학교출판부1999), pp.93-132.
68　奧原碧雲(奧原福市) 編纂, 《竹島及鬱陵島》(報光社, 1907)

나아가 독도에 관한 이 자료집의 서술은 거짓과 허위로 구성되어 있다. 이 자료집의 서술을 살펴보자.

I. 리앙쿠르암(다케시마)
2. 역사

일본은 고대로부터 리앙쿠르암의 존재를 알고 있었다. (중략) 유럽인들이 리앙쿠르암을 인지한 것은 1849년이었는데, 프랑스 포경선인 리앙쿠르(Liancourt)호가 이를 발견했고 현재의 이름을 붙였다. (중략)
다줄렛(Dagelet, 울릉도)에 대해서는 한국 명칭이 있지만, 리앙쿠르암에 대해서는 한국명이 없으며, 한국에서 제작된 지도에서 나타나지 않는다는 점에 주목해야 한다.
1905년 2월 22일 시마네현 지사는 리앙쿠르암을 시마네현島根縣 소속 오키도사隱岐島司 소관으로 정한다는 현 포고를 공포했다. [주3: 현재 《미국 수로지》는 리앙쿠르암을 오키열도 항에서 다루고 있다.]

3. 산업

1904년 오키섬 주민들이 이 섬에서 바다사자를 사냥하기 시작했고, 그 후 매년 여름 (오키)섬 주민들은 울릉도를 기지로 활용해서 정기적으로 이 섬에 와서 시즌용 임시숙사로 오두막을 건설하곤 했다.[69]
(강조는 인용자)

일본 외무성의 주장에 따르면, 일본인들은 고대부터 독도의 존재를 알고 있었고 1667년에 마쓰시마松島라고 명명했으며, 유럽인들은 1849년에야 리앙쿠르암이라고 명명했다. 한편 울릉도와는 달리 리앙쿠르암에 대해서는 한국 명칭이 없고, 한국에서 제작된 지도에 나타나

69 Minor Islands Adjacent to Japan Proper, Part IV, "Minor Islands in the Pacific, Minor Islands in the Japan Sea," June, 1947, pp.9-10.

지 않는다고 강조했다. 일본만이 이 섬에 대한 역사적·지리적 증거를 가지고 있고, 일본령이 분명하다면 굳이 '한국'을 거론할 필요가 없었다. 여기서 '한국'을 특정한 것은 역설적으로 독도가 한국령이라는 증거와 관련 자료들이 있으며, 일본이 이를 우려했음을 반증하는 것이다. 또한 울릉도가 왜 거론되었는지도 알 수 있다. 울릉도를 설명하지 않고는 독도를 설명하는 것이 불가능했기 때문이다.

독도에 관한 한국 측 명칭과 지도가 없다는 설명은 명백히 완벽한 거짓주장이다. 적어도 17세기 이래 한국의 지리지, 지도 등에 수없이 독도(우산도)가 표시되었으며, 독도라는 명칭은 일본 측 자료에도 다수 등장하며, 대한제국 칙령 41호(1900)에도 석도라는 이름으로 기록되고 있기 때문이다.

일본인들이 1904년 리앙쿠르암에서 어업을 시작했고, 1905년 2월 22일 시마네현 소속이 되었다는 것도 일본의 침략을 정당화하는 것일 뿐이다. 특히 오키섬 주민들이 한국령인 울릉도를 기지로 삼아 독도에서 장기조업했다는 것은 당시 시점에서도 독도가 울릉도에서만 출어·조업 가능한 울릉도의 속도였음을 잘 보여주고 있다. 또한 일본제국주의의 한국 침략 시기였기 때문에 오키 주민들이 울릉도를 기지 삼아 독도 조업이 가능했음을 알 수 있다.

잘 알려진 것처럼 1904년 9월 시마네현 어부 나카이 요사부로中井養三郞가 일본정부에 독도를 일본 영토로 편입시켜 자신에게 대여해줄 것을 청원했다. 다음 해인 1905년 1월 28일 일본정부는 독도를 다케시마라는 이름으로 자국령에 편입시켰고, 이를 시마네현 현보에 고시했다. 나카이와 일본정부는 독도가 한국령이라는 것을 알고 있었다. 대한제국정부는 이 사실을 알지 못했다. 1년 뒤인 1906년 울릉도 군수의 보고로 뒤늦게 사태를 파악했으나, 러일전쟁의 와중에 일본 군대가 궁성을 점령했고 외교권은 박탈당한 상태였다. 당시 한국 언론들의 격렬한 반발과 반응은 익히 잘 알려져 있다. 즉, 독도는 일본이 한국을 침략하는 첫 단계에서 탐욕과 폭력으로 약취한 지역이었다.

　그 후 40여 년이 지난 후 일본은 한국이 아직 미소 양군의 분할점령과 군정 하에 놓여 있을 때 독도·울릉도를 일본의 부속도서로 주장하는 영토자료집을 간행했던 것이다. 이 시점에서 한국은 분단이냐, 통일이냐의 갈림길에 놓여 있었다. 한국인의 자치정부는 수립되지 않은 상태였다. 미국과 소련은 한국문제의 평화적 해결방안으로 미소공동위원회를 통한 임시정부 수립 및 신탁통치 실시를 결정했지만, 이 시점에서 세계적 냉전의 전면화와 함께 한국의 통일·독립 희망은 사라지는 순간이었다. 한국인들은 알지 못했고, 자신의 입장을 대변할 정부를 가지지 못한 상태에서, 영토주권의 위협을 받고 있었다. 더구나 그 상대자는 한국을 식민지 삼았던 일본이었다.

　나아가 영토문제와 관련해 일본은 자국의 이익을 위해 거짓말까지 서슴지 않았다. "다줄렛(Dagelet, 울릉도)에 대해서는 한국 명칭이 있지만, 리앙쿠르암에 대해서는 한국명이 없으며, 한국에서 제작된 지도에서 나타나지 않는다."라는 거짓말이 여전히 구 식민지 한국을 바라보는 일본의 입장을 잘 대변하고 있다.

　이 입장은 1947년 이래 연합국 최고사령부와 미 국무부에 영향을 주었고, 이 영토자료 IV는 샌프란시스코 평화조약의 체결과정에서 여러 차례 한국 측 주장을 기각하는 '합리적인 증거'로 활용되었다.

　먼저 연합국 최고사령부 차원에서 영토자료 IV는 크게 2차례 한국 측의 주장·이해를 부정하는 데 활용되었다. 1948년 8월 한국의 우국노인회憂國老人會는 맥아더에게 독도, 울릉도가 한국령이므로 한국영토로 귀속되어야 한다는 청원서를 송부했다.[70] 이 청원을 접수한 주일

70　U.S Political Adviser for Japan no.612 (1948.9.16). Subject: Korean Petition Concerning Sovereignty of "Docksum", Ullungo Do, Tsushima, and "Parang" Islands. RG 84, Entry 2828,

미 정치고문실의 실무자 핀R. B. Finn은 일본 외무성의 영토자료 IV를 지적하며, 일본의 울릉도·독도 (영유권)주장을 지적했다. 이미 주일 미 정치고문실은 일본 외무성이 작성한 영토자료집의 내용을 숙지하고 있었으며, 이를 신뢰하고 있었던 것이다.[71]

다음으로 시볼드는 국무부의 대일 평화조약 초안을 검토한 후, 1949년 11월 국무부에 보내는 문서에서 독도(리앙쿠르암, 다케시마)를 일본령에 놓아야 하며 기상관측소와 레이더기지를 설치하는 안보적 고려를 주장했다.[72] 시볼드는 일본 외무성의 영토자료 IV를 직접 거론하지 않았지만, 그의 주장이 이에 근거한 것은 의문의 여지가 없다.

그 결과 1949~1950년 미 국무부의 대일 평화조약 초안에서는 ① 1905년 일본은 명백히 한국의 항의 없이 공식적으로 영토 편입을 주장하여 시마네현 오키섬 관하에 두었다. ②울릉도와는 달리 다케시마는 한국 명칭이 없으며 한국이 그 소유권을 주장해본 바가 없다고 기록되었다.[73] 일본 외무성 팸플릿의 내용을 그대로 진술한 것이었다. 1949년 11월 시볼드의 주장은 이 시기 미 국무부가 독도 영유권을 판단하는 데 있어서 결정적인 영향을 끼쳤다.

미 국무부는 1946년 8월 이래 대일조약작업단을 조직해 평화조약을 준비했으며, 1947년 초부터 영토 초안을 작성하기 시작했다. 1947년

Japan: Office of U.S. Political Advisor for Japan(Tokyo), Classified General Correspondence (1945-49, 1950-), Box 34.

71 GHQ, FEC, Check Sheet, G-2 to Diplomatic Section, Subject: Petition of Patriotic Old Men's Association of Seoul, Korea. September 27, 1948.

72 William J. Sebald, POLAD Japan to W. Walton Butterworth, November 14, 1949, 740.0011PW(Peace)/11-1449, FRUS 1949, vol.7, pp.899-900; Sebald to the Secretary of State, Subject: Comment on Draft Treaty of Peace with Japan, November 19, 1949, 740.0011PW (Peace)/11-1949.

73 "Draft Treaty of Peace with Japan" December 29, 1949. RG 59, Lot 56D527, Box 6; "Commentary on Draft Treaty of Peace with Japan", 694.001/7-1850

7월 국무부 지리전문가 보그스Samuel Boggs는 이미 일본 외무성의 영토
자료집 제I부를 주요 근거로 사용했으며,[74] 이들 자료집은 대일조약작
업단의 공식 참고문헌이 되었다. 1947년 7월의 시점에서 국무부 실무
진들은 일본의 요구를 받아들여 류큐를 일본령에 포함한다. 얄타회담
에서 결정된 쿠릴섬의 범위에 대해서 "인종적·경제적·역사적으로 일
본의 일부"였던 쿠나시리와 에토로후가 포함되지 않는다는 입장을 정
리했다.[75] 일본 외무성이 팸플릿을 작성한 지 불과 7개월 뒤 미 국무부
의 영토 전문가와 정책 입안자들이 이를 '객관적이고 합리적인 자료'
로 활용하고 있었던 것이다.

　1951년 7~8월 한국과 미국 간에 대일 평화조약을 둘러싼 협의를
진행할 때도 이 영토자료집 IV는 '객관적 자료'로 활용되었다. 한국은
전쟁의 와중에서 부산으로 피난한 상태에서 국가가 위기에 처했고, 외
교부의 직원은 불과 30~60명이었다. 한국정부는 독도 영유권을 주장
했지만, 외교능력의 한계와 전쟁에서 생존이라는 군사·경제적 압박 속
에 합리적인 문서를 제출하지 못했다. 미 국무부 지리전문가 보그스는
3차례에 걸쳐 리앙쿠르암(독도) 관련 보고서를 작성했는데, 유일한 문
헌자료인 일본무성의 팸플릿에 의존했다.[76]

　그 결과 미 국무부 차관보 러스크는 1951년 8월 10일 "통상 사람

74　"Draft of Treaty with Japan" July 24, 1947, by Samuel W. Boggs(SA-E/GE), RG 59, Records of
　　the Office of Northeast Asian Affairs Relating to the Treaty of Peace with Japan, Lot 56D527,
　　Box 5; Memorandum by Boggs (SA-E/GE) to Fearey(FE) July 24, 1947, 740.0011PW(Peace)
　　/7-2447.

75　Working Group on Japan Treaty, Notes of Meeting on Friday, August 1, 1947. RG 59, Lot
　　56D527, Box 5.

76　Memorandum by Boggs, OIR/GE to Fearey, NA, Subject: Spratly Island and the Paracels, in
　　Draft Japanese Peace Treaty, July 13, 1951. RG 59, Department of State, Decimal File,
　　694.001/7-1351; Memorandum by Fearey to Allison, Subject: Proposed Changes for August
　　13 Draft, July 30, 1951. p.3.

이 거주하지 않는 이 바위덩어리는 한국의 일부로 취급된 적이 없으
며, 1905년 이래 일본 시마네현 오키섬 관할 하에 놓여져 있었다. 한국
은 이전에 결코 이 섬에 대한 (권리를) 주장하지 않았다."라고 썼다.[77]
1947년 일본외무성의 팸플릿 자료IV가 미 국무부의 가장 중요한 판단
근거로 작용했던 것이다.

5) 〈대마〉: 쓰시마(1949.7)

일본 외무성이 1946~1949년간 제작한 영토문제 자료집 가운데 〈대
마〉는 그 작성 경위가 보다 분명하게 확인되는 사례다. 1948년 한국정
부의 수립을 전후해 한국에서 제기된 대마도 영유권 주장 및 반환요구
에 맞서 이 자료집을 제작하게 되었다. 1948년 8월 이승만 대통령의
대마도 반환요구 이후 일본 내에서는 이에 대한 사실보도와 반박보도
가 연이었다.[78] 또한 중국 여론에서도 3백년 전 중국 영토였던 류큐가
일본의 영토가 된 것처럼, 3백년 전 한국의 영토였던 대마도가 일본의
영토가 되었으므로 일본은 류큐를 중국에 반환하는 동시에 대마도를
한국에 반환해야 한다는 보도가 있었다. 타이페이발 공립통신共立通信
은 대마도가 경제적으로 일본에게 이점이 없으나 신생 한국에게는 국
방상 절대 필요한 섬이기 때문에 일본이 침략적 야심이 없다면 이를
한국에 반환해야 한다고 주장했다.[79] 즉 중국 내에서도 류큐의 중국 반
환과 대마도의 한국 반환을 연계시키는 여론이 있었던 것이다. 1949년

77 Letter by Dean Acheson to You Chan Yang, Ambassador of Korea, August 10, 1951. RG 59,
   Japanese Peace Treaty Files of John Foster Dulles, 1946-52, Lot 54D423, Box 7; RG 59,
   Decimal File 694.001/8-1051
78 〈對馬返還は原則に反す〉,《朝日新聞》(1948.8.2); 〈對馬の返還, 李大統領要求〉,《朝日新聞》(1948.8.19);
   이하의 대마도 설명은 정병준, 〈1953~1954년 독도에서의 한일충돌과 한국의 독도수호
   정책〉,《한국독립운동사연구 41집》(2012)을 참조
79 《동아일보》(1948.9.19).

초에도 이승만 대통령을 비롯한 한국 관료들의 대마도 반환요구가 지속되었다. 일본은 이러한 한국발 대마도 반환요구에 대처해야 할 필요성이 있었다. 때문에 1949년 중반 일본 외무성은 대마도에 관한 문건을 작성하기에 이르렀다. 〈대마〉 자료집은 1949년 7월 완성되었다. 이 인쇄물은 1949년 12월 말에 미 국무부에 제출되었다.[80]

이 자료집의 내용 구성은 표지, 목차 1쪽, 본문 33쪽으로 되어 있다. 이 자료집에서 가장 중요한 부분은 한국과 일본의 교류 부분이었다.[81] 고대부터 통신루트로 쓰시마가 중요한 역할을 했으며, 쓰시마의 왜구가 한·일 관계에 영향을 주었으며, 임진왜란 이후 조선통신사의 중계기지로 역할을 했다고 정리하고 있다.

전반적으로 〈대마〉 자료집은 한국 측이 주장하는 쓰시마 영유권의 근거들을 다루고 있지 않으며, 쓰시마 거주 한인들의 불법성을 강조하고 있다. 이는 역사적·국제법적으로 쓰시마가 일본의 영토라는 점은 전혀 문제 될 것이 없기 때문일 것이다. 부록에서는 조선인 거주자들의 숫자, 불법 밀입국자의 숫자, 조선인 범죄자의 통계 등을 다루고 있다. 이에 따르면 조선인들은 쓰시마 전체 인구의 3%인 2,140명을 점했고, 좌익 성향이 강한 재일조선인연맹과 관련을 맺고 있었다. 쓰시마의 가장 큰 문제는 조선인 불법 밀입국자 및 체포자였다. 나카사키현의 밀입국자 중 60%가 쓰시마에서 체포된 조선인 밀입국자들이었다.

〈대마〉 자료집은 1949년 12월 말 미 국무부에 전달되었고, 시볼드 주일 미 정치고문은 1950년 1월 24일 이 자료를 국무부에 송부했다.[82] 그러나 일본이 쓰시마 영유권에 대해 실질적인 우려를 하지는 않았다.

---

80 〈平和條約問題作業分擔〉(1949.11.12.), 日本外務省(2006), pp.453-454.

81 Tsushima, Ministry of Foreign Affairs, Japanese Government, July, 1949.pp.6-16.

82 Subjec: Proposed Development of Iki and Tsushima Islands, January 24, 1950. RG 59, State Department, Decimal File, 794.022/1-2450

왜냐하면 대마도는 이미 1945년 말 연합군최고사령관 점령정책 재성명(1945.12.19)을 통해 일본령이 확인된 상태였으며, 〈대마對馬〉자료집 제작. 배포는 한국정부의 주장을 반박하기 위한 선전용 성격이었을 뿐 논쟁의 대상이 된 주요 영토에 속하지 않았기 때문이었다.

맺음말

이상에서 1946~1949년간 일본 외무성이 대일 평화조약 준비과정에서 제작·배포한 영토문제 자료집의 작성과정과 주요 내용, 특징 등을 살펴보았다.

일본 외무성은 1946년부터 본격적으로 평화조약과 관련해 영토문제에 대한 대책을 준비하기 시작했고, 그 일환으로 주요 영토문제에 관한 총7책의 자료집을 제작해 미국을 중심으로 한 연합국에 배포했다. 일본은 "연합국이 결정할 소도"를 집중적으로 다루었다. 일본 외무성은 1946년 11월부터 1947년 6월까지《일본의 부속소도》라는 제목의 시리즈를 총4부 간행했다. 외무성은 쿠릴열도, 류큐, 보닌제도, 울릉도·독도의 순서로 자료집을 간행했는데, 이는 일본 외무성이 생각하는 영토문제의 우선순위를 반영한 것이었다. 1949년에는 〈사할린〉(1949.1), 〈남쿠릴, 하보마이, 시코탄섬〉(1949.4), 〈대마〉(1949.7) 등의 영토문제 자료집을 추가로 제작했다. 이는 대일 평화조약의 추진과정에서 문제가 제기되는 일본 영토에 대한 대응책의 일환이었다.

일본 외무성은 대일 평화조약에 대한 연합국 측의 입장과 일정이 합의되지 않은 시점에서 일본의 영토문제에 대한 충분하고 적절한 자료집을 제작했다. 이러한 자료집의 제작은 그를 뒷받침하는 중요 자료의 축적, 영유권에 관한 역사적·국제법적 근거의 확보, 주요 논리의 개발, 영토문제 전담 인적자원의 존재를 전제로 하는 것이었다. 나아가 이들 자료집이 미국을 중심으로 한 대일 영토문제 담당기구와 전문가들의 수중에 들어가고, 이 자료집들의 신뢰성·합리성이 인정받음으로써, 일본은 평화조약 추진·체결과정은 물론 이후에도 영토문제에 관해 자국의 이익을 피력할 수 있었다.

즉 일본은 패전국이었지만, 외교적 경험, 시스템, 인적 자원 등 인프라가 잘 구축되어 있었고 미국·영국·소련 등 강대국이 어떤 방식으로 일본 영토문제에 접근할 것인지 예상할 수 있었다. 일본 외무성은 영토문제의 중요성을 인식했으며, 주요 영토문제의 쟁점에 대한 자료 수집, 분석, 역사적·국제법적 근거의 확보, 합리적 논리의 개발을 통해 영토문제 자료집을 제작했으며, 이를 연합국 정책 담당자에게 전달했고, 주요 정책결정자에게 그 정당성을 설득했다.

일본 외무성의 영토문제 자료집 제작과 배포과정은 전후 일본에게 유리한 연합국의 대일 영토정책을 이끌어내기 위한 일본 외무성 프로젝트의 핵심에 위치하고 있었다. 특히 시기적으로 이미 1946~1947년에 주요 영토문제에 대한 핵심쟁점과 자료들을 영문 자료집으로 제작·배포함으로써 해당 영토문제에 대한 합리적. 문서적 접근을 준비하고 있지 않던 관련 이해 당사국들의 입장을 압도했다.

요시다 시게루의 회고처럼 일상적이고 매일의 접촉을 통해 일본은 미국을 일본의 대변자로 만들고, 나아가 실질적으로 일본의 이익을 반영할 수 있는 통로를 만들었다. 외교국장 시볼드를 위시한 연합국 최고사령부 외교국 관리들과 미 정치고문실의 관리들은 일본정부의 목소리에 동정적이었으며, 적극적으로 이들의 이해를 반영하려고 노력했다. 일본정부의 목소리는 합리적으로 평가되었고, 이를 미 국무부에 전달할 안정적 통로가 확보되었다. 미 국무부 본부에서도 이미 1947년부터 일본 외무성의 자료를 합리적이고 객관적으로 평가하기 시작했다. 미국의 대일 정책은 1948년을 기점으로 역코스reverse course가 시작되었으며, 1950년 한국전쟁 발발을 계기로 조기강화의 추진과 일본 재무장이 확고해졌다. 1950년 덜레스가 대일 평화조약 특사로 임명된 후 평화조약 7원칙이 발표되는 등 조기강화 움직임이 본격화되었다.

일본이 승전국들과 2차 세계대전의 적대관계를 청산하고 평화를 회복하는 순간 일본과 국경이 맞닿아 있는 한국과 중국의 사정은 달랐다. 중국은 2차 세계대전의 승전국이었지만, 1946년 이래 만주에서 국공내전이 본격화되었고, 1949년에 이르러 중국공산당이 대륙을 석권하고 중국국민당은 대만으로 철수했다. 대만해협을 둘러싼 긴장과 갈등은 두 개의 중국정부에게 샌프란시스코 평화조약에 대처할 여력을 허용하지 않았다.

한국은 1948년에 남북한에 분단정부가 수립되었고, 1950년에는 한국전쟁이 발발했다. 이 전쟁에 미국, 중국, 소련이 개입하면서 2차 세계대전 이후 가장 큰 동아시아의 국제적 전쟁이 되었다. 덜레스가 도쿄를 공식방문한 1951년 2월, 한국은 중국의 참전으로 두 번째로 서울을 점령당한 상태였고, 제주도나 오키나와로 행정부와 주요 인력을 대피시켜야 할지도 모르는 위기 국면이었다. 전쟁에서의 생존이 한국 외교의 최대 목표였다.

즉, 일본이 평화를 회복한 순간, 일본의 식민지·점령지이자 피해국이었던 중국과 한국에서는 전쟁이 격렬하게 전개되고 있었다. 중국의 공산화와 한국의 전쟁은 역설적으로 급속한 대일 평화조약의 주요 동력이 되었지만, 일본의 평화는 한국과 중국의 전쟁에 기초한 것이란 점에서 역설적이었다.

최종적으로 일본정부의 입장은 샌프란시스코 평화회담 조약문에 일정부분 반영되었다. 남쿠릴에 관한 일본정부의 입장은 주일 미 정치고문과 미 국무부의 동의를 얻었으나, 소련이 참가하지 않은 평화조약문에는 명확하게 표시되지 않았다. 류큐에 대한 일본의 주장, 즉 남서

제도 및 남방제도라는 명칭의 사용은 평화조약문에 사용되었다. 일본이 센토제도로 명명한 센카쿠/댜오위댜오는 조약문에 언급되지 않았다. 일본이 주장한 독도 역시 조약문에 언급되지 않았다.

1950년 존 포스터 덜레스가 대일 평화조약 대통령특사로 임명된 이래 간단한 조약문을 추진했고, 그 결과 조약문은 축약되었다. 각국의 이해가 엇갈리는 쟁점들은 해결되지 않은 상태로 미봉되었고, 영토조항은 대폭 간소화되었다. 미국은 자국의 이해가 걸린 남태평양의 위임통치령, 오키나와(류큐)에 대해서는 명백한 영토조항을 마련했지만, 그 나머지 영토조항은 생략했다. 주요 도서는 물론 작은 도서들은 평화조약 초안과 최종조약문에서 거론되지 않았다.

샌프란시스코 평화조약 체결의 시점에서 미국과 주요 동맹국들은 일본과 평화를 회복했지만, 동아시아의 인접 국가들은 일본과 여전히 적대관계를 유지했다. 러시아·중국·한국 등 샌프란시스코 평화조약에서 배제된 일본의 인접 국가들이 이후 일본과 영토분쟁을 벌이게 되는 것은 자연스러운 귀결이었다. 외형적으로는 일본과 인접 국가들이 갈등을 빚고 있는 것으로 비춰졌지만, 제2차 세계대전이 초래한 결과를 냉전의 논리로 해결하려 한 미국 역시 갈등의 드러나지 않은 행위자였다.

---

* 이 글은 2017년 12월 1~2일 미국 펜실베이니아대에서 열린 제2차 회의에서 처음 발표되었다.

카이로 선언의 영토주권 문제와
샌프란시스코 조약의 한계점 극복

이장희(한국외국어대 법학전문대학원 명예교수)

여는 말

2차 세계대전이 한창이던 1943년 12월 1일 카이로 선언the Cairo Declaration이 발표되었다. 카이로 선언은 아시아·태평양전쟁의 연합국 측이 일본을 침략자로 규정하고, 먼저 미국, 영국, 중국 등 3개국 정상들이 모여 합의하고, 뒤이어 테헤란에서 소련 정상도 합류하여 모두 힘을 합쳐 침략자 일본을 반드시 응징하고, 새로운 동아시아 국제질서를 올바로 정립하고자 한 것이었다. 카이로 선언의 핵심 지향가치는 "일본 침략자 분쇄 및 응징", "식민지 및 불법점령 영토 주권 회복", "인권보호 (조선인민의 노예상태 유의)" 등 세 가지로 압축할 수 있다.

그런데 1945년 전쟁이 끝난 이후, 주요 전승국인 미국은 종전 후 카이로 선언을 집행하는 과정에서 미국 외교정책의 혁명적 변화로 볼 수 있는 트루먼선언The Truman Doctrine[1]을 발표했다. 그 뒤 1950년 6월에

---

1 '트루먼 선언'은 1947년 3월 12일 미국 대통령 해리 S. 트루만이 의회에서 선언한 미국 외교정책에 관한 원칙이다. 주요 내용은 공산주의 확대를 저지하기 위하여 자유와 독립의 유지에 노력하며, 소수의 정부지배를 거부하는 역사를 가진 세계 여러 나라 정부에 대하여 군사적 경제적 원조를 제공한다는 것이다. 이는 어디까지나 냉전에 대비한 정책이었다. Robert H. Ferrell, ed., 《Off the Record: The Private Papers of Harry S. Trumann》

발발한 한국전쟁은 한국과 중국에 대한 미국 외교정책의 변화를 가속
시켰다. 특히 트루먼선언은 당시 엄습한 냉전질서에 대처한 것으로,
소련의 핵실험(1949.8.29) 성공에 과민 반응까지 더해 카이로 선언의 핵
심가치를 엄격하게 집행하지 못하게 만든 요인이 되었다.

한 예로 일본의 국가이익을 앞세운 로비스트인 미 점령당국의 고
관 윌리엄 시볼드William J. Sebald[2]는 일본 패전 뒤의 독도 영유권 귀속과
관련하여 1949년 당시에 진행되고 있던 샌프란시스코 평화조약 기초
과정에서 카이로 선언의 영토조항 정신을 관철시키는 데에 큰 걸림돌
로 등장하였다.[3] 그는 샌프란시스코 평화조약 기초 과정에서 일본이
포기해야 할 영토에 독도를 명시적으로 포함시키도록 한 요구에 대해
독도가 일본의 관할 하에 있다며 거부했다. 이것은 카이로 선언의 한
국영토 근거인 "일본은 탐욕과 폭력에 의해 침탈한 모든 영토로부터
축출된다."에 정면 배치된다. 연합국 총사령부(Supreme Commander for
the Allied Powers, SCAP. 일반적으로는 General Headquarter를 줄여 GHQ 등
으로 사용했다)는 1945년부터 51년까지 일본점령 기간 내내 다른 특정
한 명령을 내린 바 없이 SCAPIN-677호(1946.1.29.)[4][5]를 적용하였으며,

(Harper and Row, 1980), pp.105-106.

2 William Joseph Sebald(1901.11.5.~1980.8.10). 시볼드는 1945년 12월, 연합국 최고사령부 임
   시 일본주재 미국정치고문실 참모 겸 연합국 외교보조단 특별보좌역으로 출발하였으며,
   1950년 10월 연합국 사령부 미국 정치고문 자격으로 샌프란시스코 평화조약의 독도 영
   토조약 조항에 대해서 일본 입장을 강하게 관철하려고 하였다.

3 샌프란시스코 평화조약 제5초안(1949.11.2.)까지 동 조약 제2조(a)에서 독도는 명백히 한
   국영토로 일본의 반환이 명시되어 있었다. 그런데 시볼드의 강력한 로비로 제6초안에서
   독도가 일본 영유권으로 명시되었는데, 이에 대해 영국과 호주를 비롯한 다른 연합국들
   이 문제를 제기하면서 현재처럼 애매모호하게 처리되었다.

4 SCAPIN-677호 3항에서 "일본" 영토에서 제외되는 것은 "ⓐ제주도, 울릉도(鬱陵島)·리앙
   쿠르암(岩)(Liancourt Rocks; 독도獨島·죽도竹島, 다케시마)"이라고 명시하고 있다.

5 SCAPIN-677 명령은 맥아더가 한국과 일본의 영토분쟁이 있는 점을 깊이 연구한 후에
   내린 것이라고 한다.

대일 강화조약 체결 직후 일본정부도 당시 독도가 일본의 관할구역에서 제외된 사실을 확인한 바 있다. 이처럼 당초 미국은 독도를 한국영토로 인정한 바 있다. 그런데 이러한 일시적인 미국의 태도 변화는 일본과 시볼드의 집요한 로비로 인한 것이었다.

카이로 선언의 기본정신을 샌프란시스코 평화조약이 파기함으로써, 지금 동아시아는 과거 식민지 시절 또는 제국주의 시대가 남긴 깊은 상처를 치유하지 못한 채, 일본과 한국 사이, 일본과 중국 사이의 역사 왜곡, 영토분쟁 그리고 아시아·태평양전쟁 피해자 인권침해 및 손해배상 문제 등으로 아직도 고통받고 있으며, 동아시아의 지역 협력과 동아시아 평화의 제도화도 불확실성속에서 표류하고 있다.

특히 제2차 세계대전 말기에 미국은 만주에 있는 일본 관동군을 과대평가한 나머지 그 대안으로 소련의 아시아·태평양전쟁 참가를 얄타 회담[6]에서 강하게 요청하여 끌어들였는데, 이는 결과적으로 한반도 분단으로 이어지게 만든 큰 실책이었다. 그 결과 한반도 문제에 소련이 개입하게 되면서 1960~1970년대의 냉전 기간에 한반도 장기 분단의 원인을 제공하였다. 결국 한반도는 현재까지 70여 년이 넘도록 장기 분단의 진통을 여전히 겪고 있다. 한반도의 장기 분단은 이 땅에 역사정의 정립, 평화체제 구축 그리고 민주주의 발전에 큰 걸림돌이 되고 있다. 특히 2012년 재집권한 일본의 아베 신조 총리 그리고 2020년 9월에 이를 계승한 스가 요시히데 총리 등 최근 자민당 정권의 우경화 정책과 과거 식민지 군국주의 부활을 연상시키는 언동에 한국과 중국

6 미국의 루즈벨트와 영국의 처칠, 소련의 스탈린 등 3개국 수뇌는 독일의 패배와 전후처리를 논의하기 위해서 1945년 2월 3일~11일까지 당시 소련 영토였던 크림반도의 얄타에서 만나 회담을 가졌다. 얄타 회담은 냉전과 한반도 분단의 계기가 되었는데, 이 회담에서 신탁통치 문제와 소련군의 한반도 주둔이 허용되면서 한반도 분단의 실마리를 제공하였다. Kimie Hara, 〈The San Francisco Peace Treaty and Frontier Problems in the Regional Order in East Asia: A Sixty Year Perspective〉, 《The Asia-Pacific Journal》(2012.4), pp.1-2.

을 비롯한 동아시아 국가들은 매우 우려하고 있다.

본고는 조선의 독도 영유권과 관련하여 영토주권 회복이라는 관점에서 "탐욕과 폭력에 의해 약취한 영토"의 회복과 "조선의 자유로운 독립"을 최초로 국제사회가 합의한 국제문서인 1943년 12월 1일의 '카이로 선언'을 국제법적으로 분석하려고 한다. 카이로 선언의 '조선 영토주권 및 조선 자유독립 회복' 부분이 포츠담 선언(1945.7.26.)[7]—일본의 포츠담 선언 무조건 수락(1945.8.10.)—일본의 항복문서 서명(1945.9.2.)—SCAPIN 677호(1946.1.29.)로 이어지는 모든 과정을 국제법적으로 분석하고, 샌프란시스코 평화조약의 영토조항에서 그것이 왜 애매하게 처리되었는지 등을 초안 배경 및 과정을 살피면서 정리해보고자 한다. 특히 카이로 선언의 주요한 정신(영토주권 회복, 전범국가의 처벌 및 조선의 자유독립)이 1951년 샌프란시스코 평화조약에서 독도 영토조항 및 조선의 자유독립과 관련해 온전하게 관철되지 못한 한계점을 살피고, 아울러 현재 그것을 극복하고 동아시아 평화공동체로 가기 위한 출구전략을 제시하고자 한다.

---

7   포츠담 선언Potsdam Declaration은 1945년 7월 26일 미국, 영국 및 중국이 독일 베를린 근교 포츠담에서 일본에 "항복의 기회를 주기 위하여 항복 조건"을 약정·선언한 것을 말한다. 그 후 소련도 이에 가입하였다. 같은 해 8월 14일 일본은 이를 수락하고 9월 2일에 일본의 대표가 서명한 항복문서에 그 취지가 표시되었다. 선언은 13개 조항으로 되어 있으며, 군국주의적 권력 및 세력의 제거(6항), 전쟁능력의 파괴 및 평화안전과 정의의 신질서가 확립될 때까지 일본점령(7항), 카이로 선언의 이행과 일본 영토의 제한(8항), 일본군의 무장해제 및 귀환(9항), 전범의 처벌과 민주주의의 부활강화 및 기본적 인권의 확립(10항), 군수산업의 금지와 평화산업 유지의 허가(11항), 민주주의 정부수립과 동시에 점령군의 철수(12항), 일본군의 무조건 항복(13항) 등이 규정되어 있다. 처음에 일본은 이 선언을 거부하였다. 연합군이 8월 6일 히로시마, 9일 나가사키에 원자폭탄을 투하하고, 소련이 8월 8일 대일 선전포고를 하고 참전하자 8월 10일에 일본은 이 선언의 수락을 결정하였고 이로써 제2차 세계 대전은 완전히 종결되었다. 포츠담 선언의 제8항은 독도 영유권 회복 및 조선의 자주독립을 약속한 중요한 조항이다.

카이로 선언의 체결 배경

1) 카이로 선언의 시대적 배경

카이로 회담은 군사회담이었다. 각국 수뇌는 외무(국무)장관이나 외교관을 대동하지 않고 군 장성들을 대동하였다. 카이로 선언은 1943년 11월 22일부터 27일까지 미국의 루스벨트 대통령, 영국의 처칠 총리, 중국의 장제스 총통[8](소련의 스탈린은 이어진 테헤란 회담에 참석하여 추후 카이로 선언에 서명하였다) 세 지도자들이 이집트 카이로 메나 지구에서 5박 6일의 회의를 연 뒤, 이어서 11월 27일부터 30일까지 테헤란으로 장소를 옮긴 뒤 장제스 총통 대신 스탈린이 참가한 가운데 4일간의 회담을 마친 다음, 1943년 12월 1일 '테헤란 코뮈니케'와 함께 동시에 발표됐다.

당시 루스벨트 대통령의 특별보좌관 해리 홉킨스는 대통령 숙소에 같이 기거하면서 80여 명의 대표단을 조율하였다. 회담의 주제는 두 가지였다. 첫째는 어떤 군사작전으로 어떻게 일본과 독일을 신속하게 효율적으로 패망시킬 것인가, 둘째는 일본제국과 나치독일에 대항한 전략전술을 협의하면서 연합군 수뇌 및 참모들의 우정을 키우는 것이었다. 이처럼 카이로 회담의 원래 목적은 독일 히틀러와 일본의 파시즘을 신속하게 끝까지 응징하는 전략전술에 대한 협의였다. 원래 참석하기로 했던 스탈린의 불참과 대신 참석한 장제스의 참석은 선언문의 작성에 많은 변화를 가져 왔다.[9]

카이로 회담은 바로 테헤란 회담으로 이어져야 했기 때문에 큰 원칙과 방안에 대한 분명한 결론은 나지 않았지만, 쟁점은 참석자들 서로가 이해하고 있었다. 유럽 상륙작전이 최우선적으로 진행되어야 한

8   정일화, 《카이로 선언: 대한민국의 독립의 문》(선한약속, 2010), pp.24-25.
9   위의 책, pp.26-27.

다는 것과 이를 위해 미국은 무기대여법[10]을 적절히 적용할 것에 합의
하였다. 유럽의 전후 처리문제에서 가장 첨예하게 떠오르는 주제는 폴
란드의 자유 독립문제였다. 그러나 이는 스탈린과의 최종타협이 필요
한 주제였으며, 나치 독일과 일본군국주의와는 무조건 항복을 받을 때
까지 싸운다는 것이 주요 합의내용이었다. 장제스가 주장하는 종전 후
중국의 잃어버린 옛 영토를 회복하겠다는 것은 미국과 중국 간에는
원칙적으로 합의되었지만, 영국에는 통보되지 않았다. 공동선언문은
미국 측이 회담 4일 째 되는 날 단독으로 준비하고 있었는데, 미국 측
은 이를 공개하지 않고 있었다.

　카이로 선언은 독일과 일본의 패색이 점차 짙어지는 가운데, 전쟁
종결 이후 국제질서의 처리에 대한 큰 기본방침을 정하기 위한 최초
의 국제적 합의였다. 이후 열린 포츠담 회담(1945년 7월)을 비롯하여 전
후 처리를 위한 국제회의에서는 카이로 선언이 그 기본지침이 되었다.
특히 카이로 선언이 태평양전쟁 이후 일본을 끝까지 응징하고 일본에
의해 탈취한 영토에 대해 중국의 영토주권 회복과 한국의 영토주권
회복 및 조선 독립 등 아시아 국가들의 탈식민화에 많은 비중을 둔 것
은 주목할 만하다.

　처칠 영국 총리는 협상 중에 전후 나치독일의 축출 및 새 유럽질
서를 세우는 조항이 전혀 없고, 아시아 문제 해결을 위한 선언의 성격
이 너무 짙다며 문제제기를 했다.[11] 영국은 자국의 인도 식민지 및 홍
콩 문제들을 감안하여 식민지 영토회복 및 구 영토회복 문제에 대해
서 매우 신중하였다. 회담장소도 경호를 고려하여 미국은 카이로를 고

10　"An Act to Promote the Defense of the United States"(1941.3.11.)(Lend-Lease: 1940~1945).
　　미국의 루즈벨트 대통령이 제2차 세계대전 중 연합국에 군수물자 지원을 늘리기 위해
　　추진했던 계획이다.
11　정일화,《카이로 선언》, pp.48-49.

집했고, 소련은 국내 사정 등을 고려하여 테헤란을 고집하였다. 결국 카이로 회담에는 소련이 불참했고, 소련 대신 중국 장제스 총통이 참석했다. 영국은 장제스 총통 참석을 반기지 않았다.

　카이로 회담 후 미국과 영국은 테헤란으로 가서 소련의 스탈린과 회담하고 테헤란 코뮈니케를 카이로 선언과 함께 발표하였다. 소련은 불참한 카이로 선언에 추후 서명하였다. 테헤란 회담의 공동 코뮈니케는 주로 유럽전쟁을 어떻게 끌어가고 마무리지을 것인가를 주 내용으로 했다.

2) 카이로 선언문의 초안 과정

카이로 선언문은 루스벨트의 오랜 동반자이자 특별보좌관인 해리 홉킨스가 초안하였다.[12][13] 첫 초안은 일본이 무조건 항복할 때까지 끝까지 세찬 군사공격으로 싸운다는 점, 중국의 구 영토 회복, 한국인의 노예상태 유의 및 한국의 가능한 빠른 순간(at the earliest possible moment)에 자유독립국가 약속, 참석한 3개국의 군인장성 및 참모들 명단을 포

12　미국은 각 행정부마다 자료를 모아 《Foreign Relations of the United States(FRUS)》을 발간하고 있다. 이 연구는 주로 FRUS를 많이 참고하고 있다.
13　카이로 회담의 공식 주제는 원래 계획되었던 대로 유럽문제였다. 유럽 상륙을 언제 어디서 어떻게 할 것인가 우선이었다. 카이로-테헤란 회담을 실질적으로 성사시켰던 홉킨스는 백악관 문서기록관 코넬리우스를 루스벨트가 묵고 있는 알렉산더 커크 미대사관저의 일광욕실로 불렀다. 코넬리우스의 기록에 의하면 홉킨스는 이날 코넬리우스에게 카이로 선언문을 구술했다. 코넬리우스 기록관은 홉킨스 특별보좌관이 부르는 대로 받아서 타이핑했다. 내용은 첫째 일본의 잔인성을 충분히 부각시키면서 연합국은 일본이 무조건 항복을 할 때까지 싸운다는 것, 둘째 중국은 '청일전쟁 이후 일본에게 뺏긴 모든 영토'를 반환받는다는 것, 셋째 한국은 일본에 의한 반역적인 노예생활을 벗어나 자유독립국가가 된다는 것 등이었다. 타협의 기미가 보이지 않는 유럽 상륙문제, 버마통로전쟁과 같은 군사문제와 유럽 정치문제는 일체 언급하지 않았다. 군사회담으로 열린 카이로 회담에서 한국의 독립이 선언된 것은 기적이었다. 주요의제는 군사문제였으며, 한국문제는 공식적으로 한 번도 토의된 일이 없었다. 《FRUS, 1943, Cairo and Teheran》, p.399; 정일화, 《카이로 선언》, pp.30-33; https://bluewaves.tistory.com/784

함하였다. 명칭도 첫 초안에는 '공동 선언'이 아니고 '공동 코뮈니케'였
다. 이 홉킨스의 첫 번째 초안이 루스벨트에게 전달되었다. 루스벨트는
홉킨스 초안의 기본 구도는 건드리지 않고 다만 초안 중에 다섯 곳을
수정하였다. 첫째, 일본에 대한 "세찬 공격이 될 것이다."의 '세찬 공격'
을 '지속적이고 점증하는 세찬 공격(continuous and increasingly vigorous
attack)'으로 고쳤다. 둘째는 "회의 장소" 관련 문장을 삭제하였다. 셋째
는 한국 독립문제 문항을 줄을 바꾸어 새로 시작하라는 표시를 하면
서 동시에 넷째, "가능한 가장 빠른 순간에(at the possible earliest mo-
ment)"를 "적절한 순간(at the proper moment)"으로 바꿨다. 그러면서 한
국 내용을 살렸다.[14] 다섯째, 뒷부분의 쑹메이링朱美齡 참가 부분을 모두
지워버렸다.

  홉킨스 초안은 루스벨트의 교정을 받아 다시 정리되었고, 이 수정
본이 정식으로 카이로 선언의 미국 안으로 확정되었다. 확정된 미국
초안은 각각 장제스와 처칠에게 전달되었다.

  영국은 다섯 가지 수정을 했다. 첫째, 일본의 태평양 점령도서를
모루 몰수한다는 대목을 "1914년 제1차 세계대전이 시작된 이후"를 첨
가하여 시간적 제한규정을 두었다. 둘째, 일본에게서 빼앗긴 중국영토
를 반환한다는 대목에서 "반역적으로 도둑질한 것(treacherous stolen)"
것 중 '반역적'이란 말을 삭제하였다. 이에 따라 중국과 한국 조항에 들
어가 있는 반역적(treacherous)이라는 말도 삭제되었다, 셋째, "일본이
폭력과 탐욕으로 정복한 모든 점령지는 그들의 손아귀에서 자유롭게
될 것이다(all the conquered territories taken by violence and greed by the Jap-
anese will be freed from their clutches)."는 "일본은 그들이 폭력과 탐욕으
로 점령한 모든 영토에서 추방될 것이다(Japan will be expelled from all

---

14 정일화, 《카이로 선언》, p.45에서 수정된 미국 대통령의 영어 원문을 참고할 수 있다.

the territories which she has taken by violence and greed)."라는 좀 더 세련된 표현으로 바뀌었다. 넷째, 홉킨스가 "가능한 빠른 순간에(at the possible earliest moment)"에 독립시킨다고 한 것을 루즈벨트가 "적절한 순간(at the proper moment)"이라고 고쳤던 것을 다시 "적절한 과정을 거쳐(in due course)"로 수정하였다. 다섯째, 한국 독립조항을 시작하는 주어를 "우리(we)"라는 말 대신에 "위에 언급된 3대 강대국(the aforesaid three Great Powers)"이라는 보다 책임 있는 단어로 고쳤다.[15]

홉킨스 초안에서는 일본, 중국, 한국이 차례로 언급되고 있는데, 일본에 대한 것은 카이로 회담 이전에 이미 기본방향이 서 있었기 때문에 큰 문제가 없었다. 중국도 전쟁이 연합국의 승리로 끝나면 잃어버린 영토를 찾겠다는 주장과 이미 이를 위한 로비를 많이 하고 있었다. 1943년 장제스의 부인 쑹메이링은 미국 전역에서 연설을 통해 제2차 세계대전 후에는 1895년 청일전쟁으로 잃은 중국의 구 영토를 회복해야 한다고 역설하고, 이를 미국정부에 강하게 요구하였다. 카이로 선언에 1895년 청일전쟁에서 패배한 중국이 시모노세키조약으로 잃어버린 구 영토(센카쿠열도, 중국명 댜오위다오)를 찾을 것이라는 문장이 들어간 것은 별로 새로운 일이 아니었다. 그런데 최종적으로 영국의 처칠은 홍콩 및 인도를 의식하여 중국의 구 영토회복 조항에서 1914년 1차 대전 개시 이후라는 시간적 한계를 넣었다. 이것이 현재까지 센카쿠열도/댜오위다오 영유권분쟁으로 이어지는 원인이 됐다. 그런 점에서 한국독립이 카이로 선언에 들어간 것은 의외였다. 여기에는 임시정부를 이끌었던 김구의 장제스 총통에 대한 탄원 및 그의 부인 쑹메이링의 간곡한 오랜[16] 대미 외교노력의 산물이라는 설과 리승만의 대미

---

15 https://bluewaves.tistory.com/784

16 장제스 총통의 부인 쑹메이링 여사는 미국 유학생 출신으로 영어가 능통하고, 루즈벨트 대통령의 영부인 엘리너 여사와 절친이었던 인연으로 백악관을 자주 출입하였다. 그녀

외교 결과라는 의견[17]으로 갈려 분분하다. 구체적인 자료를 기준으로 종합적으로 볼 때 전자가 더 설득력이 있어 보인다.[18]

조선에 대해 신탁통치안을 미국 정책안으로 이미 갖고 있던 루스벨트는 장제스의 조선독립 문제에 대한 제안에 대해 미국의 조선 신탁통치안은 일절 언급하지 않았던 것으로 보인다. 하지만 루스벨트는 신탁통치안을 포기하지 않고 그 후에 서서히 드러내곤 했다. 다만 루스벨트는 카이로 선언 당시에는 장제스의 조선독립 주장에 노골적으로 반대할 수 없는 상황이었고, 또 영국의 입장을 의식해 장제스가 말하는 것처럼 조선독립을 가장 빠른 순간에 하자는 데에는 유보적이었다.[19]

루스벨트가 한국독립과 관련하여 초안에서 조선독립 관련 문장을 새로 손보게 한 점과 '적절한 순간(at the proper moment)'으로 문구를 바꾼 점 등을 종합적으로 판단해볼 때, 루스벨트는 조선독립 자체에 대해서는 확고한 철학을 갖고 있었던 것으로 보인다. 다만 조선의 독립시기에 관해서는 유보적이었다.

카이로 선언과 영토주권 회복 문제

카이로 선언의 영토주권 회복 문제는 크게 두 가지다. 하나는 중국 영토주권 회복 문제, 두 번째는 조선의 영토주권 회복 문제다.

는 전후 첫째 과제가 중국의 옛 영토 회복이고, 곁들여 조선의 일제로부터 침탈된 영토회복과 국권회복임을 인식하고, 루즈벨트 대통령 영부인과 카이로 선언 초안자인 홉킨스에 절대적인 영향을 주었다.

17 유영익,《건국대통령 이승만: 생애·사상·업적의 새로운 조명》(일조각, 2013), pp.58-59.
18 이완범,〈카이로 선언의 결정과정에 대한 고찰〉,《카이로 선언의 정신구현과 아시아의 평화문제: 카이로 선언 70주년 기념학술세미나(2013.7.24.) 학술논문집》(주관 아시아사회과학연구원, 평화통일시민연대, 주최 동북아역사재단, 역사NGO역사포럼), pp.30-33.
19 《FRUS, 1943, vol.III, China》, p.84;《FRUS, The Conference at Cairo and Teheran, 1943》참조.

　전자는 카이로 선언 중에서 중국의 영토주권 회복문제는 1914년 제1차 세계대전 이후 태평양에서 중국이 일본에 의해 점령당한 섬 및 탈취당한 영토들의 주권회복 그리고 후자는 모든 폭력과 탐욕에 의해 약취한 영토로부터 일본의 철수 그리고 조선인민의 노예상태에 유념하여 적절한 절차를 거쳐 조선을 자유롭게 독립하는 부분에 잘 명시되어 있다.

1) 중국의 영토주권 회복 문제

카이로 선언 중에서 중국의 영토주권 회복과 관련된 부분은 다음과 같다.

　위 연합국의 목적은 일본으로부터 1914년 제1차 세계대전 개시 이후 일본이 장악 또는 점령한 태평양의 모든 섬들을 박탈할 것과 아울러 만주·대만·팽호도 등 일본이 중국인들로부터 도둑질한 모든 영토를 중화민국에 반환함에 있다.(It is their purpose that Japan shall be stripped of all the islands in the Pacific which she has seized or occupied since the beginning of the first world war in 1914, and that all the territories Japan has stolen from the Chinese, such as manchuria, Formosa, and the Pescadores, shall restored to the Republic of China).

　위의 중국 관련 부분의 초안 준비 협상과정을 검토해보면, 장제스는 일본에 의해 탈취당한 중국 영토에 대한 영토회복에 강하게 집착하였다. 처칠은 이것이 전후 영국의 인도 및 아프리카 식민지와 홍콩 문제에 미칠 영향을 우려하여 이를 매우 못마땅하게 여겼다. 미국이 작성한 첫 번째 초안에 처칠은 "1914년 제1차 세계대전 개시 이후"라는 문구를 첨가하여 "1914년 제1차 세계대전 개시 이후" 일본이 장악 또는 점령한 태평양 모든 섬으로 한정시켰다. 이는 1895년 청일전쟁까지 소급되는 것을 가능한 차단하기 위함이었다. 물론 1914년 세계대전 개시 이후로 한정한 것은 1914년 이전에 1910년 강제병합된 한국의 입장에서도 매우 예민한 구절이었다. 그러나 최종적으로 루스벨트가 처칠 초안을 보고 한국 부분을 새 문장으로 시작하라고 지시함으로써 1914년 제1차 세계대전 이후라는 시간통제 문구 삽입이 한반도 영토 회복에 영향을 주지 못하게 된 것은 천만다행이다.

  2) 조선의 영토주권 및 독립문제
카이로 선언에서 조선의 영토주권 회복 및 조선의 자유독립이 명시된 것은 당시의 상황으로 보아서는 거의 기적 같은 일이었다. 카이로 선언에 조선의 영토주권 회복 및 독립에 대한 부분은 다음과 같다.

  일본은 또한 폭력과 탐욕에 의하여 약취한 모든 영토로부터 축출될 것이다. 위 3대국은 한국인의 노예상태에 유의하여 적절한 과정을 통해 자유 독립하게 할 것을 결의하였다(Japan will also be expelled from all other territories which she has taken by violence and greed. The aforesaid three great powers, mindful of enslavement of the people of Korea, are determined that in due course shall become free and independent).

  카이로 선언 중에 조선의 영토주권 회복에 관련된 부분은 "일본은 폭력과 탐욕에 의해 탈취한 모든 다른 영토로부터 그 통치권이 축출될 것이다."라는 구절과 "세 지도자들은 조선 인민들의 노예화에 유의하여 '적절한 과정(in due course)'을 통해 자유 독립하게 할 것을 결의한다."는 구절이다."

(1) 독도는 "탐욕과 폭력"에 의해 약취된 영토인가?

여기서 일본이 1905년 2월 22일 "시마네현 고시 제40호"로 강행한 독도 선점조치가 "탐욕(greed)과 폭력(violence)"으로 탈취한 영토에 해당하는지의 문제가 제기된다. 일본은 이 제40호 고시를 통해 무주지인 이 섬을 선점[20]하고 이를 근대행정체제로 편입했다고 주장한다.[21]

그런데 조선은 1900년 10월 25일 "대한제국 칙령41호"를 반포함으로써 독도 영유권의 역사적 권원은 현대 국제법상의 권원으로 대체되었다. 그러나 대체된 새로운 권원은 1910년 "한일합방조약"에 의하여 사실상 중단되었는데, 다행스럽게도 연합국의 일련의 조치로 독도를 포함한 한국은 일본으로부터 분리되게 되었다.

1900년 대한제국 칙령 제41호 이후 독도는 무주지가 아니고 조선이 현대 국제법적 실효조치를 취한 것이므로 일본이 시마네현으로 편입하기 5년 전에 이미 주권행사를 하였다. 주인이 있는 영토를 중앙정부도 아닌 지방정부가 통보도 하지 않고 편입하는 것은 국제법 위반이며, 이는 일본 제국주의에 의한 탐욕과 조직적 폭력행위에 해당한다. 여기서 "힘"은 보통의 물리적 힘만 의미하는 것은 아니며, 조직적 강압은 물리적 힘보다 더 위력을 발휘할 수 있다. 1905년 당시 상황을 보면 일본은 1895년 청일전쟁과 1905년 러일전쟁에서 승리하였으며, 1905년 을사늑약으로 한국의 모든 외교권을 강탈한 상황이었다. 대한

---

20 일본의 독도에 대한 선점론의 허구성에 대해서는, 서인원, 〈1900년대 전후 일본 무주지 선점론과 신영토개척의 모순점에 대한 고찰〉, 《독도연구 26호》(영남대 독도연구소, 2019년 6월), pp.155-156.

21 "다케시마는, 1905년 2월 22일의 시마네현의 고시에 의해 「본현(시마네현) 소속 오키 도사(島司)의 소관」이라고 되고 있습니다만, 전후, 한국의 경비대원의 상주 등에 의해, 50년 이상에 걸쳐서 불법으로 점거되어 어업권 등의 우리 나라의 주권을 행사할 수 없는 상황이 되어 있습니다." 일본 시마네현은 'Web竹島問題研究所'의 이름으로 독도문제에 대한 홈페이지를 운영하고 있으며 일부 내용은 한글로도 안내하고 있다. https://www.pref.shimane.lg.jp/admin/pref/takeshima/web-takeshima/

제국과 대한민국은 국가성이 동일하다. 대한제국은 1904년 러일전쟁 개전 때부터 동의 없이 일제의 군사 점령을 당했다. 1904년 당시 국제법상 동의 없이 외국군대가 타국의 영역에 진입한 것은 침략이며, 실효적 지배를 한 것은 점령이다. 1910년 한일강제병합 이전이지만, 일본은 1900년대 초부터 집요하게 한국을 식민화하기 위해 조직적인 폭력과 탐욕을 구사하면서도 그것을 숨긴 채 은밀하게 추진했다. 1905년 독도에 대한 시마네현의 고시가 마치 법절차에 따라 평화롭게 진행된 것 같지만, 겉모습과 달리 그것은 "조직적인 폭력과 힘"에 의해 탈취한 것이다. 선점조치 이전에 우리 정부와 의견교환이나 사전 통보 같은 것을 전혀 하지 않았기 때문이다. 1905년 시마네현 고시 제40호를 발표한 뒤 사후에야 알린 것은 법적으로 의미가 없다.[22]

(2) '적절한 과정을 거쳐서' 조선의 자유와 독립:
· at the earliest possible moment: 가장 빠른 순간에(홉킨스 초안)
· at the proper moment: 적절한 순간에(루스벨트)
· in due course: 적절한 과정을 거쳐서(처칠)
일본으로부터 조선 인민의 노예상태에 유의하여 자유독립하게 한다는 것 자체에 대해서는 세 지도자들 모두 동의하는 내용이었다. 다만 독립 시기에서 홉킨스 초안은 일제 패망과 더불어 "즉시" 독립하게 한다는 것을 의미했지만, 홉킨스 초안을 루스벨트는 "적절한 순간"으로 교정했고, 여기에는 일제 패망 후 조선을 즉시 독립시키는 것보다는 "신탁통치" 과정을 거치게 하겠다는 깊은 속내가 숨겨져 있다. 처칠 총리는 루스벨트가 고친 미국 초안을 보고 "적절한 과정을 거쳐서"로 다시 교정했는데, 이는 루스벨트보다 식민지 독립 및 독립시기 모두에

22 박현진,《독도 영토주권 연구: 국제법, 한일관계와 한국의 도전》(경인문화사, 2016), pp.360-361.

대해 더 신중한 태도를 취한 것으로 보인다. 이것은 열강에 탈취당한 영토 및 식민지 독립문제와 관련해 영국이 차후 인도와 홍콩문제에 그것이 미칠 영향을 매우 의식한 결과다. 그러나 카이로 회담 당시 영국은 미국의 무기로 전쟁을 치르는 상황이어서, 미국 안에 대해 불만이었지만 독립 자체에 대해 노골적으로 반대하지는 않았다.

(3) 조선인민의 노예상태

카이로 선언 중에 "조선인민의 노예상태" 부분은 단순히 조선 문제에만 국한하지 말고, 카이로 선언이 당시 약소민족의 민족자결권과 그 국민들의 열악한 인권상황에도 관심을 표명한 것으로 보아야 할 것이다. 그리고 우리는 특히 일제 강제징용 피해자와 일본군 위안부문제와 관련하여 주목해야 한다. 아직도 이들의 인권침해에 대해 일본정부는 사과도 하지 않고, 불법성도 인정하지 않으며, 손해배상도 하지 않고 있다. 2008년 이탈리아가 30년 이상 리비아를 식민통치하면서 고통을 준 불법행위에 대해 공식적으로 사과하고 손해배상을 위해 우호 협정을 체결한 사례가 있다.[23] 또 2013년 5월에는 영국이 1950년대 케냐 식민지 독립운동가에 가한 불법행위에 대한 손해 배상문제를 협의하는 등 참고할 만한 사례를 찾아볼 수 있다.[24]

23 이장희, 〈리비아. 이탈리아 식민지 배상책임 사례의 국제법적 검토〉, 《한·일협정 50년사의 재조명 2》(동북아역사재단, 2012), pp.97-100.
24 나가하라 요코, 〈현대사속의 식민지 책임: 아프리카 식민지를 중심으로〉, 위의 책, pp.135-144.

카이로 선언의 영토주권 회복 조항과
SCAPIN 제677호

1943년 12월 1일 카이로 선언의 조선 영토회복 부분은 1945년 7월 17~ 26일 포츠담 선언 제8항(카이로 선언의 이행과 일본 영토의 규정)−1945년 8월 10일 일본의 포츠담 선언 무조건 수락−1945년 9월 2일 항복문서 서명−1946년 SCAPIN 677(일본영토 정의에서 독도를 제외하고 한국에 귀속) 집행−샌프란시스코 평화조약(제2조 1항, 제9조 d)으로 연결 발전된다.

구체적으로 살펴보면, 1943년 카이로 선언의 영토회복 조항은 1946년 1월 29일 종전 후에 도쿄 주둔 연합국 총사령관 맥아더의 일반명령 677호(SCAPIN 677)로 최초로 구체화 되었다. SCAPIN 제677호는 카이로 선언의 영토주권 회복 부분의 최초 이행이자 항복문서(1945.9.2) 의 시행이었다. 연합국 최고사령부는 SCAPIN 제677호를 일본 임시정부에 전달했다. 연합국 최고사령부의 SCAPIN 제677호는 일본의 항복문서를 집행하기 위하여 '일본의 영토와 주권 행사 범위를 정의'한 것이었다. 연합국 최고사령부는 이것을 "일본의 정의(the definition of Japan)"라고 표현했는데, 여기서는 영토와 정치적·행정적 권리 행사 범위가 명백하게 정의되었다.

주지하다시피 일본은 1951년 1월부터 독도 영유권 주장의 논거 중 하나로 1951년 9월 샌프란시스코 강화조약 제2조 1항에서 한국의 영토로 규정한 섬 중에 '독도'의 명칭을 제외시킨 것을 들고 있고, 이것은 독도가 일본 영토임을 인정하게 한다고 강변하고 있다. 일본 관료들은 1946년 1월 29일의 연합국 최고사령부가 집행한 SCAPIN 지령 제677호에서는 일본의 정치적·행정적 지배구역으로부터 분리하여 한국에 귀속시키는 섬들로 제주도·울릉도와 함께 독도(獨島/Liancourt Rocks, Takeshima)가 명기되어 있는데, 1951년 9월 8일의 샌프란시스코 조약

에서는 제주도·거문도·울릉도만 있고 독도를 제외시킨 것은 독도가
일본영토임을 연합국이 인정한 것이라고 주장하고 있다.[25]

    연합국이 독도를 한국영토라고 판정한 근거는 1943년 11월 20일
의 카이로 선언으로 거슬러 올라간다. 연합국은 카이로 선언에서 한국
의 독립을 약속했으며 일본 패전 후의 일본영토의 한계 원칙을 명백
히 규정하였다. 이어서 카이로 선언은 비록 3개국 사이의 선언이었지
만, 1945년 7월 26일 포츠담 선언에서 재확인되었으며, 동 선언 제8항
은 일본을 구속하는 법적 문서가 되었다.

    제2차 세계대전이 1941년 12월 8일 일본의 진주만 기습으로 아시
아·태평양전쟁으로 확전된 후 1943년부터 전세가 연합군에 유리하게
전개되자, 연합국 고위 정치가들 사이에서는 독일·일본·이탈리아 등
추축국樞軸國, the Axis powers 점령 아래 있던 식민지에 대한 전후처리 문제
를 논의하기 시작했다.

    1943년 11월 20일 루스벨트와 처칠, 장제스 등이 참석한 '카이로
회담'에서는 일본 패전 후의 한국 독립과, 한국 및 일본의 영토문제에
대하여 중대한 합의를 했다. 카이로 선언은 독도와 관련해서도 매우
중요하다. 카이로 선언에서 명백하게 밝혀지고 있는 바, 일본으로부터
반환받고 일본이 축출되어야 할 지역은 다음과 같이 세 범주로 선언
되었다.

    ① 일본과 영국의 입장을 반영하여 1914년 제1차 세계대전 개시 이후
      에 일본이 장악 또는 점령한 태평양 안에 있는 모든 섬들

25 일본 외무성의 홈페이지 〈竹島〉 항목에 이와 관련한 내용들이 소개되어 있다. https://
www.mofa.go.jp/mofaj/area/takeshima/index.html 하위 메뉴의 '竹島問題の概要' 중에 '第二
次大戦直後の竹島'는 SCAPIN 지령 제677호 관련 내용을, 'サンフランシスコ平和条約にお
ける竹島の取扱い'은 샌프란시스코 조약 관련 내용을 정리한 것이다.

②1894~1895년 청·일 전쟁 이후 일본이 중국으로부터 절취한 만주·대
만·팽호도 등

③일본이 폭력과 탐욕에 의하여 약취한 모든 다른 지역들이다. 그리고
이 선언은 한국의 독립을 약속하였다.

여기서 한국의 영토는 ③의 "일본이 폭력과 탐욕에 의하여 약취한
모든 다른 지역들"에 포함되며, 그 상한은 1894~1895년 청·일 전쟁 때
일본이 절취한 영토가 해당되는 데서도 알 수 있듯이 1910년 이후로
만 한정되지 않고 그 이전에라도 일본이 절취한 한국영토가 있으면
모두 독립된 한국에 반환되어야 함을 선언하고 있다. 따라서 일본이
대한제국으로부터 1905년 2월에 약취한 독도가 여기에 포함됨은 명백
하다. 물론 이 카이로 선언은 미국·영국·중국의 3대 연합국에 의한 공
동선언이며, 따라서 그 자체가 일본을 구속하는 것은 아니다.

그러나 카이로 선언은 그 후 1945년 7월 26일 일본의 항복 조건을
규정한 미국·영국·중국의 포츠담 선언으로 이어졌는데 특히 영토 관
련 내용은 포츠담 선언의 제8항에 흡수되어 이후 일본을 구속하는 국
제문서가 되었다.[26] 일본은 1945년 8월 14일 포츠담 선언의 수락을 연
합국에 전달하였다.

포츠담 선언 제8항의 내용은 다음과 같다. "카이로 선언의 모든 조
항은 이행될 것이며, 일본국의 주권은 혼슈·홋카이도·규슈·시코쿠 그
리고 연합국이 결정하는 작은 섬들에 국한될 것이다." 이 포츠담 선언
에 의하여 전후 일본의 영토는 "혼슈·홋카이도·규슈·시코쿠 그리고 연
합국이 결정하는 작은 섬들"로 한정되었다. 독도가 일본영토가 되려면
그 후 '연합국이 일본영토라고 결정하는 작은 섬들에 독도가 포함되어

---

26 박현진, 《독도 영토주권 연구》, pp.369-370.

야 하는 조건'이 여기서 명확히 설정된 것이다. 그러나 독도는 1905년 2월 일본이 대한제국으로부터 탐욕에 의해 약취한 섬이며, 이 선언이 있은 후에 연합국 최고사령부가 독도를 다시 일본영토로 결정한 일이 없었다. 물론 이 포츠담 선언도 그 자체로는 4대 연합국 간의 공동선언에 불과하여 일본에 대해서 구속력을 가진 것은 아니었다.[27]

그러나 일본은 1945년 8월 14일 포츠담 선언을 무조건 수락했고, 같은 해 9월 2일에는 이것을 성문화한 항복문서에 조인함으로써 포츠담 선언, 따라서 카이로 선언은 일본에게 구속력을 갖게 되었다. '일본 항복문서'의 관련 부분은 다음과 같다:

> 우리(일본)는 …… 1945년 7월 26일 포츠담에서 미국·중국·영국의 정부 수뇌들에 의하여 발표되고, 그 후 소련에 의해 지지된 선언에 제시한 조항들을 수락한다. …… 우리는 이후 일본정부와 그 승계자가 포츠담 선언의 규정을 성실히 수행할 것을 확약한다.[28]

제2차 세계대전 종전 직전 연합국의 일본영토 처리에 관한 기본 지침은 일본영토를 청일전쟁 이전의 상태로 환원시키려고 한 것이 분명하다. 또한 일본의 독도 '취득'은 바로 카이로 선언에서 밝힌 바 1905년에 "폭력과 탐욕에 의하여 약취"한 것에 해당하므로 당연히 독도로부터 구축驅逐되어야 한다.

---

27 위의 책.
28 일본 항복문서의 해당 부분 영어 원문은 다음과 같다. "INSTRUMENT OF SURRENDER: We, (acting by command of and in behalf of the Emperor of Japan, the Japanese Government and the Japanese Imperial General Headquarters,) hereby accept the provisions set forth in the declaration issued by the heads of the Governments of the United States, China, and Great Britain on 26 July 1945 at Potsdam, and subsequently adhered to by the Union of Soviet Socialist Republics, which four powers are hereafter referred to as the Allied Powers(…)"

여기서 오직 한 가지 문제는 독도가 포츠담 선언 제8항에서 말하는, 후에 일본영토로 규정할 "연합국이 결정하는 작은 섬들"에 포함되었는가의 여부만 확인하면 된다. 일본이 1945년 8월 15일 연합국에 항복하고 같은 해 9월 2일 항복문서에 조인한 후, 도쿄에 연합국 최고사령부Great Headquarters Supreme Commander for the Allied Powers; GHQ가 설치되어 일본의 통치를 담당하자, 연합국 최고사령부는 포츠담 선언의 규정들을 집행하기 시작했다. 연합국 가운데 일본 통치에 대하여 절대적 영향력을 갖고 있던 미국정부는 연합국 최고사령부에 대한 훈령으로서 1945년 9월 22일 '항복 후 미국의 초기 대일본 방침'을 전달하였다. 이것은 미국정부의 입장에서, 연합국 최고사령부가 일본의 점령 관리에서 포츠담 선언과 항복문서의 조항들을 구체적으로 어떻게 해석하고 있는가 하는 기본방침을 설명하여 알려준 것이다. 이 '항복 후 미국의 초기 대일본 방침'에서는 "일본의 주권은 혼슈·홋카이도·규슈·시코쿠와 카이로 선언 및 미국이 이미 참가하였고 또 장래에 참가할 기타 협정에 의하여 결정되는 주변의 작은 섬들(minor outlying islands)에 국한된다."고 규정했다.

이것은 아직 포츠담 선언의 실행 측면에서는 큰 변화가 없는 것이었다. 포츠담 선언에서는 일본의 영토를 혼슈·홋카이도·규슈·시코쿠와 "연합국이 결정하는 작은 섬들"이라고 했는데, 이 '항복 후 미국의 초기 대일본 방침'에서는 "카이로 선언 및 미국이 이미 참가하였고 또 장래에 참가할 기타 협정에 의하여 결정되는 주변의 작은 섬들"로 대체된 것뿐이다. 여기서는 소련이 참가하지 않았던 카이로 선언이 강조되고, 동시에 미국이 참가하는 협정에 의해서 주변의 작은 섬들 가운데서 어떠한 섬들을 일본영토로 인정할 것인가를 결정하겠다고 하여 미국의 입장을 강화하는 데 역점이 있었다. 그리하여 아직 일본의 영토로부터 분리해야 할 작은 섬들 또는 부속시켜야 할 작은 섬들의 명칭이 언급되어 있지는 않았다.

그러나 이 '방침'에서는 카이로 선언의 규정이 포츠담 선언의 이행이라는 간접적 규범력으로 설정되지 않고, '직접' 카이로 선언을 언급함으로써 독도를 일본영토로부터 분리해 한국에 반환하는 데 대해서 중요한 시사를 하고 있음에 주목할 필요가 있다. 왜냐하면 카이로 선언에는 청일전쟁 후 일본이 절취한 중국의 영토와 태평양 안의 섬들뿐만 아니라, 일본이 "폭력과 탐욕에 의하여 약취한 모든 다른 지역으로부터 축출될 것"이라고 했고 '한국의 독립'이 약속되어 있었기 때문이다. 독도는 바로 이 "일본의 폭력과 탐욕에 의해 약취된 지역"에 해당된 것이었다. 연합국 최고사령부는 연합국의 위와 같은 원칙과 방침에 의거하여 1945년 9월부터 1946년 1월까지 약 5개월 간 연구 검토 끝에 연합국 최고사령부 지령Supreme Commander for the Allied Powers Instruction, SCAPIN 제677호를 결정 발표하여, 일본으로부터 분리해서 원소속으로 반환해야 할 영토를 규정하였다. 독도는 이 SCAPIN 제677호에 의해 한국영토로 판정되어 일본의 정치적·행정적 지배지역으로부터 분리되어 한국(당시 미군정)으로 반환된 것이었다.

카이로 선언 영토주권 회복과
독도 영유권 문제

미국을 비롯한 연합국이 카이로 선언의 영토 관련 내용을 독도문제에 온전하게 적용하였다면, 한·일 간의 독도문제 갈등은 이미 해답을 찾았을 것이다. 하지만 1952년 1월 발효한 샌프란시스코 조약은 제2조 1항에서 카이로 선언 정신을 정확하게 관철하지 못했다. 그 원인 중 가장 큰 것은 미국의 동아시아 외교정책 이해관계와 일본정부의 집요한 로비가 작용한 것이다. 1905년 을사늑약–1910년 한일강제병합조약의 무효를 주장하는 한국의 입장에서 카이로 선언의 "탐욕과 힘에 의한 갈취된 영토"의 첫 번째 대상은 독도라고 본다. 혹자는 카이로 선언을 근본 규범적 성격의 지도원리로 보고 한국의 독도 영유권 해석을 하고 있다.[29] 그래서 1946년 SCAPIN 677호는 일본의 통치권 포기대상에 독도를 명기하였다. 그런데 샌프란시스코 조약 제2조 1항은 독도에 관해 한국에 대한 영토귀속의 언급이 없다. 아홉 차례에 걸친 샌프란시스코 평화조약 초안 성립과정 중에서 첫 번째부터 다섯 번째까지는 명백하게 독도를 한국의 영토로 명시하였다. 그런데 여섯 번째 초안에서 딱 한 번 일본의 영토로 명시하였고, 일곱 번째에서 아홉 번째 마지막 초안은 현재와 같이 독도에 대해 언급하지 않았다. 이러한 사정을 바탕으로 일본은 현재 독도 영유권에 관한 자국 주장의 핵심논거로 샌프란시스코 조약 제2조 1항을 내세우고 있다. 영토문제에 대한 전후 연합국의 최종적 입장은 1946년 SCAPIN-677호보다 평화조약인 샌프란시스코 조약이 더 타당하다고 강변하는 것이다.

　그러나 일본의 주장은 한·일 간 독도문제에 대한 많은 국제법적 문제를 안고 있다. 우선 일본의 주장은 국제조약법상 조약의 제3자적 효력에 위반된다. 샌프란시스코 조약 당사국도 아닌 제3국인 대한민국에게 독도 영유권 문제에 대해서 조약상의 의무를 부담시키는 적용은 해당국의 명백한 명시적 동의 없이는 불가능하다. 둘째는 SCAPIN 677호 제3항은 다른 SCAPIN으로 이 효력을 상실시키지 않는 한 계속 유효하다고 명시하였다. 샌프란시스코 평화조약 제19조 d항[30]은 이를 명백히 하고 있다. 따라서 샌프란시스코 평화조약으로 이 효력을 상실

29　이동원, 〈카이로 선언의 지도원리와 한국의 영유권 고찰〉, 《심허 이장희교수 정년기념 학술대회논문집》(2015.2), pp.55-56.

30　해당 내용의 원문은 다음과 같다. Article 19(d): "Japan recognizes the validity of all acts and omissions done during the period of occupation under or in consequence of directives of the occupation authorities (...)"

시킬 수 없다. 셋째, SCAPIN 677호의 효력을 상실시키려면, 샌프란시스코 조약 제2조 1항 영토조항이 SCAPIN 677호보다 좀 더 구체적이어야 하지만 그렇지 않다.

SCAPIN 677호에서는 '독도'가 일본영토로부터 제외됨을 제3항에서 명백히 규정하였다. 즉 연합국 최고사령부의 SCAPIN 제677호 제3항에 의하여 독도는 일본영토로부터 완전히 제외되었고 한국영토로 결정되어 발표되고 일본정부에도 통보된 것이었다. 여기서 주목할 것은 그 집단분류이다. 위의 SCAPIN 제677호에서는 일본의 영토와 정치적·행정적 주권행사로부터 제외해야 할 곳을 ⓐⓑⓒ의 3개 범주로 집단분류하면서 ⓐ집단 안에다 '울릉도·독도·제주도'의 3개 섬을 순서대로 범주화하고 있다. 이것은 연합국 최고사령부가 일본영토에 포함시킬 대상의 섬들을 조사한 후에 일본과 한국의 영토를 구분하여 '울릉도·독도·제주도'를 명백하게 한국영토로 판정하여 발표한 것이었다.

"탐욕과 힘"에 의해 탈취된 영토에는 한반도 본토를 비롯하여 부속도서로서 독도도 명백히 대상이 된다. 1905년 일본 시마네현에 의한 독도의 편입은 탐욕에 의하여 행해진 것이 명백하다. 이 조항이 1946년 SCAPIN 677호에는 관철되었는데, 1952년 4월 발효한 샌프란시스코 조약에서 제대로 명백하게 반영되지 않음으로써 독도문제에 대한 불씨를 현재까지 남기고 있는 것이다.

카이로 선언의 영토주권 회복 정신은 유럽에서는 지켜졌지만, 동아시아에는 실현되지 않았다. 그래서 한·일 간의 독도 영토문제 갈등과 중·일 간 센카쿠 영토문제 갈등은 모두 카이로 선언의 정신을 이행하지 못한 것에서 연유한다.

1900년 10월 24일 대한제국 칙령 41호에 의해 독도가 포함된 울릉도 편입조치는 현대 국제법상 실효적 지배조치로 이루어졌다. 다시 말해 1905년 일본 시마네현 고시 제40호에 근거한 무주지 선점조치 5년 이전에 이미 조선정부는 독도 영유권의 실효적 지배조치를 취했다.
1900년 이후 독도는 더 이상 무주지가 아니었다. 그런데 일본은 1904~
1905년 러일전쟁의 와중에 독도의 군사적 중요성을 인식하고 독도 편
입을 서둘러 선점 조치한 것이다. 그것도 일본 중앙정부도 아닌 지방
정부인 시마네현의 고시를 통해서였다. 이렇듯 일본의 1905년 독도 선
점 조치는 국제법 위반이다. 위반사항에는 독도가 무주지가 아닌 점,
선점의 주체가 중앙정부가 아니고 지방정부인 점, 이해관계국인 한국
에 통보하지 않은 점 등이다.[31]

일본의 1905년 독도에 대한 선점 조치는 '탐욕'이자 공권력이 개입
된 조직적 '폭력'에서 나온 것이다. 1905년 러일전쟁 승리-1907년 정
미조약-19010년 한일강제병합이라는 정치 수순을 진행시키기 위해,
독도 강제선점은 조선 포위, 러시아와 중국에 대한 견제라는 조선 식
민지 강제합병을 위한 일련의 시나리오에 따라 진행된 것이다.

그러므로 카이로 선언 자체는 법적 구속력은 없지만, 1945년 9월
2일 일본의 항복문서 수락을 통해 일본에 대해 법적 구속력을 가진다.
특히 독도의 영유권 권원과 관련하여 이 카이로 선언의 영토주권 회
복 부분은 포츠담 선언(1945)-SCAPIN 677호(1946)-대일 평화조약
(1952.4)으로 이행되고 연결되어, 마침내 1948년 대한민국 정부 수립으
로 법적으로 소급하여 우리나라에 귀속되었다고 볼 수 있다. 다시 말
해 1952년 4월 샌프란시스코 대일 강화조약 발효 이후 일본으로부터
독도의 분리는 통치권(imperium)과 영유권(dominium)[32]의 양대 요건을
모두 갖추어 대한민국에 법적으로 소급하여 귀속하는 것으로 귀결되
었다고 할 수 있다.

---

31 박현진, 《독도 영토주권 연구》, p.229.
32 imperium은 사람에 대해서 행하는 통치統治, dominium은 사물에 대한 영유領有를 뜻한다.
     김명기, 《국제법원론(상)》(박영사, 1996), pp.438-443.

카이로 선언의 영토주권 회복 조항에 대한
국제법적 분석

1) 국제법적 성격

1943년 11월, 연합국 수뇌회담을 거쳐 11월 27일 카이로에서 서명되고 12월 1일에 발표된 원래 명칭인 '카이로 코뮈니케'였던 것이 이어서 루스벨트, 처칠 외에 스탈린이 참여한 테헤란 회담이 있은 후 격상되어 카이로 선언이 되고, 다시 테헤란 코뮈니케가 뒤따르는 모양으로 1943년 12월 1일 테헤란에서 동시에 발표되었다. 원래 코뮈니케는 국제회의의 합의내용을 알리는 것에 불과하고, 오히려 공동선언이 참가한 국가들에게 훨씬 더 큰 도덕적 구속력을 가졌다. 카이로 선언의 형식이나 내용을 분석해볼 때 이는 국제법상의 국제조약은 아니다. 조약은 명칭 및 조약 수에 관계없이 국제법 주체 간에 국제법상 구속력을 갖는 명시적 서면 합의다. 조약은 형식상 서명-비준-효력-등록이라는 4가지 체결절차를 거쳐야한다.[33] 또 내용에서도 전문, 법조문 형식, 효력 조항, 회원 제명, 탈퇴 등의 조항이 포함된다. 한 예로 국제조약은 국회의 비준동의는 받지 못하더라도 최소한 국무회의를 통과해서 대통령의 비준을 받아야 한다. 카이로 선언은 위와 같은 형식 및 내용과는 전혀 거리가 멀다. 카이로 선언은 신사협정Gentlemen Agreement이다. 신사협정은 오로지 대표자의 개인적·정치적 신의라는 기초 위에서 이루어진다. 신사협정의 성격을 띤 카이로 선언 등은 엄격한 법적 구속력은 없지만 국제적으로 영향력 있는 세계 정치 지도자의 개인적 신의에 기초함으로써 가장 믿을 만한 실천성을 담보한 국제적 합의라 할 수 있다. 대서양 헌장도 신사협정으로서 전후 국제연합(United Nations: UN)이라는

---

33 Martin Dixon, 《Textbook on International Law(Sixth Edition)》(Oxford University Press, 2007), pp.54-55.

국제질서를 확립하는데 큰 역할을 하였다.[34] 카이로 선언은 이어 테헤란 회담-1945년 포츠담 회담에서 재확인되었다. 실제로 미국은 유럽에서는 침략국인 독일의 전범재판과 관련해 카이로 선언을 철저하게 관철하였다. 이러한 기초 위에 수립된 정의로운 유럽질서는 유럽평의회Council of Europe[35]-유럽경제공동체-유럽안보협력회의-독일통일-유럽연합[36]의 수순으로 지역협력과 통합·발전을 다방면에서 성공시키고 있다.

2) 카이로 선언의 영토주권 회복의 법적 구속력 시기 및 영토주권
　회복시기 문제

카이로 선언은 미·영·중·소 4개국 사이에는 매우 신뢰성과 실천성이 담보된 국제적 합의문서다. 그러나 연합국 4대국의 일방적 선언에 불과해 일본에 대해서는 구속력이 없었다. 그러나 일본은 1945년 8월 14일 포츠담 선언을 무조건 수락했고, 이어 9월 2일에는 이것을 성문화한 일본 항복문서에 조인함으로써 포츠담 선언, 따라서 카이로 선언이 일본에 구속력을 갖게 되었다. 일본은 카이로 선언-포츠담 선언을

---

34 1941년 8월 14일, 뉴펀들랜드의 미 해군기지에 정박한 군함 내에서 루즈벨트 대통령과 처칠 총리가 회담을 갖고, 전후의 세계 질서에 대하여 14개조의 조항으로 이루어진 평화 구상을 발표하였다. 이후 소련을 비롯해 33개국이 승인하였으며, 전후 유엔의 설립으로 이어졌다. 대서양 헌장은 미국과 영국이라는 양대 민주국가 지도자에 의해 작성되었으며, 국가 간 정치인들의 신뢰를 바탕으로 법률상의 효력은 없더라도 도덕적 의무를 지니는 신사협정의 모델과도 같다. Georg Schwarzenberger, 《A Manual of International Law》(Frederick A. Praeger, 1967), p.151.

35 유럽평의회Council of Europe의 성립배경과 구체적 활동에 대해서는 다음 글을 참고하라. A.H. Robertson, 〈Council of Europe〉, 《Encyclopedia of Public International Law(vol.6)》, pp.86-92.

36 Ralph H. Folson, 《European Union Law in a Nutshell》(West Academic), pp.29-31; Dominik Lasok. John William Bridge, 《Law and Institutions of European Communities》(Butterworth, 1987), pp.3-6.

모두 수락한 대일 항복문서 서명 시에 이를 수락하였고, 그때부터 카이로 선언은 일본에 구속력을 가졌다. 이후부터 이를 이행하는 연합국의 일련의 조치도 일본에 법적 효력을 미친다.

제2차 세계대전 종전 직전 연합국의 일본영토 처리에 관한 기본 지침은 일본영토를 청일전쟁 이전의 상태로 환원시키려고 한 것이 분명하다. 또한 일본의 독도 '취득'은 바로 카이로 선언에서 밝힌 바 1905년에 "폭력과 탐욕에 의하여 약취"한 것에 해당하므로 당연히 독도로부터 구축되어야 한다.

그리고 위와 같이 일본이 카이로-포츠담 선언을 수용하는 항복문서를 수락하여도 이는 일본의 교전상태가 일시 정지된 것이고, 곧 연합국에 의한 전시점령이 시작되어 교전법은 여전히 일본에서 적용된다. 궁극적으로 카이로 선언의 영토주권 회복 부분의 이행으로 1946년 SCAPIN 677호-1951년 1월 대일 강화조약으로 연결이 된다. SCAPIN 677호로 독도가 일본 국가영역 범위 정의에서 제외됐다는 의미는 일본의 통치(imperium)에서 분리됐다는 것이고, 일본의 영유(dominium)에서 분리된 것이 아니다. 일본의 독도에 대한 통치는 3년간 미군정으로 옮겨지고, 다시 1948년 8월 15일 대한민국으로 귀속된다. 독도가 일본의 영유에서 분리되는 것은 법적으로 1952년 4월 발효한 대일 강화조약 발효 이후부터다. 1952년 4월 일본의 독도 영유는 종결되고 1948년 8월 15일 대한민국으로 소급하여 귀속된다. 카이로 선언의 영토주권 회복 부분은 종국적으로 법률상 1952년 대일 강화조약 이후부터 독도에 대한 일본의 통치와 영유권이 소멸되고, 1948년 8월 15일 대한민국으로 소급하여 귀속된다. 따라서 카이로 선언의 영토주권 회복 시점은 1952년 4월 대일 강화조약 이후부터라고 볼 수 있다.

카이로 선언 영토주권 회복 조항과
샌프란시스코 평화조약에 주는 함의

1) 샌프란시스코 평화조약 제2조 1항과 독도 영유권

일본정부는 1962년 7월 13일 일본정부 견해에서 1946년 1월 29일의 '연합군 최고사령부 훈령 제677호'(SCAPIN no.677)에 독도가 한국 점령군 사령관의 관할구역으로 포함되어 있으나, 1951년 '샌프란시스코 조약 제2조 (a)'에는 제외되어 있으므로 독도는 일본으로부터 분리된 것이 아니라고 주장한다. 즉, 일본은 샌프란시스코 조약 제2조 a항에 의해 한국의 독립을 승인하고 제주도, 거문도 및 울릉도를 포함하는 한국에 대한 모든 권리·권원 및 청구권을 포기하였으나, 이때 독도는 명시되지 않았기 때문에 독도는 일본이 포기한 섬이 아니라는 것이다. 또한 일본 측은 상기의 세 섬은 한국 근해에 있어 대표적인 섬들이지만 독도는 한반도의 가장 바깥에 있다고 주장한다. 이러한 일본의 주장은 논거가 박약하다.

첫째, 연합군 최고사령부 훈령 제677호(1946년 1월 29일)가 독도를 한국의 영토로 규정한 것을 샌프란시스코 조약이 달리 규정하기 위해서는 명시적이고 적극적인 규정이 있어야 하는데 그렇지 못하다.[37]

둘째, SCAPIN 제677호의 4조에는 '한국(Korea)'이 일본의 영토와 주권행사로부터 제외할 지역으로 분명히 규정되어 있다.

셋째, 연합국 최고사령부는 뒤이어 1946년 6월 22일 SCAPIN 제1033호 제3항에서 "일본인의 어업 및 포경업의 허가구역(통칭 Ma-

37 이장희, 〈신한일어업 협정상 독도와 그 주변 수역의 법적 문제〉, 독도찾기운동본부 엮음, 《독도 영유권 위기 연구》(백산서당, 2003), pp.210-211; 홍성근, 〈센카쿠제도와 독도문제에 대한 역사적 배경 비교〉, 《센카쿠제도를 통해본 독도에 주는 시사점(제70회 평화전략학술 포럼 논문집)》(2017.11.7), pp, 9-10.

cAthur Line)"을 설정하고 b항에서 일본인의 독도 접근을 금지하였다. 이것은 1946년 1월 SCAPIN 제677호가 밝힌 독도에 대한 단순한 주권 행사 포기 규정을 넘어 보다 구체적으로 독도에 대한 일본인의 어업 금지를 규정한 것이다.

넷째, 독도가 울릉도의 바깥쪽(외측)에 있다는 이유로 이 섬이 일본의 영토라 한다면, 제주도의 외측에 있는 마라도도 일본의 영토가 되어야 한다는 모순을 안고 있다.

다섯째, 샌프란시스코 조약 제2조 a항에 열거한 도서는 일본에서 분리되는 주요 도서만을 열거한 것이고, 모든 도서를 열거한 것은 아니다. 이는 한국의 영토인 도서가 제주도, 거문도, 울릉도에 국한되지 않는 것으로 보아 명백하다.[38]

여섯째, 샌프란시스코 조약의 초안 작성과정(1차에서 9차 과정)을 면밀하게 분석해볼 때, SCAPIN 제677호에 독도의 한국영토 소속의 명문규정이 샌프란시스코 조약에서 빠진 사실만으로 독도가 일본 영토임을 인정한 것이라는 주장은 사실과 다르다. 미국의 시볼드 연합국 최고사령부 정치고문은 일본 측의 로비를 받고 샌프란시스코 조약 제1차~5차 초안까지 독도를 한국영토라고 명문으로 기록했던 것을 삭제하고 제6차 초안을 만들 때 일본영토라는 기록으로 바꾸려고 시도했다. 시볼드는 1949년 11월 2일자 초안의 제6조에 대한 검토의견에서 독도에 대한 일본의 권원은 오래되었고, 타당한 것으로 보인다고 하면서 안보적인 고려에서 이 섬에 기상대와 레이더를 설치하는 것을 고려해볼 수 있다고 하였다.[39][40] 1949년 11월 2일자 5차 초안의 시정을 전

---

38 이동원, 〈센카쿠제도와 독도문제에 대한 국제법적 논점 비교〉, 위의 논문집, pp. 32-33.

39 이동원, 위의 논문, p.32.

40 시볼드 주장의 원문은 다음과 같다. Article 6: Recommend Reconsideration: Liancourt Rocks(Takeshima), Japan's claim to these islands is old and appears valid. Security considerations might conceivably envisage weather and radar station thereon.

문으로 요구했던 시볼드는 1949년 11월 19일 전문의 내용을 구체적으로 기술[41]한 정식 서면 의견서를 미 국무부에 전달하였다. 이 전문을 전달받은 미 국무부는 이들 전문으로 1949년 12월 8일자 6차 초안에는 '독도'의 표기를 누락하고, 독도를 일본의 영토로 명기하였다. 그러나 이 6차 초안이 영국과 뉴질랜드, 오스트레일리아 등 다른 영연방 연합국들의 동의를 받지 못하자, 미국 자신도 일본 로비를 따르지 않고 결국은 1946년 1월 29일의 SCAPIN 제677호(독도의 한국영토 인정)의 효력을 인정하게 된 것이다. 즉 미국의 7, 8, 9차 초안과 영국과 미국의 합동초안에서는 독도를 한국영토와 일본영토의 어느 조항에도 넣지 않고, 결국 독도 이름을 언급하지 않은 현재의 조약문을 성안하여 서명한 것이다.

일곱째, 국제법으로도 일본이 샌프란시스코 조약에서 독도를 일본영토로 표기하는 데 실패하고, SCAPIN 제677호 효력이 여전히 유지됨으로써 독도는 한국영토로 국제사회에서 인정받게 되었다. 한국은 SCAPIN 제677호가 효력을 가진 상태에서 1948년 8월 15일 대한민국을 건국하여 미군정으로부터 독도를 포함한 모든 영토를 인계받았다. 반면에 일본은 1952년 4월 28일 샌프란시스코 조약 발효로 한국보다 4년 늦게 독립하게 되었으므로 설사 독도가 일본영토라는 명문을 샌프란시스코 조약에 명기하는데 성공했다고 하더라도 그것은 한국 정부의 동의를 필요로 한다. 그 이유는 샌프란시스코 조약이 제3자인 한국에게 효력(권리, 의무)을 미치려면 제3자인 대한민국의 동의를 반

---

41 시볼드의 서면 의견서 내용은 아래와 같다. With regard to the disposition of islands formerly possessed bu Japan in the direction of Korea it is suggested that Liancourt Rocks (Takeshima) be specified in our proposed Article 3 as belonging to Japan. Japan's claim to these islands is old and appears valid, and it is difficult to regard them as islands off the shore of Korea. Security considerations might also conceivably render the provision of weather and radar stations on these islands a matter of interested to the United States.

드시 얻어야 하기 때문이다. 그런데 1952년 샌프란시스코 조약에서는 독도가 일본영토라는 것을 명문으로 조약문에 기록조차 하지 않았으니, 일본이 독도를 승인받았다고 주장할 근거는 전혀 존재하지 않는 것이다.

여덟째, 1945년 9월 2일 일본의 무조건 항복문서 서명으로 한반도가 일본의 통치권에서 완전 분리된 것이기에 샌프란시스코 조약은 일본의 독도 영유권과는 무관하다. 그래서 샌프란시스코 조약이 발효되는 1952년 4월 28일까지 한반도에 일본의 통치권이 잔존한다고 주장하는 일본의 주장은 타당하지 않다. 독일의 경우에도 무조건 항복으로 독일은 그 식민영역은 물론이고 독일 본토에 대한 통치권이 당연히 점령 4국에 사실상 귀속된 것으로 취급되었으며, 많은 학자들이 일본의 무조건 항복의 특성을 최종적이며 확정적인 것으로 보는 만큼 한반도에 일본의 식민통치권이 1945년 9월 2일자로 종식되었다고 보는데는 아무 무리가 없다고 본다.

2) 샌프란시스코 평화조약 제2조 1항과 독도 영유권 문제에 대한 올바른 이해

이제 우리의 주요 관심은 조선의 영토 회복, 즉 일본으로부터 독도의 법적인 분리 시점이다. 분리의 근거와 시기에 대해서는 "무조건 항복설", "SCAPIN 677호설", "대일 평화조약설" 등이 있다.

연합국에 의한 일련의 조치 과정들을 거쳐 1910년 한·일 합방조약 이래 사실상 중단되었던 한국의 독도 영유권의 권원을 회복하게 되었고, 이는 "대일 평화조약"에 의하여 최종적으로 결정이 승인·확인되었다. 결론적으로 독도의 법적 분리 시점은 '대일 평화조약설'이 조약의 목적론적 해석에서 볼 때 타당하다. 아래에서 좀 더 구체적으로 살펴보겠다.

1951년 9월 8일 48개 연합국과 일본이 샌프란시스코에서 아시아·
태평양전쟁을 법적으로 종결시키는 "대일 평화조약"을 체결했다. 그러
나 여기에 한국은 대일 전쟁의 교전 당사국이 아니라는 연합국의 주
장에 따라 조약의 당사국이 될 수 없었다. 동 조약은 1952년 4월 28일
발효하였다.

동 조약 제2조 1항은 한국의 독립과 영토에 관해 다음과 같이 규
정하고 있다:

일본은 한국의 독립을 승인하고, 제주도, 거문도 및 울릉도를 포함
하는 한국에 대한 모든 권리, 권원 및 청구권을 포기한다(Japan recog-
nizing the independence of Korea, renounce all right, title and claim to Korea
including the Islands of Quelpart, Pot Hamilton and Dagelet).

그리고 동 조약 제21조[42]는 동 조약의 당사국이 아닌 한국에 대해
이익을 향유할 권리를 다음과 같이 규정하고 있다:

한국은 제2조, 4조, 제9조 및 제21조의 이익을 향유할 권리를 가진
다(… shall be entitled to the benefits).

더구나 한국은 동 조약 제21조의 이익을 수락하는 선언을 했다.

위에서 지적한 바와 같이 동 조약 제21조의 규정에 의거해 한국은
제2조의 이익을 향유할 권리를 가진다. 문제는 동 조약 제2조의 일본
이 포기할 대상인 섬에 독도가 명기되어 있지 않으므로 일본정부는
독도는 포기대상이 아니라고 해석하고 한국정부는 포기대상이라고
해석하는 데에 있다.

앞서 보았듯 독도 권원의 회복시기에 대해서는 많은 논의가 있다.
무조건 항복설, SCAPIN 677호설, 대일 평화조약설 등이 있지만, 입법

---

42 조약 21조의 내용은 다음과 같다. Article 21: "Notwithstanding the provisions of Article 25
    of the present Treaty, China shall be entitled to the benefits of Articles 10 and 14(a)2; and
    Korea to the benefits of Articles 2, 4, 9 and 12 of the present Treaty."

론적으로 각 설은 약간의 문제점을 가지고 있다. 결국 이것은 해석론적으로 해결할 수밖에 없다.[43] 대일 평화조약을 조약 해석의 한 규칙인 "목적론적인 해석 규칙"에 따라서 해석할 수밖에 없는 것이다. "대일 평화조약"의 체결목적은 "항복문서의 형식화"에 있고, 항복문서의 형식화는 "포츠담 선언의 형식화"에 그 목적이 있으며, "포츠담 선언의 형식화"는 궁극적으로 "카이로 선언의 형식화"에 그 목적이 있다. "카이로 선언의 형식화"는 "일본을 그 폭력과 탐욕에 의하여 약취한 영토로부터 축출"하는 데 있다. 독도는 일본이 폭력과 탐욕에 의하여 약취한 영토이므로 동 조약에 의하여 일본은 독도로부터 축출되는 것이며, 동 조약 제2조 (a)항 후단의 포기 대상인 도서에는 독도가 포함된다. 따라서 독도는 한국의 영토로 해석된다.

샌프란시스코 평화조약의
한계점 극복을 위한 출구전략

제2차 세계대전의 전세가 일본의 패망 쪽으로 명백해지자, 1943년 카이로 선언에서 미국, 영국, 중국 등 연합국의 세 거두가 단결하여 일본의 철저한 응징, 중국의 옛 영토 회복, 폭력과 탐욕에 의해 탈취한 모든 영토로부터 일본의 축출, 조선인의 노예상태에 유의하여 적절한 절차를 거쳐 조선을 독립시킨다는 것 등을 약속하였다.

　1943년 12월 카이로 선언은 조선의 독립과 영토주권 회복에 대한 최초의 국제적 합의다. 이 합의가 이행되는 데는 많은 어려움이 있었지만, 1948년 8월 15일 마침내 조선은 독립하였다. 그러나 독도에 대한 영토주권 회복문제와 노예상태 유의로 표현된 일본군 성노예 문제 및

43　박현진,《독도 영토주권 연구》, pp.369-370; 이동원, 〈센카쿠제도와 독도문제에 대한 국제법적 논점 비교〉, pp. 36-37.

강제동원 피해자 문제는 아직도 미해결 과제로 남아 한·일 간의 심각한 갈등을 빚고 있다. 냉전의 산물인 샌프란시스코 평화조약은 침략자이자 전범국가인 일본을 철저하게 응징하는 조약이 되지 못하고, 일본에게 면죄부를 주었다.[44]

　카이로 선언은 대한민국의 독립과 건국 과정에서 어려운 고비마다 중요한 역할을 하였다. 또 카이로 선언은 동아시아 역사정의 정립, 영토주권 회복 그리고 동아시아 평화의 주요한 지침이 되었다. 그럼에도 불구하고 1946년 이후 불어 닥친 국제냉전의 회오리 속에서 연합국은 카이로 선언을 집행하는 데 많은 장애물에 봉착했다. 카이로 회담에 직접 참가하고 그 정신을 관철해야 할 중국의 장제스는 타이완으로 밀려났고, 한반도는 6·25전쟁으로 동족상쟁의 심각한 무력갈등을 3년이나 겪었다. 미국은 유럽에서 시행한 마셜플랜처럼 동아시아에서도 일본을 응징하기보다는 동맹으로 받아들여, 공산주의의 동아시아 침투를 막는 반공전선의 동지로 만드는 데 더 관심을 가졌다. 이 때문에 도쿄 일본전범재판소에서 일본 전범 처벌을 비롯해 카이로 선언을 포함한 항복문서 등에서 합의한 내용의 엄격한 집행이 제대로 이행되지 못했다.

　그 결과 카이로 선언의 3대 핵심 지향가치인 "일본 침략자 분쇄 및 응징", "식민지 및 불법 점령 영토주권 회복", "인권 보호"가 모두 제대로 이행되지 못 했다. 특히 아시아·태평양전쟁을 법적으로 종결 짓는 1951년 9월 대일 강화조약 체결 시에 가장 피해를 받은 한국과 북조선, 중국과 대만이 조약 당사국으로서 서명국가로 참가하지 못했다. 특히 대일 강화조약 제2조 1항에 독도문제의 한국 영유권 명시가 애매하게 처리됨으로써 일본의 독도 영유권 주장의 빌미를 제공하게 되

44　Kimie Hara, 〈Cold War Frontiers in the Asia-Pacific: The Troubling Legacy of the San Francisco treaty〉, 《The Asia-Pacific Journal》(2006.09).

었다. 여기에는 일본의 끈질긴 로비와 냉전을 지나치게 의식한 미국의 책임이 크다. 그러나 일본의 대일 강화조약 제2조(a)에 근거한 일본의 독도에 대한 부당한 주장은 명백히 카이로 선언의 영토주권 회복 내용에 어긋나는 국제법 위반이다. 이에 따라 동아시아의 역사 교과서 왜곡 갈등, 영유권 분쟁, 식민지 과거사 청산문제 등이 2019년 현재까지 미결 과제로 남아 동아시아의 평화와 지역협력에 큰 걸림돌이 되고 있다.

최선의 출구전략은 카이로 선언 정신에 입각하여 일본정부가 스스로 자성하고 역사인식 제고를 통해 과거 식민지 통치의 불법성을 인정하고 이를 해소하기 위한 국내 특별법을 제정해서 실천에 나서는 일이다. 또 깨어 있는 일본 양심세력 및 평화세력과 동아시아 양심세력이 조직화된 연대를 통해 강한 국제여론을 형성해야 한다. 그리하여 일본 극우 정부의 제국주의로의 회귀정책을 멈추게 하고 동아시아를 평화 지향적 공동체로 바꿔 가도록 유도해야 한다.

국제적 시대정신과 현대 국제법은 점차 식민지 청산 및 식민지적 국제법 이론을 걷어내고 있는 추세이다. 식민지 통치 기간 중 국가 권력이 조직적으로 개입한 반인도적 범죄, 침략행위 그리고 불법적 전쟁범죄 행위는 명백히 그 불법성 및 범죄성을 인정하고 법적으로 소급하여 국제범죄 및 불법행위로 보는 것이 국제적 추세다. 최근 영국정부가 1950년대 식민지였던 케냐 독립운동가에 가한 가혹한 인권침해 행위에 대해 식민지배 피해자 배상 협상에 착수했다. 또 2008년 이탈리아도 리비아정부에게 과거 식민지배 피해에 대해 사과하고 이미 배상하였다. 2001년 9월 8일 남아프리카공화국 더반Durban에서 열린 UN 인종차별철폐회의는 결의문 선언에서 노예금지가 명백한 국제범죄이고, 식민지 범죄행위와 불법행위는 21세기가 청산해야 할 주요 역사적

과제임을 밝힌 바 있다.[45]

아쉽게도 샌프란시스코 평화조약은 카이로 선언의 정신을 명백히 위반하였으며, 일본은 조약 체결 과정에서 1950년대 냉전의 국제질서에 편승하여 영토반환 문제, 피해자 손해배상 문제 등 다양한 영역에서 큰 면죄부를 받았다. 그 결과 일본 제국주의 전쟁으로 인한 수많은 피해자들과 피해국들은 아직도 심각한 고통을 받고 있다. 일본은 피해자와 피해국에게 법적 사과와 명예회복 조치를 전혀 시행하지 않고 있다. 일본은 카이로 선언의 침략자에 대한 철저한 응징, 탈취한 영토주권 회복 및 조선인의 노예상태 유의라는 기본정신에 입각하여, 이러한 보편적 국제규범, 시대정신 및 최근의 영국/케냐 사례, 이탈리아/리비아 사례를 교훈으로 삼는 것이 일본의 미래를 위해 바람직하며, 냉전의 산물인 샌프란시스코 평화조약의 한계를 스스로 극복하는 최선의 길이다. 그러나 일본정부와 일본 시민사회에게 이를 기대하기 어려운 것이 분명한 현실이다.

결론적으로 이러한 한·일 간의 오랜 문제를 해결하기 위해서는 일본 우익세력에 기반한 아베정부의 정책이 근본적으로 바뀌어야 한다. 이에는 일본 주류사회의 역사인식 제고가 관건이다.

그래서 이 문제를 한·일 양국 정부라는 국가 차원에만 맡겨둘 수 없다. 우선 진실에 기초한 동아시아 평화와 역사화해를 기원하는 한·일의 깨어 있는 시민단체가 주도적으로 소속 정부 및 국민 그리고 국제사회를 설득하는 데 적극적으로 나서야 한다. 이를 위해 가칭 '1951년

---

45 2001년 8월 31일~9월 8일까지 남아프리카공화국 더반에서 UN 인권 고등판무관 Mary Robinson의 진행 아래 UN이 주최한 인종차별철폐회의의 정식 명칭은 'World Conference Against Racism, Racial Discrimination, Xenophobia and Related Intolerance'다. 여기서 채택된 '더반 선언Durban Declaration'은 노예매매 금지 등 인종차별 금지와 식민지주의 청산을 21세기 국제사회의 시대적 과제로 결의했다.
https://www.un.org/en/conferences/racism/durban2001

샌프란시스코 체제 극복 동아시아 NGO 평화 네트워크(이하 평화네트워크)' 결성을 제안한다.[46] 1차적으로 이 평화 네트워크는 '동아시아 평화인권사회 헌장'을 제정하고,[47] 이에 기초한 구체적 행동계획 점진적으로 실천하는 캠페인을 벌여 나가야 할 것이다. 또한 평화 네트워크는 샌프란시스코 체제의 한계점을 인식하고, 동아시아 식민지 및 제국주의가 야기한 과거사, 그 이후 조성된 냉전질서로 인한 모든 갈등 해결을 위해 적극 나서야 할 것이다.

---

* 이 글은 2019년 11월 8~9일 서울 코리아나호텔에서 열린 제4차 회의에서 처음 발표되었다.

46 Jang-Hie Lee, 〈The Core Values of the Cairo Declaration and Exit Strategy to overcome the Limitations of the San Francisco Peace Treaty〉,《샌프란시스코 체제를 넘어서(제4차 회의) 학술자료집》(2019.11), pp.71-74.

47 Jang-Hie Lee, 〈Tasks for Adopting the Civil Society Charter towards Peace and Human Rights in East Asia: Overcoming the San Francisco Peace Treaty System〉,《Korean Yearbook of International Law(vol.5)》(2017), pp.163-164.

1951년 샌프란시스코 평화조약이 한반도에 미친 영향: 영토문제와 전쟁배상을 중심으로

강병근(고려대 법학전문대학원 교수)

여는 말

샌프란시스코 평화조약(이하 '대일 평화조약')은 1951년 9월 4일부터 8일까지 미국의 샌프란시스코에서 열린 평화회담에서 채택되었다. 이 회의에는 51개국이 참여하였고, 평화조약에는 일본을 위시하여 48개국이 서명하였으며, 조약의 효력이 시작된 것은 1952년 4월 28일부터다. 대한민국(Republic of Korea)은 샌프란시스코 평화회담에 초청받지 못했고, 그에 따라 대일 평화조약에 서명할 기회도 갖지 못했다. 하지만 대일 평화조약 제2조 (a)호와 제21조에서는 'Korea'라는 용어가 언급되고 있으며, 이 조약의 일본어 정본에서는 'Korea'를 '조선(朝鮮)'으로 표시하였다.

대일 평화조약 제2조 (a)호의 규정은 다음과 같다.

Japan, recognizing the independence of Korea, renounces all right, title, and claim to Korea, including the islands of Quelpart, Port Hamilton and Dagelet.

대일 평화조약 제21조에 따르면 'Korea/朝鮮'은 대일 평화조약 제 2조, 제4조, 제9조 그리고 제12조의 '혜택'을 누릴 자격이 있다고 규정 하였다. 대일 평화조약 제4조 (a)호에 따르면, 제2조 지역의 통치기관 과 일본이 특별약정을 체결해서, 일본국 그리고 일본국민(법인 포함)이 해당 지역에 소재하는 재산 그리고 이들이 제2조 지역의 통치기관과 해당 지역 거주민에 대해서 갖는 청구권(채무 포함)을 처분하기로 하였 다. 마찬가지로 제2조에서 명시한 지역의 통치기관 그리고 그곳에 거 주하는 거주민(residents)이 일본 내에 갖는 재산 그리고 일본국과 일본 국민에 대해서 갖는 청구권(채권 포함)도 처분하기 위하여 특별약정을 체결하도록 예정하였다.

대일 평화조약 제4조 (b)호에 따르면, 일본국은 미국의 군사정부 가 제2조 지역에서 내린 령令, directive에 의하여 일본국과 일본국민의 재산을 처분한 경우 그러한 처분 조치의 효력을 인정하기로 하였다.[1] 대일 평화조약 제9조는 일본과 연합국이 공해公海에서 조업 규제와 어 업자원 보전에 대해서 교섭하도록 하였다. 대일 평화조약 제12조에서

[1] 미국은 1945년 9월 2일 일본이 공식적으로 연합국에게 항복한 이후 한반도의 남쪽을 점 령하였다. 1948년 8월 6일, 대한민국 정부가 구성된 후 이러한 사실이 유엔한국임시위원 단United Nations Temporary Commission on Korea에 통지되었다. 1948년 8월 9일 새로이 구성된 대한민국 정부의 이승만 대통령은 주한미군 총사령관에게 총사령관이 수행했던 정부 기 능 이전에 관하여 협력과 지원을 공식 요청하였고, 이를 내용으로 다음의 각서가 교환되 었다. '대한민국 정부와 아메리카합중국정부 간의 대한민국 정부에의 통치권 이양 및 미 국점령군대의 철수에 관한 협정Agreement between the Government of the Republic of Korea and the Government of the United States of America concerning the Transfer of Authority to the Government of the Republic of Korea and the Withdrawal of the United States Occupation Forces'. 이후 대한민국과 주한미군 군사정부 간에 재정 및 재산 이전에 관한 최초 협정이 체결되었다. 이 협정 제5조에 의하 여 미군정청 법령 제33호에 의하여 귀속된 공유 혹은 사유 일본 재산을 대한민국 정부가 이양 받게 되었다. 이러한 취지에서 체결된 '대한민국 정부 및 미국정부 간의 재정 및 재 산에 관한 최초협정Initial Financial and Property Settlement Agreement between the Government of ROK and the Government of USA'은 1948년 9월 11일 서명되었고, 같은 해 9월 20일에 발효하였다.

는 일본과 연합국이 외국 제품의 대우에 관한 무역협정을 체결하기 위하여 교섭하도록 규정하였다. 대일 평화조약 제21조에 따라서 'Korea/朝鮮'은 이들 규정의 혜택을 누릴 수 있다고 했기에 일본과 공해 어업 규제 및 어족자원 보전, 외국제품의 대우에 관한 무역협정에 관하여 교섭할 수 있는 근거가 된다.

대일 평화조약 제2장의 제목은 'Territory'이고 일본어 정본에서는 '域'으로 표시되어 있다. 그런데, 대일 평화조약 제2장 제2조 (a)호의 'Korea/朝鮮'의 의미가 영역 단위로서 무엇을 말하는지는 명확하지 않다. 1910년에 일본은 '한국(韓國)' 병합을 국제적으로 선포했다.[2] 일본은 한국의 국호를 '조선(朝鮮)'으로 바꾸도록 하였고,[3] 1945년 연합국에 무조건 항복할 때까지 조선을 지배했다.[4] 대일 평화조약 제4조 (c)호에 따르면, 'Korea/朝鮮'은 일본국의 지배에서 제외된 영역으로서 일본 영역에서 분리된 영역이다. 비록 'Korea/朝鮮'에 대해서 일본은 독립을 인정한다고 규정했지만, 대일 평화조약 내에서 'Korea/朝鮮'의 국가성이 인정되었는지 여부는 명확하지 않다.[5] 일본인 학자들은 'Korea/朝鮮'은

2   〈Proclamation of Japan Annexing Korea〉, 《American Journal of International Law(4, Supp.279)》(1910), p.280.

3   《순종 실록(부록 1권)》, 순종 3년(1910) 8월 29일, 〈대일본 천황이 조서를 내리다〉 중 "칙령 제318호. 한국의 국호를 고쳐 지금부터 조선이라 칭한다."

4   패전국 일본은 포츠담 선언에서 정한 일본의 항복 조건에 동의하였다. 이 조건에 따르면 일본은 카이로 선언에서 정한 대로, 일본의 주권은 혼슈, 홋카이도, 규슈, 시코쿠와 연합국이 결정하는 작은 섬들에 한정하도록 하였다. "9. The terms of the Cairo Declaration shall be carried out and Japanese sovereignty shall be limited to the islands of Honshu, Hokkaido, Kyushu, Shikoku and such minor islands as we determine." 1945년 9월 2일 일본은 항복문서Instrument of Surrender에 서명하였다. 조선의 위도 38도선 이하의 일본군은 1945년 9월 9일 무조건 항복문서에 서명하였다.

5   대일 평화조약 제2조 (a)호의 영어 정본에서는 'Japan, recognizing the independence of Korea'라고 하고, 일본어 정본에서는 '일본국은 조선의 독립을 승인하고(日本国は 朝鮮の独立を承認して)'라고 하였지만 조선(朝鮮)은 독립된 국가 단위가 아니었다.

대한민국(ROK) 혹은 북한(DPRK) 어느 쪽도 지칭하지 않는 것으로 이
해하고 있다.[6] '조선(朝鮮)'은 일본의 주권적 지배를 받는 일본의 '영역'
에 불과하였다. 대일 평화조약 초안이 작성 중이던 당시, 한반도에는
두개의 국가 단위가 존재했었다. 그런데, 일본인 학자들의 견해에 따
르면, 1950년에 개시된 한국전쟁 중 한반도를 두 개의 정부가 지배했
다고 할 수 없다. 대일 평화조약이 거의 완성된 1951년 무렵, 대한민국
과 북한은 여전히 전쟁 중이었다.

대일 평화조약 제2장 제2조 (a)호의 'Korea/朝鮮'은 1951년 당시 한
반도의 실정을 반영하지 않는다. 일본정부는 한반도 전체에 대해서
'독립'을 부여하였다고 하면서[7], 당시 한반도 남쪽의 대한민국을 이미
'사실상' 승인하였지만, 한반도 북쪽의 국가적 실체로서 존재하는 북한
은 아직 승인하지 않았다고 보았다. 대일 평화조약 제2조 (a)호에 의하
여 독립된 'Korea/朝鮮'은 독립된 국가의 국명이 아니라고 본 것이다.
대일 평화조약 체결 당시 'Korea/朝鮮'은 독립된 국가적 실체라고 하지
만 이 용어는 대한민국도 아니고 북한도 지칭하지 않았다. 당시 대한
민국은 한반도 전체를 관할하지 못하고 한반도 남쪽만 관할하고 있었
기 때문이다. 일본정부나 일본 학자들이 인식하는 'Korea/朝鮮'은 분명
국가적 실체지만 1951년 당시 한반도에는 존재하지 않았다.

대한민국 정부나 북한 정부는 1948년에 수립되었다. 대한민국 정
부는 미국의 지원을 받아서 한반도 남쪽을 시행 통치하였고, 북한정부
는 소련의 도움으로 한반도 북쪽을 시행 통치하였다. 일본정부는 대한
민국 정부만 승인한 상태이기에 대일 평화조약 제4조의 특별약정을

---

6 Keishiro Irie, 〈Treaty on Basic Relations between Japan and the Republic of Korea〉, 《The
   Japanese Annual of International Law(10)》(1966), p.13.
7 Shigeru Oda, Hisashi Owada, 〈Annual Review of Japanese Practice in International Law II
   (1963)〉, 《The Japanese Annual of International Law(9)》(1965), p.102.

체결할 수 있는 국가였지만, 한반도 전체를 관할하지 않았기에 특별약
정의 효력은 대한민국이 관할하는 한반도 남쪽 지역에만 효력을 갖게
되고, 북한이 사실상 시행 통치하는 한반도 북쪽 지역은 빈 공간이 되
는 것이다. 1951년 대일 평화조약이 체결되었을 때, 대한민국은 유엔
총회 결의에 의하여 국가적 실체의 지위를 확고히 하였다. 이에 비해
서, 북한은 제2차 세계대전 이후 한반도의 북위 38도선을 점령하고 있
던 소련에 의해서 일방적으로 수립되었을 뿐 유엔 회원국의 승인을
얻지 못하였다. 1950년 개시된 한국전쟁 기간 중 대한민국과 북한의
장래는 명확하지 않았다. 이 시기에 대한민국이 북한에 비해서 국가로
계속 존속할 수 있는 가능성이 더 많았을 뿐이었다.[8]

대일 평화조약 제4조 (a)호에 따른 특별약정을 체결할 수 있는 시
정기관은 대한민국의 통치기관이나 북한의 통치기관 어느 한 쪽을 의
미하지 않고 'Korea/朝鮮' 전체를 시행통치하는 기관이 체결할 수 있을
것이다. 왜냐하면, 일본정부는 대일 평화조약으로써 'Korea/朝鮮' 전체
에 대해서 독립을 승인한 것이지, 대한민국과 북한 어느 한 쪽 혹은 양
쪽을 승인하지 않았기 때문이다. 그런데, 일본정부는 1951년 후반 대
한민국과 외교관계 정상화를 위하여 준비 회담을 개시한 것을 기반으
로 대한민국만 국가로 승인하였다고 보고 있다. 이에 따르면, 대한민
국 정부만이 대일 평화조약 제4조 (a)의 특별약정을 체결할 수 있는 통
치 시행 기관이 되고, 북한은 아직 국가 승인을 하지 않은 상태이기에
대일 평화조약 제4조 (a)의 특별약정을 체결할 수 없게 된다.

'Korea/朝鮮'은 대일 평화조약 제3조에 의한 신탁통치 대상지역도
아니기에 유엔으로부터 통치할 수 있는 권한을 받을 수 없다. 일본정
부의 국제법 실행으로는 'Korea/朝鮮'과 관련된 대일 평화조약 제4조

8 James Crawford, 《The Creation of States in International Law(2nd ed.)》(Oxford University Press, 2006), p.468.

(a)호에 따른 특별약정의 체결권한을 이해하기 어렵다. 일본정부는 분명 'Korea/朝鮮' 전체에 대해서 독립을 승인하였다고 하면서, 대일 평화조약 제2조 (a)와 상관없이 대한민국을 사실상 '승인'하였고, 아직 북한에 대해서는 '사실상 승인'도 하지 않은 상태라고 하였다. 결국 일본이 승인한 'Korea/朝鮮' 전체를 표방하는 국가는 존재하지 않지만, 'Korea/朝鮮' 북쪽의 북한정부는 당시로서는 승인을 받지 않은 상태이기에 국가로 간주하지 않고, 그쪽 지역은 빈 공간으로 남겨져 있게 된다. 대일 평화조약에서 언급된 'Korea/朝鮮'의 국가적 지위를 판단할 때 1951년에서부터 1965년 일본정부나 일본 국제법학계의 기본입장은 국가는 타국의 승인이 있어야만 국가로 존재한다는 견해를 가졌던 것으로 이해되는데 이러한 방식의 대일 평화조약 해석은 유엔총회결의 제195호의 목적과 취지에도 반한다고 할 수 있다.[9]

일본정부는 유엔총회 결의 제195호를 인용하고 있는 한·일기본조약 제3조[10]의 해석과 관련해서, 대한민국 정부가 한반도에서 유일한 합법정부라 함은 한반도 남쪽 영역에 한정한다고 해석하고 있다.[11] 1951년

---

9   1948년 12월 12일 유엔총회 제3차 회의에서 채택된 결의 제195호(UNGA Resolution 195(III), 12 December 1948)의 제목은 'The problem of the independence of Korea'이고 관련된 부분은 다음과 같다. "2. Declares that there has been established a lawful government (the Government of the Republic of Korea) having effective control and jurisdiction over that part of Korea where the Temporary Commission was able to observe and consult and in which the great majority of the people of all Korea reside; that this Government is based on elections which were a valid expression of the free will of the electorate of that part of Korea and which were observed by the Temporary Commission; and that this is the only such Government in Korea."

10   '대한민국과 일본국 간의 기본관계에 관한 조약'을 말하며 대한민국에 대해서 1965년 12월 18일 발효하였다. 이 조약 제3조의 규정은 다음과 같다. "대한민국 정부가 국제연합 총회의 결의 제195(III)호에 명시된 바와 같이, 한반도에 있어서의 유일한 합법 정부임을 확인한다."

11   Shigeru Oda, 〈The Normalization of Relations between Japan and the Republic of Korea〉, 《American Journal of International Law(61)》(1967), pp.41-42.

부터 1965년까지 대한민국정부와 일본정부는 대일 평화조약 제4조 (a)
호에 따라서 재산과 청구권의 처리에 관한 교섭을 진행했다. 일본정부
는 대한민국이 한반도 전체를 대표한다고 보지 않았다. 따라서 대한민
국은 대일 평화조약에서 언급하는 'Korea/朝鮮'이 아니라는 입장이었
다. 결국, 일본정부는 한반도 전체로서 'Korea/朝鮮'에 대해서 독립을
승인했다고 하지만, 'Korea/朝鮮'은 지리적 개념에 불과할 뿐 독립국을
표시하는 것이 아니었다.

　2002년에 일본정부는 북한과 외교관계를 정상화하기 위한 노력
을 개시한 바 있다. 이때 일본정부나 북한정부나 모두 대일 평화조약
을 근거로 논의하였다. 이는 일본정부가 한반도 북쪽을 실효적으로 지
배하는 시행 통치기관으로서 북한 정부를 인식했음을 방증한다. 일본
정부와 북한정부의 관계가 정상화되어 북한이 일본의 승인을 받게 되
었을 때 결국 한반도에는 두 개의 국가가 존재하게 될 것이고, 이 경우
대일 평화조약 제2조의 'Korea/朝鮮'에 대한 독립 승인은 전혀 현실성
이 없게 될 것이다. 왜냐하면 이미 일본정부는 1951년에서 1965년 시
기 대한민국과 국교를 수립하면서 대일 평화조약 제2조 (a)호에서 'Ko-
rea/朝鮮'의 독립 승인은 한반도에 두 개의 국가를 승인한 것이 아니라
고 했기 때문이다.

'Korea/朝鮮' 독립의 의미

대일 평화조약 제25조에 따르면, 일본과 전쟁을 한 국가 그리고 대일
평화조약 제23조에서 열거한 국가 영역의 일부만이 연합국의 지위를
갖는다. 'Korea/朝鮮'은 이러한 연합국에 속하지 않고, 대일 평화조약
제21조에 의하여 'Korea/朝鮮'은 제2조, 제4조 그리고 제9조에 따른 이
익을 받는다고 되어 있다. 'Korea/朝鮮'은 대일 평화조약의 당사자가 아

니지만 수익자라는 것이다. 대일 평화조약 제4조 (c)호와 제2조 (a)호를 함께 읽으면, 'Korea/朝鮮'은 일본의 지배로부터 제외되거나 분리된 영역이다. '제외(removed, 除かれる)' 혹은 '분리(detached, 分離される)'라는 용어들이 주는 의미에서 보건대, 'Korea/朝鮮'은 소유주가 쉽게 바뀔 수 있는 영역으로 묘사되고 있다.

그런데 제2차 세계대전 후 체결된 다른 평화조약에서는 그처럼 제외되거나 분리되어 주인이 바뀌는 대상이 열거되어 있다. 예컨대, 1947년 2월 10일 체결된 대이탈리아 평화조약에서는 예술품이나 종교적 물건, 기록물들이 그러한 것으로 규정되어 있다.[12] 대이탈리아 평화조약에서는 영역 소유국이 바뀌는 경우에는 '할양(cede)' 혹은 '이전(transfer)' 같은 용어를 사용하였고, 'remove(제외)' 혹은 'detach(분리)' 같은 용어는 사용하지 않았다. 대일 평화조약에서 'remove' 혹은 'detach' 용어를 사용한 규정을 일반인이 읽게 되면 'Korea/朝鮮'은 1952년 4월 28일 대일 평화조약이 발효될 때까지 일본 영역의 일부였다고 오해할 수 있다. 일본의 저명한 국제법학자인 마사하루 야나기하라 교수에 따르면, '본원적 혹은 고유한 영역(integral or inherent territory)'이라는 개념은 해당 영역에 대한 권리가 고대로부터 시작되고, 시원적이거나 역사적이라는 개념과 밀접히 관련된다.[13]

야나기하라 교수는 헤이그 국제법연수원Hague Academy of International Law 특강에서, 1895년 중일전쟁을 마감하는 평화조약 체결 당시의 상

---

12 1947년 대이탈리아 평화조약 제12조, 제37조, 제47조, 제50조 그리고 제75조 참조.

13 Masaharu Yanagihara, 〈Significance of the History of the Law of Nations in Europe and East Asia〉, 《Recueil des cours(371)》(2014), p.380. 야나기하라 교수는 "본원적 혹은 고유 영역이라는 개념은 아주 오랜 옛날부터 점유하면 소유권을 획득하는 원칙 그리고 역사적 사실로서 일반적으로 존중되는 증거 혹은 견해를 근거로 한다고 하며, 특히 아시아의 경우, 전통적인 경계가 중요한 역할을 수행했다."는 ICJ 재판관 크로포드James Crawford의 말을 인용하였다. James Crawford, 《Brownlie's Principles of Public International Law(8th ed)》 (Oxford University Press, 2012), p.221.

황은 조선이 유럽식 근대 국제법에 따라서 독립국가로 등장하게 되는 마지막 단계였던 것으로 설명하면서, 이후 조선은 1897년 대한제국으로 국제적 지위를 개편했다고 설명하였다.[14] 그에 따르면 조선은 1897년에 분명 국가적 지위를 갖추었다. 1910년에 대한제국이 강제로 일본에 병합된 이래 한반도 전 지역은 일본에서 파견된 조선총독이 지배하였고, 1945년까지 36년 동안 진행된 일본의 지배는 한반도 혹은 한반도의 일부가 일본의 '본원적이거나 고유한 영역' 개념에 해당될 정도로 오랜 기간이라고 볼 수 없다.

이러한 배경에서 보건대, 일본의 지리적, 영토적 개념에 비추어서 대일 평화조약에서 명시된 'Korea/朝鮮'을 가늠해보면, 대일 평화조약이 샌프란시스코 평화회의에서 채택되었던 1951년 9월에는 일본의 본원적 혹은 고유한 영역이 아니었다고 해도 무방하다. 따라서 'Korea/朝鮮'이 일본 영역에서 제외되거나 분리된 영역을 의미하는 것으로 이해하는 것은 논리적으로 맞지 않다. 1943년 11월 27일의 카이로 선언은 1943년 11월 22일에서 26일까지 이집트의 카이로 회담 이후 채택되었다. 카이로 회담에는 미국 대통령 루스벨트, 중화민국 총통 장제스 그리고 영국 총리 처칠이 참석하였다. 이들 동맹국 3국은 자신들이 전쟁하는 이유로서 일본의 영토확장 욕망에 의한 침략을 억제하고, 침략행위를 처벌하기 위한 것이라고 선언하였다. 이들은 중화민국 지역에서 일본을 축출하여 만주, 대만 지역 그리고 일본이 탈취한 중국의 다른 영역을 회복하는 것을 목적으로 삼았다. 또한 이들은 한국인들이 노예 상태임을 유념해서, 적절한 시기에 한국을 자유독립국가로 만들기로 다짐했다. 분명 카이로 선언에서 'Korea'는 일본의 지배하에 놓이게 되어서 실효성을 상실한 국가적 실체를 의미하고, 장차 일본의 지배로부

14 Masaharu Yanagihara, 앞의 글, p.333.

터 독립을 회복하게 될 국가적 실체를 의미하였다.

포츠담 선언 (b)절에 있는 일본의 항복조건선언(Proclamation Defining Terms for Japanese Surrender)은 일본이 서명한 항복문서와 대일 평화 조약의 근간이 되었다.[15] 1945년 9월 2일 항복문서에 서명하면서 일본 은 신의 성실히 포츠담 선언의 제 규정을 이행하기로 합의하였다. 일 본은 자국의 주권을 연합국 총사령관Supreme Commander for the Allied Powers에게 이양하였다. 따라서 일본국의 주권은 1952년 4월 28일 대일 평 화조약 발효 후에 회복되기까지 존재하지 않았다. 일본정부에 따르면, 대일 평화조약의 'Korea/朝鮮'은 대한민국과 관련해서는 대한민국 정 부가 실효적으로 지배하는 영역만을 의미하였다. 그리고 일본 대표단 은 대한민국과 일본의 관계 정상화를 위한 조약을 교섭할 때 이러한 입장을 견지하였다. 일본의 입장은 정부 승인의 문제가 아니었고, 국 가 승인의 문제였다.[16] 이러한 설명에 따르면, 대일 평화조약의 'Korea/ 朝鮮' 용어는 독립국으로서 대한민국이나 북한 어느 쪽도 의미하지 않 는다. 이러한 해석은 일본정부가 주도하고, 다수의 일본인 학자들이 동조하였고, 그 후 70년이 지난 지금도 변함이 없다.

하지만 이러한 해석은 1969년 '조약법에 관한 빈 협약' 제31조에 따른 해석 방식과 맞지 않는다.[17] 이 협약에서는 조약을 해석할 때 조 약문에서 사용된 용어의 일반적 의미를 해당 조약의 목적과 취지에 비추어서 살피도록 하였다. 조약 해석 방식에 따르면, 대일 평화조약

15 일본의 항복 조건을 요구한 선언 제8항은 일본이 카이로 선언을 이행해야 하며, 일본의 주권은 혼슈, 홋카이도, 규슈, 시코쿠 그리고 연합국이 정하는 작은 섬들에 한정한다고 규정하였다.
16 Masao Osato, 〈The Problem of Two Koreas〉, 《The Japanese Annual of International Law(18)》(1974), p.59.
17 '조약법에 관한 빈 협약Vienna Convention on the Law of Treaties'은 대한민국에 대해서 1980년 1월 27일 발효하였다.

에서 사용된 'Korea/朝鮮' 용어는 이미 존재하는 국가적 실체로서의
'Korea/朝鮮'을 의미하는 것이었고, 1951년 당시 한반도의 남쪽에 대해
서만 실효적 지배력을 갖는 대한민국 혹은 한반도의 북쪽에 대해서만
실효적 지배력을 갖는 북한 양쪽을 의미하지 않았다. 20세기 초 당시
국제법 관점에서 볼 때, 대한제국은 일본의 불법적인 무력사용으로 독
립을 상실했기에 일본 영역의 일부가 될 수 없다. 일본은 1910년 평화
적 방식으로 '합병'되었다고 하지만, 이미 1904년 전후부터 군사력을
동원한 상태에서 한반도 전 지역을 지배했기에 당시 국제법의 기본
원칙인 국가 간 평등·원칙을 위반하였으며, 타국의 주권 존중 원칙을
위반하였다. 그리고 한민족은 카이로 선언에서 언급되고, 포츠담 선언
에서 확인되었듯이 일본의 노예상태가 되었다.

대일 평화조약 제2조 (a)호 규정을 제대로 해석하자면 한국은 일
본이 제2차 세계 대전에서 패배하면서 일본으로부터 독립을 회복한
것이지 일본정부와 일본 학자들이 주장하듯이 일본 영역에서 분리 독
립한 것이 아니었다. 1945년 8월 일본 패전 후 한반도에 대한 일본의
지배를 대체할 정도의 실효성을 가진 정부는 존재하지 않았다. 일본정
부는 제2차 세계대전 패전으로 한반도에 대한 지배력을 상실했을 때
대일 평화조약에 의하여 한반도 전체에 대해서 독립을 승인했지만, 한
반도에서 남쪽 혹은 북쪽을 대표하는 시정 당국에 대해서는 어느 쪽
도 승인하지 않은 것이 된다.

대일 평화조약의 'Korea/朝鮮'은 한반도 내에 존재했던 대한민국
과 북한 양쪽을 모두 지칭한다고 하는 것이 더 적합할 수 있다. 이렇게
해석하면 1991년 남북한 양쪽이 모두 유엔 회원국이 된 것 그리고 당
시 이미 전 세계적으로 다수의 국가들이 대한민국과 북한을 각각 국
가로 승인했던 국가실행을 포섭할 수 있을 것이다. 대일 평화조약이
작성 중이었을 때, 이미 유엔 헌장 제1조 제2항, 제55조 두문장頭文章 그

리고 제73조에서는 인민 자신들이 스스로 정치, 경제, 문화 제도를 결
정할 권리를 갖는다고 명시하고 있었다.[18] 1948년 이래, 대한민국과 북
한은 한반도 전체에 대해서 우위를 차지하기 위하여 치열하게 경쟁하
면서, 양쪽이 모두 대한제국의 합법적 승계자임을 자처하였다. 대일
평화조약 제2조 (a)호의 'Korea/朝鮮'은 일본의 지배로부터 독립을 회
복한 국가적 실체를 말하고, 이러한 한국을 대표하는 것은 한민족이
며, 한민족은 일본이 연합국에게 무조건 항복한 순간 이후 한반도에
대한 일본의 압제에서 독립과 자유를 향유하게 되었고, 이러한 한민족
이 대표하는 한국의 독립은 대일 평화조약이 발효되기 훨씬 이전에
이미 확인되었다. 따라서 일본이 이해하는 'Korea/朝鮮' 용어는 장차 한
반도에 존재하게 될 독립국으로서 통일된 한국을 의미한다는 점에서
정치적인 의미가 있으며, 이러한 차원에서 대한민국과 북한 양쪽 모두
대한제국의 합법적 승계국을 주장하고 있다고 정리하는 것이 합당할
것이다.

대일 평화조약의 틀

포츠담 선언 제11항에 따르면, 일본은 자국 경제를 지탱할 수 있는 산
업을 유지하고 현물로 배상하고 전쟁 목적의 재무장은 할 수 없도록
하였다. 1940년대 말 냉전이 개시되고, 바로 이어서 1950년에 한국전
쟁이 발발하게 되자, 연합국은 일본의 전쟁책임과 배상 문제를 대일
평화조약에서 매우 느슨하게 다루었다. 1947년 대이탈리아 평화조약
과 달리, 대일 평화조약 전문에서는 일본이 일으킨 전쟁에 대한 책임
을 명시하지 않았다. 대일 평화조약에서는 일본에 대한 전쟁배상의 기

18　Edward A. Laing, 〈The Norm of Self-Determination 1941-1991〉, 《California Western
　　International Law Journal(22)》(1991-1992), pp.211-213.

본 원칙만 언급할 뿐이었다. 대일 평화조약의 당사국이 아니지만 일부 규정의 혜택을 받게 된 'Korea/朝鮮'의 경우, 세부적인 배상 관련 사항 은 양자적 차원에서 처리하도록 하였다. 특히, 일본과 대일 평화조약 제2조에서 언급하는 분리 혹은 제외된 영역의 시정당국들이 교섭하도 록 하였다. 대일 평화조약 제4조 (a)호에 따르면, 한반도의 대한민국과 북한은 각자가 시행통치하는 영역에 대해서 일본과 특별약정을 체결 할 자격이 있다.

대일 평화조약 제14조 (b)호에 따라서, 연합국들은 일본이 취한 조 치와 일본이 전쟁을 수행하면서 저지른 행위에 대해서 그리고 연합국 이 점령에서 직접 발생한 군사적 비용에 대해서 청구권을 행사하지 않 기로 했다. 이에 맞추어 일본은 대일 평화조약 제19조 (a)호에서 전쟁 으로 인하여 발생하였거나, 전쟁상태가 존재함으로써 취하게 된 조치 로부터 발생한 청구권을 연합국을 상대로 행사하지 않기로 하였다. 대 일 평화조약에서 규정한 배상형태는 같은 조약 제14조 (a)호 (1)목에서 규정하듯이, 일본에 의하여 피해를 입게 된 연합국 내에서 생산하거나, 침몰된 선박을 인양하는 작업 등에 일본인 인력을 제공하는 방식이다. 그런데 아시아 지역 내 다수의 연합국들은 일본인 인력 제공 방식으로 배상에 갈음하는 것을 원하지 않았고, 일본산 공업 제품을 공급받기를 원했다.[19] 대일 평화조약 제14조 (a)호 (2)(I)목에 따르면, 연합국은 압류, 유치, 청산, 또는 그 밖의 방법으로 일본국이나 일본인의 재산, 권리, 이 익을 처분할 권리를 갖는다. 일본정부는 제14조 (a) 호 (2)(I)목을 일본 국민이나 일본인이 소유하거나 지배한 실체에 대해서 외교적 보호를 행사하지 않기로 포기하는 근거로 해석하고 있다.

일본의 도쿄 지방법원은 1963년 2월 25일 판결에서 이러한 일본

---

19 Tetsuo Ito, 〈Japan's Settlement of the Post-World War II Reparations and Claims〉, 《The Japanese Annual of International Law(38)》(1994), pp.51-52.

정부의 입장을 인용했다. 이 판결의 대상이 되었던 사건은 캐나다에서 귀국한 일본인이 캐나다정부가 대일 평화조약에 따라서 캐나다에 소재하는 자신의 재산을 처분한 것에 대해서 일본정부를 상대로 손해배상 청구 소송을 제기한 것이다.[20] 소송을 접수한 법원은 대일 평화조약의 성격을 '정치적 해결'의 일종으로 파악하였고, 정치적 해결로 인하여 개인재산에 발생한 손해에 대해서는 정치적 해결을 근간으로 판결해야 한다고 판시하였다. 일본 최고재판소는 대일 평화조약 제14조에 의하여 형성된 체제는 이 조약의 당사국이 아닌 제3자에게도 적용된다고 하면서, '샌프란시스코 평화조약의 틀(Framework of the San Francisco Peace Treaty)'이라는 용어를 창안하였다. 2007년, 일본 최고재판소는 중화인민공화국 국적을 갖는 원고들이 강제징용과 군대 위안부로서 당한 피해에 대해서 손해배상을 청구하는 소송에서 중화인민공화국은 비록 대일 평화조약의 서명국은 아니지만 이 조약의 적용을 받는다고 판시하였다.[21] 일본 최고재판소는 이러한 틀을 기반으로 개인은 일본 내 법원에 전쟁행위와 관련해서 발생한 손해에 대해서 배상을 청구할 수 없다고 판결하였다. 일본 최고재판소가 밝힌 '틀'이라는 것은 일본이 연합국과 합의한 배상조건으로서 전쟁 중 발생한 모든 행위에 대한 청구를 상호 포기하고, 연합국은 자국 내에서 일본국 그리고 일본인의 재산 일체를 처분할 권한을 가지며, 일본과 각 개별 연합국 간에 특별 약정을 체결해서 일본의 역무제공 방식에 의한 배상을 포함하여 전쟁배상에 관한 사항을 처리하는 것이었다.

---

20 Shigeru Oda, Hisashi Owada, 주석 7의 글, pp.162-164.
21 Nishimatsu Construction Co. v. Song Jixiao et.al., 2004(Ju) 1658, Minshu vol.61, no.3, Supreme Court of Japan (2nd Petty Bench), 27 April 2007. *http://www.courts.go.jp/app/hanrei_en/detail?id=893, 2018.8.30. 검색(영문); Ko Hanako et.al., v. Japan, Supreme Court of Japan (1st Petty Bench), 27 April 2007. *http://www.courts.go.jp/app/files/hanrei_jp/591/034591_hanrei.pdf, 2018.3.30. 검색(일문).

일본 최고재판소는 만약, 그러한 틀이 없다면 여러 심급의 법원에 전쟁 행위와 관련해서 다양한 손해배상이 청구될 것이고, 이렇게 되면 일본과 48개 연합국이 전쟁으로 인한 사태를 종식시키고 미래의 우의를 마련하기 위하여 체결한 대일 평화조약의 목적을 달성할 수 없게 될 것이라고 판시하였다. 이러한 틀에 따르면, 대일 평화조약의 당사국들이 청구권을 포기한 것은 개인들이 민사소송 방식으로 법원에 제소하는 경우를 피하기 위한 것이었다. 일본 최고재판소는 이는 개인의 청구권이 소멸되는 것이 아니라 민사소송 방식으로 다루어지지 않는 것을 의미한다고 결정했다. 따라서 비록 개인의 청구권이 법원에서 민사소송 방식으로 다투어질 수 없지만, 채무자는 청구인들과 합의한 형식과 조건에 따라서 피해자들이 청구한 사항을 자발적으로 이행할 수 있다고 보았다.

일본 최고재판소에 따르면 각국은 전쟁을 종료하는 평화조약을 체결함으로써 자국민이 갖는 개인 청구권을 처분할 수 있다. 일본은 양자협정 방식으로 전쟁배상 혹은 청구권 포기에 관해서 개인 청구권을 포함하여 청구할 수 있는 권리를 상호 포기하기로 합의하였다. 일본 최고재판소에 따르면, 일본이 평화조약을 체결하는데 참여하지 않은 국가들과 양자적 차원에서 평화협정 혹은 배상협정을 체결한 것도 개인 청구권을 포함하여 청구권을 상호 포기하는 효과를 갖는다.[22]

전후 배상과 관련해 일본이 연합국 48개 구성국들과 체결한 평화조약이 갖는 중요성으로 인하여, 일본 최고재판소가 샌프란시스코 회

---

22 일본이 관여된 여러 가지 평화조약 중에서, 일본-인도 평화조약에서는 다음과 같이 규정하고 있다. "Article VI (a) India waives all reparations claims against Japan. (b) Except as otherwise provided in this Treaty, India waives all claims of India and Indian nationals arising out of action taken by Japan and its nationals in the course of the prosecution of the war as also claims of India arising from the fact that it participated in the occupation of Japan."

의에 참석도 하지 않은 국가들에게까지 대일 평화조약이 적용된다고 한 것은 논리의 비약이다. 조약법상, 조약의 당사국이 아닌 제3국은 해당 조약의 내용과 조건을 이행할 의무를 전혀 부담하지 않는다. 다만, 조약 규정에서 조약 당사국들이 제3국에게도 혜택을 부여하기로 하는 경우에는 조약 규정의 내용에 따라서 제3국은 혜택을 누린다. 그러나 이 경우에도 제3국이 그러한 혜택을 누릴 의도가 있는 경우에 제한된다. 즉, 특정 조약에서 제3국에게 의무를 부과할 경우에는 그러한 의무를 수락하고자 하는 의도를 제3국이 명시적으로 표명해야 한다. 대일 평화조약 제21조에 따라서 'Korea/朝鮮'이 혜택을 누린다면 말 그대로 혜택이 되어야 하는 것이고, '의무'를 부과하는 것이 될 수 없다.

일본 최고재판소는 1967년 일본-말레이시아 협정을 예로 들면서 이 협정에서 '완전하고 최종적인 해결(complete and ultimate settlement)'이라고 규정한 사항은 추상적인 방식으로 당사국들이 대일 평화조약의 틀에 따라서 개인 청구권을 포함하여 전쟁 행위로부터 발생하는 모든 청구사항을 실효적으로 포기한 것이라고 설명하였다.[23] 일본 최고재판소는 대일 평화조약의 전후 해결에 관한 틀이 대일 평화조약의 당사국 여부와 상관없이 적용된다고 하였다. 대일 평화조약의 당사국은 전쟁 사태를 종료시키기 위한 평화조약을 체결할 때 각자 자국민에 대해서 인적 관할권을 행사할 수 있기에 다른 당사국 국내 법원에서 자국민이 제소할 수 있는 권리를 포기할 수 있다고 판단하였다. 일본 최고재판소는 강제징용과 성노예 피해자들이 제기한 손해 배상청구는 전쟁 상황에서 발생하였거나, 전쟁 수행으로 인한 것이라고 판단

---

23 일본-말레이시아 협정 제2조의 규정은 다음과 같다. "The government of Malaysia agrees that all problems arising from the unfortunate incidents that occurred during World War II, which might affect a good relationship between Japan and Malaysia, have been hereby settled completely and ultimately."

하였다. 일본최고 재판소는 모름지기 평화조약은 전쟁 사태를 종료하기 위한 것이기에 당사국 국내법원에서 손해배상을 청구할 권리를 포기하는 것에 대해서 규정할 수 있다고 판시하였으며, 대일 평화조약의 규정을 인용하지 않더라도 후속 협정에서 제소권을 포기하는 효과는 동일하다고 판시하였다.

이러한 틀에 의하여, 일본은 일본과의 전쟁 혹은 일본이 야기한 전쟁사태 혹은 일본이 수행한 전쟁행위로 인하여 피해를 당했다고 하는 국가와 특별 약정을 체결할 의무를 부담하였다. 대일 평화조약의 틀에 따라서 체결된 약정 때문에 개인은 이들 약정의 당사국 법원에서 손해배상 청구를 위한 민사소송을 개시할 수 없게 되었다. 비록 1967년 일본-말레이시아 협정 제2조의 '완전하고 최종적인 해결'이라는 구절의 의미가 명확하지 않지만, 이들 약정의 당사국 국민은 다른 당사국의 국내 법원, 그중에서도 일본의 국내 법원에서 제소할 권리를 상실하였다.

일본 최고재판소가 내린 판결의 핵심에 따르면, 대일 평화조약의 틀은 'China/中國' 국민 그리고 'Korea/朝鮮' 국민에게도 적용된다. 하지만, 대일 평화조약에서 'China/中國' 그리고 'Korea/ 朝鮮'의 지위는 매우 다르다. 왜냐 하면, 일본 최고재판소가 창안한 대일 평화조약의 틀의 기반이 되는 대일 평화조약 제14조는 이 조약의 제3국인 'China/中國'에는 적용되지만, 'Korea/朝鮮'에는 적용되지 않는다. 대일 평화조약 제21조에는 제14조가 'Korea/朝鮮'에 적용된다고 규정되어 있지 않다. 일본정부에 따르면, 일본과 'Korea/朝鮮' 사이에는 전쟁사태가 없었기에 'Korea/朝鮮' 국민이 전쟁사태로 인하여 당한 손해라는 것도 없기 때문이다. 일본 최고재판소의 2007년 판결은 일본이 수행한 전쟁행위로 인하여 피해를 당한 강제징용 피해자와 성노예 피해자들이 일본 국내 법원을 통해서 사법적 구제를 구할 수 있는 여지를 원천봉쇄하였다. 이 판결에서 유념해야 할 사항은 일본 최고재판소는 강제징용

피해자와 성노예 피해자들이 주장하는 손해배상 청구는 전쟁사태에
서 야기되었거나, 전쟁수행 중에 발생했다고 판시한 점이다.

대한민국 법원에 의한 대일 평화조약의 해석

1965년 6월 22일에 체결된 '대한민국과 일본국 간의 재산 및 청구권에
관한 문제의 해결과 경제협력에 관한 협정'(이하 '1965년 협정') 제3조와
관련한 대한민국 정부의 부작위에 대한 헌법소원 사건에서, 대한민국
헌법재판소는 2005년 8월 26일 민관공동위원회의 결정 사항을 인용하
였다. 이 민관공동위원회의 위원장은 당시 국무총리였던 이해찬 전 국
회의원이었고, 해당 헌법소원 사건의 피청구인은 대한민국 외교부장
관이었다. 이 사건에서 헌법재판소는 1965년 협정은 대일 평화조약 제
4조를 근거로 재정적, 민사적 채권채무 관계를 해결할 목적으로 체결
되었고, 제2차 세계대전 중 일본군에 의하여 강제로 성노예 생활을 했
던 '군대 위안부' 문제는 1965년 협정으로 해결되지 않았으며, 일본정
부는 그러한 문제에 국가권력이 관여한 반인도적 불법행위에 대해서
법적 책임을 부담한다고 판단하였다.[24]

　헌법재판소에 따르면 1965년 협정은 일반적이고 추상적인 용어
로 규정되었기에 1965년 협정에서 정한 청구권 해결이라는 제목에 일
본이 군대 위안부에 대해서 부담하는 배상이 포함되는지 여부가 명확
하지 않았다. 대한민국과 일본정부 사이에 입장 차가 있고, 이로 인해
서 군대 위안부 피해자의 법적 지위에 관한 1965년 협정의 해석과 이
행에 대해서 '분쟁'이 발생했다고 확인하였다. 이와 동일한 취지에서,
대한민국 대법원은 강제징용 피해자들이 일본 회사를 상대로 제기한

24 헌법재판소 2011. 8. 30. 2006헌마788 결정.

손해배상 청구 소송에서 1965년 협정은 일본의 식민지배에 대한 배상
책임을 위하여 교섭하지 않았고, 대일 평화조약 제4조를 기반으로 대
한민국과 일본 사이의 재정적, 민사적 채권채무 관계를 해결하기 위한
목적으로 교섭되었다고 판시하였다.[25]

　강제징용 피해자와 성노예 피해자의 청구권 행사와 관련해서 사
실관계는 매우 유사하지만, 일본과 대한민국의 국내법원들은 완전히
다른 판결을 내렸다. 일본 최고재판소는 전쟁배상과 관련한 모든 문제
는 1967년 일본-말레이시아 협정 제2조에서 찾을 수 있는 추상적인 해
결 내용으로 최종적으로 완전히 해결되었다고 확신하는 결정을 내렸
다. 모든 청구권이 해결되었다는 말은 이제 더 이상 이와 같은 청구권
을 근거로 일본 내 법원에서 민사소송을 제기할 수 없다는 것을 의미
한다. 반대로, 대한민국 대법원은 국가들이 자국민의 청구사항을 해결
하는 취지의 약정을 체결할 수 있지만, 1965년 협정은 자국민을 보호
할 권리를 포기하는 것 이외에 관련된 청구권을 소멸시키는 취지가
규정 내용에서 명확하지 않는 한 그러한 효과를 갖는 것으로 해석할
수 없다고 판결하였다. 일본 최고재판소는 사법적 구제를 얻기 위하여
민사소송을 개시할 권리를 소멸시키기 위하여 별도의 국내 조치에 대
해서 법령을 제정할 필요가 없다고 결정했지만, 대한민국 대법원은 일
본이 자국 내에 소재하는 한국인의 재산을 처분하기 위하여 법령을
제정했듯이 개인의 청구권을 소멸시키기 위해서는 법령을 제정해야
한다고 결론 내렸다.

　일본 최고재판소는 대일 평화조약 제21조 규정에 따르면, 같은 조
약 제14조 (a)호 (2)목이 'Korea/朝鮮'에는 적용되지 않고, 'China/中國'
에만 적용되는 것을 검토하지 않았다. 따라서 일본 최고재판소가 제

25　대법원 2012. 5. 24. 선고 2009다22549 판결.

14조 (a)호 (2)목을 근거로 당사국들이 상호 청구권을 포기하기로 했다는 취지의 '대일 평화조약의 틀'은 'Korea/朝鮮' 같은 경우에는 적용될 수 없다. 이리하여, 'Korea/朝鮮'이 대일 평화조약에 의하여 일본이나 일본인의 재산을 처분할 수 없듯이, 일본 역시 대일 평화조약만으로 일본 내 'Korea/朝鮮'이나 그 국민의 재산을 처분할 수 없다. 한반도를 가로지르는 북위 38도선 이남에 소재한 일본 혹은 일본인의 재산에 대해서, 이들을 처분한 것은 미군정이었고 미군정이 일본이나 일본인의 재산을 처분한 조치를 대일 평화조약 제4조 (b)호로써 승인한 것은 다름 아닌 일본이었다. 일본 최고재판소가 창안한 '대일 평화조약의 틀'로써 전쟁사태 및 전쟁수행으로 인하여 발생한 피해에 대해서 'Korea/朝鮮'의 국민이 일본의 국내법원에서 민사소송을 제기할 권리를 박탈했다는 근거는 2007년 판결에서 찾을 수 없다.

맺음말: 'Korea/朝鮮'의 연속성

앞서 살펴보았듯이, 대일 평화조약에서 사용된 'Korea/朝鮮'에 대해서 다수의 대한민국 학자들은 '대한민국(ROK)'으로 번역하거나 그렇게 이해하고 있지만, 정작 대일 평화조약 본문 규정만으로는 그 의미를 파악하기 어렵고, 일본정부와 일본인 학자들은 'Korea/朝鮮'은 대한민국이나 북한을 의미하지 않고, 한반도 전체를 일컫는 용어라고 설명하고 있다. 샌프란시스코 평화회의에 참석한 국가 대표들은 대일 평화조약에서 일본 영역의 처분에 대해서 명확히 규정하지 않았다.[26]

일본정부가 이렇게 해석한 데에는 미국의 영향이 크다. 당시 미국은 1949년에 중국 대륙을 평정한 중화인민공화국과 1948년 북한의 등

---

26 Kimie Hara, 《Cold War Frontiers in the Asia-Pacific: Divided Territories in the San Francisco System》(Routledge, 2007), pp.44-46.

장으로 인하여 야기될 지정학적 변화를 대비하는 데 몰두해 있었다. 하지만, 대한민국이 샌프란시스코 평화회의에 참석할 수 없었던 것은 일본과 영국의 반대 때문이었다. 일본은 반대 주장으로 대한민국과 일본은 법률상 전쟁상태가 아니었다는 것을 내걸었다. 영국은 대한민국이 회의에 참석하게 될 경우 중화인민공화국의 참여 여부가 문제될 수 있다고 보았기에 강력히 대한민국의 참석을 반대하였다. 영국은 이미 중화인민공화국을 중국의 실효적인 정부로 승인한 상태였고, 미국은 중화인민공화국을 회의에 초청하는 것을 반대하였다.

애초부터 대한민국은 멸망한 대한제국과 동일한 국가성을 갖는다고 보았다. 현재, 대한민국은 대한제국이 체결하였던 1899년 '육전의 법 및 관습에 관한 협약'(헤이그 제2협약)과[27] 1904년 '전시 병원선에 대해, 국가이익을 위하여 부과되는 각종의 부과금 및 조세의 지불면제에 관한 협약'을 계속해서 이행하고 있다.[28] 1919년 1월 24일 대한제국 황제 고종이 의문사한 후 그리고 1919년 3월 1일 일본의 지배에 대한 일반 대중의 항의 시위가 있은 후, 대한민국 임시정부의 대한민국 임시헌장이 선포되었고, 대한민국 임시정부 대표단은 1919년에서 1920년까지 열린 파리 강화회의와 1921년 워싱턴 군축회의에 참석하여 활동하였다. 비록 이들 회의에 정식으로 참석하는 것은 거부당했지만, 대한민국 임시정부 대표단은 일본제국의 대한제국 흡수 시도는 일본 측의 여러 가지 조약 위반으로 인하여 완성되지 않았다고 주장하였다.

1921년 워싱턴 해군 군축회의에서 한국 대표단의 의제 상정 요청에서, 대한민국 초대 대통령 이승만은 아무런 권리 없이 한반도를 지

---

27 대한제국은 1899년 체결된 헤이그 제2협약에 대한 비준서를 1903년 3월 17일에 기탁하였다.

28 대한제국은 1904년 체결된 '전시 병원선에 대해, 국가이익을 위하여 부과되는 각종의 부과금 및 조세의 지불면제에 관한 협약'에 대한 비준서를 1907년 3월 26일 기탁하였다.

배했던 일본에 대항하여 한국인 2000만 명이 항거함으로써 공화국이
수립되었다는 점을 강조하였다.[29] 이러한 대한민국은 1948년 유엔총회
에서 다수의 유엔 회원국들로부터 국가적 실체로 승인받았다. 이승만
전 대통령은 1882년 5월 22일 조선과 미국이 체결했던 우호통상조약
을 포함하여, 한국과 다른 외국의 외교관계를 정한 조약에 있는 주선周
旋, good offices 규정을 근거로 1921년 워싱턴 회의에 참석할 권리가 있다
고 주장하였다.[30] 더 나아가, 이승만 전 대통령은 1904년 2월 23일 대한
제국과 일본 간 동맹조약을 통해서 주권을 자발적으로 포기했다는 주
장에 반대하며 이러한 견해는 오해에서 비롯되었다고 강조하였다.
1904년의 동맹조약으로 일본은 러시아를 상대로 작전을 수행하는 데
필요한 군사기지로서 대한제국을 활용할 수 있었다. 러일전쟁 종료
후, 일본은 대한제국에서 군대를 철수시키지 않았다. 이는 1904년 동
맹조약 제3조를 명백히 위반한 것이다. 왜냐하면, 이 조문에서는 대한
제국의 독립과 영토보전을 보증하는 것을 조약체결의 목적으로 삼았
기 때문이다. 1904년 이후, 대한제국은 일본의 군사적 지배하에 놓이
게 되었다. 1921년 워싱턴 회의의 한국 대표단은 일본이 국제법의 기
본 규칙을 위반하였다고 주장하였다. 즉, 국제공동체의 다른 국가들이
수행하는 전쟁 중에 중립을 유지하는 것이 독립국가의 권리이고, 이러
한 독립국가의 중립 및 영토주권을 존중하는 것이 교전 당사국의 의
무라는 것이다.[31] 결론적으로, 한국은 자신의 주권을 일본에 이전하는

29 Syngman Rhee, Korean Mission to the Conference on the Limitation of Armament, 《Korea's Appeal to the Conference on Limitation of Armament》(Government Printing Office, 1922), p.5.
30 1882년 조선과 미국의 우호통상조약 제1조의 관련 규정은 다음과 같다. "… If other powers deal unjustly or oppressively with either government, the other will exert their good offices, on being informed of the case, to bring about an amicable arrangement, thus showing their friendly feeling."
31 Syngman Rhee, 앞의 책, p.36

데 묵인하지 않았으며 동의하지도 않았다는 것이다.

이승만 전 대통령은 일본이 대한제국을 보호령으로 삼고 한국의 대외관계를 맡게 된 것의 근거로 삼은 1905년 11월 17일 조약(을사늑약)은 조약으로 인정할 수 없다고 지적하였다. 1905년 당시, 대한제국 전체가 일본군의 점령 아래 있는 등 일본이 지배하고 있었다는 것이다. 대한제국 황제 고종은 공식적으로 일본이 주장하는 보호령을 잘못된 것이라고 선언하였다. 왜냐하면, 고종 황제 자신이 그에 동의하지 않았고, 자신의 정부가 대한제국의 독립을 저해하는 어떠한 문서 비준에도 자발적으로 동의한 적이 없었기 때문이라는 것이다.[32] 대한제국 황제는 일본의 강요와 강제 때문에 1905년 조약이 무효라고 주장하였다. 기묘하게도, 1904년까지 국제사회에서 대한제국의 독립주권을 가장 강력히 지지했던 나라는 일본제국이었다.[33] 이러한 상황에서, 대한제국이 자발적으로 그리고 간섭받지 않은 상태에서 자신을 괴롭혔던 국가의 보호령이 되겠다고 했을 리가 없었다.

또한 1910년 8월 22일의 병합조약 역시 대한제국 황제가 일본제국 황제에게 한국 영토 전체에 대한 주권 일체를 영구적으로 양여하는 사항을 규정하였다는 것인데, 이에 대해서 대한제국 황제가 허가하지 않았고, 이러한 조약을 체결한 적도 없었다. '불법에서 법적 권리가 발생하지 않는다(ex injuria jus non oritur)'는 원칙에 따르면, '1910년 조약'은 불법이므로 1910년부터 1945년까지 일본의 지배는 효력을 가졌다고 할 수 없고, 1945년 일제의 영역을 연합국이 점령한 이래 1952년 대

---

32 Syngman Rhee, 앞의 책, p.41.

33 1895년 4월 17일의 청일 강화조약淸日講和條約 혹은 시모노세키조약Treaty of Shimonoseki 제1조의 규정은 다음과 같다. "China recognizes definitively the full and complete independence and autonomy of Corea, and in consequence, the payment of tribute and the performance of ceremonies and formalities by Corea to China in derogation of such independence and autonomy, shall wholly cease for the future."

일 평화조약이 발효할 때까지 한반도에 대해서 잔존 효력을 가졌다고
할 수도 없다.[34]

　일본제국은 1894~1895년 청일전쟁에서 승전하고, 1904~1905년
러일전쟁에서 승전하면서 강력한 국가로 거듭났고, 당시 서유럽의 문
명기준에 비추어 아시아의 반문명국半文明國으로 자처하다가 완전한
문명국으로 지위를 높이는데 성공했다. 하지만 1945년 연합국과의 전
쟁에서 패전하면서 한순간에 나락으로 떨어져 본토가 점령당하는 처
지에 이르게 되었다.

　1876년 일본제국이 조선(1897년 이후 대한제국)을 강제하여 외국에
개방하도록 한 이래 조선은 일본제국의 상대가 되지 않았고, 일본제국
은 청일전쟁이나 러일전쟁에서 조선이나 대한제국을 교전 당사국의
일원으로 생각해본 적이 없다. 일본제국은 청국을 상대로 그리고 러시
아를 상대로 전쟁을 수행하기 위하여 군사적 목적에서 조선의 영역을
활용하였을 뿐이었다. 이 당시 일본제국은 조선 영역 내에서 다수의
군 작전을 수행하는 근거로서 군사적 필요성 원칙을 근거로 하였다.
조선의 독립과 영토보전이 일본제국에 의하여 훼손되었지만, 조선은
일본제국과 전쟁을 수행할 능력이 없거나, 일본제국의 불법행위에 대
한 대응으로써 군사적 수단을 활용해 대항할 수도 없었다. 당시 조선
이나 대한제국은 가난하고 국력이 약한 국가였다.

　1905년 이후, 일본제국은 대한제국에 대해서 압박의 강도를 계속
높여서 마침내 1910년에 한반도 전체를 점령하는 데 성공하였고, 이때
일본제국은 소위 병합조약으로 대한제국을 흡수하였다고 선포하였
다. 대한제국 병합은 일본제국이 한반도에서 1876년 이후 30년 넘게
수행했던 군사 작전의 완결판이었다. 1910년 이후 1945년까지 일본의

34　William Wetherall, 〈The Continuing Annexation: Why and how Korea's 1910 union with
　　Japan goes on〉. http://www.yoshabunko.com/empires/Continuing_annexation.html

군사적 속박 하에서, 일본제국은 대한제국 영역을 약탈했고, 국제적으로 한국 사람의 국적이 한국에서 일본으로 바뀌었다고 하면서도 한국인을 차별하였다. 일본의 한반도 지배 기간 중 제도적이고 조직적인 차별로 인해서 한국인들은 정상적인 생활을 영위하기가 매우 힘들었다. 아마도 이 점은 21세기 현재 일본에서 재일 조선인을 상대로 벌어지고 있는 혐한발언으로 인한 고통보다 더 심했을 것이다. 당시 한반도의 조선인들은 일본식으로 창씨개명을 할 수밖에 없었으며, 일본제국의 영광을 위하여 강제로 징집당했다.

　일본 정치가들이 멋대로 상상한 것과 달리 한반도는 일본제국의 심장을 겨누는 칼이 되어 본 적이 한 번도 없었다. 이러한 가정은 앞으로도 절대로 현실이 될 수 없을 것이다. 반대로 조선은 일본제국이 무력을 사용하거나, 일본제국의 무력으로 위협받지 않을까 항상 노심초사했다. 일본제국의 군사력이 강성했던 19세기 그리고 20세기 초에 조선은 일본제국의 상대가 되지 않았다. 조선이 일본열도를 공격한다는 가정은 애초부터 잘못된 것이었고, 일본의 정치 지도자들이 1880년대와 1900년대 한반도를 침략하기 위한 구실로 사용한 정치적 선동구호였을 뿐이다.

　1876년 조선의 강제 개국부터 1945년 일본제국의 무조건 항복까지 약 70여 년 동안, 한반도는 일본제국을 포함하여 주변 강대국의 영향을 극심하게 받았다. 일본제국은 청국과 러시아를 물리치고 한반도에서 확고한 기반을 마련했다. 이 시기 동안, 일본제국은 한국 사람을 2등 시민으로 대우했다.[35] 한국 사람은 일본이 야기한 전쟁사태로 인하여 그리

35　일본제국은 자국의 국가적 이익에 따라서 한반도에 대한 정책을 수시로 바꾸었다. 우선, 일본제국은 청일전쟁 후 극동 아시아에서 유일한 문명국으로 자부하면서 한국 사람을 열등한 2등시민으로 간주하였다. 일본제국은 러일전쟁에서 이긴 후, 유럽 국가들의 실행을 좇아서 대한제국을 식민지 혹은 반주권국가로 취급하였다. 일면, 일본제국은 19세기 후반 서유럽에서 풍미했던 인민의 3등급 분류 기준에 따라서 야만 단계에서 문명 단계

고 일본이 취한 전쟁행위로 인해서 피해를 당했다. 한국 사람의 피해
는 1945년 일본제국이 연합국에 무조건 항복할 때까지 지속되었다.

대한민국은 일본의 군사점령으로 인하여 파리 강화회의에서 국가
로서 대우받지 못했다. 하지만 대한민국은 1919년 정부 수립 이후 여
러 가지 방식으로 일본제국에 대항하였다. 제2차 세계대전이 발발했을
때 대한민국은 연합국 쪽에 있었다. 패전국 일본의 영역에 관한 대일
평화조약 제2장에 따르면, 청일전쟁과 러일전쟁을 연상시키는 지역들
이 언급되고 있다. 이와 같은 맥락에서 일본 영역의 처분과 관련해서
대일 평화조약을 해석할 때, 일본제국의 한반도 점령이 불법이었던 점
그리고 독립을 위한 대한민국의 노력을 감안해야 할 것이다.

제1차 세계대전 이후, 일본제국의 영토 확장 야욕의 희생양이 되
었던 한국의 상황은 세계 여론의 주목을 끌지 못했다. 왜냐하면, 일본
제국이 당시 독일제국을 상대로 한 전쟁에서 전승국의 일원이었기 때
문이었다. 제1차 세계대전 이후, 아시아 전역은 한국과 동일한 운명에
처하게 되었고, 일본제국의 대동아공영권大東亞共榮圈 수립계획의 희생
물이 되었다. 대일 평화조약에서 볼 수 있듯이 한국 문제는 아직도 해
결되지 않은 상태이며, 동북아시아 지역과 결부된 여러 가지 문제들도
마찬가지 상태다.

---

* 이 글은 2018년 10월 27~28일 중국 우한대에서 열린 제3차 회의에서 〈The San Francisco Peace
Treaty with Japan and Its Implications upon Korean Peninsula with Respect to the Issues of
Territory and War-reparations〉라는 제목으로 처음 발표되었다.

로 신속히 변모했다. 문명국으로서 일본제국은 조선(대한제국)을 미개국의 일종으로 취
급하였다. 이때 대한제국과 일본제국의 관계는 도덕적 기준에 의하였고, 법적 기준 에 의
하지 않았다. Stephen Neff, 《Justice Among Nations: A History of International Law》
(Harvard University Press, 2014), p.318.

동아시아에서의 식민주의 전후 처리와 남겨진 문제: 샌프란시스코 조약 사례 연구

쉬융徐勇(중국 베이징대 교수)

근대 동아시아 식민주의의 형성과 특징

15세기 대항해 시대 이후 서양에서 식민주의가 흥기하였다. 유럽인은 인도양을 거쳐 아메리카 대륙으로 오가는 항로를 발견하면서 인도양과 태평양을 잇는 전대미문의 대항해 시대를 낳았고, 상업과 무역으로 발전한 포르투갈·스페인·네덜란드·프랑스·영국 등 서양의 식민주의 강국을 탄생시켰다. 식민주의는 무력으로 불평등 무역을 밀어붙이고 폭력으로 부를 약탈하면서, 점령지에 괴뢰정권을 세우거나 직접적으로 통치하며 사회문화 영역에서 식민지 동화정책을 강제적으로 추진했다. 유구한 역사문화 전통을 가진 남아시아와 동아시아의 각 국가는 서양 식민주의의 전 세계적인 확장 앞에서 잇따라 식민지로 전락했다. 중국은 19세기 열강이 벌인 여러 차례의 침략 전쟁을 겪었고, 일련의 불평등조약을 체결하도록 압박을 받으면서 반¥식민지 상태에 놓이고 말았다. 한반도 역시 서양 세력의 거대한 충격에 맞닥뜨리고 말았다.

　지리적으로 아시아 대륙의 동쪽 바다에 위치한 섬나라 일본은 원래 동아시아 문화권의 일원으로, 서양 세력이 동쪽으로 밀려 들어오는 과정에서 영국·미국 등의 압박을 받아 19세기에 불평등조약인 '안세이

조약'을 체결하게 된다. 하지만 1868년 메이지유신 이후 일본은 군국
주의 체제를 확립하고 "나라의 위엄을 사방에 떨치는(布國威於四方)"[1]
대외 침략 정책을 제정함으로써 아시아를 벗어나 서양 열강과 한패가
되어 동아시아 이웃나라를 침략하는 길로 나아갔다. 일본은 먼저 이른
바 '정한론征韓論'을 제기했으며, 이어서 1874년에는 대만을 무력으로
침공했고, 1879년에는 지금의 오키니와제도인 류큐국琉球國을 병탄했
으며, 1895년에는 중국 영토인 대만을 할양받고 조선을 일본의 통제
아래에 두었으며, 나아가 1910년에는 조선을 합병했다. 류큐 연구자
마타요시 세이키요又吉盛淸는 이렇게 지적했다. "일본은 류큐국과 대만
의 영토를 획득하면서 식민지 통치를 진행했는데, 국명 역시 '대일본大
日本'에서 '대일본 제국'으로 부풀리면서 동아시아 유일의 제국주의 국
가가 되었다. 이로부터 동아시아에 대한 침략 전쟁과 식민 통치를 차
례차례 개시했다."[2] 이로써 일본은 동아시아 신흥 식민주의 국가로 성
장했다.

　근대 일본 식민주의의 대외 침략 및 잔혹한 통치는 체계적인 선전
방식과 상당히 복잡한 이론적 틀을 갖추고 있었다. 우선 주목할 것은
1880년대 류큐와 대만을 병탄한 시기에 후쿠자와 유키치가 제시한 '탈
아입구脫亞入歐' 등의 동아시아 침략 이론이다. 후쿠자와 유키치는 〈시
사에 대한 사소한 언급時事小言〉(1881), 〈조선과의 외교를 논함論朝鮮交際〉
(1882), 〈일본의 이름이 지나(중국)에 가려지지 않기를 바람期望日本之名不
被支那所遮蔽〉(1884) 등의 평론을 잇달아 발표하면서 일본은 이미 문명국
가가 되었기에 동양의 맹주 신분으로 중국과 조선을 상대해야 한다고

1　*옮긴이: 이는 일본 메이지 천황이 메이지유신 원년(1868)에 쓴 〈억조창생을 위로하고
　국위를 선양하는 친필어찰(億兆安撫國威宣揚の御宸翰)〉에 보이는 표현이다.
2　又吉盛淸,《大日本帝國植民地下の琉球沖繩と台灣: これからの東アジアを平和的に生きる道》
　(同時代社, 2018), p.14.

강조했다.

그는 다음과 같이 무력 사용을 고취했다. "입으로만 시비곡직을 따지길 그만두고, 반드시 결연하게 무력을 행사해 이와 같은 국면을 끝낼 구상을 해야 한다."[3] 1884년 12월 4일, 주조선공사 다케조에 신이치로가 기획한 '갑신정변'은 청군의 간섭으로 실패했다. 후쿠자와 유키치는 이듬해 3월 16일에 그 유명한 〈탈아론脫亞論〉을 발표하면서 중국과 조선을 '나쁜 친구', '나쁜 이웃'으로 간주하고 '나쁜 이웃'과 헤어지기를 요구하며 이렇게 말했다. "우리 일본은 이웃나라가 개명하길 기다려 함께 아시아를 흥성시킬 여유가 없다. 차라리 그 대오에서 벗어나 서양 문명국과 진퇴를 함께해야 한다." "서양인이 그들을 대하는 방법을 본받아 그대로 처분해야 할 것이다."[4] 후쿠자와 유키치는 '변발辮髮한 녀석', '반쯤 죽은 병자', '돼지 꼬리 같은 변발을 한 노예', '돼지 꼬리 같은 변발을 한 애송이', '돼지 떼', '개돼지', '그 꼬락서니가 도랑에서 부침을 거듭하는 장구벌레 같다', '오합지졸 도적떼' 등과 같은 극단적인 막말을 거듭 사용하면서 중국인과 조선인에 대한 멸시와 혐오를 선동하고 전쟁을 조장했다. 〈탈아론〉은 비록 짧은 글이지만 근대 일본에 영향력을 끼친 대표적인 식민주의 저술 중 하나다.

메이지 시대의 후키자와 유키치부터 시작해서 다이쇼(大正, 1912~1926)와 쇼와(昭和, 1926~1989) 시대를 거치면서, 파시즘 사상가인 기타 잇키北一輝, A급 전범 오카와 슈메이大川周明, 9·18사변(만주사변)의 기획자이자 중국 침략 전쟁의 주범인 이시와라 간지石原莞爾 등이 등장하고 군부의 정책 결정 기관이 전쟁 방안을 제정하면서, '근본적'인 확장 이론이 제기되었고 20세기 일본이 대규모로 식민주의 전쟁을 개시하는 데 필요한 방침과 이론적 지침이 수립되었다.

---

3   《福澤諭吉全集 第10卷(再版)》(岩波書店, 1970), p.159.
4   〈脫亞論〉, 위의 책, p.240.

기존 연구에 따르면 기타 잇키는 일본 식민주의 확장 이론을 가장 체계적으로 펼친 사람 중 한 명이다. 기타 잇키는 젊은 시절 중국 혁명에 개입한 적이 있으며, 조선의 '3·1운동'과 중국의 '5·4운동'을 경험했다. 그는 일본이 남만주와 북만주뿐 아니라 헤이룽강 및 연해 지역까지 차지함으로써 "남북을 가로지르는 대일본을 건설해 후세의 역사가들이 황인종의 로마 제국이라고 찬탄하게 만들어야 한다."고 주장했다.[5] 그 영토 범위는 이른바 '북쪽으로는 러시아, 남쪽으로는 오스트레일리아', 즉 러시아의 시베리아 지역으로부터 영국의 오스트레일리아까지 포함하는 것이었다.

기타 잇키는 독일 파시즘이 앵글로색슨족의 인종 우생학을 고취한 것과 달리, "인류학에서는 이미 일본 민족을 조선, 지나(중국), 남양(南洋, 주로 동남아) 및 토착 민족의 화학적 결합의 정수로 간주했다."고 여겼다.[6] 그는 이런 '화학적 결합의 정수'로부터 탄생한 혼혈민족은 당연히 부계와 모계의 거주 기반에 대한 소유권과 계승권을 갖는다고 보았으며, 조선은 과거 80세 노파였는데 지금은 10세 소녀라고 강조하면서 조선이 노파든 소녀든 일본의 품에 안겨야 하며 일본 홋카이도北海道처럼 '사이카이도西海道'가 되어야 한다고 했다. 기타 잇키는 이렇게 말했다. "조선은 한·일합방의 종지宗旨를 준수해 일본 제국의 일부분 또는 행정구역의 하나가 되어야 하며, 근본적인 대의명분은 명백하다."

근대 일본의 식민주의 문제와 관련해 연구와 저술이 매우 많은데, 대부분이 '대동아大東亞의 논객'이라 불린 오카와 슈메이가 쓴 것이다. 오카와 슈메이는 타쿠쇼쿠拓植대학에서 식민사 과목을 가르치면서,《아시아 부흥의 제문제復興亞細亞の諸問題》(1922),《인도 부흥의 정신적 근거復興印度の精神的根據》(1924), 도쿄제국대학 법학박사학위논문〈특허식민공

5 《北一輝著作集 第2卷》(みすず書房, 1972), p.185.
6 위의 책, p.260.

사제도 연구特許殖民公司制度硏究〉(1926) 등을 잇달아 펴냈다. 이후로도 계속해서《아시아의 건설자亞細亞建設者》(1940),《일본 2600년사日本二千六百年史》』(1940),《근세 유럽 식민사近世歐羅巴殖民史》(1941) 등의 연구서를 집필했다. 그는 서양 식민사 연구에 근거해 '식민 해방설'을 이끌어냈으며 "유색 인종을 불의한 압박으로부터 해방시킬 것"을 강조했다. 또한 "구유럽은 반드시 혁명을 진행해야 하고 압박받는 아시아는 반드시 부흥해야 한다"고 주장했다. 그가 군부를 위해 기획한 전략은 "일본·만주·중국이 하나가 된 광활한 경제권을 더욱 공고히 하고 이를 기반으로 동남아부터 인도와 중앙아시아까지의 해방을 실현한다."[7]는 것이었다. 그는 '대동아 공영권大東亞共榮圈'을 가장 적극적으로 고취한 인물이다.

일본 군부에서 군인이자 식민주의 이론가라는 이중 신분을 가진 인물로 이시와라 간지가 있다. 이사라와 간지는 모쿠요회木曜會, 후타바회二葉會, 이치유회一夕會 등 군대 내 파시즘 단체의 주요 구성원으로, 대외 군사작전 계획을 많이 기획했다. 그는 '전쟁 만능론'을 고취하면서, "역사적으로 이미 드러난 과거의 사실을 보면 전쟁은 실제로 세계 진화의 동력이자 근본"[8]이라고 강조했다. 이시와라 간지는 중국 동북지역을 침략한 '9·18사변'을 획책한 이른바 '만주국의 아버지'다. 그는 '민족 협화協和' 이론을 제시하며 다음과 같이 민족 간의 분업을 구상했다. "일본인은 군사와 대기업을 장악하고, 지나인(중국인)은 상업과 농업 노동을 담당하고, 조선인은 논농사를 담당하고, 몽골인은 목축을 담당한다." 그는 이처럼 일본인이 경제적 근간과 칼자루를 장악하는 식민주의적 분업을 '진정한 공존공영'이라고 칭했다.

일본 군부의 가장 대표적인 지침 문건은 1934년 10월 육군성 신문반의 명의로 공개 출판한《국방의 본래 의미와 그 강화의 제창國防の本

7   野島嘉晌,《大川周明》(新人物往來社, 1975), p.156.
8   角田順 編,《石原莞爾資料: 戰爭史論》(原書房, 1987), p.3.

義と其強化の提唱》(통칭 《육군 팸플릿陸軍パンフレット》)이다. 출판한 달에 두 차례에 걸쳐 총 21만 권이 발행되었고, 이듬해 2월 제3차 발행 때는 부수가 더 많아졌다. 모든 신문에서 대대적으로 게재했는데, 1천만 권 이상 발행한 것에 맞먹는 것으로,[9] 이는 일본 내에서 드문 경우였다.《육군 팸플릿》의 첫 구절은 "전쟁은 창조의 아버지요, 문화의 어머니"다. 이 책의 중심 내용은 "국가의 모든 에너지를 종합적으로 통제하고",[10] "진충보국盡忠報國의 정신을 철저히 발양하며", "국방을 본위로 하는 각종 새로운 기구들을 창건하고", 대외 침략을 위한 각종 국가 정책의 시행을 요구하는 것이다. 2년 뒤인 1936년 마침내 일본군의 통제파[11]는 '2·26사건'[12]을 통해 무대에 등장하여 국내외 정치를 전반적으로 조종하면서 침략 전쟁에 전면적으로 돌입함으로써 돌아올 수 없는 길을 걷게 되었다.

400여 년 동안 지속된 서양의 식민주의와 비교하면, 근대 일본의 식민주의는 그 발흥 속도가 빨랐을 뿐만 아니라 폭력으로 야기한 피바람의 정도 역시 그야말로 짝을 찾기 어렵다. 이런 폭력을 통해 만들어진 수많은 선전 수법은 종류도 다양하고 내용도 복잡하며 뚜렷한 특징을 지닌다. 일본은 대만 공격과 류큐왕국 병탄을 시작으로 5~10년 간격으로 대외 침략을 저질렀는데, 우익에서는 이를 '백년전쟁'이라고

9　生田惇,〈陸軍パンフレット問題: 国家総動員法成立の側面から〉,《軍事史学(第14卷 4號)》(1979)

10　'육군 팸플릿'의 전문全文은《現代史資料 5: 國家主義運動 2》(みすず書房, 1964). 중국어 발췌 번역은 푸단대학의《日本帝國主義對外侵略史料選編》(上海人民出版社, 1983), pp.123-129.

11　*옮긴이: 통제파統制派는 일본 제국 육군의 파벌로, 1920년대 후반부터 1930년대 중반까지 또 다른 육군 파벌인 황도파皇道派와 파벌 싸움을 벌여 승리를 거둔 뒤 일본 패망 때까지 주도권을 차지했다. 황도파가 천황 친정 강화를 주장한 것과 달리 통제파는 군 내부의 법률 통제를 중시했다. 통제파의 대표적인 인물로는 도조 히데키를 꼽을 수 있다.

12　*옮긴이: 갈수록 위축되는 현실에 위기와 불만을 느낀 황도파의 청년 장교들이 원로대신들을 죽이고 천황 친정을 강화하기 위해 일으킨 쿠데타다. 며칠 만에 실패로 막을 내리면서 황도파는 완전히 몰락하고 통제파가 본격적으로 주도권을 잡게 되었다.

칭한다. 일본 전쟁의 불길은 아시아-태평양까지 미쳤는데, 그 범위는 제2차 세계대전 때의 유럽과 북아프리카의 전쟁터를 넘어섰다. 일본이 식민 통치한 인구는 일본 인구의 열 배가 넘었고, 일본의 식민지 영토는 일본 본토 면적의 수십 배가 넘었다. 일본은 이 거대한 식민지를 '대동아 공영권'이라고 불렀다. 현재까지도 근대 일본 식민주의의 사상적 이론 및 그 침략 전쟁이 남긴 문제는 여전히 여러 방면과 여러 영역에 영향을 끼치고 있기에 세밀히 살펴야만 하다.

샌프란시스코 회의의 식민지 처리와 그 한계

1945년 일본이 패전하여 항복하자 미국을 선두로 한 유엔군이 일본에 대한 민주개혁을 주도하고 극동국제군사재판소를 설립해 일본의 전쟁책임을 조사했으며, 도조 히데키 등 7명의 주요 전범을 교수형에 처했다. 하지만 원래 파시즘에 반대했던 세계 각국의 진영이 분열되고 미국·영국 등의 나라와 소련이 대립하게 되었다. 일본 군국주의 침략으로 가장 심각하게 고통받은 중국에서는 내부 혁명전쟁이 발생했다. 이후 가장 충격적인 사건은 1950년 한국전쟁의 발발이다. 이처럼 세계 냉전과 중국 내전 등의 요소가 상호작용하면서 미국은 신속하게 대일 정책을 변경하여 1951년 샌프란시스코 회의 소집을 주도했다.

    샌프란시스코 회의에서 일본 문제를 처리한 지도적 방침은 1943년 카이로 회담에 연원한 것이다. 카이로 회담에서는 일본 정치와 천황제에 대한 전후 처리 및 일본에 대한 유엔군의 군사 점령과 사회 통제, 일본의 전후 배상, 일본의 식민지 영토 처리 문제 등을 토론했다. 이 회담에서 확정한 〈카이로 선언〉의 내용은 다음과 같다. "우리 세 동맹국(미국·영국·중국)이 이 전쟁을 치르는 목적은 일본의 침략을 제지하고 응징하는 데 있다. 삼국은 결코 자국의 이익을 도모하지 않으며, 영토

팽창의 야심도 없다. 삼국의 목적은 1914년 제1차 세계대전이 발발한 이래 일본이 태평양에서 강탈하거나 점령한 모든 섬을 몰수하는 데 있으며, 일본이 중국으로부터 탈취한 영토, 예를 들면 동북의 4개 성[13], 대만, 평후제도 등을 중화민국에 반환하는 데 있다. 또한 일본이 폭력과 탐욕으로 탈취했던 모든 지역으로부터 일본을 축출할 것이다. 우리 세 동맹국은 한국민이 노예 상태에 놓여 있음을 유의하여 적절한 시기에 한국을 자유롭고 독립적인 국가로 만들기로 결정했다."[14]

　이 선언에서 확립한 원칙은 매우 분명하다. 일본 식민지 문제를 해결하는 기본 방침은 "일본의 침략을 제지하고 응징하는" 것이며, 일본을 축출할 지역에 대한 판단 기준은 "일본이 폭력과 탐욕으로 탈취했던 지역"이다. 이런 지도적 방침과 실제적 해결 대상에 근거해 보면, 카이로 회담에서는 대만과 평후제도의 중국 반환과 조선 독립 등에 관한 규정을 확인했다. 식민지 문제 해결과 관련된 또 하나의 의제는 류큐 제도 주권의 귀속 문제였다. 장제스는 일찍이 이렇게 주장했다. "류큐는 주권국으로, 그 지위는 조선과 동일하다."[15] 중국 국민당 정부는 대체적으로 조선과 류큐를 같은 수준의 식민지로 간주했으며 식민지의 주권과 독립을 지지하는 것을 전후 동아시아 정국을 해결하는 기본 원칙으로 삼았다. 회담 기간에 프랭클린 루즈벨트 대통령은 중국이 류큐를 원하는지 여부를 거듭 물었으며, 장제스는 우선 중국과 미국이 류큐를 점령한 다음에 국제 신탁통치 방식으로 중국과 미국이 공동 관리하길 바란다고 밝혔다. 그러나 당시 중국의 실질적인 역량을 고려해보면, 중국은 미국이 제출한 안건을 확실하게 받아들일 수 없었

13　*옮긴이: 1940년대 '동북의 4개 성'은 지금의 만주 지역으로 헤이룽장성黑龍江省, 지린성吉林省, 랴오닝성遼寧省, 러허성熱河省을 가리킨다. 러허성은 1955년 허베이성河北省, 랴오닝성, 네이멍구內蒙古 자치구로 쪼개져 수용되면서 사라졌다
14　《大公報》, 1943년 12월 3일;《國際條約集 1934-1944》(世界知識出版社, 1961), p.407.
15　梁敬錞,《開羅會議》(商務印書館, 1974), p.148.

으므로 류큐 문제는 결국 선언문에 직접 포함되지는 않았다.

카이로 선언이 확립한 일본 식민지의 박탈 원칙은 이후 수차례의 국제회의 및 국제 조약에서 견지되었다. 1945년 4월 25일, 샌프란스시코에서 '국제기구에 관한 연합국 회의'를 개최하여 '유엔 헌장' 등의 법규를 통과시켰다. 7월 17일에서 8월 2일까지 미국·영국·소련 삼국은 베를린 교외의 포츠담에서 세 번째 전시 영수회담을 진행한 뒤, 미국이 초안을 잡고 영국이 찬성하고 중국을 참가시킨 〈포츠담 선언〉을 발표하면서, 일본의 '즉각적인 무조건 항복'을 촉구했다. 그리고 일본의 식민지를 박탈하고 일본의 영토 범위를 새롭게 확정한다는 원칙을 다음과 같이 거듭 천명했다. "카이로 선언의 조건은 반드시 시행되어야 한다. 그리고 일본의 주권은 반드시 혼슈, 홋카이도, 규슈, 시코쿠 및 우리가 결정한 기타 작은 섬에 국한되어야만 한다." 1945년 8월 15일, 히로히토 일본 천황은 라디오 방송을 통해 유엔군의 무조건 항복 권고를 받아들인다고 발표했다. 같은 해 9월 2일, 미국·영국·중국·프랑스 등 9개국 대표는 도쿄만 내에 정박한 미국 해군 전함 미주리호에서 항복을 받았는데, 일본 대표는 항복문서에 사인하면서 〈포츠담 선언〉에 열거된 모든 조건을 받아들였다.

제2차 세계대전 중에 나온 〈카이로 선언〉, 〈포츠담 선언〉 그리고 일본이 서명한 〈항복 문서〉 등의 문건은 전후 국제사회 공동의 대일 정책 법규가 되었고, 일본의 전쟁 범죄 및 류큐를 포함한 식민지 전후 처리와 관련된 국제법의 근거가 되었다. 일본 문제에 대한 유엔군의 전후 처리를 시행하기 위해 1945년 12월 27일, 오스트레일리아·캐나다·중국·프랑스·인도·네덜란드·뉴질랜드·필리핀·소련·영국·미국 등 11개국은 극동위원회 및 연합국 대일 이사회The Allied Council for Japan를 조직했다. 1947년 6월 19일 극동위원회는 '항복 후 일본에 대한 기본 정책 결의안'을 작성해 "일본이 더 이상 세계 평화와 안전의 위협이 되지 않도록 보장할 것"을 확정했다. 이 목표를 달성하기 위한 첫 번째 조항은 다음과 같다. "(1) 일본의 주권은 반드시 혼슈, 홋카이도, 규슈, 시코쿠 및 우리가 결정한 인근 섬들에 국한되어야만 한다."[16] 이밖에도 "일본 은 군 장비와 군 시설을 완전히 해체해야 한다. 또한 군부 권력과 군국 주의의 영향력을 완전히 소멸시켜야 한다. 군국주의와 침략정신을 드 러내는 일체의 제도를 엄격히 단속해야 한다." 이는 일본 식민지를 박 탈하고 일본의 영토 범위를 다시 확정한다는 기본 방침을 거듭 명확 히 한 것이다.

　그러나 유엔군이 전시 및 전후 초기에 거듭 확인한 이상의 방침은 일본이 패전하여 항복한 이후 미군이 주도하는 상황에서 견지되지 못 했다. 미국은 일본을 단독으로 점령한 이점을 십분 활용하여 미국의 이익에 유리한 점령 정책을 추진했다. 해리 트루먼 대통령은 이렇게 강조했다. "일본의 중요성은 중국 현 상황의 전개와 하나로 연계되어 있다."[17] 1950년 6월 한국전쟁이 발발하자 미군은 일본을 작전기지로 삼았다. 대일 강화 협상을 서두르기 위해 국무장관이자 대일 강화 협 상 문제를 책임지고 있던 존 덜레스는 협상단을 인솔해 일본을 방문 했다. 그와 일본 총리 요시다 시게루는 미군이 일본에 계속해서 주둔 하고 일본이 미군을 위한 군사기지를 제공한다는 등의 내용을 협의했 다. 1951년 1월부터 덜레스는 미국정부의 대일 강화 협상을 위한 대통 령 특사 자격으로 일본·필리핀·오스트레일리아·뉴질랜드 등을 잇달아 방문해 각국의 지지를 얻어냈다.

　미국의 주도로 1951년 9월 8일 강화조약이 체결되었다. 〈샌프란 시스코 조약〉 체결 이후 일본의 옛 군국주의 및 식민주의 죄과에 대한 추궁은 거의 중지되었고, 수많은 전범과 각 사회 영역의 식민주의자들

16 《日本問題文件彙編》(世界知識出版社, 1955), p.13.
17 宋成有, 李寒梅 外, 《戰後日本外交史》(世界知識出版社, 1995), p.71.

은 관용과 면책의 기회를 얻어 전후 일본 각계에서 자신의 특별한 역할을 또다시 발휘하게 되었다. 미국의 보호 아래 일본은 패전국이라는 딱지를 떼고서 주권국가의 지위를 새롭게 획득해 점차 동아시아 대국의 대오에 들어서게 되었다. 일본학자 이오키베 마코토五百旗頭眞, 사카모토 가즈야坂元一哉 등의 기술에 따르면, "미국 측이 일본에게 관대한 강화조약의 초안을 제시했을 때 일본 측 회담 참가자들은 기뻐서 미칠 지경이었다."[18]고 한다. 총리 요시다 시게루가 강화 조약에 사인하며 희희낙락하던 모습은 깊이 생각할 거리를 남겨주었다.

미국은 샌프란시스코 회의를 주도하면서, 일본이 강점했던 광활한 식민지를 처리하는 데 있어서 미군의 전략적 이익을 최우선 고려사항으로 삼았다. 미국은 패전국 일본 정권과 내전 끝에 대만으로 패퇴한 국민당 정부를 조종해 강화조약과 관련된 협상과 체결을 끌어냈다. 1952년 4월 28일 〈샌프란시스코 조약〉과 더불어 일본과 대만이 체결한 〈중일 평화조약〉이 동시에 발효되었다.[19] 미국 측은 〈중일 평화조약〉을 〈샌프란시스코 조약〉의 부속 조약으로 삼았을 뿐만 아니라 중국의 내전 발발을 핑계 삼아, 일본으로부터 가장 심각한 침략을 당했으며 제2차 세계대전 중 대일 군사작전에서 가장 중요한 역할을 한 중국을 회의에서 완전히 배제했다. 미국의 과도한 처사에 항의하기 위해 소련 등은 이 조약에 사인하지 않았다.

샌프란시스코 회의에서 나온 〈샌프란시스코 조약〉은 중국과 소련 등 관련 대국이 참가하고 인정하지 않았으므로, 반파시즘 국가들이 대일 강화 협상을 전면적으로 맺은 합법적인 조약이 아니라 그저 미국 등 몇몇 국가가 자신의 전략적 필요에 따라 체결한 일방적인 조약일 뿐이다. 이런 단편적인 조약에 근거해 근대 일본 군국주의 전쟁의

18   五百旗頭眞, 坂元一哉 外,《戰後日本外交史》(世界知識出版社, 2007), p.56.
19   吉田淸次郎 編,《戰後日美關係》(上海人民出版社, 1977), pp.7-8.

죄과를 추궁하고 이로써 일본의 식민지 문제를 해결하는 것은 국제법
상 충분한 법리적 근거가 없다. 중화인민공화국 정부는 1951년 9월
18일 다음과 같은 성명을 발표했다. "미국정부가 샌프란시스코 회의에
서 중화인민공화국의 참여 없이 강압적으로 체결한 일본에 대한 일방
적 조약은, 전면적인 조약이 아닐뿐더러 진정한 조약이 전혀 아니다."
이 성명에서는 〈샌프란시스코 조약〉이 "불법이며 무효이기 때문에 절
대로 인정할 수 없다."고 밝히고 있다.[20]

전후 동아시아 식민지 처리가 남긴 심각한 문제

일본 식민주의와 군국주의는 전후에 응당한 징벌을 받지 않은 채 광
범하게 잔존하다가 1970년대 이후 전면적으로 되살아나 신흥 일본 민
족주의 우익 세력이 되었다. 일본 민족주의 우익 세력은 역사적으로
저지른 식민주의 범죄와 책임 문제를 전력을 다해 부정하고 있다. 그
들은 일본이 조선을 병탄한 것은 조약에 근거한 합법적인 행동이었음
을 강조하고, 일본의 중국 침략은 중국의 반일운동으로 초래된 것이라
주장하며, 동남아시아 등 아시아-태평양 국가들에 대한 일본의 침략은
서양 식민주의에 맞선 정의로운 전쟁이었다고 미화한다. 일본 우익 세
력의 지배 아래에서, 일본정부는 전쟁책임에 대한 추궁을 다양한 측면
에서 회피하고 식민주의 역사를 세탁하면서 이른바 '보통국가'가 되고
자 한다.

　원래 식민지였던 지역과의 관계에서 일본 식민주의가 사라지지
않고 소생했다는 것이 뚜렷이 표출되면서 오늘날 한·일, 중·일, 러·일
간의 복잡하고 난해한 영토분쟁을 낳았다. 그중에서도 특히 심각하고

20 國際關係學院,《現代國際關係史參考資料 1950-1953(上)》(北京大學出版社, 1987), p.562.

복잡한 것이 원래 식민지였던 류큐제도의 처리 문제다.

지리적인 측면에서 동아시아 국가 간의 역사적 관계를 고찰하면, 중국·한국·일본·류큐 간의 비대칭적인 정치·경제·문화 교류가 내내 존재했다. 그중에서도 류큐제도에 위치한 류큐왕국은 가장 작고 미약했지만, 실제로 오랜 기간 존재했으며 비교적 안정적인 '개별 국가'였다. 19세기 중엽 서양 세력이 점차 동양으로 뻗쳐오는 동안 류큐는 미국·프랑스·네덜란드 등의 신흥 공업국과 〈류미琉美 수호조약〉(1854) 등 3개의 국제 조약을 체결했다. 이 역시 역사상의 류큐국이 근대에 독립국가로서 존재했던 상황을 증명해준다.

일본이 1872년 류큐 병탄에 착수한 동안, 주일본 미국공사가 일본 외무대신 소에지마 다네오미에게 보낸 편지에서는 "1854년 7월 11일 미국과 류큐왕국이 체결한 규약"이라는 기술이 보인다. 'Kingdom of Lew Chew and the United States of America'로 류큐에 대한 정식 명칭으로 'Kingdom of Lew Chew(류큐 왕국)'을 사용하고 있다. 이에 대해 소에지마 다네오미는 답신에서 "1854년 7월 11일 귀국과 류큐 간에 결정한 규약"이라고 하면서 류큐국을 'Lew Chew(류큐)'라고 약칭하며 미국 측이 사용했던 'Kingdom(국가, 왕국)'이라는 단어는 덧붙이지 않았다. 그 의도는 류큐가 역사상 실제로 보유했던 독립국의 지위를 희석하려는 데 있었다. 미국과 일본 양측이 교섭하던 기간에 보여준 류큐에 대한 표현 차이는, 류큐의 정치적 지위에 대한 양측의 인식 및 정책적 입장의 차이를 뚜렷이 나타낸다. 관건은 일본정부 당국에서 정리한 외교문서에 근거하더라도 다음과 같은 사실을 말살할 수 없다는 것이다. 즉 미국 측은 〈류미 수호조약〉을 체결·집행하고 대일 교섭을 진행하는 과정에서 류큐가 지닌 '국가(Kingdom)'로서의 정치적 지위를 줄곧 인정했다.

1879년에 동아시아를 방문했던 전 미국 대통령 율리시스 그랜트는 청·일본·류큐 삼국 간의 다양한 교섭에 참여하고 중재했다. 그는 이렇게 말했다. "류큐국이 독자적으로 미국과 수호조약을 체결한 것은 사실이다. 중국과 일본의 교섭에서 류큐의 독립국 지위를 인정해야 한다." 리훙장의 생각은 이랬다. "류큐는 개별 국가인데, 일본은 류큐를 병탄해 영토를 넓히려 한다. 중국이 따지고자 하는 것은 토지이며 조공朝貢 문제에만 집착하는 것은 아닌데, 이는 매우 일리가 있으니 장차 따로 조약을 마련하는 게 좋겠다."[21][22] 그랜트는 '류큐의 종묘사직을 보존한다.'는 중국 측의 정책에 동의하며 류큐를 셋으로 나누는 방안을 제시했다. 즉 남부의 작은 섬은 중국에 귀속시키고, 중부는 류큐왕국에 귀속시키며, 북쪽의 섬은 일본에 귀속시키자는 것이었다. 그랜트의 이러한 중재안에 영향을 받아 일본 측은 제한적인 양보안을 내놓았다. 즉 미야코宮古제도와 이시가키石垣섬을 청나라에 양보하고 일본은 오키나와沖繩 본섬을 차지하는 류큐국 분할 방안을 제시했지만, 리훙장의 동의를 얻지 못했다.

'류큐의 종묘사직을 보존한다.'는 청나라 정부의 방침은 당시 그랜트 전 대통령의 중재 목표와 상당히 일치했다. 이로 인해 미국과 청나라는 일본과 류큐에 대한 정책에 있어서 어느 정도 공통점을 표출했으며, 이는 당시 대일 교섭에 있어서 양국의 협력을 촉진했다. 일본은 지속적인 폭력을 통해 중국과 미국 등이 추진한 대일 교섭을 중단시켰고, 마침내 류큐국은 식민지가 되고 말았다. 당시 중국과 미국 등의 국제 외교활동은 일본의 폭력에 의해 중단되긴 했지만 그러한 활동에 내재하는 합리성에 힘입어 뚜렷하고 장기적인 합법적 요소를 획득했

21 《李文忠公全集 譯署函稿 卷八》, pp.41-44.
22 *옮긴이: 이 말은 리훙장이 아닌 그랜트 전 대통령이 한 말이다. 그랜트가 이렇게 말하자 리훙장은 "대통령의 견해가 너무나 대단하십니다. 잘 좀 부탁드리겠습니다!"라며 적극적으로 동의했다.

으며 적당한 조건에서 다시 논의할 수 있는 지속적이고 국제적인 연구 가치를 지니게 되었다.

근대 일본 군국주의의 패전과 항복은 근대 류큐인이 국가 주권을 회복하는 데 더없이 좋은 기회였다. 유엔군이 일본으로 진격해 미국이 일본을 점령하여 20년 동안 류큐를 신탁 통치하던 시기, 류큐를 신탁 통치하던 정부를 '류큐제도 미국민정부USCAR, United States Civil Administration of the Ryukyu Islands'라고 칭했다. 이 정부의 최고수장은 '류큐제도 고등판무관The High Commissioner of the Ryukyu Islands'이라고 칭했다. 이 두 명칭은 모두 전통적인 '유구琉球'라는 두 글자를 사용했으며, 그 독음도 '류큐Ryukyu'라는 전통적인 발음이었다. 이 정부는 류큐대학을 건립하고 《류큐신보琉球新報》를 창간했다. 미국이 신탁통치 시기에 추진한 '탈일본화' 및 '류큐화'의 다양한 조치는 '탈식민지화' 성격의 적극적인 의미를 지니고 있다. 이는 군국주의와 식민주의 정치를 발본색원하려는 정치적 요구에 부합하려는 것으로, 상당한 성과를 거두었다. 미국이 신탁통치 시기에 펼친 류큐의 명칭을 바로잡는 '정명正名' 작업은, 19세기 〈류미 수호조약〉을 체결하고 시행하던 시기에 사용했던 류큐 개념과 상통하는 정치적 승인 기능을 지닌다.

그런데 1972년 미국과 일본 양측이 류큐의 행정권 반환 협정을 체결할 때 일본은 '류큐제도 미국민정부' 등 미군이 사용하던 명칭을 폐기했으며, 다시 '오키나와현沖繩縣'을 설치하고 현지사를 임명하면서 류큐제도 전체에 대한 실질적인 통제권을 획득했다. 갈수록 많아지는 관련 연구가 말해주듯이, 미국과 일본의 오키나와 반환 협정은 미국과 일본 양자의 행위에 불과하며 미국과 일본이 사사로이 주고받은 행정권으로는 류큐 주권의 귀속 문제를 최종적으로 해결할 수 없다. 미군의 실질적인 주둔으로 인해 류큐 문제에서 미국은 여전히 절대적인 주도권을 갖고 있다. 미국의 이른바 류큐 반환은 "카이로 회담, 테헤란

회담의 관점과 다를뿐더러 루즈벨트 대통령의 원래 의도도 아니었
다."[23] 유엔 및 관련 국제회의의 승인을 거치지 않은 상태에서, 류큐 주
권의 귀속 문제는 여전히 미해결된 국제적 의제다.

일본 우익은 중국, 한국 등의 국가로부터 영토 및 해양 권익을 쟁
탈하고자 전력을 다해 역사 문헌 속에서 근거를 찾으면서 이른바 역
사상 일본의 것이라는 '고유영토론'을 제시하며 제2차 세계대전이 종
결될 때 유엔이 확정한 '유엔 결정론'에 맞섰다. 이는 분명 제2차 세계
대전 이후 국제법 원칙과 상충되고 불법적이며 역사적 근거가 전혀
없는 것이다. 류큐 왕국의 문제에서 드러나듯이, 일본은 미군으로부터
획득한 '행정권'을 이용해 다양한 방식으로 류큐의 주권 문제를 완전
히 해결하고 해소하길 도모했다. 또한 주일미군의 군사기지 문제를 활
용하고 미·일동맹에 힘입어 스스로의 군사 역량을 키우면서, 실질적으
로 류큐에 의지한 다각적인 강화전략을 추진하고 있다. 이 모든 것은
동아시아의 전략적 판도 변화를 직접적으로 촉발할 것이다.

다음에서 보듯 이 문제는 현실적으로 심각하다. 샌프란시스코 조
약에서 빚어진 신탁통치와 미국의 일방적인 반환으로 인해 전후 류큐
의 주권 문제가 해결되지 않음으로써 오래도록 존속하며 발전해온 류
큐 문명의 역사가 외부세력에 의해 절단되었고 류큐 민중의 권익은
근대 식민주의로부터 지속적인 피해를 입었다. 오늘날 류큐 민중이 요
구하는 '자결권' 쟁취 운동이 지속적으로 발전하고 있으며, 도민의 권
익과 류큐 전통문화 보존과 관련된 많은 문제를 유엔에 호소하고 있
다. 마땅히 국제사회는 이 문제를 진지하게 다뤄야 하며, 반反식민주의
시각에서 연구하고 해결해야 한다.

요컨대, 근대 동아시아 식민주의가 남긴 문제 중 하나인 류큐 문

---

23 梁敬錞, 앞의 책, p.149.

제의 해결은 제2차 세계대전의 역사에 내재된 의제이자 카이로 회담 등 국제 정치에 있어서 중요한 의제 중 하나였다. 오늘날 이 문제의 현황과 해결 방향은 한층 복잡해졌으며, 전후 세계 질서와 반식민주의를 결합한 다양한 각도에서의 분석과 연구가 시급하다.

맺음말

19세기 이래로 일본이 주도한 동아시아 식민주의를 서양에서 16세기 전후 형성된 서양 식민주의와 비교하면, 그 잔학성과 호전성이 더하면 더했지 못하지 않았다. 또한 통치 방식, 사상 선전, 통제 수단 등 모든 측면에서 독특한 성격을 가진다. 그러나 제2차 세계대전이 끝난 이래로 일본 식민주의에 대한 국제사회의 전쟁책임 추궁이 충분치 않았기 때문에 많은 문제가 발생했으며, 그 결과 전후 동아시아의 국가 관계 및 당시 침략을 당해 사라진 국가와 지역의 민중은 계속해서 곤혹 속에 놓여 있게 되었다. 그중에서 한·일 영토분쟁, 중일 댜오위다오 귀속 문제, 류큐 주권 귀속 문제 등은 본질적으로 제2차 세계대전과 관련이 있는 것으로, 미국이 주도한 전후 대일 재판과 샌프란시스코 조약을 통해 초래된 문제다.

　세월이 지나면서, 당시의 동맹국이 다시 회의를 열거나 샌프란시스코 회의 참가국이 새로운 조약을 다시 제정해 〈샌프란시스코 조약〉을 대체할 가능성은 희박하다. 하지만 관련 국가들이 협상을 통해, 전시의 국제적 반파시즘 연맹의 도의적인 원칙을 지키고 전후 남겨진 문제를 해결하기 위해 국제회의를 개최할 필요성과 가능성은 여전히 존재한다. 전후부터 지금까지 일본정부와 우익 세력은 식민 시기로부터 남겨진 문제의 존재를 부정함으로써 상황을 복잡하게 만들면서 문제 해결의 긴박성을 보여주었다. 관련 학술연구를 진행함으로써 새로

운 국제적 협조를 촉진하여, 샌프란시스코 조약을 뛰어넘어 전후 남겨
진 동아시아 식민주의의 문제를 해결하고 긴장의 근원을 해소하며 아
시아-태평양 지역 및 국제 평화를 보장하는 것은 학계·사회·정계 각계
의 공동 책무다.

---

* 이 글은 2019년 11월 8~9일 서울 코리아나호텔에서 열린 제4차 회의에서 〈东亚殖民主义的战后
處置及其遺留问题-以旧金山和约为中心〉이라는 제목으로 처음 발표되었다.
* 이영섭 번역, 이유진 감수

제5부

강요된 한·일 65년 체제

'샌프란시스코 체제'의 재심으로서의 한·일 과거청산

김창록(경북대 법학전문대학원 교수)

여는 말

1951년 9월 8일에 샌프란시스코에서 체결되어 다음 해 4월 28일에 발효한 〈일본국과의 평화조약Treaty of Peace with Japan〉(이하 샌프란시스코 조약)이 만들어낸 체제(이하 샌프란시스코 체제)에 대해서는, 그 체제로 인해 초래된 다양한 문제들에 관해 다양한 비판적 검토가 이루어지고 있다. 냉전의 격화, 아시아에서 미군의 광범위한 전개, 일본의 아시아로부터의 분리, 아시아의 영토분쟁(러시아-일본, 중국-일본, 중국-대만, 중국-동남아 등) 등이 그 문제들에 포함된다.[1]

이 글에서 주목하고자 하는 것은 그 중 하나인 '역사갈등', 특히 대한민국과 일본 사이의 과거청산 문제이다. 19세기말 이래 이어진 제국주의국가 일본의 한반도 침략, 특히 1910년부터 1945년까지의 식민지 지배에 대한 책임의 문제는, 그 식민지 지배가 종식된 이후 80년이 가까워져 오는 오늘날까지 해결되지 않은 과제로 남아 있다. 1965년에 대한민국과 일본의 국교가 정상화되었지만, 그 과정에서도 이 문제는

---

1 John W. Dower, 〈The San Francisco System: Past, Present, Future in U.S.-Japan-China Relations〉, 《The Asia-Pacific Journal(vol.12, Issue 8, no.2)》(2014.2), http://japanfocus.org/-John_W_-Dower/4079

충분히 다루어지지 않았고, 오히려 애매한 상태로 봉합되었다. 1990년대 이후 대한민국의 식민지 지배 피해자들이 피해의 구제를 적극 호소하고 나서면서 재연된 그 문제는, 이후 많은 추가적인 문제들을 파생시키면서 한·일 관계의 핵심적 과제로 자리잡았다. 게다가 2018년 4월 27일의 '판문점 선언'으로 한반도를 기점으로 하는 새로운 동북아 평화질서 구축을 위한 역사적인 첫걸음이 내디뎌짐으로써 북한과 일본, 나아가 한반도와 일본 사이의 과거청산 문제는 새로운 국면을 맞고 있기도 하다.

필자는 위와 같은 맥락 속에 위치하는 대한민국과 일본 사이의 과거청산 문제와 그것을 둘러싼 갈등 과정이 샌프란시스코 체제와 밀접한 연관이 있을 뿐만 아니라, 그 체제의 문제점을 선명하게 드러내는 것이라고 판단한다. 이하 본문에서는 법적인 측면에 초점을 맞추어 문제의 상황을 점검해보기로 한다.

식민지 지배 책임이 누락된 샌프란시스코 체제

샌프란시스코 조약은, 그 전문前文에서 명확하게 밝히고 있는 것처럼, 연합국과 일본 사이에 "전쟁상태가 존재한 결과 지금도 여전히 미해결로 남아 있는 문제들을 해결"하기 위해 체결되었다. 즉 그것은 제2차 세계대전의 전후처리를 위해 체결된 조약인 것이다.

그 결과 샌프란시스코 조약에서는 1910년부터 1945년까지 35년간에 걸친 일제의 한반도 식민지 지배는 애당초 해결되어야 할 과제로 상정되지 않았다. '식민지'라는 단어는 조약문의 어디에도 등장하지 않는다. 한반도의 국가들은 서명 당사국으로 참가하지도 못했다. 다만 샌프란시스코 조약은 그 제21조에서 한반도가 서명 당사국이 아님에도 불구하고 그 제2, 4, 9, 12조의 이익을 받을 권리를 가진다고 규정했다.

그 중 우선 제2조 (a)항에서는 "일본은 한반도의 독립을 인정하며 제주도, 거문도 및 울릉도를 포함하는 한반도에 대한 모든 권리, 권원 및 청구권을 포기한다."[2]라고 규정했다. 이것은 1943년 11월 27일의 카이로 선언Cairo Declaration에서 미국·중국·영국 정상들이 "3대 강대국은 한반도 인민의 노예상태를 유념하며 한반도가 적절한 시기에 자유롭고 독립적인 상태가 되어야 한다고 결의한다."라고 선언한 것과 궤를 같이 하는 것이라고 볼 수 있다.[3] 하지만 위 제2조 (a)항의 "독립"이 정확히 무엇을 의미하는지는 반드시 명확하지 않다. 다만 위의 샌프란시스코 조약 체결의 목적에 비추어볼 때 그것이 식민지 지배 책임에 대한 추궁이라는 요소를 포함하는 것이라고 보기는 어렵다.

다음으로, 그 제4조에서는 우선 (b)항에서 "일본국은 제2조에 열거하는 지역에 있는 연합국군 정부에 의해 또는 그 지령에 따라 이루어진 일본국 및 그 국민의 재산의 처리의 효력을 인정한다."라고 규정했다. 한반도에서의 재산의 처리에 해당하는 것은 북위 38도선 이남의 한반도에 주둔한 미군정청Headquarters of United States Army Forces in Korea이 1945년 12월 6일에 공포한 군정법령 제33호다. 위 군정법령의 제2조에서는 1945년 8월 9일 혹은 그 이후에 미군정청의 관할권 범위 내에 있는 일본 및 일본국민의 모든 재산이 "1945년 9월 25일에 한반도의 군사정부에 귀속되며, 그 모든 재산은 한반도의 군사정부에 의해 소유된다."라고 규정했다. 이들 일본 및 일본국민의 재산은, 1948년 9월 11일에 서명되어 9월 20일에 발효한 〈대한민국정부 및 미국정부 간의 재정 및 재산에 관한 최초협정〉에 의해 대한민국 정부에 이양되었다. 위의

---

2   "Japan, recognizing the independence of Korea, renounces all right, title, and claim to Korea, including the islands of Quelpart, Port Hamilton and Dagelet."

3   이 선언은 1945년 7월 26일의 〈Potsdam Declaration(Proclamation Defining Terms For Japanese Surrender)〉 제8조 (The terms of the Cairo Declaration shall be carried out)에 의해 재확인되었다.

제4조 (b)항을 통해 일본은 이들 재산의 처리의 효력을 인정한 것이다.

다음으로 샌프란시스코 조약 제4조 (a)항에서는 "…일본국 및 그 국민의 재산으로서 제2조에 열거하는 지역에 있는 것과 일본국 및 그 국민의 청구권(채권을 포함한다)으로서 실제로 이들 지역의 시정을 담당하고 있는 당국 및 그 곳의 주민(법인을 포함한다)에 대한 것의 처리 그리고 일본국에서의 이들 당국 및 주민의 재산과 일본국 및 그 국민에 대한 이들 당국 및 주민의 청구권(채권을 포함한다)의 처리는, 일본국과 이들 당국 사이의 특별협정의 주제로 한다."라고 규정했다. 여기에서의 "재산(property)", "청구권(claims)", "특별협정(special arrangement)"이 무엇을 의미하는지도 반드시 명확하지 않다. 다만, 제2조 (a)항의 경우와 마찬가지로, 위의 샌프란시스코 조약 체결의 목적에 비추어볼 때, 그것이 식민지 지배 책임에 대한 추궁이라는 요소를 포함하는 것이라고 보기는 어렵다.

요컨대 샌프란시스코 조약은 일본의 전쟁책임을 묻기 위한 것이었으며, 한반도에 대한 일본의 식민지 지배에 대한 책임의 문제를 추궁한 것이라고 보기는 어렵다. 한반도와 일본 사이의 "재산"과 "청구권"의 문제는 "특별협정"에 맡겨졌지만, 그것은 샌프란시스코 조약에 기초한 미국 주도의 체제의 틀 속에서 체결될 것이 예정되어 있었다.

샌프란시스코 제체의 하부구조로서의 1965년 체제

1951년 10월 21일, 연합군 최고사령부 외교국장 시볼드William Jooseph Sebald의 중개로 대한민국과 일본 사이의 국교정상화 예비회담이 시작되었다. 이렇게 한일회담은, 냉전이 격화되는 가운데 동북아의 최전선인 대한민국과 일본의 관계 정상화가 필요했던 미국의 강한 요청이 반영된 결과였다. 또 샌프란시스코 조약이 체결된 지 한 달여 만에 한

일회담이 시작되었다는 사실이 미국 주도의 샌프란시스코 체제와 한일회담의 밀접한 연관성을 이야기해준다.

이후 14년에 가까운 오랜 기간 동안 중단과 재개를 거듭하면서 7차에 걸친 회담이 진행된 결과, 1965년 6월 22일에 〈대한민국과 일본국 간의 기본관계에 관한 조약〉(이하 〈기본조약〉)과 〈대한민국과 일본국 간의 재산 및 청구권에 관한 문제의 해결과 경제협력에 관한 협정〉(이하 〈청구권협정〉)을 비롯한 조약들이 체결되었으며, 한·일 양국의 국회에서 같은 해 12월에 비준이 이루어져 조약들이 발효함으로써 한·일 간의 국교가 정상화되었다.

샌프란시스코 조약과의 관계를 염두에 둘 때 우선 주목되는 것은 〈청구권협정〉이다. 〈청구권협정〉은 그 제1조에서 일본국이 대한민국에 대해 무상으로 3억불에 해당하는 "일본국의 생산물 및 일본인의 용역"을 공여하고, "일본국의 생산물 및 일본인의 용역"을 조달하는 데 충당될 2억불의 장기 저리 차관을 공여한다라고 규정하고, 이어서 제2조에서 아래와 같이 규정했다.

1. 양 체약국은 양 체약국 및 그 국민(법인을 포함함)의 재산, 권리 및 이익과 양 체약국 및 그 국민간의 청구권에 관한 문제가 1951년 9월 8일에 샌프란시스코에서 서명된 일본국과의 평화조약 제4조 (a)에 규정된 것을 포함하여 완전히 그리고 최종적으로 해결된 것이 된다는 것을 확인한다. (…)

3. (…) 일방 체약국 및 그 국민의 재산, 권리 및 이익으로서 본 협정의 서명일에 타방 체약국의 관할하에 있는 것에 대한 조치와 일방 체약국 및 그 국민의 타방 체약국 및 그 국민에 대한 모든 청구권으로서 동일자 이전에 발생한 사유에 기인하는 것에 관하여는 어떠한 주장도 할 수 없는 것으로 한다.

위에서 인용한 제2조 1항에서 "일본국과의 평화조약 제4조 (a)"가 언급되어 있는 데서도 알 수 있는 것처럼, 〈청구권협정〉은 샌프란시스코 조약 제4조 (a)의 "특별협정"에 해당하는 것이라고 할 수 있다. 물론 대한민국은 샌프란시스코 조약의 당사국이 아니기 때문에 그 조약에 구속될 의무는 없다. 하지만 대한민국이 샌프란시스코 조약 제4조의 이익을 받을 권리를 행사하는 것은 가능하며, 〈청구권협정〉의 체결을 통해 그 권리를 행사한 것이라고 볼 수 있는 것이다.

〈청구권협정〉이 샌프란시스코 조약 제4조 (a)의 "특별협정"에 해당하는 것이라면, 그것에 의해 해결된 것 속에는 식민지 지배에 관한 문제가 포함되지 않는다고 해석하는 것이 자연스럽다. 위에서 설명한 것처럼 샌프란시스코 조약은 전쟁에 관한 문제를 처리하기 위한 것이었으며, 식민지 지배에 관한 문제는 그 대상에서 배제했기 때문이다.

다만, 샌프란시스코 조약이 "양자 사이의 전쟁상태의 존재의 결과로서 지금도 여전히 미해결인 문제"라고 하여 대상의 범위를 명확하게 규정한 데 반해, 〈청구권협정〉은 조약의 문언만으로는 대상의 범위를 확인하기 어렵다. 〈청구권협정〉의 전문과 본문 어디에도 해결되는 권리의 원인이 제시되어 있지 않다. 이 점은 일본이 제2차 세계대전 이후 '과거청산'과 관련하여 다른 국가들과 체결한 조약들에서 해결되는 권리의 원인이 명시되어 있는 것과도 선명하게 대비된다. 예를 들어 〈일본국과 소비에트사회주의공화국연방의 공동선언〉(1956.10.19)은 그 제6조에서 "일본국 및 소비에트사회주의공화국연방은, 1945년 8월 9일 이래의 전쟁의 결과로서 발생한 각각의 국가, 그 단체 및 국민의 각각의 타방 국가, 그 단체 및 국민에 대한 모든 청구권을 상호 포기한다."라고 규정했으며, 〈일본국 정부와 중화인민공화국 정부의 공동성명〉(1972.9.29)도 그 제5조에서 "중화인민공화국 정부는 일·중 양 국민의 우호를 위해, 일본국에 대한 전쟁배상의 청구를 포기할 것을 선언한다."라고 규정했다. 하지만 〈청구권협정〉은 권리의 문제가 해결된 것이 된다는 것을 확인한다고 규정하면서도, 그 권리의 원인에 대해서는 어떠한 언급도 하고 있지 않은 것이다.

　해결된 권리의 원인이 규정되어 있지 않으니, '모든' 권리가 해결되었다고 볼 수 있는가? 모든 법적 합의는 대상이 명확해야 한다는 법상식에 비추어 그러한 해석은 무리다. 게다가 〈청구권협정〉의 경우 그렇게 해석할 수 없는 특별한 이유도 존재한다.

　그 이유는 〈기본조약〉 제2조에 관한 한·일 양국 정부의 해석의 차이에서 확인된다. 〈기본조약〉 제2조에서는 "1910년 8월 22일 및 그 이전에 대한제국과 대일본제국 간에 체결된 모든 조약 및 협정이 이미 무효임을 확인한다."[4]라고 규정했다. 그런데 이 조문에 대해 대한민국 정부는 "해당되는 조약 및 협정에 관하여는 1910년 8월 22일의 소위 한·일합병조약과 그 이전에 대한제국과 일본제국 간에 체결된 (…) 국가 간 합의문서는 모두 무효[이다.] (…) 무효의 시기에 관하여는 '무효'라는 용어 자체가 별단의 표현이 부대되지 않는 한 원칙적으로 '당초부터' 효력이 발생되지 않는 것이며 '이미'라고 강조되어 있는 이상 소급해서 무효(Null and Void)이다."[5]라고 해석했다. 이러한 해석의 근거는 그 조약들이 "과거 일본의 침략주의의 소산"[6]이라는 것이었다.

4　〈기본조약〉은 한국어, 일본어 및 영어로 작성되었으며, 조약문 자체에 "해석에 상위相違가 있을 경우에는 영어본에 따른다."라고 되어 있다. 한국어문의 "이미 무효"는 일본어문에는 "もはや無効"로 되어 있다. 일본어문의 "もはや"는 "이제는"이라는 의미를 가지며 그 점에서 과거보다는 현재에 시점을 두고 있는 용어라고 볼 수 있다. 이하의 본문에서 확인되는 것처럼, 그러한 차이가 실제로 한·일 양국 사이에 "해석에 상위"로 이어졌다. 따라서 이 부분에 관해서는 영어문이 중요한 의미를 가지게 되는데, 영어문의 "already"는 "이미"와 "이제는"의 의미를 모두 내포한다. 따라서 영어본에 따르더라도 해석의 상위는 해결되지 않는다는 결과가 된다.
5　대한민국정부,《한일회담백서》(1965), p.19.
6　1965년 8월 8일, 한·일 간 조약과 제 협정 비준동의안 심사특별위원회에서의 이동원 외

그에 반해 일본정부는 "'이제는 무효'라고 하는 것은, 현재의 시점에서 이미 무효가 되어 있다고 하는 객관적인 사실을 서술한 것에 지나지 않는다. (…) 또한 무효가 된 시기에 관해서는, 병합조약 이전의 조약들은 각각의 조약에 규정된 조건의 성취 또는 병합조약의 발효와 함께 실효했고, 병합조약은 한국의 독립이 이루어진 시기, 즉 1948년 8월 15일에 실효했다."[7]라고 해석했다. 이러한 해석의 근거는 "정당한 절차를 거쳐 체결되었다."[8]라는 것, 다시 말해 "대등한 입장에서 또 자유의사에 따라 이 조약이 체결되었다."[9]라는 것이었다.

요컨대 대한민국 정부의 해석에 따르면 35년간에 걸친 일제의 한반도 지배는 '불법강점'이 되는 것이며, 일본정부의 해석에 따르면 '합법지배'가 되는 것이다. 그렇다면 각각의 입장에서 해결되어야 할 권리의 범위도 각각 다른 것이 된다. 따라서 〈청구권협정〉에 해결된 권리의 원인이 규정되지 않은 것을, '모든' 권리가 해결되었다라는 의미로 해석할 수는 없는 것이다.

결국 〈청구권협정〉에 의해 해결되는 권리의 범위는, 〈조약법에 관한 빈 협약Vienna Convention on the Law of Treaties〉(이하 〈빈 협약〉)의 제

무부장관의 발언. 고려대학교 아세아문제연구소 일본연구실 편, 《韓日關係資料集(第一輯)》(고려대학교출판부, 1976), p.252.

7 谷田正躬·辰巳信夫·武智敏夫 編, 《日韓條約と國內法の解說(時の法令 別冊)》(大藏省印刷局, 1966), p.14. 이 책은 그 '머리말'에서, "해설 중 의견에 관한 부분은 모두 필자의 사견이다.(p.5)라고 하고 있지만, 그 편자들이 외무성 외무사무관·법무성 입국관리국참사관·농림성 농림사무관 3인으로 되어 있는 점과, 그와 같은 특수한 직위에 있는 자들이 1965년의 〈기본조약〉 및 〈협정〉에 대해 "가능한 한 정확한 이해에 도움이 되도록 개괄적인 해설을 도모"한(p.5) 것이라고 밝히고 있는 점을 고려할 때, 당시 일본정부의 입장이 반영되어 있다고 보아 틀림이 없다고 할 것이다.

8 위의 책, p.14.

9 1965년 11월 5일, 일본 중의원 일한특별위원회에서의 사토 에이사쿠佐藤栄作 총리의 발언. 〈第50回 國會 衆議院 日本國と大韓民國との間の條約及び協定等に關する特別委員會議錄 第10號〉(1965.11.5.), p.2.

31조에 규정된 해석의 일반규칙의 첫 번째 기준인 "조약문의 문맥 및 조약의 대상과 목적으로 보아 그 조약의 문맥에 부여되는 통상적 의미"(제1항)에 비추어서는 확인할 수 없는 경우에 해당한다.

그에 반해 〈빈 협약〉 제31조 3항 (b)에 규정된 또 하나의 기준, 즉 "조약의 해석에 관한 당사국의 합의를 확정하는 그 조약 적용에 있어서의 추후의 관행"에 비추어 볼 때는, 해결되는 권리의 범위가 명확해진다. 〈청구권협정〉 체결 직후, 〈청구권협정〉에 의해 해결된 권리의 범위에 관해, 대한민국 정부는 "일제의 36년간 식민지적 통치의 대가"는 대상이 아니었고 단지 "영토의 분리·분할에서 오는 재정상 및 민사상의 청구권" 문제가 해결되었을 뿐이라고 해석했고,[10] 일본정부도 "조선의 분리독립"에 관한 청구권 문제가 해결되었다고 해석했다. 결국 '영토의 분리에 수반되는 청구권'이 해결된 것이라는 점에 양국 정부의 해석이 일치한 것이다. 그리고 양국 정부 모두 그 때 이후 지금까지 그 해석을 바꾸지 않았다. 따라서 그것은 "조약의 해석에 관한 당사국의 합의를 확정하는 그 조약 적용에 있어서의 추후의 관행"을 구성하고 있는 것이다.

요컨대, 조약 해석에 관한 국제법상의 기준에 비추어볼 때, 〈청구권협정〉에 의해 해결된 것은 '영토의 분리에 수반되는 청구권' 문제다. 여기에서의 '영토의 분리'가 분리되기 이전의 영토의 불법 강점성을 내포하는 것이라고 보기는 어렵다. 결국 샌프란시스코 조약의 경우와 마찬가지로 〈청구권협정〉에 의해서도 한반도에 대한 일제의 식민지 지배 책임 문제는 해결되지 않은 것이다.

---

10 대한민국정부, 앞의 책, pp.40-41.

재심

1) 배경

1980년대 말에서 1990년대 초에 걸친 새로운 환경 속에서 한·일 과거 청산이라는 미해결의 과제가 다시금 부각되었다. 냉전 체제와 그 하부 구조인 대한민국의 권위주의 체제가 붕괴됨으로써, '전시에 아군에게 총부리를 돌려서는 안 된다.'는 냉전의 논리와 '개인의 권리보다는 정권의 이익이 우선이다.'라는 권위주의의 논리에 의해 억눌려 있었던, 식민지 지배 피해자들의 피해 구제 요구가 봇물처럼 터져 나온 결과다.

일본군'위안부' 피해자들을 필두로 대한민국의 식민지 지배 피해 자들이 전 세계의 거리와 강연장에서 국제기구에서 피해의 구제를 호 소했을 뿐만 아니라, 일본과 미국과 대한민국의 법정에서 일본정부와 기업의 책임을 추궁하는 소송을 제기했다. 이것은 말하자면 제2차 세 계대전에서의 일본의 책임을 추궁한 법정의 판결문이라고 할 수 있는 샌프란시스코 조약과 그에 기초한 샌프란시스코 체제에 대한 현실 법 정에서의 재심이었다.

2) 일본 재판소에서의 소송

일본의 침략 및 식민지 지배에 대한 책임을 추궁하기 위해 일본 재판 소에 제기된 소송의 건수는 총 100여 건에 이른다. 그 중 90여 건의 소 송이 1990년대 초 이래 진행되었거나 진행 중에 있으며, 다시 그 중 절 반가량이 대한민국 국민에 의해 제기된 소송이다.[11]

11　재판의 총람은 야마모토 세이타山本晴太 변호사가 작성한 〈日本戰後補償裁判総覧〉(http://justice.skr.jp/souran-jp-intro.html) 참조. 한국인 피해자들이 제기한 소송에 관한 상세한 분석은 김창록, 〈일본에서의 대일과거청산소송: 한국인들에 의한 소송을 중심으로〉,《법사학연구(35)》(2007) 참조.

일본 소송의 쟁점은, 국제법 위반을 이유로 한 손해배상책임 성립 여부, 입법부작위를 이유로 한 손해배상책임 성립 여부, 소멸시효·제 척기간에 의한 권리 소멸 여부, 국가무책임의 법리에 의한 면책 여부, 양국 간 조약에 의한 권리 문제 해결 여부 등 매우 다양하다. 20년 이 상 소송이 이어지는 과정에서 일본 재판소의 판결도 매우 다양한 내 용으로 선고되었지만, 전반적인 흐름은 핵심적인 쟁점이 양국 간 조약 에 의한 권리 문제 해결 여부로 수렴되는 경향을 보였다.

결국 2007년 4월 27일에 이르러 일본의 최고재판소가 최종 입장을 내놓았다. 니시마츠西松건설 중국인 강제동원 피해 사건과 중국인 강간 피해 사건에 대한 판결[12]에서였다. 두 판결의 취지는 기본적으로 동일 하다. 전자를 중심으로 최고재판소의 입장을 요약하면 아래와 같다.

① 샌프란시스코 조약은 개인의 청구권을 포함하여 전쟁 수행 중에 발 생한 모든 청구권을 상호 포기한다는 전제 아래, 일본은 연합국에 대 한 전쟁배상의 의무를 인정하여 연합국의 관할 아래 있는 재외재산 의 처분을 연합국에게 맡기고, 역무배상役務賠償을 포함한 구체적인 전쟁배상에 관한 협정은 각 연합국과의 사이에서 개별적으로 맺는 다고 하는 일본의 전후처리의 틀을 정한 것이다.

② 이 틀은 일본이 샌프란시스코 조약의 당사국 이외의 국가나 지역과 의 사이에서 평화조약 등을 체결하여 전후처리를 할 때도 그 틀이 되어야 한다.

③ 이와 같은 틀이 정해진 것은 평화조약을 체결하면서 전쟁 수행 중에 발생한 여러 가지 청구권에 관한 문제를 사후적·개별적인 민사재판 상의 권리 행사를 통해 해결하는 처리방식에 맡기게 되면 장래에 어

12 2007.4.27. 最高裁二小法廷判決平成16年(受)第1658号; 2007.4.27. 最高裁一小法廷判決平成 17年(受)第1735号.

느 국가 또는 국민에 대해서도 평화조약 체결 당시에는 예측하기 곤
란했던 과대한 부담을 지워 혼란을 초래할 염려가 있어서 평화조약
의 목적을 달성하는 데 지장이 초래된다는 판단에 따른 것이다.

④ 따라서 그 청구권의 '포기'란 청구권을 실체적으로 소멸시키는 것까
지 의미하는 것이 아니라, 당해 청구권에 기초하여 재판상 소구訴求
할 권능을 상실시키는 데 머무는 것이다.

⑤ 다만 채무자측이 임의로 자발적인 대응을 하는 것은 무방하다.

요컨대 일본 재판소의 최종 입장은 '청구권은 실체적으로는 소멸
되지 않았지만 소권이 소멸되었으므로 재판상으로는 구제받을 수 없
다. 다만 채무자가 자발적으로 대응하는 것은 가능하다.'라는 것이다.
이것은 재판소 자신은 문제에서 발을 빼면서 가해자인 일본정부나 일
본 기업에게 자발적인 대응을 하는 것은 괜찮다며 공을 넘기는 것으로
서, 이른바 '자발적인 대응'이 없으면 피해자들은 어떠한 구제도 받을
수 없다는 점에서 일본정부의 사실상의 실체적 소멸론과 다르지 않다.
어쨌든 일본 재판소의 최종 입장은 위와 같은데, 문제는 그것이
한·일 간의 〈청구권협정〉에도 적용되는가이다. 위의 최종 입장은 '전
쟁배상'에 관한 것인데, 일본은 대한민국을 연합국의 일원으로 인정하
지 않고 있으며, 대한민국 또한 제2차 세계대전에 의한 피해가 아니라
식민지 지배에 의한 피해를 문제 삼고 있다. 최고재판소가 위의 판결
에서 일본이 샌프란시스코 조약의 당사국이 아닌 국가나 지역과 체결
한 조약 등의 청구권 처리조항에 대해서도 같은 논리가 적용된다고
하면서 열거한 조약 등(예를 들어 〈일본국과 인도 사이의 평화조약〉 등)에
는 〈청구권협정〉은 포함되어 있지 않다. 이 점들을 생각할 때, 위의 최
종 입장은 〈청구권협정〉의 경우에는 적용되지 않는다고 볼 수 있는
여지가 있다.

하지만 위의 최종 입장이 최대 100여 건에 달하는 이른바 '전후 보상소송'에서 거듭 쟁점이 되었던 청구권 처리조항에 대해 최고재판소가 전면적으로 검토한 가운데 선고된 것이라는 점, 일본의 재판소도 일제의 한반도 지배는 합법지배였다고 보기 때문에 불법강점을 전제로하는 청구권을 애당초 인정하지 않는 입장이라는 점 등을 고려하면, 일본 재판소의 입장은 〈청구권협정〉의 경우에도 '샌프란시스코 조약의틀'이 적용된다는 것이라고 볼 수 있다. 그렇다면 결국 일본 재판소의입장은 일제의 한반도 지배가 합법적이었다는 것을 전제로, 합법지배였음에도 불구하고 영토의 분리로 인해 발생한 청구권 문제는 〈청구권협정〉에 의해 소권이 소멸되는 형태로 해결되었다는 것이 된다.

3) 대한민국 헌법재판소 및 법원에서의 소송

대한민국에서는 한·일 과거청산과 관련하여 1990년대 후반부터 주로일본군'위안부' 피해자와 강제동원 피해자가 헌법재판소와 법원에 소송을 제기했다. 그 중 특히 주목되는 것은 2006년에 일본군'위안부' 피해자들이 대한민국 정부를 상대로 제기한 헌법소원과 강제동원 피해자들이 2000년에 미쓰비시중공업을 상대로 그리고 2005년에 일본제철 주식회사를 상대로 제기한 손해배상소송이다.

(1) 2011년 헌법재판소 결정

우선 전자는 2005년 8월 26일에 대한민국 정부가 한일회담 관련 문서를 전면 공개하면서 그 후속대책을 위해 구성한 민관공동위원회의 결정[13]이라는 형태로 발표한 입장과 밀접한 관련이 있다. 대한민국 정부는 그 결정에서 "한·일 청구권협정은 기본적으로 일본의 식민지배 배

13	국무조정실, 〈[보도자료] 한일회담 문서공개 후속대책 관련 민관공동위원회 개최〉 (2005.8.26).

상을 청구하기 위한 것이 아니었고, 샌프란시스코 조약 제4조에 근거
하여 한·일 양국 간 재정적·민사적 채권·채무관계를 해결하기 위한 것
이었"기 때문에, "일본군위안부문제 등 일본정부·군 등 국가권력이 관
여한 반인도적 불법행위에 대해서는 청구권협정에 의하여 해결된 것
으로 볼 수 없고, 일본정부의 법적 책임이 남아있"다라는 입장을 명확
하게 밝혔다. 이것은 1965년 당시의 입장을 재확인한 다음, 한 걸음 더
나아가 일본군'위안부' 문제 등 일본의 국가권력이 관여한 반인도적
불법행위에 대해서는 〈청구권협정〉에도 불구하고 일본정부의 법적
책임이 남아있다고 선언한 것이었다.

　　그런데 위 결정을 발표한 후 대한민국 정부는 그 일본의 법적 책
임을 묻기 위한 조치를 적극적으로 취하지 않았다. 그래서 일본군'위
안부' 피해자들이 정부의 부작위가 위헌이라는 헌법소원을 청구했고,
2011년 8월 30일에 이르러 헌법재판소가 부작위 위헌 결정[14]을 선고했
다. 헌법재판소는 위의 결정에서 "청구인들이 일본국에 대하여 가지는
일본군위안부로서의 배상청구권이 〈청구권협정〉 제2조 제1항에 의하
여 소멸되었는지 여부에 관한 한·일 양국 간 해석상 분쟁을 위 협정 제
3조가 정한 절차[15]에 따라 해결하지 아니하고 있는 피청구인의 부작위
는 위헌임을 확인한다."라고 선언했다.

　　위의 헌법재판소 결정은 '분쟁이 있음에도 협정상의 분쟁해결 절
차에 따라 해결하지 않는 것은 위헌이다.'라는 선언, 다시 말해 '절차 위
반이 위헌이다.'라는 선언에 그친다. 하지만 그 결정은 대한민국과 일
본 사이에 〈청구권협정〉의 해석을 둘러싼 분쟁이 있다는 사실을 전제
로 하는 것이므로, 사실상 대한민국 정부의 위의 2005년 결정의 내용

14　헌법재판소 2011.8.30 선고 2006헌마788 결정.
15　우선 외교상의 경로를 통하여 해결하고, 그렇게 해결할 수 없는 경우 중재 절차에 따른다
　　고 규정함.

을 확인한 것이라고 할 수 있다.

(2) 2012년 대법원 판결

2012년 5월 24일의 대한민국 대법원의 판결은 매우 획기적인 것이었다. 그날 대법원은 일제강점기에 미쓰비시중공업 주식회사 및 일본제철 주식회사에 의해 강제연행되어 강제노동을 강요당한 피해자들이 위의 회사를 상대로 제기한 소송의 상고심 판결[16]을 통해, 한·일 과거청산 전반에 관한 매우 획기적이고도 역사적으로 주목할 만한 '법적 결단'을 선언했다.

한·일 과거청산과 관련하여 이 대법원 판결에서 우선 주목되는 것은, 〈청구권협정〉에도 불구하고 강제동원 문제를 포함한 '식민지 지배 책임 일반'이 해결되지 않았다고 선언한 부분이다. 즉, 판결은 우선 "청구권협정은 일본의 식민지배 배상을 청구하기 위한 협상이 아니라 샌프란시스코 조약 제4조에 근거하여 한·일 양국 간의 재정적·민사적 채권·채무관계를 정치적 합의에 의하여 해결하기 위한 것"이며, "일본의 국가권력이 관여한 반인도적 불법행위나 식민지배와 직결된 불법행위로 인한 손해배상 청구권이 청구권협정의 적용대상에 포함되었다고 보기는 어"렵다고 선언했다.

이것은 분명 한국정부의 2005년 결정도 뛰어넘은 것이다. 2005년 결정에서 한국정부가 "일본정부의 법적 책임이 남아있"다고 규정한 것은, 어디까지나 "일본군위안부문제 등 일본정부·군 등 국가권력이 관여한 반인도적 불법행위"였다. 그에 대해 판결은 "일본의 국가권력이 관여한 반인도적 불법행위"는 물론이고 "식민지배와 직결된 불법행위"로 인한 청구권도 소멸되지 않았다고 확인하고, 나아가 그에 대

16 대법원 2012.5.24. 선고 2009다22549 판결.

한 "대한민국의 외교적 보호권도 포기되지 아니하였다."라고 밝혔다.
이러한 '확산'이 가지는 의미는 심대하다. 그것은 곧 '식민지 지배 책임
일반에 관한 청구권'이 소멸되지 않았고, 그에 대한 외교적 보호권도
소멸되지 않았다는 의미에 다름 아니기 때문이다.

　보다 주목되는 것은, 대법원 판결이 일제 강점의 불법성과 그것을
전제로 한 '식민지 지배 책임'을 전면적으로 확인했다는 점이다. 즉, 판
결은 "대한민국 제헌헌법은 그 전문前文에서 '유구한 역사와 전통에 빛
나는 우리들 대한국민은 기미삼일운동으로 대한민국을 건립하여 세
상에 선포한 위대한 독립정신을 계승하여 이제 민주독립국가를 재건
함에 있어서'라고 하고, 부칙 제100조에서는 '현행 법령은 이 헌법에 저
촉되지 아니하는 한 효력을 가진다'고 (…) 규정하였"고, "또한 현행 헌
법도 그 전문에 '유구한 역사와 전통에 빛나는 우리 대한국민은 3·1운
동으로 건립된 대한민국 임시정부의 법통과 불의에 항거한 4·19 민주
이념을 계승하고'라고 규정하고 있다."는 사실에 비추어볼 때, "일제강
점기 일본의 한반도 지배는 규범적인 관점에서 불법적인 강점에 지나
지 않고, 일본의 불법적인 지배로 인한 법률관계 중 대한민국의 헌법
정신과 양립할 수 없는 것은 그 효력이 배제된다고 보아야" 한다고 선
언했다.

　요컨대 판결은 일제의 한반도 지배가 "불법적인 강점"임을 법적으
로 확인하고, 그 연장선상에서 "불법적인 지배로 인한 법률관계 중 대
한민국의 헌법정신과 양립할 수 없는 것은 그 효력이 배제된다."라고
선언한 것이다. 이것은 강점기 동안 일제가 만든 법령과 그 법령에 근
거한 일체의 법률관계는 "대한민국의 헌법정신과 양립"할 수 없는 한
모두 무효이다라는 선언에 다름 아니다. 그렇다면 일제가 그 법령에
따라 독립지사를 체포, 감금, 처벌한 것은 모두 무효인 것이다. 한반도
의 인민을 징용과 징병으로 끌고 간 것을 포함하여, 한반도 인민에게

피해를 가한 일체의 행위는 모두 불법행위인 것이다.

이와 같이 한국의 대법원은 일제의 한반도 지배가 "불법적인 강점"이며, "식민지배와 직결된 불법행위"로 인한 청구권은 〈청구권협정〉에도 불구하고 소멸되지 않았다고 명확하게 선언했다. 이 선언은 대한민국의 모든 국가기관을 구속하는 것이다. 그런데 이 선언이 샌프란시스코 체제와 그 하부구조인 '1965년 체제'에 기댄 일본정부의 주장 및 그것을 수용한 일본 재판소의 판결과 정면으로 충돌하는 것임은 더 말할 것도 없다.[17]

맺음말

샌프란시스코 조약은 국제사회의 일본에 대한 심판의 판결문이었다. 그런데 그 판결문에서 일본의 식민지 지배 책임은 빠져 있었다. 샌프란시스코 조약을 토대로 하는 미국 중심의 제2차 세계대전 이후의 체제는 그래서 일본의 식민지 지배 책임이라는 과제를 '봉인'한 것이었다. 그리고 그 '봉인'은 냉전이 이어지는 동안 유효했다.

하지만 냉전이 붕괴되고 그와 함께 냉전의 하부구조인, 대한민국을 포함한 아시아의 권위주의 체제가 붕괴되면서 그 '봉인'은 더 이상 유지될 수 없게 되었다. 대한민국의 식민지 지배 피해자들이 그 '봉인 해제'에 나섰으며, 일본과 미국과 한국에서 그들이 제기한 소송들은 그 '봉인 해제'를 위한 지난한 과정이었다.

일본의 재판소는 '소권의 소멸'이라는 궁색한 논리로 그 '봉인'을 유지하기 위해 안간힘을 썼다. 이 글에서는 다루지 못했지만, 미국의

---

17 대법원 판결에 관한 보다 상세한 분석은 김창록, 〈한·일 '청구권협정'에 의해 '해결'된 '권리': 일제 '강제동원' 피해 관련 대법원 판결을 소재로〉, 《법학논고(49)》(경북대학교 법학연구원, 2015) 참조.

법원 또한 '정치적 문제'를 이유로 판단을 유보함으로써 그 '봉인'의 유지에 동참했다.

　대한민국의 헌법재판소의 결정과 대법원의 판결은 그 점에서 특별히 주목된다. 그것은 샌프란시스코 조약에 의한 '봉인'을 60년이 지난 시점에서 해제하고 나선 것에 다름 아니다. 그것이 가능했던 것은 대한민국에서 1987년 민주항쟁 이후 민주화가 진행되는 과정에서 과거 권위주의 정권 시대의 각종 불법에 대한 심판이 치열하게 이루어졌다는 사실과 밀접한 관련이 있다. 대한민국 현대사 속에서의 '재심'의 경험이 샌프란시스코 체제에 대한 '재심'으로 이어진 것이다.

　'재심'은 지금도 진행되고 있다. 또한 지금까지 그러했듯이 '정의'가 바로 서지 못하는 한 '재심'은 끊임없이 이어지게 될 것이다. 진정한 한·일 과거청산을 위한 대한민국의 피해자들과 그들의 호소에 공감한 전 세계 시민들이 만들어낸 역사가 그럴 것이라고 이야기해준다.

---

* 이 글은 2018년 10월 27~28일 중국 우한대에서 열린 제3차 회의에서 처음 발표되었다.

* 위의 발표 사흘 후인 2018년 10월 30일에 대한민국 대법원 전원합의체가 획기적인 판결을 선고했다. 2012년 5월 24일 대법원 판결에 의해 파기환송 되어 서울고등법원에서 원고 승소 판결이 선고된 일본제철 소송에서 피고 일본제철이 다시 상고한 데 대해 선고된 최종 판결이다. 같은 날 마찬가지로 파기환송 되어 부산고등법원에서 원고 승소 판결이 선고된 미쓰비시중공업 소송에서 피고 미쓰비시중공업이 다시 상고한 데 대해서는 2018년 11월 29일에 위의 전원합의체 판결과 같은 취지의 최종 판결이 선고되었다. 2018년 대법원 판결들은 2012년 대법원 판결들의 논지를 이어받아 불법강점과 강제동원에 대한 책임을 명확하게 선언한 것이었다. 이들 판결에 대해 당시의 아베 신조 정부는 외무대신 담화를 발표하여 "국제법 위반"이라고 비난하며 한국 정부에 '적절한 조치'를 취하라고 요구했다. 2018년 대법원 판결들이 〈조약법에 관한 비엔나 협약〉이라는 국제법에 따라 〈청구권협정〉에 대한 적극적이고도 설득력 있는 해석을 전개한 데 대해, 일본정부가 내놓은 근거는 〈청구권협정〉의 조문뿐이었다. 그럼에도 일본정부는 그 무리한 주장을 계속 이어갔고, 피고 일본 기업들도 판결 직후 일본정부가 개최한 설명회에 참석한 후에는, 길게는 20년 가까이 한국 최대의 로펌을 동원하여 한국의 법정에서 고령의 피해자를 상대로 다투어 놓고서는, 대법원 최종 판결에 따를 수 없다고 막무가내로 버텼다. 그래서 2022년 3월 현재까지 '국교정상화 이후 최악의 한일관계'라고 일컬어지는 상태가 이어지고 있다. '정당한 재심'을 거부하려는 일본의 몽니가 만들어내고 있는 서글픈 풍경이다. 이에 관해서는 김창록, 〈대법원 강제동원 판결 국면 점검 ①~⑦〉, 《오마이뉴스》(2019.7~8); 〈대법원 강제동원 판결의 위상〉, 《황해문화 105》(2019 겨울호) 참조.

일제하 반인도 범죄 피해자와
1965년 한·일 청구권협정

백태웅(미국 하와이대 로스쿨 교수, 유엔 인권이사회 강제실종실무그룹 위원)

여는 말

최근 한국 법원에서 일본군 위안부 피해자와 강제징용 피해자의 손해
배상 소송과 관련하여 여러 판결이 이어지고 있다. 그 중 대표적인 판
결은 2021년 1월 8일 고 배춘희 할머니 등 일본군 위안부 피해자 12명
이 일본정부를 상대로 제기한 손해배상 청구 소송에서 서울중앙지방
법원 민사34부(재판장 김정곤)가 내린 것으로, 일본군 위안부 사안은 계
획적, 조직적으로 광범위하게 자행된 반인도적 범죄행위로서 국제 강
행규범을 위반했으며, 국가의 주권적 행위라고 할지라도 국가면제를
적용할 수 없으며, 예외적으로 한국 법원에 피고에 대한 재판권이 있
다고 판단하였고, 일본은 군위안부 피해자 1인당 1억 원씩 배상하라고
판시하였다.[1] 이 판결은 피해자와 시민 사회가 지난 수십 년간 한국 사
법부를 통해 인권보장을 실현하기 위해 계속해온 오랜 노력의 산물이
라고 할 수 있다.
　　한편 그에 이은 2021년 4월 21일, 이용수 할머니와 고 곽예남 할머

---

[1] 서울중앙지방법원 제34 민사부, 〈2016 가합 505092 손해배상(기) 판결〉(2021.1.8).

니 등 위안부 피해자들과 유족 20명이 일본정부를 상대로 낸 손해배
상 청구 소송에서, 서울중앙지법 민사15부(재판장 민성철)는 대한민국
법원이 이 사건에 대한 재판권을 갖지 않는다고 정반대의 판결을 내
렸다. 또한 2021년 6월 7일 서울중앙지방법원 민사 34부(재판장 김양
호) 역시 일제 강점하 강제동원 피해자들이 일본기업 16곳을 상대로
제기한 손해배상소송과 관련하여, "대한민국 국민이 일본 또는 일본국
민에 대하여 가지는 개인청구권은 청구권협정에 의하여 바로 소멸되
거나 포기되었다고 할 수는 없지만, 소송으로 이를 행사하는 것은 제
한된다."라며 이를 각하하였다. 이와 같은 판결들에서 여전히 확인할
수 있는 것처럼, 최악의 반인도 범죄에 대해서도 일본의 주권면제를
허용해야 한다는 보수적 접근은 한국 법조계가 넘어서야 할 한계가
무엇인지를 선명히 보여주고 있다.

　대한민국의 여러 법원의 판결이 보여주는 것처럼, 일본군 위안부
피해자들의 손해배상 소송과 일제하 강제징용 노동자 피해자들의 손
해배상 소송에 대한 법원의 입장은 아직 완전히 정리되지 못한 것으
로 보인다. 이 부분은 곧 대법원과 헌법재판소 등을 통하여 최종적으
로 조율되어야 할 것으로 판단된다. 이 문제를 둘러싸고 국제정치 차
원에서의 파장도 계속되고 있다. 한·일 관계는 그 어느 때보다 악화하
여 양국 관계는 복잡한 실타래처럼 얽혀 있고, 여러 판결의 논리 또한
내외의 복잡한 정세를 반영하기라도 한 듯 혼선을 보여주고 있다. 이
러한 상황 전개를 놓고 볼 때 법원이 중대한 인권침해를 다루는 기본
적 접근 방식과 그 배경이 되는 국제법 및 여러 규범의 의미를 면밀히
검토하는 일은 미룰 수 없이 중요한 과제라 할 수 있다.

일본군 위안부 피해자와 관련한 법원의 판결

먼저 최근 일본군 위안부 피해자의 청구와 관련하여 진행되어온 국내의 주요 판결을 살펴보자. 우선 2011년 8월 30일 헌법재판소가 일본군 위안부 피해자의 손해배상 요구와 관련하여, "1965년 대한민국과 일본국 간의 재산 및 청구권에 관한 문제의 경제협력에 관한 협정"(이하 청구권협정) 제3조에 의한 분쟁해결 절차에 따라 외교적 경로를 통하여 해결하기 위한 노력을 하지 않은 것은 위헌이라고 판시한 것이 중요한 계기를 제공하고 있음을 확인하게 된다.[2]

이러한 헌법재판소의 판결에 따라 한국정부는 2011년 9월 외교통상부 내에 "한·일 청구권협정 대책 태스크포스"를 설치하고, 위안부 피해자 청구권 문제의 외교당국 간 협의를 요청하는 구술서를 보내 양자 협의를 제안했다. 그에 따라 2014년 3월 25일 한·미·일 정상회담 과정에서 한·일 양국은 위안부문제를 다루는 국장급 협의에 합의하고, 국장급 협의와 함께 고위급 비공개협의를 진행하였다. 한·일 양국은 제8차에 걸친 고위급 협의를 비공개로 진행했고, 2015년 12월 28일 한국 외교통상부 장관 윤병세와 일본의 외무대신 기시다 후미오는 '한·일 외교장관회담 공동기자회견'을 통해 일본군 위안부 할머니들에 대한 사죄와 보상의 문제가 해결됐다고 발표하였다. 양 외교부의 밀실합의가 진행되는 동안 시민사회와의 협의도 없었고, 피해자들의 동의도 없이 일본군 위안부 사안이 "최종적 및 불가역적으로" 해결하였다고 발표함으로써 이후 지속되는 여러 논란의 근거를 제공하였다.[3]

위안부 피해자와 시민사회는 한·일 정부 간 합의 공동기자회견에도 불구하고 해결에 동의하지 않았고 한국 법원을 통한 손해배상 소

2   헌법재판소, 〈선고 2006 헌마 788 결정〉(2011.8.30).
3   서울중앙지방법원 제15 민사부, 〈2016 가합 580239 손해배상(기) 판결〉(2021.4.21).

송을 계속하였다. 2021년 1월 8일 고 배춘희 할머니 등 일본군 위안부 피해자 12명은 일본정부를 상대로 제기한 손해배상 청구 소송에 대해 서울중앙지방법원 민사34부(재판장 김정곤)가 내린 판결에서 처음으로 긍정적인 성과를 이루어 냈다. 법원은 일본군 위안부 사건 행위가 계획적, 조직적으로 광범위하게 자행된 반인도적 범죄행위로서 국제 강행규범을 위반했으며, 국가의 주권적 행위라고 할지라도 국가면제를 적용할 수 없고, 예외적으로 한국 법원에 피고에 대한 재판권이 있다고 판단하였으며, 그에 따라 일본은 군위안부 피해자 1인당 1억 원씩 배상하라고 판결을 내렸다.[4] 이 판결은 우리 헌법과 법질서에 기초하여 한국 법원이 키워온 적극적 인권 옹호 의지에 근거하여, 국내법의 원리와 국제법 및 국제 관습법의 현재 발전 상태를 두루 고려하며, 일본군 위안부 피해가 국제 관습법상의 주권면제 제한성의 구체적 사례가 됨을 확인하여 인권 재판에서 커다란 성과로 자리매김될 수 있을 것이다.

　　2021년 1월 8일의 서울중앙지법의 판결은 한국이 주장하는 일본의 책임에 대한 국내법적, 국제법적 근거를 분명히 정리해주고 있다. 이 판결은 반인도범죄 및 전쟁범죄에 대해 보편적 관할권을 인정하고, 인권침해의 구제에 적극적으로 대응해온 벨기에, 스페인, 이탈리아 등 여러 나라의 새로운 인권판례와 같은 맥락에 서있으며, 2차대전 후 시작된 인권보호 및 구제조치의 확대추세를 반영한 주목할 만한 판결이다. 특히 뉘른베르크 전범재판소, 유고 및 르완다 전범재판소, 세계 각국에서 진행되어 온 국제재판소들, 최근 현직 국가원수에 대한 제소를 승인한 국제형사재판소에 이르기까지, 국제사회가 인정하고 발전시켜온 국제인권법의 원칙을 담고 있고, 한국 법원의 인권 보호를 위한

4　서울중앙지방법원 제34 민사부, 〈2016 가합 505092 손해배상(기) 판결〉(2021.1.8).

노력을 그대로 보여주는 이정표로 법원의 입장에서 인권보호를 위한 자랑스러운 선례로 삼을 만한 판결이다. 일본군 위안부라는 세계사적으로 이미 널리 알려진 국제적 인권침해 행위에 대해 한국 헌법과 법률의 지평을 넓힌 법원의 판단이라고 할 수 있다.

그러나 위의 판결이 내려진 지 얼마 지나지 않은 2021년 4월 21일, 이용수 할머니와 고 곽예남 할머니 등 위안부 피해자들과 유족 20명이 일본정부를 상대로 낸 손해배상 청구소송에서, 서울중앙지법 민사 15부(재판장 민성철)는 대한민국 법원이 이 사건에 대한 재판권을 갖지 않는다는 정반대의 판결을 내렸다.[5] 이 재판부는 "현 시점에서 유효한 국가면제에 관한 국제 관습법과 이에 관한 대법원 판례의 법리에 따르면, 외국인 피고를 상대로 그 주권적 행위에 대하여 손해배상 청구를 하는 것은 허용될 수 없고, 이러한 결과가 대한민국 헌법에 반한다고 보기도 어렵고, 피해 회복 등 위안부 피해자 문제의 해결은 일본과의 외교적 교섭을 포함한 대한민국의 대내외적 노력에 의하여 이루어져야 한다."고 판단하여, 위의 청구를 각하하였다.[6]

이 판결은 주권면제와 관련한 국제규범을 매우 단순하고 협애하게 판단하고, 대법원 판례상 주권면제를 인정하는 주권적 행위를 기계적으로 정의하여 일본의 군위안부 사건에 대해 한국 법원이 관할권을 갖지 않는다고 판단하였다. 특히 한국 대법원의 판단이 법정지국法廷之國 영토 내 불법행위라 하더라도 그 행위가 주권적 행위라면 국가면제가 인정된다는 것으로 규정하고, 기존의 국가면제에 관한 국제 관습법을 전제한 것이라고 판단한다. 그에 따라 일부 국제 협약 또는 개별 국가의 입법은 있음을 인정하지만 기존의 국제 관습법이 변경되지 않았으므로, 일본군 위안부 사건과 관련한 일본의 주권면제는 부정되지 않

---

5   서울중앙지방법원 제15 민사부, 〈2016 가합 580239 손해배상(기) 판결〉(2021.4.21).
6   위의 판결.

는다는 판단을 하고 있다. 이는 한국 법원이 유례없는 반인도 범죄의 피해자 구제수단을 마련하는 과제를 근본적으로 부정하는 것이며, 인권을 도외시하고 전통적 주권면제의 원리를 기계적으로 적용한 실망스런 판결이라고 할 수 있다.

2021년 1월 8일 군위안부 피해자 1인당 1억 원씩 배상하라는 서울중앙지방법원의 판결과 관련해서는 일본정부가 항소를 하지 않아서 결국 판결이 확정되었지만, 후자의 판결에 대해서는 피해자들이 항소를 하였으므로 일본군 위안부 피해자와 관련한 법원의 최종적 입장은 추후 대법원 판결을 통해 정리될 수밖에 없을 것으로 보인다.

일본정부는 앞서의 1월 8일자 판결과 관련해 항소하지 않았지만 이행에 나서지도 않았기 때문에, 위안부 피해자들은 강제추심을 위해 한국 내 일본 재산을 공개해달라며 재산명시를 법원에 청구하였다. 서울중앙지법 민사51 단독 남성우 판사는 2021년 6월 9일 "채무자는 재산상태를 명시한 재산목록을 재산명시 기일에 제출하라."는 명령을 내렸다. 법원은 원고인 위안부 피해자들의 주장을 받아들여 일본에 대하여 강제추심을 위한 한국 내 일본 재산의 공개를 요구하였다. 재판부는 "국가에 의해 자행된 살인, 강간, 고문 등과 같이 인권에 대한 중대한 침해에 대해 국가면제를 인용하면 국제사회의 공동 이익이 위협받게 된다."며 "오히려 국가 간 우호 관계를 해하는 결과를 야기할 수 있다."고 판단하고, "강행규범을 위반하는 경우 그 국가는 국제공동체 스스로가 정해 놓은 경계를 벗어난 것이므로 국가에 주어진 특권은 몰수하는 것이 마땅하고, 채무자의 행위는 국가면제의 예외에 해당해 강제집행은 적법하다."고 판단하였다.[7] 특히 "확정판결에 따라 강제집행의 실시 이후 발생할 수 있는 대일 관계의 악화, 경제보복 등의 국가

---

7 고혜진, 〈법, 일본군위안부 피해자 소송패소 배상금 강제집행 적법〉, 《공정뉴스》(2021.6.15). http://www.fairn.co.kr/news/articleView.html?idxno=63195

간 긴장 발생 문제는 외교권을 관할하는 행정부의 고유 영역"이라며 "사법부 영역을 벗어나는 일로 고려 사항에서 제외한다."고 명시하여 인권보호를 위한 사법부의 역할에서 한발 물러서고 있다.[8] 추후 일본 군 위안부 피해자 관련 손해배상 청구에서의 반인도범죄 행위를 우리 법원이 어떻게 판단하는가는 아직 현재 진행 중인 쟁점이라고 할 수 있다.

일제하 강제징용 피해자와 관련한 법원의 판결

다른 한편 강제징용 피해자들과 관련해서도 2012년 5월 24일 징용 피해자들의 개인청구권이 소멸되지 않아 일본 기업이 손해배상 책임을 져야 한다는 대법원 판결을 필두로 피해자들의 손해배상을 위한 노력이 계속되고 있다.[9] 이러한 모색의 성과로 2018년 10월 30일 한국 대법원은 신일철주금 강제징용 피해자 4명에게 1인당 1억 원의 배상 판결을 내렸다.[10] 이러한 대법원의 판결이 내려진 후 한·일 간의 과거사와 관련된 갈등은 거의 최고조에 이르렀다.

그렇지만 2021년 6월 7일 서울중앙지방법원 민사 34부(재판장 김양호)는 일제 강점하 강제동원 피해자들이 일본 기업 16곳을 상대로 제기한 손해배상소송과 관련하여, 일본의 손을 들어주는 판결을 내렸다. 특히 이 판결은 일본 식민지배가 불법인지 여부는 청구권협정의 해석과 관련이 없다고 전제하고, 강제동원 피해자의 손해배상청구권이 청구권협정의 적용대상에 포함되어 있음을 전제로 한 것이라고 보며, 청

8   김종성, 〈반전에 또 반전… 법원판결 조목조목 따진 명쾌한 법원판결〉, 《오마이뉴스》 (2021.6.16). http://www.ohmynews.com/NWS_Web/Series/series_premium_pg.aspx?CNTN _CD=A0002751913
9   대법원, 〈선고 2009 다 22549 판결〉(2012.5.24).
10 대법원, 〈선고 2013 다 61381 판결〉(2018.10.30).

구권협정에서 '완전히 그리고 최종적으로 해결된 것이 된다'고 규정한 것의 의미는 양 체약국이 서로에 대한 외교적 보호권만을 포기한다는 것이 아니라, 원고들이 '소송'으로 개인청구권을 행사하는 것을 제한한 것으로 봄이 상당하다고 보아 피해자들의 청구를 각하하였다.[11]

　　이 판결은 청구권협정 자체의 해석에서도 일방적인 입장을 견지하고 있을 뿐만 아니라, 국내법과 국제법의 관계와 관련하여, "국내법원이 국제법을 다룰 때에는 국내사회와는 성격을 달리하는 국제사회를 규율하는 법체계로서 그에 합당한 해석과 처리를 하여야 한다."는 국적 불명의 법원리를 내세워 오도된 논리를 전개하고 있다. 특히 이 판결은 앞서 2018년 10월 30일의 대법원 판결과 정면으로 배치되는 입장을 취한 것이어서 더욱 큰 논란을 불러일으키고 있다. 이러한 하급 법원의 돌출적인 판결은 결국 다시 한 번 대법원의 판결 과정에서 정확하게 원칙을 세우고, 그에 따라 해결해나가야 할 것으로 보인다.

일본군 위안부 및 강제징용 피해자 손해배상 요구에 대한 일본정부의 입장

한국의 위안부 피해 사건 및 강제징용 피해자들의 문제제기와 관련하여 일본정부는 기본적으로 법적 책임을 인정하지 않는다는 입장을 취해 왔다. 아베 신조 전 일본 총리는 2018년 일제 강제징용 피해자들에 대해 일본 기업이 배상해야 한다는 한국 대법원 판결에 대해 "국제법에 비춰볼 때 있을 수 없는 판단"이라고 말하였고, "1965년 한·일 청구권협정으로 청구권 문제는 완전하고 최종적으로 해결됐다."고 주장하였다.[12] 강제징용은 반인도범죄이자 전쟁범죄에 해당하는 것으로서,

---

11　서울중앙지방법원 제34 민사부, 〈2015 가합 13718 손해배상(기) 판결〉(2021.6.7).
12　〈아베 "韓 대법원 판결, 국제법상 있을 수 없는 판단〉, 《중앙일보》(2018.10.30).

일본은 그 피해자를 대상으로 한 과거 행위의 정당성 등에 대해서는 일체의 언급도 없이, 과거 정부와 체결한 청구권협정을 내세우며 강제징용 문제는 이미 해결되었다고 주장한다. 따라서 당시 벌어진 인권침해의 내용이나 그에 대한 일본의 책임, 또 일본군 및 기업 등 가해자의 책임과 손해배상의 문제는 일체 거론된 바가 없음에도 불구하고 피해자들의 권리가 이 협정을 통해 소멸한 것처럼 주장하고, 또 그것이 국제법이라고 강변하고 있다.

　일본군 위안부 사건과 강제징용 등 일제하에서 진행된 전쟁범죄 또는 반인도범죄 행위와 관련한 일본의 대응은 현재 일본이 국제 사회에서 차지하고 있는 위상에 비해 매우 부끄러운 양상을 보여주고 있다. 국제사회가 인식하고 있는 바대로 구 일본이 아시아·태평양전쟁 기간에 자행한 인권침해의 심각성은 부인할 수 없는 현실이지만, 일본 정부는 그 인권침해의 실상에 대해서는 외면하고, 주권면제라는 해묵은 방패에 기대어 책임을 피하려고 하는데, 이는 현대 국제사회의 인권의식에 한참 미치지 못하는 태도다. 그 정도로 심각한 국제적 인권침해 사안에 대해서는 국가차원에서 주권면제를 이유로 책임성조각을 주장하기보다는, 불법행위에 대한 소송에 동의하고 주권면제 포기를 명시적으로 선언하여야 마땅하다. 피해자들이 소송을 통해 법적 구제를 취할 수 있도록 길을 열어주고 능동적으로 전환기 정의를 실현하는 것이 국제법과 주권면제 법의 대세이다. 일본은 아직도 주권면제라는 구시대적 방패를 내세워 일체의 과거사에 대한 반성과 사과도 하지 않고 있으며, 법정에서 주권면제 포기에 대한 동의를 한 사례도 없다. 매우 부끄러운 일이며 이는 동아시아에서 일본이 취할 능동적 역할의 가능성에 비해 볼 때 매우 근시안적 접근이다.

https://news.joins.com/article/23079187

　주권면제의 원칙은 베스트팔렌 조약 체제 이후 주권평등원칙에
따라 발전하여 국제 관습법의 지위에 있어 왔지만, 점차 금전적 목적
에 근거한 행위와 철회waiver의 경우는 주권면제를 인정하지 않는다는
새로운 국제 관습법으로 수정되어 왔다. 정부가 직접 수행한 공식적
전쟁행위의 경우 주권면제의 예외로 보기는 어렵다는 것이 지금까지
의 대체적 경향이기는 하지만, 직접적 전쟁 수행행위가 아니라 정부기
관에 의해 조직적으로 진행된 고문이나 강간, 테러리즘 등 해당 정부
가 정당화하기 어려운 전쟁범죄나 반인도범죄에 대해서 주권면제를
주장하는 것은 갈수록 설득력을 잃고 있다.
　당사국이 반인도범죄나 전쟁범죄 등과 관련해 해당 국가가 행한
불법행위가 상행위도 아니고 추후 명시적으로 주권면제의 철회 의사
표시를 한 것이 아니라고 할 때, 실제 재판 과정에서는 상당히 정교한
법 논리를 구성하는 것이 필요하다. 하지만 주권적 행위에 대해서 국
제법이 무조건적으로 주권면제를 인정하고 있다는 주장은 전혀 사실
이 아니다. 오늘날 국제형사재판소를 포함한 여러 국제재판에서 주권
면제를 인정하지 않는 사례가 늘고 있고, 전직 및 현직 국가원수를 재
판하여 유죄선고를 하면서 주권면제의 예외를 해석하는 폭도 넓어졌
다. 물론 여전히 주권면제 예외의 범위와 그 구체적 적용의 원칙은 국
제사회에서 명시적으로 합의되어 있지 않고, 여러 국제적 소송과 개별
국가의 법원에서 내놓는 탁월한 판결 및 관행 속에서 진화되어 가고
있다. 가령 불법행위에 따른 소송의 경우 과거에 비해 더욱 폭넓게 개
인의 국가에 대한 소송을 인정하는 방향으로 바뀌고 있다. 미국의 남
캘리포니아대학 어윈 세메린스키Erwin Chemerinsky 교수는 주권면제 원
칙은 더 이상 인정되어서는 안 된다고까지 주장하고 있다.[13] 그러한 점

13　Erwin Chemerinsky, 〈Against Sovereign Immunity〉, 《Stanford Law Review(vol.53)》(2001.5).

에서 한국 법원이 인권 보호를 위해 정립해가고 있는 판결들은 그러한 진화과정의 중대한 이정표라고 할 수 있다.

한·일 청구권협정과 반인도범죄의 문제

오늘날 국제법의 가장 중요한 원칙 중의 하나는, 반인도범죄나 전쟁범죄 등 중대한 인권침해의 피해자들은 진실규명, 배상과 보상, 재발 방지 등의 조처를 요구할 권리를 가지며, 가해자는 이에 대해 합당한 조치를 취할 의무가 있다는 것이다. 한국정부와의 밀실협정이나 한·일 청구권협정을 내세우며, 일본군 위안부 할머니들과 강제징용 피해자들이 일본정부나 군대, 민간기업 등으로부터 받은 인권침해에 대한 피해 배상과 보상을 요구할 수 없다고 우기는 것은 국제법의 기본을 모르는 무지한 대응이다.

유엔 총회는 2005년 12월 16일 "국제인권법의 중대한 위반과 국제인도법의 심각한 위반의 피해자를 위한 구제조치와 손해배상에 관한 기본 원칙과 지침"[14]을 채택하여 국가는 국제인권법과 국제인도법을 존중하고 이행할 의무를 진다고 강조하였다. 여기서 피해자는 개인적으로 또는 집단적으로 중대한 침해 행위 또는 부작위로 인하여 신체적 정신적 피해와 고통, 경제적 피해 또는 기본적 권리의 중대한 침해 등의 피해를 입은 사람들을 말한다. 국가는 이들 피해자에 대해서 실효성 있는 법적 구제와 원상회복, 보상, 재활, 만족, 재발방지 등을 포함해 적절하고 유효하며 신속한 피해의 회복을 해줄 의무를 진다고 규정하고 있다. 다시 말해 반인도적 인권침해 행위의 처리와 관련해서

---

14 〈Basic Principles and Guidelines on the Right to a Remedy and Reparation for Victims of Gross Violations of International Human Rights Law and Serious Violations of International Humanitarian Law〉.

는 피해자를 배제한 외교적 논의에 국한하는 것이 아니라, 그 인권침해에 대한 전면적인 책임과 그 피해자에 대한 피해 구제를 논의하는 것에서 시작되어야 한다.

만약 청구권협정이 본질적으로 국제규범과 반대되는 내용을 정당화하고 있다면 그 해당 조항 또는 조약 자체가 유효한지를 재검토해 보아야 한다는 것이 "조약법에 관한 빈 협약"의 기본정신이다. 국제법의 근간이 되는 "조약법에 관한 빈 협약" 제53조는 "조약은 그 체결 당시에 일반 국제법의 강행규범과 충돌하는 경우에 무효이며, 이 협약의 목적상 일반 국제법의 강행규범은, 그 이탈이 허용되지 아니하며 또한 동일한 성질을 가진 일반 국제법의 추후의 규범에 의해서만 변경될 수 있는 규범으로, 전체로서의 국제 공동사회가 수락하며 또한 인정하는 규범이다."라고 규정하여, 어떤 조약이 국제법상의 강행규범과 충돌할 경우 그 조약 자체가 무효가 된다고 명시하고 있다. 즉, 노예제나 고문, 전쟁범죄, 반인도적 범죄 등의 근절은 국제사회가 따라야 하는 국제법상 최상위 규범으로서 이 규범에 어긋나는 조약은 기본적으로 효력을 상실하게 된다. 따라서 만약 청구권협정에 강제징용이나 위안부문제에 대한 국가와 민간당사자의 책임을 부인하는 내용이 포함됐다면 반인도적 범죄행위를 유야무야하자는 것이기에 그 해당 조약 자체가 무효가 될 수밖에 없다.

2018년 10월 30일 강제징용 피해자 관련 대법원 판결에서 다수 의견은 이러한 국제법의 원칙에 근거해서, 일본정부는 식민지배의 불법성을 인정하지 않은 채, 강제동원 피해의 법적 배상을 원천적으로 부인하였고, 따라서 강제동원 위자료 청구권이 청구권협정의 적용대상에 포함되었다고 보기는 어렵다는 판단을 내렸다. 소수의견도 최소한 청구권협정이 외교적 보호권은 포기하였을지라도 개인 청구권을 부인하지 않는 것으로 해석하고 있다. 이러한 관점에서 한국 대법원이 강제징용과 관련하여 민간기업이 징용 피해자들에게 배상과 보상을 해야 한다는 판결은 국제법 위반이 아니며, 국가의 외교적 보호권과 별도로 개인 간의 배상과 보상은 필요하다는 입장에서 정확하게 국제법의 원칙을 적용한 것이라고 할 수 있다.

　일본은 군위안부 설치 등의 범죄행위 당사자나 신일철 등 징용 노동자의 인권침해와 부당이득을 본 반인도범죄 및 전범 행위의 당사자에 대한 형사처벌은 고사하고 민사 상의 어떠한 책임도 이행하지 않았고 배상과 보상도 하지 않았으며 오히려 과거의 전범 행위를 미화하기까지 하고 있다. 이런 가운데 일본정부가 청구권협정을 자의적으로 해석할 뿐만 아니라, 나아가 전쟁범죄 반인도범죄의 피해자들이 해당 기업을 상대로 인권유린에 대한 배상과 보상을 요구하지 못한다고 주장하며 나서는 것이 도리어 국제법에 반하는 행위다. 한·일 청구권협정 조항이 어떻게 해석되는가 하는 문제와는 별도로, 징용 피해자가 일본 기업을 상대로 제기한 소송에 대하여, 일본정부가 나서서 전범 가해자 기업들이 책임이 없다고 주장하고, 피해자가 인권침해에 대해 문제제기하고 배상을 청구하는 것을 막는 행위는 절대로 정당화될 수 없다. 만약 일본정부가 그렇게 인권 구제를 방해한다면 일본정부는 또 다른 인권침해 행위를 하는 것이나 마찬가지이다.

일본의 추가적 인권침해

전범기업인 신일철주금은 대법원 판결에 따라 피해자들과 합의를 할 의사가 있는 것으로 알려지고 있다. 그런데 일본정부가 이 합의를 막고 있다는 것이다. 국제인권법의 관점에서 보면 이는 전형적인 인권침해 행위다. 일본정부가 현재 취하고 있는 입장은 국제법과 국제인권법의 최근 경향에 비춰보면 용납할 수 없는 잘못된 국가주의적 접근이다.

일본정부는 과거 민간을 내세워 평화기금을 조성하거나 정부 대표가 형식적으로 사과를 한 적이 있다. 하지만 실제 당사자에 대한 사과도 없었고 이후 수시로 잘못을 부정하는 발언을 계속하고 있다. 이는 그 자체로 정의에 반하는 일이며, 그런 것으로는 식민지 35년간 이천만 이웃 국민을 상대로 자행한 범죄적 행위들이 씻겨질 수 없다. 진정한 사과는 인권침해의 진실을 밝히고, 보상과 배상을 하고, 재발을 막기 위해 본격적인 조처를 취하는 것으로 가능하다. 가령 일본은 위안부 소녀상을 철거하기 위해 외교력을 집중할 것이 아니라 위안부 소녀상을 도쿄 한가운데 세우고, 강제징용 노동자들의 처절한 죽음과 실종, 그들의 고통스러운 청춘시절을 추념하기 위해 식민지배를 반성하는 박물관을 세우는 등 지속적으로 일본국민을 일깨우고 한국 국민들과 대화를 시도해야 한다. 일본이 스스로 앞장서서 인권을 보장하는 모습을 보일 때, 일본이 아시아 다른 나라들의 인권을 개선하는 일에도 응당한 역할을 할 수 있을 것이다. 앞으로 아시아 각국이 하나로 협력하는 지역공동체로서 아시아 공동체가 만들어진다면, 그러한 공동체가 인권을 보장하는 기초가 되어야 할 것이며, 일본이 인권 보호에 모범을 보일 때 지역의 당당한 강대국으로서 리더십을 행사할 수 있을 것이다.

일방적 수출규제

일본은 한국의 헌법재판소 및 대법원의 판결을 국제법 위반이라고 규정하고, 자유무역의 국제규범을 정면으로 어기며 수출규제를 선도하였다. 이렇게 사실상 인권의 문제를 지역 내 갈등과 불화의 근거로 삼은 것은 공감을 얻기 어려운 행동이었다. 상대국과의 충분한 사전협의나 분쟁해결 절차도 없이 갑작스레 수출규제에 돌입하는 공격적 대응은 상당히 충격적으로 받아들여졌다. 경제적 측면에서 일본이 보여준 이러한 공격적 행동은, 일본이 추구하고 있는 평화헌법 개정 운동과 맞물려 과거 악몽과 같았던 군국주의가 재현되는 것은 아닌지, 또 군사적 갈등과 충돌 야기로 이어지지 않을지 우려를 낳는다. 일본은 수출규제가 강제징용에 대한 한국 대법원의 판결과 직접 연결된 것은 아니라고 입장을 밝혔지만, 한국의 국제법 위반이라는 모호한 이유를 내세운 보복조처는 자유무역주의에 근간을 두고 있는 세계무역기구 WTO 규정에 정면으로 어긋나는 것이며, 정당화되기 어려운 조처로 보인다.

　일본정부는 위안부 설치 등의 범죄행위 당사자와 신일철 등 징용 노동자의 인권침해와 부당이득을 본 반인도범죄, 전쟁범죄 당사자에 대한 형사처벌은 고사하고 민사상의 어떠한 책임도 묻지 않았고, 배상과 보상도 하지 않았으며 정부의 책임도 부인하고 있다. 일본정부가 아시아·태평양전쟁 기간의 잘못을 부인하려는 노력은 여러 곳에서 목격되고 있다. 유엔 조약기구인 강제실종보호협약에 따라 설립된 강제실종위원회는 2018년 11월 19일 일본이 제출한 국가보고서를 심의하고,[15] 최종의견에서 유감을 표명했는데 "일본의 국가보고서가 일본군 위안부 사건이 최종적, 불가역적으로 해결되었다는 입장을 취하고 있는 것에 대해, 그것은 가해 책임자에 대한 면책을 영속화하고, 피해자들의 진실을 알 권리, 정의, 배상, 재발방지 보장 등을 추구할 권리가 부정되는 것을 의미하고 있기 때문이다."라고 이유를 밝혔다. 특히 강제실종위원회는 일본정부의 입장에 ①위안부 피해자에 대한 보상이 없었다는 점 ②실종 등 진실을 밝히기 위한 노력이 없었다는 점 ③실종되었을 수도 있는 위안부 피해자에 대한 통계가 없는 점 ④위안부

---

15 Committee on Enforced Disappearances(UN), 〈Concluding Observations on the Report Submitted by Japan under article 29(1) of the Convention〉(2018.11.12).

에 대한 강제낙태 문제 등을 지적하며 국제인권법상의 피해자 인권보호를 제고할 필요성을 역설하였지만, 일본은 이 위원회의 판단과 평가에 대하여 격렬하게 부인으로 대응하여 유엔 조약위원회와의 갈등을 야기하였다. 유엔에 대한 재정적 기부 등으로 상당한 영향력을 갖고 있는 일본정부의 이러한 대응은 많은 논란을 불러일으켰다.

특히 일본정부가 강제징용 배상이나 위안부문제를 이유로 한국에 대해 전격적 경제 보복조처를 취한 것은 새로운 상황 전개라고 할 수 있다. 한국도 비슷한 경제적 보복조치로 대응하고 지소미아 협정의 연장을 검토하는 등 갈등의 골은 쉽게 메워지지 않고 있다.

일본의 군국주의

일본의 아베 신조 전 총리는 2006년 첫 집권 당시 '아름다운 나라 만들기'를 모토로 내세웠다. 하지만 그가 실제로 추구한 정책은 노골적인 군국주의 행보였다. 북한의 일본인 납치 문제를 국정의 핵심축으로 삼고 부시의 대북 강경론과 연계하여 아시아 전역에 군사적 긴장을 불러일으키다 결국 1년 만인 2007년에 여론의 지지를 잃고 물러나고 말았다. 2012년 말 중의원 선거로 다시 총리가 된 아베 정부는 군국주의의 길을 내달리다 스가 요시히데에게 그 바톤을 넘겼다.

아시아에서 중국의 영향력이 급속히 커짐에 따라, 미국은 일본이 일정한 견제력을 행사하고 더 많은 군사적 역할을 맡아주기를 바라고 있다. 이러한 전략적 상황을 이용하여 일본은 과거의 전쟁 침략국이라는 굴레를 벗어던지고 아시아의 핵심 국가가 되고자 한다. 그 일환으로 아베 정부는 헌법 제9조를 재해석하여 일본 영토 밖에서 집단적 자위권을 행사하는 것이 위헌이 아니라고 주장하는 등 자위대의 역할을 확장하려 하였다. 이러한 일본의 군국주의화가 동아시아 여러 국가에 긴장과 걱정을 불러일으키는 것은 당연한 일이다.

일본 내에서 커지고 있는 극우 인종주의와 인권 경시 풍조 또한 심각한 우려를 불러일으킨다. 소위 '재일 특권을 허용하지 않는 시민의 모임'은 반한 또는 혐한 시위를 벌이며 재일동포들에게 "스파이의 아이들은 한반도로 돌아가라."고 선동하는 등 극우 인종주의를 드러내고 있다. 집권 자민당이 2012년 채택한 헌법 개정안은 인권은 인류가 오랜 세월 동안 자유 획득을 위해 노력한 성과이며 침해할 수 없는 영구한 권리라고 하여 인권을 최고 법규로 삼고 있던 현행 헌법 제97조를 통째로 삭제하려 한다. 또 헌법 제12조에 자유와 권리에는 책임과 의무가 따른다는 표현을 넣어 시민적 자유에 제한을 가하려는 의도도 드러냈다. 그 때문에 자민당의 헌법 개정안은 일본판 유신헌법이라는 지적도 있다.

인권을 중심에 둔 협력의 필요성

오늘날 세계와 아시아 등 국제사회, 남북한을 망라하는 한반도와 한국 사회 그리고 무한경쟁 구도 속에 놓인 개인의 정체성에 이르기까지 여러 차원에서 갈등이 존재하고 있다. 세계적 차원의 갈등은 최근 들어 어느 때보다 심각해지고 있다. 제1차 세계대전, 제2차 세계대전 그리고 수십 년간의 냉전이 지났지만, 세계는 여전히 평화에 대한 도전을 맞이하고 있다. 1차, 2차 이라크 전쟁과 9.11 테러로 본격화된 테러와의 전쟁은 아프가니스탄 전쟁, 리비아전쟁을 거쳐 시리아를 전장으로 만들었고, 이란과 북한을 상대로는 긴장을 고조시켜 왔다.

냉전 체제의 해체 이후 새로운 대안 체제가 만들어지지 못한 가운데, 테러와의 전쟁 또는 대량살상무기 확산 방지와 통제라는 이름으로 국지적으로 진행되던 분쟁은, 아시아에서 중국이 급속히 부상하고 유럽에서 러시아의 우크라이나 침공 등으로 인하여, 중국과 러시아가 미국을 중심으로 한 동맹국과 대치하는 새로운 구도를 만들어내고 있다. 미국은 이미 알카에다나 ISIS보다 더 큰 전략적 위협은 아시아에서는 중국, 유럽에서는 러시아라고 간주한다. 러시아의 아시아 중시, 또 사드 배치에 대한 중국의 반발 등에서 보여지듯, 반테러 중심의 국제갈등이 주요 국가들의 전통적 갈등관계로 바뀌어 가고 있으며, 이러한 분쟁이 격화된다면 제3차 세계대전의 불씨가 될 수도 있다.

　　동아시아가 직면하고 있는 도전들은 결코 간단하지 않다. 중국과 러시아의 영향력에 대한 위기의식, 일본의 군국주의화, 북한의 핵과 미사일 개발, 남한에의 사드 배치 등과 함께 미국은 일본과 호주 등과의 군사동맹 강화를 근간으로 하여, 북한과 중국을 압박하고, 동남아시아에서도 베트남, 필리핀, 태국과 연계하여 중국의 남중국해에서의 영향력 확대를 차단하는 데 주력하고 있다. 그에 따라 아시아 각국에서 민족주의 경향이 강화되고 군사적 긴장이 고조되어, 국지적 충돌의 가능성도 생기고 있다.

　　중국의 남중국해 9단선을 둘러싼 해양 영토분쟁과 유사한 갈등이 센카쿠와 난샤군도 만이 아니라 이어도와 동북아시아에서도 나타날 수 있다. 미국은 강정 해군기지 건설과 오키나와 기지 이전 재건축, 성주에의 사드배치 등 강력한 행동으로 대응하고 있다. 이는 단발적인 외교 분쟁이 아니라 지역 내에서 지속적인 군사적 역학관계의 변화를 반영하고 있는 것이며, 이러한 국제 환경은 향후 상당 기간 한반도의 운명에 영향을 미칠 변수가 될 것으로 보인다.

　　한반도의 북쪽에는 핵과 대륙간 탄도 미사일ICBM을 가진 북한이 존재한다. 이러한 북한의 도전은 세계의 4대 강국인 미국·중국·러시아·일본이 각각 자신의 이해관계를 관철시킬 수 있는 계기를 제공한다. 한국은 주변 상황변화에 걸맞는 주도적 역할을 요구받고 있으며,

단기적인 대처가 아니라 궁극적으로 한반도의 평화와 통일을 위해 주변국과의 긴밀한 협력관계 속에 새로운 지역 질서를 만들어 나가야 한다. 인간에 대한 신뢰, 사회에 대한 신뢰, 국가기구의 공정성에 대한 믿음이 없이는 갈등은 치유가 불가능하다.

냉전 이후의 새로운 세계 질서는 계속 변화하고 있다. 동남아시아 지역의 경우 동남아시아 국가연합ASEAN은 이제 지역을 아우르는 정치안보공동체, 경제공동체, 사회문화공동체로 나아가고 있다. 동북아시아와 남아시아, 태평양 주요 국가 정상들이 참석하는 동아시아 정상회담EAS도 연례적으로 개최되고 있는데, 동남아시아 10개국, 한국, 중국, 일본, 나아가 호주와 뉴질랜드, 인도, 미국과 러시아까지 포함하는 18개국의 정상이 매년 아시아의 미래를 논하는 장이 되고 있다. 아시아의 미래를 여는 지역 차원의 협력과 통합은 꾸준히 진행될 것으로 예상된다. 아시아 지역의 협력과 통합의 과정에서, 아시아 지역 인권기구가 그 한 부분이 되어야 한다. 아시아는 지역 인권기구가 없는 유일한 지역이다.

인권보장을 위한 능동적이고 건설적 노력이 없이는 인권을 보장하는 체제는 이루어지지 않는다. 인간의 근원적 존엄과 가치를 강조하는 '인권'은 개인적 안전을 강조하는 '보안'과는 차이가 있다. 자신에 대한 수세적인 방어를 넘어서서, 서로 가치를 공유하고 그를 기반으로 하여 진정한 개인적·사회적 평화를 확대해 가는 것이 인권이다. 갈등을 해결하는 과정에서 인권의 역할은 매우 중요하다. 문제가 있는 곳에서 그 문제를 해결하기 위한 노력이 시작되고, 인권의 보장은 그러한 변화를 위한 운동 속에서 가능하다. 인권은 인간 사회가 보편적으로 공유하는 규범을 지향한다. 인권은 보편성을 지향하면서 특수성을 담아야 하며, 고정불변의 가치가 아니라 변화발전 과정에 있는 개념이다. 상대를 배제하기 위한 작용이 아니라 그들을 포용, 포괄하고 변화시켜 내는 운동으로서의 인권, 인권 규범, 인권기구가 필요한 것이다.

맺음말

다른 대륙은 유럽인권재판소나 미주인권법원 등 지역 인권법원이 설치되었는데, 아시아에는 아직도 지역을 아우르는 정치공동체나 지역 인권기구가 없다. 아시아에도 인권침해를 당한 개인이나 비정부기구가 해당 국가를 상대로 소송을 제기할 수 있는 지역 차원의 인권법원을 만들어야 한다. 아시아 지역에서 인권협력기구가 제대로 자리 잡을 때 유럽의 타자로서만 존재했던 아시아가 스스로 세계 속에서 자신의 정체성과 의미를 갖고 능동적으로 기여할 수 있을 것이기 때문이다.

일본이 이와 같은 활동에 중심적 역할을 하는 것은 아직 요원한 일로 보인다. 일본은 지금부터라도 한국을 비롯해 아시아 각국과 과거사 문제를 다루는 일에 적극적으로 임하고 인권보호를 위해 더 많이 노력해야 한다. 일본은 경제에서뿐만 아니라 가치 측면에서도 세계적 리더가 될 수 있다. 그러기 위해서 일본은 과거 인권문제부터 치유하고, 위안부와 강제징용 등 아시아·태평양전쟁 피해자들에 대한 폭넓은 재조명 속에서 새로운 가치, 미래의 가치로 가는 인권규범을 만드는 데 앞장서야 한다. 그것이 현재 심각한 도전을 겪고 있는 한·일 관계를 살리는 길이기도 하다.

일본이 정말 아시아에서 중요한 역할을 하고자 한다면 군사화를 추구하기보다는 소프트파워를 키워야 한다. 일본군 위안부의 존재 자체를 부정하고, 1급 전쟁범죄자를 애국 인사로 미화하고, 식민지 독립투사를 범죄인으로 매도하는 시대착오적 역사의식을 갖고서는 주변국의 존경을 받을 수 없다. 일본정부가 진짜로 아름다운 나라를 만들고자 한다면 군국주의를 강화하는 대신 전쟁범죄와 인권침해의 상처부터 치유하고 볼 일이다. 그러한 방향으로 변화하기 위해 한국과 일본 모두 인권을 문제해결의 중심에 놓고 새로운 방식으로 과거의 문제에 접근해야 할 것이다.

---

* 이 글은 2019년 11월 8~9일 서울 코리아나 호텔에서 열린 제4차 회의에서 처음 발표되었다.

샌프란시스코와 1965년 한·일협정에서 지금까지: 한·일 관계의 법률적 기초

노정호(미국 컬럼비아대 로스쿨 교수)

여는 말

제2차 세계대전의 종결은 일본과 한국에 매우 다른 결과를 가져다줄 수 있었다. 무조건 항복을 한 패전국 일본의 운명은 전승 연합국들의 손 안에 놓여 있었다. 반면에 일본의 항복으로 한국은 식민지배에서 벗어나 완전한 독립과 주권국가로서의 지위를 회복하게 될 것이었다. 한국의 충분하고도 완전한 독립은 일본이 2차 세계대전에서 항복해 패전국이 된 사태의 당연한 귀결로 여겨졌다. 1943년 카이로 선언은 한국이 "적절한 시기"에 "자유롭고 독립적"인 국가가 될 것이며, 일본은 "폭력과 탐욕으로 빼앗은" 영토들에서 쫓겨나게 될 것임을 밝혔다.[1]

하지만 카이로 선언에 담긴 한국의 독립 약속은 나라가 절반으로 분단되고 1948년에 이데올로기로 확연히 갈라진 상호 적대적인 국가가 남북에 각각 출현하는 쪽으로 귀결됐다. 역설적이게도 주적arch enemy이었던 일본이 동아시아에서 공산주의의 확장 위협에 대처하는 미국의 정책을 가장 충실하게 떠받치는 지위를 떠맡았다. 2차 세계대

---

1   〈카이로 선언〉(1943년 11월 26일) 참조.

전 이후에 발생한 몇 가지 중요한 지정학적 사건들과 1951년 샌프란시스코 조약 체결, 특히 공산주의 국가 중화인민공화국의 수립과 한국전쟁의 발발은 이후 동아시아의 정치적 환경 조성에 미국이 주도적 역할을 맡도록 하는 데 중요한 영향을 끼쳤다.

평화국가 일본의 창출 그리고 이를 위해 평화조약을 통해 2차 세계대전을 법률적으로 종결할 긴박한 필요성이 미국의 대외정책에서 우선적으로 처리해야 할 사안이 됐다. 한국전쟁이 한창일 때 체결되고 (1951년 9월 8일) 발효된(1952년 4월 28일) 샌프란시스코 조약은 미국이 앞서의 정책 목표를 달성하고 궁극적으로 미국의 조정 아래 한국과 일본이 내키지 않는 전략적 동맹을 맺게 만들 수단이었다. 그리고 중국과 대만, 소련, 남한(한국)과 북한을 배제한 채 감행된 이 다자간 협정의 창출은 이 지역의 영토 분배와 동역학에 충격을 가해 그 시작부터 영토분쟁을 푸는 법률적 수단으로서 효과적이지 못할 공산이 컸다. 하지만 그 조약을 냉전 이후 동아시아에서 미국의 지위를 강화하는 "부챗살(hub-and-spoke)" 안보질서 창설을 촉진하는 데 활용하는 것이 더 큰 목적이었다면, 그것은 의도했던 대로 된 셈이다. 2차 세계대전 이후 샌프란시스코 조약을 통해 구축된 법률적 질서는 "다자주의를 위한 호기"가 아니라 "경쟁을 위한 호기"를 제공했다.[2]

이런 배경과는 달리, 이 글은 한·일 관계의 법률적 토대를 이해하는 데 필요한 개념적 틀을 탐구하는 출발점을 제공한다. 특히 샌프란시스코 조약의 한계가 무엇인지에 관련된 질문들이 한국과 같은 비서명 국가들에 적용될 것이며, 대한민국과 일본국 간의 기본관계에 관한 조약(이하 '1965년 조약'으로 약칭)이 역사분쟁을 적절히 다루지 못하는 기능부전의 밑바탕에 깔려 있는 원인들을 검토하게 될 것이다. 영토분쟁 및 최

2   G. John Ikenberry, 〈American Hegemony and East Asian order〉, 《Australian Journal of International Affairs(vol.58, no.3)》(2004) pp.353-367.

근의 강제동원 노동과 관련된 문제들은 이 글에서 따로 다루지 않았다.

한국과 일본에 다르게 적용된
2차 세계대전의 법률적 종결

전쟁을 공식적으로 종결하는 데는 특별한 법률적 행위가 필요한데, 보통 평화(강화)조약의 형태를 띠게 된다. 이런 평화조약의 체결은 분쟁의 교전 당사자들이 그들 각자의 권리와 의무를 정해 해결하는 방식을 놓고 협상해 왔다는 걸 의미한다. 이에는 당사자 모두를 강제할 수 있고 구속하는 법률 문서가 필요하다. 샌프란시스코 조약은 두 주요 교전 당사국인 미국과 일본을 비롯한 서명국들이 2차 세계대전을 공식적으로 종결하는 법률문서였다. 한국은 샌프란시스코 조약 서명국이 아니었으며, 협상과정에 직접 참여하지도 못했다. 당면한 질문은 만일 한국이 샌프란시스코 조약의 서명국이 아닐 경우 법률적 관점에서 어떤 일이 벌어지느냐는 것이다. 이 질문에 대답하기 위한 법률적 틀은, 2차 세계대전의 종결이 법률적 관점에서 일본과 한국(그리고 다른 비서명국들)에게 매우 다르게 이뤄졌다는 것을 인식하도록 요구한다.

샌프란시스코 조약은 1951년 9월 8일에 조인돼 다음해 4월에 발효됐다. 이에는 48개국 정치 지도자들이 서명했는데, 이는 1945년의 일본 항복문서 서명과는 대조적이다. 그 항복문서는 '군사협정'이었으며, 그로써 일본에 대한 미군의 군사적 점령기가 시작됐고 일본은 국가주권을 상실했다. 샌프란시스코 조약의 발효와 함께 일본은 주권을 되찾았으며 2차 세계대전은 공식적으로 그리고 법률적으로 끝났다. 조약은 전쟁 뒤 교전 당사국들 간의 관계에 합법성을 부여하고 공식적으로 그것을 규정한다. 샌프란시스코 조약과 거기서 파생된 군사동맹은 전쟁 이후의 새로운 일본과 장래의 동맹국들과의 관계를 규정하는 핵심 장치다. 그와 반대로 샌프란시스코 조약에서 배제당한 나라들, 특히 한국은 2차 세계대전 이후 일본과의 법률적 관계의 성격을 규명하는 문제와 관련해 법률적으로 모호한 상황 속에 놓이게 됐다.

샌프란시스코 평화 프로세스에 대한 한국의 관여 문제는 예전 식민지로서의 한국의 지위를 법률적으로 어떻게 규정하느냐에 달려 있다. 일본은 한국이 식민지였고 일본제국의 일부였기 때문에 교전 당사자가 될 수 없다고 주장해왔다.[3] 더 근본적인 반대를 제기한 것은 영국이었는데, 영국은 북한과 중국(중화인민공화국)을 배제한 채 한국을 평화 프로세스에 포함시킬 경우 소련이 투표절차를 바꾸자고 요구하고 나설 것이라는 점을 우려했다.[4]

이승만은 2차 세계대전 이후의 한국의 범위를 궁극적으로 법률로써 규정하게 될 평화 프로세스에 한국이 참여하지 못하게 된 데에 대해 거듭 불만을 표시했다. 이승만은 "한국은 당연히 참가할 자격이 있으며, 협상에서 합당한 자리를 달라고 간청할 필요가 없다."[5]는 신념을 토로했다. 한국이 서명국 명단에서 제외되고, 한·일 간 해양 경계선으로 잠정 설정된 '맥아더 라인'이 더 이상 강제력이 없어진다는 것이 명백해졌을 때 이승만은 원래의 맥아더 라인 내의 해역에다 독도를 포함시키기 위해 국제적으로 인정되는 기준 너머의 해역까지 포함시킨 '이승만 평화선'을 일방적으로 설정했다.[6] 이승만 평화선은 장래의 한·

3   Kimie Hara, 《Cold War Frontiers in the Asia Pacific》, p.46.
4   Dong-Choon Kim, 〈The San Francisco Peace Treaty and "Korea"〉, Kimie Hara, ed., 《The San Francisco System and Its Legacies》, p.99.
5   〈Memorandum of Conversation by Mr. Robert A Fearney of the Office of Northeast Asian Affairs〉, 《Foreign Relations of the United States》(1951), p.817.
6   Seokwoo Lee, Shelagh Furness, and Clive H. Schofield, 〈The Resolution of the Territorial Dispute between Korea and Japan over the Liancourt Rocks〉, 《Boundary and Territory Briefing(vol.3, no.8)》(International Boundaries Research Unit, Dept. of Geography, University of Durham, 2002). p.5.

일 관계를 규정할 수많은 법적 분쟁의 첫 사례가 됐으며, 한국이 샌프란시스코 조약에 대항해서 취한 최초의 중요한 대응조치였다. 미국과 일본은 이승만 평화선을 불법적인 일방 행동으로 간주했다. 1952년 4월 28일 샌프란시스코 조약 발효와 함께 일본이 주권을 되찾게 될 무렵의 상황에서 한국이 해양 경계선을 선포한 것은 일본과 유의미한 관계를 맺게 될 길 앞에 놓인 어려운 일의 전조가 됐다.

　한국을 샌프란시스코 조약에서 배제시킨 것이 한국의 권리, 특히 영토와 관련된 권리에서 법률적 중요성을 갖느냐의 여부는, 1965년 한·일협정이 샌프란시스코 조약과 직접 연계돼 있다는 해석으로 법학계에서 점차 관심을 끌게 됐다. 1965년 청구권협정의 제2조는 다음과 같다. "두 체약국은 두 체약국 및 그 국민(법인을 포함)의 재산, 권리 및 이익과 체약국 및 그 국민 사이의 청구권에 관한 문제가, 1951년 9월 8일에 샌프란시스코에서 서명된 일본국과의 평화조약 제4조(a)에 규정된 것을 포함해서 완전하고 또 최종적으로 해결됐음을 확인한다." 일본의 입장은 일본의 주권 회복과 2차 세계대전의 법률적 종결이 1952년의 조약 발효와 동시에 실행됨에 따라, 2차 세계대전 이후 그 법률적 의무는 샌프란시스코 조약의 지배를 받게 된다는 것이었다. 만일 일본의 경우 1952년 샌프란시스코 조약 발효로 전쟁이 공식적·법률적으로 종결됐다면, 한국과 기타 조약 비서명국들의 2차 세계대전은 언제 그리고 어떤 법률적 메커니즘을 통해 종결된 것인가?

　중화인민공화국(중국)에게 일본과의 전쟁은 양국이 외교관계를 회복한 지 6년이 지난 뒤인 1978년 8월 12일 평화우호조약Treaty of Peace and Friendship으로 공식 종결됐다. 일본과 중화민국(대만) 또한 1952년 평화조약Peace Treaty을 통해 전쟁 종결을 선언했다. 옛 소련과 일본은 공식적인 평화조약을 체결하지 못했지만, 1956년에 전쟁상태를 끝내고 양국 간의 외교관계를 회복하기 위해 작성된 일·소 공동선언Joint

Declaration을 발표했다. 이 모든 사례들에는 전쟁상태의 종결을 명시하는 명백한 서술이 들어 있다.

　이와 대조적으로 한국의 경우에는 일본과의 전쟁 종결 선언이 명백히 빠져 있다. '1965년 조약'의 전문前文은 "기본관계에 관한 조약"이 "양 국민 간 관계의 역사적 배경과 선린관계 및 주권의 상호존중 원칙에 토대를 둔 양국 간의 관계 정상화에 대한 상호 희망을 고려"했다고 서술했다. 그 조약에서 전쟁의 종결에 관한 선언이 빠진 것은 한국은 일본과 전쟁을 한 적이 없다는 것을 시사한다. 이는 한국이 2차 세계대전 기간에 일본의 식민지로서 샌프란시스코 조약 협상에 참여할 행위능력이 결여돼 있었다는 일본의 논리와 완전히 일치하는 입장이다. 법률적 관점에서 일본과 한국은 전쟁의 여파로 일본이 1952년에야 주권을 회복하고, 1948년에 한국이 건국될 때까지 모두 미 점령군의 일반명령 제1호General Order no.1의 지배를 받았다.

　한국은 일본과 전쟁을 하지 않았다는 주장과 관련한 일본의 법률적 구조는 1965년 협정 제2조의 일본 쪽 해석으로 뒷받침되고 있는데, 이 제2조는 "1910년 8월 22일 또는 그 이전에 일본제국과 대한제국 사이에 체결된 모든 조약 및 협정은 이미 무효임이 확인된다(already null and void)"고 되어 있다. 이 구절이 한국병합이 당시에 그것이 국제법적으로 불법이었다는 걸 가리키는 것인지, 아니면 영토획득이 국제법적인 기준에 합당한 것이어서 그 기간의 영토획득이 불법이 아니었는지를 둘러싼 논란은 한국에서 전쟁이 언제 공식적, 법률적으로 종결됐는지에 관한 법률적 분열을 부각시킨다.[7] "이미 무효(already null and void)"에 대한 해석을 근거로, 한국에서의 전쟁 종결을 일본이 항복한

7　Alexis Dudden, 《Japan's Colonization of Korea: Discourse and Power》(University of Hawai'i Press, 2006), pp.7-8; Jon Van Dyke, 〈Reconciliation between Korea and Japan〉, 《Chinese Journal of International Law(vol.5, no.1)》(2006), p.217.

1945년으로 볼 수도 있고, 미군 점령기가 끝나고 한국(Republic fo Korea)이 건국된 1948년으로 볼 수도 있다.

하지만 '1965년 조약'을 중화민국이나 중화인민공화국과의 협정 또는 소련과의 공동선언과 동등하다고 보기에는 문제가 있는데, '1965년 조약'에는 일본과의 전쟁을 "종결(ending)"한다는 목적이 명시적으로 기술되어 있지 않기 때문이다. 대신에 '1965년 조약'은 외교관계 수립과 재산 및 전쟁범죄 해결 그리고 경제협력을 명기했다.

'1965년 조약'하의 성노예(위안부)문제에 대한 국가 책임

한·일 간의 가장 논쟁적인 문제들 가운데 하나가 "위안부(comfort women)"와 그 문제의 '1965년 조약' 적용(또는 비적용)을 둘러싸고 진행돼 왔다. "위안부" 문제는 기록문서의 결여로 홍역을 치르고, 정치적 압력으로 초점이 흐려지며, 방어적 감정으로 논란이 증폭되는 문제다. 일부 사람들은 2차 세계대전 전전戰前이나 전중戰中에 "위안부"는 존재하지 않았으며, 위안소comfort stations로 알려진 시설의 존재는 불분명하다고 주장한다. 또 다른 일부는 그런 문제가 있었지만 일본은 모든 법률적 책임에 대해 면죄부를 받아왔다고 주장한다.[8] 하지만 이런 상황과 관련해 한 가지 분명한 것은 한·일 사이는 경색돼 있고 피투성이의 과거로 얼룩진 감정적 교착상태, 완고한 자존심과 민족주의적인 자기정당화가 진행되고 있다는 점이다. 일본의 법률적 입장은 위안부에 대한 책임이 없다는 것인데, 이는 '1965년 조약'의 해석에 그 근거를 두고 있다. 일본은 '1965년 조약'의 제2조 (1)의 "완전히 그리고 최종적으로(com-

8   Koji Teraya, ⟨A Consideration of the so-Called Comfort Women Problem in Japan-Korea Relations: Embracing the Difficulties in the International Legal and Policy Debate⟩, 《Journal of East Asia and International Law(vol.6, no.1)》(2013), p.200.

pletely and finally)"라는 구절을 근거로 해결이 끝났다고 주장한다.[9]

이런 법률적 입장에도 불구하고 오랫동안 일본은 위안부문제와 관련해 여러 차례 한국과 합의를 도출하려 시도했다. 많은 일본인들이 위안소의 존재와 당시 일본정부가 그 문제에 군사적으로 관여했다는 것을 인정하고 있다는 증거도 충분하다. 1993년의 '고노 담화'는 주요한 사례이며, 1994년과 1995년의 '무라야마 담화'도 그렇다. 고노 담화에서 일본정부는 여성들을 강제적으로 모집한 증거가 없다며 부인하던 과거와 달리 일본군이 2차 세계대전 중에 아시아와 유럽인 여성들을 군으로 데려가 매춘을 하게 했다는 사실을 인정했다. 일본 총리는 당시 일본군이 직접적 그리고 간접적으로 위안부문제에 관여했다는 사실을 공개적으로 인정했으며, 일본정부의 이름으로 "위안부로서 헤아릴 수 없는 고통과 치유할 길 없는 신체적 정신적 상처를 입은 (…) 모든 사람들에게 심심한 사죄와 통한의 염"을 표명했다. 이는 명백히 위안소 설치에 일본군이 관여했다는 사실과 위안부 모집의 강제성을 인정한 것이었다. 일본정부는 또 1994년에 "아시아 여성기금Asian Women's Fund"을 설립했는데, 이는 생존 중인 위안부 출신 피해여성들에게 개인적인 보상을 해주기 위해 사적인 기부를 통해 조성한 것이었다. 하지만 많은 위안부 출신 피해여성들은 "속죄(atonement)"의 경제적 보상을 일본정부가 공식적으로 지불하는 것이 아니라 시민들이 사적으로 염출한 것이라며, 보상이 국가의 공적인 기금이 아니라 민간의 사적 기부로 조성된 점을 들어 수긍하지 않았다.

2015년 12월 28일, 일본정부와 한국정부는 위안부문제를 "최종적 그리고 불가역적으로(finally and irreversibly)" 해결하기로 합의했다. 합의의 일환으로 아베 신조 총리가 위안부들의 고통에 대해 사죄했고,

9   Koji Teraya, 위의 글, pp.201-202.

일본정부는 10억엔(약 100억원)을 희생자들에게 지불하기로 합의했다. 초기 대응은 긍정적이었으나 합의의 구체적인 내용이 드러나면서 많은 비판이 쏟아졌다. 위안부 출신 피해여성들 다수와 이들을 위한 활동가들은 합의 무효화를 요구했으며, 여론조사도 한국인 대다수가 합의를 부정적으로 보고 있다는 것을 보여주었다. 합의 내용에 대한 비판들 가운데 하나는 한국정부의 합의가 생존 중인 피해여성들과 아무런 사전 협의 없이 이뤄졌다는 것이었다. 많은 피해여성들은 그 돈을 "위로금(consolation money)"이라 부르면서, 희생자들이 정말로 무엇을 원하고 있는지 고려하지 않고 합의를 했다며 한국정부를 비판했다. 가장 중요한 것은, 일본정부가 위안부들이 받은 고통에 대해 법률적 책임을 지지 않겠다는 자세를 고수하고 있다는 점이다.

그렇다면 위안부 출신 피해자들이 1965년 조약의 제2조(1)이 일본에 대한 자신들의 손해배상 청구권을 말소한 것이 아니라고 주장하는 국제법적 근거는 무엇인가? 피해자들이 제시할 수 있는 주장들 중에서 중요한 것 세 가지는 다음과 같다.

첫 번째는, 한국이 식민지배를 당하고 있던 시기에 일본이 저지른 인권침해인데, 위안부(성노예)들에 대한 인권침해는 일본 국가가 책임져야 할 한민족(당시 일본이 실질적으로 지배하고 있던)에 대한 개별적 인권침해라는 것이다. 이 인권은 국가가 개인에 대해 책임을 져야 할 인권이지 국가 대 국가 간(예컨대 일본이 한국에 대해)의 사안이 아니다. 이런 상황 속에서 한국정부는 '1965년 조약'으로 자국민의 인권을 포기할 권한이 없다. 인권침해를 당한 개인들만이 그렇게 할 수 있다. 인권 개념은 2차 세계대전 이전에도 존재했으나 2차 세계대전 종결 뒤인 1948년의 세계 인권선언을 통해 굳어졌다. 불소급non-retroactivity이라는 일반원칙이 확립돼 있기 때문에, 2차 세계대전 기간의 피해자들이 다양한 유엔 인권조약들을 인권침해의 근거로 삼기는 어려울 것이다. 그 대신에 양쪽의 의도는 단순히 한국(국가)이 개인들의 권리 자체를 포기하는 것이 아니라 (국가로서의) 외교적 보호권을 포기(즉 한국이 자국민을 대신해서 청구할 수 있는 능력을 포기)하는 것이라고 요약할 수 있다.

두 번째 주장은 국제법은 강행규범(*어떠한 예외도 허용되지 않으며, 그 뒤에 확립되는 동일한 성질의 일반 국제법규에 의해서만 수정될 수 있는 규범)에 위배되는 어떤 조약도 무효(invalid and void)로 본다는 개념에 근거를 두고 있다. 국가는 조약을 통해 관습적인 국제법을 지키지 않을 수 있지만 강행규범은 어길 수 없다. 새로운 강행규범의 출현으로 분쟁 중인 그 이전의 조약들이 무효화될 수 있다. 최근에는 고문죄가 강행규범이 되어 가고 있다. 이는 많은 위안부 피해자들이 일본인들로부터 고문을 당한 사실과 관련이 있다. 1965년 조약 제2조(1)은 한·일 간(그리고 양 국민 간)의 모든 청구권 문제를 해결하려 한다. 이와 관련해 조약은 실제로 고문을 허용하거나 묵인하려 하지 않는다(그렇게 하려는 시도를 할 경우 해당 조약은 무효가 될 것이다). 하지만 강행규범 원칙이 강행규범 위반에 대한 법적 책임 포기를 금지시킬 만큼 충분히 발전했는지는 분명하지 않으며, 현재 강행규범 원칙이 아직은 그런 수준에 도달하지 못했다고 할 수 있다.

마지막으로, 가장 강력한 주장들 가운데 하나는 위안부문제가 1990년대까지는 겉으로 드러나지 않았고 한국정부의 관심도 끌지 못했다는 점이다. 따라서 한국정부는 1965년 조약 체결에 이르는 협상기간 동안 (*위안부 관련) 청구권에 대해 모르고 있었으므로 그것을 말소시키려고 할 수도 없었다. 협정의 제2조(1)은 "양 체약국은 양 체약국 및 그 국민(법인 포함)의 재산, 권리 및 이익과 함께 양 체약국 및 그 국민 간의 청구권에 관한 문제"에 대해 언급하고 있을 뿐이다. 장차 한국정부의 관심을 불러일으킬지 모를 청구권에 관한 조항은 만들어지지 않았다. 따라서 국가(한국)가 조약에 의거해 위안부문제와 관련된 청구권을 말소하려는 의도는 없었다고 할 수 있다.

맺음말

일본이 성노예로 상처 입은 사람들에 대한 배상금 지불 책임을 법률적으로 부정하든 않든, 위안부 관련 문제는 법률적 주장만으로는 해결될 수 없다. 위안부문제 비판에 대한 일본의 대응은 이런 긴장을 반영한다. 한편 일본은 자국의 입장이 법률적으로 우월(유리)하다고 믿고 있기 때문에 그 문제에서 손을 씻으려 하는 것 같다. 또 한편으로 이 문제에 대한 일본의 대응은 일본이 위안부제도에 대한 속죄 책임을 회피해 왔다고 생각하는 한국과의 관계를 회복시키지 못했다. 아시아 여성기금은 이 기금이 "우리 이름으로 자행된 일에 대한 [일본국민의] 도덕적 책임감과 심심한 사죄와 회한을 '위안부' 출신자들에게 표명하기 위해" 설립됐다고 밝힘으로써 양국 간의 이런 차이를 인정했다.[10] 중요한 것은 일본이 위안부들에 대한 법적 의무를 여전히 지고 있느냐의 여부가 아니다. 그보다는 양국 간에 분쟁과 긴장을 유발하는 이 논란거리를 푸는 최선의 방법이 무엇인지를 우리가 찾아야 한다는 것이다. 법률은 이 문제를 푸는 하나의 수단이 될 수는 있겠지만—과정을 통해서든 실체를 통해서든—어느 한쪽이 일방적으로 법률을 들먹이는 것만으로는 만족스런 결과를 만들어낼 수 없다.

---

* 이 글은 2019년 11월 8~9일 서울 코리아나 호텔에서 열린 제4차 회의에서 〈From San Francisco and the 1965 Agreement to the present: Legal Foundations of Korea-Japan Relations〉라는 제목으로 처음 발표되었다.
* 한승동 번역

10   Koji Teraya, 앞의 글, p.208.

제6부

아시아·태평양 미래 질서의 전망:
샌프란시스코 체제를 넘어서

'샌프란시스코 체제'를 넘어서 어디로?: 경합하는 '동아시아' 지역질서 비전

이종원(일본 와세다대 교수)

여는 말

동아시아에 있어 샌프란시스코 체제란 냉전체제와 동의어라 할 수 있다, 샌프란시스코 강화조약 자체가 한국전쟁의 발발을 계기로 성립되었으며, 이후 냉전 대립에 의해 분열된 동아시아 지역질서를 구조화시킨 것이었다. 그 과정에서 일본의 전쟁 및 식민지 지배의 책임과 청산이라는 역사적 과제가 실종되어 지금까지 많은 문제를 남기고 있다. 과거의 전쟁과 대립을 해소하지 못했을 뿐만 아니라, 이에 더하여 '냉전'이라는 세계적인 이데올로기 대립이 밀려오면서, 동아시아의 탈식민화 과정이 새로운 전쟁과 분쟁으로 격화되었다.

이 글에서는 "샌프란시스코 체제를 넘어서"라는 취지에 입각해서, 이 같은 지역 내 대립과 분단을 극복하고 '동아시아'를 하나의 지역region으로 형성하려는 움직임에 초점을 맞추고자 한다. 구체적으로는 1990년대 말에서 2000년대 초에 걸쳐 ASEAN(동남아시아국가연합, Association of Southeast Asian Nations)과 한·중·일 협력을 토대로 제기된 '동아시아 공동체' 구상을 중심으로 그 경위와 현황 및 전망을 살펴보는 것이 이 글의 주요한 내용이다.

보다 거시적으로는 한국이 포함되는 지역 개념이 1960~1970년대의 '아시아·태평양', 1990~2000년대의 '동아시아'를 거쳐 최근의 '인도·태평양'에 이르기까지 변천해온 과정의 역사적 의미와 그 배경에 있는 국제정치적 역학을 살펴본 위에, 몇 가지 논점을 제시하고자 한다. 적어도 지역질서 면에서 샌프란시스코 체제를 넘어서려는 움직임은 1970년대 이후부터 나타나기 시작해 '동아시아 공동체' 구상으로 구체화되었지만, 이후 미·중 간의 '신냉전' 대립 구도가 표면화하면서, '동아시아'를 둘러싸고 서로 다른 지역질서 구상이 경합하면서 하나의 분기점을 맞고 있는 것이 현재의 상황이다.

유럽의 경험과 지역형성의 이중적 과제

우선 유럽의 사례를 토대로 '지역형성(region-building)'이라는 개념을 제시하고자 한다. 제2차 세계대전 이후 유럽 각국은 편협한 주권국가 체계와 민족주의가 두 차례에 걸친 전쟁의 참화를 가져왔다는 반성 하에, 각국의 주권을 일정 정도 제한하는 지역통합을 추진해왔다. 그 과정은 결코 순탄한 것은 아니지만, 냉전 종결 이후 한층 진전되어 1993년 유럽연합을 결성하기에 이르렀다. 주지하다시피 유럽통합은 크게 국가 간의 전쟁 재발 방지를 위한 정치협력과 경제적 이익을 위한 시장통합이라는 두 가지 동기에서 추진되었다. 이에 더하여 그다지 주목되지는 않았지만, 시장통합에 따르는 부작용을 억제하고 기본적인 사회적 가치를 지키기 위한 지역협력의 측면도 있었다. 시장통합에 따른 경제적 이익을 향유하면서 동시에 그 부작용에 대해 인근 국가들이 공동으로 대응한다는 의미였다. 실제로 유럽통합 과정에서는 시장통합과 병행해서 노동과 고용, 복지, 환경 등 기본적 권리와 가치를 보장하는 사회적 규제를 통해 "사회적 유럽Social Europe"의 틀을 구축해왔다.

1957년에 유럽경제공동체가 창설되자 1961년에는 사회권의 보장을 명기한 유럽 사회 헌장이 제정되었다. 이후 1986년 유럽단일의정서에 의해 역내 단일시장화가 추진되었으며, 1989년에는 노동자의 사회적 기본권에 관한 공동체 헌장이 제정되어 현재의 유럽연합 공동체 헌장의 토대를 이루었다.[1]

1990년대 이후 글로벌화와 병행해서 진전된 지역통합에서는 이같은 경제적 이익과 사회적 가치의 균형이라는 측면이 보다 주목받고 있다. 헤트네 등 북유럽의 지역통합 연구자들이 "새로운 지역주의"를 제창하면서 강조하듯이 지역통합에는 "글로벌화의 대안"이라는 측면이 있다.[2] 거시적으로 보면 국민국가를 중심으로 한 내셔널리즘과 글로벌리즘 사이에 위치하는 역사적 단계로서 지역주의regionalism를 자리매김하는 인식이다. 근대주권국가와 국민국가의 역사적 한계를 초월하지만, 그렇다고 토머스 프리드먼이 사용한 표현처럼 단순에 글로벌화의 "(균질적이고) 평탄한 세계"로 비약하는 것이 아니라, 유사한 가치와 문화를 공유하는 인근 국가들의 공동체(community)로서의 "지역(region)"을 추구하는 것이다. 영국의 정치학자 윌러스가 "유럽화는 글로벌화의 필터"라 표현한 것도 같은 맥락이다.[3] 영국의 탈퇴 등으로 유럽의 지역통합은 지금 시련과 조정의 시기를 맞고 있지만, 여전히 유럽통합이 동력이 유지되는 배경에는 이 같은 공통인식이 있다.

요컨대 유럽의 경험에 비추어 볼 때 지역통합의 첫 번째 의미는

1 李鍾元, 〈東アジア共同体形成の現状と課題〉, 広島市立大学広島平和研究所 編, 《アジアの平和と核: 国際関係の中の核開発とガバナンス》(共同通信社, 2019), pp.282-283.

2 Björn Hettne, 〈Globalization and the New Regionalism: The Second Great Transformation〉, Björn Hettne, András Inotai and Osvaldo Sunkel, eds., 《Globalism and the New Regionalism》 (Palgrave Macmillan, 1999), pp.1-24.

3 Helen Walace, 〈Europeanization and Globalization: Complementary or Contradictory?〉, Shaun Breslin et al. eds., 《New Regionalisms in the Global Political Economy: Theories and Cases》(Routledge, 2002), p.149.

국민국가의 역사적 한계를 넘어서려는 시도다. 이러한 측면은 동아시아 상황에서도 큰 의의를 가진다. 동아시아에는 근대적 국민국가 형성이 파행적 과정으로 좌절을 겪으면서, '미완의 과제'라는 인식이 내셔널리즘과 밀접히 연동되어 있다. 경제적으로는 상호의존 관계가 심화되는 한편, 정치·안전보장 면에서는 '중국의 부상'이라는 지정학적 변화로 인해 역내 갈등이 증폭되는 모순된 현실이 있다. 1990년대 말 무렵부터 본격화한 '동아시아 공동체' 구상은 이 같은 역사적 과제에 대응하려는 시도이며, 유럽의 경험 중 '유럽통합'에 비견될 수 있다.

　유럽의 지역형성 경험에는 '냉전의 극복'이라는 또 하나의 측면이 있다. 1970년대 중반부터 구체화되어 냉전의 평화적 종결에 공헌한 '헬싱키 프로세스' 또는 'CSCE 프로세스'라 불리는 노력이다. 1960년대 중반부터 프랑스 드골의 자주외교에서 촉발되어 서독이 '동방정책'을 추진하는 등 미·소 냉전의 분단을 넘어서서 유럽 자신의 독자성을 회복하려는 움직임이 역내에 확산되었다. 1972년 말부터 동서유럽을 포괄하는 유럽안전보장협력회의Conference on Security and Cooperation in Europe, CSCE가 개최되어 1975년 동서유럽과 미국, 캐나다 등 35개국 정상이 한자리에 모여 헬싱키 협정에 서명했다. 이 협정은 유럽의 냉전체제를 넘어서는 틀로서 4개의 배스킷(의제 바구니)을 제시했다. 제1 배스킷은 체제의 상호인정, 내정 불간섭 등을 원칙으로 한 정치협력, 제2 배스킷은 경제협력, 제3 배스킷은 인권과 인도, 제4 배스킷은 협정을 일회성 이벤트로 끝내지 않기 위한 이행 점검회의의 계속적 개최였다. 이후 '헬싱키 프로세스'로 불리게 된 이 틀 안에서 유럽 각국은 동서 진영의 대결을 넘어 정치협력과 경제관계를 심화시켰으며, 소련 동유럽권의 인권운동과 시민사회 형성을 촉진했다. 역설적이게도 정치체제의 차이를 인정하고 '현상유지'를 공식화한 헬싱키 프로세스의 결과, 동서 진영 간의 정치, 경제, 사회적 접촉과 교류가 확대되면서 상호 간의 동질성이 강화되어 냉전의 평화적 종결이라는 큰 변화를 일으켰다. 유럽 경험의 이 같은 측면을 아시아에 적용한다면 '동북아 평화 프로세스'가 될 것이다. 실제로 1990년대 중반 북핵문제가 불거진 이후부터 동북아 지역의 냉전체제를 극복하기 위한 시도로서 다양한 형태의 지역협력 구상이 제기되었는데, 많은 경우 헬싱키 프로세스의 발상과 선례가 참조되었다.

주목할 것은 유럽에서 이 두 프로세스, 즉 국민국가의 한계를 극복하려는 지역통합과 냉전대립의 해소를 지향하는 탈냉전의 노력이 상호 연동되면서 거의 동시적으로 진행되었다는 사실이다. 양자는 상호보완적인 동시에 서로를 촉진하는 선순환 관계에 있었다. 특히 '국민국가의 극복'과 '냉전대립의 극복'이라는 이중적 과제에 직면해 있던 서독의 경우에 양자의 관계성은 한층 두드러진다. 최근의 역사연구가 보여주듯이 서독의 '동방정책'은 '서방정책'과 불가분의 관계에 있었다. 1963년의 독·불 우호조약(엘리제조약) 등으로 프랑스와 화해를 이루고, 독·불 관계를 기축으로 유럽통합을 추진한 것이 1960년대 후반부터 동방정책을 본격화하는 토대를 이루었다. 프랑스를 비롯한 서유럽과의 화해와 통합이 없었더라면 서독이 단독으로 소련 및 동유럽권과 관계개선을 추진하는 것은 현실적으로 불가능했을 것이다. 보다 큰 틀에서는 유럽통합이 진전되어 국경의 장벽이 낮아지고 내셔널리즘의 틀이 완화된 것이 헬싱키 프로세스에서 보이듯 체제의 차이를 인정하는 평화공존의 발상을 통해 냉전 대립을 극복하고 궁극적으로는 냉전을 평화적으로 종식시키는 데 기여했다.

이와 같은 유럽의 경험은 한반도와 동아시아가 놓인 상황에도 시사하는 바가 적지 않다. 한반도와 타이완해협은 동아시아에 남겨진 냉전 대립의 두 현장이다. 또한 이 두개의 분단은 각기 통일국가를 지향하는 내전의 과정에서 탄생된 것이기도 하다. 통일국가를 염원하는 내셔널리즘이 냉전을 열전으로 격화시키고, 대립을 장기화시킨 한 요인이었다. 냉전체제를 평화적으로 해소하기 위해 국민국가와 내셔널리즘의 틀을 넘는 지역통합을 추진할 필요성은 동아시아에서 한층 더 크다고 하겠다.

냉전체제의 분단과 내셔널리즘의 대립이 복잡하게 얽혀 있는 아시아에 있어서 이 같은 지역통합의 두 측면은 동시적으로 추진할 수밖에 없는 상황이다. 그러나 그 지역적 초점은 다소 다를 수 있다. '국민국가의 극복'을 지향하는 지역통합이 주로 '동아시아'를 대상으로 하고 있음에 반해, '냉전대립의 극복' 즉 '탈냉전'의 구상은 '동북아시아'를 주된 무대로 하고 있다. 물론 미·중 전략경쟁의 격화와 더불어 '신냉전'의 파도가 '동아시아' 전체에 미치고 있어 양자의 연관은 보다 시급한 과제로 떠오르고 있다.

샌프란시스코 체제와 '아시아·태평양'의 대두

샌프란시스코 체제 하에서 우선 형성된 지역개념은 '아시아·태평양 (Asia-Pacific)'이었다. 미국을 중심으로 한 패권적 질서가 아시아에 파급되어, 미국과 아시아를 적극적으로 연결시키려는 전략적 의도와 현실에서 탄생한 신조어였다. 더릭과 후크 등이 명쾌하게 분석하듯이 '아시아·태평양'이라는 지역명칭은 "객관적으로 주어진 것이 아니라 개념적 구축물"이며,[4] "지리적이라기보다 정치적 개념"이었다.[5]

전후 냉전기에 한국이 제창한 지역개념은 '태평양' 또는 '아시아·

4 Arif Dirlik, 〈The Asia-Pacific Idea: Reality and Representation in the Invention of a Regional Structure〉, Arif Dirlik, ed., 《What is in a Rim?: Critical Perspectives on the Pacific Region Idea(2nd edition)》(Rowman and Littlefield Publishers, 1998), pp.15-16.
5 Glenn D. Hook, 〈The Pacific Region〉, 《Journal of Peace Research(vol.25, no.4)》(1988), p.335.

태평양'이었다. 전통적으로 아시아 대륙과의 관계를 토대로 '동양'의 일원으로 자신을 규정해왔던 한국에 있어 '태평양'이라는 지역인식의 등장은 하나의 역사적 전환이었다. 전후에 분단국가로서 출발해 중국 및 북한 등 아시아 대륙의 공산권과 대치하는 상황에 처한 한국이 미국과의 관계를 자신의 존립 기반으로 삼은 상황을 반영한 것이었다. 이승만 대통령은 타이완의 장제스 총통, 필리핀의 키리노 대통령 등과 연계해서 아시아 반공국가들과 미국을 연결하는 '태평양동맹'을 제창했다. 유럽의 '북대서양조약기구' 설립에 자극을 받은 명칭이기는 하지만, 한국이 자신이 속하는 지역을 '태평양'으로 규정한 최초의 예다.

　이 같은 지역인식은 박정희 정부에도 계승되었다. 박정희 대통령은 한·일 국교정상화와 베트남 파병 등의 '실적'을 토대로 1966년 아시아·태평양 각료회의Asian and Pacific Council, ASPAC의 창설을 주도했다. 미국의 지원 하에 아시아 반공국가들을 묶은 것으로서 '국민국가의 극복'을 지향하는 것은 아니지만, 한국이 지역협력 기구를 주도한 최초의 사례이기도 하다. 이와 더불어 박정희 대통령은 '아시아·태평양 공동사회(community)'를 제창하면서 '태평양시대'나 '아시아·태평양 시대'와 같은 용어를 빈번히 사용했다.[6]

　같은 무렵 일본의 미키 다케오三木武夫 외상도 '아시아·태평양 구상'(1967)을 제창했다. 그 해에 설립된 ASEAN과 연계하면서 '포스트 베트남 전쟁'의 지역질서를 시야에 넣은 것으로 한국 박정희 정부 구상보다는 반공적 성격이 약한 지역협력 구상이었다. 이와 병행해서 일본에서는 재계를 중심으로 '태평양 협력'이 추진되었다. 미국과의 관계성을 토대로 하면서도 경제에 중점을 두어 보다 포괄적 협력을 지향하는 것이었다. 이는 오히려 마사요시大平正芳 총리의 '환태평양연대구

6　李鍾元,〈韓国の地域外交とアジア太平洋〉, 渡邉昭夫 編,《アジア太平洋と新しい地域主義の展開》(千倉書房, 2010), pp.219-224.

상'(1979)을 거쳐 호주의 밥 호크Robert James Lee Hawke 총리가 제창한 아
시아·태평양 경제협력체APEC 창설로 이어졌다. 일본과 호주의 기능주
의적 경제외교가 냉전적 분단의 표상인 '아시아·태평양'의 폭을 넓혀
장래 중국을 포함한 포괄적인 지역협력 체제의 토대를 쌓은 것으로
평가할 수 있다.[7]

한편 한국은 호주와 일본이 주도한 태평양 협력에 참여하는 한편
이와 병행해서 '북방정책'을 내걸고 '동북아시아' 지역협력을 표방했다.
중국의 개혁개방, 소련의 고르바초프 개혁을 배경으로 한반도의 냉전
구도를 변화시키려는 시도였다. '북방정책' 구상은 전두환 정부에서 시
작되었지만 본격화된 것은 민주화를 거쳐 성립된 노태우 정부에 의해
서였다. 그와 더불어 노태우 정부는 1991년 서울에서 개최된 APEC 정
상회의에서 의장국으로서 중국과 타이완, 홍콩 등 '3개의 중국'의 가맹
을 실현시키는 등 적극적인 아시아·태평양 외교를 전개했다. 당시 한
국 정부의 싱크탱크 보고서가 잘 요약하듯이 "북방외교와 태평양외교
의 연계"가 냉전 종식 후 한국 외교의 과제로 대두되었다. 한국의 지역
외교가 '태평양'으로 집약되는 미국과의 관계를 토대로 하면서도, 냉전
체제의 분단을 넘어서 새로이 중국 및 소련 등 사회주의권과 관계개
선을 추구함으로써 아시아 대륙과의 역사적 관계를 '회복'하기 시작한
것으로 평가할 수 있겠다.[8] 이후 문재인 정부의 '동북아 플러스 책임공
동체'에 이르기까지 역대 한국정부는 다양한 형태의 동북아 지역협력
구상을 제창했으나, 북핵문제의 난관을 해소하지 못하고 여전히 정체
상태에 있음은 주지하는 바와 같다.

7   李鍾元, 〈平和の思想と戦略としての地域形成: '東アジア共同体'への課題〉, 《富坂キリスト教
    センター紀要(第11号)》(2021), p.37.
8   李鍾元, 〈韓国の地域外交とアジア太平洋〉, pp.228-230.

'동아시아'와 '아시아·태평양'의 경합

이에 비해 국민국가의 한계를 극복하고 '동아시아' 지역을 형성하려는 노력은 일정한 진전을 이루었다. 그 과정에서는 ASEAN과 한국 및 일본과 같은 중견국가(middle power)들이 중심적인 역할을 감당했다. 최근의 논의에서 알 수 있듯 중견국가란 반드시 국력의 크기만을 기준으로 하는 것이 아니라 전통적인 대국외교와는 다른 정책지향성을 보이는 국가들을 지칭한다. 그 주요한 특징으로는 비군사적 수단의 강조, 다자기구 및 지역협력의 추진 등이 지적된다. 일본도 경제력으로는 '대국'이지만 평화헌법의 제약 등으로 인해 전통적 대국외교와는 다른 모습을 보여왔다. 소에야 요시히데 교수가 잘 정리했듯이 '경무장 경제중시'로 요약되는 '요시다 노선' 이래 전후 일본 외교의 기조는 '미들파워 외교'라 할 수 있다.[9] 최근 아베 정권 이후 이 점에서 큰 변화를 보이고 있는데 이에 대해서는 뒤에서 논하기로 한다.

'동아시아'라는 지역개념이 국제정치 무대에 정식으로 등장한 것은 1990년 말레시아의 마하티르Mahathir bin Mohamad 총리가 제창한 '동아시아 경제그룹East Asia Economic Group, EAEG'이 효시다. 1970년대 초 미·중 화해로 동아시아 지역의 냉전대립이 완화되면서 '동아시아'가 하나의 지역으로 연결되었다. 이처럼 넓혀진 공간을 활용해서 한국, 타이완, 싱가포르, 홍콩 등이 급속한 경제성장을 달성해 '동아시아 신흥공업경제지역Newly Industrializing Economies, NIES'으로 불리기 시작한 것이 배경에 있었다. 마하티르 구상은 경제적으로 새로이 등장한 '동아시아' 지역을 수평적 지역협력체로 강화하려는 정치 외교적 시도였다. 참가 대상으로서는 당시 ASEAN 6개국에 인도차이나 반도 3개국과

---

9   添谷芳秀,《日本の'ミドルパワー外交': 戰後日本の選択と構想》(筑摩書房, 2005).

한·미·일을 상정해, '동아시아'의 지역적 범위로서 ASEAN+3(한·미·일)이라는 원형을 제시했다.

그러나 이 구상은 미국의 강한 반대에 부딪혀 좌절되었다. 마하티르 수상은 1991년 명칭을 '동아시아 경제협의회East Asia Economic Caucus, EAEC'로 변경하는 등 보다 느슨한 형태를 제안했지만 자신을 배제한 경제블록의 형성을 경계한 미국은 민감하게 반응했다. 당시 부시 정부는 한국과 일본의 참가 여부가 마하티르 구상 실현의 관건이라 판단하고 양국에 대해 노골적인 압력을 가했다. 한국과 일본정부 일각에는 마하티르 구상에 대해 찬성론이 있었지만, 제임스 베이커 국무장관이 직접 나선 외교적 압력에 굴복할 수밖에 없었다. 도쿄를 방문해 당시 와타나베 미치오 일본 외상을 만난 베이커 장관은 "EAEC는 태평양에 선을 그어 미·일을 분단하려는 구상"이라며 불참할 것을 촉구했다. 한국에 대한 압박은 한층 거칠었다. 일본을 거쳐 서울에 온 베이커 장관은 이상옥 외무장관에게 "40년 전에 한국을 위해 피를 흘린 것은 말레이시아가 아니라 미국"이라는 점을 상기시키면서 마하티르 제안에 동조하지 말도록 못을 박았다. 베이커 장관은 자신의 회고록에서 "모든 나라가 항상 평등한 것은 아니다."라는 "단순한 메시지"를 전달하자 "한국은 그 점을 잘 이해해 이후 EAEG를 지지하는 일은 없었다."고 자랑스럽게 기술하고 있다.[10]

'동아시아'가 독자적인 지역으로 부상하는 것을 일단 저지한 미국은 '아시아·태평양'의 강화를 추진했다. 구체적으로는 APEC의 격상과 확대였다. APEC은 1989년 각료급 회의로 출범한 것인데, 미국 클린턴 정부는 1993년 이를 정상급으로 격상하고 시애틀에서 제1회 APEC 정상회의를 주최했다. 의제도 경제뿐만 아니라 정치·안전보장 분야로 확

10   李鍾元, 〈金大中政権の'東アジア共同体'構想と日中韓協力〉, 《アジア太平洋討究(第36号)》(2019), pp.23-24.

대했다. 마하티르 구상에 대항해서 경제성장이 현저한 동아시아 지역
을 미국 중심의 지역체제에 매어 두려는 의도였다. 미국이 포함되는가
여부에 따라 '동아시아'와 '아시아·태평양'이 서로 경합하는 구도는 명
칭과 범위를 달리 하면서 현재까지 계속되고 있다.

APEC은 "개방된 지역주의"를 표방했다. 미국의 아시아·태평양 정
책이 반영된 것으로 지역협력을 추구하기보다는 역내 시장개방에 역
점이 두어졌다. 또 하나의 과제로 내걸었던 역내 개발도상국에 대한
개발협력은 점차 뒷전으로 물러났다. 1997년 아시아 통화위기를 맞아
미국이나 APEC이 아무런 대응을 하지 못하는 상황을 맞아, 동아시아
지역 국가들 사이에는 독자적인 지역협력체의 필요성에 대한 인식이
한층 고조되었다.

'동아시아 공동체' 구상의 대두

마하티르 구상이 미국의 반대로 좌절된 이후에도 ASEAN은 '동아시
아' 지역형성을 향한 노력을 멈추지 않았다.[11] ASEAN은 자신들의 각종
회의에 맞추어서 다양한 '초청외교'를 전개했다. 1978년부터 일본 등
역외국가들을 초청해 ASEAN 확대외교장관회의를 개최했는데, 이것
이 지역기구를 창설하는 토대가 되었다. 1994년에는 아시아 최초의 지
역안보 대화의 장으로서 ASEAN 지역포럼(ARF)이 창설되었다. 미·소
냉전 종결 이후 캐나다와 호주 등이 제창한 '아시아판 CSCE' 구상에
촉발된 것이었다. 미국, 캐나다, EU 등이 참가해 대상이 아시아에 한정
되지 않고 또 공식적 구속력을 가지지 않는 느슨한 틀이기는 하지만
'아시아'의 공통과제에 관한 '대화'의 장으로 꾸준히 계속되고 있다. 북

---

11 이하의 내용은 李鍾元, 〈韓国の地域外交とアジア太平洋〉, pp.285-287을 참고하라.

한이 공식 멤버로 참가하고 있는 유일한 아시아 지역 틀이기도 하다.

보다 본격적이고 공식적인 '동아시아' 지역기구로서 ASEAN+3(한·중·일) 정상회의가 탄생했다. 이 또한 ASEAN 초청외교의 산물이었다. 1997년 12월 ASEAN은 자신의 창립 30주년을 기념하는 회의에 한·중·일 3국 정상들을 초청해 ASEAN+3 정상회의가 말레이시아의 수도 쿠알라룸푸르에서 처음으로 개최되었다. 당초 30주년을 기념하는 일회적이고 상징적인 행사로 기획된 것이었지만 그 직전에 발생한 아시아 통화위기가 겹치면서, 동아시아 지역의 위기 대응책을 각국 정상들이 진지하게 협의하는 장으로 바뀌었다. 통화위기가 계속되는 가운데 다음 해인 1998년에도 ASEAN과 한·중·일 정상의 모임이 개최되었고, 1999년부터는 ASEAN+3 회의로 정례화 되었다. 공통과제가 구체화되면서 정상회의에 이어, 외교, 재무장관 등 분야별 각료회의도 설치되었다. 2020년 현재 ASEAN+3는 정상회의 이외에도 각료급 회의가 16, 고관급 회의가 20, 그 외 국장급 등 합계 65개에 이르는 협의체로 구성되어 있으며, 정치·안전보장, 경제·금융, 환경과 개발, 사회문화 등 4개 분야별로 기능적 지역협력을 진행하고 있다. 현재까지 지속적으로 실질적 활동을 전개하고 있는 '동아시아'의 유일한 지역협력 기구라고 할 수 있다.

ASEAN+3는 당면한 경제위기에 대처하는 한편 중장기적인 비전 하에 동아시아 지역협력을 제도화하는 작업에도 착수했다. 그 목표로 제창된 것이 '동아시아 공동체'였다. '동아시아 공동체'에 관해서는 학계나 논단을 중심으로 다양한 논의가 있지만, 국제정치적으로는 ASEAN+3가 공식적으로 합의한 동아시아 미래 비전이라는 의미를 지닌다. 1998년 ASEAN+3 정상회의에서 한국 김대중 대통령의 제안으로 지역협력의 장기정책을 협의하는 자문기구로서 '동아시아비전그룹 East Asia Vision Group, EAVG'이 설치되었다. 좌장에는 한국의 한승주 전 외

무장관이 선출되었다. 각국의 전문가로 구성된 EAVG는 2년여의 논의
를 거친 후 2001년에 보고서를 제출했는데 그 타이틀이 "동아시아 공
동체를 향하여(Towards an East Asian Community)"였다. '동아시아 공동
체'라는 용어가 명기된 최초의 국제적 공식문서다.

민간 전문가들이 작성한 EAVG 보고서는 각국 정부대표로 구성된
'동아시아스터디그룹EASG'의 검토를 거쳐 2002년에 EASG 최종보고서
가 제출되었다. 동아시아 공동체 실현을 위한 구체적 행동계획으로서
17개의 단기과제와 9개의 중장기과제가 제시되었다. 그 장기과제의
하나가 ASEAN+3 정상회의를 '동아시아 정상회의'로 재편해 상설화하
는 것이었다.

되돌아보면 1990년대 말에서 2000년대 초에 걸친 시기에 각국에
서 '동아시아 공동체' 논의가 가장 활발하게 전개되고 또 그 실현을 향
한 기운이 절정에 달했다고 할 수 있다. 아시아 금융위기를 배경으로
ASEAN+3의 기능적 협력이 확대되면서, EAVG와 EASG의 제안들이
잇달아 실행에 옮겨졌다. 일본정부도 당시 고이즈미 준이치로 총리가
'동아시아 공동체'를 명시적으로 제창하는 등 적극적인 자세를 보였다.

'동아시아'를 둘러싼 분열과 각축

'동아시아 공동체' 실현을 향한 중요한 첫 걸음으로 2005년에 '동아시
아 정상회의'가 창설되었다. 그러나 역설적으로 그 과정에서 공동체
창설의 기운이 저하되면서 정체 상태를 맞게 된다. 중국의 영향력이
예상을 웃도는 속도로 팽창하면서 이에 대한 대응을 둘러싸고 역내
국가들 사이에 이해관계가 엇갈려 외교적 각축이 격화된 때문이었다.

앞에서 언급한 대로 '동아시아 정상회의'는 EASG가 제안한 장기
목표의 하나였다. 그러나 2004년에 ASEAN 차기 의장국인 말레이시아

가 중국과 연계해서 다음 해인 2005년 쿠알라룸푸르에서 제1회 동아시아 정상회의를 개최할 것을 제안함으로써 각국의 움직임이 빨라졌다. 말레이시아와 중국으로서는 ASEAN+3의 틀을 조기에 확립함으로써 지역협력의 주도권을 확보하려는 의도가 있었다. 이에 대해 일본, 인도네시아, 싱가포르 등은 'ASEAN+3'만으로는 엄청난 속도로 확대되는 중국의 영향력을 견제하기 어려울 것이라는 판단 하에 확대된 틀을 제안했다. '동아시아'의 범위를 둘러싸고 원래의 ASEAN과 한·중·일을 지지하는 '현상유지파'와 호주, 뉴질랜드, 인도 등을 추가할 것을 주장하는 '확대파'가 치열한 외교전을 전개한 결과 최종적으로 확대노선이 채택되었다. 이에 따라 2005년 역사적인 동아시아 정상회의는 'ASEAN+3+3'라는 16개국 체제로 출범하게 되었다. 역내 국가들의 이해관계가 충돌한 결과 '동아시아'가 지역적 범위를 넘어서 오세아니아와 남아시아까지 확대된 것이다. '동아시아' 지역형성의 지정학적 어려움을 단적으로 보여주고 있다.

2011년에는 동아시아 정상회의에 미국과 러시아가 정식으로 가입했다. 2005년 이후에도 중국의 영향력 확대가 더욱 가속되자 인도네시아의 주도 하에 균형세력으로 미국과 러시아를 끌어들인 것이었다. 당시 미국 오바마 정부도 '아시아 중시정책'의 일환으로 여기에 적극 호응했다. 오바마 정부는 외교적으로는 동아시아 정상회의, 경제적으로는 TPP(환태평양경제동반자협정, Trans-Pacific Partnership)를 두 개의 기둥으로 해서 동아시아 지역형성에 주도적으로 관여하는 한편 중국을 견제하는 전략체제를 구축한다는 구상이었다.

이처럼 중국의 부상에 대한 역내 국가들의 이해관계가 상충되면서 '동아시아 공동체' 구상도 점차 퇴조하기 시작했다. 역내 국가들의 정상이 한자리에 모이는 역사적 회합이 실현되었음에도 불구하고 동아시아 정상회의는 실질적 역할을 감당하지 못하고 의례적이고 부수적인 연례행사로 그 의미가 축소되었다. 매년 열리는 정상 간 회합의 의제도 '동아시아 공동체'를 향한 구체적 논의보다는 미국과 일본의 주도 하에 지역의 해양질서 등이 중심이 되면서 중국을 견제하는 자리로 전락했다. 각국의 미디어에도 거의 보도되지 않고 일반적으로 잘 알려지지 않은 존재가 되었다.

기로에 선 '동아시아': '유라시아'와 '인도·태평양'의 경합

'동아시아' 지역형성의 초기 단계에는 '동아시아'와 '아시아·태평양'이라는 두 지역개념이 서로 경합하는 구도가 있었다. 그 핵심은 미국의 참가 여부였다. 그 배경에는 '중국문제' 즉 부상하는 중국을 포함해 지역질서를 어떻게 구축할 것인가 하는 문제가 가로놓여 있었다. 그러나 2011년에 미국이 동아시아 정상회의에 정식 멤버로 가입해 '동아시아' 지역의 일원이 되면서 지역 구도에도 큰 변화가 일어났다. 냉전체제의 분단을 극복하는 통합적인 지역 틀로서 추진되어 온 '동아시아'가 미·중 간 전략경쟁인 '신냉전'의 각축장이 되면서, 새로운 분단의 조짐이 나타나기 시작한 것이다.

중국은 동아시아 정상회의 등 동아시아에 한정된 지역협력 틀에 관심을 잃고, 거대한 경제력을 수단으로 ASEAN등 역내 국가들을 회유, 분단하는 한편, 독자적인 지역질서 구축을 가속화했다. 2014~2015년에 잇달아 아시아인프라투자은행Asian Infrastructure Investment Bank, AIIB과 일대일로 사업용의 '실크로드 기금'을 설립한 중국 시진핑 정권은 이들을 토대로 동아시아를 넘어서 유라시아 대륙을 하나의 경제권으로 통합하고 유럽과 아프리카와도 연결시킨다는 야심적인 광역적 구상을 추진하고 있다.

이 같은 경제적 지역구상과 병행해서 시진핑 체제의 중국은 정치·

안전보장 면에서도 1994년경부터 아시아 상호협력신뢰양성조치회의 Conference on Interaction and Confidence Building-Measures in Asia, CICA를 자신이 주도하는 독자적인 지역안보체제로 강화하고 있다. CICA는 1992년에 카자흐스탄이 중앙아시아와 남아시아 지역의 협력체로 제창해서 설립된 기구다. 2014년에 의장국을 맡은 중국은 시진핑 주석의 주도 하에 이를 아시아 전역을 대상으로 한 포괄적 안보협력기구로 확대 재편한다는 방침 하에 이를 추진하고 있다. 2014년 5월 상하이에서 개최된 정상회의에서는 '아시아판 헬싱키 프로세스'를 표방하여 공통안보 (common security), 협력안보(cooperative security), 포괄적 안보(comprehensive security) 등 이제까지 유럽의 경험을 중심으로 제창된 여러 안전보장 개념을 총괄하면서, 여기에 '지속가능한 안보(sustainable security)'까지 곁들여 아시아적 현실에 맞는 '아시아의 안전보장관'의 구축을 목표로 제시했다. 이는 헬싱키 프로세스의 첫 번째 기둥 즉 주권존중과 내정불간섭 등의 원칙과 더불어, 지속가능한 안보로서 개발을 강조함으로써 역내도상국의 입장을 대변하고, 서구세계의 가치관에 대항하는 지역질서 형성을 위한 이론적 작업의 일환이라 할 수 있다.[12]

2014년 5월 상하이 정상회의에서 시진핑 주석은 기조연설을 통해 "아시아의 문제는 아시아인이 처리하며, 아시아의 안전은 아시아인이 지킨다."고 선언해, 미국에 대항하는 자세를 천명했다. 표방하는 지역안보 개념은 국가 간 체제 간의 차이를 넘어서는 포괄적 지향성을 가지지만 실제에 있어서는 미국과 서구세력을 배제한 '아시아'의 형성을 목표로 한다는 점을 분명히 한 것이다. 중국의 의장국 임기가 끝난 2018년 이후 제도화의 움직임은 둔화되었지만 동아시아에서 중앙아시아와 서아시아에 이르기까지 주로 유라시아 대륙부의 국가들을 중

12 李鍾元, 〈東アジア共同体形成の現状と課題〉, pp.290-291.

심으로 26개국이 정식 멤버로 가입해 있으며, 미국과 일본, 동남아 해
양국가들은 옵서버로 참가하고 있다. 한국은 노무현 정부 때인 2006년
에 정식 가맹국이 되었다.

　한편 이러한 중국의 움직임에 대항해서 미국과 일본은 '인도·태평
양'이라는 새로운 지역개념을 고안해 대중국 전략체제 형성을 추진하
고 있다. 인도양과 태평양을 잇는 '인도·태평양'이라는 용어는 2000년
경부터 해상교통이나 해양안전에 관한 문헌에 나타나기 시작했는데,
2010년대 들어 '아시아·태평양'을 대신하는 새로운 전략적 지역개념으
로 외교·안전보장 분야에서 본격적으로 사용되기 시작했다. '아시아·태
평양'에 이어 미국을 중심으로 한 대중국 지역전략의 일환으로 인도양
과 태평양을 하이픈으로 잇는 신조어 '인도·태평양Indo-Pacific'이 탄생한
것이다. 중국의 영향력이 확대되고 있는 유라시아 대륙을 해양국가들
의 연계로 포위하고 견제한다는 지정학적 발상에 근거한 것이다.[13]

　주로 호주와 일본, 인도의 학자들 사이에 사용되던 이 새로운 지
역개념을 공식적인 전략으로 채택한 것은 일본의 아베 총리였다. 아베
총리는 제1차 정권기인 2007년 8월 인도 국회에서 행한 연설에서 태
평양과 인도양을 잇는 발상을 제안한 후, 2012년 말 정권에 복귀하면
서 이를 공식화하는 작업에 박차를 가했다. 아베 총리가 '자유롭고 개
방된 인도·태평Free and Open Indo-Pacific, FOIP'이라는 용어를 일본의 외교
전략으로 제창한 것은 2016년 8월 케냐의 수도 나이로비에서였다. 이
연설에서 아베 총리는 "(일본이) 태평양과 인도양, 아시아와 아프리카
의 관계를, 힘과 위압이 아니라 자유와 법의 지배, 시장경제를 중시하
는 장으로 육성하고 번영하게 하는 책임"을 다하겠다고 선언했다. 중

13　이하의 내용은 李鍾元, 〈韓国·文在寅政権の地域主義外交と'新南方政策': 'インド太平洋戦略'
　　と'一帯一路'の狭間のミドルパワー外交〉, 《アジア太平洋討究(第39号)》(2020), pp.75-81을 참고
　　하라.

국을 명시하지는 않았지만 2013년 이래 시진핑 주석이 추진해 온 '일대일로' 구상에 대항한다는 의도는 명확했다.

당초 미국 오바마 정부는 힐러리 클린턴 국무장관 등이 '인도·태평양'이라는 용어를 사용한 적은 있지만, 아베 총리가 제창하는 이데올로기적이며 대중국 대결색이 짙은 FOIP 전략구상에 대해서는 그다지 관심을 보이지 않았다. 그러나 2017년에 출범한 트럼프 정부는 군부와 국무부를 중심으로 FOIP 개념을 적극적으로 수용하기 시작했다. 전임 오바마 정부의 '아시아 회귀(Pivot to Asia)'나 '재균형(rebalance)'을 대신하는 새로운 아시아 전략의 슬로건을 찾고 있던 트럼프 정부의 현실적 필요에 부합했다는 측면도 있다. 2017년 11월 트럼프 대통령의 방일을 계기로 FOIP가 미·일의 '공동전략'으로 제창되었고, 그해 말에 발간된 트럼프 정부의 첫 안전보장 전략보고서에서는 종래의 '아시아·태평양'을 대신해서 '인도·태평양'이라는 지역개념이 공식적으로 채택되었다. 2018년 5월에는 하와이를 본거지로 하는 아시아·태평양군 사령부가 인도·태평양군 사령부로 개칭되었다. 이후 국무부와 국방부가 발간하는 보고서 등 문서에서는 FOIP가 공식 전략개념으로 정착되었다.

2021년에 출범한 바이든 정부는 당초에는 FOIP에 대해 신중한 자세를 취했다. 인도·태평양이라는 지역개념은 계승하면서도 '자유롭고 개방된(Free and Open)'이라는 형용사 대신에 '안전하고 번영하는(secure and prosperous)'이라는 표현을 시도하는 등 이데올로기적 색채를 완화시키려는 노력이 보이기도 했다. 그러나 미국 국내외에서 시진핑 체제의 중국에 대한 비판과 경계감이 고조되는 상황을 배경으로 바이든 정부도 대중 강경자세를 강조하는 의미에서 FOIP 용어를 공식적으로 계승하기에 이르렀다.

바이든 정부는 슬로건에 그치지 않고 실체적 면에서도 아베-트럼프 시기에 시작된 대중 견제체제 구상을 기본적으로 유지하며 한층 이를 강화하는 자세를 보이고 있다. 대표적인 사례가 미국과 일본, 호주, 인도 4개국의 안전보장 협력체인 쿼드Quadrilateral Security Dialogue, QUAD다. 쿼드의 탄생에도 일본 아베 정권의 정책이 크게 영향을 미쳤다. '아시아판 NATO'의 초석이라 불리는 쿼드는 미국 부시 정부에서 시작한 미국, 일본, 호주 3개국의 안보협력체제를 토대로 이를 확대한 것이다. 미국을 중심으로 한 양자동맹을 지역안보체제로 재편함으로써 미국의 부담을 줄이려는 발상이다.

이 같은 미국의 동향을 보면서 아베 총리는 인도를 포함한 확대 구상을 적극적으로 추진했다. 제1차 정권 출범 직전인 2006년에 발간한 저서에서 아베 총리는 일본과 호주, 인도 3개국을 '아시아 대양주의 민주주의 G3'라 부르면서 전략적 연계를 제창했다. 2007년에 인도를 포함한 4개국이 최초로 고관급 안보회의를 개최했지만 그해 말 호주의 정권교체로 친중 노선의 노동당이 집권하면서 일단 무산되었다. 이후 아베 총리는 정권 복귀 직전이던 2012년 12월 개인 명의로 발표한 논문에서 4개국을 '아시아의 민주적 전략 다이아몬드'라 칭하면서 이를 다시 추진했다. 여기에 트럼프 정부도 동조해서 2017년부터 고관급 협의를 거쳐 2019년에 최초로 4개국 외교장관 회의가 개최되고 다음 해부터 정례화 되었다.

바이든 정부는 이를 계승하는 데 그치지 않고 출범 직후인 2021년 3월 4개국 정상회의를 실현시켰다. 인도에 대한 배려로서 비군사, 의료협력을 의제로 내세웠지만 대중 견제체제 구축에는 더 적극적인 자세를 보이고 있다. 2000년대 초반까지 ASEAN과 한국 등 역내 중견국가들과 협력하면서 '동아시아 공동체' 구상 추진 등 수평적인 지역형성에 일익을 담당했던 일본이 8년간의 아베 정권기에 중국을 견제하는 '신냉전' 노선으로 크게 선회한 것이다.

중견국가들의 노력: ASEAN과 한국

이처럼 중국과 미·일 사이의 전략적 경쟁이 격화되고 '유라시아'와 '인
도·태평양'이 서로 충돌하는 양상을 보이면서 겨우 형성되기 시작한
'동아시아' 지역의 일체성이 중대한 분기점을 맞고 있다. 위에서 서술
한 것처럼 낡은 냉전질서로 인한 분단을 극복하고 포괄적인 '동아시
아' 지역형성을 추진해온 것은 ASEAN과 한국 그리고 일본 등 중견국
가들이었다. 일본은 경제대국임에도 불구하고 특히 아시아에 있어서
는 '비대국외교'적 지향을 보이며, ASEAN+3와 한·중·일 삼국협력 등
수평적 지역협력체제 구축에 적극적으로 참여해왔다. 그러나 2010년
들어 특히 8년간의 아베 정권을 거치면서 대국 간의 세력균형과 군사
력을 배경으로 한 외교 등 전통적인 '대국외교'적 지향으로 크게 선회
하고 있다. 중국의 부상에 대한 경계감을 배경으로 미국, 호주, 인도 등
과 '신냉전'적 대항질서 구축에 중점을 두고 있으며, ASEAN에 대해서
도 포괄적인 지역외교보다는 중국과의 거리감을 기준으로 개별적인
관계에 치중하고 있다.

　미국과 중국이라는 대국이 각기 추진하는 지역 구상인 '유라시아'
와 '인도·태평양'이 경합하는 가운데 그 사이에서 분열의 위기에 처한
'동아시아' 지역의 일체성을 지키기 위한 ASEAN과 한국 등 중견국가
들의 노력이 계속되고는 있다. 특히 냉전기에 비동맹외교를 주도한 전
통을 지니며 동남아의 지역대국이기도 한 인도네시아는 미국, 일본,
호주 등이 대중 견제의 '인도·태평양' 개념을 제기하자 민감하게 반응
했다. 2013년 호주 국방백서에 '인도·태평양' 개념이 공식 사용되자, 같
은 해 마르티 인도네시아 외상은 '인도·태평양 우호조약'을 제창했다.
이어 2017년 11월 미국과 일본이 FOIP를 미·일 공동전략으로 표방하
자 인도네시아의 대응도 본격화했다. 조코 대통령의 적극적인 주도 하

에 대국 간 갈등이 지역분열을 초래할 것을 우려하는 ASEAN 각국의 컨센서스를 형성해, 2019년 6월 ASEAN 정상회의에서 〈인도·태평양에 관한 ASEAN의 전망ASEAN Outlook on the Indo-Pacific〉을 공식 채택했다. 이 문서는 ASEAN이 중심이 되어 "대립이 아니라 대화와 협조의 인도·태평양"을 추진할 것을 천명하면서, 인도·태평양 지역질서의 원칙으로서 "ASEAN 중심성, 포괄성, 보완성, 국제법에 의거한 규칙기반 질서, 경제적 관여 추진" 등을 제시했다. 구체적으로는 동아시아 정상회의를 "대화와 협력의 플랫폼"으로 강화할 것을 제창했다.

한국 문재인 정부가 인도네시아를 "핵심적 파트너"로 규정하면서 '신남방정책'을 수립하고 추진한 것도 이러한 ASEAN의 움직임과 연계하면서 동아시아 지역의 일체성을 유지하려는 노력의 일환이다. 일반적으로 널리 인식되어 있지는 않지만 문재인 정부의 '신남방정책'은 중견국가 한국의 독자적인 '인도·태평양' 전략이라는 측면이 있다.[14]

이 같은 ASEAN의 대응은 미국과 일본의 FOIP 구상 전개에도 적지 않은 영향을 미치고 있다. 이후 미국의 FOIP 관련 보고서나 QUAD 외상회의 발표문 등에서 "ASEAN 중심성"이 되풀이 강조되면서 지역구상의 기본원칙으로 정착되고 있다. 또한 ASEAN 국가들의 우려와 관심을 반영해서 미국의 FOIP 구상도 경제협력과 사회개발 등 비군사적 분야가 보다 강조되는 경향을 보이고 있다.

'아시아판 NATO'라 불리우는 QUAD도 아직은 각료급에서는 외교장관회의에 그치고 있으며, 2021년 3월 최초로 열린 정상회의도 백신협력 등 비군사적 분야가 중심이었다. 바이든 정부가 QUAD워킹 그룹으로 감염병, 기후변동, 신기술 공급망 등 세 분야를 상정하고 한국의 참여를 타진하고 있는 사실 등도 같은 맥락에 있다. 힘의 한계는 있

---

14 李鍾元, 〈韓国·文在寅政権の地域主義外交と'新南方政策'〉, pp.81-88.

지만 '인도·태평양' 개념이 지역분열적인 '제2의 샌프란시스코 체제'가
되는 것을 막으려는 중견국가들의 노력은 계속되고 있다.

맺음말: '샌프란시스코 체제 2.0'의 부상?

2015년 4월, 일본의 아베 총리는 미국 의회에서 연설을 했다. 제2차 세
계대전 종전 70주년이라는 의미를 가진 자리였다. 진주만 공격을 포함
해 미국과 아시아에 대한 침략전쟁에 사죄의 표명으로 시작한 연설이
지만 후반부에는 아베 정부가 지향하는 바가 솔직히 나타나 있다. 역
사의 반성 표명이 당시 언론의 관심사였지만, 연설 후반부에 아베 총
리가 제시한 논리에 더 주목할 필요가 있다. 연설 끝 무렵에 아베 총리
는 "일본과 미국은 여타 뜻을 같이 하는 민주주의 국가들과 함께 최후
에는 냉전에 승리했다."고 강조했다. 제2차 세계대전을 기준으로 하면
일본은 '패전국'이지만, 냉전을 기준으로 하면 일본은 미국과 더불어
'전승국'이 된다는 논리다. 따라서 '전승국'으로서 새로운 질서 구축에
도 '책임'이 있다는 것이었다. "태평양에서 인도양에 걸친 넓은 해역을
자유롭고 법의 지배가 관철되는 평화의 바다"로 만드는 중심적인 역
할이 미·일동맹에 있다는 점을 역설했다. 아베 총리가 1차 정권 이래
제창한 "전후체제의 탈각"이나 "전후외교의 총결산" 등의 슬로건이 압
축적으로 표현된 논리 전개다. 이는 위에서 서술한 FOIP 구상의 토대
를 이루는 논리이기도 하다.

　　이와 같은 논리에 근거한 '인도·태평양' 구상은 '냉전' 논리를 토대
로 동아시아 지역에 새로운 분단을 초래한다는 점에서, '샌프란시스코
체제 2.0'의 시도라고도 할 수 있다. 이전의 샌프란시스코 체제가 미국
주도로 추진되고 일본이 수동적으로 반사적 이익을 향유했다면, 이번
에는 일본 자신이 더욱 적극적으로 '신냉전'의 지역분단을 추진하고

있어 지역에 미치는 영향은 한층 심각한 측면이 있다.

아울러 '샌프란시스코 체제 2.0'의 시도가 이전과 마찬가지로 역사 청산 문제와 직결되어 있다는 점에도 주목할 필요가 있다. 미국 의회 연설 직후인 2015년 8월 아베 총리는 전후 70년을 맞는 '아베 담화'를 발표했다. 이 담화에서도 아베 총리는 주로 미국과 중국에 대한 침략 전쟁에 관해서는 "반성과 사죄"를 표명하면서도 식민지지배는 오히려 정당화하는 이중적 태도를 보였다. 나아가 전후에 태어나 전쟁에 대해 아무런 책임이 없는 일본의 후대 세대에 대해서는 "사죄를 계속하는 숙명을 지워서는 안 된다."고 역설했다. 자신의 담화로 역사문제에 대해서는 종지부를 찍겠다는 의미다. 아베 담화가 전후 50년에 발표된 무라야마 담화를 정면으로 부정하지는 않으면서 '덮어쓰기'를 통해 사실상 이를 부정하려 했다는 평가를 받는 것도 이 때문이다. 아베 정권 8년을 통해 일본이 역사인식 면에서 큰 전환을 한 것은 대외적인 '신냉전' 전략과 밀접한 관계에 있다.

이전의 샌프란시스코 체제가 냉전적 대립을 고정화하고 역사청산 문제를 어렵게 한 것과 마찬가지로, '샌프란시스코 체제 2.0'의 부상도 한반도에 큰 영향을 미칠 것이다. 한국이 추진하고 있는 한반도의 '탈냉전'과 '평화체제' 구축에 중국과 미·일 간의 '신냉전'이 어두운 그늘을 드리우고 있는 것이 현실이다.

한 가지 희망적인 것은 중국의 세력 확장을 둘러싼 '신냉전'의 주된 전장이 동중국해와 남중국해, 나아가 인도양 등 남방이라는 점이다. 북핵문제로 한반도의 군사적 긴장이 첨예한 것은 사실이지만, 예컨대 미국 바이든 정부도 인도·태평양 지역에서 대중 견제체제의 전반적 구축에 중점을 두고 있어, 한반도에서의 긴장 격화는 부담이 될 수밖에 없다. 북핵문제에 "현실적 접근"을 제시하고 있는 것도 한반도 정세의 '안정화'를 바라는 입장과 무관하지 않다. 중국이나 러시아도 한반도를 포함한 동북아에 대해서는 낙후한 각자 지역의 경제발전에 관심이 더 크다. 북한도 '경제'가 키워드인 것은 부인할 수 없는 현실이다. 한국 문재인 정부가 '동북아 철도 공동체' 등 기능적 접근을 제창하고 있는 것은 이러한 맥락 위에 있다. 한반도 평화체제의 진전 여부가 동아시아 '신냉전'의 격화를 제어하는 중요한 역할을 감당하는 구도다.

---

* 이 글은 2019년 11월 8~9일 서울 코리아나 호텔에서 열린 제4차 회의에서 처음 발표되었다.

아베 '개헌'을 '독려'한 아미티지 리포트: 집단적 자위권 행사 용인은 헌법 제9조의 '개변'

우치다 마사토시內田雅敏(변호사)

각의결정과 강행 체결

2017년 10월 12일《마이니치신문》조간에 흥미로운 기사가 실렸다.

하나는 2000년 11월 30일, 중의원 헌법조사회에서 참고인 이시하라 신타로石原慎太郎 당시 도쿄도 지사가 "(미군 점령하에서 만들어진 헌법은 무효다) 헌법을 개정할 필요는 없다. 국회 다수결로 헌법 폐지 결의를 하면 된다."고 한 발언에, 당시 고이케 유리코小池百合子 의원(현 도쿄도 지사)이 "찬동한다는 뜻을 표명했다."는 것이다.

또 하나는 2016년 8월 31일, 당시 아베 신조 총리가 저널리스트 다하라 소이치로와 면담했을 때 다하라로부터 "드디어 헌법개정이군요."라는 유도 질문에, "큰 소리로 얘기할 순 없지만, 개헌할 필요가 없어졌습니다."라고 대답한 것이다. 아베는 일본이 "집단적 자위권集團的 自衛權을 행사할 수 없기 때문에 미·일동맹이 잘 굴러가지 않는다."고 미국이 불만을 표시하고 있었는데, 2015년 9월 19일 집단적 자위권 행사를 용인하는 안보관련법이 제정됨으로써 "미국은 말이 없어졌다. 만족한 것이다."라고 해설을 했다고 한다.

전자에 대해 당시 이 조사회를 방청했던 나는 그때의 일을 일시까지 포함해서(전날인 2000년 11월 29일, 도쿄 고등재판소[니이무라 마사토 재판장]에서 중국인 강제연행·강제노동, 하나오카花岡 사건에 대해 피해자·유 족들과 가해기업인 가시마鹿島 건설 사이에 화해가 성립된 역사적인 날이었 기 때문에) 선명하게 기억하고 있다.

이시하라 발언에 놀란 나는 그 자리에서 "헌법은 국회에 그런 결 의를 할 권한을 인정하지 않아."라고 소리칠 뻔했다. 이 이시하라의 발 언은 국회 다수파에게 헌법 파괴 쿠데타를 교사敎唆하는 것이었기 때 문이다. 놀랍게도 그때 참석했던 의원 중 누구 한 사람 거기에 대해 이 시하라를 지목하며 반성을 촉구하는 사람이 없었다.

2014년 7월 1일 아베 내각의 각의결정閣議決定으로 집단적 자위권 행사가 용인되었다. 내각 법제국 장관을 교체하는 금단의 술수를 동원 해 그때까지 집단적 자위권 행사는 헌법상 허용되지 않는다고 해왔던 내각 법제국 견해를 변경해서 국회 폐회 중에 각의결정으로 전수방위 專守防衛라는 이 나라의 안전보장 정책을 근저에서 뒤엎어버린 것이다. 이는 그것을 이어받은 2015년 9월 19일 미명의 안보법제安保法制 강행 체결과 짝을 맞춘 헌법 파괴 행위였다. 각의결정에 의한 집단적 자위 권 행사 용인·안보법제 강행 체결은 앞서 얘기한 이시하라의 폭론에 입각한 폭거이며, 헌법 제9조의 실질적인 개변改變이요 법의 하극상이 다. 헌법학의 이시카와 겐지石川健治 도쿄대 교수는 이 폭거가 '쿠데타' 라며 경종을 울렸다.

이런 일련의 흐름이 후술하게 될 2000년 10월에 발표된 제1차 아 미티지 리포트 이래의 미국의 (일본에 대한) 개헌 요구 연장선상에 있 다는 것은 많은 식자들이 지적하는 바다. 앞서 얘기한 《마이니치신문》 의 두 번째 기사, 아베 총리가 다하라에게 했다는 "실은 안보법제의 성 립으로 헌법 개정 필요성이 없어졌다."는 술회는 그것을 뒷받침하는 것이며, 동시에 아베 총리 자신이 집단적 자위권 행사를 용인한 각의 결정이 헌법상 어떤 의미를 가지는 것인지를 충분히 인식하고 있었다는 것을 보여준다.

전 자위함대사령관이자 전 해장海將(*해상자위대 최고계급) 고다 요지香田洋二 씨는 2017년 8월 23일자 《아사히신문》 '오피니언&포럼'에서 안보법제의 성립으로 미·일 제휴가 강화돼 억지력을 높이는 효과가 있다며 다음과 같이 말했다.

> 2001년의 미국 동시다발 테러 직후였다. 항모 키티호크가 요코스카에서 도쿄만 바깥으로 나갈 필요가 생겼다. 도중에 있는 우라가 수로는 하네다 공항 남쪽으로 20킬로미터. 좁아서 자유롭게 움직일 수 없다. (테러범에게) 탈취당한 민간기가 노린다면 배겨낼 수 없다. 미국정부는 외무성을 통해 '일본도 가능한 한 지원을' 요청해왔다. 항공자위대는 조기경보 관제기를 날렸고, 해상자위대는 호위함 2척을 일본 영해를 빠져나갈 때까지 수행시키기로 결정, 대신의 양해를 얻었다. 곤란했던 것은 근거법이다. 실체는 자위함에 의한 미국 항모 의사疑似 호위였다. 호위는 '미·일 공동행동'에 해당할 가능성이 있다. 당시 헌법은 집단적 자위권 행사를 금지하고 있는 것으로 해석돼 '미·일 공동행동'은 일본 유사有事(*비상사태)가 아니면 실행할 수 없었다. 모든 지혜를 다 짜내 방위청 설치법 5조 18항의 '소관 사무의 수행에 필요한 조사 및 연구'라는 규정을 원용했다. 원래는 자위관의 정보수집 활동 등을 규정한 것으로, 부대운용을 규정한 것으로 보기는 어렵다. 빠듯한 해석이었다.

미·일 안보조약에는 "자국의 헌법상의 규정에 따라"라는 제약이 부과돼 있다(제3, 5조). 2015년 9월 15일 미명, 강행 체결에 의해 '성립' 된 안보법제는 집단적 자위권 행사를 용인하고, 미·일 안보조약을 헌법상의 제약에서 해방시켜준 것이었다.

내각 법제국의 견해를 바꾸게 한 '금단의 술수'

앞서 얘기했듯이 아베 총리는 내각 법제국의 "후임 장관은 차장을 승진시킨다."는 그때까지의 관례(당시의 정권과의 거리감을 유지한다는 의미에서 합리성이 있었다)를 깨고 내각 법제국 근무경험이 없는 외부인사인 외무관료 고마쓰 이치로小松一郎(제1차 아베 내각에서 종래의 집단적 자위권 행사는 헌법상 불가하다는 견해의 수정을 제언한 '유식자 간담회'의 정리역할을 담당했다)를 내각 법제국 장관 자리에 앉히는 등 법제국 장관를 교체하는 '금단의 술수'를 구사해 법제국의 견해를 바꾸게 함으로써 집단적 자위권 행사를 용인하는 길을 열었다.

헌법상 집단적 자위권 행사가 허용되느냐 아니냐에 대해 1972년의 정부 견해는 다음과 같이 기술돼 있다.

국제법상 국가는 이른바 집단적 자위권, 즉 자국과 밀접한 관계가 있는 외국에 대한 무력행사를, 자국이 직접 공격을 받지 않더라도 실력으로 저지하는 것이 정당화되는 지위를 갖고 있는 것으로 돼 있으며, 국제연합 헌장 제51조, 일본국과의 평화조약 제5조(C), 일본국과 미국 간의 상호협력 및 안전보장조약 전문前文 및 일본국과 소비에트사회주의공화국연방(소련)과의 공동선언 3의 제2단 규정은 이 국제법의 원칙을 천명한 것으로 여겨진다. 그리고 우리나라가 국제법상 위의 집단적 자위권을 갖고 있는 것은 주권국가인 이상 당연하다고 해야 한다.

그런데 정부는 종래부터 일관되게 우리나라는 국제법상, 이른바 집단적 자위권을 갖고 있다고 하더라도 국권의 발동으로 이를 행사하는 것은 헌법이 용인하는 자위조치의 한계를 넘는 것으로, 허용될 수 없다는 입장에 서있는데, 이는 다음과 같은 사고방식에 토대를 둔 것이다.

헌법은 제9조에서, 이른바 전쟁을 포기하고, 이른바 전력 보유를 금지하고 있으나 전문에서 '전 세계의 국민이…평화 속에 생존할 권리를 가진다.'라는 것을 확인하고, 또한 제13조에서 '생명, 자유 및 행복 추구에 대한 국민의 권리에 대해서는 (…) 국정상 최대의 존중이 필요하다.'라는 뜻을 규정해 놓고 있는 것으로 보더라도 우리나라가 자신의 존립을 실현하고 국민이 평화 속에 생존하는 것까지 포기하고 있지 않는 것이 명백하며, 자국의 평화와 안전을 유지하고 그 존립을 실현하기 위해 필요한 자위조치를 취하는 것을 금지하고 있다고는 도저히 해석될 수 없다. 그렇다고 해서 평화주의를 그 기본원칙으로 하는 헌법이 위에서 말하는 자위를 위한 조치를 무제한으로 인정하고 있다고 해석될 순 없기 때문에 그것은 어디까지나 외국의 무력공격으로 국민의 생명, 자유 및 행복추구 권리가 근저에서 부정당하는 급박하고 부정한 사태에 대처하고, 국민의 이러한 권리를 지키기 위해 어쩔 수 없는 조치로서 비로소 용인되는 것이기 때문에, 그 조치는 위의 사태를 배제하기 위해 취해져야 할 필요최소한도의 범위에 머물러야 한다. 그렇다면 우리 헌법하에서 무력행사를 동원할 수 있도록 허용되는 것은 우리나라에 대한 급박하고 부정한 침해에 대처하는 경우로 한정되며, 따라서 타국에 가해진 무력공격을 저지하는 것을 그 내용으로 하는 이른바 집단적 자위권 행사는 헌법상 허용될 수 없다고 하지 않을 수 없다.

그러나 아베 총리가 '금단의 술수'를 구사해 개조한 내각 법제국은 "(자위조치는) 외국의 무력공격으로 국민의 생명, 자유 및 행복추구 권리를 근저에서 파괴할 수 있는 급박하고 부정한 사태에 대처하고, 국민의 이런 권리를 지키기 위한 어쩔 수 없는 조치로서 비로소 용인되는 것이다."라는 구절에서 얘기하는 '외국의 무력공격'의 대상은 당연히 일본국에 대한 것이라는 점이 전제돼 있음에도 불구하고, 이를 "우리나라와 밀접한 관계에 있는 타국에 대한 무력공격"이 발생하고 그

에 따라 우리나라의 "존립이 위협받고", "국민의 생명, 자유 및 행복추
구 권리가 근저에서 파괴될 명백한 위험"이 있을 경우에는 '자위조치
(집단적 자위권행사)'가 허용된다고 집단적 자위권행사의 적부適否에 관
해 그때까지 축적해 온 법제국의 견해를 아주 간단히 변경해 버렸다.
'법비法匪(법 도둑)'라고 할 수밖에 없다.

　　이런 수법에 대해 전 내각 법제국 장관, 전 최고재판소 장관을 비
롯한 많은 법률가, 학자·연구자들로부터 비판의 소리가 터져 나온 것
은 당연한 일이었다.

아미티지 리포트 제1차~3차까지

아베 정권에게 '금단의 술수'를 써서라도 각의결정을 통해 전수방위라
는 이제까지의 이 나라 안전보장 정책의 근간을 바꿔 집단적 자위권
행사 용인→안보법제 강행 체결로 몰아간 것은 무엇인가. 그 답은 바
다 너머에 있었다.

　　아베 총리는 2014년 7월 1일, 각의결정에 따라 집단적 자위권 행
사 용인의 길을 열고, 다음해인 2015년 4월에 미국 방문에 나섰는데,
그는 아직 안보법제가 국회에 상정되기 전이었음에도 여름까지 그 안
보법제를 통과시키겠다고 미국에 호언장담했다.

　　이야기는 십수 년 전으로 거슬러 올라간다. 2000년 10월, 미·일동
맹에 관한 보고서 〈미국과 일본…성숙한 파트너십으로〉(미국 국방대학
국가전략연구소 아미티지 리포트)가 발표됐다. 나중에 부시 정권의 국무
부 부장관에 취임한 리처드 아미티지Richard Armitage 등이 작성한 것이
다. 이 보고서는 먼저 "다음 세대 중에 유럽에서 큰 전쟁이 일어날 것
으로 생각되진 않는다. 그러나 아시아에서의 분쟁 가능성은 충분히 생
각할 수 있다. 이 지역은 세계 최대이자 최신의 군대가 몇 개 존재하며,

핵을 보유한 대국이 있고, 핵능력을 지닌 나라가 몇 개 존재하는 것이
특징이다. 대규모 분쟁으로 미국이 직접 관계하게 될 적대관계가 순간
적인 예고 속에 한반도에서 그리고 대만해협에서 발생할 가능성이 있
다. 인도 아대륙은 주요한 발화점이다. 각각의 지역에서 전쟁은 핵전
쟁으로 에스컬레이트될 가능성이 있다. 게다가 이어지는 인도네시아
(세계에서 4번째의 인구대국)의 혼란은 동남아시아의 안정을 위협하고
있다."라며 유럽과는 사정이 다른 아시아가 불안정하다는 정세분석을
했다. 그런 다음 미·일동맹에 대해 "세계 제2위의 경제대국이고, 우수
한 장비의 강력한 군대를 가지고 있으며, 우리 민주진영 동맹국인 일
본은 계속 미국의 아시아 관여를 위한 초석이다. 미·일동맹은 미국의
세계적 안전보장전략의 중심에 있다."라며, 그러기 위해서는 집단적
자위권 행사를 인정하지 않는 일본정부의 견해를 바꿀 필요가 있다면
서 "일본의 집단자위권 금지는 동맹국으로서의 협력에 제약이 된다.
이 제약을 제거함으로써 더 긴밀하고 효율 높은 방위협력이 가능해질
것이다."라고 썼다.

그리고 당시 부시 정권에 가까운 관계자로부터도 "미·일동맹은 지
금은 소련 대신에 북한이나 중국이 군사적 모험에 나서고자 하는 유
혹을 차단함으로써 억지력으로 작용하고 있다. 하지만 일본은 집단적
자위권을 행사할 수 없고 위험해지면 '후방지역'에서도 도망칠 것이라
는 설명을 북한이나 중국이 믿는다면, 그 결과는 심각해질 것이다. 중
국이 군사훈련으로 대만을 위협한 1996년의 대만해협 위기 때 미국은
항모부대를 파견했다. 만일 일본 자위대의 호위함이 미 항모 인디펜딘
스와 함께 행동했다면 중국은 거세게 항의했겠지만 동시에 경의도 표
했을 것이다. 미국이 일본에 요구하는 것은 공격력이 아니라 '유연한
방위력'이다. 현재의 일본은 인위적인 해석에 속박돼 '유연성이 결여된
방위력'밖에 행사할 수 없다." "일본 자위대는 P3C 대잠 초계기, F15 전

투기, 이지스함 등의 하이테크 무기를 갖고 있다. 이들은 '후방지역 지원'에 사용돼야 할 무기가 아니다. 일본의 방위를 '일본 주변'으로 지역적으로 한정하는 것은 무리가 있다. 대만해협에서도 중동에서도 미국은 그때그때의 상황을 생각해서 국익을 지키기 위해 무엇이 필요한지를 판단할 것이다. 그것은 일본도 마찬가지다. 그 토대 위에서 미·일 양국의 방위에 필요하다고 판단한다면 협력해나갈 필요가 있다."(제임스 아워James Auer 미 밴더빌드대학 공공정책연구소 미·일연구협력센터 소장, 전 미 국방부 일본부장.《아사히신문》2001년 6월 15일, 〈나의 시점〉)

그리고 다음과 같은 얘기들도 들려왔다.

"일본은 세계에서도 유수의 해군력을 보유하고 있지만, 자국의 통상이익을 지키는 점에서는 지극히 한정적인 역할밖에 할 수 없다. 동아시아 전략 밸런스를 형성하는 데에도 미군의 발진기지로서의 역할 외에는 존재하지 않는 것과 다를 바 없다." "일본과 미국은 동남아시아, 남중국해에서의 공통의 이익을 확인하고 그것을 지킬 공동전략을 세울 필요가 있다. 작업이 본격화하면 일본은 집단적 자위권 문제에 과감하게 대처할 필요가 생길 것이다. 먼저 동맹에게 새로운 의의와 방향성을 제시할 전략협의부터 시작해야 한다."(마빈 오토Martin Otto 미 국립전쟁대학 교수,《아사히신문》2001년 8월 30일, 〈나의 시점〉)

아미티지 리포트를 통한 일본에 대한 집단적 자위권 행사 요구, '개헌' 강제의 흐름은 2001년 3월 23일, 자민당 국방부회가 작성한 '우리나라 안전보장정책의 확립과 미·일동맹'을 읽어보면 한층 더 분명해진다.

이 문서는 "우리나라 주변지역에서는 냉전 종결 뒤, 유럽과 달리

많은 나라들이 군사력 강화를 추진하고, 한반도와 대만해협 등을 둘러
싼 문제나 우리나라 북방영토 등 미해결 문제들이 존재하는 등 불투
명하고 불확실한 정세가 존재한다."며, 앞서 얘기한 아미티지의 정세
분석을 그대로 인용한다. 그리고 미·일동맹, 미·일 안보체제 강화를 호
소하면서 그것을 위해 미·일 방위기술협력, 무기수출 금지 3원칙의 재
검토를 주장하고, "건전한 방위산업의 존립은 적절한 방위력의 정비·
유지를 꾀하는 데에 중요한 전제가 된다."고 했다.

　유엔 안보리 상임이사국이 모두 무기수출 대국들이라는 건 잘 알
려져 있지만, 일본도 무기수출을 통해 불황에서 탈출하라는 것이다.
이시하라 도쿄도 지사도 미국 매체 인터뷰에서 "군사지출로 경제를
활성화하기 위해 일본도 독자적인 미사일 방어체계를 개발해야 한다."
고 말했다. 그리고 앞서 얘기한 국방부회 문서는 집단적 자위권 행사
에 관한 헌법 해석의 재검토 그리고 미·일 정보교환을 추진하기 위해
일본도 새로운 기밀보호법을 제정할 필요가 있다거나 유사법제를 포
함한 긴급사태법제를 정비할 필요가 있다고 하는 등 아미티지 리포트
그대로다. 아미티지 씨는 그 뒤에도 2007년, 2012년 등 세 번에 걸쳐 같
은 취지의 리포트를 발표해 일본의 집단적 자위권행사를 용인하는 쪽
으로의 안전보장정책 전환이 어느 정도로 진척되고 있는지 점검하고
'독려'했다.

　2012년 여름의 제3차 아미티지 리포트에서는 이렇게 주장한다.
"오늘날의 큰 문제에 적절히 대처하기 위해서는 더 강력하고 더 평등
한 동맹이 필요하다. 위에서 얘기한 것과 같은 동맹이 존재하기 위해
서는 미국과 일본이 일류국가의 관점을 지니고 일류국가로서 행동할
필요가 있을 것이다. 우리의 견해로는 일류국가는 경제력, 군사력, 글
로벌한 시야 그리고 국제적인 우려에 대해 실증된 지도력을 지닌 국
가다. 동맹의 지원에 관해 미국에 개선할 점은 있지만, 미국이 일류국

가로 계속 존재할 것이라는 점은 전혀 의심의 여지가 없다. 그러나 일본으로서는 결정해야만 할 것이 있다. 즉 일본은 계속 일류국가로 남고 싶은가, 그렇지 않으면 이류국가로 떨어져도 괜찮은 것인가? 일본의 국민과 정부가 이류의 지위에 만족한다면 이 보고서는 불필요할 것이다. 이 동맹에 관한 우리의 평가와 추천사항은 일본이 커다란 공헌을 할 수 있는 세계무대에서 완전한 파트너일 수 있느냐에 달려 있다." "일본이 강한 미국을 필요로 하는 것 못지않게 미국은 강한 일본을 필요로 한다. 이런 관점에서 우리는 미·일동맹과 그 관리 문제를 다룰 것이다. 일본이 미국과 어깨를 나란히 해 가기 위해서는 미국과 함께 전진할 필요가 있다. 일본은 지금까지 아시아의 리더였으나 앞으로도 계속 그럴 수 있다." "일본은 능력형성이나 2국 간 및 다국 간 대응을 통해 이제까지 이상으로 방위와 군사 외교수완을 발휘할 수 있다. 새로운 역할과 책임을 재검토할 경우에는 일본의 방위 및 지역 긴급사태와 관련해 미국과의 방위를 포함한 일본의 책임범위를 확대해야 한다." "일본의 집단적 방위 금지에 관한 개변은 그 모순을 분명하게 보여주는 것이 될 것이다. 정책의 변경은 통일된 지휘가 아니라 군사적으로 더 적극적인 일본, 또는 평화헌법 개정을 요구해야 한다. 집단적 자위의 금지는 동맹의 장애물이다. 3·11(도호쿠 대지진과 쓰나미 사태)은 우리 두 군이 필요한 때에 어떻게 군사력을 최대한으로 활용할 수 있는지를 증명했다. 평화시, 긴장, 위기 및 전쟁시의 방위범위를 통해 완전한 협력으로 대응하는 것을 우리 군에 허가해주는 것은 책임 있는 권한 행동일 것이다."

그 출생부터 미국의 군사전략에 편입된 일본의 자위대는 이미 '전수방위'에 그치지 않고 세계 각지에서 미군과 공동의 전투행동을 요구받고 있다. 그러기 위해서는 집단적 자위권을 인정하지 않는 현행 헌법으로는 곤란하다는 얘기다. 바로 '개헌'의 강제이자 압박이다.

제1차 아미티지 리포트 이후 20여 년, 지금 무슨 일이 벌어지고 있나?

2014년, 특정비밀보호법의 제정, 무기금수원칙 완화, 집단적 자위권 행사 용인에 관한 각의결정, 2015년 안보법제 강행 체결, 무기 수출을 국가전략으로 하자는 게이단렌經團連, 경제단체연합회의 제언, 무기 수출을 창구로 한 방위장비청의 설치 그리고 2017년에 행위를 처벌하되 '의도'는 처벌하지 않는다는 근대형법의 대원칙에 저촉되는 공모죄共謀罪의 강행 체결 등은 아미티지 리포트의 실천 바로 그것이다.

이러한, 헌법상 집단적 자위권 행사는 허용될 수 없다는 견해에서 허용된다는 쪽으로의 일본정부 안전보장정책의 근간 변경에 대해 2018년 4월 24일 아미티지 씨는《아사히신문》과의 인터뷰에 응해 다음과 같이 만족스런 기분으로 얘기했다.

— 아베 정권은 집단적 자위권 행사를 둘러싼 헌법해석을 변경해 새로운 안전보장법제도 정비했다.
　— 이전에는 일본과 작전계획이나 훈련에 대해 논의하면 '헌법 9조가 있어서 자위대는 제약을 받고 있다'는 말을 여러 번 들었다. (법을 정비한) 2015년 이후 그런 발언은 들려오지 않게 됐다. 집단적 자위권 행사 금지를 우리는 '동맹협력 방해나 장애'라고 지적했지만, 어떻게 할지는 일본이 판단해야 한다고 얘기해왔다.
　— 일본의 대응은 커다란 한 걸음을 내디뎠다고 평가한다. 다만 완전하진 않다. 나는 일본이 적 기지 공격력을 보유하는 데 찬성한다.
— 전수방위의 일본은 '방패'의 역할이고, 미국이 '창'을 제공할 것이라고 얘기해왔다.
　— 나는 안보조약 개정이 바람직하다고 생각하진 않는다. 조약개정

론이 나오면 미국 의회나 일본 국회에서 성가신 일이 벌어질지도 모른다. 일본이 창을 갖게 되는 것을 우려하는 미국 전문가들이 있지만, 나는 (일본이 창을 갖게 되는 것에) 찬성이다. 그렇게 되면 미국, 일본이 두 자루의 창을 갖게 된다. 주위에는 중국과 북한 등 경쟁 상대가 존재하고 있다.

미 국방차관보 데이비드 시어David Shear도 2015년 4월 27일 미·일 외무·방위담당 각료회의(2+2)에서 합의된 미·일 방위협력을 위한 가이드라인에 대해 말했다.

– 자위대의 후방지원 활동 범위를 한반도 등 일본 주변으로 사실상 한정한 '주변사태'가 삭제됐다.
 – 이것은 대단한 의미 있는 변경이다. 이제까지 양국의 협력을 가로막고 있던 인공적 장애물이 제거됐기 때문에, 일본은 글로벌한 복지와 안녕을 위해 이제까지는 할 수 없었던 공헌을 할 수 있게 됐다. 세계가 점점 더 긴밀하게 엮이고 있는 가운데 나라의 존재를 위태롭게 하는 위협은 세계 어디에서든 발생할 수 있는 것이라고 이해하는 것이 중요하다.(《〈아사히신문〉》 2015년 4월 28일)

전 주일 미국대사 마이클 아머코스트Michael Armacost 씨도 다음과 같이 말했다.

– 4월에 미국을 방문한 아베 신조 총리의 상하양원 합동회의에서의 연설도 지금의 양호한 미·일 관계를 반영한 것이라고 할 수 있을 것 같다.
 – 훌륭한 연설이었다. 전쟁으로 희생당한 미국인들에게 조의를 표하고, 제2차 세계대전에서 일본이 아시아에 고통을 준 것을 인정

했다. 과거 총리들의 정식 사죄를 이어받은 것이라고 나는 생각한다. 더 중요한 것은 미·일동맹이 한층 더 강화되기를 바란다는 메시지를 전한 것인데, 이번 방미의 중요한 요소였다.

— 아베 정권의 안전보장정책 변경을 어떻게 생각하나.

— 집단적 자위권 행사를 각의결정한 것을 매우 높이 평가한다. 하지만 그것이 결코 새로운 것은 아니다. 9·11 동시다발테러를 계기로 고이즈미 준이치로小泉純一郎 정권 때 특별조치법이 만들어져 미국뿐만 아니라 다른 동맹국에게도 바다에서의 급유 등 후방지원을 할 수 있게 됐다. 이것은 동맹이 균형을 갖추게 될 것임을 보여주는 예고였다. 일본은 더 글로벌하게 원격지에서 활동하게 될 것이라는 얘기다.

미 해군 수장인 그리너트 작전부장도 "일본의 집단적 자위권이 인정되면 항모 타격군과 탄도미사일방어 등 많은 임무에서 하나의 부대로서 함께 행동할 수 있게 된다."고 말했다.(《아사히신문》 2014년 5월 20일)

제3차 아미티지 리포트에는 오키나와 후텐마普天間기지의 반환은 헤노코辺野古의 새 기지 건설만이 아니라 나하那覇공항 활주로의 사용도 조건으로 붙는다는 밀약이 있었다. 아미티지 리포트는 이와 관련해 다음과 같이 기술했다.

주일미군에는 일본 방위에 관해 명확한 역할이 주어져야 한다. 작전 수행능력과 향후 일어날 수 있는 주일미군과 자위대의 합동 기동부대의 군사력을 고려해 미국은 주일미군에게 더 큰 책임과 사명감을 부여해야 한다.

예산 삭감이나 재정 긴축이 워싱턴에서나 도쿄에서 실행될 것 같은 상황에서는 군사력을 유지하기 위한 더 효과적인 자원 사용이 불가결하다. 효과적인 자원 활용에 관한 신속한 정치적 시위행동은 상호운용성이다. 상호운용성이란 미국 장비품의 구입을 의미하는 것이 아니다. 그것은 본질적으로는 협동하는 기초능력을 가리킨다. 미국 해군과 일본 해상자위대는 수십 년에 걸쳐 이 능력을 증명해왔다. 미국 공군과 일본 항공자위대는 진보하고 있으나, 미국 육군, 해군과 육상자위대는 중점의 차이 때문에 협력이 한정돼 있다. (…) 상호운용성을 높이는 하나의 방법은 쌍방의 방위훈련의 질을 향상시키는 것이다. 미국 공군, 해군은 자위대와 제휴해 민간공항을 순환하는 훈련을 매년 실시해야 한다. 새로운 훈련지역은 잠재적인 긴급사태를 더 광범하게 상정해서 양군을 더 위험한 상태에 노출시키고, 나아가 오키나와 사람들에 대한 부담을 공유하는 감각을 가져다줄 것이다.

미군기지 부담에 허덕이는 오키나와현민들의 생각을 토대로 일본 전국의 민간공항도 활용해 미·일이 공동훈련을 하겠다는 얘기다. 후텐마기지의 반환에 따른 조치로 헤노코에 새 기지를 건설하는 것만이 아니라 나하공항의 활주로를 사용한다는 조건으로 '밀약'을 맺었다는 사실이 드러났다. 미국의 요구는 미군이 일본 전국을 오키나와처럼 자유롭게 사용할 수 있게 하는 것이다. 미·일 안보조약 제6조는 "일본국의 안전에 기여하고, 극동에서의 국제 평화 및 안전 유지에 기여하기 위해 미국은 그 육군, 공군 및 해군이 일본국에서 시설 및 구역을 사용할 수 있도록 허용된다."고 돼 있을 뿐, 미군이 사용할 수 있는 시설, 구역의 제한을 설정하지 않았다. 앞서 얘기한 전 자위함대사령관 고다 씨도 다음과 같이 말했다.

오키나와 서쪽에는 본격적인 미군기지가 없다. 태평양에서 중동까지 미군의 주둔군을 유지하기 위해 일본의 총합력으로 뒷받침하는 주일

미군은 사활적으로 중요하다. 총합력이란 일본의 뛰어난 사회 인프라다. 캘리포니아보다 좁은 국토에 제트기가 발착할 수 있는 비행장이 90개나 있다. 치안도 물도 식량도 안전하고, 공업과 교통, 통신, 의료도 세계수준 이상이다. 이런 전략거점은 어디에도 없다. 일본은 미국이 세계전략을 입안하는 데에 불가결하다. 미국은 미·일 안보를 일본인이 생각하는 것 이상으로 중요하게 생각하고 있는 것이다.(《아사히신문》2017년 8월 23일 〈오피니언 & 포럼〉)

고다 씨는 일본정부의 '배려 예산'으로 상징되는 팽대한 미군 주둔비를 일본이 대신 떠맡고 있고, 유럽의 미군기지와는 비교할 수 없을 정도로 종속적인 미군지위협정 등 주일미군이 안고 있는 문제에 대해서는 전혀 언급하지 않는다.

제4차 아미티지 리포트

그리고 2018년 10월, "이제까지보다 더 중요한 21세기를 향한 미·일동맹을 쇄신한다."는 제목의 제4차 아미티지 리포트가 발표됐다. 이 리포트에서 아미티지씨 등은 트럼프 미국 대통령이 지금까지의 동맹관계를 경시하고 미국 제일주의라고나 해야 할 내향적인 정책을 내세우고 있는 것에 대해 위태롭게 여기면서도, 미·일'동맹'(언제부터 이 '동맹'이라는 말을 주저 없이 사용하게 된 것일까)에 대해 이렇게 기술했다.

우리의 동맹이 강력한 것은 명백하며, 그 때문에 양국의 당사자들 간 관계의 관리자들은 마땅히 신뢰할 만하다. 최근 5년간에 걸쳐 이 동맹은 새로운 방위 가이드라인을 맺고 동맹의 조정 메커니즘을 확립해 SM-3 블록ⅡA 탄도탄 요격미사일을 공동으로 개발해왔다. 일본은 국내의 안전보장법제를 개정해 집단적 자위권을 행사할 수 있게 함으로써 그 안전보장 대책을 개선하고, 더 적극적인 지구적 관여전략을 채용해 '포괄적 점진적 환태평양경제동반자협정Comprehensive and Progressive Agreement for Trans-Pacific Partenership, CPTPP'을 창도하는 것을 포함해 인도·태평양지역에서 한층 더 눈에 띄는 지도적 역할을 수행해왔다. 그 동안 미국은 아시아에 대한 '병력' 재배치와 자유롭고 열린 인도·태평양의 추구를 확약해 왔다. 미국과 일본의 국가지도자들은 긴밀한 개인적 결합을 향유해왔으며, 그것은 양국관계의 안정장치로서 기능하고 있다.

리포트는 또 일본의 방위정책 근간의 변경을 환영하면서, 다시 이렇게 기술한다.

일본은 그 자신의 방위비 지출과 주둔국(미국) 지원에 대한 공헌을 통해 동맹의 방위협력에 큰 공헌을 하고 있다. 이전의 추계를 보면, 일본정부가 주일미군 유지비의 약 75%를 지불하고 있는 것으로 돼 있다. 올해만 해도 일본정부는 특히 동맹관계 지출로 비용분담에 1970억엔(약 17억달러), 미군 재편에 2260억엔(약 20억달러), 자치체의 각종 지원에 2660억엔(약 24억달러)의 예산을 짰다. 미·일동맹에 대한 이런 실제적이고 중요한 공헌은 무시돼선 안 된다. 그럼에도 일본의 방위비를 늘리고, 차기의 '중기 방위계획'과 '국방계획 대강'에 그것을 반영시키는 것이 중요할 것이다. 중국의 능력과 야망의 증대는 북한의 핵과 미사일 위협과 함께 일본이 방위를 위해 국내총생산의 1%를 넘겨 지출할 필요를 야기할 것이다.

중국과 북한의 위협을 부채질해(적대적 의존관계), 군사비 증대 곧 지금보다 더 많이 미국으로부터 무기와 폭탄을 사들이라고 압박하고 있는 것이다.

미 해병대의 오키나와 주둔은
군사적이 아니라 경제적인 이유

2019년 2월 22일《아사히신문》'경론耕論'에서 로런스 윌커슨Lawrence Wilkerson 전 콜린 파월Colin Powell 미국 국무장관 수석보좌관은 미 해병대의 오키나와 주둔은 군사적이 아닌 경제적인 이유 때문이라며 다음과 같이 말했다.

한반도 유사시의 작전계획 '5027' 등을 비롯해서 대중국, 대동남아시아 전개를 포함한 오키나와 주둔 해병대의 전략적인 역할을 조사해봤다. 오키나와 주둔 해병대의 전력규모가 너무 작아 '태평양 지역에 전방전개前方展開시킬 전략적인 가치는 없다.'는 결론에 이르렀다.

다만 비용 면에서 조사해보니, 해병대를 당시의 이전 후보였던 미국 본토의 캘리포니아로 이전시키는 것보다 오키나와에 계속 주둔시키는 편이 비용이 50~60% 싸다는 것을 알았다. 일본 쪽이 주둔경비를 부담하고 있기 때문이다.

해병대가 지금도 오키나와에 계속 주둔하고 있는 원래의 판단을 살펴 들어가면 일본의 안전보장과는 아무런 관계가 없다. 오키나와 주둔을 계속하는 편이 필요경비를 절약할 수 있고, 무엇보다도 해병대라는 조직의 정치적인 입지를 지킬 수 있다는 분석이었다.

제5차 아미티지 리포트

2020년 12월 7일, 제5차 아미티지 리포트가 발표됐다.

이 리포트는 일본의 안전보장정책의 전환을 환영하면서 "이런 전환의 공적은 아베 신조 전 총리에게 돌려야 할 것이다. 그는 꽤 오래 전부터 필요했던 일본국 헌법 제9조 재해석을 실현해 유엔 헌장하의 집단적 자위에 관여하는 것에 대한 일본의 권리를 허용했으며, 따라서 미국 및 동지국들과의 공동의 국제안전보장상의 협력이라는 새로운 차원으로 나아가게 됐다."고 전 총리 아베 신조를 엄청 치켜세웠다.

그리고 "지금 분명한 것은 일본의 전략이 미국의 목표와 발을 맞추고 있다는 것이다. 미·일은 일련의 공동 이해를 공유하고 있으며, 이것이 미·일동맹의 기반이 돼 있다."라며 "미·일은 역사상 어떤 시기보다도 지금 서로를 필요로 하고 있다. 양국은 중국의 발흥에 대처하면서 4개의 분야 각각을 횡단하는 적극적인 미래상을 실현하기 위해 필요한 4개의 전략적인 도전—지정학적인 것, 경제적인 것, 테크놀로지와 관련된 것, 거버넌스—의 모든 것에 대해 세계적으로도 가장 요긴한, 비할 데 없는 나라다. 공통의 틀을 그려내서, 우선해야 할 것과 집행을 일치시키는 것은 향후 수년간 동맹의 최우선적인 사명이 돼야 한다."고 큰소리 쳤다.

샌프란시스코 강화조약 체제와 미·일 안보

일본의 전후는 법적으로는 1951년 9월 8일 체결된 샌프란시스코 강화조약이 발효되고 독립을 회복한 1952년 4월 28일부터 시작된다.

이 샌프란시스코 강화조약은 오키나와를 버리고, 또 일본 본토에 대해서도 점령군으로서의 미군이 '주일미군'으로 계속 점령상태를 지속할 수 있게 하는 미·일 안보조약과 한 세트를 이룬 것이었다.

법체계적으로 보면 일본의 전후는 전쟁포기를 주장한 헌법과 미군과의 '종속적인' 군사동맹을 전제로 한 미·일 안보조약이라는 상호 모순되는 두 개의 법체계의 기묘한 동거 그리고 후자에 의한 전자의 침식의 역사였다.

그러나 이 침식도 도무지 넘을 수 없는 벽이 존재했다. 집단적 자위권 행사 불가라는 벽이다. 전쟁 포기를 선언한 헌법 '제9조'에는 어떤 이유로도 자국에 대한 공격이 없다면 '실력' 행사를 할 수 없게 돼 있다. 이른바 전수방위다.

'전수방위=집단적 자위권 행사 불가'가 전후 역대 정권의 안전보장 정책의 근간을 이루고 있었다. 이 글 서두에서 얘기했듯이 이 안전보장 정책의 근간을 내각 법제국 장관을 교체하고 각의결정을 통해 바꿔버린 것이 아베 신조 정권이었다. 그 각의결정은 입헌주의를 부정한 쿠데타였다. 이 쿠데타를 시사하며 '독려'를 계속한 것이 2000년 10월의 제1차 이래 이어진 아미티지 리포트였다는 것은 이미 얘기한 대로다.

지금 무슨 일이 일어나고 있는가

집단적 자위권 행사 용인이라는, 사실상의 9조 개헌 아래서 지금 무슨 일이 일어나고 있는가.

대내적으로는 감시사회로의 길이다. 대외적으로는 자위대와 미군이 일체가 된 활동의 추진, 미국으로부터의 무기 대량구매, 오키나와 현민 반대의견을 무시한 헤노코 미군 새 기지 건설 강행이다.

1) 중요토지 이용규제법안의 강행 체결
2021년 5월 28일 중의원 내각위원회에서 자위대기지, 미군기지 등 이른바 '안전보장'상의 중요시설이나 국경 외딴섬의 토지이용을 정부가 조사·규제하는 것을 목적으로 한 '중요토지 이용규제법안'이 가결됐다.

심의시간은 겨우 12시간으로, 입헌민주, 공산, 사민당 등 각 야당의 반대를 무릅쓴 강행 체결이었다.

이 법안은 자위대·주일미군 기지와 해상보안청 기타 '정령政令'으로 정한 생활관련시설(이들을 합쳐서 '중요시설'이라 한다) 및 국경의 외딴섬 등의 주변 구역 내에 있는 토지 등이 중요시설 등의 기능을 저해하는 행위에 이용되는 것의 방지를 목적으로 내걸고 있다.

내각총리대신은 각의결정된 '기본적인 방침'에 입각해서 중요시설 등의 부지 주변, 대체로 1000미터를 '주시구역注視區域'이나 '특별주시구역'으로 지정할 수 있다. 그리고 그 구역 내에 있는 토지 등의 이용에 관해 지방공공단체의 장 등에 대해 해당 토지 이용자 등의 이름·주소나 '정령'으로 정한 정보 제공을 요구할 수 있으며, 또한 해당 토지 이용자 등에 대해 토지 이용에 관한 보고 또는 자료 제공을 요구할 수 있게 돼 있다.

나아가 토지 이용자 등이 그 토지를 중요시설 등의 기능을 저해하는 행위용으로 제공하거나 제공할 명백한 우려가 있을 때는 토지 이용자에 대해 그 토지를 저해행위용으로 제공하지 말도록 '권고'하고, 정당한 이유 없이 거기에 응하지 않을 경우에는 '명령'을 발할 수 있으며, 자료 제출이나 명령에 따르지 않을 경우에는 징역이나 벌금형을 부과할 수 있게 돼 있다.

오코노기 하치로小比木八郎 영토문제 담당상은 법안의 목적은 근년에 늘어나고 있는 어느 외국자본의 토지 취득에는 "악의에 찬 것도 있어서", "불안을 해소하기 위해 조사를 해보려는 것"이라고 위원회에서 진술했다.

최근에 '전랑외교戰狼外交'라고도 일컬어지는, 남중국해 등에서 중국의 패권주의적인 행동을 배경으로 지금 '반중국'이 '시대의 트렌드'라는 점도 있기 때문에 오코노기 담당상의 발언은 일견 받아들이기 쉽게 돼 있다. 그러나 이 법안은 개인의 프라이버시권, 재산권의 침해 또는 반反기지, 탈脫원전 등의 다양한 시민운동에 대한 제약과 같은 문제점을 안고 있다.

전후에 만들어진 현행 토지수용법은 정당한 보상 아래 공공목적을 위해 개인의 토지를 수용할 수 있도록 했다. 그러나 군사기지, 황실 관계를 위한 수용은 할 수 없는 것으로 돼 있다(예외로서 안보조약에 기초한 미군용지특조법이 있다). 이 법안은 토지수용법의 벽을 사실상 돌파하게 된다.

육상자위대의 '준기관지'라는 말을 듣는 군사전문지《아사구모朝雲》 2021년 4월 8일자 〈시時의 초점〉은 "유효한 감시를 위한 제1보"라는 큰 제목으로 이 법안의 노림수를 실로 솔직하게 얘기하고 있다.

이 법안은 아시아·태평양전쟁 이전, 말 못하는 사회를 만든 군기보호법·국방안보법과 한 세트로 기지 주변에서의 사진촬영이나 그림 그리기까지 엄벌대상으로 삼은 '요새지대법要塞地帶法'의 재래再來다. 감시사회가 다시 돌아온 것이다.

일본국토의 0.6% 너비의 땅에 일본 국내 미군기지 등의 70%가 집중되고, 거기에다 국경지역의 외딴섬 등을 포함하는 오키나와현에서는 사실상 섬 전체가 '주시구역', '특별주시구역'이 될 가능성이 있어, 이 법안은 기지반대운동에 대한 제약으로 남용될 우려가 크다.

2) 선전되는 '대만 유사'

2021년 3월 9일, 미 인도·태평양군의 필립 데이비슨Philip Davidson 사령관은 미 상원 군사위원회 공청회에서 "6년 안에 중국이 대만을 침공할 가능성이 있다."고 증언했다(군사예산 획득을 위한 노림수도 엿보인다).

3월 16일, 블링컨 미 국무장관, 오티스 미 국방장관이 일본을 방문해 미·일 외무·국방(2+2) 각료협의회가 열렸다. 거기서 발표된 공동성명은 미국이 '핵우산'을 포함한 확대억지력을 일본에 제공하고, 미국의 일본방위 의무에 대해 정한 미·일 안보조약 제5조를 오키나와·센카쿠열도에 적용할 것임을 다시 한 번 확인했으며, "기존의 국제질서와 합치하지 않는 중국의 행동은 정치적, 경제적, 군사적, 기술적인 과제를 제기하고 있다."면서, 중국에 대한 위협 인식을 명확히 했다.

그리고 중국해경법 등의 움직임에 대해 "심각한 우려"를 표명하고, "센카쿠 열도에 대한 일본의 시정施政을 손상시키려는 어떠한 일방적인 행동에도 반대한다."며 "남중국해에서의 중국의 불법적인 해양권익에 관한 주장이나 활동에도 반대"한다고 밝혔다. 긴박해지는 정세에 대해 우려가 나오고 있는 대만해협 안정의 중요성에 대해서도 언급했다.

미국을 방문한 스가 총리는 4월 17일, 바이든 대통령과 첫 정상회담을 열었으며, 공동성명에서 대만문제에 대해서도 언급하면서 "대만해협의 평화와 안정의 중요성을 강조하는 것과 동시에 양안문제의 평화적 해결을 촉구한다."고 말했다. 중국은 남중국해의 도서 등에서 '기정사실'을 만들어내고, 이를 중국의 '핵심적 이익'이라 칭하고 있다. 이에 대해 미국은 '항행의 자유작전'이라며 일본, 호주, 인도 등을 끌어들여 중국에 대한 군사압력을 강화하면서 공동의 군사훈련 등을 벌이고 있다.

2021년 2월 중순, 미군은 센카쿠열도 주변에서 유사시의 물자보급을 상정한 훈련을 벌였다.(《니혼게이자이신문》 4월 23일) 일본정부는 미군의 중압에 신음하는 오키나와현민의 반대의사를 무시하고 헤노코 미군 새 기지 건설을 강행하고, 사키시마열도先島諸島의 요나구니与那国, 이시가키石垣, 미야코宮古 섬들에 자위대를 배치하고 레이더망을 설치해 미사일 기지로 만들려 하고 있다. '억지력'의 명분을 내건 '도발'이다. 중국의 군비확장파는 이 '도발'을 기다리고나 있었던 듯 이에 맞서 군비 확대를 꾀하고 있다. 바로 '적대적 상호의존 관계'다. 신나는 것은 군수업자들이다.

외무성 출신의 가네하라 노부카쓰兼原信克 전 내각관방 부장관보는 바이든 대통령·스가 총리의 공동성명을 환영하면서 "공동성명에 실제 행동으로 어떻게 살을 붙여 가느냐가 문제"라며 이렇게 얘기했다. "대만 비상사태가 시작되면 대만에서 110km밖에 떨어져 있지 않은 요나구니섬을 비롯한 오키나와현 사키시마에는 중국의 전투기나 군함이 몰려올 것이다. 미야코섬, 센카쿠열도 등도 전장이 될 것이다. 중국군은 자위대가 배치돼 있는 레이더 기지를 무력화하려 할 것이다. 경우에 따라서는 상륙해올지도 모른다.", "미군은 자위대와 주일미군, 미 인도·태평양군이 거대한 중국군을 상대로 어떻게 싸울 것인지를 진지하게 생각하기 시작했다. 일본은 먼저 자국 방위를 강화해야 한다." 이처럼 흥분된 어조로 얘기하면서 그는 "대만을 침공하지 못하게 하는 외교방위전략이 필요하다. 상대 영역에 쏘아 넣을 수 없는 미사일은 억지력이 되지 않는다. 슬슬 안전보장에 관한 국민적 논의를 할 필요가 있다."(《마이니치신문》 2021년 4월 23일, 오피니언란)고 했다.

'외교방위전략'이란 이름뿐이고 그 실체는 '외교' 따위는 어디에도 없는 군사력 일변도, 미국과의 일체화를 통한 무력행사요, '적기지 공격능력' 취득론이다. 유엔 안전보장이사회 상임이사국에 들어가는 것을 염원으로 삼고 오로지 미국을 추종해온 외무성의 체질이 잘 드러나 있다.

같은 오피니언란에는 방위성 출신의 야나기자와 교지柳沢協二 전 내각관방 부장관보도 인터뷰에 응해, "중국은 핵심적 이익인 대만의 분리독립 문제에서는 절대 손을 떼지 않을 것이므로, 미·일의 방위력 강화가 억지력으로 작용할 것으로는 보이지 않는다. 오히려 군비확장 경쟁으로 지역의 긴장을 높이는 '안전보장 딜레마'에 빠질 것이다", "대만 유사를 상정한 자위대의 대응이나 미·일 공동훈련에 중국은 반드시 반응할 것이다. 서로 에스컬레이트돼 통제불능이 되면 정말로 전쟁이 일어날지 모른다."고 말했다. 같은 전 내각관방 부장관보 지위의 외무관료와 방위관료 중 어느 쪽의 견해에 더 리얼리티가 있는가.

'위대한 중국'을 표방하는 시진핑 주석이 그 구심력을 유지하기 위해 대만 무력침공(직접 대만 본섬이 아니라 진먼다오金門島 등 중국대륙에 가까운 '외딴섬'에 대한 침공은 있을 수 있다)을 감행해 미·중이 군사대결에 돌입할 경우 최초로 그 피해를 입는 것은 오키나와 본도 및 사키시마열도다. 또다시 오키나와인 것이다. 만국진량万国津梁(*세계를 잇는 항구와 교량)의 나라 오키나와에 '변경의 사키모리防人'(변방 수비군)를 강요한 이래 지금 또다시 그것을 강요하고 있는 야마토(일본)다.

'대만 유사' 가능성을 소리 높여 외치면서 그 대처방안으로 일본의 방위력 강화와 자위대와 미군의 일체화를 주장하는 사람들은 그 연장선상에 어떤 광경이 떠오르게 될지 상상력을 발동할 필요가 있다.

5월 15일, 육상자위대 수륙기동단과 미 해병대, 프랑스 육군이 규슈의 기리시마霧島 연습장에서 외딴섬 탈환을 상정한 공동훈련을 실시했다. 프랑스 해군은 훈련함대 '잔다르크'를 일본해역에 파견했다.

4월 28일자 《마이니치신문》은 "영국 항모단 일본 기항, 자위대와 훈련, 중국견제"라는 커다란 제목으로 영국 항모 '퀸엘리자베스'를 중심으로 한 항모 타격군이 연내에 처음으로 일본에 기항해 자위대와 공동훈련을 하게 될 것이라고 방위성이 발표했다고 전했다. 자위대는 미 군함만이 아니라 평시부터 호주 군함의 방어도 맡고 있다고 한다.(《아사히신문》 2021년 6월 10일)

중국의 '전랑외교' 대 구미 열강의 '포함외교'의 '치킨 레이스'가 벌어지려 하고 있는 가운데 집단적 자위권 행사를 용인해 사실상의 9조 '개헌'을 단행한 일본은 '포함외교'의 일익을 담당하려는 것인가.

"중국이 군사연습으로 대만을 위협한 1996년의 대만해협 위기 때는 미국이 항모부대를 파견했다. 만일 일본의 자위대 호위함이 미 항모 인디펜던스와 함께 행동하고 있었다면, 중국은 강력하게 항의했겠지만 동시에 경의도 표했을 것이다."라고 미국 쪽이 부추긴 것은 이미 얘기했다. 이번에는 "그래, 할 거야!"라는 것인가.

중국이 대만을 무력침공하지 못하게 하기 위해 일본이 해야 할 일은 미군과 일체가 돼 중국에 대한 군사적 압력을 가하는 것이 아니다. 미·중도 그렇지만 그 이상으로 일·중은 경제적으로 깊이 엮여 있다. 이 관계를 활용해서 꾸준히 그리고 성의를 가지고 평화적인 해결을 모색해야 한다.

맺음말: 미완의 일본국 헌법을 보완하는 시도

일본국 헌법은 미완의 헌법이다. 국민주권, 전쟁 포기, 기본적 인권보장을 기본원리로 하는 일본국 헌법은 전쟁포기를 선언하고 평화주의를 내걸고 있으나 전쟁 뒤처리, 즉 전쟁책임, 전쟁배상 문제를 방치해 왔다. 한국에 대한 식민지 지배 미청산 문제도 그렇다.

미군기지의 중압에 신음하는 오키나와현민의 일도 잊어서는 안 된다. 1946년 4월 10일, 일본국 헌법을 심의하기 위한 제국의회 의원선거 때 점령군 총사령부의 명령으로 오키나와현민의 선거권 행사는 인정되지 않았다.

1947년 9월 19일, 히로히토 천황이 연합국군 총사령부GHQ에 "오키나와를 25년에서 50년간 미군 기지로 사용하는 것이 미·일 양국의 이익에 부합한다."는 내용을 전달한 오키나와 메시지가 있었다. 그리고 1951년 9월 8일의 샌프란시스코 강화조약으로 오키나와현민은 일본으로부터 버림을 당했다.

식민지배로 인한 징용공 문제, 헤노코에서의 새 미군기지 건설 문제, 이 두 가지는 역사문제의 해결이 안전보장에 이바지한다는 의미에서 기본적으로 공통성을 지니고 있다. 이 두 가지 문제를 제대로 풀어 미완의 일본국 헌법을 보완할 필요가 있다.

일본국 헌법 제11조는 "국민은 모든 기본적 인권의 향유를 방해받지 않는다. 이 헌법이 국민에게 보장하는 기본적 인권은 침해할 수 없는 영구적 권리로, 현재 및 장래의 국민에게 주어진다."고 명기하고 있으며, 97조도 "기본적 인권의 본질"로서 "이 헌법이 일본국민에게 보장하는 기본적 인권은 인류의 오랜 세월에 걸친 자유획득 노력의 성과로, 이들 권리는 과거 수많은 시련을 견디고 현재 및 장래의 국민에게 침해할 수 없는 영구적 권리로 신탁된 것이다."라고 거듭 강조하고 있다. 기본적 인권의 중요성에 비춰본 배치로 이해하지 못할 것도 없다. 그러나 이들 권리는 패전의 결과 주어진 것이며, 그런 의미에서는 앞서 얘기한 9조의 문언은 세계사적인 의미에서의 기본적 인권의 본질에 대한 해설이긴 해도 당시의 일본상황에 대해 얘기한 것은 아니었다.

헌법제정 당시 일본 측 실무 담당자로서 연합국군 총사령부의 헌법기초위원들과 논쟁했던 사토 다쓰오佐藤達夫 내각 법제국 제1부장(나중에 장관)의 회상에 따르면, 원래 11조와 97조는 하나로, GHQ 헌법기초위원 쪽에서 제시한 것이었으나, 일본 쪽이 그러한 역사적 경위는 필요가 없다고 해서 11조의 문언으로 정리했는데, GHQ 헌법기초위원회의 최고책임자였던 코트니 휘트니Courtney Whitney 준장이 "인류의 오랜 세월에 걸친 자유획득 노력의 성과로, 이들 권리는 과거 수많은 시련을 견디고"라는 구절은 자신이 생각해낸 구절로, 반드시 넣어달라고 강경한 의사표시를 했고, 그 결과 97조가 됐다고 한다.(中公文庫 シリーズ '戰後史の証言: 占領と講和' 4권으로 나온 佐藤達夫,《日本国憲法誕生記》, 中央公論新社, 1999)

휘트니 준장 등은 미국 본국에서도 실현되지 못한 여러 권리들을 극동의 작은 패전국에서 실현시키기 위해 일종의 실험을 시도했던 것이리라. 기본적 인권이 확립되기까지의 긴 투쟁의 역사를 생각한 법률

560	제6부 아시아·태평양 미래 질서의 전망

가였던 휘트니 준장의 높은 이념과, 패전의 결과 기본적 인권이 "힘들이지 않아도 저절로 품속으로 굴러 들어 온" 일본 쪽 면면 사이의 인식 차이가 매우 흥미롭다.

헌법 전문前文에 3·1독립운동, 4·19민주이념을 써 넣은 "저항의 헌법"인 한국 헌법에 대해 "반성의 헌법"인 일본국 헌법을 생각할 때 일본 쪽 위원으로서는 휘트니 준장과 같은 고양된 기분이 되지 못한 채, "인류의 오랜 세월에 걸친 자유획득 노력의 성과로, 이들 권리는 과거 수많은 시련을 견디고"라는 구절을 헌법 전문에 써 넣은 것은 좀 쑥스러운 기분—그것이 지나치다면, '시기상조'라고 표현해도 좋다—이 들었을 것이다. 그런 의미에서 일본국 헌법은 미완의 헌법이다.

헌법재판까지 포함한 전후의 수많은 권리투쟁—최근에는 안보관련법 위헌소송, 오키나와 헤노코의 미군 새 기지 건설 반대투쟁 그리고 전쟁배상, 식민지배 청산—은 이 미완의 헌법을 보완하려는 것이다. 그것은 "이 헌법이 국민에게 보장하는 자유 및 권리는 국민의 부단한 노력으로 이를 갖고 지켜나가지 않으면 안 된다."(헌법 제12조)는 실천을 통해 일본국 헌법 97조가 높이 선언한 지평, 나아가 "저항의 헌법"인 한국 헌법의 지평에 도달하려는 시도다.

그것이 아시아에서 2000만 이상, 일본에서 310만 명의 사망자를 낸 저 전쟁을 일으킨 일본의 책임이 아닐까. 비명에 간 원통한 죽음을 강요당한 사망자들 그리고 전후 평화운동을 하다 세상을 떠난 사람들의 소리에 귀를 기울여야 한다. 그것이 현재를 살아가는 우리들의 과거에 대한 그리고 미래에 대한 책무다. 사망자들과의 공동투쟁, 미래와의 공동투쟁, 아시아 민중과의 공동투쟁이야말로 동북아시아의 미래를 열어갈 것이다.

---

* 원문 제목은 〈安倍改憲'을 '督戰'한 アーミテージリポート: 閣議決定による集団的自衛権行使容認

は憲法第9条の'改変'〉으로 이 원고는 4차례의 회의에서 발표된 원고가 아니라 별도의 집필 요청에 따라 작성된 것이다.
* 본고에서 언급한《아사히신문》기사들은 주로 이 신문의 '미·일 안전보장' 특집에서 인용한 것이다.
* 한승동 번역

영토분쟁은 차치하고
동북아의 협력과 발전을 추진하자

후더쿤胡德坤 (중국 우한대 교수, 중국변경과해양연구원 원장)

필자는 2018년 회의에서 샌프란시스코 체제가 미국 주도의 동북아 국제질서이며 동북아 냉전체제라고 말한 적이 있다. 샌프란시스코 체제의 인위적인 동북아 국가 분열은 양대 대립집단의 장기적인 대치 상황을 만들었고, 심지어 무력충돌을 야기하기도 했다. 이는 동북아 여러 나라의 관계에 심각한 손실을 초래했고, 동북아 여러 나라의 협력과 발전에 제약을 가했다. 이제 비록 냉전은 끝났지만, 샌프란시스코 체제는 심각한 후유증을 남겼다. 예를 들어, 냉전적인 사유는 여전히 남아 있어서 아직까지도 동북아 여러 국가의 관계에 영향을 끼치고 있다. 또 (샌프란시스코 체제에 근거한) 전쟁관은 지금까지도 일본과 다른 아시아 국가들 사이에 가로놓인 채 여전히 해소되지 않고 있다. 더 심각한 것은 샌프란시스코 조약으로 초래된 일본과 이웃 국가들 간의 영토분쟁으로, 이는 70여 년 동안 동북아 국가들이 극복하지 못하고 있는 거대한 장벽이다. 어떻게 샌프란시스코 체제의 제약을 극복할 것인지에 관한 문제는 동북아 여러 나라 모두에게 중요한 숙제다.

샌프란시스코 조약이 초래한 동북아 영토분쟁

파시즘 국가에 점령당했던 영토에 대한 처리는 연합국이 수립한 전후 질서 중 핵심적인 내용이었다. 제2차 세계대전 당시 연합국은 일련의 중요한 회의에서 파시스트의 침략이 초래한 영토 변화에 대한 처리 원칙 및 방법을 제시했다. 카이로 선언과 포츠담 선언에서는 전후 일본의 영토 처리에 대한 기본적인 원칙을 확정지었다. 1943년 12월 연합국이 발표한 카이로 선언에서는 일본이 침략으로 획득했던 영토 범위에 대한 조치를 다음과 같이 규정하고 있다.

첫째, 1914년 제1차 세계대전이 시작된 이후 태평양에서 침탈했거나 점령한 모든 도서 지역에 대한 권리를 박탈한다.

둘째, 만주·대만·펑후제도 등 일본이 침탈한 중국의 영토를 중화민국에 반환한다.

셋째, 일본의 식민지인 조선은 독립을 획득한다.

넷째, 폭력과 탐욕으로 약탈했던 모든 지역에서 일본을 축출한다.[1]

이 중에서 "폭력과 탐욕으로 약탈했던 모든 지역에서 일본을 축출한다."는 것은 일본이 메이지유신 이후 '폭력과 탐욕으로 약탈했던 모든 지역'을 박탈한다는 말이다. 여기에는 당연히 일본이 1879년에 병합한 류큐제도, 일본이 청일전쟁의 승리로 1895년 은밀하게 강제 점거한 중국의 댜오위다오, 한국의 독도 등이 포함된다. 1945년 7월 26일 미국·영국·중국 삼국은 〈(일본의 투항을 촉구하는) 포츠담 선언〉에서 일본의 무조건 항복을 촉구하면서, "카이로 회담의 모든 조항은 이행되어야 하며, 일본의 주권은 혼슈, 홋카이도, 규슈, 시코쿠와 우리가 결정하는 작은 섬들에 국한될 것"임을 거듭 밝혔다.[2] 1946년 1월 29일 〈연

1 《国際条約集: 1934-1944》(世界知识出版社, 1961), p.407.
2 《国際条約集: 1945-1947》(世界知识出版社, 1961), pp.77-78.

그림 1. 연합국이 규정한 일본의 영토 범위

합국 최고사령관 총사령부 지령 677호〉(SCAPIN 677)에서는 일본의 범위를 구체적으로 이렇게 규정했다. "일본의 영토는 4개의 주요 섬과 1000여 개의 작은 인접 도서, 쓰시마 섬 및 북위 30도 이북에 있는 류큐제도(구치노도도口之島는 제외)로 구성된다."[3] 같은 날 연합국 최고사령관 총사령부는 〈약간의 주변 지역을 정치상 행정상 일본으로부터 분리하는 것에 관한 각서Memorandum for Governmental and Administrative Separation of Certain Outlying Areas from Japan〉[4]를 일본에 하달하여 일본의 영토 범

---

3   台北 中央研究院近代史所档案馆,《外交部档案》.
4   *옮긴이: 앞서 언급한 〈SCAPIN 677〉을 가리킨다.

위를 구체적으로 규정했다.[5] 연합국 최고사령관 총사령부의 지령에 따
라 중국의 주일 대표단은 일본의 강역도彊域圖를 제작했다.[6]

이 지도는 연합국이 규정한 일본의 영토 범위를 나타내고 있는데,
주요 섬인 홋카이도, 혼슈, 규슈, 시코쿠 및 1000여 개의 작은 인접 도
서로 이루어져 있다. 쿠릴열도, 독도, 댜오위다오, 류큐제도, 오가사와
라제도, 이오섬硫磺島은 모두 일본의 영토가 아닌데, 이것이 연합국의
공통된 결정이었다. 하지만 샌프란시스코 조약에서는 연합국의 공동
결정을 위배하여, 댜오위다오의 중국 반환을 언급하지 않았으며 중국
이 이미 수복한 시샤군도와 난샤군도에 대해서는 일본이 포기했다고
언급했을 뿐 중국에 귀속되었다는 언급은 하지 않았기에 중국의 해양
영토분쟁을 초래했다. 또한 샌프란시스코 조약은 〈연합국 최고사령관
총사령부 지령 677호〉에서 독도를 한국에 귀속시킨 규정을 바꿈으로
써 한·일 간 독도 분쟁을 초래했다. 연합국의 〈얄타 협정〉에서는 "쿠릴
열도는 소련에 양도한다."고 규정했지만[7] 샌프란시스코 조약에서는
'양도한다'를 '포기한다'라고 바꿈으로써 러시아와 일본의 영토분쟁을
초래했다. 이상을 통해 알 수 있듯이, 미국이 주도한 샌프란시스코 조
약은 동북아의 영토분쟁을 초래했으며 동북아 국가들의 협력과 발전
에 엄청난 영향을 끼쳤다.

영토분쟁은 동북아가 협력과 발전으로 나가는 데
심각한 장애

샌프란시스코 조약 체결 이후, 일본이 중국과 벌인 댜오위다오 분쟁,

5   앞의 책, 《外交部档案》.
6   위의 책.
7   田桓 編, 《战后中日关系文献集(1945-1970)》(中国社会科学出版社, 1996), p.3.

한국과 벌인 독도 분쟁, 러시아(소련)와 벌인 쿠릴열도 분쟁은 동북아 전체 국제관계의 모든 과정을 꿰뚫고 있다. 이는 세 개의 활화산과도 같아서 계기만 있으면 폭발하기 마련이다. 여기서는 중국과 일본 간 댜오위다오 분쟁을 예로 들어 보겠다.

일본 외무성은 〈센카쿠제도(댜오위다오) 소유권 문제에 관한 기본적인 견해尖閣諸島についての基本見解〉에서 이렇게 지적했다. 댜오위다오는 "역사적으로 줄곧 우리 일본의 영토인 난세이南西제도의 일부였다." "중국은 과거 센카쿠제도가 대만의 일부라고 여긴 적이 없다. 이는 샌프란시스코 조약 제3조에 근거해 이 섬들 역시 미국의 관할 아래 놓인 지역에 포함된다는 사실에 대해 중국이 그 어떤 이의도 제기한 적이 없었다는 것을 보면 알 수 있다."[8] 하지만 이는 분명히 사실에 부합하지 않는다.

첫째, 댜오위다오는 1372년 명나라 때 중국과 류큐 왕국이 왕래하면서 처음으로 발견되어 명명된 열도다. 중국의 옛 책 《순풍상송順風相送》[9]에 따르면 1403년(명 영락永樂 원년) 무렵 처음으로 댜오위섬釣魚嶼, 츠칸섬赤坎嶼(츠웨이섬赤尾嶼)이라는 지명이 등장한다.[10] 1895년 1월 14일 일본 내각은 청일전쟁에서 청나라를 패퇴시킨 것을 기회 삼아 비밀리에 댜오위다오를 일본 영토에 편입시키고, '센카쿠제도'라고 명칭을 바꾸었다. 같은 해에 일본은 중국을 핍박해 불평등한 시모노세키 조약을

8   위의 책, p.78.
9   *옮긴이: 《순풍상송》은 16세기 말엽에 완성된 수초본手抄本으로 추정되는데, 정확한 작자는 미상이다. 내용은 주로 항해 노선과 항해 중 접한 곳들의 지리에 관한 것으로, 댜오위다오에 관해서는 다음과 같은 기술이 보인다. "정남풍이 불면 메이화梅花에서 대양大洋으로 나간다. 나침반이 을진乙辰(정북에서 112.5도)을 가리키면 소류큐小琉球에 가고, 나침반이 단을單乙(정북에서 105도)을 가리키면 댜오위섬 남쪽에 간다.(正南風, 梅花開洋. 用乙辰針, 取小琉球. 用單乙, 取釣魚嶼南邊.)" 여기서 '댜오위섬釣魚嶼'은 지금의 '댜오위다오釣魚島'의 옛 명칭으로 보인다.
10   이 책은 현재 영국 옥스퍼드대학의 보들리언Bodleian 도서관에 소장되어 있다.

체결하며 중국 영토인 대만과 댜오위다오를 포함한 그 부속 도서를 강점했다. 이는 일본이 한국의 독도를 절취한 것과 매우 비슷한 것으로, 명백히 일본의 식민 침략 확장의 결과다.

　　전후 초기에 중국은 〈카이로 선언〉과 〈포츠담 선언〉의 규정에 근거해, 연합국 최고사령관 총사령부에게 댜오위다오(센카쿠제도)를 중국에 반환할 것을 요구했다. 1946년 3월 16일 중국 주일 대표단은 〈류큐 문제를 해결하기 위한 의견關於解決琉球問題之意見〉을 제출했는데, 여기서 '류큐와 중국의 국경 문제'에 관해 다음과 같이 주장했다. 류큐제도의 야에야마八重山제도와 미야코宮古제도 및 댜오위다오를 포함한 그 서쪽 도서를 중국에 반환하되, 만약 연합국 최고사령관 총사령부가 동의하지 않는다면 한발 양보해 댜오위다오를 중국에 반환해야 한다.[11]

　　중국 주일 대표단 제1팀은 1947년 6월에 지도 두 장을 제작했다.

　　첫 번째 지도는 〈류큐 영토 연혁도琉球領土沿革圖〉[12]인데, 댜오위다오는 그 안에 들어 있지 않다.

　　두 번째 지도는 〈류큐 원유 강계도琉球原有疆界圖〉[13]다. 이 지도에 따르면 큰 섬과 군도群島를 포함한 류큐제도의 범위는 일본 명칭으로 오키나와沖繩제도, 사키시마先島제도, 야에야마제도, 아마미奄美제도(도카라吐噶喇열도 및 구치노섬口之島을 포함한 북위 30도 이남), 다이토大東제도 등의 도서로 이루어져 있으며[14], 댜오위다오는 여기에 들어 있지 않다.

　　상술한 두 장의 지도 모두 댜오위다오가 류큐의 강역 내에 존재하지 않는다는 것을 분명하게 나타낸다. 이를 보면, 전후 초기 중국이 댜오위다오의 수복을 요구한 의지가 확고했음을 알 수 있다. 그러나 미

11　台北 中央研究院近代史所档案馆, 《外交部档案》.
12　위의 책.
13　위의 책.
14　위의 책.

그림 2. 〈류큐 영토 연혁도〉

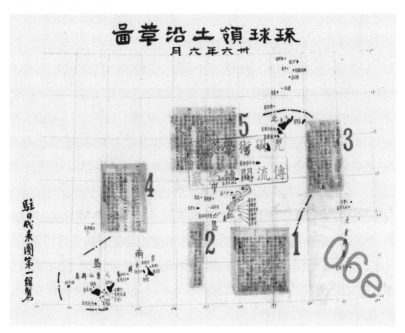

그림 3. 〈류큐 원유 강계도〉

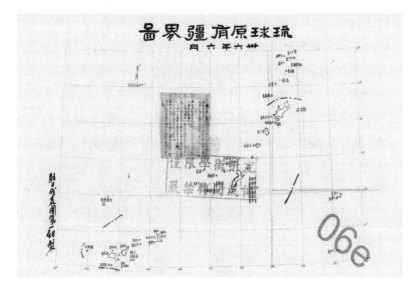

국은 댜오위다오가 군사전략상 중요한 지위를 점하는 데다가, 장기적
으로 류큐를 통제하기 위해서 댜오위다오를 중국에 반환하기를 거부
하고 류큐에 편입해 관할하도록 했다. 국력이 보잘것없었던 중화민국
정부는 저항할 힘이 없었다. 1971년 미국이 중국 양안兩岸(중국 대륙과
대만)의 반대를 아랑곳하지 않고 일본과 사적으로 류큐를 거래하면서
멋대로 댜오위다오를 일본에게 내줌으로써 중·일 간 댜오위다오 분쟁
을 다시금 초래하고 말았다.

　둘째, 일찍이 1952년 중국정부는 샌프란시스코 조약이 불법이며
무효라고 선포했다. 샌프란시스코 조약이 초래한 동아시아 영토분쟁
의 후유증에 대해 오늘날 각국 학자들이 재검토할 때면, 일본이 댜오
위다오의 영유권을 주장하는 데 있어서 다년간 일본 외무성이 샌프란
시스코 조약을 '근거'로 삼고 있다는 점에 주의해야만 한다.

　다시 한 번 역사를 되돌아보면, 1951년 7월 16일 중화민국 대만 당
국[15]의 지도자 장제스는 샌프란시스코 조약의 내용을 알게 된 후 분노
하며 이렇게 미국을 질책했다. 조약은 "비록 체결되었지만 모조리 허
위이며 진실에 어긋난 것으로", 제2차 세계대전 당시 "연합국 각국은
'단독으로 강화를 맺지 않는다'는 약속을 했으며", "최근 존 포스터 덜
레스가 런던에서 영국과 협상한 이후 중국을 체결국에서 제외했는데,
이게 우리가 우방을 믿었던 보상이란 말인가!" "이번 대일 조약의 초
안은 동서고금의 역사를 통틀어서 찾을 수 없을 정도로 허위와 불법
과 부도덕의 선례다."[16] 1951년 9월 18일 중국 저우언라이周恩來 총리가
발표한 성명에서는 이렇게 지적하고 있다. "샌프란시스코 대일 조약은
중화인민공화국이 준비작업, 초안, 체결에 참여하지 않았기 때문에 중

15　*옮긴이: 국공내전에서 중국 공산당에게 패퇴하여 대륙을 잃고 대만으로 넘어와 대만섬
　　과 부속 섬을 영토로 삼은 '중화민국'을 가리킨다.
16　台北 国史馆,《革命文献: 对日和议(二)》.

앙인민정부는 이것이 불법이며 무효라고 간주한다. 그러므로 이 조약을 결코 인정할 수 없다."[17] 일찍이 1951년 대만 해협을 사이에 둔 양안의 중국인이 이구동성으로 샌프란시스코 조약을 부정하며 인정하지 않은 마당에 샌프란시스코 조약이 댜오위댜오에 대한 일본의 영유권의 '근거'가 될 수 있겠는가?

1972년 중·일 국교정상화 회담이 오갈 때, 댜오위댜오 분쟁은 양국 간에 가로놓인 크나큰 장애물이었다. 그러나 중국의 지도자들은 중·일 우호라는 관점에서, 일본 측에게 댜오위댜오 분쟁을 보류하자고 건의했으며 결국 일본 측의 동의를 얻으면서 비로소 중국과 일본의 외교관계가 회복될 수 있었다. 1978년 중·일 평화우호조약이 체결되면서, 쌍방은 댜오위댜오 문제를 장래에 해결하도록 보류한다는 데 재차 동의했다. 이후로 일본 우익정치가들은 중·일 우호라는 대국적인 측면을 아랑곳하지 않은 채, 일당—黨의 사사로운 이익을 위해 중·일 양국의 지도자들이 댜오위댜오 분쟁을 보류하기로 했던 약속을 부정하거나 심지어 바꿔버리려 하면서 양국 간의 영토분쟁을 선동하고 중·일 관계를 악화시켰다. 이는 중·일 간의 충돌을 격화시켜 국내의 시선을 전환시킴으로써 정권의 안정을 지키려는 것이다. 1980년대 말 일본의 몇몇 정부 관료들은 중·일 양국의 지도자가 댜오위댜오 분쟁을 보류하려 했던 약속을 부인하며 중·일 관계에 어두운 그림자를 던졌다. 1988년 11월 8일 일본 외무성 조약국의 국장 사이토 구니히코齊藤邦彦는 일본 참의원에서 답변하며 이렇게 말했다. "일본과 중국 간에 보류하자는 합의는 애초부터 없었다."[18] 이후 일본 외무성은 중국과 일본이 댜오위댜오 분쟁을 보류하기로 했다는 점을 여러 차례 부인함으로써 중·일 간에 영토분쟁이 존재한다는 사실을 부정했다. 이로 인해 중국 양안

---

17 田桓 编, 《战后中日关系文献集(1945-1970)》(中国社会科学出版社, 1996), p.104.

18 刘江永, 《钓鱼岛列岛归属考: 事实与法理》(人民出版社, 2016), p.544.

인민의 공분을 일으킴으로써 중·일 관계를 밑바닥으로 끌어내려 '정치적으로는 냉랭하고 경제적으로만 뜨거운' 상황이 발생했다.

　2012년 9월 10일은 중·일 국교정상화 40주년으로, 일본정부는 중국 측과 협의 없이 별안간 한 개인으로부터 댜오위다오를 구입해 국유화했다고 발표했다. 이렇게 일본은 댜오위다오 분쟁을 보류하기로 한 양국 간의 약속을 일방적으로 어기고 중·일 간 댜오위다오 분쟁을 선동했다. 같은 날 중국 외교부는 다음과 같은 성명을 발표했다. "1972년 중·일 국교 정상화와 1978년 평화우호조약 회담 과정 중에서 양국의 원로 지도자는 대국적인 입장에서 '댜오위다오 문제는 장래에 해결하도록 보류한다'는 양해와 합의에 도달했다. 이렇게 해서 중·일 국교정상화의 대문이 열리면서 중·일 관계는 40년 동안 크게 발전할 수 있었고 동아시아는 40년 동안 안정과 평안을 얻을 수 있었다." "중국정부는 진지하게 입장을 밝힌다. 일본정부의 이른바 '댜오위다오 구매'는 완전히 불법이고 무효로, 일본이 중국 영토를 침략했다는 역사적 사실을 조금도 바꿀 수 없으며 댜오위다오 및 그 부속 도서에 대한 중국의 영토주권을 조금도 바꿀 수 없다."[19] '댜오위다오 문제는 장래에 해결하도록 보류한다'라고 했던 중국과 일본의 원로 지도자의 양해와 합의를 '댜오위다오 구매'라는 방식으로 일방적으로 위반해서는 안 된다고 중국이 주의를 주었지만 일본정부는 여전히 제멋대로였다. 중국은 부득불 대응 조치를 취했고, 양국 관계는 국교정상화 이래 최악의 상황으로 치닫게 되었다.

　중국과 일본의 댜오위다오 분쟁은 중·일 간 협력 관계, 특히 경제무역 협력에 심각한 영향을 끼쳤다. 예를 들어 2002년 한·중·일 삼국의 지도자 회의에서는 한·중·일 자유무역지대를 구축하자는 구상이 제기

19　《人民日報》(2012.9.11).

되었다. 2012년 5월, 한·중·일 삼국은 베이징에서 〈한·중·일 투자보호
협정〉[20]에 서명했다. 같은 해 11월, 삼국은 한·중·일 자유무역협정 협상
에 정식으로 시동을 걸었으나 일본 측이 댜오위다오 분쟁을 일으키면
서 중·일 관계가 급속하게 악화되었고, 결국 한·중·일 자유무역협정 협
상이 중지되었으며 지금까지 뚜렷한 진전이 없는 상황이다.

상술한 바에서 알 수 있듯이, 샌프란시스코 체제는 동북아 영토분
쟁과 동북아 분열을 빚어낸 근원이므로 샌프란시스코 체제가 초래한
영토분쟁을 제대로 해결하지 않으면 동북아가 협력과 발전의 방향으
로 나아가기는 요원할 것이다.

영토분쟁 보류는 동북아의 협력과 발전을 위한 현실적인 선택이다

영토와 변경 분쟁은 국제관계에서 장기적으로 존재해온 문제이며 국
제관계 중 가장 건드리기 어려운 문제로, 국제관계 분쟁에 장기적 영
향을 끼치는 요소가 되었다. 오늘날 변경과 해양 분쟁을 해결하는 데
는 대략 세 방식이 있다.

첫째, 평화 협상을 통한 해결.

둘째, 무력을 통한 해결.

셋째, 분쟁 보류.

물론 평화 협상으로 해결하는 것이 가장 좋은 방법이지만 평화 협
상으로 해결할 수 없는 상황이더라도 무력을 통한 해결은 좋은 방법

---

20 *옮긴이: 원래 명칭은 〈대한민국 정부, 중화인민공화국 정부 및 일본국 정부 간의 투자
증진, 원활화 및 보호에 관한 협정Agreement Among The Government Of The Republic Of Korea, The
Government Of The People'S Republic Of China And The Government Of Japan For The Promotion, Facilitation
And Protection Of Investment〉이며, 2014년 5월 17일 한·중·일 삼국에서 정식으로 발효되었다.

이 아니다. 그래서 분쟁을 보류하는 세 번째 방식이 가장 현실적인 선택이 된다.

중·일 평화우호조약이 체결된 이후 1978년 10월 25일, 중국 지도자 덩샤오핑은 도쿄에서 댜오위다오 분쟁에 대한 일본 기자의 질문에 이렇게 답했다.

'센카쿠제도'를 우리는 '댜오위다오'라고 부른다. 이 섬에 대한 우리 양국의 호칭은 서로 다르고, 관점도 서로 다르다. 중·일 국교정상화를 실현할 때 우리 양국은 이 문제를 건드리지 않기로 약속했다. 이번에 중·일 평화우호조약을 다루면서도 양국은 이 문제를 다루지 않기로 약속했다. (…) 우리는 양국 정부가 이 문제를 회피하는 것이 비교적 지혜로운 일이라고 생각한다. 이런 문제는 보류해도 괜찮다. 10년을 기다려도 괜찮다. 우리 세대는 지혜가 부족해서 이 문제를 다루면서 일치된 의견에 도달하지 못했지만, 다음 세대는 우리보다 지혜로울 테니 양측 모두 수용할 수 있는 방법을 분명히 찾아낼 것이다.[21]

이것은 덩샤오핑이 영토분쟁을 보류하자는 의견을 처음으로 밝힌 것이다.

1984년 2월 22일, 덩샤오핑은 미국 인사와 회견하면서 이렇게 말했다.

"세계의 여러 분쟁은 문제 해결의 출구를 찾아야만 한다." "일부 국제적인 영토분쟁의 경우, 일단 주권은 차치하고 공동 개발할 수 있다."[22]

21　傅耀祖 外,《邓小平的外交艺术》(中共中央党校出版社, 1999), p.237.
22　《邓小平文选: 第3卷》(人民出版社, 1993), p.49.

　이것은 영토분쟁에 있어서 분쟁을 보류하고 공동으로 개발하자
는 생각을 처음 밝힌 것이다. 1984년 10월 22일, 덩샤오핑은 이렇게 지
적했다.

　'공동 개발'이라는 구상은 우리가 가장 먼저 실질적으로 제시한 것이다.
　(…) 공동 개발이란 그 섬과 부근의 해저 석유 등에 대한 것으로, 합자경
　영合資經營 할 수 있으며 공동으로 이익을 취하면 된다. 전쟁할 필요도 없
　고 협상을 여러 번 할 필요도 없다. 난샤군도는 역대로 세계지도에서
　중국의 영역으로 구획되었고 중국에 속하는데, 현재는 대만이 섬 하나
　를 점유한 것 외에는 필리핀과 베트남과 말레이시아가 각기 몇몇 섬을
　점유하고 있다. 장차 어찌해야 할까? 한 가지 방법은 우리가 무력으로
　이 섬들을 모두 수복하는 것이다. 다른 방법은 주권 문제를 보류하고
　공동으로 개발하는 것인데, 이로써 다년간 쌓여온 문제를 해소할 수 있
　다. (…) 나와 이야기를 나눈 외빈은 다들 내 생각이 새롭고 흥미롭다고
　말했다.[23]

　이웃나라와 영토 및 해양 분쟁이 생겼을 때 주권이 중국에 있음을
명확히 밝히는 게 마땅하지만 주권 문제를 보류한 채 공동 개발을 통
해 협력을 펼쳐나감으로써 국가 간의 심각한 대립과 모순을 해소할
수 있다는 덩샤오핑의 주장은 변경과 해양 분쟁을 평화적으로 해결하
는 새로운 사고다. 귀납하자면 "주권은 내게 있지만, 분쟁은 보류하고,
공동으로 개발한다主權屬我, 擱置爭議, 共同開發."라는 방침이다. 이 방침은 지
금까지도 중국이 변경과 해양의 분쟁을 해결하는 데 핵심 사상이다.
분쟁을 보류하자는 방침 아래, 중국은 댜오위다오와 난샤군도 분쟁이

23　위의 책, pp.87-88.

한층 격화되는 것을 성공적으로 회피함으로써 주변 해양의 평화적 국면을 유지할 수 있었다. 이는 각국이 변경과 해양 분쟁을 해결하는 데 적절한 방법을 제공했다.

2019년 9월 25일, 일본의 전 총리 하토야마 유키오는 우한武漢대학에서의 강연에서 중국과 일본의 댜오위다오 분쟁에 대해 이렇게 언급했다.

1972년 일본과 중국이 국교정상화를 실현했을 때 저우언라이 총리와 다나카 가쿠에이田中角榮 총리는 이 문제를 보류하자고 결의했습니다. 이것은 매우 지혜로운 결정이었다고 생각합니다. 당시 중국 측 통역관이었던 린리윈林麗韞 여사가 이 사실을 증명해주었는데, 1979년 《요미우리신문》의 논설에 이런 내용이 나옵니다. '양국 정부는 각자 주권을 주장하면서, 분쟁이 존재함을 인정하는 동시에 이 문제를 장래에 해결하도록 보류했다. 이것을 공동성명과 조약에 삽입하지는 못했지만, 확실히 양국 정부가 승인한 것이다. 양국이 승인한 바에야 마땅히 준수해야 한다.' 2012년 도쿄 도지사 이시하라 신타로는 방미 기간의 강연에서, 도쿄 도정부가 개인으로부터 댜오위다오와 일부 섬들을 구매할 것이라고 밝혔습니다. 이것이 발단이 되어, 노다 요시히코野田佳彦 총리가 댜오위다오에 대해 국유화를 선포하면서 댜오위다오 문제가 재차 대두되었습니다. 일본 측이 이 문제를 대두시키자, 중국 측에서도 센카쿠제도(댜오위다오)에 대한 주권을 주장할 수밖에 없었으며 관선官船을 댜오위다오 주변 해역에 파견했습니다. 이는 중국 측이 영토주권 주장을 철회하지 않겠다는 일종의 시위였는데, 매월 세 차례, 매번 12척의 배가 파견되는 방식으로 고정되었습니다. 관선을 파견하기 전에 일본 해상보안청에 미리 알렸으므로 이로 인한 불필요한 충돌을 일으키진 않았습니다. 어떤 의미에서 보자면 이 문제는 현재 실질적으로 여전히 방치된 상태지만, 양국 간에 충돌이 발생하고 감정이 격화될 가능성이 여전히 존재합니다. 저는 양국 정부가 댜오위다오 문제를 장래에 해결하도록 남겨둔 채 모종의 방식으로 이 문제를 재차 보류해야 한다고 생각합니다. 일본 정부는 댜오위다오를 둘러싼 주권분쟁이 존재하지 않는다고 계속해서 주장하는데, 제 생각에 이런 완고한 태도는 고쳐야만 합니다.

나는 하토야마 유키오의 이런 주장에 전적으로 찬성한다.

현 상황에서 우리 학계는 분쟁의 양측 당사자가 적극적으로 입장을 전환하도록 힘써야 한다. 구체적으로 말하자면 다음과 같다.

첫째, 분쟁의 양측 당사자에게 서로 협력해 윈윈 하는 대국적 인식을 갖게 함으로써 협력의 분위기로 흘러가도록 만든다. 영토와 해양 분쟁은 국가 영토주권과도 연관되어 있으므로 무한히 커질 수 있는 문제이며 양국 간 관계의 전체적인 측면에 영향을 끼친다. 따라서 분쟁의 양측 당사자가 서로 협력해 윈윈 하려는 입장에서 영토분쟁을 처리해야 한다. 2013년 3월 23일 중국 국가주석 시진핑은 모스크바국제대학에서의 강연에서 서로 협력해 윈윈 하는 시대관을 제시했다. 협력해 윈윈 하는 것은 '평화, 발전, 협력, 윈윈'이라는 말로 온전히 표현된다. 평화는 발전의 전제다. 인류의 경제와 사회는 오직 평화로운 환경에서만 신속히 발전할 수 있다. 발전은 확고부동한 진리다. 발전을 추구하는 것은 인류의 영원한 목표로, 인류의 역사는 쉬지 않고 발전을 추구하고 발전을 추진해온 역사였다. 경제 글로벌화가 진행된 이후, 세계 각국은 이미 '너 안에 내가 있고 내 안에 너가 있는' 운명 공동체가 되었다. 협력이란 발전의 최고 형식이다. 협력만이 경제 글로벌화에 수반되는 새로운 과제들을 극복할 수 있으며, 경제 글로벌화의 조류에 순응해 더 높은 수준의 발전을 향해 나아갈 수 있다. 윈윈은 협력의 목표로, 세계 각국은 협력해 윈윈 함으로써 모두가 국익을 얻고

발전할 수 있다. 이를 보면, 협력해 윈윈 하는 것이말로 세계 각국의 이
익을 구현할 수 있으며, 경제 글로벌화의 추세 속에서 국제관계를 처
리하는 준거가 되며, 변경과 해양 분쟁을 처리하는 최신 이념이기도
하다는 것을 알 수 있다.

국가의 발전 이익과 비교했을 때 변경과 해양 분쟁은 오늘날 국가
관계에서 매우 부차적인 갈등일 뿐이다. 21세기로 진입한 이후 경제
글로벌화의 추세는 거침이 없기 때문에 전 세계 경제를 어떻게 지속
적으로 발전시킬 것인지는 세계 각국이 당면해 있는 공동과제다. 이밖
에 세계 각국은 테러 시도, 비전통적 안보,[24] 날로 심화되는 자원고갈,
인구증가, 식량부족, 생태환경 악화 등의 문제를 함께 마주하고 있다.
이런 중대한 문제들이 해결될 것인지 여부는 전 인류의 운명과 미래
까지 연계되어 있다. 이런 상황에서 전 지구적인 공동 난제는 각국의
이익과 운명을 긴밀하게 하나로 묶고 있다. 각국이 손을 맞잡고 협력
해 전 지구적인 난제에 대응하는 것은 확실히 매우 긴급한 일로, 협력
과 발전을 도모하는 것은 모든 국가의 첫 번째 임무가 되었다. 이것은
세계적인 대세다. 이런 상황에서 변경과 해양 분쟁은 너무나 소소하고
부차적인 문제이므로 각국이 협력해 윈윈 하는 데 악영향을 끼치는
장애물이 되어서는 안 된다. 따라서 변경과 해양 분쟁 국가는 모두 이
처럼 협력해 윈윈 하는 대국적인 인식을 확립해야 한다.

둘째, 문제를 보류하고 협력을 촉진하여 윈윈을 지향한다. 평화와
발전의 시대에 변경과 해양 분쟁의 해결 방식으로 무력에 호소하는
것은 분명 시의적절하지 않다. 가장 먼저 선택할 방식은 물론 쌍방이
협상을 통해 해결하는 것이다. 어떤 의미에서 보자면, 전후 세계의 영

---

24 *옮긴이: '전통적 안보'가 주로 주권국가의 영토 보전을 위해 군사력에 집중하는 데 비해,
    '비전통적 안보'는 주로 군사력이 아닌 분야, 즉 경제·환경·에너지·식량 등에 중점을 두며
    국가가 아닌 국제사회나 NGO 같은 초국가적 단위를 중심으로 한다.

토와 변경 분쟁의 해결은 본질적으로 모두 정치적인 해결이었으며, 포용과 신뢰를 전제로 쌍방 협상을 통해 해결한 것이다. 중국이 평화적인 협상 방식을 통해 인접한 12개국과 국경을 확정한 것이 그 전형적인 사례다. 중국과 인접국의 해양영토분쟁 중에서 동중국해에서 중국과 일본의 댜오위다오 분쟁, 남중국해에서 중국과 필리핀·베트남 등 인접국 간의 도서와 암초 분쟁은 주로 분쟁을 차치해두고 현상을 유지하는 방침을 채택하고 있다. 그러나 분쟁을 차치해둔 채 그저 현상을 유지하는 것은 오히려 안정적인 국면을 유지하기 어렵다. 그러므로 분쟁을 차치해두는 것에 더하여 협력을 촉진해 위원을 지향하는 것이 관건이다.

　동아시아 지역이 협력해 발전하는 측면에 있어서 ASEAN은 그 선두에 있다. 현재 한·중·일과 ASEAN은 이미 '10+3'[25] 협력 메커니즘을 수립했지만 동북아 지역의 협력 메커니즘은 좀처럼 진도를 나가지 못하고 있다. 앞에서 언급했듯이, 일찍이 2012년 11월에 한·중·일 삼국은 정식으로 자유무역협정 협상을 시작했지만 일본이 댜오위다오 분쟁을 일으키는 바람에 중국과 일본의 관계가 급속도로 악화되어 한·중·일 삼국의 자유무역협정 협상이 중지되면서 동북아의 협력이 진전되는 데 심각한 영향을 끼쳤다. 2013년 3월 23일, 시진핑은 모스크바국제대학에서의 강연에서 이렇게 밝혔다. "세계 각국이 서로 연계하고 의존하는 정도가 과거에 유례가 없을 만큼 심화되었습니다. 인류는 하나의 지구촌 안에서 살아가고 있으며, 역사와 현실이 만나는 하나의 시공간 안에서 살아가고 있습니다. 갈수록 '너 안에 내가 있고 내 안에 너가 있는' 운명 공동체가 되는 것입니다." 또한 시진핑은 2015년 10월 20일 영국 의회에서의 강연에서 이렇게 밝히기도 했다. "오늘날 세계

25　*옮긴이: '10+3'이란 ASEAN 회원국 10개국(필리핀·말레이시아·싱가포르·인도네시아·타이·브루나이·베트남·라오스·미얀마·캄보디아)과 한·중·일을 가리킨다.

는 상호 연계와 의존이 큰 흐름입니다. (…) 가까운 이웃나라든 멀리 있는 나라든, 큰 나라든 작은 나라든, 선진국이든 개발도상국이든, 바야흐로 나날이 이익을 공유하고 안위를 함께하는 이익공동체이자 운명공동체가 되어가고 있습니다."

'인류 운명공동체', 즉 '각국 이익공동체'는 세계 각국이 협력해 윈윈으로 나아가는 새로운 사고이며, 국제적인 협력을 추진하는 창의적인 생각이다. 2018년 5월 9일, 도쿄에서 열린 제7차 한·중·일 지도자 회의에서는 삼국의 경제무역 협력을 추진하고, 동아시아 경제공동체 건설과 블록화를 촉진하며, 지역 내 지속적인 안정적 경제 성장을 실현하는 데 의견을 함께했다. 한·중·일 삼국의 경제무역 협력이 실현될 수 있다면, 동북아시아와 동아시아 전체가 동아시아 경제공동체 건설을 위한 기초를 다지게 될 것이다. 올해(2019)부터 중·일 관계, 중·한 관계, 남북한 관계가 계속해서 호전된다면 동북아 지역의 경제무역 협력은 희망적이다.

요컨대, 사실이 증명하듯이 협상으로 해결하는 것이 가장 훌륭한 방안이지만 이것으로 모든 변경과 해양의 분쟁을 해결할 수는 없다. 또한 무력을 사용해 변경과 해양 분쟁을 해결하는 것은 평화·발전·협력·윈윈을 지향하는 오늘날 세계적 흐름에 부합하지 않는다. 이런 상황에서 우리는 협력과 윈윈의 시대정신에 입각해 국가의 발전이라는 대세에 주목하고 분쟁을 보류함으로써 협력해 윈윈하는 방식으로 나아가, 샌프란시스코 조약의 속박에서 벗어나 동북아의 협력과 발전을 함께 추진해야만 한다.

---

* 이 글은 2019년 11월 8~9일 서울 코리아나호텔에서 열린 제4차 회의에서 〈搁置领土争端 推动东北亚合作发展〉이라는 제목으로 처음 발표되었다.
* 이영섭 번역, 이유진 감수

포스트 샌프란시스코 체제와
한반도에서 중·미의 전략적 상호작용

스위안화石源華(중국 푸단대 석좌교수, 전 한국학센터 소장)

미국이 볼턴 국가안보보좌관을 해임한 데 이어 트럼프 대통령이 올해 (2019) 다시 김정은을 만나고 싶다고 말했다. 이는 2018년 이래 세 차례 연이어 열린 문재인-김정은 남북 정상회담 및 김정은-트럼프 북·미 정상회담 소식처럼 한반도에 훈풍을 불어넣었다. 이로써 2017년에 전쟁 직전까지 이르렀던 한반도의 긴장 국면이 완화되어 '연착륙'하게 되었는데, 미국과 북한의 교섭 방식이 갈등과 대결 양상에서 협상과 외교 양상으로 바뀐 점은 고무적이다.

하지만 한반도 평화프로세스는 아직도 갈 길이 멀고 한반도 핵문제의 장기화 추세는 바뀌기 어렵다는 점을 냉철하게 인식해야 한다. 포스트 샌프란시스코 체제로 인해 미국의 아시아-태평양 전략(또는 '인도-태평양 전략')은 한반도의 적정한 긴장을 필요로 하게 되었다. 트럼프 대통령은 김정은과 지속적으로 만나고자 서두르는데, 그가 더 고려하는 지점은 자신의 외교적 성과를 과시하고 내부의 정치적 갈등을 해소하려는 것이다. 국내 반대파에 대처하고 대통령 선거에서 재선하기 위해 트럼프 대통령이 사실상 원하는 것은, 쌍방의 이견을 대등하고 공정하며 형평성 있게 해결함으로써 상호 신뢰를 구축하고 북한이 번영하는 국가를 건설하도록 돕고자 하는 게 아니라, 북한의 전면적인 양보 심지어는 무장해제다. 만약 한반도문제가 진정으로 해결되고 남북한이 평화통일을 이룬다면, 이는 미국이 한반도에 계속 존재할 이유가 없다는 의미이며 한반도의 남과 북은 더 이상 미국이 한반도에 존재하는 것을 환영하지도 허용하지도 않을 것이다. 미국이 한반도에서 철수하게 되면 그 직접적인 결과는, 중국과 러시아를 겨냥한 미국의 태평양 제1도련선島鏈線, the first island chain이 와해되고 괌으로 후퇴하는 것이다. 이는 미국의 글로벌 전략 이익 및 국익의 측면에서 허용되지 않는다.

샌프란시스코 체제에서
포스트 샌프란시스코 체제로

미국이 주도하여 만든 샌프란시스코 체제는 미·소가 주도한 세계 냉전과 한반도를 둘러싼 미중의 '열전'이라는 국제정세하에서 형성된 것으로, 냉전 및 양대 진영의 전면 대결이라는 특징을 보여준다. 이는 동북아와 한반도에서 소련-중국-북한 대 미국-일본-한국의 양대 삼각 체제의 대결 형태로 나타났다. 두 세력의 균형과 대치가 한국전쟁의 정전협정이라는 형식하에 한반도의 평화 국면을 유지해왔다.

1970년대 초, 중·미 관계 정상화를 계기로 양대 세력의 대립에 충격이 가해졌다. 중국은 북한과 미국을 중재해 미국과 북한이 화해하도록 돕고자 했으며, 미국 역시 유엔에서 중국과 소련이 한국을 인정하고 미국과 일본이 북한을 인정해 남북한이 동시에 유엔에 가입하는 방식의 교차 승인을 제안했다. 다양한 이유로 이러한 전개는 일어나지 않았다. 샌프란시스코 체제는 중국과 북한, 소련과 북한이 각각 미국·일본·한국과 대항하는 국면을 빚어냈다. 중·미 관계와 중·일 관계가 정상화되면서 샌프란시스코 체제에 중요한 변화가 생겨나 매우 복잡한 국면이 형성되긴 했지만 미국과 북한의 대결 및 동서 간 힘의 균형이라는 큰 틀에는 변화가 없었다.

냉전 종식 후 세계 구도에 중대한 변화가 생겨났다. 미국은 세계 유일의 초패권 국가가 되었고, (*소련의 해체 이후 탄생한) 러시아는 서구 쪽으로 기울면서 국력이 크게 쇠퇴하여 더 이상 동북아와 한반도 정세에 중대한 영향을 미칠 수 없게 되었다. 중국은 한반도에서의 남북균형정책을 시행했지만, 한반도에서 남북한 사이의 세력 균형은 깨졌으며, 샌프란시스코 체제에 의해 형성된 북방 삼각관계는 더 이상 존재하지 않는 반면 남방 삼각관계는 오히려 더 강화되었다. 게다가 한국은 '한강의 기적'으로 불리는 급속한 경제 발전을 이루어냄으로써 남북의 실력차는 더욱 벌어졌으며, 북한은 정치·경제·안보의 삼중고에 빠졌고 샌프란시스코 체제는 다시 한 번 큰 충격을 받게 되었다.

21세기에 들어와 중국이 급부상하여 일본을 제치고 세계 2위의 경제대국이 되면서 세계 구도에 중대한 변화를 가져왔고 포스트 샌프란시스코 체제가 형성되었다. 포스트 샌프란시스코 체제의 특징은 동북아와 한반도에서 중국과 미국이 '양립 공존'하는 구도다. 한편으로는 중국과 미국 사이에 존재하는 신흥 강국과 기존 패권국 간의 내재적인 구조적 모순과 충돌이 지속되고 있는데, 트럼프 집권 이후 이러한 모순과 충돌이 상승세를 보이면서 '신냉전'이 일어날지 모른다고 생각하는 사람들도 있다. 중·미 모순의 첨예화는 상당히 긴 시간 동안 '뉴노멀'이 될 것이며, 볼턴의 사임과 미국 대통령의 교체가 이러한 전반적인 추세를 바꿔 놓지는 못할 것이다. 또 한편으로 중·미 관계는 세계화 과정에서 지속적으로 융합되어 서로 떨어질 수 없이 '양립'하는 새로운 형태를 빚어내고 있으며 중·미 협력은 바뀔 수 없는 추세가 될 것이다. 중·미 관계의 새로운 특징이 한반도의 평화프로세스에 영향을 미치면서 북핵 위기의 '연착륙'을 실현함으로써 위기를 어느 정도 완화시킬 수는 있겠지만, 미국과 북한 사이의 상호 신뢰 문제와 분쟁을 완전히 해결하기는 어렵다. 포스트 샌프란시스코 체제가 한반도 문제의 장기적 발전 추세를 결정하게 될 것이다.

한반도 문제에 대한 중국과 미국의
서로 다른 추구와 목표

북핵 문제는 냉전이 종식된 이후 한반도에서 남북한 간 힘의 심각한 불균형에서 비롯되었다. 정치·경제·안보의 곤경에 빠진 북한은 '고난의 행군'에 돌입하고 핵실험을 개시함으로써 안보를 수호하고 한반도에서 남북 간 힘의 새로운 균형을 찾고자 했다. 북한은 여섯 차례의 잇따른 핵실험을 통해 한반도 정세를 심각하게 악화시켰다. 이로 인해 북한은 유엔의 가혹한 제재에 직면했고, 한반도 정세는 계속 출렁이면서 동북아 각국의 평화와 안전을 위협하고 있다. 중국이 북한의 '핵 보유'에 반대하며 유엔의 대북 제재 결의안에 지지표를 던지면서 중국과 북한의 관계에도 미묘한 변화가 생겨났다. 하지만 북한의 '핵 보유'로 인해 한반도의 남북 불균형 상황이 다소 변화하면서 어느 정도 새로운 균형이 이루어진 것 역시 사실이다.

한반도 문제에 있어서 중국과 미국은 협력하는 지점도 있고 의견이 엇갈리는 지점도 있다. 무엇보다도 중국과 미국 모두 북한의 핵실험에 반대한다. 이는 양국이 협력하는 데 있어 중요한 기반이다. 중국은 동북아 안전을 악화시키는 북한의 핵실험에 단호히 반대한다. 이는 자국의 안전을 위한 것이자 미국이 일본과 한국의 핵실험 활동을 제지하길 촉구하는 것이기도 하다. 현재 상황에서 중국은 일본과 한국에서 일어날 수 있는 이러한 행동을 단독으로 제재할 힘이 없으며 동북아의 전략환경은 더욱 악화된 상태다. 이 때문에 중국은 북한이 동맹임에도 불구하고 북한의 핵실험에 분명히 반대하고 질책하면서 유엔의 대북 제재 결의안에 찬성표를 던지고 유엔 결의를 엄격히 이행하고 있다. 북한의 핵실험을 반대하는 데 있어서 중국과 미국은 협력을 이뤄냈으며, 이는 중·미 관계 발전을 뒷받침하는 중요한 알맹이 중 하나가 되었다.

한반도와 관련해 중국은 다음 세 가지를 주장한다. 한반도 비핵화, 평화적 대화를 통한 북핵 문제 해결, 중국의 문 앞에서 무력과 분쟁 금지. 이를 통해 대북 핵정책에 있어서 미국과 모종의 합의와 협력을 달성할 수 있다. 중국은 6자회담을 주재했을 뿐만 아니라 9·19 공동성명을 통해 한반도 문제를 해결하기 위한 근본적인 방침을 확정했으며, 북·미 간 갈등 심화라는 위기에 대응해 '이중 모라토리엄'을 제안했다. 즉, 북한은 핵실험을 중단하고 미국과 한국은 합동군사훈련을 중단하자는 것으로, 이는 북·미 회담을 실현하고 한반도 대결 정세를 '연착륙'하는 데 대체할 수 없는 긍정적인 역할을 했다.

2018년, 북한이 한반도 비핵화를 실현하겠다는 의지를 표명한 것은 중대한 변화다. 중국은 북한과의 관계 개선에 적극적이며, 남북 대화와 북·미 대화를 지지하고, 한반도 비핵화를 실현하고자 노력한다. 북한이 비핵화를 선언함으로써 중국과 북한 간의 중대한 이견이 해소되면서 기존의 양자 협력 관계가 적극적으로 변화했다. 김정은과 시진핑은 고위급 방문 교류를 성사시켰으며, 김정은의 5차 방중을 계획하고 있다. 북·중 관계의 회복과 발전은 한반도 비핵화 및 평화와 안정을 추진하는 가장 중요한 동력이 될 것이다.

한편, 북핵 문제를 처리하는 데 있어서 중국과 미국의 입장과 태도는 일치하지 않는다. 미국의 글로벌 전략 및 아시아-태평양 전략은 한반도의 적정한 긴장을 필요로 하며 북핵 문제를 결코 철저하게 해결할 수 없기에 남북 긴장 완화 국면이 나타날 때마다 미국의 반대와 저지에 직면하기 마련이다. 1990년대 이후 북핵 문제를 해결할 수 있는 역사적 기회가 두 차례 있었다. 1994년 미국과 북한은 핵합의에 서명했고, 2005년 6자회담에서 9·19 공동성명을 통과시켰으나 둘 다 실패했다. 미국과 북한 모두 책임이 있지만 더 큰 책임은 미군의 한반도 주둔 그리고 중국을 겨냥한 미국의 아시아-태평양 전략의 일환인 '태평양 제1도련선' 전략의 시행에 있다. 미국의 글로벌 및 극동 전략 이익을 위해서는 한반도의 적정한 긴장이 필요한 것이다.

근본적으로 말해서, 냉전 종식 후 미국은 북한이 저절로 붕괴할 것이라 판단하고 이러한 낙관적 기대가 자연스럽게 이루어지길 내내 기다리면서 북한과 진지하게 협상하려 하지 않았다. 이로써 미국은 성공할 수 있었던 역사적 기회를 포기했으며, 중국과 소련/러시아가 한국을 인정한 만큼 미국과 일본 역시 북한을 인정하는 '교차 승인'을 통해 한반도 문제를 해결하자는 중국의 주장도 받아들이지 않았다.

중국은 한반도 비핵화를 실현하는 동시에 북한의 안보 우려에도 주목해야 한다고 강조했다. 한반도의 핵문제를 해결하는 방식에 있어서도 중국과 미국 간에 중요한 이견이 존재한다. 미국은 북한이 먼저 핵무기를 포기한 다음에 다른 문제를 논의할 것을 요구한다. 게다가 철저하고 전면적이고 불가역적인 핵무기 포기를 요구한다. 한편 중국은 북·미 간에 존재하는 여러 이견과 분쟁을 공정하고 대등하며 형평성 있게 해결할 것을 주장한다.

중국은 김정은-트럼프 북·미 정상회담이 계속 진전하려면 반드시 9·19 공동성명의 기본 정신을 전면적으로 이행하여 북·미 간에 존재하는 여러 이견과 분쟁을 공정하고 대등하며 형평성 있게 해결해야 한다고 믿는다. 북한은 핵 포기 로드맵과 시간표를 제시하고 이를 착실히 이행해야 한다. '핵확산금지조약NPT'에 재가입하고 국제원자력기구IAEA의 핵 사찰을 전면 수용하여 북한의 핵탄도미사일에 관한 정보를 국제사회에 공개함으로써 북·미 간 기본 신뢰를 구축해야 한다. 미국은 북한 및 관련국과 함께 한국전쟁 정전협정 폐기를 공동으로 선 포함으로써 한반도 평화체제를 확립해야 한다. 또한 북한을 테러지원 국 명단에서 제외할 것을 선포함으로써 북·미 국교 정상화 교섭을 시 작해야 한다. 중국은 한반도 비핵화가 한반도 전체 문제의 해결과 더 불어 추진되어야 한다고 주장한다. 중국과 미국의 이견은 포스트 샌프 란시스코 체제에서 중국과 미국의 서로 다른 전략적 이익 및 전략 방 침을 반영한다.

한반도 비핵화를 위하여 해결해야 할
다섯 가지 문제

포스트 샌프란시스코 체제라는 넓은 시야에서 볼 때, 중국과 미국은 한반도 문제를 둘러싸고 다섯 가지 원칙에 있어서 이견이 존재하기 때문에 대결할 수밖에 없으며 그 최종 결과는 쌍방의 역학 관계에 달 려 있다. 중국이 장차 강하든 그렇지 않든, 한동안은 자신의 추구와 목 표를 달성하기 어렵겠지만 원칙적인 입장을 포기하지는 않을 것이다.

중국의 태도는 분명하고 일관적이다. 중국은 중·미 관계의 발전적 인 대세를 안정시키고 미국과 협력하여 한반도 비핵화 문제를 해결해 야 할뿐더러 한반도의 장기적 평화와 안정 및 중국 동북 변경의 평화 와 안정을 공정하게 해결해야 한다. 이것은 중국 외교가 직면하고 있 는 중점이자 난점이다. 한반도 비핵화를 위하여 해결해야 할 다섯 가 지 문제는 다음과 같다.

첫째, 정전협정을 대체하는 평화협정을 체결하고, 북·미, 북·일, 남 북 관계를 정상화하는 것이다. 이것은 한반도 정세의 평화와 안정을 도 모하기 위한 가장 기본적인 조건이다. 약 30년 전 소련과 중국은 남한 을 인정했고, 4자회담과 6자회담에서도 이 문제를 여러 차례 논의했으며 남북이 동시에 유엔에 가입하게 되었다. 하지만 미국·일본·한국은 북한과 정상적인 외교 관계를 수립한 적이 없다. 현재 양측은 '휴전' 상태로 법적으로는 여전히 전쟁 상태이고 '유엔군사령부'가 여전히 존재하며 미국은 한반도의 전시작전권을 유지하고 있다. 이러한 상황이 바뀌지 않는다면 한반도의 평화와 안정이 정상화되기는 어려울 것이다.

둘째, 유엔과 미국·한국·일본이 유엔 제재 및 각국의 자체 추가 제재를 포함한 대북 경제제재를 단계적으로 해제하는 것이다. 미국과 국제사회가 고강도의 대북 경제제재를 지속적으로 시행하는 전제 하에서는 북한이 사실상 전면적인 '핵 포기'를 하리라고 상상할 수 없다. 대북 경제제재 해제와 북한의 핵 포기 프로세스가 공정하고 대등하며 형평성 있게 진행되어야 한다. 중국과 러시아는 북한의 핵 포기 진전 상태를 바탕으로 대북 경제제재를 점진적으로 완화하고 중단할 것을 유엔에 제안할 예정이다. 미국이 현재 강조하고 있는 것은 여전히 '초강도 대북제재'로, 이는 사태가 진전되지 못하게 하거나 양측이 '줄다리기' 하는 상태에 장기간 머무르게 만들 것이다. 또한 미국은 '초강도 제재'라는 미국의 위력에 북한이 굴복함으로써 북·미 정상이 합의를 이룰 수 있을 것이라 오인하고 있다.

셋째, 북한에 대한 군사 위협을 단계적으로 해제하는 것이다. 북한을 상대로 한 군사훈련 중단뿐 아니라 미국의 전술 핵무기와 공격무기의 점진적인 철수가 이루어져야 하고 미국의 항모전단이 한반도에서 멀리 떨어져야 한다. 또한 미국이 북한을 겨냥한 것이라고 주장하지만 사실상 중국과 러시아를 위협하는 사드THAAD·고고도미사일방어체계가 남한에서 즉각 철수되어야만 한반도 전쟁 위협의 근원이 제거될 수 있다. 미국이 계속해서 한반도에 군사적 압박을 가하고 한·미군사훈련이 지속되는 위협 상황에서 북한이 핵무기를 자발적으로 포기하리라고는 상상할 수 없다. 북한의 핵무기 포기와 더불어서 미국과 한국의 대북 군사적 위협의 해제 및 완화 역시 동시에 이루어져야 한다. 최근 미국이 중거리 미사일 배치를 발표한 것은 중국 안보에 대한 미국의 새로운 전략적 도전이다. 북한이 핵 포기를 분명히 밝힌 이후 북·중 관계는 더 이상 전략적 이견이 없으며 상호 전략적 협력 동반자 관계가 회복될 것이다. 필연적으로 중국은 북한이 자국의 안전을 지키기 위해 취하는 정상적이고 정당한 안보 조치를 지지할 것이다.

넷째, 한반도 평화프로세스의 지속적인 진전에 따라 남북 관계의 화해 및 남북통일의 실현을 기대할 수 있을 것이며, 통일 이후의 한반도 국가는 중립국이어야 한다. 이를 위해서는 한반도 냉전의 잔재를 철저히 제거해야 한다. 주한미군이 한반도에 장기간 주둔할 이유와 필요가 없으며, 점진적으로 철군하는 것이 불가피하다. '한·미 상호방위조약'과 '조·중 우호 협력 및 호상 원조에 관한 조약(북·중 우호조약)'은 모두 군사원조와 군사동맹의 내용을 담고 있는데, 이는 새로운 양자 우호 및 공조 조약으로 대체되어야 한다. 이 새로운 조약에는 더 이상 군사 조항이 남아 있지 않을 것이며 한반도의 평화와 안정을 근본적으로 보장할 것이다.

다섯째, 미국이 미-베트남 관계와 같은 미-북 관계 수립을 제안한 것은 긍정적 주장이지만 북한과 베트남 양국이 직면한 안보 딜레마는 같지 않다. 미국이 베트남에서 철수한 후 베트남은 남베트남의 흡수통일을 이루어 국내에 상호 안보 위협이 더 이상 존재하지 않게 되었다. 미국의 제안이 받아들여지기 위해서는 미군의 한반도 철수 및 한·미 상호방위조약의 파기 조치가 필요하다. 북한을 겨냥한 '한·미 상호방위조약'과 강한 군사적 압박이 지속되는 상황 속에서는 미·북이 미·베트남 식의 관계를 수립할 수 있다고 상상할 수 없다. 한반도 비핵화와 동시에 미군의 철수와 조약 파기가 이루어져야만 한다. 한반도가 통일 국가가 된 이후 '중립외교'를 해야 한다는 북한의 주장은 일찍이 김일성

시대에 분명히 제시됐다. 한·미동맹이 존속한다는 전제 하에서는 미·베트남 관계와 같은 미·북 관계가 생겨나리라고는 상상하기 어렵다.

이상 다섯 가지 기본적인 문제는 북한의 핵 포기를 촉진하고 한반도의 비핵화와 평화통일을 실현하기 위해 필요한 전제 조건이자 동북아의 장기적 평화와 안정을 이루기 위한 필수 단계로, 난이도가 매우 높다. 이로 인해 한반도 문제 해결이 장기적이고 어려울 뿐더러, 한반도 문제를 둘러싸고 중국과 미국이 때로는 협력하기도 하고 때로는 이견을 보이기도 하는 현상 역시 장기적일 수밖에 없다.

이상 다섯 가지 중 어느 한 문제라도 북한의 핵 포기 문제와 더불어서 대등하고 공정하며 형평성 있게 해결되지 못한다면 한반도 문제의 진전과 해결에 실질적 영향을 미칠 것이며, 북한의 핵 포기 전망은 어두울 수밖에 없다. 현재와 같은 화해 국면의 되풀이는 완전히 가능하며 어느 정도 필연적이기도 하다. 한반도는 아직 갈 길이 멀고, 중국은 이를 명확히 인지하고 신중하게 대처하는 장기적인 대비를 갖춰야 하며, 국제사회도 계속 노력해야 한다.

'포스트 샌프란시스코'에서 '포스트-포스트' 샌프란시스코 체제로 가기 위한 노력

현재의 포스트 샌프란시스코 체제는 냉전의 잔재를 여전히 간직하고 있으며 미국의 강세와 중국의 약세라는 토대에서 성립된 것으로, 북핵 문제와 동북아 안보협력 문제를 완전히 해결할 수 없다.

2005년 6자회담이 채택한 '9·19 공동성명'으로 확립된 기본정신은 김정은-트럼프 북·미 정상회담을 통한 출구 전략을 끌어내는 데 최선이자 유일한 방안이다. 이 성명은 공정·대등·형평의 정신과 원칙을 확립했으며, 각 당사자의 합리적인 관심사를 균형 있게 해결하고 각 당사자의 이익에 최대한 부합되도록 함으로써 강력한 생명력을 지닌다. 왕이 국무위원은 9·19 공동성명 10주년을 기념하면서 이 성명이 만들어낸 원칙과 정신이 이후 6개국과 이란의 핵합의에 중요한 본보기 역할을 했다고 언급했다. 이 방안을 실행하려면 포스트 샌프란시스코 체제의 속박과 제한을 돌파해야 한다.

한반도 문제의 최종적인 해결을 위해서는 새로운 '포스트-포스트' 샌프란시스코 체제를 수립해야 한다. 이 새로운 포스트-포스트 샌프란시스코 체제는 한·중·일을 중심으로 하는 동북아 경제회랑을 건설하는 것에서 시작될 수 있다. 북한·러시아·몽골이 포함된 동북아 경제회랑은 미국의 참여를 환영하며 중국의 '일대일로—帶—路' 전략과도 궤를 같이한다. 낮은 수준의 경제 협력에서 시작하여 높은 수준의 정치 협력으로 전향하는 것이다.

포스트-포스트 샌프란시스코 체제를 실현하려면 비교적 오랜 시간에 걸친 노력이 필요하다. '상생 협력'을 핵심이념으로 삼아 '동북아 운명공동체'라는 목표를 달성하기 위해 노력해야 한다. 포스트-포스트 샌프란시스코 체제는 포스트 샌프란시스코 체제에 여전히 존재하는 냉전의 잔재를 철저히 근절하고 앞에서 언급한 다섯 가지 문제를 점차적으로 해결함으로써 동북아와 한반도의 평화와 안정 국면을 진정으로 실현해야 한다. 이것은 기나긴 역사적 과정으로, 중국은 확고한 전략적 주안점을 가지고 장기전에 만전을 기해야 하며 자신을 부단히 강화하는 것을 핵심 조치로 삼아야 한다. 한반도 문제의 완전한 해결은 중국의 진일보한 부상 및 중국과 미국의 힘과 지위의 균형에 따라 달성될 것이다.

---

* 이 글은 2019년 11월 8~9일 서울 코리아나호텔에서 열린 제4차 회의에서 〈后旧金山体系与中美朝鲜半岛战略互动〉이라는 제목으로 처음 발표되었다.
* 이유진 번역

샌프란시스코 조약체제를 넘어서:
뒤로 넘어가기와 앞으로 넘어가기

김영호(동북아평화센터 이사장)

여는 말

헨리 키신저는 역저《세계 질서》에서 현 국제 시스템의 연원은 1648년에 체결된 베스트팔렌 조약에 있다고 지적한 바 있다. 같은 방식으로 우리는 동아시아 국제 시스템의 연원은 1952년의 샌프란시스코 조약에 있다고 말할 수 있다. 샌프란시스코 체제는 52개국이 참가, 일본과 나머지 48개 연합국 사이에 맺은 샌프란시스코 조약(1951년 9월 체결, 1952년 4월 발효되었으며 연합국 중 소련과 폴란드, 체코슬로바키아는 서명을 거부했다)과 같은 날 조인된 미·일 안보조약, 그 후 그것을 보완하는 1952년 대만과의 강화, 1956년 소련과의 일·소 공동선언, 1965년 한국과의 한·일 기본조약, 1972년 중국과의 일·중 공동성명 등의 개별국 조약으로 정비된 체제다.

우리는 2010년 한·일 지식인 1000여 명의 공동성명으로 한국 병합조약의 불법무효를 선언하고 한·일 기본조약의 개정을 추진하였으나, 그 후 사태는 오히려 악화되어 2015년에는 한·일 및 세계 지식인 500인 공동성명으로 한·일 역사청산을 촉구하였다. 점차 우리는 식민지 책임문제는 근본적으로 샌프란시스코 조약의 기본 성격에 갇혀 있다는 사실을 새삼 절감하였다.

수년 전부터 우리는 샌프란시스코 체제의 본질에 도전하는 학술회의를 여러 차례 열었다. 첫 번째로 2016년의 컬럼비아대 학술회의에 이어 2017년 두 번째 학술회의를 미국 민주주의의 심장부에 있는 펜실베이니아대에서, 이후 세 번째 회의는 중국의 우한대에서, 네 번째 회의는 서울에서 개최하였다.

샌프란시스코 체제는 처음 성립된 이후 많은 변화가 있었으나 변화 속의 연속성 또한 유지되고 있다. 그러나 이제 이 체제의 틀 속에서 전쟁의 위험이 점증하고 있다. 3차 세계대전이 일어난다면 이 체제 내에서 일어날 것으로 널리 주목받고 있다. 지금 이 틀을 뛰어넘으려는 주목할 만한 큰 흐름이 나타나고 있다.

그러나 샌프란시스코 체제를 넘어서기 위해서는 미국의 새로운 아시아 이니셔티브가 필요하다. 나는 그것을 헬싱키 프로세스를 대체하는 미국 민주주의의 심장 필라델피아 프로세스라고 부르고 싶다. 샌프란시스코 체제는 미국 민주주의 가치가 충분히 방영되지 못하였기 때문이다.

샌프란시스코 조약, 베르사유 조약 본협약, 이탈리아 강화조약의 비교사적 특징

1919년의 베르사유 강화조약은 제1차 세계대전 패전국 독일에 매우 가혹한 것이었다. 영국, 프랑스 등 전승국들은 패전 독일에 과도한 배상금을 부과하고 인구 647만 명이 사는 알자스-로렌 등 자원의 보고를 독일에서 분리시키고, 독일이 지배했던 해외 식민지 등도 전승국으로 귀속했으며, 대병력을 보유하고 있던 참모본부는 해산하고 중무기 보유는 일절 금지시켰다. 이러한 베르사유 강화조약은 독일 국민들에게 커다란 불만으로 다가왔고, 주지하는 바와 같이 이 같은 불만은 결국 나치즘이 출현하는 결정적 요인이 되었다.

샌프란시스코 강화조약은 베르사유 강화조약과는 반대로 전범국가에 대해 너무도 관대한 조처가 내려졌다. 이 때문에 전범국가 일본은 샌프란시스코 조약에 대한 "역코스(reverse course)" 즉 샌프란시스코 체제의 뒤를 넘어 전전 체제로 회귀하는 패턴을 보였다. 이른바 "역코스"란 기시 노부스케 전 총리를 중심으로, 샌프란시스코 강화조약으로 공직에서 추방된 전쟁범죄 관련 인사들이 대거 복권되는 등 미국의 전후 정책이 역행하는 움직임을 가리키는 것으로, 미시적/단기적으로는 좌절을 겪기도 했으나 장기적/전체적으로는 광의의 역코스를 이루어 최근 아베 신조 정권을 비롯해 일부 세력은 헌법 개정으로 그 마침표를 찍으려 하고 있는 것으로 보인다.

샌프란시스코 강화조약은 애초부터 식민지 범죄는 전혀 묻지 않고, 일부 전쟁범죄만 물은 조약이었다. 중국이 공산화되고 한국전쟁이 발발하자 전쟁범죄도 A급 전범 위주로 일부를 처벌하는 데 그쳤으며, 일본을 다시는 전쟁을 하지 못하는 농업국가로 만들겠다던 애초 목표에서 벗어나 공산권과 싸우는 동맹국으로 지위를 바꾸면서 A급 전범조차 사면하게 된다. 이에 따라 전후 미군의 일본 점령정책 목표는 민주적 개혁에서 경제 부흥으로 전환된다. 결국 그로부터 1개월 후에 체결된 본 협약Bonn Agreement과 같이 냉전 대응과 경제 부흥에 초점을 모은 것이었다. 추축국의 또 다른 하나였던 이탈리아와의 강화조약은 구식민지에 대해 일본보다 성의 있는 식민지 보상 조처를 했으나, 2008년 다시 강화조약을 체결하는 과정에서 과거청산을 하지 못한 것을 반성하고, 과거 식민지 지배로 고통을 겪은 리비아에 대해 공식 사과하고 50억 달러의 배상금을 투자 형식으로 지불함과 동시에 문화재를 반환하여 과거사 청산을 완료하는 우호조약을 체결하였다.

매사추세츠 공대의 존 다우어 교수는 샌프란시스코 체제의 유산을 다음 8가지로 정리한 바 있다.[1] 즉 ①오키나와와 두 개의 일본 ②한·중·러 등과의 영토분쟁 ③일본 내의 미군기지 ④일본 재무장 ⑤미국의 핵우산 ⑥역사문제들 ⑦중국 봉쇄와 일본의 아시아로부터의 이탈 ⑧일본의 '예속적 독립'. 다우어는 이 8가지 유산을 아시아 역내 국가 간의 화해와 평화를 가로막는 핵심 요소로 보았다.

그러나 이 8가지 유산의 장기적 트렌드는 상호 영향을 주고받으며 최근에 와서 두 개의 큰 흐름으로 수렴되고 있는 것 같다. 여기에서 두 개의 서로 다른 장기적 흐름이 전개된다. 하나는 샌프란시스코 체제의 가장 큰 수혜국인 일본에서 전개된 현상이다. 베르사유 조약과는 반대로 전범국에 대한 너무도 관대한 처벌은 일본 전범세력의 면책으로 그들에게 재기의 계기를 만들어주었고, 민주개혁의 후퇴는 전범세력의 사회적 기반을 강화하면서 그들이 전후 발전의 주인공이 되게 하여 식민지지배 및 전쟁 범죄를 합리화시킬 수 있게 만들었고, 마침내 샌프란시스코 체제를 역코스로 뛰어넘는 길을 열어주게 됐다. 게다가 이제는 샌프란시스코 체제를 뛰어넘는 마지막 조처로서 헌법 개정을 추진하는 긴 흐름의 종착점에 가까워지고 있다.

다른 하나는 경제 부흥을 위한 일련의 조처와 지원이 동아시아의 경제 부흥으로 연결되고, 경제 부흥의 결과로 냉전 후 동아시아에서는 이전에 보지 못한 광범위한 중산층과 네티즌이 출현하게 되었다. 이것은 다시 동아시아 시민사회를 형성하여 이미 동아시아 일부 국가는 민주주의를 실현하였다. 샌프란시스코 체제에서 가장 부당한 대접을 받았던 한국이 이 흐름의 최전선에서 선도하고 있다. 이러한 민주주의의 흐름은 점차 샌프란시스코 체제를 극복할 큰 가능성을 낳고 있다.

1   John W. Dower, 〈The San Francisco System: Past, Present, Future in U.S.-Japan-China Relations〉, 《The Asia-Pacific Journal》(2014.2).

일본의 회귀: 이른바 역코스의 장기적 완성 과정

패전 이후 최근까지 일본은 장기적으로 보수화와 리버럴화가 교차하면서 다양하게 변화해 왔다. 그러나 변화 속에서도 전체적/장기적으로 연속이 있었고, 그 연속은 보수화-재보수화-재재보수화의 흐름이었던 것 같다. 그리고 일본의 보수화가 향하는 역코스의 장기 추세가 부딪치는 도달점은 샌프란시스코 체제의 역코스의 극복이다. 역코스는 원래 일본을 다시는 전쟁을 할 수 없는 평화적 약소국으로 만들려던 계획을 바꾸어 아시아 최대 동맹국으로 격상시켜 경제대국으로 재무장시키는 코스의 전환을 의미하는 것이었으나, 한편 전전 일본의 복원을 염두에 둔 것이기도 했다. 그것은 결국 헌법 개정 문제로 표출되고 있다. 현재의 '평화헌법'은 패전 후 연합국 총사령부가 만들어 일본에 덮어씌운 헌법이라고 간주하고 있으며, 샌프란시스코 조약과 궤를 같이한다고 보고 있다.

2013년 4월 28일, 샌프란시스코 조약 발효 61주년에 아베 정부가 "주권 회복·국제사회 복귀를 기념하는 식전"을 개최한 것도 그 때문이다. 당초 이 식전을 '축전'이라 할 예정이었으나 샌프란시스코 조약을 통해 미군 기지로 전락하게 된 오키나와 주민들의 강력한 반발로 '축전'은 취소되었다. 하지만 식의 마지막 순서로 아베 총리가 "덴노 헤이카 반자이(천황폐하 만세)"를 외치며 만세 삼창을 선창한 것은 샌프란시스코 체제를 무너뜨리고 전전 체제로의 복귀를 지향하는 모습을 상징적으로 보여주었다 할 것이다. 물론 평화헌법에 대한 이러한 성격 규정은 패전 후 일본의 시민과 천황의 자발적인 평화의지가 평화헌법으로 실현되었다고 보는 견해와 대립된다.[2]

---

2   和田春樹,《'平和国家'の誕生: 戦後日本の原点と変容》(岩波書店, 2015).

우리는 평화헌법 체제가 아베 총리가 말하는 전후 레짐이며, 헌법 개정은 "전후 레짐으로부터의 탈각"이라고 주장한다. 아베 총리가 말하는 "아름다운 나라"는 전전의 일본이며 "일본이 돌아왔다(Japan is back)."는 말은 광의의 '역코스'의 완성으로서 "전전 일본의 부활"을 상징한다. 아베는 침략의 정의는 여러 가지가 있다고 주장하면서 일본의 침략 행위 그 자체를 부정하려는 전전의 침략주의적 인식을 고스란히 보여주고 있다.

이러한 전후 역사 변화 중의 보수적 연속의 도달점이 결국은 샌프란시스코 체제로부터의 탈각이라 할 수 있다. 그러한 방향으로 사태를 추동한 요인 혹은 장치는 명확하지 않다. 그러나 우리는 다음과 같은 5가지 요인 혹은 장치를 주목하게 된다. ①천황 ②일본회의 ③히로시마 ④사회구조 그리고 ⑤중국과 한국 등에 대한 국제인식 등이다. 이 5가지 요인은 상호 밀접한 관계를 가지면서 전개된다.

1) 천황제

패전 후 일본이 천황제의 존속을 위하여 총력외교를 벌인 것은 주지의 사실이다. 아울러 천황 자신이 상징적 존재로서가 아니라 정치적 외교적 주체로서 행동한 것도 명백한 사실이다. 천황은 맥아더의 강화조약 안에 대한 지지 입장을 명백히 했고, 미군의 반영구적 오키나와 주둔을 권하는 메시지를 맥아더에게 보냈다. 또한 미군 주둔정책에 대해 소극적이었던 요시다 시게루 총리에 비해 미군 주둔정책을 적극 찬성하는 입장을 취하였다. 한편 맥아더의 어깨 너머로 워싱턴의 덜레스 측과 밀접한 유대관계를 만들어 맥아더의 경질 이후에도 안정적인 위치를 확보할 수 있었다. 그 결과 전범 중의 전범이라 할 천황이 전후 온존할 수 있었고, 일본의 정신적 구심점으로 존속할 수 있었다.

전후 일본의 개인주의와 민주주의가 천황제를 형해화시킨 것인

가, 반대로 개인주의와 민주주의가 천황제의 프레임에 갇힌 것인가 하
는 문제는 더 치밀한 분석을 필요로 한다. 그러나 많은 분석가들은 일
본의 개인주의와 민주주의는 결국 천황제의 틀을 결코 벗어날 수 없
다고 이야기하고 있다. 일본의 시민사회가 시민혁명의 방향보다 주민
사회 혹은 '초닌町人사회'의 성격을 온존하고 있는 배후에도 천황제의
보이지 않는 영향력을 엿볼 수 있을 것이다. 천황제가 일본의 전전 체
제와 전후 체제의 연속성을 유지해주고, 샌프란시스코 체제에서 전전
체제로 회귀하게 하는 기저의 힘으로 작동하고 있는 것이다.

2) 일본회의

기본적으로 정치와 종교의 분리를 전제로 한 전후체제에서 전전과 같
은 정치와 종교의 통합을 강조하는 결사체가 전국의 신사神社와 정계
를 휘어잡고 있다. 일본 보수의 총본산 일본회의日本会議가 그것이다. 일
본회의는 1997년 '일본을 지키는 국민회의'와 '일본을 지키는 모임'이
통합되어 만들어진 조직으로, 기본운영 방침은 황실존숭, 국민주권 부
정, 헌법개정, 국방의 충실, 애국교육, 전통적 가족 부활이다. 일본회의의
'국회의원 간담회' 가맹 의원은 중·참의원을 합하여 도합 281명(2015년
기준)이고, 이중 집권 자민당이 약 90%이며, 아베 총리를 비롯해서 제
3차 내각 각료의 65%를 이들이 차지했다. 최근 일본회의를 집중연구
한 아오기 오사무 교수는 "매우 위험하다. (…) 전전으로의 회귀로 받아
들일 수밖에 없다."고 단정하고 있다

3) 히로시마

히로시마는 나가사키와 함께 일본의 피폭지다. 세계 유일의 피폭지라
는 점에서 반핵 평화 운동의 거점이 될 만하다. 문제는 일본이 전쟁을
일으킨 전범국가라는 것이 전제되어 반성의 차원에 서는 것이 선행되

어야 할 것이나, 이처럼 선행되어야 할 사실은 거의 누락 혹은 경시된 채 피해 사실만 강조하여, 억울하게도 죄 없는 민간인 특히 어린애들에게까지 가공할 핵무기를 투하하여 엄청난 비극을 낳았다는 점을 감성적으로 강조해 왔다. 이처럼 가해국 일본이 피해국 일본으로 바뀌는 데 히로시마의 논리가 큰 역할을 하게 된 것이다. 일본의 피해국 의식이 보수 우파의 역코스 의식과 결합해 결과적으로 샌프란시스코 조약 체제를 뒤로 뛰어넘는 추동력의 하나가 되었다.

4) 중국과 한국 등에 대한 인식

일본 제국주의의 최대의 피해국인 중국·한국 등은 샌프란시스코 조약에서 일본에 대해 침략의 죄를 전혀 묻지 못했을 뿐만 아니라, 조약 서명국으로 초청도 받지 못하였다. 덜레스는 일찍이 베르사유 조약 당시 독일의 식민지였던 폴란드가 조약에 참여한 것을 본 적이 있는데, 샌프란시스코 조약 당시 필리핀, 라오스, 캄보디아, 베트남, 인도네시아 등은 초청하면서 중국, 한국 등을 제외한 까닭은 무엇일까. 더욱이 처음에는 한국을 초대 대상에 포함시켰고 일본의 집요한 방해에 맞서 설득까지 했던 미국이 마지막에 한국을 제외했던 까닭은 무엇일까. 이 문제를 해명하는 데 단초가 되는 매우 흥미로운 자료가 최근에 발견되었다. 샌프란시스코 강화조약 당시 미 정부의 외교 고문으로서 큰 영향력을 행사했던 덜레스의 비망록을 보면 다음과 같은 내용이 기술되어 있다.

미국은 일본인이 중국인과 조선인들에 품고 있는 민족적 우월감을 충분히 이용할 수 있다. 공산진영을 압도하고 있는 서방 측의 일원으로서 자신들이 그들(서방)과 동등한 지위를 획득할 수 있다고 하는 자신감을

일본인에 심어주지 않으면 안 된다.[3]

　미국이 샌프란시스코 강화조약에서 일본인의 중국과 한국에 대한 식민지적 차별의식을 전략적으로 이용하고 조장하려 했다는 사실은 매우 충격적이다. 러·일 간, 중·일 간, 한·일 간 분쟁 섬들 문제도 이 지역의 국가 간 분쟁을 조장하기 위해 전략적으로 설계했을 가능성이 지적된 바 있다.[4] 지금 일본은 문명국가 중에서 가장 다양한 헤이트스피치(인종차별적 혐오발언)의 전시장이다. 대도시의 거리 여기저기에서 헤이트스피치 데모가 경찰의 비호 하에 표현의 자유라는 이름으로 공공연히 행해지고 있다. 각종 주간지들과 트위터에는 인종차별주의나 헤이트스피치가 홍수를 이루고 있다. 나는 그것을 한나 아렌트Hannah Arendt의 "악의 평범성"이란 개념에서 한 단계 더 나아가 문명으로 위장한 악이란 의미에서 "악의 문명성"이라 지적한바 있다.[5]

　물론 샌프란시스코 조약 이후로 형성되어 가던 '역코스'의 길이 미국 지배하의 일본에서 평이하게 진행되었던 것만은 아니다. '55년 체제'(자민당으로의 보수합동체제)를 경과하고 1962년 도쿄 올림픽을 개최한 뒤 전후 일본이 재등장하고, 일본 국가주의와 신자유주의의 결합을 시도했던 나카소네 야스히로가 집권했으며, 특히 냉전붕괴 뒤의 이른바 '사죄의 시대(Decade of Apology)'에는 당시 호소카와 모리히로 총리가 일본의 식민지 침략역사 이후 최초로 "침략전쟁이었다고 인식하고 있다."고 발언하기도 했다. 이어 고노 요헤이 관방장관이 일본군 위안

3　Frank Baldwin, 《Without Parallel: the American-Korean Relationship since 1945》(Pantheon Books, 1974).
4　原貴美恵, 《サンフランシスコ平和条約の盲点: アジア太平洋地域の冷戦と'戦後未解決の諸問題'を考える》(溪水社, 2005).
5　金泳鎬, 〈グッドルーザーであることを誇りに〉, 梅原猛, 大江健三郎 外, 《憲法九条は私たちの安全保障です》(岩波書店, 2015). '9조의 회' 10주년 기념 심포지움 논집.

부 동원에 대한 일본정부 관여를 공식 인정한 이른바 '고노 담화'가 나왔다. 그리고 1995년에 전후 50주년을 맞이하여 무라야마 도미이치 총리의 '무라야마 담화'가 나왔다. 그는 이 담화에서 "식민지 지배와 침략으로 많은 나라 특히 아시아 국가들의 여러분에게 극심한 손해와 고통을 주었습니다. (…) 통절한 반성의 뜻을 표하며 진심으로 사죄의 마음을 표합니다."라고 사과하였다. 이러한 흐름은 보수파의 반발을 받으면서도 2010년의 한국합병 100주년 일본 총리 담화 때까지 지속된다. 그러나 거기까지였다. 여기에서 일본이 식민지 침략을 정식으로 인정한 것이 1995년이었다면, 그것을 인정하지 않았던 1965년 한·일 청구권협정에서 "완전히" 그리고 "최종적으로" 해결되었다고 한 것에는 식민지 범죄는 포함되지 않는 것이었으며, 이는 식민지 배상(보상)문제는 아직도 해결되지 않았다는 것을 의미하는 것이 아닐까 한다.

보수세력의 반발은 역코스의 원조 기시 총리의 외손자인 아베 총리의 재등장으로 집결된다. 이들 보수반동 세력은 결국 고노 담화-무라야마 담화로부터의 이탈, 물타기, 부정을 집요하게 시도하면서 샌프란시스코 체제로부터의 역코스 행진을 본격화한다. 일본의 저명한 정치학자 마루야마 마사오는 일본 민족주의는 태평양전쟁을 일으켜 수천만의 목숨을 잃게 한 까닭에 민족주의의 처녀성을 상실했다고 말했지만, 그런 경우 인공 처녀성을 만들 수도 있다. 역사 수정주의가 바로 그것이다. 아베 정권은 수정주의 역사를 교과서 검정작업을 통해 학생들에게 적극 침투시키고 미디어를 장악해 일본국민들에게 널리 침투시켰다. 'Japan is back'이란 키워드로 각료 및 국회의원들의 야스쿠니 신사 참배가 총리 자신의 참배를 빼면 평범한 일이 될 정도로 분위기를 바꾸어 놓았다. '신헌법 초안'(2005)에 이은 '일본국 헌법개정 초안'(2012)을 만들고, 도쿄 전범재판 당시의 점령군 정책과 헌법제정 과정을 검정하는 당내 조직을 발족시켰다.

아베 정권의 일본 국가주의 역사에 대한 미화는 샌프란시스코 체제 비판 등에 대한 한국과 중국 등의 반발과 미국의 불만과 경계, 유엔 특히 인권위원회의 비판을 극복하지 않으면 안 된다. 아베 총리의 야스쿠니 참배는 미 정부와 의회의 반발과 비판에 직면했었다. 위안부문제는 고노 담화에서의 이탈과, 이탈에 따른 한국의 반발로 인한 지역 안보협조 체제가 후퇴함에 따라 미 정부의 비판과 경계가 강화되자 애매한 자세를 취하는 한편 세계여성기금 출연 등의 '쇼'를 벌이다가 한국 정부와의 2015년 12·28 합의로 일본정부예산 10억엔을 지출하였으나, 곧 바로 일본정부 차원의 위안부 운영 개입을 부정하고, 그것 (12·28합의)이 공식 사죄를 의미하는 것은 아니라고 거듭 단정함으로써 고노 담화 이탈을 재현하고 있다.

샌프란시스코 체제에 대한 부정은 미국의 경계를 사고 있지만, 일본정부의 대미 추종정책으로 무마해 나가는 모양새를 보이고 있으며, 미국 역시 어느새 팍스 아메리카나의 강력한 라이벌로 부상한 중국에 대한 견제를 위해 아베를 위시로 한 우익세력의 개헌 의도를 애써 모르는 체하며 용인하는 입장을 보이고 있다. 일본 시민들의 여론은 아직 부정적이지만 아베 세력은 중국과의 영토분쟁과 북한 핵 위협을 최대한 활용하여 안보 내셔널리즘을 불러 일으켜 돌파해 나가려 하고 있는 것 같다. 일본이 샌프란시스코 체제로부터 역코스로 벗어나려는 시도의 고비가 될 개헌 시도는 거의 최종 국면에 가까워지고 있다.

5) 사회구조

일본의 보수화는 사회의 보수적 구조에서 정치적 보수화로 파급되는 패턴보다는 오히려 종교적 정신적 보수화가 정치적 보수화를 초래하는 패턴을 갖고 있는 것으로 보인다. 연합군 점령 당시 점령군 사령부의 강력한 반공의지는 사회 구석구석에까지 영향을 미쳐 급진적 세력

을 제거해 나갔다. 맥아더의 경제고문이던 닷지는 '닷지 라인Dodge Line'
으로 인플레이션을 단숨에 진정시키고, 급진적인 노조를 해체하였으
며, 공무원 및 노동자 42만 명을 해고해, 노동운동의 주도권을 점령군
(미군)과 연결된 반 공산주의적 일본 노동조합 총평의회가 장악하도록
만들었다. 경영자 쪽에도 공산주의자들은 일소되었다. 아울러 전시 중
주민들을 전쟁에 협력하도록 만들었던 인사들이 반공이라는 기치 하
에 점령군과 연합해 일본 농촌사회를 보수 우경화로 기울도록 만들었
다. 실제로 점령군 사령부가 중심이 된 농지개혁, 재산세, 노동개혁 등
의 전후 개혁의 결과, 소득 분포의 불평등도는 '커다란 단절'[6]을 보이고
있어 사회 전반의 보수화를 뒷받침하고 있다.

　이 다섯 가지 핵심 요인의 각각의 기능보다 그것들이 서로 연결되
어 구조화되는 전체적 분위기가 정치를 포섭하여 전체적 재보수화를
가져오는 것 같다.
　매우 흥미로운 사실은 아베 정권이 샌프란시스코 조약체제에서
는 탈각하려 하면서, 정작 같은 날 체결된 미·일 방위조약은 폐기하기
는커녕 오히려 강화하려고 애쓴다는 사실이다. 이것은 일견 모순되어
보이지만, 헌법을 개정한 후 샌프란시스코 체제로부터 탈각한 일본이
직면하게 될 중국과의 전면적인 대결을 앞두고 국방력 강화가 최우선
과제로 대두될 것이며, 이를 위해 미·일 안보동맹 강화가 무엇보다 중
요하다는 일본의 전략적 고려가 깔려 있는 것으로 보인다.

6　Ryoshin Minami, 〈Economic development and income distribution in Japan: an assessment
　of the Kuznets hypothesis〉, 《Cambridge Journal of Economics(vol.22, no.1)(1998.1), pp.39-58.

동아시아의 시장경제와 산업화,
중산층 시민사회 민주주의의 전개:
샌프란시스코 체제의 앞으로 뛰어넘기

미국은 여러 차례의 시행착오 끝에 마침내 대 일본 정책의 최고 목표를 민주적 개혁에서 경제부흥으로 확정하고 그러한 정책을 구체화한 국가안전보장회의National Security Council, NSC의 "일본에 대한 아메리카 정책에 관한 보고"(NSC13/2)를 완성하였다. 이것이 사실상 일본 부흥을 목표로 하는 강화정책의 핵심이다. 공산주의를 저지하기 위한 냉전전략의 일환으로 독일 중심의 유럽판 마셜플랜을 실시한 것과 궤를 같이 하는, 일본을 중심으로 한 아시아판 마셜플랜이라 부를 만한 것이었다.

우선 일본 부흥을 위하여 일본이 지불하여야 할 배상금 24억 4200만 엔을 4분의 1로 대폭 삭감하고 그 가운데 90%는 군수생산으로 충당하게 함으로써 일본의 산업설비 위축을 방지하고자 했다. 경제 민주화를 위한 대기업 분할을 257개사에서 17개사로 대폭 축소하였다. 아울러 미·일 방위조약으로 일본 경제에 군사비 부담을 줄이려고 하는 한편으로, 한국전쟁의 특수를 일본이 거의 독점할 수 있도록 배려해 일본 경제 부흥의 기적을 유도하였다. 아울러 일본경제 안정 9원칙을 제정하여 철저히 실시해 나갔고, '닷지라인'으로 엄청난 인플레이션을 단기간에 진정시키고 급진 노조를 극적으로 해체하여 일본 보수체제의 견고한 경제적 기반을 구축하였다.

미국은 일본의 식민지, 반식민지였던 동아시아 각국의 일본 자산을 동결해 전후 동아시아 각국의 경제 재건의 기반으로 활용할 수 있도록 했다. 아울러 농지개혁을 단행하여 무제한 노동 공급을 가능케

함으로써 일본의 공업 투자에 유리한 환경을 조성하였다. 일본은 전후 청산의 일환으로 배상금 및 청구권 자금 그리고 그것과 더불어 상업 차관 및 대량의 자본 투자를 진행하여 동아시아에서는 일정한 안행형 (雁行型, Goose-Flying Type, 기러기떼 모양) 및 가마우지형(Cormorant-Fishing Type) 수출주도 산업화가 진행되었다. 여기에 미국은 자국 소비시장을 개방하여 자국의 인플레이션을 억제하면서 동아시아의 수출주도 공업화에 유리한 환경을 조성하였다. 마침 UN을 중심으로 신국제 경제질서가 형성되어 개도국으로부터의 공산품 수출에 대한 특혜 관세제가 이루어졌다. 이리하여 동아시아의 수출주도 공업화는 노동집약적 단계에서 자본집약적 단계로 이행하면서 고도성장을 지속해갔다. 그 결과 한국, 대만, 홍콩, 싱가포르 등 동아시아 신흥공업국들Newly Industrialised Countries, NICs이 등장하였다. 이어 미·중 국교 정상화가 이루어지고, 중국의 개방·개혁으로 급격한 공업화가 이루어졌다.

물론 일본의 경제적 기적에서 동아시아 NICs의 기적을 거쳐 중국의 기적에까지 이르는 동아시아 경제기적을 모두 샌프란시스코 체제의 경제적 유산이라는 단선적 시각만으로 볼 수는 없다. 그 사이에는 무수한 연속과 단절이 있기 마련이다. 하지만 그럼에도 불구하고 샌프란시스코 체제의 경제적 성과라는 측면을 무시하고 동아시아의 경제 기적을 논의하기 어려운 것도 사실이다.

냉전이 끝나고 동아시아 고도성장의 결과 아세안(동남아국가연합)+3(한·중·일) 체제가 만들어지고, 여기에 호주, 뉴질랜드 등도 포함돼 연례적인 동아시아 정상회의로 진화했다. 그리고 아세안은 유럽연합EU과 같은 경제공동체로 발전하였고, 한·중·일 3국 사이에도 3국 상설 협력사무국이 만들어졌다. 동아시아 역내 국가 간 교류와 협력이 증대하여 역내 무역결합도가 53%를 넘어섰으며, 역내 투자 결합도도 비슷한 수준을 보이고 있다. 금융 면에서도 치앙마이 이니셔티브에 따라 역내 통화 스와프가 비교적 안정적으로 유지되고 있다. 아울러 동아시아 역내포괄적 경제동반자협정RCEP이, 미국 이니셔티브로 마치 제2의 샌프란시스코 체제와 같은 성격으로 추진해왔던 환태평양경제동반자협정TPP과 대립하면서, 중국이 앞장선 가운데 타결됐다. 미국과 일본이 추진하는 미·일·인도·호주가 중심이 되는, 인도·태평양 공동체 또한 중국을 새로운 각도에서 포위하는 제2의 샌프란시스코 체제가 아닐까 한다. 어찌되었든 동아시아의 경제통합은 샌프란시스코 체제가 갖는 동아시아의 분단과 대결의 성격을 뛰어 넘는 트렌드를 보이고 있다

이처럼 냉전체제의 해체 이후 동아시아의 시장경제와 산업화의 결과로 약 12억의 중산층과 약 14억의 네티즌이 형성되었다. 이러한 중산층과 네티즌이 일본, 한국, 대만, 홍콩 등에서 시민사회를 이룩하였고, 중국을 비롯한 동아시아 제국에도 시장경제 구석구석에까지 영향을 미쳐 잠재적 시민사회를 이루어가고 있다. 바야흐로 시빌 아시아(Civil Asia)의 새벽이 밝아오고 있는 것이다.[7]

그러나 중산층 내지 네티즌이 바로 시민사회를 이루는 것은 아니고 시민사회가 바로 민주주의를 이루는 것도 아니다. 중국의 경우 몇 년 전만 해도 중산층이 시민혁명을 이룰 가능성이 예측되기도 했으나 그 후 일종의 보수적 반동현상을 목격했다. 일본의 경우도 시민사회의 성숙이 곧 민주주의를 보장하는 것이 아니라 보수적 반동으로 갈 수도 있다는 의문을 갖게 한다. 그에 비해 한국의 사례에서는 1987년 6월항쟁 때 중산층이 이른바 넥타이부대로 반체제 민주세력과 손을 잡고 보수적 반동을 돌파하여 민주주의 혁명을 이룩하는 현상을 경험

---

7   '시빌-아시아(Civil Asia)'는 2015년에 발표한 한·일 지식인 및 세계 지식인 공동성명에서 정립한 개념이다. 그것은 부르주아 시민, 군사 업무의 문민통치(civilian control) 및 문명화된 인민(civilian people)을 포괄한다.

하게 되었다. 이러한 민주주의의 성취는 냉전체제의 해체와 함께 샌프란시스코 체제가 동결시켜 놓았던 식민지 범죄에 도전하는 현상을 드러내 보이고 있다. 민주주의는 인권문제를 중시하며, 현재의 인권문제를 중시하는 것은 과거의 미해결된 인권문제에 대한 질문과 도전으로 연결되기 때문이다. 위안부문제는 한국 민주화 이후에 제기되었으며, 지난 2015년 12월 28일 한·일정부 간 합의에 대한 엄청난 반발이 일반화한 것도 촛불혁명 과정에서였다. 민주주의의 성숙은 "미해결된 과거"의 침략주의 범죄를 용납하지 않으며 어두운 과거는 현재의 평화협력을 받아들이지 않는다.

현재 동아시아에서는 인적 물적 교류가 많으면 많을수록 지역통합이 강화된다는 신기능주의적 현상보다는 오히려 전쟁 위협이 커지고 있다. 이를 '동아시아 패러독스'라고 한다. 동아시아 패러독스는 샌프란시스코 체제가 동결시킨 과거사와 경제적 성과 간의 갈등을 부르는 말이다. 프랑스의 석학 자크 아탈리는 "유럽의 역사적 화해가 유럽통합을 가능하게 했다."고 지적했지만, 동아시아에서는 과거가 미래를 지배한다.

우리는 샌프란시스코 체제에서 가장 불리한 위치에 놓인 한국이 산업화, 중산층 사회화, 시민사회화, 민주주의화의 모든 과정의 선두에서 냉전체제와 결합되었던 어두운 과거동결과 전쟁위기의 샌프란시스코 체제를 "앞으로" 뛰어넘으려 하고 있다는 사실을 지적하고 싶다. 그 획기적 기점 중 하나가 2010년, 한국병합 100년에 나온 '한·일 지식인 1139인의 한·일 병합조약 불법무효 공동성명'이었다. 이 공동성명은 대대적으로 보도되었고, 한국 시민사회와 사법부에 큰 영향을 주었다. "이 공동성명은 2006년에 시작한 일본군 위안부 피해자의 헌법소원에 대한 헌법재판소의 2011년 부작위 위헌 결정, 2000년에 시작한 강제동원 피해자 소송에 대한 대법원의 2012년 파기환송과 2018년 강제동원피해 배상 확정판결의 기점이 되었다고 평가할 수 있다."[8]는 적극적인 평가도 나와 있다. 2010년의 한·일 지식인 공동성명은 2015년 한일 세계지식인 500인 공동성명에서 재확인되었다. 샌프란시스코 체제의 틀을 뛰어넘는 한·일 지식인 공동성명이나 헌법재판소 및 대법원의 판결은 샌프란시스코 조약의 사문화를 더욱 촉진하고 샌프란시스코 체제의 냉전체제 해체를 재촉하는 작용을 하게 될 것이다.

맺음말: 필라델피아 프로세스는 가능할까?

우리는 기본적으로 지금의 한·일 간의 긴장과 갈등은 샌프란시스코 강화조약 체제에 대한 일본 극우세력의 역코스의 '뒤로 넘어가기'와 한국의 시민사회가 선두에 선 '앞으로 뛰어넘기'가 첨예하게 부딪치는 현상이라고 생각한다.

지금 동아시아에서는 몇 가지의 문제해결 모델이 주목을 끌고 있다. 냉전 후 동서 유럽의 협력과 안보·평화의 견인차 역활을 했던 헬싱키 프로세스, 식민지에서 분단국으로 이행했다가 평화적 타협으로 통일을 이룩한 아일랜드 프로세스, 몽골 사막에 태양광 발전을 하여 동북아 슈퍼 그리드 공동체를 만들려는 울란바토르 프로세스, 일본 식민지주의와 히로시마 원폭의 2중의 희생자인 조선인 피폭자의 평화논리를 구체화하는 합천 프로세스 등이 그것이다. 나는 여기에 필라델피아 프로세스를 추가하고 싶다.

지금까지 미국의 동아시아 전략은 군-산-금융복합체(Military-In-dustrial-Financial Complex)가 주도한다고 할 수 있었다. 미국 민주주의 이니셔티브가 아쉬운 대목이다. 미국은 1993년에 100년 전의 하와이

---

8   도시환, 〈2010년 한일지식인 공동성명과 역사정의의 과제〉,《동북아역사재단뉴스》(동북
     아역사재단, 2020.8).

강제점령이 불법적 행위였다고 인정하고 사죄 결의안을 상하 양원에서 만장일치로 통과시킨 바 있다. 제2차 세계대전 동안 재미 일본인에 대한 차별 조치에 대해서도 공식 사과하고 배상금을 지불했다. 그밖에도 흑인, 인디언 그리고 재미 중국인에 대해서도 비슷한 사죄 결의안을 통과시켰다. 미국은 이런 것을 할 수 있는 도덕적 권위를 갖고 있다고 생각한다. 일본이 위안부문제에 대하여 공식 사죄를 하지 않는 데에 대한 미국정부의 비판이 있었을 때, 나는 샌프란시스코 조약으로 위안부문제를 포함한 식민지 범죄를 동결시킨 데에 대해 미국이 먼저 공식 사죄를 할 것을 주장한 바 있다. 이는 일본의 한국 침략을 지원, 승인하고 다시 식민지 상처를 치유할 기회를 막은 데 대한 사죄다. 미국 민주주의가 미국의 아시아·태평양 정책의 중심에 서는 것이 미국과 동아시아에 훨씬 유리하고 전망이 밝다고 생각한다. 그런 의미에서 미국 민주주의의 상징인 필라델피아의 이름을 딴 필라델피아 프로세스를 동아시아에서 구체화하기를 기대하고 싶다.

그 입장에서 샌프란시스코 체제를 재검토하고 문제점을 공유해야 할 것이다. 그리하여 샌프란시스코 체제나 오바마 대통령의 "아시아 재균형(Asia Rebalance)"이나 대중국 포위망의 성격을 지닌 인도·태평양(Indo-Pacific) 구상을 뛰어넘는 미국 민주주의 가치관의 적극적 전개로 '시빌 아시아'의 꽃을 피우도록 해야 할 것이다. 그것이 2001년 남아공 더반에서의 '인종주의, 인종차별, 배외주의 및 불관용에 반대하는 세계회의' 그리고 독일의 나치즘 극복을 위한 인도에 반하는 죄(Crime against Humanity) 정신의 보편화, 2010년 국제형사재판소에서 "침략의 죄"를 중대 범죄로 규정한 사례 등등 세계사적인 민주주의의 진전을 미국이 끌어안고 '시빌 아시아'를 실현시키는 길이다.

* 이 글은 2017년 12월 1~2일 미국 펜실베니아대에서 열린 제2차 회의에서 처음 발표되었다.

해제

어디서부터 무엇이 어떻게 잘못되었나?

한승동(전 한겨레신문 기자, 전 메디치 편집기획 주간)

이 책에는 모두 25편의 글이 실렸다. 보는 이에 따라 물론 다르겠고 또 읽어보면 금방 알 일이지만, 이 25편의 글 상당수는 우리에게 낯설고, 어쩌면 충격을 안겨줄지도 모르며, 또 읽어가는 동안 가슴이 답답해지면서 숨이 가빠오고 탄식을 내뱉게 하거나, 반대로 환호성을 지르게도 할 수 있는, 그런 글들이라고 감히 장담한다. 읽고 나면 세상이 전혀 다르게 보일지도 모른다. 적어도 대한민국 또는 세계의 역사와 역사적 정의正義에 대해 평소 관심이 있는 사람들에겐 특히 그럴 것이다. 막연히 알고 있던 것과 이들 글을 통해 구체적으로 접하게 될 팩트(사실)들이 안겨줄 새로운 느낌, 인식 사이에는 엄청난 거리가 있을 수 있다.

여기에 수록된 글의 대부분은 '샌프란시스코 체제를 넘어서(Beyond the San Francisco System)'라는 화두(주제)를 내걸고 동북아평화센터(소장 김영호)가 지난 몇 년간 주최한 국제학술회의에서 발표된 글들이다. 회의는 2016년 미국 컬럼비아대학에서 열린 제1차 회의를 시작으로 2019년의 제4차 회의까지 해마다 한 차례씩 펜실베이니아대학, 중국 우한대학 그리고 서울에서 각각 열렸다. 이들 회의에는 한국, 미국, 일본, 중국, 러시아, 캐나다, 호주 등 여러 나라의 전문 연구자들이 발표자, 토론자, 또는 행사 주최자 등으로 참여했다. 25편의 글은 주로 그 4차례 회의에서 발표된 글들 중에서 가려 뽑은 것이지만, 이 책을 위해 따로 청탁해서 쓴 글들도 있으며, 기왕에 발표된 글을 새로 다시 손질한 것들도 있다.

글들 중 다수는 2019년의 제4차 서울회의를 위해 준비한 것들이지만 그 전 회의 때 발표된 것들도 있다. 제4차 서울회의도 벌써 2년이 훌쩍 지나간 만큼, 최근의 민감한 정세변동을 반영하지 못한 데에 따른 한계가 있을 수 있다. 예컨대 조 바이든이 미국 대통령이 됐다거나 코로나 바이러스 팬데믹으로 6백만 명이 훨씬 넘는(2022년 3월 말 현재) 지구인들이 사망한 사실들은 여기 실린 글 작성 당시에는 아직 일어나지 않은 사건들이다. 또 판문점 회동을 비롯한 남북 및 북·미 정상들의 만남 이후의 정세가 최근처럼 바뀌게 될 줄도 발표 당시에는 아무도 알 수 없었다. 그러나 '샌프란시스코 체제를 넘어서'라는 대주제, 즉 체결된 지 70년이 넘도록 큰 변동 없이 동아시아 지역의 외교·안보·군사 및 정치·경제 질서를 규정해 왔고 앞으로도 상당기간 요지부동이거나 오히려 새로운 형태로 더욱 강화될 조짐조차 보이고 있는 샌프란시스코 체제 극복이라는 주제를 중심에 놓고 생각하면, 지난 몇 년간의 변화는 오히려 사소했는지도 모른다. 샌프란시스코 체제가 안고 있는 기본적인 문제와 그 모순구조가 본질적으로 변한 게 없다는 점에서, 여기에 담은 글들의 문제의식과 시각, 분석, 질문의 현재적 가치와 생동감은 전혀 퇴색되지 않았다고 할 수 있다.

게다가 지난 70여 년간 남북관계, 한반도와 주변국들과의 관계, 나아가 우리 일상생활까지 좌우해왔다고 해도 과언이 아닐 정도로 직간접적으로 절대적 영향을 끼쳐 왔음에도 불구하고 이 '샌프란시스코 체제'에 대해 우리 사회가 아직 한 번도 정면으로, 제대로 다뤄본 적이 없다는 점 그리고 '샌프란시스코 체제 1.0'이 '샌프란시스코 체제 2.0'으로 한층 더 업그레이드된 형태로 그 규정력을 유지·강화하고 있다는 지적까지 나오고 있는 점 등을 감안하면, 여기에 담은 글들은 오히려 여전히 매우 참신하다고 할 수 있다. 이 책은 한국에서 샌프란시스코 체제를 국제적 시각으로 다룬 첫 본격 저작물이라고 할 수 있다.

샌프란시스코 체제란 무엇인가?

그것은 2차 세계대전이 끝난 뒤 패전국이자 전범국인 일본을 상대로 전승국인 미국 등의 연합국들이 그 잘못을 규명하고, 책임을 묻고, 피해자들에게 배상하고, 다시는 유사한 범죄를 또 저지르지 못하도록 조약을 통해 강제한 전후처리 절차, 즉 강화(講和 또는 평화平和)조약과 우선 밀접한 관련이 있다. 그 조약이 1951년 9월 미국 샌프란시스코에서 체결되고 다음해인 1952년 4월에 발효됐기에 그것을 샌프란시스코 강화(평화)조약이라 불렀다. 샌프란시스코 체제란 그 조약으로 말미암은, 또는 그 조약과 동시에 체결된 미·일 안전보장조약 등을 중심으로 형성된 관계, 특히 국제관계 그리고 그것이 관련 당사국들의 정치·군사·외교·안보·경제의 작동방식을 좌우하거나 거기에 중대한 영향을 끼치고 있는 관계망 전체를 가리킨다.

앞서 얘기했듯이 원래 샌프란시스코 조약은 패전국 일본의 전쟁 책임을 묻고 단죄하고 배상하게 하고 재발방지책을 강구하는 것이어야 했다. 문제는 그렇게 되지 않았다는 데에 있다. 그 조약을 준비하고 체결에 이르는 기간은 바로 한국전쟁이 한창이던 시기였다. 미국은 그 전쟁을 자국 이익에 맞게 효과적으로 수행하고, 1947년의 '트루먼 독트린'과 1949년 중국공산당의 중국 국공내전 승리 및 중화인민공화국 건국을 거치면서 미국 등 서방세계가 경계감을 높여 오던 사회주의세력 팽창 저지라는 동서냉전 정책에서 승리하기 위해, 전범국 일본을 단죄하기는커녕 거꾸로 일본의 전쟁범죄를 눈감아주었을 뿐만 아니라 전폭적인 군사·경제 지원을 통해 일본을 미국의 동아시아전략상의 최대 동맹국으로 만들어버렸다. 근대 이후 일본의 침략과 식민지배의 가장 큰 피해자라 할 남북한과 중국은 일본이 저지른 죄악에 대해 책임을 묻고 배상을 요구할 기회조차 박탈당했다. 남북한과 중국(대만과 베이징 모두)은 샌프란시스코 조약을 체결하기 위해 소집된 회의에 초청조차 받지 못했다. 그런데 거기에 참여하지도 못한 남북한과 중국 등이 그 조약의 규정 조항들을 지켜야 할 의무가 있다며, 그렇게 하지 않는 것은 국제법 위반이라고 주장하는 것은 이상하지 않은가. 일본이 지금 그렇게 주장하고 있다.

지금까지 남북한을 비롯한 동아시아의 많은 나라와 국민들을 불행하게 만들고 있는 많은 문제들이 일본 현대사에서 얘기하는 이 역전극, 즉 역코스reverse course에서 비롯됐다. 미국은 냉전에서 이기기 위해 전범국 일본을 다시는 전쟁을 할 수 없는 평화롭고 민주적인(친미적인) 약소국으로 개조하려던 애초의 계획을 하루아침에 뒤집어 일본을 유럽의 북대서양조약기구에 버금가는 동아시아 최대 동맹국으로 격상시키고(역코스) 일본 재무장과 경제대국화를 재촉했다. 그렇게 해서 천황과 군국주의 일본의 전쟁범죄자들 대다수가 면죄부를 받고 다시 지금에 이르는 전후 일본 건설의 주역이 됐다. 따라서 그들이 그들 자신이나 선대의 전쟁범죄로 얼룩진 과거사를 제대로 보고 반성한 뒤 청산하기를 기대하기는 애초에 어려운 일이었다. 오늘날 사상 최악이라는 한·일 관계 악화의 연원도 전부는 아니지만 대부분 바로 거기에 있다고 할 수 있다. 뿐만 아니라 전범국이자 패전국인 일본 대신 분단국이 돼 지금까지 동족끼리 대립하며 민족적 에너지를 끊임없이 소모하고 있는 한반도 비극의 역사가 바로 샌프란시스코 체제와 무관하지 않고, 아무런 정당한 이유도 없이 수백만의 베트남인들을 죽음으로 몰아간 베트남전쟁 역시 그와 밀접한 연관이 있으며, 오늘날 위태로운 대만-중국의 이른바 양안 관계와 미·중분쟁, 독도와 센카쿠열도(댜오위다오), 쿠릴열도 등을 둘러싼 영토분쟁 문제, 남중국해 문제 그리고 일본 우파의 과거사 망각과 왜곡 날조로 인한 주변국들과의 불화와 전쟁위기, 항구적인 한국의 대규모 대일 무역적자 구조, 주한미군 주둔과 미군의 한국군 전시작전통제권 장악 등이 모두 샌프란시스코 체제의 산물이라고 할 수 있다. 세계에서 가장 높은 국가예산 대비 국방비를 지출(그것도 주로 북쪽의 동족을 적으로 삼아)하게 함으로써 우리가 내는 세금을 부당하게 축내고 있는, 눈에 잘 보이지 않는 괴물이 샌프란시스코 체제일 수 있다.

이 책에 수록된 글들에 자세히 나오지만, 예컨대 독도는 당연히 패전국 일본이 한국에게 돌려주어야 할 영토 중의 하나로 강화조약 초안에 명기돼 있었다. 그런데 그것이 도중에 일본 영토로 잔류하는 것으로 바뀌었다가 다시 아예 소속 여부를 묻지 않는 애매한 상태로 검토 영토 리스트에서 빠져버리는 등 오락가락 했는데, 그때의 일부 기록을 근거로 일본은 독도가 자국 영토라고 주장하고 있다. 역시 수록된 글을 읽어보면 알겠지만, 당시 일본은 독도 탈취 공작을 위해 외무성을 중심으로 집요하게 조직적으로 움직였으며, 일본을 점령·통치하던 미국의 고위관리들은 그런 일본 편을 들었다. 일본이 패전 뒤 지금까지 그렇게 주장할 수 있는 것도 바로 그 '역코스'와 그것을 체계화하고 강제한 샌프란시스코 체제 때문이다.

오늘날 일본 우익들이 강제징용 피해자나 일본군 위안부(성노예) 피해 할머니들에 대해 입에 담지 못할 말로 인격살인까지 하며, 오히려 피해자들을 돈만 밝히는 범죄자로 몰면서 한국을 국제법 위반이라고 주장하는 파렴치한 적반하장도 그 근거법이라고 할 수 있는 샌프란시스코 조약에 기댄 얘기다. 그들이 "완전히 그리고 최종적으로" 끝났다며 오히려 한국을 국제법 위반으로 모는 근거인 그 명문조항이 담긴 조약이 한·일협정이며, 한·일협정의 '모법'이 바로 샌프란시스코 조약이라고 일본 우익들 스스로 주장하고 있다.

　이 책에 실린 여러 글들은 일본 우익의 그런 주장이 얼마나 근거 박약하고 부도덕하며 몰역사적인 주장인지, 일본이 걸핏하면 입에 담는 국제법적 근거까지 들춰가며 차근차근 매우 구체적으로 반박한다. 전쟁범죄 추궁과 처벌은 국적이나 인종, 성별과는 상관없는 보편적인 인권문제이며 정의의 문제다. 그럼에도 일본 보수우익은 그와 관련한 문제제기나 해결 요구를 '반일'로 호도하며 자신들의 범죄행위를 은폐하려 한다. 전쟁범죄·인권유린 문제를 민족주의 문제로 비틀어 자신들의 책임을 피해가려 한다. 샌프란시스코 조약은 일본 보수우익의 이런 범죄적 왜곡에도 동원된다. 그럼에도 우리는 샌프란시스코 체제를 정면으로 다루고 비판하는 글 자체를 본 적이 별로 없다.

　왜 그런가?

　역설적이게도 바로 샌프란시스코 체제 때문이다. 샌프란시스코 체제의 가시적인 장치들이 그런 비판을 어렵게 하기도 하지만, 그보다는 샌프란시스코 체제가 만들고 유포한 가치 및 이데올로기, 샌프란시스코 체제가 불가피했고 절대적으로 옳다는 이데올로기가 우리 머리를 지배하고 있기 때문이다. 그 이데올로기의 핵심에 미국이 있다. 일본의 역코스를 만들어내고 샌프란시스코 체제를 구축한 것이 미국이다. 그 미국과 미국에 동조한 일본 전범들의 후예인 일본 우익들 그리고 그들에 동조한 동아시아 각국의 친일 잔재세력과 우익들이 바로 샌프란시스코 체제의 '신성가족'이다. 이 신성가족 구조를 정면으로 비판하는 것은 어려울 뿐만 아니라 위험하기도 했다. 샌프란시스코 체제와 이 체제가 사실상 보장해준 일본의 전쟁범죄 회피, 망각, 은폐라는 '봉인'의 해체는 냉전 체제의 붕괴와 함께 비로소 시작됐지만 결정타를 가한 것은 한국의 민주화였다.

　한국에서 샌프란시스코 체제와 일본의 전쟁범죄에 대한 공개적 비판이 가능해진 것은 1980년대 말에 그 절정기에 이르렀던 민주화운

동 덕이다. 오늘날의 한·일 관계와 일본 우익의 일본열도 점령이라는
역설의 단초가 됐다고도 할 수 있는 1991년 김학순 할머니의 '위안부'
실태 공개증언과 봇물을 이룬 국제적 대일 배상청구 소송들은 한국이
민주화되기 이전에는 불가능했다. 민주화운동은 한국사회를 자유롭
게 했지만 일본은 그것을 계기로 오히려 자폐적이며 자기보호적인 우
경화의 심연 속으로 빠져들어갔다.

오늘날 사상 최악이라고들 얘기하는 한·일 관계는 그런 맥락에서
이제 시작일 뿐이다. 봉인돼 있던 역사적 사실들이 세상에 드러나면
날수록 과거사 청산을 요구하는 목소리들은 커질 것이며, 한·일 관계
는 더 위태로워질 수 있다. 그것을 피하는 길은 진실의 소리들을 또 다
시 봉인해서 침묵케 하는 것이 아니라 진실을 그대로 드러내고 철저
히 과거를 반성하며 청산하는 것이다. 그러나 아베 정권 등 최근의 역
대 일본 자민당 정권은 문제를 풀어야 할 쪽은 오히려 한국이라 주장
하며 이를 완강히 거부하고 있다. 그것은 문제를 더욱 키울 뿐이다. 문
제를 풀어야 할 쪽, 즉 공을 넘겨받은 쪽은, 한국이 아니라 바로 일본
자신이다. 그리고 이 뒤틀린 판을 만든 주역인 미국이 판을 바로잡는
데 나서야 한다. 미국이야말로 봉인된 과거사의 기밀정보들을 해제하
고 사실과 진실을 드러내 역사를 바로잡아야 할 책임이 있다.

왜 그런지는, 이 책에 수록된 글들이 그 이유를 자세히 알려 줄것
이다. 다음은 수록된 전체 글들의 핵심 내용이나 주장을 이 책 목록 순
서대로 각각 요약, 정리해 놓은 것이다. 짧지 않은 글들을 다 읽어보지
않고도 그 핵심 내용이나 주장이 무엇인지 독자들이 미리 파악할 수
있게 하는 것이 책에 대한 이해와 가독성을 높이는 방편이 될 수 있겠
다는 생각에서 이런 방식을 택했다. 그런 점에서 본격적인 해제라면,
김영호 소장이 쓴 '서설'이 오히려 거기에 더 가까운 글일 수 있다.

제1부: 샌프란시스코 체제의 세계사적 성격

1) 종속주의를 넘어서 – 개번 매코맥

미국의 안보·군사적 요구에 복종하는 한편 거기에 영합하면서 미·일 동맹이 지배해온 2차 세계대전 이후의 아시아·태평양 질서의 토대인 '샌프란시스코 체제' 유지에 집착한 아베 신조 정부. 그 아베 정권과 후계 자민당 보수우익 정권들의 고질적인 문제를 그 '속국주의' 행태와 오키나와 주민들의 반대를 무릅쓰고 강행하는 헤노코 미군기지 건설의 실체를 통해 규명한다.

개번 매코맥이 보기에 아베 등 일본우익이 표방하는 민족주의적이고 역사수정주의적 경향은 일본국민, 특히 오키나와 주민의 이익이라는 관점에서 보면 미국의 요구 내지 강요에 대한 굴종이라는 점에서 실은 비민족적이며 심지어 반민족주의적이라고 할 수 있다. 매코맥은 그 구체적인 행태의 변화 추이를 1990년대 이후 지금까지 몇 단계로 나눠 살핀다. 오키나와 미군기지를 유지하기 위한 미국과 일본 본토 지배세력의 반민주적이고 강권주의적인 행태는 제국주의 시대의 식민지 경략과 별반 다를 게 없다는 것을 매코맥은 구체적인 사건·사실들을 통해 보여준다.

그 한편으로 일본 우익정권은 중국·러시아와 유라시아 대전략을 구상하는 탈미국적 움직임도 동시에 보여주고 있다는 점도 매코맥은 짚어내고 있는데, 우리는 이 점에 주목할 필요가 있어 보인다. 일본 우익은 미국과의 동맹을 우선하지만 상황변화에 따라서는 중국·러시아와도 손잡아야 할 경우까지 계산해서 움직이고 있다. 일본 우익정권의 이런 행태는 그들의 전략적 목표가 결국 예전의 '대동아공영권' 구상과 별로 다르지 않은 일본민족의 동아시아 지배구상에 맞춰져 있다는 것을 시사한다. 그 실현 가능성 여부와는 상관 없이, 그들의 그런 계산

618

과 지향 자체가 한반도의 분단을 고착화하고 전쟁 위기를 상존케 하는 쪽으로 정세를 몰아갈 위험이 있다. 미국이냐 중국이냐, 반일이냐 친일이냐는 양자택일식 사고가 위험할 수밖에 없는 이유를 이런 데서도 찾을 수 있을 것이다.

2) 올바른 해결과 화해를 위한 열쇠들 – 하라 기미에

한·일 간의 이른바 '독도문제'는 어떻게 발생했나? 유럽의 2차 세계대전 이후 체제인 얄타 체제가 붕괴한 지 30년이 지났지만, 아시아·태평양지역 전후 질서를 규정해온 샌프란시스코 체제는 유지되고 있고, 그로 인한 역내의 정치, 역사, 미확정 국경선을 둘러싼 고질적인 분쟁과 분열 또한 계속되고 있다.

'독도문제'는 샌프란시스코 조약 초기 초안에는 명백히 패전국 일본이 한국에 반환해야 할 영토 목록에 들어 있었으나, 소련의 원자탄 개발과 중국 공산화, 한국전쟁 등을 거쳐 냉전이 본격화한 데에 따른 미국의 전략 수정으로 그 귀속이 모호하게 처리됐다. 남중국해의 스프라틀리(남사)제도와 파라셀(서사)군도 등도 처음엔 중국에 귀속될 영토 목록에 들었다가 나중에 모호하게 처리됐다. 이는 이 섬들이 남북으로 갈린 한국 그리고 공산화한 중국에 귀속되는 것을 막기 위한 미국 냉전전략의 일환이었다. 하라 기미에는 이를 두고 "평화조약의 모호한 자구들은 부주의 탓도 실수 탓도 아니었다. 오히려 그런 문제들은 의도적으로 미해결인 채로 남겨졌다."고 지적한다.

이들 섬은 모두 미국이 공표한 애치슨라인 주변에 포진하고 있는데, 애치슨라인은 냉전 진행과 함께 패전국에서 미국의 최대 동맹국으로 지위가 바뀐 일본을 보호하기 위한 방어선이었다. 말하자면 이들 섬은 일본을 지키기 위한 '쐐기'들이었다. 미국의 이런 결정은 중국(베이징과 대만)과 한국(그리고 북한)을 배제한 채 이뤄졌다.

아시아·태평양의 얄타 체제는 냉전붕괴 이후에도 샌프란시스코 체제하에 여전히 유지되고 있으나, 한국, 대만 등 동아시아의 신흥공업지역과 동남아시아, 중국의 경제적 대두가 이 지역 정세를 흔들어놓으며 새로운 역내 협력 및 신뢰구축, 상호의존 관계들을 심화시켜가고 있다. 하지만 이런 변화들은 유럽에 비해 여전히 낮은 단계에 머물러 있다. 문제 해결을ᄎ 위해서는 분쟁의 근본원인을 해소해야 한다. 하라 기미에는 캐나다에서 진행 중인 캐나다 백인 이주민들과 원주민들 간의 화해를 위한 '행동 요구'와 그 실천이 참조 모델이 될 수 있다고 본다.

3) 샌프란시스코 체제를 어떻게 넘을 것인가 – 와다 하루키
샌프란시스코 체제는 한국전쟁을 계속 수행하기 위한 미국 진영을 구축하고 거기에서 일본에게 어떤 지위를 부여할지를 결정한 것이었다. 샌프란시스코 체제는 베트남전쟁 수행을 위해 확대됐다. 1960년에 미국 진영과 공산 진영 간의 군사적 적대의 주무대는 한반도에서 인도차이나반도로 옮겨갔다. 어떤 의미에서 그 전쟁은 한국전쟁의 연장이었다고 와다 하루키 도쿄대 명예교수는 지적한다.
　1965년에 미국 주도로 체결된 한·일협정을 통해 일본의 경제적 지원을 받은 한국은 지상군을 베트남에 파병했다. 베트남인들과의 전쟁에 한국인들이 매년 5만 명씩 투입됐다. 북베트남은 소련과 중화인민공화국의 지원을 받았다. 북조선도 한국과 제2전선을 조성함으로써 북베트남을 지원하고자 했다. 북조선은 1967년부터 "유격대 국가"를 건설하기 시작했으며, 1968년 1월 21일 한국 청와대를 습격하기 위한 무장 게릴라부대를 남파했다. 북베트남에는 공군 조종사들을 파견했다.
　이 체제는 결국 1972년 미국-중국 화해와 1990년대 소비에트 사회주의 체제(소련)의 붕괴와 함께 수정되기 시작했다. 하지만 그런 일

련의 사건들 이후에도 고립된 북조선과 샌프란시스코 체제 간의 대립
은 변함없이 유지됐다. 이 체제는 남북한 간의 지속적인 적대관계 유
지에도 결정적인 역할을 했다.

거꾸로 얘기하면, 이 남북 간 적대관계의 청산이 종국적으로 샌프란
시스코 체제를 무너뜨릴 것이며, 이를 통해 형성된 동북아시아 커뮤니티
가 샌프란시스코 체제를 대체하게 될 것으로 와다 교수는 내다본다.

소련 붕괴 뒤 보호막을 잃게 된 북조선은 경제적 어려움 속에 국
가 위기상황을 맞았다. 북조선 리더들은 위기 탈출을 위해 두 가지 정
책 옵션을 채택했다. 하나는 잃어버린 소련 핵우산을 대체할 자체 핵
무기 개발이고, 다른 하나는 일본과의 관계 정상화였다. 미국은 첫 번
째 옵션을 격렬히 비난했고, 두 번째 옵션은 저지하려 했다.

와다 교수는 북조선의 핵무기는 한국과 일본에 대한 미국의 핵우
산이 완전히 제거돼야 소멸될 수 있을 것으로 본다. 설사 주일 및 주한
미군이 전략 및 전술 핵무기로 무장하지 않는다 하더라도 그들은 핵
무기로 철저히 무장한 미국 군사력의 일부일 수밖에 없고 언제나 미
국 핵우산의 보호를 받고 있다는 것이다. 달리 말하면, 한반도의 완전
한 비핵화를 실현하기 위해서는 한국과 일본에 대한 미국의 핵우산을
제거할 필요가 있다는 얘기다. 따라서 주한 및 주일미군 문제에 관한
논의가 불가피하다.

북·미 평화 프로세스의 최우선 과제는 한국전쟁을 완전히 끝내고
진정한 평화를 확립하는 일이다. 그렇게 하지 않고는 샌프란시스코 체
제 속에서 살아 온 사람들은 미군이 자국에서 철수하는 것을 받아들
이지 않을 것이다.

일본인들이 아베가 내세운 일본인 납치문제 해결 3원칙을 제거할
수 있다면, 일본은 조건 없이 북과의 외교관계를 즉시 진전시키고 정
상화할 수 있다. 그 좋은 사례가 2014년의 미국-쿠바 외교관계 수립이

다. 북·일관계 정상화는 북·미협상과 한·미협상에 대한 강력한 지원책
이 될 수 있다. 그런데 미국이 이를 막아왔다.

4) 전후 아시아·태평양 국제질서에 대한 도전 – 찰스 암스트롱
2020년대 들어 미국 주도의 아시아·태평양 체제가 도전에 직면하면서
재편될 조짐을 보이고 있다. 찰스 암스트롱은 19세기 말 미국-스페인
전쟁과 2차 세계대전 이후 샌프란시스코 강화조약 등을 통해 확립된
아시아·태평양 체제와 지금 경합하고 있거나 이를 대체하려는 전략,
구상 또는 제도들을 살핀다. 그는 이들 가운데 중국 주도의 일대일로
와 러시아 주도의 유라시아경제동맹을 예로 들면서, 특히 일대일로와
아시아·태평양 체제의 특징과 차이점을 드러내고, 그 앞날을 전망한다.
　　암스트롱은 핼포드 매킨더와 앨프리드 머핸 등 지정학 비조들의
'세계섬', '중심부'와 '주변부', 육지(대륙)세력과 해양세력 등의 개념들
을 다시 불러내, 한때 수그러 들었던 지정학을 소생시키고 있는 지금
의 세계정세변화를 지정학적 관점에서 간결하게 설명한다.
　　얼핏 보기에는 미·중분쟁도 이 관점으로 바라보면 지정학의 고전
적인 충돌, 즉 해양세력과 육지세력, 림랜드(주변부)와 하트랜드(중심
부)의 충돌이 재발하는 것으로 보이겠지만, 꼭 그런 건 아니라고 암스
트롱은 얘기한다. 그는 일대일로는 흔히 지정학적 전략으로 간주되고
있으나 경제와 군사가 완전히 분리돼 있고 미국처럼 군사지배나 동맹
체제를 구축하려 하지도 않으며, 미국의 압도적 우위에 전면적인 도전
을 시도하고 있지도 않다고 본다. 따라서 일대일로가 미국 주도의 아
시아·태평양 질서와 직접적으로 경쟁하거나 반드시 충돌하는 것이 아
니라며, 둘은 상호보완적으로 공존할 수 있다는 것이 암스트롱의 생각
이다. 그러나 일대일로와 유라시아경제동맹 등의 힘이 커지면서 유라
시아 대륙이 내부적으로 통합될수록 미국 우위의 범대서양·범태평양

관계들은 쇠퇴할 수밖에 없다는 건 인정한다.

5) 일본의 제2차 세계대전 기억의 진화와 샌프란시스코 평화조
약 – 양찬

왜 일본인들은 자국이 주도한 지난 전쟁들에 대한 전후 극동 국제군
사재판소나 다른 연합국 전쟁범죄 법정의 판결을 수용했음에도 실제
로는 그것을 그대로 받아들이지 않는가? 샌프란시스코 평화조약과 전
범재판 판결은 일본의 전쟁기억의 진화경로를 바꾸지 못했고, 자신들
을 가해자가 아니라 피해자로 생각하는 전도된 의식이나 기억상실, 전
쟁미화 같은 여러 문제들을 바로잡지도 못했다. 일본의 2차 세계대전
기억은 왜 여전히 논쟁적이고 문제적인가?

이를 규명하기 위해 양찬 교수는 전쟁기억 자체의 성격과 일본 전
쟁기억의 구체적인 진화사를 살핀다. 이를 위해 역사적 맥락, 집단기
억이나 집단추모의 진화과정, 당사국들 정부 및 시민사회간의 서로 다
른 관점 등에 초점을 맞추는 사회역사적 접근 방식을 택한다.

존 다우어 등에 따르면, 천황을 전범재판에 회부하지 않고 일부
군 지도자들에게만 전쟁범죄 책임을 지운 연합국 최고사령부GHQ의
결정은 일본이 타국 사람들에게 자행한 짓을 무시하려는 강력한 대중
적 경향을 부추겼다. 일본의 전쟁기억문제 – 피해의식 – 를 만들어낸 게
GHQ 탓이라는 것이다. 하지만 3중 트라우마 – 전쟁의 고난, 패배 그리
고 외국군 점령하의 주권상실 – 로 인한 피해의식은 강제된 것이 아니
라 과거와 필사적으로 절연하려던 일본인들에게 어울리는 것이어서
그들이 자발적으로 받아들인 것이라는 시각도 있다.

1947년 이후 냉전이 시작되면서 점령당국의 개혁정책은 명백히
역코스를 타고 있었으며, 그것은 보수주의자들을 복권시켰다. 게다가
GHQ는 실용주의적 이유를 대면서, 일본이 전쟁 시기에 자행한 생물

전(세균전)과 같은 잔혹행위 일부를 은폐하기 시작했다.

1952년 4월, 미 점령군의 통치가 끝나자 일본의 보수정부는 GHQ가 도입했던 초기의 일부 민주적 개혁들을 폐기하려 했다. 그리고 일본 애국주의를 육성하기 위한 정책을 본격적으로 시작했다. 교육이 그 표적이 됐는데, 1956년 10월에 문부성은 좌파 교과서들을 줄이기 위한 교과서 검증 법령을 발표했다. 정부는 또 15년 전쟁의 국민 공동 추모와 함께 전몰자 추도식(1963년부터)과 같은 전쟁 기념일들을 활용하기 시작했다. 피해의식은 특히 히로시마와 나가사키 피폭이 국가적 서사가 되면서 더욱 만연하게 됐다.

제2부: 샌프란시스코 조약과 동북아 국가의 참가 문제

1) 샌프란시스코 평화조약과 동북아시아의 유산 – 정병준

1951년 9월 8일 샌프란시스코에서 대일 평화회담이 개최되었다. 최초 54개국이 초청되었으나, 버마(미얀마), 인도, 유고슬라비아는 불참했고, 51개국이 참가했다. 이 가운데 소련, 체코슬로바키아, 폴란드가 서명을 거부해서, 일본은 총 48개국과 평화협정을 체결했다. 이처럼 평화조약은 현상적으로는 다수 국가와 체결한 것으로 나타났지만, 본질적으로는 평화조약과 같은 날 체결된 미·일 안보조약 및 미·일 행정협정(1952)과 함께 기획된 미국일본 간의 평화조약이었다. 이후 동북아시아에는 샌프란시스코 체제라고 불리는 미국 중심의 지역질서가 구축되었다.

이 글은 샌프란시스코 조약의 특징과 성격 그리고 그것이 동북아시아에 무엇을 남겼는지를 짚는다.

정병준 교수가 정리한 샌프란시스코 조약의 특징은 다음과 같다.

첫째, 추축국의 일원이었던 이탈리아 강화조약과 비교하면 조기

강화가 아닌 지체된 늦은 강화였다. 그런데 그 때문에 징벌적인 이탈리아 강화조약과는 달리 비징벌적 조약이 됐다. 중국의 공산화와 한국전쟁 이후 체결된 평화조약에는 일본의 전쟁책임, 영토할양, 배상이 명시되지 않았다.

둘째, 미국 중심의 조약이었다. 2차 세계대전 중 연합국은 추축국과는 단독으로 강화조약을 체결하지 않는다는 전면강화 원칙에 합의했다. 그러나 미국은 1947년 이후 전면강화원칙을 부정하고 미국 주도의 단독강화를 선택했다. 그리하여 48개국이 서명했으나, 핵심은 미국일본 평화조약이었다.

셋째, 공산주의의 저지를 위한 냉전·반공 평화조약이었다. 소련은 서명을 거부했고 가장 큰 침략 피해를 당한 중국·한국은 배제되었다. 중국은 대만과 본토로 분열되어서 대표성에 논란이 있다는 이유로, 한국은 일본의 식민지였다는 이유로.

넷째, 일본은 류큐제도에 신탁통치가 실시되는 등 주권의 일부가 제약되었지만, 연합국과 적대관계를 청산하고, 미국의 안보를 제공받게 되었다. 이로써 일본은 대미 불평등 및 종속적 한계를 갖게 되었다.

다섯째, 미국 중심의 동북아시아 질서가 구축됐다. 1947년 이래 구상돼온 일본을 중심으로 한국과 대만을 정치·경제·군사적으로 위계서열화해 연결시킨다는 구상의 실현이었다.

샌프란시스코 평화조약의 가장 큰 유산은 전쟁책임 문제다. 조약문에는 왜 '평화'를 회복해야 하는지에 대한 논리적 설명이 부재했다. 전쟁책임을 묻지 않았다. 평화조약문에는 일본의 전쟁책임과 관련된 어떠한 조항도 포함되지 않았다.

이는 일본은 물론 주변 국가들에게 불행한 미래를 예견케 하는 것이었다. 일본은 추축국의 일원으로 아시아·태평양에서 2천만 명, 일본에서 3백만 명의 인명피해를 불러일으킨 전쟁의 원인제공자였으나,

전쟁책임이 명시되지 않았다. 전쟁의 책임은 도쿄재판에서 소수의 전범들에게 돌려졌고, 평화를 회복하는 과정에서 일본의 전쟁책임에 대한 국제(법)적 규정과 책임이 주어지지 않았다. 천황제가 폐지되지도 천황이 바뀌지도 않았으며, 일본은 도쿄전범재판, 연합군사령부의 점령으로 사실상 면책됐다. 일본국민들은 전쟁책임이라는 중요한 문제를 공식적으로 인식할 수 없게 됐다.

일본은 평화를 회복했으나, 동아시아 국가들에게는 새로운 일본이 아닌 침략국가의 변용이었다. 일본국민들에게는 불행했던 과거와 절연할 수 있는 공식적·국제적 기회가 상실된 것이다. 전후 일본이 아시아 국가들과 다양한 과거사 분쟁을 벌이게 된 데는 이러한 배경이 작용했다.

2) 한국 참가 문제를 둘러싼 미국과 영국의 의견 차이 – 이태진
샌프란시스코 조약 초기 초안작업 때 미국은 한국이 반드시 서명 및 비준에 참여해야 한다고 주장했다. 이태진 교수는 이 사실에 주목하고, 그것이 영국과 일본의 반대에 부딪혀 끝내 한국 배제로 낙착되는 까닭을 밝힌다.

미국은 1949년 12월에 평화조약 안을 공개하였는데, 이때 한국이 서명국으로 참가하는 것을 허용한다는 방침을 세웠다. 이에 대해 영국이 처음으로 반대 의사를 표했다. 영국은 1949년 중화인민공화국의 본토 점령에 따라 중국과의 유대 확립을 전제로 한 정책을 세우고 있었다. 1949년 12월 영국은 미국의 한국 참가 방침에 대해 반대 의견을 냈다. 한국이 1945년 이전에 일본 영토의 일부였고, 해방 후에도 주권국가로 보기 어렵다는 것을 이유로 삼았다. 그럼에도, 한국을 참가시켜야 한다는 미국의 태도는 1950년 6월 18~20일 덜레스 고문의 한국 방문 때도 달라지지 않았다.

1950년 6월 25일 한국전쟁이 발발했고, 전황이 매우 불리한 가운데서도 미 국무부는 7월에 다시 한국의 참가에 대한 호의적 검토 의사를 밝혔다. 그해 10월 하순 중국군의 한국전쟁 개입 후, 이듬해 1월 4일 중국군이 서울로 진입해 들어온 그날, 덜레스는 대일 평화조약 체결과 주일미군 병력의 강화를 통해 일본의 안보를 보장하는 조치가 동시에 시급히 이루어져야 한다는 내용의 편지를 애치슨 국무장관에게 보냈다. 미국정부는 중국군이 개입한 상황에서 소련군이 홋카이도를 통해 일본 영토로 진입하는 상황을 매우 심각하게 생각했다.

1951년 1월부터 덜레스는 두 가지 이유를 들면서 한국의 참가를 허용한다는 주장을 거듭 밝혔다. 첫째는 대한민국 임시정부가 중국의 국민당 정부와 함께 항일전선에 참가하였다는 것, 둘째는 현재 공산군과 싸우고 있는 한국의 정치적 위상을 높일 필요가 있다는 것이었다.

그러나 영국은 한국의 참여가 중화인민공화국과 소련을 자극할 것이라는 이유로 한국 참가를 반대하였다. 영국에겐 현실적으로 제국주의 시대 이래 중국과 동남아시아에서 확보한 상업적, 정치적 지분을 유지하는 것이 매우 중요하였다. 특히 중국과 홍콩이 차지하는 경제적 중요성은 매우 컸다. 이 이해관계를 보호하기 위해 영국은 중국의 새 공산정권과 호의적 관계를 유지하는 한편, 공산권의 결속을 막기 위해 중국과 소련 사이에 쐐기를 박으려 했다.

제2차 세계대전이 끝났을 때, 영국은 전면적 경제 파탄에 직면했다. 식민지 네트워크로 구성된 경제구조 탓이었다. 중국, 홍콩, 말라야 등지의 경제관계는 세계, 특히 영국에 중대한 의미가 있었다. 영국은 이미 전쟁 전에 확보한 세 지역에서의 우위관계를 재가동하여 자체 경제위기를 극복하고자 하였다. 공산주의자들에 의한 중국 지배는 '혐오스럽지만' 유대는 필요하다는 것이었다. 동시에 영국은 중국이 소련과 지나치게 밀착하는 것을 막고자 하였다.

미국의 극동정책을 담당한 덜레스는 영국 정부와 접촉한 끝에 영국과 중국의 유대 확립이 소련의 일방적 우위를 저지하는 데 도움이 된다는 판단 아래 한국 참가 카드를 버리는 길을 택하였다. 소련이 홋카이도를 통해 일본에 침공하는 상황은 미국이 가장 경계해 마지않던 것으로서, 이를 방지하는 데 영국의 정책적 판단이 도움이 된다고 생각했다. 5월 초까지도 한국이 조약 서명국으로 참가하는 것이 정치적으로 이득이 있다고 주장하던 미국이 5월 9일부터 태도를 바꾸었다. 미국은 6월 1일 참석국 명단에서 한국을 제외하고, 6월 14일 수정본에도 이를 반영한 뒤 7월 9일 한국정부에 이를 통보했다.

한국 배제는 과연 정당했던가? 샌프란시스코 대일 평화조약은 침략행위를 응징하는 평화회의가 침략행위를 정당화한 꼴이 됐으며, 전쟁범죄를 묻는 조약이 아니라 냉전체제 대응전략 차원의 일본 구하기 조약이었다.

3) 동아시아 동맹국들 간의 문제? 문제 많은 미국의 과거 – 알렉시스 더든

과거사와 관련해 한·일 간에 갈등이나 분쟁이 일어날 때 미국인들은 마치 자국과는 아무 상관없는 일이고, 그런 문제는 한·일이 알아서 처리해야 할 그들 간의 사소한 문제인 양 대수롭지 않게 취급한다. 문제가 심각해져 미국이 중재를 위해 개입할 때도 마치 자국 책임은 아니지만 양국의 간청에 못 이겨 도와주기라도 하는 듯 제스처를 취한다. 일제의 조선인 강제동원 희생자(징용공)들에 대한 한국 대법원의 배상 확정판결 이후 '전후 최악'으로 빠져들고 있다는 최근 갈등에 대해서도 마찬가지다.

하지만 알렉시스 더든이 보기에 한·일 간의 갈등과 분쟁의 주요인은 과거사 청산(역사문제)을 둘러싼 두 나라의 서로 다른 관점과 이해 때문이며, 이 문제가 이토록 악화되게 만든 데에는 양국 간 과거사 문제를 애매하게 처리하거나 일본에 대한 편애로 한국보다는 일본 쪽 주장을 주로 받아들인 미국의 책임이 크다. 미국은 2차 세계대전 전후 처리를 위한 샌프란시스코 조약에 한국과 중국을 초청하지도 않았으며, 자국이 종용했던 1965년 한·일협정 때도 일본의 침략과 식민지배 책임을 묻지 않았고, 북한을 완전히 배제시킴으로써 새로운 분쟁의 불씨를 만들었다.

더든은 비록 늦었지만, 한·일 간의 갈등과 불화를 근본적으로 해소하기 위해서는 이제부터라도 과거사(역사문제)를 제대로 청산해야 하며, 이에는 미국이 제 역할을 분명히 해야 한다고 강조한다.

그 미국의 일본 편애와 불공정, 무책임을 보여주는 대표적 사례로 더든은 전후 일본과 한·일 관계 그리고 독도문제와 한·일 국교정상화에 중요한 영향을 끼친 미군의 일본 점령통치기의 연합군 최고사령관 맥아더의 수석 정치보좌관이요 외교고문이었던 윌리엄 시볼드의 행적을 든다.

일본인을 아내로 둔 그는 자신이 경멸한 한국과 한국인들의 상태가 바로 일본의 침략과 식민지배 때문이라는 사실을 외면했고 일본의 전쟁범죄에 눈을 감았다. 한마디로 그는 매우 친일적이었으며, 한국과 한국인을 멸시하며 일본의 이익 증대를 위해 노력했다. 더든은 미 점령당국의 주요 인사들의 그런 일본 편애가 독도문제 등 오늘날의 한·일 갈등과 불화를 낳은 주요 원인들 중의 하나였다고 이야기한다.

제3부: 샌프란시스코 체제의 역사적 배경

1) 한국병합 무효화 운동과 구미의 언론과 학계 — 이태진
일본제국의 한국에 대한 영토적 야욕은 1894년의 청일전쟁 때 이미 시작되었다. 무쓰 무네미쓰 외상과 이토 히로부미 총리를 중심으로 이때 이미 조선을 보호국으로 만들려고 하였다.

　일본의 영토 침략의 야욕은 10년 뒤, 러일전쟁을 일으켜 다시 발동되었다. 1904년 2월 6일 시작된 러일전쟁 때 한반도는 일본군의 작전지역이 되어 대한제국의 국권은 이미 짓밟힌 상태가 되었다. 이에 대해 고종황제는 수교국 국가원수들을 상대로 '친서외교'를 펼쳐 이를 극복하고자 하였다. 일본의 도발을 예견하여 1903년 8월 15일　자로 러시아 황제에게 유사시 공동전선을 펴기를 요청하는 친서를 비밀리에 보낸 것을 필두로, 구미 열강에 대해 1904년 1월 중립국 선언을 통지하고, 1905년 11월 17일 '보호조약'이 강제된 후, 수교국 정부에 그 폭력성을 알리면서 외교 관계의 지속을 호소하였다. 1907년 6월 제2차 헤이그 만국평화회의에 특사를 보냄으로써 무효화 운동은 정점을 이루었다.

　황제를 중심으로 펼쳐진 투쟁은 국제법적 무효화 운동이었다. 이태진 교수는 이러한 노력에 대해 국제사회가 과연 어떤 반응을 보였는지, 특히 구미 사회의 반응에 주목한다. 이 방면의 연구 부진은 제국주의 힘의 세계에서 황제의 투쟁은 사실상 무용한 것이라는 선입견 탓이 큰데, 과연 국제사회는 실제로 한국의 무효화 운동에 대해 눈길을 주지 않을 정도로 냉혹하였던가? 아니면 우리의 선입견이 주요한 국제적 반응을 놓치게 만들고 있는 것은 아닐까?

　이 교수는 1907년 6월에 헤이그에서 열린 제2차 만국평화회의 3특사의 활동, 1919년 파리 평화회의를 계기로 한 대한민국 임시정부의 파리 대표부 및 구미 위원부의 활약, 1936년의 브뤼셀 국제평화회의 참가 등을 중심으로 구미의 언론계 및 학계의 반응을 살핀다. 이와 관련해 1935년에 발표된 하버드 대학교의 법대 교수단이 제출한 조약법에 관한 보고서가 1905년 보호조약을 '효력을 발생할 수 없는 조약'

3가지 사례 가운데 하나로 든 사실과 그 배경 설명은 특히 주목할 만하다.

1905년의 '보호조약'에서 1945년 제2차 세계대전이 종료되기까지 40년은 한국인들에게 역사상 가장 어려운 고난의 시대였다. 이 교수는 이 고난의 역사를 묶은 첫 동아줄인 '보호조약'에 대한 한국인들의 투쟁은 한시도 쉰 적이 없었다며, 그것이 세계의 지식인들과 양식 있는 정치가들로부터 뜨거운 성원을 받고 있었던 사실을 입증한다. 그 투쟁은 1900년을 전후한 국제평화운동의 조류를 타고 있었다. 1901년부터 시작된 노벨 평화상과 1920년에 창설된 국제연맹은 이 새로운 조류의 주요한 표지였다.

국제연맹은 세계대전의 재발로 실패한 역사로 간주되는 경향이 있지만 20세기 초에 시작한 인류의 새로운 역사 곧 국제평화운동의 첫 성과로서 그 역할을 높이 평가하는 견해가 설득력을 얻어가고 있다고 이 교수는 지적한다. 예컨대 상설 국제재판소는 국제관계에 보편적 법질서를 수립한 국제연맹의 유산으로 평가되고 있다. 국제연맹 이전까지 각국에 의한 구체적인 권리, 의무관계를 규정한 조약체계는 존재했지만, 국제사회 전체를 상정한 법질서는 없었다는 것이다. 국제연맹은 만주사변, 중일전쟁, 에티오피아전쟁, 소련의 핀란드 침공 등을 비롯해 대국이 일으킨 전쟁에 대해 '옳고 그름'의 판단을 내렸다. 연맹이 전쟁은 막지 못했지만, 침략전쟁을 인정하지 않았고, 가맹국 전체가 일본을 비난하고, 이탈리아에 대해 제재를 가한 사실 등을 이 교수는 주목한다. 그는 국제연맹과 국제연합을 그 승계관계에서 본다면 1905년 '보호조약'에 대한 두 기구의 국제법 관련 조직은 한·일 간 '보호조약' 및 '병합조약'이 무효라는 주장에 손을 들어주고 있었던 것이 확실하다고 본다.

2) 성급한 평화, 불쾌한 탐욕 – 김성원

1차 세계대전 뒤인 1919년에 체결된 베르사유 조약은 전쟁 발발에 대한 독일의 책임을 특정함으로써 독일에 대한 국제공동체의 단호한 태도를 반영한 것이었다. 베르사유 조약에 따라 독일 영토는 분할되었고, 전쟁범죄자의 처벌이 시도되었다. 그러나 이와 같은 혁명적 발전은 1951년 샌프란시스코 조약까지 이어지지는 않았다. 바꿔 말하면, 샌프란시스코 조약은 베르사유 조약 이전의 평화조약과 같은 유형으로 이해될 수 있다. 오늘날까지 계속되는 동아시아 영토분쟁의 주된 이유가 샌프란시스코 조약이라고 생각할 때, 베르사유 조약과의 비교를 통한 비판적 검토가 필요하다.

　　1차 세계대전 뒤 영국과 프랑스는 독일의 잔여 군사력을 파괴하기 위한 가혹하고 광범위한 조건을 형성하는 데 성공하였다. 1871년 조약으로 독일에 할양되었던 알자스-로렌은 프랑스로 반환되었다. 라인 좌안 및 우안으로부터 50km 내륙으로 향하는 지역은 비무장지대로 설정되었다. 프랑스는 또한 자르 분지의 철광에 대한 배타적 이용권을 획득하였다. 독일은 국제연맹의 조치에 따라 15년의 기간 동안 자르 분지에 대한 권리를 포기하였고, 자르 분지의 최종 결정은 국민투표에 맡겨졌다. 독일은 오스트리아의 독립을 보장했으며, 폴란드는 독일로부터 포메라니아를 획득함으로써 발틱해에 접근이 가능하게 되었다. 단찌히와 주변 지역은 국제연맹의 보호에 속하는 자유시가 되었다. 독일은 또 해외 식민지에 대한 모든 권리를 포기하였다.

　　하지만 샌프란시스코 조약은 일본이 일본의 침략 희생국에게 반환해야 하는 영토에 대하여 단지 하나의 간단한 조항만을 두고 있다. 일본이 반환해야 하는 영토에 관한 상세한 조항의 결여는 동아시아에서 계속되는 영토분쟁의 주된 원인으로 간주될 수 있다. 또 베르사유 조약은 빌헬름 2세를 포함한 전쟁 범죄자의 인도 조항을 두고 있지만,

샌프란시스코 조약은 그런 조항이 없다. 환언하면, 샌프란시스코 조약은 동아시아에서 공산주의 확산을 저지하려던 미국에게 절실했던 일본의 재건을 위해 급하게 체결됐으며, 그로 인해 전쟁피해국들의 이익은 재차 희생됐다.

3) 일본의 탈식민 프로세스 동결 해제를 위하여 – 도츠카 에츠로

일제가 '한·일합방' 조약을 체결할 때 고종과 대신들을 무력으로 협박해 체결했다는 것은 잘 알려진 사실이다. 뿐만 아니라 1910년의 그 조약의 토대가 된 1905년의 제2차 한·일협약('을사보호조약', 을사늑약)은 아예 존재하지도 않았다. 이 1905년 조약으로 조선의 외교권을 박탈하고 통감부를 설치한 일제는 사실상의 식민지배를 시작했다. 그런데 만일 이 '보호조약'이 공식 조약문조차 없는 불법이었다면, 통감부 설치 뒤의 한·일합방과 식민지배 전체가 불법일 수밖에 없다. 도츠카 에츠로 류코쿠대 교수는 바로 그 사실을 실증적 연구를 통해 재확인한다.

문제의 그 조약은 고종 황제의 재가 등 비준절차를 거치지 않았을 뿐만 아니라, 이토 히로부미 등 당시 일본 관리들은 그들의 천황에게 이를 보고도 하지 않았다. 게다가 일제가 조약을 체결한 지 한참 지난 뒤 외무성 문서로 발간한 조약 원문에는 그 제목조차 없었다. 도쓰카 교수는 이태진 서울대 명예교수가 밝혀낸 이런 사실을 확인하기 위해 일본 외무성 문서들과 관련 문서를 소장하고 있는 미국 컬럼비아대 도서관을 직접 찾아가 사실임을 재확인했다. 1963년에 발간된 유엔 국제법률위원회 보고서가 그 조약을 강압에 의해 불법적으로 체결된 대표적 국제 조약 4개 가운데 하나로 명시하고 있다는 사실도 확인했다.

도쓰카 교수는 그런 사실을 확인하고 2006년에 학술논문으로 발표하기 위해 일본 참의원 국회의원에게 논평을 부탁하며 그 초고를 보냈더니, 그 의원실은 논문을 발표하면 "테러리스트들에게 살해당할"

위험을 초래할 수 있다고 경고했다. 유엔 국제법률위원회 1963년 보고
서는 기밀문서가 아니었지만 영어로 작성된 그 문서를 일본의 언론이
나 일반대중은 모르고 있었다. 일본 외무성은 이를 알면서도 사실상
숨겼다.

　일본 역사가나 법률가들은 비준절차를 거치지 않은 조약도 합법
일 순 있다며 그 근거로 그것을 인정한 국제법을 제시하고 있다. 하지
만 그들은 "조약은 그것이 체결된 시기에 시행 중이던 국제법의 일반
규칙들에 비춰, 이른바 시제법時際法에 따라 해석되어야 한다."는 당시
국제규범을 무시한 것이다.

　4) 대일 강화조약은 무엇을 부인하는가 - 오시진
1951년의 샌프란시스코 조약을 위해 미 국무부가 작성한 준비문서를
보면, 미국은 1947년 초안에서는 일본 영토를 1894년 1월 1일 이전으
로 복귀시키고자 했다는 점을 확인할 수 있다. 오시진 교수는 1894년
1월 1일을 일본 패전 뒤의 영토반환 기산점으로 잡는다는 사안의 법
적 함의 중 하나 즉, 청일전쟁(1894년 7월~1895년 4월)이 왜 갑자기 제
2차 세계대전 이후 부정되는지(일본영토가 청일전쟁 이전으로 환원되는
지)에 대한 법적 문제를 검토한다.

　오 교수에 따르면, 대일 강화조약 1947년 초안 제1조는 "일본의 영
토 한계는 1894년 1월 1일에 현존하는 영토로 하며, 제3조 및 제5조에
규정된 수정에 따른다."고 규정되어 있다. 이 문안은 1894년 이후에 이
루어진 모든 일본의 영토 변경을 부인한다. 다시 말해 1894년 이후 모
든 일본의 영토 획득이나 변경의 결과를 부정하는 것이다.

　19세기 후반과 20세기 초에 많은 국제법학자들은 청일전쟁을 일
본 측에 정당한 전쟁으로 인식했다. 그러나 1947년 초안은 그러한 정
당성을 부인하고 있다. 따라서 제2차 세계대전 이후 왜 갑자기 청일전

쟁이 부정당하게 되었는지에 대한 해명이 있어야 한다. 다시 말해서 당시 받아들여졌던 시모노세키 조약을 갑자기 제2차 세계대전 후에 받아들일 수 없는 것으로 만든 법적 결함이 무엇인지 설명이 필요하다.

청일전쟁 선전포고를 보면 국제법적인 관점에서 무시할 수 없는 사안들이 있다. 무엇보다도 일본은 한국이 아닌 청나라에 전쟁을 선포했다는 사실이다. 청나라가 한국의 개혁을 방해함에 따라 "영원한 방해의 재앙으로부터 자유"를 실현하기 위해 일본은 1882년 청나라와 맺은 조약에 따라 군대를 한국에 보낼 수 있다고 주장했다. 한국을 피해자로. 그리고 일본이 가해자 청나라로부터 한국을 구해주려는 구조다. 이런 주장은 당시에 잘 알려진 청일전쟁에 대한 수사학적 틀이라 할 수 있다. 이 전쟁의 핵심에는 야만적인 중국이 취약한 한국의 주권과 독립을 침해한다는 담론이 있었고, 그 담론을 구실로 일본은 문명의 전쟁을 자행했다. 야만인 대 문명인의 십자군 전쟁이라 주장할 수 있었던 것이다.

이 주장은 정당했던가? '문명국'이 야만을 퇴치하고 야만과 싸우기 위해 문명의 이름으로 전쟁을 일으킬 수 있는 경우가 있었다. 바로 인도적 개입이 그것이다. 하지만 이는 청일전쟁의 경우에는 해당될 수 없었다. 당시의 국제법 기준에 따르더라도 청일전쟁은 문명 대 야만의 대립이 될 수 없었다. 정당한 전쟁이 아니었으므로, 일본은 그 전쟁으로 획득한 영토를 포기해야 되는 것이었다.

제4부: 해결되지 않은 문제들

1) 샌프란시스코 평화조약과 영토문제 – 정병준

1951년 샌프란시스코 평화조약이 체결되기 전까지 동북아시아의 다양한 섬들이 강대국의 장기판의 말처럼 취급되었다. 1945년 9월 런던 외상회의를 위해 준비된 소련의 정책문서들은 대마도를 한국에 제공하는 대신, 제주도를 러시아가 점령해야 한다는 방안을 제안했다. 1947년 8월 영연방 외상회의는 한국의 공산화를 우려해 제주도를 일본령으로 하는 방안을 고려하기도 했다. 카이로회담(1943.11)에서 루즈벨트 대통령은 장제스 총통에게 류큐(오키나와)를 돌려주겠다는 제안을 하기도 했다. 샌프란시스코 평화조약은 냉전과 반공을 축으로 한 미국 주도의 조약체제였다. 이는 이 평화가 식민지·점령지·피해국과의 평화회복이 아니었음을 의미한다.

정병준 교수의 이 글은 샌프란시스코 조약이 야기한 동북아 영토문제와 관련해 1946~49년간 일본 외무성이 제작한 영토관련 조서들이 거기에 끼친 영향과 의미에 초점을 맞춘다. 일본 외무성은 당시 일본 주변 섬들을 가능한 한 일본 영토로 부속시키기 위해 섬들에 관한 방대한 자료집(〈Minor Islands Adjacent to Japan Proper〉 시리즈)을 작성해 미국 쪽에 전달했다. 거기에 '일본해 소도서' 항목이 있고 그 중에 독도·울릉도도 포함됐다. 일본 외무성은 1947년 6월 연합국 대상으로 공식 간행한 책자에 독도가 일본의 부속도서 범위에 포함된다고 주장했다.

그 시점에서 한국은 분단이냐, 통일이냐의 갈림길에 놓여 있었다. 한국인의 자치정부는 수립되지 않은 상태였다. 한국인들은 알지 못했고, 자신의 입장을 대변할 정부를 가지지 못한 상태에서, 영토주권의 위협을 받고 있었다.

일본은 "다줄렛(Dagelet, 울릉도)에 대해서는 한국 명칭이 있지만, 리앙쿠르암(독도)에 대해서는 한국명이 없으며, 한국에서 제작된 지도에서 나타나지 않는다."는 거짓말까지 했다.

일본의 독도 관련 영토공작에 결정적인 도움을 준 사람이 미군의 일본 점령통치 시절 주일 미국 정치고문이자 연합군 최고사령부 외교국장, 연합국 대일 이사회 미국대표를 겸임했던 윌리엄 시볼드다. 그는 국무부의 대일 평화조약 초안을 검토한 후, 1949년 11월 국무부에 보내는 문서에서 독도(리앙쿠르암;다케시마)를 일본령에 놓아야 하며 기상관측소·레이더기지를 설치하는 안보적 고려를 주장했다.

그 결과 1949~1950년의 미 국무부의 대일 평화조약 초안에서는 ①1905년 일본은 명백히 한국의 항의 없이 공식적으로 영토편입을 주장하여 시마네현 오키섬 관하에 두었다. ②울릉도와는 달리 다케시마에는 한국 명칭이 없으며 한국이 그 소유권을 주장해본 바가 없다고 기록되었다. 이것은 일본 외무성 팸플릿의 내용을 그대로 진술한 것이었다. 이런 주장은 당시 미 국무부가 독도영유권을 판단하는 데 결정적인 영향을 끼쳤다.

1951년 7~8월 한국과 미국 간에 대일 평화조약을 둘러싼 협의를 진행할 때도 이 영토자료집 IV는 '객관적 자료'로 활용되었다. 미 국무부 지리전문가 보그스는 3차례에 걸쳐 리앙쿠르암(독도) 관련 보고서를 작성했는데, 유일한 문헌자료인 일본 외무성의 팸플릿에 의존했다.

그 결과 미 국무부 차관보 러스크는 1951년 8월 10일 "통상 사람이 거주하지 않는 이 바위덩어리는 한국의 일부로 취급된 적이 없으며, 1905년 이래 일본 시마네현 오키 관할 하에 놓여져 있었다. 한국은 이전에 결코 이 섬에 대한 (권리를) 주장하지 않았다."라고 썼다. 독도가 자국영토라는 일본 주장은 이런 자료들을 근거로 하고 있다. 1950년 미국 대통령특사로 임명된 존 포스터 덜레스는 간단한 조약문을 추진했고, 그 결과 각국의 이해가 엇갈리는 쟁점들은 해결되지 않은 상태로 미봉되었으며, 독도도 그때 조약문에서 아예 빠져버렸다.

2) 카이로 선언의 영토주권 문제와 샌프란시스코 조약의 한계점
　극복 – 이장희
2022년은 1943년 12월 1일 공표된 카이로 선언이 벌써 79주년이 된다.

카이로 선언은 제2차 세계대전 연합국들이 일본 패전 뒤 일본이 "탐욕과 폭력에 의해 약취한 영토"를 원래 상태로 되돌리기 위한 기본방침을 정한 합의문서다. 우리에게는 특히 "조선의 자유로운 독립"을 최초로 국제사회가 합의한 국제문서로 중요한 의미가 있다.

이 글은 카이로 선언의 핵심 내용, 특히 한국독립 관련 언급 부분의 내용과 그것이 들어가게 된 시대적 배경, 초안 작성과정, 쿠릴열도와 센카쿠열도(댜오위다오) 그리고 독도 등 오늘날 일본이 자국영토임을 주장하는 영토주권 문제와 그것이 미국이 주도한 샌프란시스코 대일 평화조약으로 어떻게 왜곡돼 결과적으로 오늘날의 영토분쟁으로 이어지는지 그 자세한 내용과 경위를 한국적 관점에서 꼼꼼하게 정리한다.

일본이 "탐욕과 폭력"으로 탈취한 영토에는 한반도 본토를 비롯하여 부속도서로서 독도도 명백히 포함됐다. 이 조항이 1946년 연합군 최고사령부 지령(SCAPIN) 677호에서는 관철되었는데, 1952년 4월에 발효(1951년 9월 체결)한 샌프란시스코 조약에서 이를 제대로 반영하지 않아 독도문제에 대한 불씨를 남겼다.

카이로 선언의 영토주권 회복 정신은 유럽에서는 준수되었는데, 동아시아에는 실현되지 않았다. 이장희 교수는 한·일 간의 독도문제 갈등과 중·일 간 센카쿠열도(댜오위다오) 갈등은 모두 카이로 선언 합의내용이 제대로 이행되지 않은 데서 연유한다고 본다.

1900년 10월 24일 대한제국 칙령 41호에 의해 독도가 포함된 울릉도를 편입한 조치는 현대 국제법상 실효적 지배 조치였다. 다시 말해 1905년 일본 시마네현 고시 제40호에 근거한 무주지 선점조치 5년 이전에 이미 조선정부는 독도 영유권의 실효적 지배조치를 취했다. 1900년 이후 독도는 이미 무주지가 아니었던 것이다. 그런데 1904년 러일전쟁에서 승리한 일본은 독도의 군사적 중요성을 깊이 재인식하고 독도 편입을 서둘러 '선점 조치'한 것이다. 그것도 일본 중앙정부도 아니고 지방정부인 시마네현이 고시한 것이었다. 일본의 이런 독도 '선점 조치'야말로 국제법 위반이라고 이 교수는 지적한다. 독도가 무주지가 아닌 점, 선점의 주체가 중앙정부가 아니고 지방정부인 점, 이해관계국인 한국에 통보해주지 않은 점 등이 모두 위반사항이다.

일본의 독도 편입 조치는 1905년 러일전쟁 승리—1907년 정미조약—19010년 한·일 강제병합이라는 정치 수순을 진행시켜 조선을 장악하고, 러시아와 중국을 견제한 뒤 조선을 식민지로 강제합병하기 위한 일련의 시나리오에 따라 진행된 것이다.

카이로 선언 자체는 법적 구속력이 없지만, 일본이 카이로 선언 내용을 수용한 항복문서를 수락(1945.9.2)함으로써 일본에 대해 법적 구속력을 가진다. 특히 독도의 영유권 권원과 관련하여 이 카이로 선언의 영토주권 회복 부문은 포츠담 선언(1945)-SCAPIN 677호(1946)-대일 평화조약(1952)으로 이행되고 연결되었으며, 한국정부 수립 뒤 법적으로 소급하여 우리나라에 귀속된 것으로 볼 수 있다고 이 교수는 얘기한다. 다시 말해 1952년 4월 샌프란시스코 대일 강화조약 발효 이후 일본으로부터 분리된 독도는 '통치권'과 '영유권'의 양대 요건을 모두 갖추어 대한민국에 법적으로 소급하여 귀속됐다는 것이다.

이 교수가 보기에 한·일 간의 문제를 근본적으로 해결하기 위해서는 일본 우익세력에 기반한 자민당 우파정부의 정책이 혁명적으로 바뀌어야 한다. 이에는 일본 주류사회의 역사인식 제고와 전환이 관건이다. 따라서 이 문제를 한·일 양국 정부라는 국가 차원에만 맡겨 두지 말고 한·일의 깨어 있는 시민단체들이 주도적으로 정부와 국민 그리고 국제사회를 설득하는 데 적극적으로 나서야 한다. 이를 위해 이 교수는 가칭 '1951년 샌프란시스코 체제 극복 동아시아 NGO 평화 네트워크'를 결성하자고 제안한다.

3) 1951년 샌프란시스코 평화조약이 한반도에 미친 영향 – 강병근
2차 세계대전 전후 배상과 관련해서 일본 최고재판소가 샌프란시스코
대일 평화조약을 근거로, 샌프란시스코 회의와 조약에 참석하지도 못
한 국가들까지 그 적용 대상으로 삼아, 재판을 통해서는 배상을 청구
할 수 없다고 한 것은 논리의 비약이다. 강병근 교수에 따르면 먼저 조
약법상, 조약의 당사국이 아닌 제3국은 해당 조약의 내용과 조건을 이
행할 의무를 전혀 부담하지 않는다. 다만, 조약 규정에서 조약 당사국
들이 제3국에게도 혜택을 부여하기로 하는 경우에는 조약 규정의 내
용에 따라서 제3국은 혜택을 누린다. 그러나 이 경우에도 제3국이 그
러한 혜택을 누릴 의도가 있는 경우로 제한된다. 즉, 특정 조약에서 제
3국에게 의무를 부과할 경우에는 그러한 의무를 수락하고자 하는 의
도가 제3국이 명시적으로 표명해야 한다. 대일 평화조약 제21조에 따
라서 ‘Korea/(조선)朝鮮’이 혜택을 누린다면 말 그대로 혜택이 되어야
하는 것이고, ‘의무’를 부과하는 것이 될 수 없다. 참석하지도 못한 조약
을 근거로 배상받을 권리를 부정하는 것은 혜택이 아니라 의무를 강
제하는 것이다.

또 일본정부는 일본과 ‘Korea/朝鮮’ 사이에는 전쟁 사태가 없었기
에, ‘Korea/朝鮮’ 국민이 전쟁 사태로 인하여 당한 손해라는 것도 없다
고 주장한다. 일본최고재판소의 2007년 판결은 그것을 이유로 삼아 일
본이 수행한 전쟁 행위로 인하여 피해를 당한 강제징용 피해자와 성
노예 피해자들이 일본 국내 법원을 통해서 사법적 구제를 구할 수 있
는 여지를 원천봉쇄하였다. 이 판결에서 유념해야 할 사항은 일본 최
고재판소가 강제징용 피해자와 성노예 피해자들이 주장하는 손해배
상 청구는 전쟁 사태에서 야기되었거나, 전쟁 수행 중에 발생했다고
판시한 점이다. 이는 전쟁 사태가 없어 배상할 손해도 없었다는 앞의
주장과 모순된다.

이승만 전 대통령은 1904년 2월 23일 대한제국과 일본 간 동맹조약을 통해서 주권을 자발적으로 포기했다는 주장에 반대하면서, 러일전쟁 뒤에도 일본군이 한국에서 철수하지 않은 것은 1904년 동맹조약 제3조를 명백히 위반한 것이라 지적했다. 왜냐하면, 그 조문은 대한제국의 독립과 영토보전을 보증하는 것을 조약체결의 목적으로 삼았기 때문이다. 대한제국 황제 고종도 공식적으로 일본이 주장하는 보호령을 잘못된 것이라고 선언하였다. 고종 자신이 그에 동의하지 않았고, 자신의 정부가 대한제국의 독립을 저해하는 어떠한 문서 비준에도 자발적으로 동의한 적이 없었기 때문이다. 1910년 8월 22일 병합조약도 마찬가지다. '불법에서 법적 권리가 발생하지 않는다'는 원칙에 따르면, 1910년 조약은 불법이기에 1910년부터 1945년까지 일본의 지배는 효력을 가졌다고 할 수 없고, 1945년 연합국이 점령한 이래 1952년 대일 평화조약이 발효할 때까지 한반도에 대해서 잔존 효력을 가졌다고 할 수도 없다.

4) 동아시아에서의 식민주의 전후 처리와 남겨진 문제 – 쉬융
"미국 주도로 1951년 9월 8일 강화조약이 체결되었다. '샌프란시스코 조약' 체결 이후 일본의 옛 군국주의 및 식민주의 죄과에 대한 추궁은 거의 중지되었고, 수많은 전범과 각 사회 영역의 식민주의자들은 관용과 면책의 기회를 얻어 전후 일본 각계에서 자신들의 특별한 역할을 또다시 발휘하게 되었다. 미국의 보호 아래 일본은 패전국이라는 딱지를 떼고서 주권국가의 지위를 새롭게 획득해 점차 동아시아 대국의 대오에 들어서게 되었다. 일본학자 이오키베 마코토, 사카모토 가즈야 등의 기술에 따르면, '미국 측이 일본에게 관대한 강화조약의 초안을 제시했을 때 일본 측 회담 참가자들은 기뻐서 미칠 지경이었다'고 한다. 총리 요시다 시게루가 강화조약에 사인하며 희희낙락하던 모습은

깊이 생각할 거리를 남겨 주었다."

쉬융 베이징대 교수는 미국이 일본과 체결한 샌프란시스코 조약 체제를 중국이 어떻게 평가하고 있는지를 이 글에서 매우 간결하고도 명확하게 정리하고 있다. 샌프란시스코 조약은 일본의 식민지 문제 해결과 관련해 국제법상 법리적 근거가 없어 인정할 수 없으며, 오키나와(류큐) 귀속문제도 여전히 확정되지 않은 미해결 문제로 남아 있다는 것이 그의 생각이다.

"미국은 샌프란시스코 회의를 주도하면서, 일본이 강점했던 광활한 식민지를 처리하는 데 있어서 미군의 전략적 이익을 최우선 고려 사항으로 삼았다. (…) '샌프란시스코 조약'은 중국과 소련 등 관련 대국이 참가하고 인정하지 않았으므로, 반파시즘 국가들이 대일 강화협상을 전면적으로 맺은 합법적인 조약이 아니라 그저 미국 등 몇몇 국가가 자국의 전략적 필요에 따라 체결한 일방적인 조약일 뿐이다. 이런 단편적인 조약에 근거해 근대 일본 군국주의 전쟁의 죄과를 추궁하고 이로써 일본의 식민지 문제를 해결하는 것은 국제법상 충분한 법리적 근거가 없다."

중화인민공화국 정부는 1951년 9월 18일 다음과 같은 성명을 발표했다. "미국정부가 샌프란시스코 회의에서 중화인민공화국의 참여 없이 강압적으로 체결한 일본에 대한 일방적 조약은, 전면적인 조약이 아닐뿐더러 진정한 조약이 아니다."

미국과 일본의 '오키나와 반환 협정'도 미·일 양국의 행위에 불과해 "양국이 사사로이 주고받은 행정권으로는 류큐 주권의 귀속 문제를 최종적으로 해결할 수 없다."고 쉬융 교수는 지적한다.

제5부: 강요된 한·일 65년 체제

1) '샌프란시스코 체제'의 재심으로서의 한·일 과거청산 – 김창록

한·일 간의 '역사갈등', 과거사 청산 문제는, 일본의 식민지배가 종식된
지 70년이 지나도록 해결되지 않은 과제로 남아 있다. 1965년에 양국
간 국교가 정상화되었지만, 그 과정에서도 그 문제는 충분히 다루어지
지 않았고, 오히려 애매한 상태로 봉합되었다. 1990년대 이후 한국의
식민지배 피해자들이 피해 구제를 적극 호소하고 나서면서 재연된 그
문제는, 이후 많은 추가적인 문제들을 파생시키면서 한·일 관계의 핵
심적 과제로 자리잡았다. 게다가 2018년 4월 27일의 '판문점 선언' 이
후 북한과 일본, 나아가 한반도와 일본 사이의 과거청산 문제는 새로
운 국면을 맞고 있다.

김창록 교수는 한·일 간의 이런 과거청산 문제와 그것을 둘러싼
갈등과정은 샌프란시스코 체제와 밀접한 연관이 있을 뿐만 아니라 그
체제의 문제점을 선명하게 드러내는 것이라고 보고, 그 법적인 측면에
초점을 맞춰 문제를 재점검한다.

김 교수가 보기에 샌프란시스코 조약은 일본의 전쟁책임을 묻기
위한 것이었으나, 한반도에 대한 일본의 식민지배에 대한 책임을 추궁
한 것은 아니었다. 한·일은 1951년 9월 샌프란시스코 조약 체결 약 1달
뒤인 그해 10월 21일, 연합군 최고사령부 외교국장 윌리엄 시볼드의
중개로 국교정상화 예비회담을 시작했다. 이는 냉전이 격화되는 가운
데 동북아의 최전선인 한국과 일본의 관계 정상화가 필요했던 미국의
강한 요청이 반영된 결과였다.

일본의 침략 및 식민지지배에 대한 책임을 추궁하기 위해 일본의
재판소에 제기된 소송의 건수는 총 100여 건에 이른다. 그 중 90여 건
의 소송이 1990년대 초 이래 진행되었거나 진행 중에 있으며, 다시 그

중 절반가량이 대한민국 국민에 의해 제기된 소송이다.

강제동원 피해자(징용공) 등의 대일 배상 청구소송에 대한 일본 재판소의 최종입장은 '청구권은 실체적으로는 소멸되지 않았지만 소권이 소멸되었으므로 재판상으로는 구제받을 수 없다. 다만 채무자가 자발적으로 대응하는 것은 가능하다'라는 것이다. 이것은 재판소 자신은 문제에서 발을 빼면서 가해자인 일본정부나 일본 기업에게 자발적인 대응을 하는 것은 괜찮다며 공을 넘기는 것으로서, 이른바 '자발적인 대응'이 없으면 피해자들은 어떠한 구제도 받을 수 없다는 점에서 일본정부의 사실상의 실체적 소멸론과 다름없다는 것이 김 교수의 판단이다.

샌프란시스코 조약은 국제사회의 일본에 대한 심판의 판결문이었다. 그런데 그 판결문에서 일본의 식민지지배 책임은 빠져 있었다. 샌프란시스코 조약을 토대로 하는 미국 중심의 제2차 세계대전 이후의 체제는 그래서 일본의 식민지지배 책임이라는 과제를 '봉인'한 것이었다. 그리고 그 '봉인'은 냉전이 이어지는 동안은 유효했다. 하지만, 냉전이 붕괴되고 그와 함께 냉전의 하부구조인, 대한민국을 포함한 아시아의 권위주의 체제가 붕괴되면서 그 '봉인'은 더 이상 유지될 수 없게 되었다. 대한민국의 식민지지배 피해자들이 그 '봉인 해제'에 나섰으며, 일본과 미국과 한국에서 그들이 제기한 소송들은 그 '봉인 해제'를 위한 지난한 과정이었다.

일본의 재판소는 '소권의 소멸'이라는 궁색한 논리로 그 '봉인'을 유지하기 위해 안간힘을 썼다. 미국의 법원 또한 '정치적 문제'를 이유로 판단을 유보함으로써 그 '봉인'의 유지에 동참했다. 대한민국 헌법재판소의 결정과 대법원의 판결은 그 점에서 특별히 주목된다. 그것은 샌프란시스코 조약에 의한 '봉인'을 60년이 지난 시점에서 해제하고 나선 것에 다름 아니다.

2) 일제하 반인도 범죄 피해자와 1965년 한·일 청구권협정 — 백태웅

"일본은 위안부 소녀상을 철거하기 위해 외교력을 집중할 것이 아니라 위안부 소녀상을 도쿄 한가운데 세우고, 강제징용 노동자들의 처절한 죽음과 실종과 그들의 고통스러운 청춘시절을 추념하는 식민지 지배를 반성하기 위한 박물관 등을 통해 지속적으로 일본국민들을 일깨우고 한국 국민들과 대화를 시도해야 마땅할 것이다."

백태웅 하와이대 교수가 일본군 위안부문제, 또는 인권문제를 바라보는 기본시각이 이 인용문에 압축돼 있다. 백 교수는 2021년 1월 8일 고 배춘희 할머니 등 일본군 위안부 피해자 12명이 일본정부를 상대로 제기한 손해배상 청구 소송에서 서울중앙지방법원 민사34부(재판장 김정곤)가 내린 판결에 대해 다음과 같이 평가했다.

"법원은 일본군 위안부 사건 행위가 계획적, 조직적으로 광범위하게 자행된 반인도적 범죄행위로서 국제 강행규범을 위반했으며, 국가의 주권적 행위라고 할지라도 국가면제를 적용할 수 없고, 예외적으로 한국 법원에 피고에 대한 재판권이 있다고 판단하였으며, 그에 따라 일본은 군위안부 피해자 1인당 1억원씩 배상하라는 판결을 내렸다. 이 판결은 우리 헌법과 법질서에 기초하여 한국 법원이 키워온 적극적 인권 옹호 의지에 근거하여, 국내법의 원리와 국제법 및 국제 관습법의 현재 발전 상태를 두루 고려하며, 일본군 위안부 피해가 국제 관습법 상의 주권면제의 제한성의 구체적 사례가 됨을 확인하여 인권 재판에서 커다란 성과로 자리매김될 수 있을 것이다."

백 교수는 서울중앙지법의 판결은 한국이 주장하는 일본의 책임에 대한 국내법적, 국제법적 근거를 분명히 정리해주고 있다며, 이 판결이 "반인도범죄 및 전쟁범죄에 대해 보편적 관할권을 인정하고, 인권침해의 구제에 적극적으로 대응해 온 벨기에, 스페인, 이탈리아 등 여러 나라의 새로운 인권판례와 같은 맥락에 서있으며, 2차대전 후 시

작된 인권보호 및 구제조치의 확대추세를 반영한 주목할 만한 판결"
이라며 매우 높이 평가했다. 그는 특히 뉘른베르크 전범재판소, 유고
및 르완다 전범재판소, 세계 각국에서 진행되어 온 국제재판소들, 최
근 현직 국가원수에 대한 제소를 승인한 국제형사재판소에 이르기까
지, "국제사회가 인정하고 발전시켜온 국제인권법의 원칙에 비추어,
한국 법원의 인권 보호를 위한 노력을 그대로 보여주는 이정표이며,
법원의 입장에서 인권보호를 위한 자랑스러운 선례"가 될 수도 있는
판결이라고 평가했다.

　　그러나 2021년 4월 21일, 이용수 할머니와 고 곽예남 할머니 등 위
안부 피해자들과 유족 20명이 일본정부를 상대로 낸 손해배상 청구 소
송에서, 서울중앙지법 민사15부(재판장 민성철)는 대한민국 법원이 이
사건에 대한 재판권을 갖지 않는다는 정반대의 판결을 내렸다. 이 판결
에 대해 백 교수는 "주권면제와 관련한 국제규범을 매우 단순하고, 협
애하게(좁게) 판단하고, 대법원 판례상 주권면제를 인정하는 주권적 행
위를 기계적으로 정의하여, 일본의 군위안부 사건에 대해 한국 법원이
관할권을 갖지 않는다는 판단을 했다."며, 특히 한국 대법원의 판단이
법정지국法廷之國 영토 내 불법행위라 하더라도 그 행위가 주권적 행위
라면 국가면제가 인정된다는 것으로 규정하고, 기존의 국가면제에 관
한 국제 관습법을 전제한 것이라고 판단했다고 지적했다. 그에 따라 일
부 국제협약 또는 개별 국가의 입법이 있는 것을 인정하지만 기존의
국제 관습법이 변경되지 않았으므로, 일본군 위안부 사건과 관련한 일
본의 주권면제는 부정되지 않는다고 판단한 것은 "매우 부적절"한 것
이라며, "한국 법원이 사상 유례 없는 반인도범죄의 피해자의 구제수단
을 마련하는 과제를 근본적으로 부정하는 데서 출발하고 있어서, 인권
을 도외시하고 있는 기계적인 판결"이라고 강도 높게 비판했다.

　　그는 "(일본)정부가 청구권 협정을 자의적으로 하는 데서 그치는

것이 아니고, 나아가 전쟁범죄 반인도범죄의 피해자들이 해당 기업을 상대로 인권유린에 대한 배상과 보상을 요구하지 못한다고 주장하며 나서는 것이 도리어 국제법에 반하는 행위"일 수 있다며, "국제법과 국제인권법의 최근 경향에 비춰보면 용납할 수 없는 잘못된 국가주의적 접근"이라고 비판했다.

3) 샌프란시스코와 1965년 한·일협정에서 지금까지 — 노정호

한·일국교를 정상화한 1965년 한·일협정에는 전쟁이 종결됐음을 선언하는 명시적 구절이 없다. 이는 일본과 중화인민공화국과의 1978년 평화우호조약, 1952년 중화민국(대만)과의 중일 평화조약 그리고 1956년 소련과의 외교관계 회복을 공표한 일소 공동선언이 모두 일본과의 전쟁상태 종결을 명시하는 구절을 담고 있는 것과는 대조적이다. 이것은 한국의 국제법적 지위가 일본의 식민지로서 일본제국의 일부였기 때문에 교전 당사자가 될 수 없다는 일본 쪽 주장을 뒷받침하는 근거로 활용돼왔다. 이는 또한 교전 당사자가 아닌 한국은 전승국(연합국)의 일원일 수 없으며, 샌프란시스코 조약 서명국이 될 수 없다는 논리로 이어진다. 한국이 평화조약을 위한 협상과 회의에 초청받지 못한 것을 정당화하는 논리적 근거가 되는 것이다.

"1965년 청구권협정 제2조는 이렇게 돼 있다. '두 체약국은 두 체약국 및 그 국민(법인을 포함)의 재산, 권리 및 이익과 체약국 및 그 국민 사이의 청구권에 관한 문제가, 1951년 9월 8일에 샌프란시스코시에서 서명된 일본국과의 평화조약 제4조(a)에 규정된 것을 포함해서 완전하고 또 최종적으로 해결됐음을 확인한다.' 일본의 입장은 일본의 주권 회복과 2차 세계대전의 법률적 종결이 1952년의 조약 발효와 동시에 실행됨에 따라, 2차 세계대전 이후 그 법률적 의무는 샌프란시스코 조약의 지배를 받게 된다는 것이었다."

아베 신조 정권을 비롯한 역대 일본 자민당 보수우익정권들이 강제징용 피해자들(징용공)과 일본군 '위안부' 피해자들 소송과 관련해 "완전하고 또 최종적으로 해결됐음을 확인."한다며, 따라서 일본은 책임이 없으며 공은 이제 한국 쪽으로 넘어갔다고 주장하면서, 배상을 명한 한국 대법원의 확정판결과 이를 번복시키지 않는 한국정부가 국제법을 위반하고 있다고 줄기차게 주장하는 근거도 여기에 있다. 그러나 이는 사실이 아니다. 노정호 교수는 국가의 외교적 보호권, 강행규범 등의 국제규범을 통해 반론한다.

제6부: 아시아·태평양 미래 질서의 전망

1) '샌프란시스코 체제'를 넘어서 어디로? - 이종원

이종원 교수가 보기에 동아시아에서 샌프란시스코 체제는 냉전체제와 동의어다. 샌프란시스코 강화조약 자체가 한국전쟁의 발발을 계기로 성립되었으며, 이후 냉전대립에 의해 분열된 동아시아 지역질서를 구조화시킨 것이었다. 그 과정에서 일본의 전쟁 및 식민지 지배의 책임과 청산이라는 역사적 과제가 실종되어 많은 문제를 지금까지 남기고 있다. 과거의 전쟁과 대립을 해소하지 못했을 뿐만 아니라, 이에 더하여 "냉전"이라는 세계적인 이데올로기 대립이 밀려오면서, 동아시아의 탈식민지화 과정이 새로운 전쟁과 분쟁으로 격화되었다.

 이 글에서 이 교수는 "샌프란시스코 체제를 넘어서"라는 취지에 입각해서, 이러한 지역내 대립과 분단을 극복하고 '동아시아'를 하나의 지역으로 형성하려는 움직임에 초점을 맞춘다. 구체적으로는 1990년대 말에서 2000년대 초에 걸쳐 아세안(동남아국가연합)과 한·중·일 협력을 토대로 제기된 '동아시아 공동체 구상'을 중심으로 그 경위와 현황 및 전망을 살핀다. 유럽연합 결성에 이르는 유럽의 경험과 지역형성의 이중적 과제, 샌프란시스코 체제와 '아시아·태평양'의 대두, '동아시아'와 '아시아·태평양'의 경합, '동아시아 공동체' 구상의 대두, '동아시아'를 둘러싼 분열과 각축, 기로에 선 '동아시아'―'유라시아'와 '인도·태평양'의 경합 등이 그것이다.

이 교수는 한국이 포함되는 지역 개념이 1960~1970년대의 '아시아·태평양', 1990~2000년대의 '동아시아'를 거쳐 최근의 '인도·태평양'에 이르기까지 변천해온 과정의 역사적 의미와 그 배경에 있는 국제정치적 역학을 살피면서, 몇 가지 논점을 제시한다. 지역질서 면에서 샌프란시스코 체제를 넘어서려는 움직임은 1970년대 이후부터 나타나기 시작해 '동아시아 공동체' 구상으로 구체화되었지만, 이후 미·중 간의 '신냉전' 대립 구도가 표면화하고, '동아시아'를 둘러싸고 서로 다른 지역질서 구상이 경합하면서 지금 하나의 분기점을 맞고 있다는 것이 김 교수의 진단이다.

이런 움직임의 끝은 낙관적이지만은 않으며, 오히려 더 큰 위험 쪽으로 향하고 있는지도 모른다. 이 교수는 아베 정권 이후 자민당 우파정권이 추진하고 있는 '자유롭고 열린 인도·태평양(FOIP)' 전략에 대해 언급하면서 이를 '샌프란시스코 체제 2.0'이라는 새로운 냉전(신냉전) 버전으로 읽어낸다.

2015년 4월 당시 일본 아베 총리는 미국 의회에서 연설을 했다. 제2차대전 종결 70주년이라는 의미도 담았던 연설 후반부에서 아베는 "일본과 미국은 여타 뜻을 같이 하는 민주주의 국가들과 함께 최후에는 냉전에 승리했다."고 강조했다. 2차대전을 기준으로 하면 일본은 '패전국'이지만, 냉전을 기준으로 하면 일본은 미국과 더불어 '전승국'이 된다는 논리다. 따라서 '전승국'으로서 새로운 질서 구축에도 '책임'이 있다는 것이었다. "태평양에서 인도양에 걸친 넓은 해역을 자유롭고 법의 지배가 관철되는 평화의 바다"로 만드는 중심적인 역할이 미·일

동맹에 있다는 점을 그는 역설했다. 이는 FOIP 구상의 토대를 이루는 논리이기도 하다.

이 교수는 이런 논리에 근거한 '인도·태평양' 구상이 '냉전' 논리를 토대로 동아시아 지역에 새로운 분단을 초래한다는 점에서, '샌프란시스코 체제 2.0'의 시도일 수도 있다고 본다. 이전의 샌프란시스코 체제가 미국 주도로 추진되고 일본이 반사적 이익을 수동적으로 향유했다면, 이번에는 일본 자신이 더욱 적극적으로 '신냉전'의 지역분단을 추진하고 있다는 점에서 지역에 미치는 영향은 한층 심각할 수 있다.

이런 '샌프란시스코 체제 2.0'의 시도가 이전과 마찬가지로 역사청산 문제와 직결되어 있는 점에도 주목할 필요가 있다고 이 교수는 지적한다. 2015년 8월 전후 70년을 맞아 발표한 '아베 담화'에서도 아베는 주로 미국과 중국에 대한 침략전쟁에 대한 "반성과 사죄"를 표명하면서도 식민지지배는 오히려 정당화하는 이중적 태도를 보였다. 강제동원 피해자(징용자) 배상청구 소송에 대한 한국대법원의 확정판결 이후 아베 정권이 이를 '국제법 위반'이라며 보인 신경질적인 반응도 그 연장선상에 있다고 할 수 있다. 이 교수는 아베 정권 8년을 통해 일본이 역사인식 면에서 큰 전환을 한 것은 대외적인 '신냉전' 전략과 밀접한 관계가 있다고 본다.

2) 아베 '개헌'을 '독려'한 아미티지 리포트 – 우치다 마사토시

더욱 노골적으로 진행되고 있는 일본의 재무장 강화 뒤에는 미국이 있다. 일본은 헌법으로 군대의 보유와 전쟁 포기를 명시적으로 선언한 나라다. 그래서 일본의 헌법을 '평화헌법'이라고 하고, 일본 스스로 '평화국가'임을 자처해온 근거도 거기에 있다. 하지만 아베 신조 정권 때 '평화헌법'의 근거가 완전히 무너졌다. 군대 보유와 전쟁을 부정한 헌법 조항(제9조)은 여전히 살아 있으나, 자국에 대한 직접적인 공격에

대해 오직 방어만 할 수 있다는 기존의 '전수방위專守防衛' 원칙은 유명무실해졌다. 해상자위대는 사실상 세계 최강의 해군 가운데 하나이며, 일본은 자국에 대한 직접적인 공격이 없더라도 스스로 명백한 위협을 받고 있다고 판단하거나 동맹국이 공격을 받을 경우 전쟁을 벌일 수 있으며, 선제공격까지도 할 수 있게 됐다.

아베 정권은 이를 위해 집단적 자위권 행사(전쟁) 용인에 관한 각의결정, 안전보장상의 정보 누설을 이유로 단속하고 처벌할 수 있는 특정비밀보호법 제정, 무기수출 금지 완화 등의 조치를 취했다. 헌법 개정 없이 사실상 전수방위 원칙 및 군대보유·전쟁포기 조항을 폐기해버린 '헌법 해석변경'이라는 '쿠데타'를 통해 '평화헌법'을 유명무실하게 만들어버린 것이다. 우치다 변호사는 일본 우익 정권의 이런 '쿠데타' 뒤에 미국이 있다고 지적한다. 그 근거로 그는 2000년 10월에 발표된 미·일동맹 관련 보고서 〈미국과 일본, 성숙한 파트너십으로〉(미국 국방대학 국가전략연구소 아미티지 리포트. 제1차 '아미티지 리포트') 이후 2020년 12월까지 5차례 발표된 〈아미티지 리포트〉를 들면서, 그 내용과 일본의 군사·안보정책 변화간의 상관관계를 구체적인 비교·분석을 통해 밝히고 있다.

우치다 변호사는 아미티지 리포트를 미국 군수물자 수입을 근간으로 한 일본의 군비확장과 군수경제 부활, 미군과 일본군의 통합(일체화)을 통해 대중국·북한·러시아 견제를 비롯한 인도·태평양 패권 유지 및 강화를 꾀하는 미국 매파의 집요한 압박과 종용 그리고 그들과 한패가 된 일본 우익의 합작품으로 보고 있다.

3) 영토분쟁은 차치하고 동북아의 협력과 발전을 추진하자 — 후더쿤
"폭력과 탐욕으로 약탈했던 모든 지역에서 일본을 축출한다."

제2차 세계대전 연합국이 1943년 12월에 발표한 '카이로 선언'과 1945년 7월에 발표한 포츠담 선언은 전후 일본의 영토 처리에 대한 기본적인 원칙을 확정지었다. 거기에는 첫째 제1차 세계대전 시작과 함께 일본이 태평양에서 침탈·점령한 모든 도서지역에 대한 권리 박탈, 둘째 만주와 대만, 펑후제도 등 일본이 침탈한 중국 영토 반환, 셋째 조선의 독립 그리고 서두에서 인용한 폭력과 탐욕으로 약탈했던 모든 지역에서 일본을 축출한다는 것이 네 번째 조항이었다. 여기서 "폭력과 탐욕으로 약탈했던 모든 지역"은 "메이지 유신 이후" 일본이 빼앗은 땅을 가리키며, 여기에는 류큐(오키나와), 독도(다케시마) 등이 포함된다고 후더쿤 중국 우한대 교수는 지적한다. 말하자면 애초 전승국(연합국)들의 전후 처리에서 독도와 센카쿠열도(댜오위다오)는 물론 오키나와까지도 한국과 중국에 돌려주게 돼 있었다.

그러나 아시아·태평양 지역에 대한 지배적 지위를 차지한 미국이 이 연합국간 합의를 지키지 않는 바람에 카이로 선언 등의 영토조항은 약속대로 이행되지 않았다. 후더쿤 교수는 이로 말미암아 일본과 관련한 아시아·태평양지역 영토분쟁의 씨가 뿌려졌다고 본다. 미국은 연합국 중 어느 한 나라도 일본과 단독으로 강화조약을 맺지 않기로 한 약속을 어기고 일방적으로 일본과 강화조약을 체결하면서 전쟁의 주요 당사국이자 피해국들인 중국(베이징+대만)과 한국(남북한)을 아예 초청하지도 않았다. 중국(베이징)은 따라서 샌프란시스코 조약 자체를 인정하지 않는다. 따라서 센카쿠열도(댜오위다오)가 자국 영토라는 일본의 주장도 근거가 없다. 독도도 마찬가지다.

후 교수는 영토분쟁의 해법으로는 협력과 원원이 가장 현실적인 방법이며, 이를 통해 동북아시아가 샌프란시스코 체제의 속박에서 벗어나야 한다고 주장한다.

4) 포스트 샌프란시스코 체제와 한반도에서 중·미의 전략적 상호
작용—스위안화

트럼프 대통령이 김정은과 전격적으로 만난 것은 북·미관계 개선보다
는 자신의 외교적 성과를 과시하고 미국 내의 정치적 갈등을 해소하
려는 의도가 더 컸다. 그가 사실상 원한 것은, 쌍방의 이견을 대등하고
공정하며 형평성 있게 해결함으로써 상호 신뢰를 구축하고 북한이 번
영하는 국가가 되도록 돕는 것이 아니라, 북한의 전면적인 양보와 무
장해제를 이끌어내 자신의 국내정치와 대통령 재선에 이용하는 것이
었다. 만약 한반도문제가 진정으로 해결되고 남북한이 평화통일을 이
룬다면, 미국은 한반도에 계속 존재할 이유가 없어진다. 그렇게 되면
한반도의 남과 북은 더 이상 미국이 한반도에 존재하는 것을 환영하
지도 허용하지도 않을 것이다. 미국이 한반도에서 철수하게 되면 그
직접적인 결과는, 중국과 러시아를 겨냥한 미국의 태평양 제1도련선
이 와해되고 괌으로 후퇴하는 것이다. 이는 미국의 글로벌 전략 이익
및 국익의 측면에서 허용되지 않는다.

스위안화 교수는 한반도 비핵화를 위해선 다음 5가지 문제가 해
결돼야 한다고 본다.

① 정전협정을 평화협정으로 대체하고 북미·북일·남북관계를 정상화
할 것
② 유엔과 미·한·일이 유엔 대북 제재 및 각국의 자체 추가제재를 단계
적으로 해제할 것
③ 대북 군사위협을 단계적으로 해제할 것(북의 핵무기 포기와 사드THAAD
한국 철수, 한미 군사훈련 중단)
④ 한반도 평화프로세스 지속 진전과 남북통일. 통일 이후 한반도는 중립
국이 되고, 주한미군은 철수하며, 남북의 대외 군사동맹을 해체할 것

⑤ 미군이 한반도에서 철수하고 한·미 상호방위조약을 파기할 것.

스위안화 교수는 2005년의 6자회담에서 채택한 9·19공동성명 기본정신을 회복해야 한다고 강조한다. 그리하여 새로운 포스트 샌프란시스코 체제를 수립해야 하며, 이는 한·중·일을 중심으로 하는 동북아 경제회랑 건설에서부터 시작해야 한다. 여기에 북·러·몽이 참가하고 미국에게도 문호를 개방하는 낮은 수준의 경제협력에서 시작해서 높은 수준의 정치협력으로 나아가야 한다는 것이 그의 생각이다.

5) 샌프란시스코 조약체제를 넘어서 – 김영호

현재 동아시아에서는 인적 물적 교류가 많으면 많을수록 지역통합이 강화된다는 신기능주의적 현상보다는 오히려 전쟁위협이 커지고 있다. 이를 '동아시아 패러독스'라고 한다. 김영호 교수에게 이 동아시아 패러독스는 샌프란시스코 조약체제가 동결시킨 이 지역의 과거사와 이 조약체제가 촉발한 경제적 성과 간의 갈등이 빚어낸 것이다. 동아시아에서는 과거가 미래를 지배한다. 프랑스의 석학 자크 아탈리가 "유럽의 역사적 화해가 유럽통합을 가능하게 했다."고 지적했듯이, 과거사를 청산한 유럽은 미래로 나아가고 있지만, 동아시아 미래는 과거사에 발목이 잡혀 있다.

김 교수는 샌프란시스코 체제에서 가장 불리한 위치에 놓인 한국이 최근 산업화, 중산층사회화, 시민사회화, 민주주의화의 모든 과정의 선두에서 냉전체제와 결합되었던 어두운 과거동결과 전쟁위기라는 부정적 유산을 지닌 샌프란시스코 체제를 "앞으로" 뛰어넘으려 하고 있는 사실에 주목한다. 이와 대조적으로 지금의 한·일 간의 긴장과 갈등은 샌프란시스코 조약체제에 대한 일본 극우세력의 '역코스', 즉 "뒤로" 넘어가기에서 비롯됐으며, 일본 극우의 이 '뒤로 넘어가기'와 한국의 시민사회가 선두에 선 '앞으로 뛰어넘기'가 첨예하게 부딪치는 현상이 바로 한·일 간 긴장의 본질이라고 김 교수는 지적한다.

일본이 일본군 위안부문제에 대하여 공식 사죄를 하지 않는 것을 두고 미국정부가 비판한 것과 관련해, 김 교수는 샌프란시스코 조약으로 위안부문제를 포함한 식민지 범죄를 동결시켜 미해결상태로 남겨 놓은 미국부터 먼저 그 과오에 대한 공식 사죄를 해야 한다고 주장했다. 말하자면 미국이 일본의 한국침략을 지원, 승인하고 다시 식민지 상처를 치유할 기회까지 막은 데에 대한 사죄다. 김 교수는 미국 민주주의가 본 모습을 되찾아 미국의 아시아태평양 정책의 중심에 서는 것이 미국과 동아시아 모두에게 훨씬 유리하고 전망을 밝게 해줄 것이라고 생각한다. 그런 의미에서 그는 미국이 민주주의의 상징인 필라델피아의 이름을 딴 '필라델피아 프로세스'를 동아시아에서 구체화할 것을 기대하고 촉구한다.

부록

Treaty of Peace with Japan
日本国との平和条約
샌프란시스코 강화조약
한·일 기본조약
한·일 청구권협정
日韓基本条約
日韓請求権並びに経済協力協定
The Cairo Declaration
카이로 선언
Potsdam Declaration
포츠담 선언

Treaty of Peace with Japan

Signed at San Francisco, 8 September 1951

Initial entry into force*: 28 April 1952

TREATY OF PEACE WITH JAPAN

WHEREAS the Allied Powers and Japan are resolved that henceforth their relations shall be those of nations which, as sovereign equals, cooperate in friendly association to promote their common welfare and to maintain international peace and security, and are therefore desirous of concluding a Treaty of Peace which will settle questions still outstanding as a result of the existence of a state of war between them;

WHEREAS Japan for its part declares its intention to apply for membership in the United Nations and in all circumstances to conform to the principles of the Charter of the United Nations; to strive to realize the objectives of the Universal Declaration of Human Rights; to seek to create within Japan conditions of stability and well-being as defined in Articles 55 and 56 of the Charter of the United Nations and already initiated by post-surrender Japanese legislation; and in public and private trade and commerce to conform to internationally accepted fair practices;

WHEREAS the Allied Powers welcome the intentions of Japan set out in the foregoing paragraph;

THE ALLIED POWERS AND JAPAN have therefore determined to conclude the present Treaty of Peace, and have accordingly appointed the undersigned Plenipotentiaries, who, after presentation of their full powers, found in good and due form, have agreed on the following provisions:

CHAPTER I PEACE

Article 1

(a) The state of war between Japan and each of the Allied Powers is terminated as from the date on which the present Treaty comes into force between Japan and the Allied Power concerned as provided for in Article 23.

(b) The Allied Powers recognize the full sovereignty of the Japanese people over Japan and its territorial waters.

CHAPTER II TERRITORY

Article 2

(a) Japan recognizing the independence of Korea, renounces all right, title and claim to Korea, including the islands of Quelpart, Port Hamilton and Dagelet.

(b) Japan renounces all right, title and claim to Formosa and the Pescadores.

(c) Japan renounces all right, title and claim to the Kurile Islands, and to that portion of Sakhalin and the islands adjacent to it over which Japan acquired sovereignty as a consequence of the Treaty of Portsmouth of 5 September 1905.

(d) Japan renounces all right, title and claim in connection with the League of Nations Mandate System, and accepts the action of the United Nations Security Council of 2 April 1947, extending the trusteeship system to the Pacific Islands formerly under mandate to Japan.

(e) Japan renounces all claim to any right or title to or interest in connection with any part of the Antarctic area, whether deriving from the activities of Japanese nationals or otherwise.

(f) Japan renounces all right, title and claim to the Spratly Islands and to the Paracel Islands.

Article 3

Japan will concur in any proposal of the United States to the United Nations to place under its trusteeship system, with the United States as the sole administering authority, Nansei Shoto south of 29deg. north latitude (including the Ryukyu Islands and the Daito Islands), Nanpo Shoto south of Sofu Gan (including the Bonin Islands, Rosario Island and the Volcano Islands) and Parece Vela and Marcus Island. Pending the making of such a proposal and affirmative action thereon, the United States will have the right to exercise all and any powers of administration, legislation and jurisdiction over the territory and inhabitants of these islands, including their territorial waters.

Article 4

(a) Subject to the provisions of paragraph (b) of this Article, the disposition of property of Japan and of its nationals in the areas referred to in Article 2, and their claims, including debts, against the authorities presently administering such areas and the residents (including juridical persons) thereof, and the disposition in Japan of property of such authorities and residents, and of claims, including debts, of such authorities and residents against Japan and its nationals, shall be the subject of special arrangements between Japan and such authorities. The property of any of the Allied Powers or its nationals in the areas referred to in Article 2 shall, insofar as this has not already been done, be returned by the administering authority in the condition in which it now exists. (The term nationals whenever used in the present Treaty includes juridical persons.)

(b) Japan recognizes the validity of dispositions of property of Japan and Japanese nationals made by or pursuant to directives of the United States Military Government in any of the areas referred to in Articles 2 and 3.

(c) Japanese owned submarine cables connection Japan with territory removed from Japanese control pursuant to the present Treaty shall be equally divided, Japan retaining the Japanese terminal and adjoining half of the cable, and the detached territory the remainder of the cable and connecting terminal facilities.

CHAPTER III SECURITY

Article 5

(a) Japan accepts the obligations set forth in Article 2 of the Charter of the United Nations, and in particular the obligations

   (i) to settle its international disputes by peaceful means in such a manner that international peace and security, and justice, are not endangered;

   (ii) to refrain in its international relations from the threat or use of force against the territorial integrity or political independence of any State or in any other manner inconsistent with the Purposes of the United Nations;

   (iii) to give the United Nations every assistance in any action it takes in accordance with the Charter and to refrain from giving assistance to any State against which the United Nations may take preventive or enforcement action.

(b) The Allied Powers confirm that they will be guided by the principles of Article 2 of the Charter of the United Nations in their relations with Japan.

(c) The Allied Powers for their part recognize that Japan as a sovereign nation possesses the inherent right of individual or collective self-defense referred to in Article 51 of the Charter of the United Nations and that Japan may voluntarily enter into collective security arrangements.

Article 6

(a) All occupation forces of the Allied Powers shall be withdrawn from Japan as soon as possible after the coming into force of the present Treaty, and in any case not later than 90 days thereafter. Nothing in this provision shall, however, prevent the stationing or retention of foreign armed forces in Japanese territory under or in consequence of any bilateral or multilateral agreements which have been or may be made between one or more of the Allied Powers, on the one hand, and Japan on the other.

(b) The provisions of Article 9 of the Potsdam Proclamation of 26 July 1945, dealing with the return of Japanese military forces to their homes, to the extent not already completed, will be carried out.

(c) All Japanese property for which compensation has not already been paid, which was supplied for the use of the occupation forces and which remains in the possession of those forces at the time of the coming into force of the present Treaty, shall be returned to the Japanese Government within the same 90 days unless other arrangements are made by mutual agreement.

CHAPTER IV POLITICAL AND ECONOMIC CLAUSES

Article 7

(a) Each of the Allied Powers, within one year after the present Treaty has come into force between it and Japan, will notify Japan which of its prewar bilateral treaties or conventions with Japan it wishes to continue in force or revive, and any treaties or conventions so notified shall continue in force or by revived subject only to such amendments as may be necessary to ensure conformity with the present Treaty. The treaties and conventions so notified shall be considered as having been continued in force or revived three months after the date of notification and shall be registered with the Secretariat of the United Nations. All such treaties and conventions as to which Japan is not so notified shall be regarded as abrogated.

(b) Any notification made under paragraph (a) of this Article may except from the operation or revival of a treaty or convention any territory for the international relations of which the notifying Power is responsible, until three months after the date on which notice is given to Japan that such exception shall cease to apply.

Article 8

(a) Japan will recognize the full force of all treaties now or hereafter concluded by the Allied Powers for terminating the state of war initiated on 1 September 1939, as well as any other arrangements by the Allied Powers for or in connection with the restoration of peace. Japan also accepts the arrangements made for terminating the former League of Nations and Permanent

Court of International Justice.

(b) Japan renounces all such rights and interests as it may derive from being a signatory power of the Conventions of St. Germain-en-Laye of 10 September 1919, and the Straits Agreement of Montreux of 20 July 1936, and from Article 16 of the Treaty of Peace with Turkey signed at Lausanne on 24 July 1923.

(c) Japan renounces all rights, title and interests acquired under, and is discharged from all obligations resulting from, the Agreement between Germany and the Creditor Powers of 20 January 1930 and its Annexes, including the Trust Agreement, dated 17 May 1930, the Convention of 20 January 1930, respecting the Bank for International Settlements; and the Statutes of the Bank for International Settlements. Japan will notify to the Ministry of Foreign Affairs in Paris within six months of the first coming into force of the present Treaty its renunciation of the rights, title and interests referred to in this paragraph.

Article 9

Japan will enter promptly into negotiations with the Allied Powers so desiring for the conclusion of bilateral and multilateral agreements providing for the regulation or limitation of fishing and the conservation and development of fisheries on the high seas.

Article 10

Japan renounces all special rights and interests in China, including all benefits and privileges resulting from the provisions of the final Protocol signed at Peking on 7 September 1901, and all annexes, notes and documents supplementary thereto, and agrees to the abrogation in respect to Japan of the said protocol, annexes, notes and documents.

Article 11

Japan accepts the judgments of the International Military Tribunal for the Far East and of other Allied War Crimes Courts both within and outside Japan, and

will carry out the sentences imposed thereby upon Japanese nationals impris-
oned in Japan. The power to grant clemency, to reduce sentences and to parole
with respect to such prisoners may not be exercised except on the decision of
the Government or Governments which imposed the sentence in each in-
stance, and on recommendation of Japan. In the case of persons sentenced by
the International Military Tribunal for the Far East, such power may not be exer-
cised except on the decision of a majority of the Governments represented on
the Tribunal, and on the recommendation of Japan.

Article 12

(a) Japan declares its readiness promptly to enter into negotiations for the con-
clusion with each of the Allied Powers of treaties or agreements to place
their trading, maritime and other commercial relations on a stable and
friendly basis.

(b) Pending the conclusion of the relevant treaty or agreement, Japan will,
during a period of four years from the first coming into force of the present
Treaty

  (1) accord to each of the Allied Powers, its nationals, products and vessels

    (i) most-favoured-nation treatment with respect to customs duties,
charges, restrictions and other regulations on or in connection with
the importation and exportation of goods;

    (ii) national treatment with respect to shipping, navigation and imported
goods, and with respect to natural and juridical persons and their in-
terests - such treatment to include all matters pertaining to the levy-
ing and collection of taxes, access to the courts, the making and per-
formance of contracts, rights to property (tangible and intangible),
participating in juridical entities constituted under Japanese law, and
generally the conduct of all kinds of business and professional activi-
ties;

  (2) ensure that external purchases and sales of Japanese state trading en-
terprises shall be based solely on commercial considerations.

(c) In respect to any matter, however, Japan shall be obliged to accord to an Allied Power national treatment, or most-favored-nation treatment, only to the extent that the Allied Power concerned accords Japan national treatment or most-favored-nation treatment, as the case may be, in respect of the same matter. The reciprocity envisaged in the foregoing sentence shall be determined, in the case of products, vessels and juridical entities of, and persons domiciled in, any non-metropolitan territory of an Allied Power, and in the case of juridical entities of, and persons domiciled in, any state or province of an Allied Power having a federal government, by reference to the treatment accorded to Japan in such territory, state or province.

(d) In the application of this Article, a discriminatory measure shall not be considered to derogate from the grant of national or most-favored-nation treatment, as the case may be, if such measure is based on an exception customarily provided for in the commercial treaties of the party applying it, or on the need to safeguard that party's external financial position or balance of payments (except in respect to shiping and navigation), or on the need to maintain its essential security interests, and provided such measure is proportionate to the circumstances and not applied in an arbitrary or unreasonable manner.

(e) Japan's obligations under this Article shall not be affected by the exercise of any Allied rights under Article 14 of the present Treaty; nor shall the provisions of this Article be understood as limiting the undertakings assumed by Japan by virtue of Article 15 of the Treaty.

Article 13

(a) Japan will enter into negotiations with any of the Allied Powers, promptly upon the request of such Power or Powers, for the conclusion of bilateral or multilateral agreements relating to international civil air transport.

(b) Pending the conclusion of such agreement or agreements, Japan will, during a period of four years from the first coming into force of the present Treaty, extend to such Power treatment not less favorable with respect to air-traffic rights and privileges than those exercised by any such Powers at the date of such coming into force, and will accord complete equality of opportunity in respect to the operation and development of air services.

(c) Pending its becoming a party to the Convention on International Civil Aviation in accordance with Article 93 thereof, Japan will give effect to the provisions of that Convention applicable to the international navigation of aircraft, and will give effect to the standards, practices and procedures adopted as annexes to the Convention in accordance with the terms of the Convention.

CHAPTER V CLAIMS AND PROPERTY

Article 14

(a) It is recognized that Japan should pay reparations to the Allied Powers for the damage and suffering caused by it during the war. Nevertheless it is also recognized that the resources of Japan are not presently sufficient, if it is to maintain a viable economy, to make complete reparation for all such damage and suffering and at the same time meet its other obligations.

Therefore,

1. Japan will promptly enter into negotiations with Allied Powers so desiring, whose present territories were occupied by Japanese forces and damaged by Japan, with a view to assisting to compensate those countries for the cost of repairing the damage done, by making available the services of the Japanese people in production, salvaging and other work for the Allied Powers in question. Such arrangements shall avoid the imposition of additional liabilities on other Allied Powers, and, where the manufacturing of raw materials is called for, they shall be supplied by the Allied Powers in question, so as not to throw any foreign exchange burden upon Japan.

2. (I) Subject to the provisions of subparagraph (II) below, each of the Allied Powers shall have the right to seize, retain, liquidate or otherwise dispose of all property, rights and interests of

    (a) Japan and Japanese nationals,

    (b) persons acting for or on behalf of Japan or Japanese nationals, and

(c) entities owned or controlled by Japan or Japanese nationals, which on the first coming into force of the present Treaty were subject to its jurisdiction. The property, rights and interests specified in this subparagraph shall include those now blocked, vested or in the possession or under the control of enemy property authorities of Allied Powers, which belong to, or were held or managed on behalf of, any of the persons or entities mentioned in (a), (b) or (c) above at the time such assets came under the controls of such authorities.

(II) The following shall be excepted from the right specified in subparagraph (I) above:

  (i) property of Japanese natural persons who during the war resided with the permission of the Government concerned in the territory of one of the Allied Powers, other than territory occupied by Japan, except property subjected to restrictions during the war and not released from such restrictions as of the date of the first coming into force of the present Treaty;

  (ii) all real property, furniture and fixtures owned by the Government of Japan and used for diplomatic or consular purposes, and all personal furniture and furnishings and other private property not of an investment nature which was normally necessary for the carrying out of diplomatic and consular functions, owned by Japanese diplomatic and consular personnel;

  (iii) property belonging to religious bodies or private charitable institutions and used exclusively for religious or charitable purposes;

  (iv) property, rights and interests which have come within its jurisdiction in consequence of the resumption of trade and financial relations subsequent to 2 September 1945, between the country concerned and Japan, except such as have resulted from transactions contrary to the laws of the Allied Power concerned;

  (v) obligations of Japan or Japanese nationals, any right, title or interest in tangible property located in Japan, interests in enterprises organized under the laws of Japan, or any paper evidence thereof;

provided that this exception shall only apply to obligations of Japan and its nationals expressed in Japanese currency.

(III) Property referred to in exceptions (i) through (v) above shall be returned subject to reasonable expenses for its preservation and administration. If any such property has been liquidated the proceeds shall be returned instead.

(IV) The right to seize, retain, liquidate or otherwise dispose of property as provided in subparagraph (I) above shall be exercised in accordance with the laws of the Allied Power concerned, and the owner shall have only such rights as may be given him by those laws.

(V) The Allied Powers agree to deal with Japanese trademarks and literary and artistic property rights on a basis as favorable to Japan as circumstances ruling in each country will permit.

(b) Except as otherwise provided in the present Treaty, the Allied Powers waive all reparations claims of the Allied Powers, other claims of the Allied Powers and their nationals arising out of any actions taken by Japan and its nationals in the course of the prosecution of the war, and claims of the Allied Powers for direct military costs of occupation.

Article 15

(a) Upon application made within nine months of the coming into force of the present Treaty between Japan and the Allied Power concerned, Japan will, within six months of the date of such application, return the property, tangible and intangible, and all rights or interests of any kind in Japan of each Allied Power and its nationals which was within Japan at any time between 7 December 1941 and 2 September 1945, unless the owner has freely disposed thereof without duress or fraud. Such property shall be returned free of all encumbrances and charges to which it may have become subject because of the war, and without any charges for its return. Property whose return is not applied for by or on behalf of the owner or by his Government within the prescribed period may be disposed of by the Japanese Government as it may determine. In cases where such property was within Japan on 7 December 1941, and cannot be returned or has suffered injury or damage as a result of the war, compensation will be made on terms not less favorable than the terms provided in the draft Allied Powers Property Compensation Law approved by the Japanese Cabinet on 13 July 1951.

(b) With respect to industrial property rights impaired during the war, Japan will continue to accord to the Allied Powers and their nationals benefits no less than those heretofore accorded by Cabinet Orders no.309 effective 1 September 1949, no.12 effective 28 January 1950, and no.9 effective 1 February 1950, all as now amended, provided such nationals have applied for such benefits within the time limits prescribed therein.

(c) (i) Japan acknowledges that the literary and artistic property rights which existed in Japan on 6 December 1941, in respect to the published and unpublished works of the Allied Powers and their nationals have continued in force since that date, and recognizes those rights which have arisen, or but for the war would have arisen, in Japan since that date, by the operation of any conventions and agreements to which Japan was a party on that date, irrespective of whether or not such conventions or agreements were abrogated or suspended upon or since the outbreak of war by the domestic law of Japan or of the Allied Power concerned.

(ii) Without the need for application by the proprietor of the right and without the payment of any fee or compliance with any other formality, the period from 7 December 1941 until the coming into force of the present Treaty between Japan and the Allied Power concerned shall be excluded from the running of the normal term of such rights; and such period, with an additional period of six months, shall be excluded from the time within which a literary work must be translated into Japanese in order to obtain translating rights in Japan.

Article 16

As an expression of its desire to indemnify those members of the armed forces of the Allied Powers who suffered undue hardships while prisoners of war of Japan, Japan will transfer its assets and those of its nationals in countries which were neutral during the war, or which were at war with any of the Allied Powers, or, at its option, the equivalent of such assets, to the International Committee of the Red Cross which shall liquidate such assets and distribute the resultant fund to appropriate national agencies, for the benefit of former prisoners of war and their families on such basis as it may determine to be equitable. The categories of assets described in Article 14(a)2(II)(ii) through (v) of the present Treaty shall be excepted from transfer, as well as assets of Japanese natural persons not residents of Japan on the first coming into force of the Treaty. It is equally understood that the transfer provision of this Article has no application to the 19,770 shares in the Bank for International Settlements presently owned by Japanese financial institutions.

Article 17

(a) Upon the request of any of the Allied Powers, the Japanese Government shall review and revise in conformity with international law any decision or order of the Japanese Prize Courts in cases involving ownership rights of nationals of that Allied Power and shall supply copies of all documents comprising the records of these cases, including the decisions taken and orders issued. In any case in which such review or revision shows that restoration is due, the provisions of Article 15 shall apply to the property concerned.

(b) The Japanese Government shall take the necessary measures to enable nationals of any of the Allied Powers at any time within one year from the coming into force of the present Treaty between Japan and the Allied Power concerned to submit to the appropriate Japanese authorities for review any judgment given by a Japanese court between 7 December 1941 and such coming into force, in any proceedings in which any such national was unable to make adequate presentation of his case either as plaintiff or defendant. The Japanese Government shall provide that, where the national has suffered injury by reason of any such judgment, he shall be restored in the position in which he was before the judgment was given or shall be afforded such relief as may be just and equitable in the circumstances.

Article 18

(a) It is recognized that the intervention of the state of war has not affected the obligation to pay pecuniary debts arising out of obligations and contracts (including those in respect of bonds) which existed and rights which were acquired before the existence of a state of war, and which are due by the Government or nationals of Japan to the Government or nationals of one of the Allied Powers, or are due by the Government or nationals of one of the Allied Powers to the Government or nationals of Japan. The intervention of a state of war shall equally not be regarded as affecting the obligation to consider on their merits claims for loss or damage to property or for personal injury or death which arose before the existence of a state of war, and which may be presented or re-presented by the Government of one of the Allied Powers to the Government of Japan, or by the Government of Japan to any of the Governments of the Allied Powers. The provisions of this paragraph are without prejudice to the rights conferred by Article 14.

(b) Japan affirms its liability for the prewar external debt of the Japanese State and for debts of corporate bodies subsequently declared to be liabilities of the Japanese State, and expresses its intention to enter into negotiations at an early date with its creditors with respect to the resumption of payments on those debts; to encourage negotiations in respect to other prewar claims and obligations; and to facilitate the transfer of sums accordingly.

Article 19

(a) Japan waives all claims of Japan and its nationals against the Allied Powers and their nationals arising out of the war or out of actions taken because of the existence of a state of war, and waives all claims arising from the presence, operations or actions of forces or authorities of any of the Allied Powers in Japanese territory prior to the coming into force of the present Treaty.

(b) The foregoing waiver includes any claims arising out of actions taken by any of the Allied Powers with respect to Japanese ships between 1 September 1939 and the coming into force of the present Treaty, as well as any claims and debts arising in respect to Japanese prisoners of war and civilian internees in the hands of the Allied Powers, but does not include Japanese claims specifically recognized in the laws of any Allied Power enacted since 2 September 1945.

(c) Subject to reciprocal renunciation, the Japanese Government also renounces all claims (including debts) against Germany and German nationals on behalf of the Japanese Government and Japanese nationals, including intergovernmental claims and claims for loss or damage sustained during the war, but excepting (a) claims in respect of contracts entered into and rights acquired before 1 September 1939, and (b) claims arising out of trade and financial relations between Japan and Germany after 2 September 1945. Such renunciation shall not prejudice actions taken in accordance with Articles 16 and 20 of the present Treaty.

(d) Japan recognizes the validity of all acts and omissions done during the period of occupation under or in consequence of directives of the occupation authorities or authorized by Japanese law at that time, and will take no action subjecting Allied nationals to civil or criminal liability arising out of such acts or omissions.

Article 20

Japan will take all necessary measures to ensure such disposition of German assets in Japan as has been or may be determined by those powers entitled under the Protocol of the proceedings of the Berlin Conference of 1945 to dispose of those assets, and pending the final disposition of such assets will be responsible for the conservation and administration thereof.

Article 21

Notwithstanding the provisions of Article 25 of the present Treaty, China shall be entitled to the benefits of Articles 10 and 14(a)2; and Korea to the benefits of Articles 2, 4, 9 and 12 of the present Treaty.

CHAPTER VI SETTLEMENT OF DISPUTES

Article 22

If in the opinion of any Party to the present Treaty there has arisen a dispute concerning the interpretation or execution of the Treaty, which is not settled by reference to a special claims tribunal or by other agreed means, the dispute shall, at the request of any party thereto, be referred for decision to the International Court of Justice. Japan and those Allied Powers which are not already parties to the Statute of the International Court of Justice will deposit with the Registrar of the Court, at the time of their respective ratifications of the present Treaty, and in conformity with the resolution of the United Nations Security Council, dated 15 October 1946, a general declaration accepting the jurisdiction, without special agreement, of the Court generally in respect to all disputes of the character referred to in this Article.

CHAPTER VII FINAL CLAUSES

Article 23

(a) The present Treaty shall be ratified by the States which sign it, including Japan, and will come into force for all the States which have then ratified it, when instruments of ratification have been deposited by Japan and by a majority, including the United States of America as the principal occupying Power, of the following States, namely Australia, Canada, Ceylon, France, Indonesia, the Kingdom of the Netherlands, New Zealand, Pakistan, the Republic of the Philippines, the United Kingdom of Great Britain and Northern Ireland, and the United States of America. The present Treaty shall come into force of each State which subsequently ratifies it, on the date of the deposit of its instrument of ratification.

(b) If the Treaty has not come into force within nine months after the date of the deposit of Japan's ratification, any State which has ratified it may bring the Treaty into force between itself and Japan by a notification to that effect given to the Governments of Japan and the United States of America not later than three years after the date of deposit of Japan's ratification.

Article 24

All instruments of ratification shall be deposited with the Government of the United States of America which will notify all the signatory States of each such deposit, of the date of the coming into force of the Treaty under paragraph (a) of Article 23, and of any notifications made under paragraph (b) of Article 23.

Article 25

For the purposes of the present Treaty the Allied Powers shall be the States at war with Japan, or any State which previously formed a part of the territory of a State named in Article 23, provided that in each case the State concerned has signed and ratified the Treaty. Subject to the provisions of Article 21, the present Treaty shall not confer any rights, titles or benefits on any State which is not an Allied Power as herein defined; nor shall any right, title or interest of Japan be deemed to be diminished or prejudiced by any provision of the Treaty in favour of a State which is not an Allied Power as so defined.

Article 26

Japan will be prepared to conclude with any State which signed or adhered to the United Nations Declaration of 1 January 1942, and which is at war with Japan, or with any State which previously formed a part of the territory of a State named in Article 23, which is not a signatory of the present Treaty, a bilateral Treaty of Peace on the same or substantially the same terms as are provided for in the present Treaty, but this obligation on the part of Japan will expire three years after the first coming into force of the present Treaty. Should Japan make a peace settlement or war claims settlement with any State granting that State greater advantages than those provided by the present Treaty, those same advantages shall be extended to the parties to the present Treaty.

Article 27

The present Treaty shall be deposited in the archives of the Government of the United States of America which shall furnish each signatory State with a certified copy thereof.

IN FAITH WHEREOF the undersigned Plenipotentiaries have signed the present Treaty.

DONE at the city of San Francisco this eighth day of September 1951, in the English, French, and Spanish languages, all being equally authentic, and in the Japanese language.

(서명 생략)

日本国との平和条約

昭和27年条約第5号

連合国及び日本国は、両者の関係が、今後、共通の福祉を増進し且つ国際の平和及び安全を維持するために主権を有する対等のものとして友好的な連携の下に協力する国家の間の関係でなければならないことを決意し、よつて、両者の間の戦争状態の存在の結果として今なお未決である問題を解決する平和条約を締結することを希望するので、

日本国としては、国際連合への加盟を申請し且つあらゆる場合に国際連合憲章の原則を遵守し、世界人権宣言の目的を実現するために努力し、国際連合憲章第五十五条及び第五十六条に定められ且つ既に降伏後の日本国の法制によつて作られはじめた安定及び福祉の条件を日本国内に創造するために努力し、並びに公私の貿易及び通商において国際的に承認された公正な慣行に従う意思を宣言するので、

連合国は、前項に掲げた日本国の意思を歓迎するので、

よつて、連合国及び日本国は、この平和条約を締結することに決定し、これに応じて下名の全権委員を任命した。これらの全権委員は、その全権委任状を示し、それが良好妥当であると認められた後、次の規定を協定した。

第一章　平和

第一条

(a) 日本国と各連合国との間戦争状態は、第二十三条の定めるところによりこの条約が日本国と当該連合国との間に効力を生ずる日に終了する。

(b) 連合国は、日本国及びその領水に対する日本国民の完全な主権を承認する。

第二章　領域

第二条

(a) 日本国は、朝鮮の独立を承認して、済洲島、巨文島及び欝陵島を含む朝鮮に対するすべての権利、権原及び請求権を放棄する。

(b) 日本国は、台湾及び澎湖諸島に対するすべての権利、権原及び請求権を放棄する。

(c) 日本国は、千島列島並びに日本国が千九百五年九月五日のポーツマス条約の結果として主権を獲得した樺太の一部及びこれに近接する諸島に対するすべての権利、権原及び請求権を放棄する。

(d) 日本国は、国際連盟の委任統治制度に関連するすべての権利、権原及び請求権を放棄し、且つ、以前に日本国の委任統治の下にあつた太平洋の諸島に信託統治制度を及ぼす千九百四十七年四月二日の国際連合安全保障理事会の行動を受諾する。

(e) 日本国は、日本国民の活動に由来するか又は他に由来するかを問わず、南極地域のいずれの部分に対する権利若しくは権原又はいずれの部分に関する利益についても、すべての請求権を放棄する。

(f) 日本国は、新南群島及び西沙群島に対するすべての権利、権原及び請求権を放棄する。

第三条

日本国は、北緯二十九度以南の南西諸島(琉球諸島及び大東諸島を含む。)、孀婦岩の南の南方諸島(小笠原群島、西之島及び火山列島を含む。)並びに沖の鳥島及び南鳥島を合衆国を唯一の施政権者とする信託統治制度の下におくこととする国際連合に対する合衆国のいかなる提案にも同意する。このような提案が行われ且つ可決されるまで、合衆国は、領水を含むこれらの諸島の領域及び住民に対して、行政、立法及び司法上の権力の全部及び一部を行使する権利を有するものとする。

第四条

(a) この条の(b)の規定を留保して、日本国及びその国民の財産で第二条に掲げる地域にあるもの並びに日本国及びその国民の請求権(債権を含む。)で現にこれらの地域の施政を行つている当局及びそこの住民(法人を含む。)に対するものの処理並びに日本国におけるこれらの当局及び住民の財産並びに日本国及びその国民に対するこれらの当局及び住民の請求権(債権を含む。)の処理は、日本国とこれらの当局との間の特別取極の主題とする。第二条に掲げる地域にある連合国又はその国民の財産は、まだ返還されていない限り、施政を行つている当局が現状で返還しなければならない。(国民という語は、この条約で用いるときはいつでも、法人を含む。)

(b) 日本国は、第二条及び第三条に掲げる地域のいずれかにある合衆国軍政府により、又はその指令に従つて行われた日本国及びその国民の財産の処理の効力を承認する。

(c) 日本国とこの条約に従つて日本国の支配から除かれる領域とを結ぶ日本所有の海底

電線は、二等分され、日本国は、日本の終点施設及びこれに連なる電線の半分を保有し、分離される領域は、残りの電線及びその終点施設を保有する。

第三章　安全

第五条

(a) 日本国は、国際連合憲章第二条に掲げる義務、特に次の義務を受諾する。

 (i) その国際紛争を、平和的手段によつて国際の平和及び安全並びに正義を危うくしないように解決すること。

 (ii) その国際関係において、武力による威嚇又は武力の行使は、いかなる国の領土保全又は政治的独立に対するものも、また、国際連合の目的と両立しない他のいかなる方法によるものも慎むこと。

 (iii) 国際連合が憲章に従つてとるいかなる行動についても国際連合にあらゆる援助を与え、且つ、国際連合が防止行動または強制行動をとるいかなる国に対しても援助の供与を慎むこと。

(b) 連合国は、日本国との関係において国際連合憲章第二条の原則を指針とすべきことを確認する。

(c) 連合国としては、日本国が主権国として国際連合憲章第五十一条に掲げる個別的又は集団的自衛の固有の権利を有すること及び日本国が集団的安全保障取極を自発的に締結することができることを承認する。

第六条

(a) 連合国のすべての占領軍は、この条約の効力発生の後なるべくすみやかに、且つ、いかなる場合にもその後九十日以内に、日本国から撤退しなければならない。但し、この規定は、一または二以上の連合国を一方とし、日本国を他方として双方の間に締結された若しくは締結される二国間若しくは多数国間の協定に基く、又はその結果としての外国軍隊の日本国の領域における駐とん又は駐留を妨げるものではない。

(b) 日本国軍隊の各自の家庭への復帰に関する一九四五年七月二十六日のポツダム宣言の第九項の規定は、まだその実施が完了されていない限り、実行されるものとする。

(c) まだ対価が支払われていないすべての日本財産で、占領軍の使用に供され、且つ、この条約の効力発生の時に占領軍が占有しているものは、相互の合意によつて別段の取極が行われない限り、前記の九十日以内に日本国政府に返還しなければならない。

第四章　政治及び経済条項

第七条

(a) 各連合国は、自国と日本国との間にこの条約が効力を生じた後一年以内に、日本国との戦前のいずれの二国間の条約又は協約を引き続いて有効とし又は復活させることを希望するかを日本国に通告するものとする。こうして通告された条約又は協約は、この条約に適合することを確保するための必要な修正を受けるだけで、引き続いて有効とされ、又は復活される。こうして通告された条約又は協約は、通告の日の後三箇月で引き続いて有効なものとみなされ、又は復活され、且つ、国際連合事務局に登録されなければならない。日本国にこうして通告されないすべての条約又は協約は、廃棄されたものとみなす。

(b) この条の(a)に基いて行う通告においては、条約又は協約の実施又は復活に関し、国際関係について通告国が責任をもつ地域を除外することができる。この除外は、除外の適用を禁止することが日本国に通告される日の三箇月後まで行われるものとする。

第八条

(a) 日本国は、連合国が千九百三十九年九月一日に開始された戦争状態を終了するために現に締結し又は今後締結するすべての条約及び連合国が平和の回復のため又はこれに関連して行う他の取極の完全な効力を承認する。日本国は、また、従前の国際連盟及び常設国際司法裁判所を終止するために行われた取極を受諾する。

(b) 日本国は、千九百十九年九月十日のサン・ジェルマン＝アン＝レイの諸条約及び千九百三十六年七月二十日のモントルーの海峡条約の署名国であることに由来し、並びに千九百二十三年七月二十四日にローザンヌで署名されたトルコとの平和条約の第十六条に由来するすべての権利及び利益を放棄する。

(c) 日本国は、千九百三十年一月二十日のドイツと債権国との間の協定及び千九百三十年五月十七日の信託協定を含むその附属書並びに千九百三十年一月二十日の国際決済銀行に関する条約及び国際決済銀行の定款に基いて得たすべての権利、権原及び利益を放棄し、且つ、この条約の最初の効力発生の後六箇月以内に、この項に掲げる権利、権原及び利益の放棄をパリの外務省に通告するものとする。

第九条

日本国は、公海における漁猟の規制又は制限並びに漁業の保存及び発展を規定する二国間

及び多数国間の協定を締結するために、希望する連合国とすみやかに交渉を開始するものとする。

第十条

日本国は、千九百一年九月七日に北京で署名された最終議定書並びにこれを補足するすべての附属書、書簡及び文書の規定から生ずるすべての利益及び特権を含む中国におけるすべての特殊の権利及び利益を放棄し、且つ、前記の議定書、附属書、書簡及び文書を日本国に関して廃棄することに同意する。

第十一条

日本国は、極東国際軍事裁判所並びに日本国内及び国外の他の連合国戦争犯罪法廷の裁判を受諾し、且つ、日本国で拘禁されている日本国民にこれらの法廷が課した刑を執行するものとする。これらの拘禁されている者を赦免し、減刑し、及び仮出獄させる権限は、各事件について刑を課した一又は二以上の政府の決定及び日本国の勧告に基くの外、行使することができない。極東国際軍事裁判所が刑を宣告した者については、この権限は、裁判所に代表者を出した政府の過半数の決定及び日本国の勧告に基く場合の外、行使することができない。

第十二条

(a) 日本国は、各連合国と、貿易、海運その他の通商の関係を安定した且つ友好的な基礎の上におくために、条約又は協定を締結するための交渉をすみやかに開始する用意があることを宣言する。

(b) 該当する条約又は協定が締結されるまで、日本国は、この条約の最初の効力発生の後四年間、

  (1) 各連合国並びにその国民、産品及び船舶に次の待遇を与える。

    (i) 貨物の輸出入に対する、又はこれに関連する関税、課金、制限その他の規制に関する最恵国待遇

    (ii) 海運、航海及び輸入貨物に関する内国民待遇並びに自然人、法人及びその利益に関する内国民待遇。この待遇は、税金の賦課及び徴収、裁判を受けること、契約の締結及び履行、財産権(有体財産及び無体財産に関するもの)、日本国の法律に基いて組織された法人への参加並びに一般にあらゆる種類の事業活動及び職業活動の遂行に関するすべての事項を含むものとする。

  (2) 日本国の国営商企業の国外における売買が商業的考慮にのみ基くことを確保する。

(c) もつとも、いずれの事項に関しても、日本国は、連合国が当該事項についてそれぞれ内国民待遇又は最恵国待遇を日本国に与える限度においてのみ、当該連合国に内国民待遇又は最恵国待遇を与える義務を負うものとする。前段に定める相互主義は、連合国の非本土地域の産品、船舶、法人及びそこに住所を有する人の場合並びに連邦政府をもつ連合国の邦又は州の法人及びそこに住所を有する人の場合には、その地域、邦又は州において日本国に与えられる待遇に照らして決定される。

(d) この条の適用上、差別的措置であつて、それを適用する当事国の通商条約に通常規定されている例外に基くもの、その当事国の対外的財政状態若しくは国際収支を保護する必要に基くもの(海運及び航海に関するものを除く。)又は重大な安全上の利益を維持する必要に基くものは、事態に相応しており、且つ、ほしいままな又は不合理な方法で適用されない限り、それぞれ内国民待遇又は最恵国待遇の許与を害するものと認めてはならない。

(e) この条に基く日本国の義務は、この条約の第十四条に基く連合国の権利の行使によつて影響されるものではない。また、この条の規定は、この条約の第十五条によつて日本国が引き受ける約束を制限するものと了解してはならない。

第十三条

(a) 日本国は、国際民間航空運送に関する二国間または多数国間の協定を締結するため、一又は二以上の連合国の要請があつたときはすみやかに、当該連合国と交渉を開始するものとする。

(b) 一又は二以上の前記の協定が締結されるまで、日本国は、この条約の最初の効力発生の時から四年間、この効力発生の日にいずれかの連合国が行使しているところよりも不利でない航空交通の権利及び特権に関する待遇を当該連合国に与え、且つ、航空業務の運営及び発達に関する完全な機会均等を与えるものとする。

(c) 日本国は、国際民間航空条約第九十三条に従つて同条約の当事国となるまで、航空機の国際航空に適用すべきこの条約の規定を実施し、且つ、同条約の条項に従つて同条約の附属書として採択された標準、方式及び手続を実施するものとする。

第五章　請求権及び財産

第十四条

(a) 日本国は、戦争中に生じさせた損害及び苦痛に対して、連合国に賠償を支払うべきこ

とが承認される。しかし、また、存立可能な経済を維持すべきものとすれば、日本国の資源は、日本国がすべての前記の損害及び苦痛に対して完全な賠償を行い且つ同時に他の債務を履行するためには現在充分でないことが承認される。

よって、

1　日本国は、現在の領域が日本国軍隊によつて占領され、且つ、日本国によつて損害を与えられた連合国が希望するときは、生産、沈船引揚げその他の作業における日本人の役務を当該連合国の利用に供することによつて、与えた損害を修復する費用をこれらの国に補償することに資するために、当該連合国とすみやかに交渉を開始するものとする。その取極は、他の連合国に追加負担を課することを避けなければならない。また、原材料からの製造が必要とされる場合には、外国為替上の負担を日本国に課さないために、原材料は、当該連合国が供給しなければならない。

2　(I) 次の(II)の規定を留保して、各連合国は、次に掲げるもののすべての財産、権利及び利益でこの条約の最初の効力発生の時にその管轄の下にあるものを差し押え、留置し、清算し、その他何らかの方法で処分する権利を有する。

　　(a) 日本国及び日本国民

　　(b) 日本国又は日本国民の代理者又は代行者　並びに

　　(c) 日本国又は日本国民が所有し、又は支配した団体

この(I)に明記する財産、権利及び利益は、現に、封鎖され、若しくは所属を変じており、又は連合国の敵産管理当局の占有若しくは管理に係るもので、これらの資産が当該当局の官吏の下におかれた時に前記の(a)、(b)又は(c)に掲げるいずれかの人又は団体に属し、又はこれらのために保有され、若しくは管理されていたものを含む。

(II)　次のものは、前記の(I)に明記する権利から除く。

　　(i) 日本国が占領した領域以外の連合国の一国の領域に当該政府の許可を得て戦争中に居住した日本の自然人の財産。但し、戦争中に制限を課され、且つ、この条約の最初の効力発生の日にこの制限を解除されない財産を除く。

　　(ii) 日本国政府が所有し、且つ、外交目的又は領事目的に使用されたすべての不動産、家具及び備品並びに日本国の外交職員又は領事職員が所有したすべての個人の家具及び用具類その他の投資的性質をもたない私有財産で外交機能又は領事機能の遂行に通常必要であったもの

(iii) 宗教団体又は私的慈善団体に属し、且つ、もつぱら宗教又は慈善の目的に使用した財産

(iv) 関係国と日本国との間における千九百四十五年九月二日後の貿易及び金融の関係の再開の結果として日本国の管轄内にはいつた財産、権利及び権益。但し、当該連合国の法律に反する取引から生じたものを除く。

(v) 日本国若しくは日本国民の債務、日本国に所在する有体財産に関する権利、権原若しくは利益、日本国の法律に基いて組織された企業に関する利益又はこれらについての証書。但し、この例外は、日本国の通貨で表示された日本国及びその国民の債務にのみ適用する。

(III) 前記の例外(i)から(v)までに掲げる財産は、その保存及び管理のために要した合理的な費用が支払われることを条件として、返還しなければならない。これらの財産が清算されているときは、代わりに売得金を返還しなければならない。

(IV) 前記の(I)に規定する日本財産を差し押え、留置し、清算し、その他何らかの方法で処分する権利は、当該連合国の法律に従つて行使され、所有者は、これらの法律によつて与えられる権利のみを有する。

(V) 連合国は、日本の商標並びに文学的及び美術的著作権を各国の一般的事情が許す限り日本国に有利に取り扱うことに同意する。

(b) この条約に別段の定がある場合を除き、連合国は、連合国のすべての賠償請求権、戦争の遂行中に日本国及びその国民がとつた行動から生じた連合国及びその国民の他の請求権並びに占領の直接軍事費に関する連合国の請求権を放棄する。

第十五条

(a) この条約が日本国と当該連合国との間に効力を生じた後九箇月以内に申請があつたときは、日本国は、申請の日から六箇月以内に、日本国にある各連合国及びその国民の有体財産及び無体財産並びに種類のいかんを問わずすべての権利又は利益で、千九百四十一年十二月七日から千九百四十五年九月二日までの間のいずれかのときに日本国内にあつたものを返還する。但し、所有者が強迫又は詐欺によることなく自由にこれらを処分した場合は、この限りでない。この財産は、戦争があつたために課せられたすべての負担及び課金を免除して、その返還のための課金を課さずに返還しなければならない。所有者により若しくは所有者のために又は所有者の政府により所定の期間内に返還が申請されない財産は、日本国政府がその定めるところに従つて処分

することができる。この財産が千九百四十一年十二月七日に日本国に所在し、且つ、返還することができず、又は戦争の結果として損傷若しくは損害を受けている場合には、日本国内閣が千九百五十一年七月十三日に決定した連合国財産補償法案の定める条件よりも不利でない条件で補償される。

(b) 戦争中に侵害された工業所有権については、日本国は、千九百四十九年九月一日施行の政令第三百九号、千九百五十年一月二十八日施行の政令第十二号及び千九百五十年二月一日施行の政令第九号(いずれも改正された現行のものとする。)によりこれまで与えられたところよりも不利でない利益を引き続いて連合国及びその国民に与えるものとする。但し、前記の国民がこれらの政令に定められた期限までにこの利益を許与を申請した場合に限る。

(c) (i) 日本国は、公にされ及び公にされなかつた連合国及びその国民の著作物に関して千九百四十一年十二月六日に日本国に存在した文学的及び美術的著作権がその日以後引き続いて効力を有することを認め、且つ、その日に日本国が当事国であつた条約又は協定が戦争の発生の時又はその時以後日本国又は当該連合国の国内法によつて廃棄され又は停止されたかどうかを問わず、これらの条約及び協定の実施によりその日以後日本国において生じ、又は戦争がなかつたならば生ずるはずであつた権利を承認する。

(ii) 権利者による申請を必要とすることなく、且つ、いかなる手数料の支払又は他のいかなる手続もすることなく、千九百四十一年十二月七日から日本国と当該連合国との間にこの条約が効力を生ずるまでの期間は、これらの権利の通常期間から除算し、また、日本国において翻訳権を取得するために文学的著作物が日本語に翻訳されるべき期間からは、六箇月の期間を追加して除算しなければならない。

第十六条

日本国の捕虜であつた間に不当な苦難を被つた連合国軍隊の構成員に償いをする願望の表現として、日本国は、戦争中中立であつた国にある又は連合国のいずれかと戦争していた国にある日本国及びその国民の資産又は、日本国が選択するときは、これらの資産と等価のものを赤十字国際委員会に引き渡すものとし、同委員会は、これらの資産を清算し、且つ、その結果生ずる資金を、同委員会が衡平であると決定する基礎において、捕虜であつた者及びその家族のために、適当な国内期間に対して分配しなければならない。この条約の第十四条(a) 2 (II)の(ii)から(v)までに掲げる種類の資産は、条約の最初の効力発生の時に日本国に居住しない日本の自然人の資産とともに、引渡しから除外する。またこの条の

引渡規定は、日本国の金融機関が現に所有する一万九千七百七十株の国際決済銀行の株式には適用がないものと了解する。

第十七条

(a) いずれかの連合国の要請があつたときは、日本国政府は、当該連合国の国民の所有権に関係のある事件に関する日本国の捕獲審検所の決定又は命令を国際法に従い再検査して修正し、且つ、行われた決定及び発せられた命令を含めて、これらの事件の記録を構成するすべての文書の写を提供しなければならない。この再審査又は修正の結果、返還すべきことが明らかになつた場合には、第十五条の規定を当該財産に適用する。

(b) 日本国政府は、いずれかの連合国の国民が原告又は被告として事件について充分な陳述ができなかつた訴訟手続において、千九百四十一年十二月七日から日本国と当該連合国との間にこの条約が効力を生ずるまでの期間に日本国の裁判所が行つた裁判を、当該国民が前記の効力発生の後一年以内にいつでも適当な日本国の機関に再審査のため提出することができるようにするために、必要な措置をとらなければならない。日本国政府は、当該国民が前記の裁判の結果損害を受けた場合には、その者をその裁判が行われる前の地位に回復するようにし、又はその者にそれぞれの事情の下において公正かつ衡平な救済が与えられるようにしなければならない。

第十八条

(a) 戦争状態の介在は、戦争状態の存在前に存在した債務及び契約(債券に関するものを含む。)並びに戦争状態の存在前に取得された権利から生ずる金銭債務で、日本国の政府若しくは国民が連合国の一国の政府若しくは国民に対して、又は連合国の一国の政府若しくは国民が日本国の政府若しくは国民に対して負つているものを支払う義務に影響を及ぼさなかつたものと認める。戦争状態の介在は、また、戦争状態の存在前に財産の滅失若しくは損害又は身体傷害若しくは死亡に関して生じた請求権で、連合国の一国の政府が日本国の政府に対して、又は日本国政府が連合国政府のいずれかに対して提起し又は再提起するものの当否を審議する義務に影響を及ぼすものとみなしてはならない。この項の規定は、第十四条によつて与えられる権利を害するものではない。

(b) 日本国は、日本国の戦前の対外債務に関する責任と日本国が責任を負うと後に宣言された団体の債務に関する責任とを確認する。また、日本国は、これらの債務の支払再開に関して債権者とすみやかに交渉を開始し、他の戦前の請求権及び債務に関する交渉を促進し、且つ、これに応じて金額の支払を容易にする意図を表明する。

第十九条

(a) 日本国は、戦争から生じ、または戦争状態が存在したためにとられた行動から生じた連合国及びその国民に対する日本国及びその国民のすべての請求権を放棄し、且つ、この条約の効力発生の前に日本国領域におけるいずれかの連合国の軍隊又は当局の存在、職務遂行又は行動から生じたすべての請求権を放棄する。

(b) 前記の放棄には、千九百三十九年九月一日からこの条約の効力発生までの間に日本国の船舶に関していずれかの連合国がとつた行動から生じた請求権並びに連合国の手中にある日本人捕虜及び被抑留者に対して生じた請求権及び債権が含まれる。但し、千九百四十五年九月二日以後いずれかの連合国が制定した法律で特に認められた日本人の請求権を含まない。

(c) 相互放棄を条件として、日本国政府は、また、政府間の請求権及び戦争中に受けた滅失又は損害に関する請求権を含むドイツ及びドイツ国民に対するすべての請求権(債権を含む。)を日本国政府及び日本国民のために放棄する。但し、(a)千九百三十九年九月一日前に締結された契約及び取得された権利に関する請求権並びに(b)千九百四十五年九月二日後に日本国とドイツの間の貿易及び金融の関係から生じた請求権を除く。この放棄は、この条約の第十六条及び第二十条に従つてとられる行動を害するものではない。

(d) 日本国は、占領期間中に占領当局の指令に基いて若しくはその結果として行われ、又は当時の日本国の法律によつて許可されたすべての作為又は不作為の効力を承認し、連合国民をこの作為又は不作為から生ずる民事又は刑事の責任に問ういかなる行動もとらないものとする。

第二十条

日本国は、千九百四十五年のベルリン会議の議事の議定書に基いてドイツ財産を処分する権利を有する諸国が決定した又は決定する日本国にあるドイツ財産の処分を確実にするために、すべての必要な措置をとり、これらの財産の最終的処分が行われるまで、その保存及び管理について責任を負うものとする。

第二十一条

この条約の第二十五条の規定にかかわらず、中国は、第十条及び第十四条(a)2の利益を受ける権利を有し、朝鮮は、この条約の第二条、第四条、第九条及び第十二条の利益を受ける権利を有する。

第六章　紛争の解決

第二十二条

この条約のいずれかの当事国が特別請求権裁判所への付託又は他の合意された方法で解決されない条約の解釈又は実施に関する紛争が生じたと認めるときは、紛争は、いずれかの紛争当事国の要請により、国際司法裁判所に決定のため付託しなければならない。日本国及びまだ国際司法裁判所規程の当事国でない連合国は、それぞれがこの条約を批准する時に、且つ、千九百四十六年十月十五日の国際連合安全保障理事会の決議に従つて、この条に掲げた性質をもつすべての紛争に関して一般的に同裁判所の管轄権を特別の合意なしに受諾する一般的宣言書を同裁判所書記に寄託するものとする。

第七章　最終条項

第二十三条

(a) この条約は、日本国を含めて、これに署名する国によつて批准されなければならない。この条約は、批准書が日本国により、且つ、主たる占領国としてのアメリカ合衆国を含めて、次の諸国、すなわちオーストラリア、カナダ、セイロン、フランス、インドネシア、オランダ、ニュー・ジーランド、パキスタン、フィリピン、グレート・ブリテン及び北部アイルランド連合王国及びアメリカ合衆国の過半数により寄託された時に、その時に批准しているすべての国に関して効力を有する。この条約は、その後これを批准する各国に関しては、その批准書の寄託の日に効力を生ずる。

(b) この条約が日本国の批准書の寄託の日の後九箇月以内に効力を生じなかつたときは、これを批准した国は、日本国の批准書の寄託の日の後三年以内に日本国政府及びアメリカ合衆国政府にその旨を通告して、自国と日本国との間にこの条約の効力を生じさせることができる。

第二十四条

すべての批准書は、アメリカ合衆国政府に寄託しなければならない。同政府は、この寄託、第二十三条(a)に基くこの条約の効力発生の日及びこの条約の第二十三条(b)に基いて行われる通告をすべての署名国に通告する。

第二十五条

この条約の適用上、連合国とは、日本国と戦争していた国又は以前に第二十三条に列記する国の領域の一部をなしていたものをいう。但し、各場合に当該国がこの条約に署名し且つこれを批准したことを条件とする。第二十一条の規定を留保して、この条約は、ここに定義された連合国の一国でないいずれの国に対しても、いかなる権利、権原又は利益も与えるものではない。また、日本国のいかなる権利、権原及び利益も、この条約のいかなる規定によつても前記のとおり定義された連合国の一国でない国のために減損され、又は害されるものとみなしてはならない。

第二十六条

日本国は、一九四二年一月一日の連合国宣言に署名し若しくは加入しており且つ日本国に対して戦争状態にある国又は以前に第二十三条に列記する国の領域の一部をなしていた国で、この条約の署名国でないものと、この条約に定めるところと同一の又は実質的に同一の条件で二国間の平和条約を締結する用意を有すべきものとする。但し、この日本国の義務は、この条約の効力発生の後三年で満了する。日本国が、いずれかの国との間で、この条約で定めるところよりも大きな利益をその国に与える平和処理又は戦争請求権処理を行つたときは、これと同一の利益は、この条約の当事国にも及ぼされなければならない。

第二十七条

この条約は、アメリカ合衆国政府の記録に寄託する。同政府は、その認証謄本を各署名国に交付する。
以上の証拠として、下名の全権委員は、この条約に署名した。
千九百五十一年九月八日にサン・フランシスコ市で、ひとしく正文である英語、フランス語及びスペイン語により、並びに日本語により作成した。

(署名略)

샌프란시스코 강화조약

일본국과의 평화조약
1951년 9월 8일 샌프란시스코에서 체결
1952년 4월 28일 발효

일본국과의 평화조약

연합국과 일본은 이후 관계에서 동등한 주권 국가로서 당사국 간에 그들의 공동 복지를 증진시키고, 국제 평화 및 안보를 유지하기 위해 우호적으로 협력하는 관계가 될 것이라고 결의하며, 따라서 아직도 전쟁 상태에 있는 결과로 여전히 두드러진 문제들을 해결할 평화조약을 결론내기를 희망한다.

따라서 국제연합의 회원으로 지원할 의도를 천명한 일본은 어떤 상황에도 유엔 헌장의 원칙을 준수하려 하며, 세계 인권 선언의 목표를 구현하려 애쓰며, 이미 항복 후 일본 헌법에 의해 시작된 유엔 헌장 55항과 56항에서 규정된 일본 내의 안정적인 환경과 안녕을 창조하도록 모색한다. 또한 국제적으로 수용되는 공정한 관행에 순응하는 공개적, 사적인 무역과 교역에 나선다.

따라서 우리 연합국은 이후에 언급할 일본의 의도를 환영하는 바이다.

연합국과 일본은 그러므로 현재의 평화조약을 결론 짓기로 결정하였으며, 그에 따라 그들의 완전한 권력을 천명한 이후 전권을 위임받은 대사를 적절한 형식으로 지명하며, 다음의 조항들에 동의를 한다.

제1장 평화

제1조

(a) 일본과 각 연합국들과의 전쟁 상태는 제23조에 규정된 바와 같이, 일본과 관련된 연합국 사이에서 현 조약이 시행되는 날부터 중지된다.

(b) 연합국들은 일본과 그 영해에 대한 일본국민들의 완전한 주권을 인정한다.

제2장 영토

제2조

(a) 일본은 한국의 독립을 인정하고, 제주도, 거문도 및 울릉도를 비롯한 한국에 대한 일체의 권리와, 소유권 및 청구권을 포기한다.

(b) 일본은 타이완과 펑후제도에 대한 일체의 권리와 소유권 및 청구권을 포기한다.

(c) 일본은 쿠릴열도에 대한 그리고 일본이 1905년 9월 5일의 포츠머스 조약에 의해 주권을 획득한 사할린의 일부와 그것에 인접한 도서에 대한 일체의 권리와 소유권 및 청구권을 포기한다.

(d) 일본은 국제연맹의 위임통치제도와 관련된 일체의 권리와 소유권 및 청구권을 포기하고, 신탁통치를 이전에 일본의 위임통치권 하에 있었던 태평양 제도에 이르기까지 확대하는 1947년 4월 2일의 유엔 안전보장이사회의 조치를 수용한다.

(e) 일본은 일본국민의 활동으로부터 비롯된 것이건, 아니면 그 밖의 활동으로부터 비롯된 것이건 간에, 남극 지역의 어떤 부분과 관련된 어떠한 권리나, 소유권 또는 이익에 대한 모든 권리를 포기한다.

(f) 일본은 난샤군도와 시샤군도에 대한 일체의 권리와 소유권 및 청구권을 포기한다.

제3조

일본은 난세이제도와 다이토제도를 비롯한 북위 29도 남쪽의 난세이제도와 (보닌제도, 로사리오 섬 및 화산열도를 비롯한) 소후칸 남쪽의 남방제도 그리고 오키노토리섬과 미나미토리섬을 유일한 통치 당국인 미국의 신탁통치하에 두려는 미국이 유엔에 제시한 어떤 제안도 동의한다. 그러한 제안과 그에 대한 긍정적인 조치가 있을 때까지 미국은 그 영해를 포함한 그 섬들의 영토와 주민들에 대한 일체의 행정, 입법, 사법권을 행사할 권리를 가진다.

제4조

(a) 이 조항의 (b)의 규정에 따라, 일본의 부동산 및 제2항에 언급된 지역의 일본국민들의 자산 처분 문제와, 현재 그 지역들을 통치하고 있는 당국자들과 그곳의 (법인을 비롯한) 주민들에 대한 (채무를 비롯한) 그들의 청구권들 그리고 그러한 당국자들과 주민들의 부동산의 처분과 일본과 그 국민들에 대한 그러한 당국자들과 주민들의 채무를 비롯한 청구권들의 처분은 일본과 그 당국자들 간에 특별한 협의의 대상이 된다. 그리고 일본에 있는, 그 당국이나 거류민의 재산의 처분과, 일본과 일본국민

을 상대로 하는 그 당국과 거류민의 청구권(부채를 포함한)의 처분은 일본과 그 당국 간의 별도 협정의 주제가 될 것이다. 제2조에서 언급된 지역에서의 어떤 연합국이나 그 국민의 재산은, 현재까지 반환되지 않았다면, 현존하는 그 상태로 행정당국에 의해 반환될 것이다.

(b) 일본은 제2조와 제3조에 언급된 지역에 있는 일본과 일본국민 자산에 대해, 미군정의 지침이나 이에 준해서 제정된 처분권의 적법성을 인정한다.

(c) 일본의 지배에서 벗어난 지역과 일본을 연결하는 일본이 소유한 해저 케이블은 균등하게 분할될 것이다. 일본은 일본측 터미널과 그에 접하는 절반의 케이블을 갖고, 분리된 지역은 나머지 케이블과 터미널 시설을 갖는다.

제3장 안전

제5조

(a) 일본은 유엔 헌장 제2조에서 설명한 의무를 수용한다. 특히 다음과 같은 의무이다.

　(i) 국제 분쟁을 평화적 수단에 의해 국제 평화와 안전 및 정의를 위태롭게 하지 않도록 해결한다.

　(ii) 국제 관계에서 무력에 의한 위협 또는 무력의 행사는 어떠한 국가의 영토 보전 또는 정치적 독립에 대한 것도 또한 국제연합의 목적과 양립하지 않는 다른 어떠한 수단으로도 자제한다.

　(iii) 국제연합이 헌장에 따라 취하는 어떠한 행동에 대해서도 국제연합에 모든 도움을 제공하고, 한편 국제연합이 방지 행동 또는 강제 조치를 취하는 어느 나라에 대해서도 원조 공여를 자제한다.

(b) 연합국은 일본과의 관계에서 유엔 헌장 제2조 원칙을 지침으로 해야 할 일을 확인한다.

(c) 연합국은 일본이 주권 국가로서 유엔 헌장 제51조에서 내거는 개별적 또는 집단적 자위의 고유한 권리가 있음과 일본이 집단적 안보 협정을 자발적으로 체결할 수 있음을 승인한다.

제6조

(a) 연합국의 모든 점령군은 이 협약의 발효 후 가능한 신속하게, 한편 어떠한 경우에도 이후 90일 이내에 일본에서 철수해야 한다. 그러나 이 규정은 하나 또는 그 이상의 연합군을 한편으로 하고, 일본 또는 기타 쌍방 간에 체결된 또는 체결되는 양자 또

는 다자 협정 결과로 외국 군대의 일본 지역에 주재 또는 주둔을 막는 것은 아니다.

(b) 일본 육군은 각자의 집으로 돌아가며, 1945년 7월 26일 포츠담 선언의 9항의 규정이 아직 실시 완료가 되지 않았다면 실행하는 것으로 한다.

(c) 아직 대가가 지불되지 않은 모든 일본 재산은 점령군의 사용에 제공되고, 한편, 이 협약 발효 시에 점령군이 점유하고 있는 것은 상호 합의에 의해 달리 약정을 하지 않는 한 상기 90일 이내에 일본정부에 반환하여야 한다.

제4장 정치 및 경제

제7조

(a) 각 연합국은 자국과 일본 사이에 이 협약이 발효한 후 1년 이내에 일본과의 전쟁 중 두 나라 간 조약 또는 협약을 이어가는 것이 유효한지 또는 부활시키는 것을 원하는지 일본에 통보하여야 한다. 이렇게 통보된 조약 또는 협약은 이 협약에 적합함을 보장하기 위해 필요한 수정을 하는 것만으로도, 연속적으로 활성화되거나 또는 부활된다. 이렇게 통보된 조약과 협약은 통보일로부터 3개월 후에, 계속해서 유효한 것으로 간주되거나 또는 부활되며, 한편 국제연합 사무국에 등록되어야 한다. 일본에 이렇게 통보되지 않는 모든 조약 및 협약은 폐기된 것으로 본다.

(b) 이 조의 (a)에 근거해 시행되는 통보에 있어서 조약 또는 협약의 실시 또는 부활에 관하여 국제 관계에 대해 통보하는 국가가 책임지는 지역을 제외시킬 수 있다. 이 제외는 제외 신청을 일본에 통보한 날로부터 3개월 이내에 이루어져야 한다.

제8조

(a) 일본은 연합국이 1939년 9월 1일에 시작된 전쟁 상태를 종료하기 위해 체결된 또는 앞으로 체결하는 모든 조약 및 연합국이 평화 회복을 위해, 또는 이와 관련하여 수행하는 다른 협정의 완전한 효력을 승인한다. 일본은 또한 이전의 국제연맹과 상설 국제사법재판소를 종결하기 위해 수행된 협정을 수락한다.

(b) 일본은 1919년 9월 10일 생제르망 앙레우의 협약 및 1936년 7월 20일 몽트뢰 해협 조약의 서명국인 것에 유래하는 그리고 1923년 7월 24일에 로잔에서 서명된 '터키와의 평화조약'의 제16조에서 유래하는 일체의 권리와 이익을 포기한다.

(c) 일본은 1930년 1월 20일 독일과 채권국 간의 협정 및 1930년 5월 17일 신탁 협정을 포함한 그 부속서 및 1930년 1월 20일 국제결제은행 협약 및 국제결제은행의 정관에 근거하여 얻은 일체의 권리, 소유권 및 이익을 포기하고 또한 그들로부터

발생하는 모든 의무를 면제한다. 일본은 이 조약 최초 발효 후 6개월 이내에 이 항에 규정된 권리, 소유권 및 이익의 포기를 파리 외무부에 통보하여야 한다.

제9조

일본은 공해상의 어업의 규제나 제한 그리고 어업의 보존 및 발전을 규정하는 양자간 및 다자간 협정을 체결하기를 바라는 연합국들과 즉각 협상을 시작한다.

제10조

일본은 1901년 9월 7일에 베이징에서 서명한 최종 의정서의 규정들로부터 발생하는 모든 이익과 특권을 비롯하여, 중국에 대한 모든 특별한 권리와 이익을 포기한다.그리고 모든 조항들과 문안 그리고 보충 서류들은 이로써, 이른바 요령, 조항, 문구, 서류들을 폐기하기로 일본과 합의한다.

제11조

일본은 일본 안팎의 극동 및 기타 국가의 연합의 전범 재판소의 국제 군사재판 판결을 수용하고 이로써 일본 내 일본인에게 선고된 형량을 수행한다. 형량감경이나 가석방 같은 관용은 정부로부터 사인별로 형량을 선고한 연합정부의 결정이 있을 경우 또한 일본 심사결과가 있을 경우 이외에는 적용하지 않는다. 극동 지역에 대한 국제 군사재판에서 선고받은 피고인 경우 재판소를 대표하는 정부 구성원이나 일본심사결과상 과반수의 투표가 있을 경우 이외에는 적용하지 않는다.

제12조

(a) 일본은 안정적이고 호혜적인 관계를 바탕으로 한 거래와 해상무역을 위하여 연합국과 조약을 맺거나 협상결과를 이끌어내기 위하여 신속한 협정에 임할 준비가 되어 있음을 선언한다.

(b) 해당하는 조약이나 또는 협정이 체결될 때까지 일본국은 이 조약의 최초 효력 발생 후 4년간

  (1) 각 연합국 및 그 국민, 생산물 및 선박에 다음의 대우를 부여한다.

   (i) 최혜국 협정을 수용하여 관세율 적용과 부과, 제한사항 그리고 기타 물자수출입과 연관해서는 관련 규정을 따른다.

   (ii) 해운, 항해 및 수입 상품에 대한 내국인 대우, 다시 말해 그러한 대우는 세금의 부과 및 징수, 재판을 받는 것, 계약의 체결 및 이행 (유, 무형)재산권,

일본법에 따라 구성된 자치단체에서의 참여 및 일반적으로 모든 종류의 사업활동 및 작업활동의 수행에 관한 모든 사항들을 포함한다.

(2) 일본 공기업들의 대외적인 매매는 오로지 상업적 고려만을 기준으로 하고 있다는 것을 보장한다.

(c) 하지만, 어떤 문제에 대해 일본은 관련된 연합국이 같은 문제에 대해 일본에게 경우에 따라 내국민 대우나 최혜국 대우를 주는 범위 내에서만, 그 연합국에게 내국민 대우나 최혜국 대우를 주어야 한다. 앞에서 말한 상호주의는 연합국의 어떤 비수도권 지역의 생산품, 선박 및 자치단체 그리고 그 지역에 거주하는 사람들의 경우에 그리고 연방정부를 가지고 있는 어떤 연합국의 주나 지방의 자치단체와 그 주나 지방에 거주하는 사람들의 경우에, 그러한 지역이나, 주 또는 지방에서 일본에게 제공하는 대우를 참조하여 결정된다.

(d) 이 조를 적용함에 있어서, 차별적 조치는 그것을 적용하는 당사국의 통상조약에서 통상적으로 규정하고 있는 예외에 근거를 둔 것이라면, 또한 그 당사국의 대외적 재정 상태나, (해운 및 항해에 관한 부분을 제외한)국제수지를 보호해야 할 필요에 근거를 둔 것이라면, 또는 긴요한 안보상의 이익을 유지해야 할 필요성에 근거를 둔 것이라면, 그러한 조치가 주변 상황과 조화를 이루면서, 자의적이거나, 비합리적으로 적용되지 않는다면, 경우에 따라서, 내국민의 대우나, 최혜국 대우를 허용하는 것과 상충하는 것으로 간주되지는 않는다.

(e) 이 조에 의한 일본의 의무는 본 조약의 제14조에 의한 연합국의 어떤 권리 행사에 의해서도 영향을 받지 않는다. 아울러 이 조의 규정들은 본 조약의 제15조에 따라 일본이 감수해야 할 약속들을 제한하는 것으로 해석되어서는 안 된다.

제13조

(a) 일본은 국제 민간항공운송에 관한 양자 간, 또는 다자간 협정을 체결하자는 어떤 연합국의 요구가 있을 때에는 즉시 해당 연합국들과 협상을 시작한다.

(b) 일본은 그러한 협정들이 체결될 때까지, 본 조약이 최초로 발효된 때로부터 4년간, 항공 교통권에 대해 그 효력이 발생하는 날에 어떤 해당 연합국이 행사하는 것에 못지 않는 대우를 해당 연합국에 제공하는 한편, 항공업무의 운영 및 개발에 관한 완전한 기회균등을 제공한다.

(c) 일본은 국제민간항공조약 제93조에 따라 조약의 당사국이 될 때까지, 항공기의 국제운항에 적용할 수 있는 동 조약의 규정들을 준수하는 동시에, 동 조약의 규정에 따라 동 조약의 부속서로 채택된 표준과 관행 및 절차들을 준수한다.

제5장 청구권 및 재산

제14조

(a) 일본이 전쟁 중 일본에 의해 발생한 피해와 고통에 대해 연합국에 배상을 해야 한다는 것은 주지의 사실이다. 그럼에도 불구하고 일본이 생존 가능한 경제를 유지하면서 그러한 모든 피해와 고통에 완전한 배상을 하는 동시에 다른 의무들을 이행하기에는 일본의 자원이 현재 충분하지 않다는 것 또한 익히 알고 있는 사실이다.

따라서

1. 일본은 즉각 현재의 영토가 일본군에 의해 점령당한 그리고 일본에 의해 피해를 입은 연합국들에게 그들의 생산, 복구 및 다른 작업에 일본의 역무를 제공하는 등, 피해 복구비용의 보상을 지원하기 위한 협상을 시작한다. 그러한 협상은 다른 연합국들에게 추가적인 부담을 부과하지 않아야 한다. 그리고 원자재의 제조가 필요하게 되는 경우, 일본에게 어떤 외환 부담이 돌아가지 않도록 원자재는 해당 연합국들이 공급한다.

2. (I) 아래 (II)호의 규정에 따라, 각 연합국은 본 조약의 최초의 효력 발생시에 각 연합국의 관할하에 있는 다음의 모든 재산과 권리 및 이익을 압수하거나, 보유하거나, 처분할 권리를 가진다.

   (a) 일본 및 일본국민,

   (b) 일본 또는 일본국민의 대리자 또는 대행자,

   (c) 일본 또는 일본국민이 소유하거나 지배하는 단체,

   이 (I)호에서 명시하는 재산, 권리 및 이익은 현재 동결되었거나, 귀속되었거나, 연합국 적산관리 당국이 소유하거나, 관리하고 있는 것들을 포함하는데, 그것들은 앞의 (a)나 (b) 또는 (c)에 언급된 사람이나, 단체에 속하거나 그들을 대신하여 보유했거나, 관리했던 것들인 동시에 그러한 당국의 관리하에 있던 것들이었다.

   (II) 다음은 위의 (I)호에 명기된 권리로부터 제외된다.

   (i) 전쟁 중, 일본이 점령한 영토가 아닌 어떤 연합국의 영토에 해당 정부의 허가를 얻어 거주한 일본의 자연인 재산, 다만 전쟁 중에 제한 조치를 받고서, 본 조약이 최초로 효력을 발생하는 날에 그러한 제한 조치로부터 해체되지 않은 재산은 제외한다.

   (ii) 일본정부 소유로 외교 및 영사 목적으로 사용한 모든 부동산과 가구 및 비품 그리고 일본의 대사관 및 영사관 직원들이 소유한 것으로 통상적으

로 대사관 및 영사관의 업무를 수행하는 데 필요한 모든 개인용 가구와 용구 및 투자 목적이 아닌 다른 개인 재산

(iii) 종교단체나 민간 자선단체에 속하는 재산으로 종교적 또는 자선적 목적으로만 사용한 재산

(iv) 관련 국가와 일본 간에 1945년 9월 2일 이후에 재개된 무역 및 금융 관계에 의해 일본이 관할하게 된 재산과 권리 및 이익, 다만 관련 연합국의 법에 위반하는 거래로부터 발생한 것은 제외한다.

(v) 일본 또는 일본국민의 채무, 일본에 소재하는 유형재산에 관한 권리나, 소유권 또는 이익, 일본의 법률에 따라 조직된 기업의 이익 또는 그것들에 대한 증서, 다만 이 예외는, 일본의 통화로 표시된 일본 및 일본국민의 채무에만 적용한다.

(III) 앞에 언급된 예외 (i)로부터 (v)까지의 재산은 그 보존 및 관리를 위한 합리적인 비용의 지불을 조건으로 반환된다, 그러한 재산이 청산되었다면, 그 재산을 반환하는 대신 그 매각 대금을 반환한다.

(IV) 앞에 나온 (I)호에 규정된 일본재산을 압류하고, 유치하고 청산하거나, 그 외 어떠한 방법으로 처분할 권리는 해당 연합군의 법률에 따라 행사되며 그 소유자는 그러한 법률에 의해 본인에게 주어질 권리를 가진다.

(V) 연합국은 일본의 상표권과 문학 및 예술 재산권을 각국의 일반적 사정이 허용하는 한, 일본에게 유리하게 취급하는 것에 동의한다.

(b) 연합국은 본 조약의 특별한 규정이 있는 경우를 제외하고, 연합국의 모든 배상 청구권과, 전쟁 수행 과정에서 일본 및 그 국민이 자행한 어떤 행동으로부터 발생된 연합국 및 그 국민의 다른 청구권 그리고 점령에 따른 직접적인 군사적 비용에 관한 연합국의 청구권을 포기한다.

제15조

(a) 본 조약이 일본과 해당 연합국 간에 효력이 발생된 지 9개월 이내에 신청이 있을 경우, 일본은 그 신청일로부터 6개월 이내에, 1941년 12월 7일부터 1945년 9월 2일까지 일본에 있던 각 연합국과 그 국민의 유형 및 무형 재산과, 종류 여하를 불문한 모든 권리 또는 이익을 반환한다. 다만, 그 소유주가 강박이거나, 사기를 당하지 않고 자유로이 처분한 것은 제외한다. 그러한 재산은 전쟁으로 말미암아 부과될 수 있는 모든 부담금 및 과금을 지불하지 않는 동시에, 그 반환을 위한 어떤 과금도 지불하지 않고서 반환된다. 소유자나 그 소유자를 대신하여, 또는 그 소유자의 정

부가 소정 기간 내에 반환을 신청하지 않는 재산은 일본정부가 임의로 처분할 수 있다. 그러한 재산이 1941년 12월 7일에 일본 내에 존재하고 있었으나, 반환될 수 없거나 전쟁의 결과로 손상이나 피해를 입은 경우, 1951년 7월 13일에 일본 내각에서 승인된 연합국 재산보상법안이 정하는 조건보다 불리하지 않은 조건으로 보상된다.

(b) 전쟁 중에 침해된 공업 재산권에 대해서, 일본은 현재 모두 수정되었지만, 1949년 9월 1일 시행 각령 제309호, 1950년 1월 28일 시행 각령 제12조 및 1950년 2월 1일 시행 각령 제9호에 의해 지금까지 주어진 것보다 불리하지 않은 이익을 계속해서 연합국 및 그 국민에게 제공한다. 다만, 그 연합국의 국민들이 각령에 정해진 기한까지 그러한 이익을 제공해주도록 신청한 경우에만 그러하다.

(c) (i) 1941년 12월 6일에 일본에 존재했던, 출판 여부를 불문하고, 연합국과 그 국민들의 작품에 대해서, 문학과 예술의 지적재산권이 그 날짜 이후로 계속해서 유효했음을 인정하고, 전쟁의 발발로 인해서 일본 국내법이나 관련 연합국의 법률에 의해서 어떤 회의나 협정이 폐기 혹은 중지되었거나 상관없이, 그 날짜에 일본이 한쪽 당사자였던 그런 회의나 협정의 시행으로, 그 날짜 이후로 일본에서 발생했거나, 전쟁이 없었다면 발생했을 권리를 승인한다.

(ii) 그 권리의 소유자가 신청할 필요도 없이, 또 어떤 수수료의 지불이나 다른 어떤 형식에 구애됨이 없이, 1941년 12월 7일부터, 일본과 관련 연합국 간의 본 협정이 시행되는 날까지의 기간은 그런 권리의 정상적인 사용 기간에서 제외될 것이다. 그리고 그 기간은, 추가 6개월의 기간을 더해서, 일본에서 번역판권을 얻기 위해서 일본어로 번역되어야 한다고 정해진 시간에서 제외될 것이다.

제16조

일본의 전쟁포로로서 부당하게 고통을 겪은 연합국 군인들을 배상하는 한 가지 방식으로 일본은 전쟁기간 동안 중립국이었던 나라나 연합국과 같이 참전했던 나라에 있는 연합국과 그 국민의 재산, 혹은 선택사항으로 그것과 동등한 가치를, 국제적십자 위원회에 이전해줄 것이고, 국제적십자위원회는 그 재산을 청산해서 적절한 국내기관에 협력기금을 분배하게 될 것이다. 공정하다고 판단될 수 있는 논리로, 과거 전쟁포로와 그 가족들의 권익을 위해서, (앞 문장의 일부분) 본 협정의 제14조(a)2(II) (ii)부터 (v)까지에 규정된 범위의 재산은, 본 협정이 시행되는 첫 날, 일본에 거주하지 않는 일본국민들의 재산과 마찬가지로 이전대상에서 제외될 것이다. 이 항의 이전조항은 현재 일본 재정기관이 보유한 국제결제은행의 주식 19,770주에 대해서는 적용되지 않는다는 것도 동시에 양해한다.

제17조

(a) 어떤 연합국이든 요청하면, 연합국 국민의 소유권과 관련된 사건에서 일본정부는 국제법에 따라 일본 상벌위원회의 결정이나 명령을 재검토하거나 수정해야 하고, 결정이나 명령을 포함해서 이런 사건들의 기록을 포함한 모든 문서의 사본을 제공해야 한다. 원상복구가 옳다는 재검토나 수정에 나온 사건에서는 제15조의 조항에 관련된 소유권이 적용될 것이다.

(b) 일본정부는 필요한 조치를 취해서 일본과 관련된 연합국 간의 본 협정이 시행되는 첫날로부터 1년 이내에 언제라도 어떤 연합국 국민이든지 1941년 12월 7일과 시행되는 날 사이에 일본법정으로부터 받은 어떤 판결에 대해서도 일본 관계당국에 재심을 신청할 수 있도록 해야 하며, 이것은 그 국민이 원고나 피고로서 제청을 할 수 없는 어떤 소추에서라도 적용되어야 한다. 일본정부는 해당국민이 그러한 어떤 재판에 의해 손해를 입었을 경우에는 그 사람을 재판을 하기 전의 상태로 원상복구시켜주도록 하거나, 그 사람이 공정하고 정당한 구제를 받을 수 있도록 조치해야 한다.

제18조

(a) 전쟁 상태의 개입은, (채권에 관한 것을 포함한) 기존의 의무 및 계약으로부터 발생하는 금전상의 채무를 상환할 의무 그리고 전쟁 상태 이전에 취득된 권리로서, 일본의 정부나, 그 국민들이 연합국의 한 나라의 정부나, 그 국민들에게, 또는 연합국의 한 나라의 정부나, 그 국민들이 일본의 정부나, 그 국민들에게 주어야 하는 권리에 영향을 미치지 않는다는 것을 인정한다. 그와 마찬가지로 전쟁 상태의 개입은 전쟁 상태 이전에 발생한 것으로, 연합국의 한 나라의 정부가 일본정부에 대해, 또는 일본정부가 연합국의 한 나라의 정부에 대해 제기하거나, 재제기할 수 있는 재산의 멸실이나 손해 또는 개인적 상해나, 사망으로 인한 청구권을 검토할 의무에 영향을 미치는 것으로 간주되지 않는다. 이 항의 규정은 제14조에 의해 부여되는 권리를 침해하지 않는다.

(b) 일본은 전쟁 전의 대외채무에 관한 책임과, 뒤에 일본의 책임이라고 선언된 단체들의 채무에 관한 책임을 질 것을 천명하면서, 빠른 시일 내에 그러한 채무의 지불재개에 대해 채권자들과 협상을 시작하고, 전쟁 전의 다른 청구권들과 의무들에 대한 협상을 촉진하며, 그에 따라 상환을 용이하게 하겠다는 의향을 표명한다.

제19조

(a) 일본은 전쟁으로부터 발생했거나, 전쟁상태의 존재로 말미암아 취해진 조치들로부터 발생한 연합국들과 그 국민들에 대한 일본국민들의 모든 청구권을 포기하는 한편, 본 조약이 발효되기 전에 일본 영토 내에서 연합국 군대나 당국의 존재나 직무 수행 또는 행동들로부터 생긴 모든 청구권을 포기한다.

(b) 앞에서 언급한 포기에는 1939년 9월 1일부터 본 조약 효력 발생시까지의 사이에 일본의 선박에 관해서 연합국이 취한 조치로부터 생긴 청구권은 물론 연합국의 수중에 있는 일본 전쟁포로와 민간인 피억류자에 관해서 생긴 모든 청구권 및 채권이 포함된다. 다만 1945년 9월 2일 이후 어떤 연합국이 제정한 법률로 특별히 인정된 일본인의 청구권은 포함되지 않는다.

(c) 일본정부는 또한 상호 포기를 조건으로, 정부 간의 청구권 및 전쟁 중에 입은 멸실 또는 손해에 관한 청구권을 포함한 독일과 독일 국민에 대한(채권을 포함한) 모든 청구권을 일본정부와 일본국민을 위해서 포기한다. 다만, (a)1939년 9월 1일 이전에 체결된 계약 및 취득한 권리에 관한 청구권과, (b)1945년 9월 2일에 일본과 독일 간의 무역 및 금융의 관계로부터 생긴 청구권은 제외한다. 그러한 포기는 본 조약 제16조 및 제20조에 따라 취해진 조치에 저촉되지 않는다.

(d) 일본은 점령 기간 동안, 점령당국의 지시에 따라 또는 그 지시의 결과로 행해졌거나, 당시 일본법에 의해 인정된 모든 작위 또는 부작위 행위의 효력을 인정하며, 연합국 국민들에게 그러한 작위 또는 부작위 행위로부터 발생하는 민사 또는 형사 책임을 묻는 어떤 조치도 취하지 않는다.

제20조

일본은 1945년 베를린 회의의 협약 의정서에 따라 일본 내의 독일 재산을 처분할 권리를 가지게 되는 제국이 그러한 재산의 처분을 결정하거나, 결정할 수 있도록 보장하기 위한 필요한 모든 조치를 취한다. 그리고 그러한 재산이 최종적으로 처분될 때까지 그 보존 및 관리에 대한 책임을 진다.

제21조

중국은 본 조약 제25조의 규정에 관계없이, 제10조 및 제14조(a)2의 이익을 받을 권리를 가지며, 한국은 제2조, 제4조, 제9조 및 제12조의 이익을 받을 권리를 가진다.

제6장 분쟁 해결

제22조

본 조약의 어떤 당사국이 볼 때 특별 청구권 재판소나, 다른 합의된 방법으로 해결되지 않는 본 조약의 해석 또는 실행에 관한 분쟁이 발생한 경우, 그러한 분쟁은 어떤 분쟁 당사국의 요청에 의해 그러한 분쟁에 대한 결정을 얻기 위해 국제사법재판소로 회부된다. 일본과 아직 국제사법재판소 규정상의 당사국이 아닌 연합국은 각각 본 조약을 비준할 때에 그리고 1946년 10월 15일의 국제연합 안전보장 이사회의 결의에 따라 특별한 합의 없이, 이 조항에서 말하는 모든 분쟁에 대한 국제사법재판소의 전반적인 관할권을 수락하는 일반 선언서를 동 재판소 서기에게 기탁한다.

제7장 최종

제23조

(a) 본 조약은 일본을 포함하여 본 조약에 서명하는 나라에 의해 비준된다. 본 조약은 비준서가 일본에 의해 그리고 호주, 캐나다, 실론, 프랑스, 인도네시아, 네덜란드, 뉴질랜드, 필리핀, 영국과 북아일랜드 그리고 미국 중 가장 중요한 점령국인 미국을 포함한 과반수에 의해 기탁되었을 때, 그것을 비준한 모든 나라들에게 효력을 발한다.

(b) 일본이 비준서를 기탁한 후 9개월 이내에 본 조약이 발효되지 않는다면, 본 조약을 비준한 나라는 모두 일본이 비준서를 기탁한 후 3년 이내에 일본정부 및 미국정부에 그러한 취지를 통고함으로써 자국과 일본과의 사이에 본 조약을 발효시키게 할 수 있다.

제24조

모든 비준서는 미국정부에 기탁해야 한다. 미국정부는 제23조(a)에 의거한 본 조약의 효력 발생일과 제23조(b)에 따라 행해지는 어떤 통고를 모든 서명국에 통지한다.

제25조

본 조약의 적용상, 연합국이란 일본과 전쟁하고 있던 나라들이나, 이전에 제23조에 명명된 나라의 영토의 일부를 이루고 있었던 어떤 나라를 말한다. 다만, 각 경우 관련된 나라가 본 조약에 서명하여, 본 조약을 비준하는 것을 조건으로 한다. 본 조약은 제

21조의 규정에 따라, 여기에 정의된 연합국이 아닌 나라에 대해서는 어떠한 권리나, 소유권 또는 이익도 주지 않는다. 아울러 본 조약의 어떠한 규정에 의해 앞에서 정의된 연합국이 아닌 나라를 위해 일본의 어떠한 권리나 소유권 또는 이익이 제한되거나 훼손되지 않는다.

제26조

일본은 1942년 1월 1일의 국제연합 선언문에 서명 또는 동의한 어떤 국가, 또한 일본과 전쟁 상태에 있는 어떤 국가, 또는 이전에 본 조약의 서명국이 아닌 제23조에 의해 명명된 어떤 국가의 영토의 일부를 이루고 있던 어떤 나라와 본 조약에 규정된 것과 동일하거나, 실질적으로 동일한 조건으로 양국 간의 평화조약을 체결할 준비를 가져야 한다. 다만 이러한 일본의 의무는 본 조약이 최초로 발효된 지 3년 뒤에 소멸된다. 일본이 본 조약이 제공하는 것보다 더 많은 이익을 주는 어떤 국가와 평화적인 해결을 하거나, 전쟁 청구권을 처리할 경우, 그러한 이익은 본 조약의 당사국들에게도 적용되어야 한다.

제27조

이 조약은 미국정부의 기록에 기탁된다. 동 정부는 그 인증 등본을 각 서명국에게 교부한다.

이상의 증거로, 아래 서명자의 전권 위원은 본 조약에 서명했다.
1951년 9월 8일 샌프란시스코에서 동등하게 정본인 영어, 프랑스어 및 스페인어 및 일본어로 작성했다.

서명자(미국과 일본 서명자 외 생략)

한·일 기본조약

(대한민국과 일본국 간의 기본관계에 관한 조약)
1965년 6월 22일 도쿄에서 서명
1965년 12월 18일 발효

대한민국과 일본국은,

양국 국민관계의 역사적 배경과, 선린관계와 주권상호존중의 원칙에 입각한 양국 관계의 정상화에 대한 상호 희망을 고려하며, 양국의 상호 복지와 공통 이익을 증진하고 국제평화와 안전을 유지하는 데 있어서 양국이 국제연합 헌장의 원칙에 합당하게 긴밀히 협력함이 중요하다는 것을 인정하며, 또한 1951.9.8 샌프란시스코에서 서명된 일본국과의 평화조약의 관계규정과 1948.12.12 국제연합 총회에서 채택된 결의 제195호(III)을 상기하며, 본 기본관계에 관한 조약을 체결하기로 결정하여, 이에 다음과 같이 양국 간의 전권위원을 임명하였다.

대한민국
대한민국 외무부장관 이동원
대한민국 특명전권대사 김동조

일본국
일본국 외무대신 시이나 에쓰사부로椎名悅三郞
다카스기 신이치高杉晋一

이들 전권위원은 그들의 전권위임장을 상호 제시하고 그것이 상호 타당하다고 인정한 후 다음의 제 조항에 합의하였다.

제1조 양 체약 당사국 간에 외교 및 영사관계를 수립한다. 양 체약 당사국은 대사급 외교사절을 지체 없이 교환한다. 양 체약 당사국은 또한 양국 정부에 의하여 합의되는 장소에 영사관을 설치한다.

제2조 1910년 8월 22일 및 그 이전에 대한제국과 대일본제국 간에 체결된 모든 조약
및 협정이 이미 무효임을 확인한다.

제3조 대한민국 정부가 국제연합 총회의 결정 제195호(Ⅲ)에 명시된 바와 같이 한반
도에 있어서의 유일한 합법정부임을 확인한다.

제4조 (가) 양 체약 당사국은 양국 상호 간의 관계에 있어서 국제연합 헌장의 원칙을
지침으로 한다.
(나) 양 체약 당사국은 양국의 상호의 복지와 공통의 이익을 증진함에 있어서
국제연합 헌장의 원칙에 합당하게 협력한다.

제5조 양 체약 당사국은 양국의 무역, 해운 및 기타 통상상의 관계를 안정되고 우호적
인 기초 위에 두기 위하여 조약 또는 협정을 체결하기 위한 교섭을 실행 가능한
한 조속히 시작한다.

제6조 양 체약 당사국은 민간항공 운수에 관한 협정을 체결하기 위하여 실행 가능한
한 조속히 교섭을 시작한다.

제7조 본 조약은 비준되어야 한다. 비준서는 가능한 한 조속히 서울에서 교환한다.

본 조약은 비준서가 교환된 날로부터 효력을 발생한다.
이상의 증거로써 각 전권위원은 본 조약에 서명 날인한다.
1965년 6월 22일 동경에서 동등히 정본인 한국어, 일본어 및 영어로 2통을 작성하였
다. 해석에 상위가 있을 경우에는 영어본에 따른다.

대한민국을 위하여 이동원 김동조
일본국을 위하여 시이나 에쓰사부로 다카스기 신이치

한·일 청구권협정

(대한민국과 일본국 간의 재산 및 청구권에 관한 문제의 해결과 경제협력에 관한 협정)

1965년 6월 22일 도쿄에서 서명

1965년 12월 18일 발효

대한민국과 일본국은, 양국 및 양국 국민의 재산과 양국 및 양국 국민 간의 청구권에 관한 문제를 해결할 것을 희망하고, 양국 간의 경제협력을 증진할 것을 희망하여, 다음과 같이 합의하였다.

제1조

1. 일본국은 대한민국에 대하여

    (a) 현재에 있어서 1천 8십억 일본 원(108,000,000,000원)으로 환산되는 3억 아메리카합중국 불($ 300,000,000)과 동등한 일본 원의 가치를 가지는 일본국의 생산물 및 일본인의 용역을 본 협정의 효력 발생일로부터 10년 기간에 걸쳐 무상으로 제공한다. 매년의 생산물 및 용역의 제공은 현재에 있어서 1백 8억 일본 원(10,800,000,000원)으로 환산되는 3천만 아메리카합중국 불($ 30,000,000)과 동등한 일본 원의 액수를 한도로 하고 매년의 제공이 본 액수에 미달되었을 때에는 그 잔액은 차년 이후의 제공액에 가산된다. 단, 매년의 제공 한도액은 양 체약국 정부의 합의에 의하여 증액될 수 있다.

    (b) 현재에 있어서 7백 20억 일본 원(72,000,000,000원)으로 환산되는 2억 아메리카합중국 불($ 200,000,000)과 동등한 일본 원의 액수에 달하기까지의 장기 저리의 차관으로서, 대한민국 정부가 요청하고 또한 3의 규정에 근거하여 체결될 약정에 의하여 결정되는 사업의 실시에 필요한 일본국의 생산물 및 일본인의 용역을 대한민국이 조달하는 데 있어 충당될 차관을 본 협정의 효력 발생일로부터 10년 기간에 걸쳐 행한다. 본 차관은 일본국의 해외경제협력기금에 의하여 행하여지는 것으로 하고, 일본국 정부는 동 기금이 본 차관을 매년 균등하게 이행할 수 있는 데 필요한 자금을 확보할 수 있도록 필요한 조치를 취한다.

    전기 제공 및 차관은 대한민국의 경제 발전에 유익한 것이 아니면 아니 된다.

2. 양 체약국 정부는 본조의 규정의 실시에 관한 사항에 대하여 권고를 행할 권한을 가지

는 양 정부 간의 협의기관으로서 양 정부의 대표자로 구성될 합동위원회를 설치한다.

3. 양 체약국 정부는 본조의 규정의 실시를 위하여 필요한 약정을 체결한다.

제2조

1. 양 체약국은 양 체약국 및 그 국민(법인을 포함함)의 재산, 권리 및 이익과 양 체약국 및 그 국민 간의 청구권에 관한 문제가 1951년 9월 8일에 샌프란시스코에서 서명된 일본국과의 평화조약 제4조 (a)에 규정된 것을 포함하여 완전히 그리고 최종적으로 해결된 것이 된다는 것을 확인한다.

2. 본조의 규정은 다음의 것(본 협정의 서명일까지 각기 체약국이 취한 특별조치의 대상이 된 것을 제외한다)에 영향을 미치는 것이 아니다.

　(a) 일방체약국의 국민으로서 1947년 8월 15일부터 본 협정의 서명일까지 사이에 타방체약국에 거주한 일이 있는 사람의 재산, 권리 및 이익

　(b) 일방체약국 및 그 국민의 재산, 권리 및 이익으로서 1945년 8월 15일 이후에 있어서의 통상의 접촉의 과정에 있어 취득되었고 또는 타방체약국의 관할하에 들어오게 된 것

3. 2의 규정에 따르는 것을 조건으로 하여 일방체약국 및 그 국민의 재산, 권리 및 이익으로서 본 협정의 서명일에 타방체약국의 관할하에 있는 것에 대한 조치와 일방체약국 및 그 국민의 타방체약국 및 그 국민에 대한 모든 청구권으로서 동일자 이전에 발생한 사유에 기인하는 것에 관하여는 어떠한 주장도 할 수 없는 것으로 한다.

제3조

1. 본 협정의 해석 및 실시에 관한 양 체약국 간의 분쟁은 우선 외교상의 경로를 통하여 해결한다.

2. 1의 규정에 의하여 해결할 수 없었던 분쟁은 어느 일방체약국의 정부가 타방체약국의 정부로부터 분쟁의 중재를 요청하는 공한을 접수한 날로부터 30일의 기간 내에 각 체약국 정부가 임명하는 1인의 중재위원과 이와 같이 선정된 2인의 중재위원이 당해 기간 후의 30일의 기간 내에 합의하는 제3의 중재위원 또는 당해 기간 내에 이들 2인의 중재위원이 합의하는 제3국의 정부가 지명하는 제3의 중재위원과의 3인의 중재위원으로 구성되는 중재위원회에 결정을 위하여 회부한다. 단, 제3의 중재위원은 양 체약국 중의 어느 편의 국민이어서는 아니 된다.

3. 어느 일방체약국의 정부가 당해 기간 내에 중재위원을 임명하지 아니하였을 때, 또는 제3의 중재위원 또는 제3국에 대하여 당해 기간 내에 합의하지 못하였을 때에는

중재위원회는 양 체약국 정부가 각각 30일의 기간 내에 선정하는 국가의 정부가 지명하는 각 1인의 중재위원과 이들 정부가 협의에 의하여 결정하는 제3국의 정부가 지명하는 제3의 중재위원으로 구성한다.

4. 양 체약국 정부는 본조의 규정에 의거한 중재위원회의 결정에 복한다.

제4조

본 협정은 비준되어야 한다. 비준서는 가능한 한 조속히 서울에서 교환한다. 본 협정은 비준서가 교환된 날로부터 효력을 발생한다.

이상의 증거로서, 하기 대표는 각자의 정부로부터 정당한 위임을 받아 본 협정에 서명하였다.

1965년 6월 22일 도쿄에서 동등히 정본인 한국어 및 일본어로 본서 2통을 작성하였다.

대한민국을 위하여(서명) 이동원 김동조
일본국을 위하여(서명) 시이나 에쓰사부로 다카스기 신이치

日韓基本条約

(日本国と大韓民国との間の基本関係に関する条約)

1965年6月22日作成

1965年12月18日発効

日本国及び大韓民国は、

両国民間の関係の歴史的背景と、善隣関係及び主権の相互尊重の原則に基づく両国間の関係の正常化に対する相互の希望とを考慮し、両国の相互の福祉及び共通の利益の増進のため並びに国際の平和及び安全の維持のために、両国が国際連合憲章の原則に適合して緊密に協力することが重要であることを認め、千九百五十一年九月八日にサン・フランシスコ市で署名された日本国との平和条約の関係規定及び千九百四十八年十二月十二日に国際連合総会で採択された決議第百九十五号(III)を想起し、この基本関係に関する条約を締結することに決定し、よつて、その全権委員として次のとおり任命した。

日本国

日本国外務大臣　椎名悦三郎

　　　　　　　　高杉晋一

大韓民国

大韓民国外務部長官　　李東元

大韓民国特命全権大使　金東祚

これらの全権委員は、互いにその全権委任状を示し、それが良好妥当であると認められた後、次の諸条を協定した。

第一条

両締約国間に外交及び領事関係が開設される。両締約国は、大使の資格を有する外交使節を遅滞なく交換するものとする。また、両締約国は、両国政府により合意される場所に領事館を設置する。

706

第二条

千九百十年八月二十二日以前に大日本帝国と大韓帝国との間で締結されたすべての条約及び協定は、もはや無効であることが確認される。

第三条

大韓民国政府は、国際連合総会決議第百九十五号(Ⅲ)に明らかに示されているとおりの朝鮮にある唯一の合法的な政府であることが確認される。

第四条

(a) 両締約国は、相互の関係において、国際連合憲章の原則を指針とするものとする。

(b) 両締約国は、その相互の福祉及び共通の利益を増進するに当たつて、国際連合憲章の原則に適合して協力するものとする。

第五条

両締約国は、その貿易、海運その他の通商の関係を安定した、かつ、友好的な基礎の上に置くために、条約又は協定を締結するための交渉を実行可能な限りすみやかに開始するものとする。

第六条

両締約国は、民間航空運送に関する協定を締結するための交渉を実行可能な限りすみやかに開始するものとする。

第七条

この条約は、批准されなければならない。批准書は、できる限りすみやかにソウルで交換されるものとする。この条件は、批准書の交換の日に効力を生ずる。

以上の証拠として、それぞれの全権委員は、この条約に署名調印した。
千九百六十五年六月二十二日に東京で、ひとしく正文である日本語、韓国語及び英語により本書二通を作成した。解釈に相違がある場合には、英語の本文による。
日本国のために 椎名悦三郎. 高杉晋一
大韓民国のために 李東元, 金東祚

日韓請求権並びに経済協力協定

(財産及び請求権に関する問題の解決並びに経済協力に関する日本国と大韓民国との間の協定)

1965年6月22日作成

1965年12月18日発効

日本国及び大韓民国は、両国及びその国民の財産並びに両国及びその国民の間の請求権に関する問題を解決することを希望し、両国間の経済協力を増進することを希望して、次のとおり協定した。

第一条

1. 日本国は、大韓民国に対し、

    (a) 現在において千八十億円(一〇八、〇〇〇、〇〇〇、〇〇〇円)に換算される三億合衆国ドル(三〇〇、〇〇〇、〇〇〇ドル)に等しい円の価値を有する日本国の生産物及び日本人の役務を、この協定の効力発生の日から十年の期間にわたつて無償で供与するものとする。各年における生産物及び役務の供与は、現在において百八億円(一〇、八〇〇、〇〇〇、〇〇〇円)に換算される三千万合衆国ドル(三〇、〇〇〇、〇〇〇ドル)に等しい円の額を限度とし、各年における供与がこの額に達しなかつたときは、その残額は、次年以降の供与額に加算されるものとする。ただし、各年の供与の限度額は、両締約国政府の合意により増額されることができる。

    (b) 現在において七百二十億円(七二、〇〇〇、〇〇〇、〇〇〇円)に換算される二億合衆国ドル(二〇〇、〇〇〇、〇〇〇ドル)に等しい円の額に達するまでの長期低利の貸付けで、大韓民国政府が要請し、かつ、3の規定に基づいて締結される取極に従つて決定される事業の実施に必要な日本国の生産物及び日本人の役務の大韓民国による調達に充てられるものをこの協定の効力発生の日から十年の期間にわたつて行なうものとする。この貸付けは、日本国の海外経済協力基金により行なわれるものとし、日本国政府は、同基金がこの貸付けを各年において均等に行ないうるために必要とする資金を確保することができるように、必要な措置を執るものとする。

    前記の供与及び貸付けは、大韓民国の経済の発展に役立つものでなければならない。

2. 両締約国政府は、この条の規定の実施に関する事項について勧告を行なう権限を有する両政府間の協議機関として、両政府の代表者で構成される合同委員会を設置する。

3. 両締約国政府は、この条の規定の実施のため、必要な取極を締結するものとする。

第二条

1. 両締約国は、両締約国及びその国民（法人を含む。）の財産、権利及び利益並びに両締約国及びその国民の間の請求権に関する問題が、千九百五十一年九月八日にサン・フランシスコ市で署名された日本国との平和条約第四条（a）に規定されたものを含めて、完全かつ最終的に解決されたこととなることを確認する。

2. この条の規定は、次のもの（この協定の署名の日までにそれぞれの締約国が執つた特別の措置の対象となつたものを除く。）に影響を及ぼすものではない。

   (a) 一方の締約国の国民で千九百四十七年八月十五日からこの協定の署名の日までの間に他方の締約国に居住したことがあるものの財産、権利及び利益

   (b) 一方の締約国及びその国民の財産、権利及び利益であつて千九百四十五年八月十五日以後における通常の接触の過程において取得され又は他方の締約国の管轄の下にはいつたもの

3. 2の規定に従うことを条件として、一方の締約国及びその国民の財産、権利及び利益であつてこの協定の署名の日に他方の締約国の管轄の下にあるものに対する措置並びに一方の締約国及びその国民の他方の締約国及びその国民に対するすべての請求権であつて同日以前に生じた事由に基づくものに関しては、いかなる主張もすることができないものとする。

第三条

1. この協定の解釈及び実施に関する両締約国の紛争は、まず、外交上の経路を通じて解決するものとする。

2. 1の規定により解決することができなかつた紛争は、いずれか一方の締約国の政府が他方の締約国の政府から紛争の仲裁を要請する公文を受領した日から三十日の期間内に各締約国政府が任命する各一人の仲裁委員と、こうして選定された二人の仲裁委員が当該期間の後の三十日の期間内に合意する第三の仲裁委員又は当該期間内にその二人の仲裁委員が合意する第三国の政府が指名する第三の仲裁委員との三人の仲裁委員からなる仲裁委員会に決定のため付託するものとする。ただし、第三の仲裁委員は、両締約国のうちいずれかの国民であつてはならない。

3. いずれか一方の締約国の政府が当該期間内に仲裁委員を任命しなかつたとき、又は第三の仲裁委員若しくは第三国について当該期間内に合意されなかつたときは、仲裁委員会は、両締約国政府のそれぞれが三十日の期間内に選定する国の政府が指名する各一人の仲裁委員とそれらの政府が協議により決定する第三国の政府が指名する第三の仲裁委員をもつて構成されるものとする。

4. 両締約国政府は、この条の規定に基づく仲裁委員会の決定に服するものとする。

第四条

この協定は、批准されなければならない。批准書は、できる限りすみやかにソウルで交換されるものとする。この協定は、批准書の交換の日に効力を生ずる。

以上の証拠として、下名は、各自の政府からこのために正当な委任を受け、この協定に署名した。

千九百六十五年六月二十二日に東京で、ひとしく正文である日本語及び韓国語により本書二通を作成した。

日本国のために 椎名悦三郎, 高杉晋一

大韓民国のために 李東元, 金東祚

710

The Cairo Declaration

(Declaration of the Three Powers-Great Britain, the United States and China regarding Japan.)
Signed at Cairo, November 27, 1943

President F D Roosevelt, Generalissimo Chiang Kai-shek(Jiang Jieshi) and Prime Minister Mr. Winston Churchill, together with their respective military and diplomatic advisers, have completed a conference in North Africa.

The following general statement was issued:

The several military missions have agreed upon future military operations against Japan. The Three Great Allies expressed their resolve to bring unrelenting pressure against their brutal enemies by sea, land, and air. This pressure is already rising.

The Three Great Allies are fighting this war to restrain and punish the aggression of Japan.

They covet no gain for themselves and have no thought of territorial expansion.

It is their purpose that Japan shall be stripped of all the islands in the Pacific which she has seized or occupied since the beginning of the first World War in 1914, and that all the territories Japan has stolen from the Chinese, such as Manchuria, Formosa, and the Pescadores, shall be restored to the Republic of China.

Japan will also be expelled from all other territories which she has taken by violence and greed.

The aforesaid three great powers, mindful of the enslavement of the people of Korea, are determined that in due course Korea shall become free and independent.

With these objectives in view the three Allies, in harmony with those of the United Nations at war with Japan, will continue to persevere in the serious and prolonged operations necessary to procure the unconditional surrender of Japan.

카이로 선언

1943년 11월 27일 서명

일본국에 대한 영·미·중 삼국선언

루즈벨트 대통령, 장제스 총통, 처칠 수상은 각자의 군사·외교고문과 함께 북아프리카에서 회의를 마치고 아래의 일반적 성명을 발한다.

각 군사 사절은 일본국에 대한 장래의 군사 행동을 협정하였다.

삼대 동맹국은 해로 육로 공로로써 야만적 적국에 대하여 가차 없는 압력을 가할 결의를 표명하였다. 이 압력은 이에 증대되어 가고 있다. 삼대 동맹국은 일본국의 침략을 제지하고 다만 이를 벌하기 위하여 지금의 전쟁을 수행하고 있는 바이다.

연합국은 자국을 위하여서는 아무런 이득을 추구하는 것이 아니며 또한 영토 확장에 아무 생각을 가진 것이 없다.

연합국의 목적은, 일본국으로부터 1914년 제1차 세계전쟁의 개시 이후에 있어 일본국이 탈취 또는 점령한 태평양에 있어서의 일부의 도서를 일본국으로부터 박탈할 것과, 아울러 만주·대만·팽호도 등 일본국이 청국으로부터 도취한 일체의 지역을 중화민국에 반환함에 있다.

일본국은 또한 폭력 및 탐욕에 의하여 일본국이 약취한 다른 일체 지역으로부터도 구축될 것이다.

전기 삼대국은 조선 인민의 노예 상태에 유의하여 적당한 시기에 조선을 자유롭게 독립시킬 것을 결정한다.

이 목적으로써 삼대 연합국은 일본국과 교전중인 동맹 제국과 협조하여 일본국의 무조건 항복을 재래하기에 필요한 중대하고 장기적인 작전을 견인 계속한다.

Potsdam Declaration

Proclamation Defining Terms for Japanese Surrender

Issued, at Potsdam, July 26, 1945

We-the President of the United States, the President of the National Government of the Republic of China, and the Prime Minister of Great Britain, representing the hundreds of millions of our countrymen, have conferred and agree that Japan shall be given an opportunity to end this war.

The prodigious land, sea and air forces of the United States, the British Empire and of China, many times reinforced by their armies and air fleets from the west, are poised to strike the final blows upon Japan. This military power is sustained and inspired by the determination of all the Allied Nations to prosecute the war against Japan until she ceases to resist.

The result of the futile and senseless German resistance to the might of the aroused free peoples of the world stands forth in awful clarity as an example to the people of Japan. The might that now converges on Japan is immeasurably greater than that which, when applied to the resisting Nazis, necessarily laid waste to the lands, the industry and the method of life of the whole German people. The full application of our military power, backed by our resolve, will mean the inevitable and complete destruction of the Japanese armed forces and just as inevitably the utter devastation of the Japanese homeland.

The time has come for Japan to decide whether she will continue to be controlled by those self-willed militaristic advisers whose unintelligent calculations have brought the Empire of Japan to the threshold of annihilation, or whether she will follow the path of reason.

Following are our terms. We will not deviate from them. There are no alternatives. We shall brook no delay.

There must be eliminated for all time the authority and influence of those who have deceived and misled the people of Japan into embarking on world conquest, for we insist that a new order of peace, security and justice will be impossible until irresponsible militarism is driven from the world.

Until such a new order is established and until there is convincing proof that Japan's war-making power is destroyed, points in Japanese territory to be designated by the Allies shall be occupied to secure the achievement of the basic objectives we are here setting forth.

The terms of the Cairo Declaration shall be carried out and Japanese sovereignty shall be limited to the islands of Honshu, Hokkaido, Kyushu, Shikoku and such minor islands as we determine.

The Japanese military forces, after being completely disarmed, shall be permitted to return to their homes with the opportunity to lead peaceful and productive lives.

We do not intend that the Japanese shall be enslaved as a race or destroyed as a nation, but stern justice shall be meted out to all war criminals, including those who have visited cruelties upon our prisoners. The Japanese Government shall remove all obstacles to the revival and strengthening of democratic tendencies among the Japanese people. Freedom of speech, of religion, and of thought, as well as respect for the fundamental human rights shall be established.

Japan shall be permitted to maintain such industries as will sustain her economy and permit the exaction of just reparations in kind, but not those which would enable her to re-arm for war. To this end, access to, as distinguished from control of, raw materials shall be permitted. Eventual Japanese participation in world trade relations shall be permitted.

The occupying forces of the Allies shall be withdrawn from Japan as soon as these objectives have been accomplished and there has been established in accordance with the freely expressed will of the Japanese people a peacefully inclined and responsible government.

We call upon the government of Japan to proclaim now the unconditional surrender of all Japanese armed forces, and to provide proper and adequate assurances of their good faith in such action. The alternative for Japan is prompt and utter destruction.

포츠담 선언

1945년 7월 26일 발표

일본의 항복 조건을 규정하는 선언

수억의 우리 동포들을 대표하여 우리들 미합중국의 대통령, 중화민국 국민정부의 총통 그리고 영국의 수상은 일본에게 이 전쟁을 끝낼 기회를 주어야 한다는 것에 대해 협의 했고 합의에 이르렀다.

서부에서 여러 차례에 걸쳐 지상군과 공군 전력을 증강해 온 미합중국, 대영제국과 중국 의 엄청난 육해공군은 일본을 향한 최후의 일격을 가할 태세를 마쳤다. 이 군사력은 일 본이 저항을 멈출 때까지 전쟁을 수행할 연합국의 투지에 의해 유지되고 또 고무되었다.

각성한 전 세계 자유인들의 힘에 대한 독일의 무의미하고 헛된 저항의 결과는 일본 인 민들에게 하나의 사례로써 지독하고 명확하게 다가온다. 이제 일본에 집중되는 그 힘은 저항하는 나치에 가했을 때, 어쩔 수 없이 모든 독일 인민들의 산업과 삶의 터전인 땅 들을 초토화시켰을 때보다도 가늠할 수 없을 만큼 강력하다. 우리의 결의가 지지하는 우리의 모든 군사력의 적용은 일본군의 완벽하고 필연적인 전멸과 그에 따라 어쩔 수 없는 일본인의 고향의 철저한 파멸을 의미할 것이다.

일본이 일본 제국을 절멸의 문턱까지 끌고 온 우둔한 계산을 한 아집에 찬 군국주의자 조언자들에게 계속 지배당할 것인지, 아니면 이성으로 향하는 길을 따를 것인지를 결정 할 시간이 도래했다.

아래는 우리의 요구 조건이다. 우리는 이 요구 조건에서 벗어나지 않을 것이다. 다른 대안은 없다. 우리는 어떤 지연도 용납하지 않을 것이다.

반드시 일본의 인민들을 세계 정복에 착수시킴으로써 기만하고 잘못 이끈 자들의 권력 과 영향력을 영원히 제거해야 한다. 우리는 새로운 평화의 질서, 안전과 정의가 무책임한 군국주의를 지구상에서 몰아내지 않는 한 불가능할 것이라고 주장하는 바이기 때문이다.

이러한 새로운 질서가 확립될 때까지 그리고 일본이 전쟁을 일으킬 만한 힘이 남아있지 않다는 설득력 있는 증거가 생길 때까지, 우리가 주장한 필수적인 목표들을 확실하게 달성하기 위해 연합군은 일본 내의 특정 지점들을 지정하고 점령할 것이다.

카이로 선언의 요구 조건들이 이행될 것이며 일본의 주권은 혼슈와 홋카이도, 규슈와 시코쿠 그리고 우리가 결정하는 부속 도서로 제한될 것이다.

일본군은 완전히 무장해제 된 후, 평화롭고 생산적인 삶을 살 수 있도록 집으로 돌아갈 수 있다.

우리는 일본 민족이 노예가 되거나 일본국이 멸망하기를 바라지 않는다. 그러나 우리의 포로들을 학대한 자들을 포함한 모든 전범들은 엄격하게 재판받을 것이다. 일본정부는 일본 인민들의 민주주의적 성향의 부활과 강화를 가로막는 모든 장애물을 제거해야 한다. 기초적인 인권을 존중하는 것뿐만 아니라 언론, 종교 그리고 사상의 자유가 확립되어야 한다.

일본은 자국을 전쟁을 위한 재무장을 시킬 수 있는 산업을 제외하면 경제를 유지할 수 있도록 각종 산업들을 유지할 수 있고, 현물로써 적절한 배상에 대한 징수를 허용해야 한다. 이를 위해, 지배와는 구별되는, 원자재에 대한 접근이 허가될 것이다. 최종적으로는 일본의 세계 무역 거래의 참여가 허가될 것이다.

연합국의 점령군은 이러한 목표가 완수되고 일본 인민들의 자유로운 의지에 따라 평화를 지향하는 책임 있는 정부가 수립되는 즉시 일본에서 철수할 것이다.

우리는 일본정부에게 이제 일본군의 무조건적인 항복을 선언하고 이러한 조치에 대한 일본정부의 적절하고 충분한 성의 있는 보장을 제공할 것을 촉구한다. 이에 대한 일본의 다른 대안은 즉각적이고 완전한 파멸이다.

찾아보기

샌프란시스코 체제를 넘어서
동아시아 냉전과 식민지·전쟁범죄의 청산

김영호, 개번 매코맥, 하라 기미에, 와다
하루키, 찰스 암스트롱, 양찬, 정병준, 이태진,
알렉시스 더든, 김성원, 도츠카 에츠로,
오시진, 이장희, 강병근, 쉬융, 김창록,
백태웅, 노정호, 이종원, 우치다 마사토시,
후더쿤, 스위안화, 한승동 지음

한승동, 이영섭, 이유진 옮김

초판 1쇄 2022년 4월 28일 발행
ISBN 979-11-5706-258-4 (93910)

책임편집   진용주
디자인   조주희
마케팅   김성현
인쇄   예인미술

펴낸이   김현종
펴낸곳   (주)메디치미디어
경영지원   전선정, 김유라
등록일   2008년 8월 20일
             제300-2008-76호
주소   서울특별시 중구 중림로7길 4, 3층
전화   02-735-3308
팩스   02-735-3309
이메일   medici@medicimedia.co.kr
페이스북   facebook.com/medicimedia
인스타그램   @medicimedia
홈페이지   www.medicimedia.co.kr